확장 및 지속 가능한 코드개발 그리고 OpenFOAM

수치해석을 위한 C++

| 연성모 지음 |

KM 경문사

일러두기 소스코드 활용을 위한 pdf 자료는 http://kms.webhard.co.kr에 접속하여 로그인(ID: guest / PW: 3004)하면 내려받을 수 있습니다.

확장 및 지속 가능한 코드개발 그리고 OpenFOAM

수치해석을 위한 C++

지은이 연성모
펴낸이 조경희
펴낸곳 경문사
펴낸날 2025년 8월 1일 1판 3쇄
등 록 1979년 11월 9일 제1979-000023호
주 소 04057, 서울특별시 마포구 와우산로 174
전 화 (02)332-2004 팩스 (02)336-5193
이메일 kyungmoon@kyungmoon.com

값 39,000원

ISBN 979-11-6073-424-9

서문

동기

대학 연구실 등에서 연구에 활용하는 해석코드들은 Fortran을 기반으로 작성된 In-house 코드들인 경우가 많을 것이다. 이들 In-house 코드들이 가진 고질적인 문제는 문서화 부족으로 인해 후배들이 해당 코드를 접하고 제대로 이해하고 사용하기까지 상당한 시간을 허비해야 하고 세대를 내려오면서 덧대어진 패치들로 인해 늘어난 코드 복잡도로 인해 개발/유지/보수가 힘들다는 점에 있다. 더욱 큰 문제는 늘어난 코드 복잡도로 인해 더 이상 개선이나 확장의 엄두를 내지 못하고 (좋은) 코드들의 맥이 끊기고 사장되는 점이라고 할 수 있다. 이는 In-house 코드가 주로 Fortran으로 작성되는 언어적인 한계도 분명 한 역할을 차지하고 있지만, 프로그래밍 수업에서 다루는 내용들이 Fortran이나 C같은 Procedural 언어 패러다임에 기초한 언어문법 교육에 머물러 있고 유지보수/확장을 고려한 개발방법론 관점에서의 교육이 이뤄지지 않기 때문이 더 크다고 생각한다.

최근 Open Source가 대중화되고 Microsoft를 비롯한 거대 IT 기업의 친 Open Source 행보가 더해지면서, 관심만 가지면 누구나 쉽게 상용 수준의 양질의 소스코드를 접할 수 있는 환경이 조성되고 있다. 이러한 코드들 중에는 모종의 이유로 인해 상용으로 개발되던 코드가 Open Source화되는 경우도 있으며, 많은 경우 현대적인 S/W 개발방법론을 적용하여 유지보수가 쉬우면서도 확장이 용이한 형태를 추구하고 있다. 이들은 많은 경우 단순한 라이브러리 모음을 벗어나서 각각의 라이브러리들이 특정한 약속에 의해 묶여 있는 프레임워크 형태를 가지고 있기 때문에 프레임워크의 개발철학을 이해해야 제대로 된 기능을 활용할 수 있다. 하지만 Open Source의 특성상 공개된 소스코드에 대한 문서는 친절하지 않은 경우가 많아, Open Source 코드의 이해 및 활용 정도는 사용자의 배경지식에 의존하게 되어 사용자의 진입장벽을 높게 만드는 경향이 있다. OpenFOAM의 경우, Runtime Type Selection(RTS)이라고 부르는 self-registering factory pattern과 `objectRegistry` 자료구조를 통해 구현한 런타임 자원관리자가 프레임워크의 큰 틀을 이루고 있다. 하지만 정작 이들의 동작원리와 사용방법에 대해 설명되어 있는 자료는 찾기 힘들고 오프라인 교육에서도 이에 대한 설명보다는 수치해석 이론적인 면만을 강조하기 때문에 OpenFOAM 프레임워크에 대한 이해를 돕는데 한계가 있다. 프레임워크에 대한 이해가 부족한 경우, 동일한 알고리즘을 재구현하거나 입력정보를 효율적으로 설계하지 못하여 정보가 중복되거나 불필요한 계산을 하게 되어 관리비용 또는 코드 복잡도가 증가하는 경우가 쉽게 발생한다. 예를 들어, OpenFOAM의 파생성 라이브러리로 자주 활용하는 waves2Foam의 경우, 다양한 wave model을 구현하고 있어 유용한 라이브러리임은 분명하지만 코드 내부를 살펴보면 상속개념을 잘못 적용하여 코드의 가독성을 많이 해치는 등 비합리적으로 작성된 부분들이 있음을 알 수 있다. 이미 OpenFOAM의 `topoSet`에서 특정 기하학적 범위에 드는 cell을 선택할 수 있는 기능을 제공하고 성능상으로도 크게 차이가 나지 않음에도 불구하고 `relaxationZone`의 모양을 정의하는 자료구조를 직접 구현했다든지, 경계에서 wave 객체를 런타임 자원관리자를 통해 재활용하지 않고 매 timestep마다 객체를 새로 생성하도록 만든 점은 프레임워크에 대한 이해가 높지 않은 상태에서 작성되었다는 것을 암시한다. 특히 wave 객체를 매 timestep마다 재생성하도록 만드는 것은 waves2Foam 내에 구현된 해석해 기반의 wave model에서는 그 문제가 드러나지 않지만 비선형 기반의 wave model을 적용할 경우에는 초기화에 시간이 걸리는 경우가 있어 계산 성능에 심각한 문제를 초래하게 된다.

구성

본 책은 OpenFOAM 프레임워크에 대한 이해를 높여 연구에 필요한 해석코드의 개발을 돕기 위해 다음과 같은 구성으로 각 장을 구성하였다.

1. Part 1에서는 Fortran, C/C++을 이용한 개발에 대한 이해를 돕기 위한 내용으로 구성되어 있다.

    a) Chapter 1은 프로그래밍 언어의 패러다임 별 특징을 소개하고 있다.
    b) Chapter 2는 수치해석에 사용되는 자료형, 변수, 제어문 등의 문법요소를 다루고 있다.
    c) Chapter 3은 간단한 자료구조에 대한 소개와 In-house 코드, 특히 OpenFOAM에서 주로 활용하게 되는 배열형 자료구조에 대해 다루고 있다.
    d) Chapter 4는 OpenFOAM 코드의 이해를 돕기 위해 C++의 문법요소를 간략히 소개하고 있고, 기존 C++ 98표준에 익숙한 사람을 위해 modern C++ 표준의 변천사를 간략히 정리하였다.
    e) Chapter 5는 OpenFOAM의 빌드시스템인 `wmake`에 대한 이해를 돕기 위해 Linux 시스템의 기본 빌드시스템인 `make`에 대해 정리하였다.

2. Part 2에서는 기존 Fortran으로 작성된 In-house 코드가 흔히 겪게 되는 문제와 이를 해결하는 방법에 대해 소개하고 있다.

    a) Chapter 6은 간단한 1차원 수치해석 코드를 Fortran과 C 언어로 구현하여 소개하고 있다.
    b) Chapter 7은 함수 포인터와 자료형 추상화 개념을 이용하여 알고리즘을 추상화시키는 기본적인 기법을 소개하고 있다.

c) Chapter 8는 In-house 코드 내에서 생성한 필드 변수 등의 자원들을 관리하기 위한 자원관리자 개념에 대해 소개하고 있다.
d) Chapter 9은 Chapter 8과 9에서 구현한 기법을 적용하여 Chapter 7에서 작성된 코드를 확장과 유지보수가 용이한 구조로 수정할 수 있음을 보이고 있다.

3. Part 3는 Part 2에서 소개한 개념들을 바탕으로 OpenFOAM 프레임워크의 근간을 이루는 요소들을 소개하고 있다.

    a) Chapter 10은 RTS로 이름 붙여진 지연객체 생성도구에 대한 상세한 설명을 다루고 있다.
    b) Chapter 11는 `objectRegistry`로 이름 붙인 런타임 자원저장소에 대한 상세한 설명을 다루고 있다.
    c) Chapter 12은 OpenFOAM의 입출력 스트림에 대한 간략한 소개와 C++의 표준 입출력 스트림과의 관계를 설명하고 있다.
    d) Chapter 13는 OpenFOAM의 입력 자료형인 `dictionary` 자료구조에 대해 설명하고 있다.
    e) Chapter 14는 OpenFOAM의 후처리 자료구조로 사용되는 `functionObject` 자료구조에 대한 개요와 사용법을 다루고 있다.
    f) Chapter 15은 OpenFOAM의 사용성을 높이기 위해 제공되는 각종 매크로 및 자료구조와 domain specific language (DSL)을 다루고 있다.
    g) Chapter 16은 OpenFOAM의 각 클래스간 관계를 엮는데 사용된 패턴들을 간략히 소개하고 있다.

4. Part 4는 OpenFOAM을 FVM 해석을 위한 프레임워크로 동작할 수 있게 만드는 자료구조에 대해 다루고 있다.

    a) Chapter 17은 OpenFOAM에서 사용되는 비정렬 격자의 구성과 사용방법을 다루고 있다.
    b) Chapter 18는 배열 자료형을 포함한 필드 자료형 그리고 경계조건에 대해 다루고 있다.
    c) Chapter 19은 행렬식을 구성하기 위한 행렬 자료형에 대해 다루고 있다.
    d) Chapter 20은 OpenFOAM에서 구현된 다양한 수치기법들을 소개하고 있다.
    e) Chapter 21은 OpenFOAM에서 구현된 난류모델의 작동원리를 소개하고 있다.
    f) Chapter 22은 OpenFOAM의 ODE 자료구조 활용법에 대해 소개하고 있다.

5. Appendix는 본문에서 다루기에 연관성이 떨어지거나 흐름을 방해할 수 있는 요소들을 다루고 있다.

   a) Chapter 23은 기존 OpenFOAM 2.x에서 최신버전까지의 주요 API 변경 이력을 다뤄 최신 버전으로의 코드 이전에 도움이 될 수 있는 내용을 정리하였다.
   b) Chapter 24는 동적격자 처리방법과 비압축성 유동해석 solver 구현 알고리즘을 정리하였다.
   c) Chapter 25는 In-house 코드와 연동시키는 기법인 mixed language programming 기법을 정리하였다.

OpenFOAM 버전

OpenFOAM 상표권을 가진 공식 OpenFOAM 버전은 원저자인 Dr. Henry Weller가 관리하고 배포하는 OpenFOAM Foundation(`http://www.openfoam.org`)버전과 ESI에서 개발 및 배포하는 OpenFOAM plus 버전(`http://www.openfoam.com`)으로 나눌 수 있다. 본 문서는 OpenFOAM Foundation에서 배포하는 버전을 기초로 하고 있으며 본 문서 내의 API는 2020년 7월 22일자로 릴리스된 8버전을 기준으로 하고 있다. 많은 경우 OpenFOAM Foundation 배포판은 OpenFOAM plus 배포판과 호환성이 있기 때문에 OpenFOAM Foundation 배포판에서 얻은 지식은 여전히 OpenFOAM plus 배포판에서도 적용가능하다.

이 책을 읽는 방법

이 책은 크게 프로그래밍과 OpenFOAM 프레임워크로 나눠 작성되었다. 따라서 프로그래밍에 익숙한 경우 Part 1은 생략하고 넘어갈 수 있다. 프로그래밍에 익숙한 경우라도 OpenFOAM의 동작원리를 이해하기 위해서는 Part 2와 Part 3는 한번 일독을 권한다. Part 4는 CFD 해석에 사용되는 OpenFOAM 자료형에 대해 설명하였다. 이해를 돕기 위해 각 Chapter마다 연습문제를 추가하였다. 연습문제는 기본적인 코드 또는 알고리즘을 Procedural 언어인 C 코드로 작성해보고 점차적으로 동일한 알고리즘을 C++ 표준 라이브러리로 대체하도록 유도하여 자연스럽게 C++ 표현에 익숙해질 수 있도록 유도하고자 하였다. Part 4의 연습문제는 C++으로 표현된 코드를 다시 동일/유사한 기능을 하는 OpenFOAM 자료구조로 변경하도록 유도하여 C++ 표준 라이브러리에 대한 사용 경험과 OpenFOAM 코드의 사용 경험이 유사하다는 것을 느낄 수 있도록 하여 OpenFOAM 코드 개발에 대한 진입 장벽을 낮추고자 하였다.

본문 내에서 특기할 만한 사항은 다음과 같은 글 상자를 사용하여 이해를 돕도록 하고 있다.

> **INFO**
> 부수적인 정보를 기술한다.

> **WARNING**
> 사용시 주의를 요하는 정보를 기술한다.

> **HINT**
> 문제해결에 도움이 되는 정보를 기술한다.

함수의 실행형태나 프로토타입의 기술은 Linux의 표준적인 명령행 인자(command-line argument) 표기법을 따랐다. 따라서 필수적인 인자는 <와 > 사이에 인자를 표기하였고 선택적인 인자는 [와] 사이에 인자를 표기하였다. 예를 들어 정상상태 해를 구하는 `simpleFoam`의 사용법의 일부를 표현하면 다음과 같이 나타낼 수 있다.

```
simpleFoam [-case <dir>] [-parallel]
```

위 예에서, `-parallel` 옵션은 [] 사이에 기술되었기 때문에 `simpleFoam`을 실행할 때 반드시 사용해야 하는 인자는 아니라는 의미이다. 반대로 `-case <dir>` 옵션은 그 자체는 [] 안에 기술되었기 때문에 필수인자는 아니지만 일단 사용하게 되면 `dir` 인자가 <> 안에 기술되었기 때문에 필수적으로 폴더 경로를 제공해야 한다는 의미이다.

대상

이 책은 OpenFOAM을 사용하여 수치해석 특히 전산유체해석(CFD)에 활용할 해석코드를 개발하고자 하는 대학원생 혹은 연구원을 대상으로 하고 있다. 특히, Fortran이나 C 언어를 활용한 In-house 개발경험은 있으나 객체지향적 개발방법에 대한 이해가 많지 않아 OpenFOAM 동작 원리와 각 자료구조 활용에 어려움을 겪고 있는 사용자를 대상으로 작성되었다. OpenFOAM의 계산 case 작성하는 방법과 해석코드 실행하는 방법은 안다고 가정하고 있기 때문에 이에 대한 이해가 없는 경우는 저자의 졸저 “OpenFOAM 해킹가이드”나 OpenFOAM 공식 사이트의 User Guide를 참고하기를 권한다.

감사의 글

이 책이 나오기까지 많은 분들의 도움이 있었습니다. 처음 OpenFOAM을 접하고 개발할 수 있는 계기를 만들어 주신 선박해양플랜트연구소의 김부기 박사님, 센터 내 HPC 자원과 CFD 인프라 구축에 많은 도움을 주신 판교 R&D 센터의 이동연 박사님 그리고 곁에서 든든한 버팀목이 되어 주신 선박해양연구센터의 김현조 박사님, 이 분들의 도움으로 여기까지 올 수 있었습니다. 감사합니다.

바쁘신 와중에도 이 책의 구성과 원고에 대한 아이디어와 오류에 대해 아낌없는 조언을 해 주신 한국해양대학교의 이성욱 교수님께 감사드립니다. 그리고 이 책에 나오는 코드들과 연습문제에 대한 아이디어와 실험 대상이 되어 준 송지수 박사에게도 감사한 마음을 전합니다.

2020년 11월 어느날

연성모 드림

Contents

1 프로그래밍 개요

II 확장 가능한 프로그래밍 기법

III OpenFOAM 프레임워크의 구성요소

IV FVM 수치해석 자료구조

프로그래밍 개요

1

프로그래밍 언어 특징

이견의 여지가 있을 수도 있지만, 개인적으로는 프로그래밍 언어는 응용프로그램 전체 코드에서 중복코드 제거 등의 복잡도 제어를 목표로 발달해왔다고 생각한다. 이는 달리 말하면 일반화와 추상화를 통한 가독성과 생산성 향상을 의미하기도 한다. 일반화와 추상화는 지속가능한 코드 개발 및 유지보수 등의 개발방법론에서 중요한 요소에 해당한다. 동일한 언어로 작성된 코드라고 하더라도 과거에 만들어진 코드는 현대적인 개발방법론에서 비춰보면 유지보수가 힘든 구조로 설계되어 어느 순간부터 개선에 한계가 오는 경우가 종종 발생한다. vim 에디터가 대표적인 경우로 현재 neovim이라는 이름으로 vim 코드를 현대적인 관점에서 간결하고 확장에 유연한 구조를 목표로 재작성되고 있다. 동시성(concurrent) 또는 병렬연산같이 과거에는 일반적으로 크게 중요하지 않았던 부분이 현대에 와서 중요하게 부각되고 기존 코드상에서는 지원이 쉽지 않은 이유로 새로이 재작성되는 경우도 발생한다. emacs의 경우, C 언어를 대체하는 시스템 프로그래밍 언어로써 개발된 Rust[1]를 기반으로 동시성을 지원하면서 보다 간결한 코드로 재작성하려는 시도가 있다.

간단하게 대표적인 언어 패러다임의 특징을 정리하면 다음과 같다.

- Procedural 언어[2]
  프로그램을 처리 가능한 작은 함수[3] 단위로 나누고 프로그램의 흐름에 따라 구조적으로 각각의 함수를 호출하는 방식으로, 근본적으로 하향식 (Top-down) 방식으로 프로그램이 작성된다. Fortran과 C 언어가 대표적으로 이에 해당하는데, 프로그램의 규모가 커지는 경우 전역 이름공간(namespace)의 포화문제가 쉽게 발생하여 보통은 변수 이름에 이름공간 개념의 접두어(prefix)를 붙이는 방식이 관행처럼 사용된다[14].
- Object Oriented Programming(OOP) 언어

[1]C/C++ 수준의 실행 속도와 함께 동시성과 메모리 안전성을 제공할 목적으로 개발된 언어이다.

[2]국내에 절차적 언어로 소개되어있지만 원래의 의미는 함수(procedure)단위로 프로그램을 구조화시키는 언어 패러다임이다. 모든 프로그래밍은 절차적이기 때문에 가능하면 오해의 소지가 있는 절차적 프로그래밍이란 용어는 사용하지 않는 것이 좋을 것 같다.

[3]언어에 따라 procedure, subroutine 또는 function이라는 용어를 사용한다.

OOP 언어는 Procedural 언어의 단점을 해결하기 위해 등장한 패러다임으로, 작은 문제를 처리할 수 있는 최소단위의 객체들을 만들어 이들의 조합으로 큰 문제를 해결할 수 있는 상향식 (Bottom-up) 방식의 개발방식을 지향한다. 따라서, 객체를 가능한 독립적이고 신뢰성 있게 만들면 이후엔 객체의 수정 없이 재사용이 가능하여 생산성이 높아진다는 장점을 가진다. 또한, 모든 변수와 함수는 객체 단위로 이름공간을 가지고 있기 때문에, 이름공간 포화문제를 해결하고 있다. 이로 인해, 동일한 기능을 하는 함수 혹은 변수는 서로 다른 객체 내에서 동일한 이름을 사용할 수 있어 전체 코드의 가독성이 향상되는 효과를 가진다.

- Functional 언어

  Functional 언어는 Procedural 언어와 거의 비슷하지만 함수를 다루는 관점에서 차이가 있다. Procedural 언어에서는 함수의 전달인자로 함수를 받아 함수를 반환하지 못하지만, Functional 언어에서는 함수에 함수를 전달하여 함수를 반환시킬 수 있다[4]. 그리고 변수는 상수 함수로 생각하여 모든 것을 함수로 처리하기 때문에 변수 개념이 없어서 모든 입력에 대해 동일한 출력을 보장할 수 있다[5]. 이런 특징으로 인해 동시성 프로그래밍에 유리하여 최근 주목 받고 있는 언어 패러다임이며 Haskell, Erlang, Ocamel 등의 언어가 이에 속한다.

최근에 개발된/개발되는 언어들은 다중 패러다임(multi-paradigm) 언어이기 때문에 하나의 언어에 Procedural, OOP 개념들이 같이 들어있고 거기에 Functional, Generic programming 등의 개념까지 도입되는 실정이라 딱히 하나의 패러다임으로 규정하기 힘들긴 하지만, 과학계산에서 주로 활용되고 있는 프로그래밍 언어는 대부분 Procedural 언어와 OOP 언어가 차지하고 있다. Fortran이나 C 같은 Procedural 언어는 입출력 또는 메모리 처리나 알고리즘 구현의 난이도는 별개로 하면 학습해야 할 문법적 요소가 분기문이나 반복문 등의 제어문과 변수 선언 방법 정도로 적기 때문에 수치해석 코드를 시작하는데 부담이 적은 편이다. OOP는 언어의 문법적 요소라기보다는 일반화/추상화를 위한 개발 방법론에 더 가깝다. 난이도의 차이가 있지만 C 언어를 통해서도 OOP 개념을 표현할 수 있고 C++로도 OOP 개념을 표현할 수 있다. 일례로, Linux 진영의 대표적인 데스크탑 환경인 Gnome의 UI 프레임워크(framework)인 GTK[6]는 C 언어로 구현되어있지만 프레임워크 내부적으로 OOP적인 부분을 구현하여 지원하고 있다. 즉, C++ 언어 문법의 대다수는 OOP와 템플릿으로 표현되는 일반화 프로그래밍(generic programming) 패러다임을 지원하기 위한 요소이기 때문에 학습해야하는 문법적 요소가 방대하고 난해하다. OOP의 장점은 함수의 추상화뿐만 아니라 자료형의 추상화를 통해 얻어지는 일반화와 확장성

---

[4] first class function이라고 하며 이를 통해 고차함수 (higher-order function) 또는 수학에서 말하는 합성함수를 지원한다.

[5] side-effect가 없다 또는 stateless라고 한다. C 언어 등의 Procedural 언어에서는 함수 내부에 static 변수를 두어 상황에 따라 동일 입력에 대해 상이한 출력을 얻게 만들 수 있다.

[6] https://www.gtk.org/

그리고 그 과정에서 얻어지는 중복 코드 회피를 통한 복잡도 제어에 있기 때문에, 수치해석을 목적으로 하는 엔지니어 입장에서는 오히려 문법적 요소를 최대한 배제하고 주어진 문제를 OOP적으로 추상화시키는 과정을 이해하는 것이 보다 쉽게 C++ 언어에 익숙해지는 방법이 아닌가 생각한다.

본 Part는 기존 Fortran 문법에 익숙한 사람을 대상으로 Fortran 문법에 대응하는 C/C++ 문법 요소들을 소개하여 수치해석을 위한 코드 작성 그리고 궁극적으로 OpenFOAM에 대한 이해를 돕기 위해 다음과 같은 순서로 구성되어 있다.

- 수치해석을 위한 기본 문법요소
- 수치해석에서 빈번하게 사용되는 자료구조
- OpenFOAM 코드 이해를 위한 C++ 문법 요소
- OpenFOAM 코드 실행을 위한 빌드시스템

2

기본 요소

본 장에서는 프로그래밍의 기본 요소인 자료형과 제어구문, 함수 그리고 입출력 방법을 다룬다. 각 항목은 Fortran과 C/C++ 문법에서의 차이를 비교하여 Fortran 또는 C 문법에서 C++ 문법으로 대체할 수 있는 문법요소를 다루고 있다.

2.1 프로그램 기본 골격

모든 프로그램은 코드 진입점(entry point)를 가지고 있는데, Fortran의 경우는 Listing 2.1처럼 `program` 블럭이 이에 해당하고 C/C++의 경우는 Listing 2.2처럼 `main` 함수가 이에 해당한다. 따라서 Fortran이나 C/C++로 작성된 프로그램은 모두 `program` 블럭과 `main` 함수 내에 프로그램을 이루는 기본 요소인 변수/객체[1]와, 함수, 제어문을 적절히 배치하여 의도한 계산을 하도록 작성하게 된다.

Listing 2.1: Fortran의 진입점

```fortran
program main
  ! variable declaration and initialization

  ! code statement
end program main
```

Listing 2.2: C/C++의 진입점

```cpp
// include statement

// global variable 선언 및 초기화
// global function 정의

```

[1]사용자 정의 자료형, 특히 클래스 자료형을 변수 선언한 것이 객체이다.

```
int main(int argc, char** argv)
{
    // code statement
    return 0;
}
```

Fortran의 `program` 블럭은 순서가 있어 명시적으로 변수의 선언 및 초기화 구문을 먼저 작성한 뒤에 이들 변수를 이용하는 제어문이나 함수 등의 코드를 배치할 수 있다. C/C++은 변수 선언문의 위치에 제약이 없기 때문에 `main` 함수 내에 사용자 임의로 변수의 선언 및 초기화와 함수 호출문을 작성할 수 있다. `main` 함수 시작 전에 선언된 변수나 함수 정의는 전역(global)이라 한다[2]. 코딩에 대한 예로 많이 사용되는 "Hello World" 프로그램을 예로 들면 Fortran으로는 Listing 2.3, C로는 Listing 2.4와 같이 모두 각 언어의 진입점 내에서 코드를 작성한다. 예로 든 코드를 컴파일 해서 실행하는 방법은 page 145를 참고하도록 한다.

Listing 2.3: Fortran버전 Hello World

```
program main
    character(len=20) :: message
    message = "Hello World"
    write(*,*) message
end program main
```

Listing 2.4: C 버전 Hellow World

```
#include <stdio.h>

int main(int argc, char** argv)
{
    char message[20] = "Hello World";
    printf("%s\n", message);
    return 0;
}
```

2.2 자료형

프로그래밍 언어에서 지원하는 자료형은 크게 원시 자료형 (primitive type)과 사용자 정의 자료형으로 나눌 수 있다.

---

[2]Fortran은 명시적으로 `common` 블럭으로 지정하여 전역으로 표시한다.

- 원시 자료형
- 사용자 정의 자료형

2.2.1 원시 자료형

원시 자료형은 프로그램 언어에서 기본적으로 지원하는 자료형으로 정수, 실수 등의 수치 자료형과 문자 그리고 참/거짓 등의 논리형 자료형 등이 있으며 각 언어별 원시 자료형은 Tab. 2.1에 정리하였다. 참고로 C 언어는 참/거짓을 의미하는 boolean 자료형을 지원하지 않기 때문에 0을 거짓 그 외의 값을 참값으로 처리하는 것을 관행으로 한다.

Tab 2.1: 언어별 원시 자료형

	Fortran	C	C++
정수형	`INTEGER`	`int`	`int`
단정도 실수형	`REAL`	`float`	`float`
배정도 실수형	`REAL(kind=8)` `double precision`	`double`	`double`
문자	`CHARACTER`	`char`	`char`
boolean	`LOGICAL`	없음	`bool`

2.2.2 사용자 정의 자료형

사용자 정의 자료형은 원시 자료형들을 묶어서 만들어지는 자료형으로 각 언어별 사용자 정의 자료형을 만들기 위한 키워드는 Tab. 2.2와 같다.

Tab 2.2: 언어별 사용자 정의 자료형

	Fortran	C	C++
키워드	`TYPE`	`struct`	`class`

3차원 좌표 자료형 Point에 대한 사용자 정의 자료형을 정의한다고 가정하면, Fortran 문법으로는 Listing 2.5과 같이 정의할 수 있다.

Listing 2.5: Fortran의 사용자 정의 자료형 정의 예

```
TYPE Point
    real :: x
    real :: y
    real :: z
```

```
END TYPE
```

사용자 정의 자료형의 각 멤버에 접근할 때는 Listing 2.6에 보인 것처럼 % 연산자를 사용하여 각각의 멤버값을 초기화/수정 시킬 수 있다.

Listing 2.6: 사용자 정의 자료형 멤버 초기화

```
TYPE(POINT) p;
p%x = 1
p%y = 2
p%z = 2
```

동일한 자료구조를 C 문법으로는 Listing 2.7과 같이 정의할 수 있다.

Listing 2.7: C의 사용자 정의 자료형 정의 예

```
typedef struct
{
    double x;
    double y;
    double z;
} Point;
```

사용자 정의 자료형의 각 멤버에 접근할 때는 Listing 2.8에 보인 것처럼 . 연산자를 사용하여 각각의 멤버값을 초기화/수정시킬 수 있다.

Listing 2.8: C의 사용자 정의 자료형 정의 예

```
Point p;
p.x = 1;
p.y = 2;
p.z = 3;
```

C++ 문법으로는 Listing 2.9와 같이 정의할 수 있다.

Listing 2.9: C++의 사용자 정의 자료형 정의 예

```
class Point
{
    double x;
    double y;
```

```
    double z;
};
```

사용자 정의 자료형의 각 멤버에 접근할 때는 C와 동일하게 . 연산자를 사용하여 각각의 멤버값을 초기화/수정시킬 수 있다.

Listing 2.10: C++의 사용자 정의 자료형 정의 예

```
Point p;
p.x = 1;
p.y = 2;
p.z = 3;
```

2.2.3 변수

Fortran과 C/C++ 같은 강타입 언어는 변수를 사용하기 전에 변수의 자료형을 명시해야 한다. 따라서 변수의 처리는 선언과 초기화 또는 대입연산으로 구분된다.

- 선언
- 초기화/대입연산

2.2.3.1 선언

선언은 자료형과 변수의 이름을 기술하는 것을 의미한다. Fortran과 C/C++는 표현은 약간 다르지만 Listing 2.11과 2.12에 보인 것처럼 공통적으로 자료형에 이어서 변수의 이름을 기술하여 변수 선언을 한다.

Listing 2.11: Fortran에서의 변수 선언 예

```
integer :: i
real :: value
```

Listing 2.12: C/C++에서의 변수 선언 예

```
int i;
double value;
```

2.2.3.2 초기화/대입연산

선언된 변수에 값을 대입하는 것을 초기화라 한다. 좀더 엄밀히 구분하자면 Listing 2.13과 2.14에 나타낸 것과 같이 변수 선언과 동시에 값을 부여하는 것을 초기화 그리고 변수를 선언한 뒤에 별도로 값을 부여하는 것을 대입연산이라 한다. 초기화와 대입연산은 Fortran과 C에서는 따로 구분해서 생각하지 않아도 문제될 것이 없지만 C++ 객체를 다룰 때는 구분해서 생각해야 하기 때문에 참고로 알아두자 (See page 75).

Listing 2.13: Fortran에서의 초기화와 대입연산

```fortran
integer :: a = 1 ! 초기화
integer :: b
b = 1 ! 대입연산
```

Listing 2.14: C/C++에서의 초기화와 대입연산

```c
int a = 1; // 초기화
int b;
b = 1; // 대입연산
```

2.2.4 C/C++ 포인터 자료형

포인터(pointer) 자료형은 주소를 저장하기 위한 목적의 자료형으로 크게 변수에 대한 포인터와 함수에 대한 포인터로 구분한다. Fortran 90표준부터 포인터 속성이 추가되었지만 C/C++ 포인터 자료형과 상호 호환되는 자료형이 아니므로 여기서는 Fortran 포인터 자료형은 다루지 않는다. 포인터 자료형은 `int` 등의 원시 자료형뿐만 아니라 `struct`, `class`로 정의된 사용자 정의 자료형 뒤에 *를 붙여서 선언한다. 선언된 포인터 변수 이름 앞에 *를 붙이면 역참조(dereference)라 하여 포인터 변수가 가리키는 값에 접근할 수 있다. 반대로 일반 변수 이름 앞에 &를 붙이면 변수의 주소를 얻을 수 있다. 더 이상 필요 없어진 포인터 자료형은 `delete` 연산자로 메모리를 해제시킬 수 있다. Listing 2.15에 보인 것처럼 배열형태로 선언된 포인터 자료형은 `delete[]` 형태로 사용해야 할당된 메모리 전체를 해제시킬 수 있다.

> **INFO**
> 편의상 C의 메모리 할당/해제 명령인 `malloc`/`free`은 언급하지 않고 C++의 메모리 할당/해제 명령인 `new`/`delete`만을 언급하였다.

Listing 2.15: 포인터 자료형 선언 및 해제 예

```
int* intPtr = new int; // 객체 할당
double* doublePtr = new double[3]; // 배열 할당

*intPtr = 1; // dereference
*doublePtr[0] = 1.1; // dereference
*doublePtr[1] = 2.1; // dereference
*doublePtr[2] = 3.1; // dereference

delete intPtr; // 객체 메모리 해제
delete[] doublePtr; // 배열 메모리 해제
```

`struct` 또는 `class` 키워드를 사용한 사용자 자료형이 대상인 경우 멤버에 접근하기 위해서는 Listing 2.16에 보인 것처럼 -> 연산자를 사용해야 한다.

Listing 2.16: 포인터 자료형의 멤버 접근

```
class Point
{
    double x;
    double y;
    double z;
};

Point p;
Point* pPtr = &p; // 일반변수 p의 주소를 대입
pPtr->x = 1;
pPtr->y = 2;
pPtr->z = 3;
```

2.2.4.1 포인터 상수

포인터 변수의 경우 상수화 대상은 다음 두 가지로 나눌 수 있다.

- 포인터 변수가 가리키는 주소
- 포인터 변수가 가리키는 주소에 저장된 값

포인터가 가리키는 주소를 고정시키려면 `int* const pInt`처럼 포인터 자료형과 변수 이름 사이에 `const` 키워드가 오면 된다. 포인터가 가리키는 주소가 상수화되면 Listing 2.17에서 보인 것과 같이 선언 시 초기화시킨 주소를 변경할 수 없다. 대신 주소가 가리키는 대상의 값은 변경이

가능하다. 이 방법은 일반적으로는 잘 사용되지 않으나 H/W관련 작업을 할 경우 사용된다고 한다.

Listing 2.17: 포인터 주소의 상수화

```
int num1 = 1;
int num2 = 2;
int* const pNum1 = &num1;
//pNum1 = &num2; // compiler error because address is read-only
*pNum1 = 9; // ok
```

포인터가 가리키는 대상의 값을 상수화하려면 `const int* pInt` 처럼 자료형 앞에 `const` 키워드가 오면 된다. 포인터가 가리키는 대상의 값을 상수화 하면 Listing 2.18에서 보인 것과 같이 포인터 변수가 가리키는 대상의 값이 변경되는 것을 막는다. 대신 포인터가 가리키는 주소는 변경 가능하다. 이 방법은 대상을 read-only로 만들어 참조만 가능하도록 하는 효과가 있다.

Listing 2.18: 포인터 대상의 상수화

```
int num1 = 1;
int num2 = 2;
const int* pNum1 = &num1;
//pNum1 = &num2;
*pNum1 = 5; // compile error because target is read-only
```

2.2.4.2 pointer aliasing

Listing 2.19의 12번째 줄을 보면 함수에 전달된 인자 2개가 모두 같은 변수의 주소를 대상으로 하고 있다. 이와 같이 서로 다른 포인터 변수가 동일한 주소를 가리키는 것을 pointer aliasing 이라 한다.

Listing 2.19: pointer aliasing 예

```
1  void func(int* a, int *b)
2  {
3      for (int i=0; i<10; ++i)
4      {
5          c = a[i] + b[i];
6      }
7  }
8
```

```
int main()
{
    int array[20];
    func(array, array+10);
}
```

C/C++에서는 특별한 언급이 없는 한 매개변수 리스트에 pointer aliasing 상황을 가정하여 최적화를 수행하기 때문에 성능 최적화에 유리하지 않다. 참고로 Fortran은 함수의 매개변수 인자를 포인터 자료형으로 받는데 pointer aliasing을 가정하지 않은 상태로 코드 최적화를 수행한다. 알려지기로는 pointer aliasing에 대한 기본 동작에 대한 차이가 C/C++ 코드가 Fortran 코드의 성능을 따라가지 못하는 주 원인 중 하나로 알려져 있다. Listing 2.20에 보인 것처럼 C 99표준에 추가된 `restrict` 키워드를 함수 매개변수에 적용하면 컴파일러에 pointer aliasing이 발생하지 않는다고 명시하게 되어 코드 최적화에 좀 더 유리하게 만들 수 있다.

Listing 2.20: restrict 키워드 사용예

```
int func(restrict int* a, restrict int* b)
```

2.2.4.3 스마트 포인터

포인터 자료형은 참조형 자료형과 더불어 상속관계에 있는 자료구조를 슈퍼클래스의 자료구조로 암시적 업캐스팅[3]을 허용하기 때문에[4] 자료형의 추상화를 가능케 한다는 장점을 가지고 있다. 하지만 포인터는 임의로 메모리 등의 자원 할당/해제가 가능하여 dangling pointer [5] 등의 잠재적 오류의 위험을 안고 있어, 잘못 사용하면 자원관리를 어렵게하고 디버깅을 힘들게 만드는 주요 요인이 된다. 스마트 포인터는 포인터 기능을 하는 Proxy 클래스 [6]로서 자동 초기화, RAII (Resource Acquisition Is Initialization)[7] 패턴을 이용한 메모리 해제기능이 들어있어 사용자 실수로 인한 메모리 관련 문제를 방지할 수 있도록 하여 포인터가 가진 잠재적 오류를 방지하기 위해 C++ 03 표준에서 처음 도입되었다.

C++ 표준라이브러리에서 제공하는 스마트 포인터는 다음과 같다.

- `auto_ptr`[8]

---

[3]서브클래스를 슈퍼클래스 자료형으로 형변환하는 것을 의미한다. 그 반대를 다운캐스팅이라 한다.

[4]참조형 자료형도 업캐스팅을 지원한다.

[5]이미 메모리가 해제되어있는 객체에 대한 pointer. 통상 segmentation fault 에러를 발생시킨다.

[6]다른 무언가와 동일하게 보이게 동작하는 자료구조를 Proxy 클래스라고 한다.

[7]함수의 스택프레임 내에 선언된 모든 객체는 스택제거(stack unwinding)시 객체의 소멸자가 반드시 호출되기 때문에 메모리 해제 코드를 소멸자에 둠으로써 메모리릭(memory leak)을 방지한다.

[8]c++11부터 deprecate 대상이 되었다.

C++ 03 표준에서 도입된 스마트 포인터로서 대입, 복사 연산이 일어날 때 객체의 소유권이 이전되는 방식이다. C++ 표준라이브러리와 같이 활용하는데 제약이 있고 복제가 불가능하다는 점 때문에 C++ 11표준부터는 대신 unique_ptr을 사용하도록 권장하고 있다.

- unique_ptr
  auto_ptr을 대체할 목적으로 C++ 11표준에 도입된 스마트 포인터이다.
- shared_ptr
  참조 카운트를 이용하여 동일한 객체를 참조하고 있는 개수를 관리하여 참조 카운트가 0이 되는 순간 객체를 삭제하는 스마트 포인터이다. 공유기능이 있다는 점을 제외하면 원래의 포인터를 사용할 때와 동일한 동작을 하는 스마트 포인터이다.
- shared_array
  shared_ptr은 new <type>[] 형태로 만들어지는 변수의 메모리 영역은 처리하지 못한다. 이를 해결하기 위해 만들어진 것이 shared_array 자료형이다.

스마트 포인터는 포인터가 하는 기능을 흉내 내는 Proxy 클래스이기 때문에 Listing 2.21에 나타낸 것처럼 new 연산자를 이용한 동적 할당 구문을 사용하여 초기화한다. new 연산자를 사용하는 것은 동일하지만 메모리 해제할 때 명시적으로 delete 연산자를 사용할 필요가 없다는 것이 장점이다. OpenFOAM에서 구현한 스마트 포인터도 사용법은 동일하게 구현되어 있다 (See page 361).

Listing 2.21: auto_ptr 객체 생성방법

```
auto_ptr<object> objPtr = new auto_ptr<object>(new object());
auto_ptr<object> objPtr(new object());
```

2.2.5 C++ 참조 자료형

Tab. 2.3은 포인터와 참조 자료형의 차이를 나타낸 표[13]로 이를 보면 참조형 자료형이 나온 이유를 짐작할 수 있다. 포인터 자료형은 메모리[9]에 생성된 객체 혹은 배열을 저장하기 위한 자료형이기 때문에 해당 데이터를 메모리에서 임의로 삭제할 수 있는 능력을 가진다. 이는 의도치 않은 오류를 발생시킬 수 있는 위험성을 내포하고 있고 실제로 C/C++로 작성된 많은 코드들이 만들어내는 오류의 대부분을 차지한다. 이와 같은 이유로, 참조하는 데이터에 대한 조작은 가능하지만 메모리 관리기능은 배제한 새로운 자료형이 필요하게 되어 참조형 자료형이 C++에 도입되었다고 볼 수 있다.

Listing 2.22에 나타낸 것처럼 참조 자료형도 포인터 자료형처럼 int 등의 원시 자료형뿐만 아니라 struct, class로 정의된 사용자 정의 자료형에 관계없이 자료형 뒤에 &를 붙여서 선언

[9]정확히는 heap 메모리

Tab 2.3: 포인터 및 참조형 자료형의 기능 차이

특징	포인터	레퍼런스
정의된 위치 참조		O
초기화 필수		O
메모리 누수 방지		O
객체와 같은 표기법		O
업캐스팅 지원	O	O
메모리관리	O	
주소계산	O	
컨테이너만들기	O	

한다. 포인터 자료형과 달리 참조형 자료형은 이미 선언된 변수에만 사용할 수 있기 때문에 선언과 동시에 초기화시켜야 한다.

Listing 2.22: 참조 자료형 선언 예

```
int a = 0;
int& aRef = a; // ok
int& bRef; // error
```

2.2.5.1 우측값 참조

참조 자료형은 이미 선언된 변수에만 적용할 수 있기 때문에 Listing 2.23처럼 $1+2$ 등의 표현식으로 얻어지는 임시 값에는 적용할 수 없는 단점을 가지고 있다. 특히 함수의 매개변수 자료형을 참조형으로 선언하게 되면, 값을 전달하기 위해서는 다음과 같이 반드시 임시변수를 만들어 값을 복사한 후에 전달해야 한다. 이는 값의 불필요한 복사를 초래하여 계산 성능을 떨어뜨리는 원인이 되기도 한다.

Listing 2.23: 표현식을 허용하지 못하는 참조형 매개변수

```
#include <iostream>
double sqr(const double& x) { return x*x; }
int main(int argc, char** argv)
{
  double x = 1.4;
  std::cout << sqr(x) << std::endl; // ok
  std::cout << sqr(1.4) << std::endl; // error
}
```

C++ 11 표준은 참조형 자료형의 단점을 해결하기 위해 우측값 참조(rvalue reference)라는

새로운 자료형을 도입하였다. rvalue란 구문의 우측에 나타나거나 표현식처럼 값을 저장할 수 없는 자료형, 즉 상수, 상수 객체 또는 임시 객체를 칭한다. 참고로 rvalue에 해당되지 않는 모든 값은 lvalue에 해당한다. 이들 rvalue는 값을 저장할 주소가 없기 때문에 참조형 자료형을 적용할 수 없었는데 새로 도입된 우측값 참조 키워드 &&를 사용하면 임시값/임시객체에 대해서도 참조형 자료형을 사용할 수 있다. 그래서 참조형 자료형을 매개변수로 사용하는 경우는 기존 참조형 자료형 버전과 우측값 참조형 자료형 버전 2개를 준비해야 한다. Listing 2.24와 같이 같은 이름의 함수 두 개를 준비하면[10](See page 80) 일반 변수와 표현식을 모두 지원할 수 있게 만들 수 있다.

Listing 2.24: 표현식을 허용하도록 수정된 코드

```
#include <iostream>
double sqr(const double& x)
{
  std::cout << "lvalue argument" << std::endl;
  return x*x;
}
double sqr(const double&& x)
{
  std::cout << "rvalue argument" << std::endl;
  return x*x;
}

int main(int argc, char** argv)
{
  double x = 1.4;
  std::cout << sqr(x) << std::endl; // ok
  std::cout << sqr(1.4) << std::endl; // ok
}
```

우측값 참조형은 경우에 따라 lvalue로 해석되어 &를 사용한 참조형 자료형과 동일하게 동작할 수 있다. 이처럼 상황에 따라 해석이 달라지는 우측값 참조형을 universal reference라고 한다. universial reference는 자료형이 타입추론 (type deduction)을 거치는 경우를 나타내며 다음과 같은 경우에 해당한다.

- C++ 11 표준에서 타입추론에 사용할 수 있도록 재정의된 `auto`키워드를 사용해서 `auto&&` 형태로 사용하는 경우
- 템플릿 인자에서 사용되는 경우

[10]이를 오버로딩이라 한다.

2.3 제어구문

수치해석 코드에서 사용하는 제어구문은 해석영역을 순회할 반복문과 특별한 예외 처리 혹은 기능 선택을 위한 분기문으로 구성된다.

2.3.1 분기문

분기문은 크게 `if-else`문과 `switch`문이 있고 Fortran과 C/C++ 모두 표현은 약간 다르지만 동일한 기능을 제공하고 있다. 여기서는 Listing 2.25와 2.26에 보인 것처럼 `if-else` 문만을 소개하도록 한다. 참고로 Fortran은 Fortran 90 문법을 기준으로 한다.

Listing 2.25: Fortran의 if-else문

```fortran
if (expression) then
    ! code
else if (expression) then
    ! code
else
    ! code
end if
```

Listing 2.26: C/C++의 if-else문

```cpp
if (expression)
{
    // code
}
else if (expression)
{
    // code
}
else
{
    // code
}
```

2.3.1.1 해시테이블과의 연관성

분기문은 주어진 조건에 해당하는 값 혹은 동작을 찾는다는 점에서 기능적으로 유사한 검색 목적의 해시테이블 자료구조(See page 52)로 대체하는 경우가 있다. 이 경우 분기문을 Listing 2.27처럼 문법적 요소로 표현하는 대신 Listing 2.28처럼 변수형태로 처리할 수 있어 새로운 분기의 삽입/삭제를 코드 수정 없이 추가할 수 있는 장점이 있다.

Listing 2.27: 함수 실행 방법에 대한 분기문

```
#include <iostream>
#include <cmath>

double sqr(double x)
{
    std::cout << "sqr" << std::endl;
    return x*x;
}
double sqrt(double x)
{
    std::cout << "sqrt" << std::endl;
    return pow(x, 0.5);
}
double cubic(double x)
{
    std::cout << "cubic" << std::endl;
    return x*x*x;
}
int main(int argc, char** argv)
{
    const char* choice = "sqr";
    double x= 3;
    double result;
    if (choice == "sqr")
    {
        result = sqr(x);
    }
    else if (choice == "sqrt")
    {
        result = sqrt(x);
    }
    else if (choice == "cubic")
    {
        result = cubic(x);
    }
    std::cout << "result: " << result << std::endl;
    return 0;
}
```

Listing 2.28: 해시테이블을 이용한 분기문 대체 예

```cpp
#include <iostream>
#include <cmath>
#include <map>
#include <string>

double sqr(double x)
{
    std::cout << "sqr" << std::endl;
    return x*x;
}
double sqrt(double x)
{
    std::cout << "sqrt" << std::endl;
    return pow(x, 0.5);
}
double cubic(double x)
{
    std::cout << "cubic" << std::endl;
    return x*x*x;
}
int main(int argc, char** argv)
{
    using function1Ptr = double (*) (double x);

    std::map<std::string, function1Ptr> hashTable;
    hashTable.insert(std::pair<std::string, function1Ptr>("sqr", sqr));
    hashTable.insert(std::pair<std::string, function1Ptr>("sqrt", sqrt));
    hashTable.insert(std::pair<std::string, function1Ptr>("cubic", cubic));
    const char* choice = "sqr";
    double x= 3;
    hashTable[choice](x);
    std::cout << "result: " << result << std::endl;
    return 0;
}
```

2.3.2 반복문

반복문은 동일한 알고리즘을 주어진 횟수만큼 반복시키기 위한 구문이다. 수치해석에서는 이산화된 계산영역과 이에 대응하는 필드 값에 대한 반복 처리가 주이므로 반복의 상한과 하한을 지정할 수 있는 반복문에 대해서 소개하도록 한다.

Fortran에서 사용되는 반복문은 Listing 2.29에 보인 것처럼 do 문으로 반복의 범위를 지정할 수 있다.

Listing 2.29: do 문 사용 예

```
do i=1,10
    realList(i) = i
end do
```

C/C++에서 사용되는 반복문은 Listing 2.30에 보인 것처럼 `for` 문으로 반복의 범위를 지정할 수 있다.

Listing 2.30: for문 사용 예

```
for(int i=0; i<10; i++)
{
    doubleList[i] = i;
}
```

OpenFOAM에서는 Listing 2.31에 보인 것처럼 배열형 자료구조와 같이 사용할 수 있는 매크로 함수를 제공하고 있다(See page 357). 이 매크로는 기본적으로 `for`문을 매크로 함수로 매개변수화한 것에 불과하기 때문에 `for`문에 대한 이해가 있다면 적응하는데 어렵지 않다.

Listing 2.31: OpenFOAM 스타일 for문

```
forAll(doubleList, i)
{
    doubleList[i] = i;
}
```

2.4 함수

함수는 수학에서 말하는 함수와 표기법이 비슷하다.

$$y = f\left(x_1, x_2, x_3, x_4, \ldots\right)$$

위 표기법을 프로그래밍 언어에서 말하는 함수와 대응시키면 다음과 같다.

- y는 함수의 계산 결과를 의미하고 반환 값(return value)이라 하며 일반적으로 프로그래밍 언어에서 `return` 문으로 명시한다.
- f는 함수의 이름에 해당한다.

- $(x_1, x_2, x_3, x_4, \ldots)$는 매개변수 리스트(parameter list)라 하며 x_1, x_2등은 매개변수라 한다. Fortran 또는 C/C++같은 강타입 언어는 매개변수의 자료형을 명시해야 하기 때문에 Listing 2.32에서 보인 것처럼 변수 선언(See page 11)과 비슷한 형태의 문법을 보인다.

Listing 2.32: C 언어 수학 함수 예

```
double pow(double x, double y)
double sin(double x)
double atan2(double y, double x)
double log(double x)
double log10(double x)
```

함수의 매개변수에 값을 대입하면 매개변수 리스트라 하지 않고 전달인자 리스트(argument list) 또는 실인자 리스트라 하고 각각의 매개변수에 대입한 값은 전달인자라 한다. 전달인자 리스트를 사용한 함수 호출은 다음과 같은 수학 함수 표현식과 비슷한 경향이 있다.

$$y = f\,(1, 2.1, 3.14, 45, \ldots)$$

2.4.1 Fortran

Fortran에서는 두 가지 형태로 함수를 지원한다.

- `subroutine`
- `function`

2.4.1.1 subroutine

`subroutine`은 입력에 대한 처리는 하지만 반환 값이 없을 때 사용하는 함수이다[11]. `subroutine`을 사용하면서 반환 값이 필요할 경우에는 매개변수 리스트(parameter list)를 사용해야 한다. `subroutine`의 정의는 Listing 2.33에 나타낸 형식을 따른다.

[11] C 언어의 void 함수에 해당한다.

Listing 2.33: subroutine 정의 형식

```
subroutine <name> [(parameter list)]
    ! body
end subroutine
```

`subroutine`을 호출할 때는 Listing 2.34에 보인 것처럼 반드시 `call` 지시어를 통해 호출해야 한다.

Listing 2.34: subroutine 사용 예

```
subroutine square(x)
    real :: x
    x = x**2
end subroutine square

program main
    implicit none
    real :: x = 3
    call sqaure(x)
    wirte(*,*) x
end program main
```

2.4.1.2 function

`function`은 반환 값이 있는 경우에 사용하는 함수이다. `function` 정의 형식은 반환 변수를 함수 이름으로 사용하느냐 `result` 키워드로 명시적으로 사용하느냐 또는 Fortran 77형태로 기술하느냐에 따라 Listing 2.35, 2.36, 2.37같이 세 가지 형태를 사용할 수 있다.

Listing 2.35: function 정의 형식 1

```
function <name> (parameter list)
    ! body
end function
```

Listing 2.36: function 정의 형식 2

```
function <name> (parameter list) result(<return variable>)
    ! body
end function
```

Listing 2.37: function 정의 형식 3 (f77 문법)

```
function <name> (parameter list)
    ! body
    return
end function
```

function은 subroutine과 달리 Listing 2.38에서 보인 것처럼 호출할 때 함수 이름만으로 호출할 수 있다.

Listing 2.38: function 사용 예

```
function square_implicit (x)
    real, intent(in) :: x
    real :: square_implicit ! return variable
    square_implicit = x**2
end function square

function square_explicit (x) result(out)
    real, intent(in) :: x
    real :: out ! return variable
    out = x**2
end function square

function square_f77 (x)
    real :: x
    real :: square_f77 ! return variable
    square_f77 = x**2
    return
end function square

program main
    implicit none
    real :: x=3, out
    out = square_implicit(x)
    write(*,*) out
    out = square_explicit(x)
    write(*,*) out
    out = square_f77(x)
    write(*,*) out
end program main
```

2.4.2 C/C++

C 언어의 함수 정의는 Listing 2.39의 형태를 따른다.

Listing 2.39: 함수 정의 형식

```
<return type> <function name>(parameter list) { function body }
```

함수 정의에서 가장 처음에 기술하는 <return type>은 함수의 결과의 자료형을 기술하며 반환 값이 없으면 void로 명시한다. Listing 2.40은 함수 정의 방법에 대한 예로써 Fortran의 function 정의와 크게 다르지 않다.

Listing 2.40: 함수 정의 예

```
double add(double x, double y)
{
  double result = x + y;
  return result;
}

void log(std::string message)
{
  std::cout << message << std::endl;
}
```

INFO

Lisp같은 언어는 산술 연산을 비롯한 모든 함수 호출을 연산자를 먼저 기술하고 피연산자를 이어서 기술하는 전위 표기법으로 표현한다. 예를 들면 $a = 1+2+3+4+5$는 lisp 언어에서는 a = (+ 1 2 3 4 5)의 형태로 기술한다. 마찬가지로 C/C++의 함수 선언/정의도 <연산의 결과> <연산자 이름> <피연산자1> <피연산자2> <피연산자3> ...의 형태로 생각하면 기억하는데 도움이 될 수 있다.

Fortran과 달리 C언어는 subroutine과 function의 구분 없이 모두 function 호출에 해당한다. 함수이름 뒤에 () 연산자가 나타나는 구문을 function 호출로 간주한다[12].

2.4.2.1 재귀함수

재귀함수(recursive function)는 Listing 2.41처럼 함수 내부에서 자기자신을 호출하는 형태로 $a_i = a_{i-1} + d$와 같이 수열 등의 표현에서 나타나는 점화식이 전형적인 재귀함수 형태라고 볼

[12]이 특성을 활용한 트릭들이 C++에 존재한다.

수 있다[13].

Listing 2.41: 등차수열의 재귀함수적 구현

```
#include <iostream>
double An(unsigned long n, double step, double init)
{
  //return n>0? An(n-1, step, init) + step : init;
  if (n == 0) return init;
  else An(n-1, step, init) + step;
}

int main(int argc, char** argv)
{
  double init = 1;
  double step = 2;
  double result = An(10, step, init);
  std::cout << "result: " << result << std::endl;
}
```

재귀함수는 내부적으로 함수 호출이 과도하게 발생하여 스택프레임의 한계를 초과하는 stack overflow 현상을 쉽게 유발하기 때문에 권장하지 않지만 꼬리재귀(tail recursion)같은 특수한 형태에 한해 stack overflow를 피해하는 기법이 있어 반복문을 재귀함수만으로 구현해야 하는 Haskell같은 Functional 언어나 뒤에서 다룰 템플릿 메타프로그래밍에서는 필수적인 함수 형태이다.

2.4.2.2 함수 포인터/콜백 함수

C/C++에서 함수는 반환 자료형과 매개변수 리스트가 동일하다면 함수의 내용과 관계없이 함수포인터(function pointer)로 호출할 수 있다. 함수 포인터는 콜백 함수(callback function) 라고도 하는데 함수 표현을 추상화(abstraction)시킬 수 있는 기법으로 C에서 함수 포인터는 `typedef`문을 사용해 Listing 2.42과 같이 선언할 수 있다.

Listing 2.42: 함수포인터 선언형식1

```
typedef void (*Function)();
Function pFunc;
```

`typedef`문을 이용한 함수 포인터 자료형 정의는 자료형이 구문 중간에 나타나기 때문에 직관적이지 않다. C++ 11 표준에서는 `using` 키워드를 확장하여 보다 직관적인 형태로 함수포인

[13]Fortran은 Fortran 90표준에서 처음 도입되어 `recursion` 키워드로 선언해서 사용할 수 있도록 되어 있다.

터에 대한 자료형을 선언할 수 있게 되었다. using 키워드를 이용한 함수포인터의 선언 형식은 Listing 2.43과 같다.

Listing 2.43: 함수포인터 선언형식2

```
using Function = void (*)();
Function pFunc;
```

함수 포인터를 정의하는 다른 방법으로는 C++ 11 표준 라이브러리인 functional 헤더파일에 정의된 std::function을 이용하여 Listing 2.44과 같이 선언해서 사용할 수도 있다.

Listing 2.44: 함수포인터 선언형식3

```
#include <functional>
std::function<void()> pFunc;
```

2.4.2.3 매크로 함수

C/C++ 언어는 전처리기를 통해 특정 토큰[14]을 사용자가 정한 구문 또는 구문들로 치환할 수 있는 기능을 제공하는데 이를 매크로라 한다. 매크로는 문법의 일부가 아닌 단순 구문 치환만을 담당하기 때문에 문법적 오류가 발생해도 컴파일러의 도움을 받기 어렵기 때문에 보통은 사용을 권하지 않는다. 하지만 구문 치환이라는 면을 보면 반복되는 코드를 자동으로 생성시킬 수 있기 때문에 특정 기능을 추가하기 위한 boilerplate 코드에 자주 사용된다. 코드 자동 생성 측면에서 보면 매크로는 원시적인 형태의 템플릿으로 생각할 수 있다.

매크로는 크게 두 가지 형태로 구분할 수 있다.

- 매크로 상수
- 매크로 함수

치환되는 구문에 변화가 없는 경우는 매크로 상수라 한다. 매크로 상수는 #define문을 사용하여 Listing 2.45와 같은 형태로 작성된다.

Listing 2.45: 매크로 상수 정의 형태

```
#define <매크로 이름> <치환 구문>
```

[14] 여기서는 매크로 이름을 의미한다.

예를 들어 상수 π를 매크로 상수로 정의해 사용한다면 Listing 2.46과 같이 정의해서 사용할 수 있다.

Listing 2.46: 매크로 상수 정의 예

```
#define PI 3.1415927
```

하지만, 매크로 상수는 문법 오류 검사의 대상이 아니기 때문에, Listing 2.47에 보인 것처럼 C++에서는 상수는 `const` 키워드를 사용하여 정의하도록 권하고 있다.

Listing 2.47: C++에서의 상수 정의 예

```
const double PI=3.1415927
```

만일 치환되는 구문이 전체적인 형태는 동일하지만 특정 토큰만 변수처럼 변경되는 경우에는 매크로 함수를 이용하여 처리할 수 있다. 치환되는 토큰은 매크로 함수의 매개변수 리스트로 작성하여 구문 치환에 사용할 수 있다. 매크로 함수의 정의도 기본 형식은 매크로 상수와 동일하다. 매크로 상수와 매크로 함수를 구분하는 가장 큰 차이점은 Listing 2.48에 보인 것과 같이 매크로 이름 뒤의 매개변수 리스트 유무이다.

Listing 2.48: 매크로 함수 정의 형태

```
#define <매크로 이름>(매개변수 리스트) <치환 구문>
```

함수정의를 여러 줄에 걸쳐 정의해야 할 경우에는 Listing 2.49처럼 각 줄의 끝에 백슬래쉬 문자 (\)를 붙여 정의하도록 한다.

Listing 2.49: 다중라인 매크로 함수 정의 형태

```
#define <매크로 이름>(매개변수 리스트) \
<치환 구문 1> \
<치환 구문 2> \
<치환 구문 3> \
...           \
<치환 구문 n>
```

한줄 정의 형식과 다중라인 정의 형태의 예는 Listing 2.50, 2.51를 참고하도록 한다.

Listing 2.50: 단순 매크로 함수 정의 예

```
#define SUM(x, y) (x + y)
```

Listing 2.51: 다중라인 매크로 함수 정의 예

```
#define SUM(x, y)   \
{                   \
  printf("%d", x+y) \
}
```

매크로 함수는 다음과 같이 코드 치환과정을 용이하게 할 수 있는 두 가지 연산자를 지원하고 있다.

- 문자열 변환 (stringification) 연산자
- 토큰 결합 (concaternation) 연산자

문자열 변환(stringification) 연산자는 `#` 연산자를 사용하며 전달 인자(argument list)를 문자열로 변환시켜주는 연산자이다.

Listing 2.52: 문자열 변환 연산자를 활용하는 매크로 함수 예

```
#define PARMINFO(parm, desc) paraminfo(parm, #parm ": " desc)
```

Listing 2.52에서 보인 매크로 함수를 사용하여 `PARMINFO(debug, "Debug level (0-4)");`를 실행시키면 문자열 변환 연산자로 인해 Listing 2.53 구문으로 치환된다[15].

Listing 2.53: 문자열 변환 연산자 사용 결과

```
paraminfo(debug, "debug: Debug level (0-4)");
```

토큰 결합(concaternation) 연산자는 `##` 연산자를 사용하며 전달 인자를 구문 내 다른 토큰과 결합하여 새로운 토큰[16]으로 치환시키는 기능을 한다.

---

[15] C 문법에서 서로 인접해서 나타나는 문자열은 하나의 문자열로 인식한다.

[16] 여기서 토큰이란 변수이름을 의미한다.

Listing 2.54: 토큰 결합 연산자를 활용하는 매크로 함수 예

```
#define CONCAT(x, y) x##y
```

Listing 2.54 매크로 함수를 사용하여 `printf("%d", CONCAT(x,y))`를 실행시키면 토큰 결합 연산자로 인해 Listing 2.55 구문으로 치환된다.

Listing 2.55: 토큰 결합 연산자 사용 결과

```
printf("%d", xy);
```

이들 연산자와 매크로 함수를 활용하면 Listing 2.56에서 보인 것처럼 반복적으로 사용되는 구문/코드를 자동으로 작성하도록 만들 수 있다.

Listing 2.56: 매크로 함수 정의 및 활용 예

```
#include <stdio.h>

#define FACTORY(token)      \
    void token##Factory() \
    {                     \
        printf("this is function for %s\n", #token);  \
    }

FACTORY(int)
FACTORY(double)

int main(int argc, char** argv)
{
    intFactory();
    doubleFactory();
    return 0;
}
```

`#define`문은 컴파일 전에 전처리기에 의해 치환되는데 gcc의 경우 `gcc -E` 명령으로 전처리 결과를 얻을 수 있다. Listing 2.57은 Listing 2.56의 전처리 결과이다.

Listing 2.57: 전처리 결과

```
void intFactory() { printf("this is function for %s\n", "int"); }
void doubleFactory() { printf("this is function for %s\n", "double"); }

```

```
int main(int argc, char** argv)
{
    intFactory();
    doubleFactory();
    return 0;
}
```

Listing 2.57의 전처리 결과를 보면 매크로 함수에 전달된 인자를 활용하여 각각 정수와 실수를 처리하는 함수 정의문으로 치환시킨 것을 알 수 있다. Listing 2.57의 실행결과는 Listing 2.58와 같다.

Listing 2.58: 매크로 함수 실행 결과

```
this is function for int
this is function for double
```

2.5 입출력

파일 입출력과 화면 출력에 관한 기본적인 내용을 살펴보도록 한다.

2.5.1 파일 입출력

수치해석에서는 많은 경우 다음과 같은 테이블 형태의 데이터를 처리하는 경우가 많으므로 이에 대한 내용을 다루도록 한다. 예시로 든 데이터는 comma(,)로 구분된 자료형으로 CSV (comma separated values)라 한다.

```
time,eta
0,-1.87
0.5,-2.63
1,-2.99
1.5,-2.93
2,-2.55
2.5,-2.05
3,-1.63
3.5,-1.42
4,-1.44
4.5,-1.60
5,-1.69
5.5,-1.53
6,-0.98
```

```
6.5,-0.02
7,1.21
7.5,2.49
8,3.53
8.5,4.08
9,3.98
```

2.5.1.1 Fortran

Fortran의 경우 파일은 file descriptor라고 부르는 정수 값을 `open(unit, file, status, iostat)` 함수의 unit 매개변수에 전달하여 파일 입출력 작업을 할 수 있다. 참고로 C/C++에서 활용하는 stdin, stdout, stderr에 해당하는 unit은 5, 6, 0으로 이미 정의되어있기 때문에 이들 정수 값은 피해서 사용해야 한다. 관례상 기존의 파일을 읽을 때는 `status = 'old'`값을 사용하고 파일을 새로 만들어 쓸 때는 `status = 'new'`를 사용한다. 파일의 값을 읽을 때는 `read`를 사용해서 Listing 2.59과 같이 활용할 수 있다.

Listing 2.59: table 형태 파일 읽기 예

```
program main
      implicit none

      integer, parameter :: fd = 99
      character(len=256) :: line
      real :: time, eta
      integer :: ios

      open(unit=fd, file='wave.csv', status='old')
      read(fd, '(A)') line
      write(*,*) line

      do
        read(fd, *, iostat=ios) time, eta
        if (ios /= 0) exit
        write(*,*) time, eta
      end do
      close(fd)
end program
```

파일에 값을 쓸 때는 `write` 함수를 사용해서 Listing 2.60와 같이 활용할 수 있다.

Listing 2.60: sine 값 파일 출력 예

```
program main
      implicit none

      integer, parameter :: fd = 100
      real :: x, delx
      integer :: ios, i
      real, parameter :: pi = atan2(1.,1.)*4.

      open(unit=fd, file='sine.csv', status='new')
      write(fd, 10) 'time', 'sine'
      delx = pi/10.
      do i=1, 11
        x = delx*(i-1)
        write(fd,20) x, sin(x)
      end do
      close(fd)
10    format(A4', 'A4)
20    format(F10.3', 'F10.3)
end program
```

2.5.1.2 C

C의 경우 FILE 구조체를 통해 파일 입출력 작업을 할 수 있으며 파일 포인터는 FILE* fopen(const char* pathname, const char* mode) 함수를 통해 얻을 수 있다. 파일을 읽을 때는 mode 매개변수에 전달하는 값을 "r"을 사용하고 파일을 새로 만들어 쓸 때는 "w"를 사용한다. 파일의 값을 읽을 때는 fscanf[17]이나 fgets[18]을 사용해서 Listing 2.61와 같이 활용할 수 있다.

Listing 2.61: table 형태 파일 읽기 예

```
#include <stdio.h>
#include <stdlib.h>

#define MAXBUFFER 256
int main(int argc, char** argv)
{
    FILE* fp = NULL;
    char line[MAXBUFFER];
    double time, eta;
```

[17]파일에 기록된 데이터가 정해진 구조로 작성된 경우에 사용하기 용이한 함수이다.

[18]주어진 버퍼의 크기만큼 문자열로 읽는 함수이다.

```c
    fp = fopen("wave.csv", "r");
    fgets(line, MAXBUFFER, fp);
    //fscanf(fp, "%[^\n]", line);
    printf("%s\n", line);

    while(fscanf(fp, "%lf,%lf", &time, &eta) && !feof(fp))
    {
        printf("%lf %lf\n", time, eta);
    }
    fclose(fp);
    return 0;
}
```

파일에 값을 쓸 때는 `fprintf` 함수를 사용해서 Listing 2.62과 같이 활용할 수 있다.

Listing 2.62: sine 값 파일 출력 예

```c
#include <stdio.h>
#include <stdlib.h>
#include <math.h>

#define PI atan2(1., 1.)*4.

int main(int argc, char** argv)
{
    FILE* fp = NULL;
    double x, delx;
    fp = fopen("sine.csv", "w");
    delx = PI/10;
    fprintf(fp, "time, sine\n");
    for(int i=0; i<11; ++i)
    {
        x = delx*i;
        fprintf(fp, "%lf, %lf\n", x, sin(x));
    }

    fclose(fp);
    return 0;
}
```

2.5.1.3 C++

C++의 경우 `std::fstream`을 통해 파일 입출력 작업을 할 수 있다. `std::fstream`은 다시 입력 스트림 `std::ifstream`과 출력 스트림 `std::ofstream`으로 나뉘며 객체 생성시 주어진 파일이름을 통해 파일에 대한 입출력 처리를 할 수 있도록 하고 있다.

입력 스트림 또는 파일을 읽기 위해서는 Listing 2.63에 보인 것처럼 `std::ifstream` 객체를 생성해야한다. 파일 또는 스트림에서 값을 읽기 위해서는 >> 연산자를 사용하여 각각의 변수에 값을 전달할 수 있다. C++의 오버로딩 기능으로 인해 앞서 보인 Fortran이나 C처럼 입력값의 자료형에 대해 고민할 필요없이 일관적으로 >> 연산자 를 사용해서 값을 읽을 수 있다 (See page 80).

Listing 2.63: 파일 입력

```
std::ifstream ifp("test.txt");
int a;
ifp >> a;
ifp.close();
```

만일 읽어야 할 스트림 또는 파일이 바이너리 형식인 경우에는 Listing 2.64에 보인 것과 같이 >> 연산자 대신 `read` 함수를 사용해야 한다.

Listing 2.64: binary 파일 입력

```
std::ifstream ifp("test.bin", std::ios::binary);
int i;

ifp.read(reinterpret_case<char*>(&int), sizeof(int));
std::cout << i << std::endl;
ifp.close();
```

출력 스트림 또는 파일을 읽기 위해서는 Listing 2.65에 보인 것처럼 `std::ofstream` 객체를 생성해야한다. 파일 또는 스트림에 값을 쓰기 위해서는 << 연산자를 사용하여 변수 값을 스트림 또는 파일에 전달할 수 있다. C++의 오버로딩 기능으로 인해 앞서 보인 Fortran이나 C처럼 출력값의 자료형에 대해 고민할 필요없이 일관적으로 << 연산자 를 사용해서 값을 출력할 수 있다 (See page 80).

Listing 2.65: 파일 출력

```
std::ofstream ofp("test.txt");
int a;
```

```
ofp << a;
ofp.close();
```

만일 써야할 할 스트림 또는 파일이 바이너리 형식인 경우에는 Listing 2.66에 보인 것과 같이 << 연산자 대신 write 함수를 사용해야 한다.

Listing 2.66: binary 파일 출력

```
std::ofstream ofp("test.bin", std::ios::binary);
int i = 10;
char buffer[27] = "Lorem ipsum dolor sit amet";

ofp.write(buffer, 26);
ofp.write(reinterpret_cast<char*>(&i), sizeof(int));

ofp.close();
```

파일 입출력 연산자 >>와 <<를 이용해 CSV 파일에 대한 입출력 코드를 작성하면 Listing 2.67, 2.68와 같이 작성할 수 있다.

Listing 2.67: table 형태 파일 읽기 예

```
#include <iostream>
#include <fstream>
#include <sstream>
#include <vector>

int main(int argc, char** argv)
{
    std::ifstream ifs("wave.csv");

    char delimiter=',';
    std::istringstream iss;
    std::string line;
    std::string token;
    int num_of_columns = 2;

    // header
    std::getline(ifs, line);
    std::cout << line << std::endl;
    //iss.str(line);

```

```cpp
    // data table
    // tokenize
    std::vector<double> time;
    std::vector<double> eta;
    time.reserve(100000);
    eta.reserve(100000);
    while(std::getline(ifs, line))
    {
        iss.str(line);
        for(int i=0; i<num_of_columns; ++i)
        {
            std::getline(iss, token, delimiter);
            if (i==0)
            {
                time.push_back(std::stod(token));
            }
            else
            {
                eta.push_back(std::stod(token));
            }
        }
        std::cout << time.back() << " " << eta.back() << std::endl;
        // reset the stream to the begining
        iss.seekg(0, iss.beg);
    }
    return 0;
}
```

Listing 2.68: sine 값 파일 출력 예

```cpp
#include <iostream>
#include <fstream>
#include <cmath>

int main(int argc, char** argv)
{
    const double pi = std::atan2(1.0, 1.0)*4.0;
    double x, delx;

    std::ofstream ofs("sine.csv");
    delx = pi/10;
    ofs << "time, sine" << std::endl;
    for(int i=0; i<11; ++i)
```

```
    {
        x = delx*i;
        ofs << x << ", " << std::sin(x) << std::endl;
    }

    ofs.close();
    return 0;
}
```

2.5.2 화면 출력

Fortran의 경우 Listing 2.69처럼 `write` 함수를 사용하여 표준출력으로 값을 출력할 수 있다.

Listing 2.69: Fortran 화면 출력 예

```
write(*,*) 'Lorem ipsum dolor sit amet'
```

C의 경우 Listing 2.70처럼 `printf` 함수를 사용하여 표준출력으로 값을 출력할 수 있다. 자료형에 따라 형식지정을 통해 원하는 표현방식을 수정하기 용이하다.

Listing 2.70: C 화면 출력 예 1

```
printf("%s\n", "Lorem ipsum dolor sit amet");
```

또는 Listing 2.71처럼 `fprintf` 함수의 첫 번째 인자인 `FILE` 포인터를 `stdout`으로 지정해도 동일한 효과를 볼 수 있다.

Listing 2.71: C 화면 출력 예 2

```
fprintf(stdout, "%s\n", "Lorem ipsum dolor sit amet");
```

C++의 경우 << 연산자를 통해 출력을 일반화하였기 때문에, Listing 2.72처럼 출력 스트림을 `std::cout`으로 지정하면 원하는 값을 표준출력으로 출력할 수 있다.

Listing 2.72: C++ 화면 출력 예

```
std::cout << "Lorem ipsum dolor sit amet" << std::endl;
```

2.6 연습문제

Exercise 1

```
1 int main(int argc, char** argv)
2 {
3     return 0;
4 }
```

(a) main 함수의 `return` 문은 프로그램 종료 후의 상태를 나타내는데 사용된다. 보통 정상 종료를 의미하는 0을 사용하지만 경우에 따라서는 0아닌 값을 반환하게 만들 수도 있다. 위 코드의 3번 줄의 값을 변경 후 프로그램 실행 후 상태 값을 확인해보도록 한다.

> **HINT**
> 터미널에서 `echo $?`를 사용해서 확인할 수 있다.

(b) 위 코드의 1번째 줄에 나타나는 `(int argc, char** argv)`는 명령행 인자(command-line argument) 처리에 사용되는 코드이다[19]. `argc`는 argument counter라고 하며 실행 파일을 포함한 명령행 인자 개수를 의미한다. `argv`는 argument vector라고 하며 실행 파일을 포함한 각각의 명령행 인자를 문자열 형태로 저장하고 있다. 이들의 목록을 확인하려면 다음과 같이 수정하면 된다.

```
int main(int argc, char** argv)
{
    printf("number of args: %d\n", argc);
    for(int i=0; i<argc; ++i)
    {
        printf("%d th arg : %s\n", i, argv[i]);
    }
    return 0;
}
```

위 코드를 컴파일 한 실행파일이름을 `a.out`이라고 가정할 때 `./a.out arg1 arg2 arg3`와 같이 command-line argument를 사용해 실행했을 때 어떻게 처리되는지 확인해보도록 한다.

[19] Fortran의 경우 명령행 인자 처리기능은 2003 표준에서야 지원하기 시작했다.

INFO

일반적으로 command-line argument를 처리하는 작업은 번거롭기 때문에 GNU에서 작성한 `getopt`함수를 사용하거나 다른 라이브러리를 활용해서 처리한다. Python의 경우 `argparse`를 사용해 처리한다.

Exercise 2

1번 문제에서 사용된 코드를 사용해서 변수 선언 및 초기화 방법을 살펴본다. 변수 선언은 `<자료형> <변수이름> [ = <초기값>];`의 형태로 작성한다.

(a) 정수형 자료형을 선언하도록 한다.
(b) 실수형 자료형을 선언하고 그 값을 0.5로 초기화 하도록 한다.
(c) 상수형 실수 자료형을 선언하고 그 이름을 `pi`라 하고 그 값은 3.14로 한다.

Exercise 3

C/C++언어에서 현재 작성중인 코드에 코드 조각을 포함시키는 구문을 `#include`문[20]이라 한다. `#include` 문 뒤에는 헤더파일의 경로가 오며 경로가 컴파일러에 등록된 경로[21]이거나 `-I` 옵션으로 헤더파일 탐색경로에 추가시킨 경우에는 <와 > 사이에 기술하며 그렇지 않은 경우에는 현재 작성중인 파일 기준으로 "와 "사이에 상대좌표로 기술하거나 절대좌표로 기술할 수 있다.

```
#include <stdio.h>
#include <iostream>
#include <boost/math/special_functions/airy.hpp>
#include "myheader.h"
#include "include/myheader.h"
```

(a) Fortran과 달리 수학함수는 `math.h` 또는 `cmath` 헤더파일에 선언되어있기 때문에 코드에 이들 파일을 포함시킨 후 수학함수들을 사용할 수 있다. 앞서 작성한 Hello World 코드를 수정해서 `math.h` 또는 `cmath` 헤더파일을 추가하도록 한다.

---

[20]Fortran의 경우 `include`문이 동일한 역할을 한다.

[21]`/usr/include`같은 표준 시스템 경로

> **WARNING**
> `cmath` 헤더파일은 C++에서 사용할 수 있게 C 에서 제공하는 `math.h` 헤더파일을 `std` 이름공간 안으로 끌어들인 헤더파일이기 때문에 수학함수 사용시 `std::`를 붙여서 사용해야한다.

(b) 지수승은 `pow` 함수를 사용해 계산할 수 있다. 이 함수를 이용해서 제곱근, 제곱, 세제곱을 계산하는 함수를 추가하도록 한다.

Exercise 4

등비수열 또는 등차수열은 반복문으로 표현할 수 있다. 예를 들어 다음과 같은 등차수열은 `for`문으로 표현할 수 있다.

$$a_i = a_0 + d\,(i-1) \text{ where } i = 1, \ldots, n$$

```
1 double a0 = 0;
2 double a;
3 double d= 5;
4 int n=10;
5
6 for(int i=1; i<=n; ++i)
7 {
8     a = a0 + d*(i-1)
9 }
```

(a) 등비수열 $a_i = a_0 r^{i-1}$ where $i = 1, \ldots, n$을 `for`문을 사용해서 표현해보도록 한다.

> **HINT**
> 지수승은 `math.h` 헤더파일에 선언되어있는 `pow` 함수를 활용하도록 한다.

(b) 등차수열 코드의 8번줄을 함수로 만들어 함수 호출 구문으로 재작성해보도록 한다.

(c) 등비수열 코드도 함수로 만들어 함수 호출 구문으로 재작성해보도록 한다.

Exercise 5

다음 구문들을 처리하는 매크로 함수를 작성하도록 한다.

(a) $x+y$ 구문에서 매개변수 x와 y를 임의의 토큰으로 치환시키는 ADD 매크로 함수를 작성해 본다.

(b) $x-y$ 구문에서 매개변수 x와 y를 임의의 토큰으로 치환시키는 SUB 매크로 함수를 작성해 본다.

(c) $x*y$ 구문에서 매개변수 x와 y를 임의의 토큰으로 치환시키는 MUL 매크로 함수를 작성해 본다.

(d) x/y 구문에서 매개변수 x와 y를 임의의 토큰으로 치환시키는 DIV 매크로 함수를 작성해 본다.

(e) 다음 코드의 4-10번줄에 정의된 `int_vector` 클래스 같은 클래스 정의 코드를 임의의 자료형에 대해서 생성이 가능하도록 만드는 매크로 함수를 작성한다. 매크로 함수 이름은 `TYPED_VECTOR(TYPE)`라 하고 4, 7, 8번 줄에 있는 `int`를 매크로의 매개변수에 전달된 값으로 치환시킬 수 있도록 작성하여 아래 코드를 완성시키도록 한다.

```
1  #include <iostream>
2
3  /*
4  class int_vector
5  {
6      size_t size_;
7      int* data_;
8      const char* typename_ = "int";
9      public:
10     void print_type() { std::cout << "my type is " << typename_ << std::endl;}
11 };
12 */
13 TYPED_VECTOR(int)
14 TYPED_VECTOR(double)
15 TYPED_VECTOR(char)
16 int main(int argc, char** argv)
17 {
18     int_vector a;
19     double_vector b;
20     char_vector c;
21     a.print_type();
22     b.print_type();
23     c.print_type();
24     return 0;
25 }
```

HINT
#와 ## 연산자를 활용해야한다.

Exercise 6

비선형 함수의 해는 수치적인 해법, 예를 들어 Newton-Raphson 기법을 통해 계산한다. Newton-Raphson 기법은 다음 그림과 같이 1차 미분 가능한 $f(x)$에 대한 접선의 방정식으로부터 유도된다.

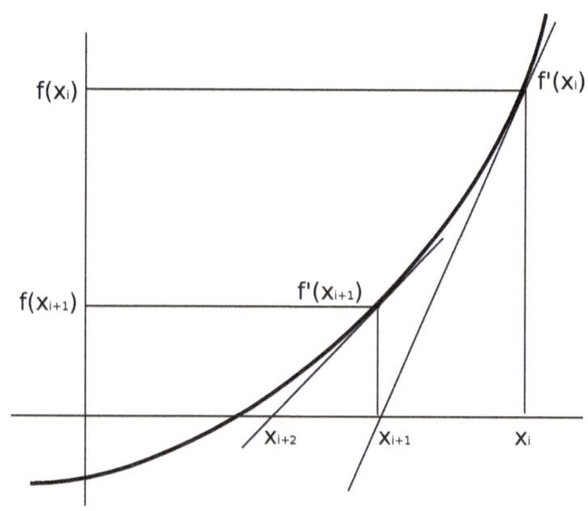

(a) 비선형 함수 $f(x)$가 1차 미분 가능하다고 할 때 Newton-Raphson 식이 다음과 같이 점화식 형태로 표현됨을 유도해보자.

$$x_{i+1} = x_i - \frac{f(x_i)}{f'(x_i)}$$

INFO
$f'(x_i)$를 x_i에서의 미소변화량 Δx에 대한 Taylor 급수의 1차항, $f'(x_i) \approx \frac{f(x_i+\Delta x)-f(x_i)}{x_i+\Delta x-x_i}$으로 근사하면 Secant Method라 한다.

(b) 유한 수심에서의 dispersion relation은 다음과 같이 표현된다.

$$\omega^2 = gk \tanh(kh)$$

위 식은 wave number k에 대해서 비선형이기 때문에 보통 Newton-Raphson 기법을 통해 계산한다. 파 주파수 ω와 중력가속도 g 그리고 수심 h를 알 때 wave number k를 Newton-Raphson으로 계산하도록 하면 다음과 같이 작성할 수 있다.

```
1    #include <iostream>
2    #include <cmath>
3
4  int main(int argc, char** argv)
5  {
6      const double h=10;
7      const double pi = M_PI;
8      const double grav = 9.81;
9      const double omega = pi/2;
10
11     // initial value is set to the solution for deep water, k = omega^2/g
12     double k0 = omega*omega/grav;
13     double k;
14
15     // f(k) = omega^2 - g*k*tanh(k*h)
16     // f'(k) = -g*tanh(k*h) - g*k*h*(1 - tanh^2(k*h))
17
18     std::cout << "wave number for deep water: " << k0 << std::endl;
19
20     // Newton-Raphson start
21     k = k0;
22     for(int i=0; i<10; ++i)
23     {
24         std::cout << "iter: " << i << std::endl;
25         //k = k0 - f(k0)/fprime(k0);
26         k = k0
27           -
28             (omega*omega - grav*k0*std::tanh(k0*h))
29           /
30             (-grav*tanh(k0*h) - grav*k0*h*(1- std::tanh(k0*h)*std::tanh(k0*h)));
31         std::cout << "inter k: " << k << std::endl;
32         if (std::fabs(k-k0) < 1e-4) break;
33         k0 = k;
34     }
35
36     std::cout << "wave number: " << k << std::endl;
37
38     return 0;
39 }
```

12-34번 줄을 `double find_root(double x0)`함수로 정의하여 `find_root` 함수를 호출하는 코드로 수정하도록 한다.

(c) 앞서 작성한 `find_root` 함수를 일반화하기 위해 매개변수 리스트에 $f(x)$와 $f'(x)$에 대

한 함수 포인터를 추가하여 `double find_root(double x0, double (* f)(double x), double (* fprime)(double x))` 형태로 고쳐 쓰도록 한다.

> **HINT**
> 점화식 형태의 Newton-Raphson 식을 활용한다.

(d) 유한수심에서의 dispersion relation 식과 k에 대한 미분식을 각각 `double f(double k)`와 `double fprime(double k)`로 구현하여 앞서 구현한 `find_root` 함수를 이용하여 동일한 결과를 얻을 수 있는지를 확인하도록 한다.

3

자료구조

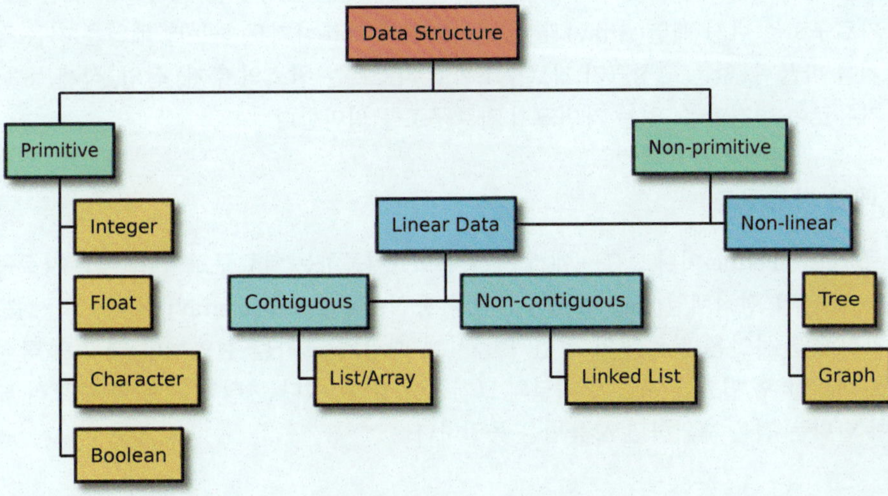

Fig 3.1: 자료구조 개요

위키피디아에 소개된 자료구조(Data Structure)에 대한 정의는 효율적인 접근 및 수정을 가능케 하는 자료의 조직, 관리, 저장형식을 의미한다. 자료구조는 알고리즘 또는 최종 결과물의 성능에 많은 영향을 미치기 때문에 검증된 자료구조를 사용하는 것은 결과물의 신뢰성과 개발 효율측면에서 중요하다고 할 수 있다. 이런 관점에서 최근 개발되는 프로그래밍 언어들은 대표적인 자료구조들을 표준라이브러리에 포함하여 제공하고 있다. 자료구조는 Fig. 3.1에서 보는 것처럼 원시 자료형 자료구조(Primitive Data Structure)와 비원시 자료형 자료구조(Non-primitive Data Structure)로 나눌 수 있다. 원시 자료형은 정수(integer), 실수(float), 문자(character) 등의 자료형을 의미한다. 비원시 자료형 자료구조는 크게 선형 자료구조와 비선형 자료구조로 나눌 수 있다. 선형 자료구조(Linear Data Structure)는 이름 그대로 자료의 관계가 1차원적인 형태로 표현된 자료구조를 의미하고 비선형 자료구조(Non-linear Data Structure)는 1차원적인 형태로 표현되지 않는 자료구조를 의미한다. 자료구조는 특정 자료형을 담고 조직하는 방식을 의미하기 때문에 컨테이너라고도 한다. 선형자료구조는 연속메모리 자료구조(Contiguous Data Structure)

와 불연속 메모리 자료구조 (Non-contiguous Data Structure)로 나눌 수 있다. 연속메모리 자료구조는 배열형 자료구조 (List 또는 Array), 불연속 메모리 자료구조는 연결 리스트(Linked List)가 대표적인 자료구조이다. 비선형 자료구조는 트리(Tree)와 그래프(Graph) 자료구조가 대표적인 비선형 자료구조에 해당한다.

3.1 선형 자료구조

선형 자료구조는 배열형 자료구조와 연결 리스트 자료구조로 나눌 수 있으며 이들 자료구조를 확장한 추상 자료구조로 스택(Stack), 큐(Queue) 등의 자료구조가 있다. 수치해석에서는 이산화된 계산영역과 필드 값을 저장하기 위해 캐시 메모리를 효율적으로 사용할 수 있는 연속 메모리 자료구조를 주로 사용하므로 연속 메모리 자료구조에 대한 내용만을 살펴보도록 한다. 연속 메모리 자료구조는 다시 배열(Array)과 리스트(List)로 세분하기도 하는데 배열은 처음 정해진 배열 크기를 바꿀 수 없는 고정크기 자료구조이고 리스트는 원소의 추가, 삽입, 삭제 등을 통해 크기를 자유로이 변경할 수 있는 가변크기 자료구조를 의미한다.

3.1.1 배열 자료구조

배열 자료구조는 Fortran이나 C/C++에서 기본적으로 제공하는 자료구조이다. 배열 자료구조는 선언 방식에 따라 정적배열(static array) 선언과 동적배열(dynamic array) 선언으로 세분할 수 있다. 정적배열 선언은 자료형의 선언과 동시에 배열의 크기를 선언해야 하고 동적선언은 자료형을 선언한 후 필요한 시점에 배열의 크기를 정할 수 있다는 점과 사용 후 메모리 해제에 신경써야 한다는 점을 제외하면 사용법은 동일하다.

3.1.1.1 정적 배열

Fortran에서의 정적배열 선언은 Listing 3.1과 같이 한다.

Listing 3.1: Fortran에서의 정적배열 선언 예

```
real, dimension(10): realList
! or
integer, parameter: size=10
real, dimension(size): realList
```

C/C++에서의 정적배열 선언은 Listing 3.2와 같이 한다. 참고로 C 99표준 이전에는 정적배열 선언 시 배열크기에 사용할 수 있는 값은 상수 값만 사용 가능했으나 C 99표준부터는 일반 변수도 사용 가능하도록 규칙이 완화되었다.

Listing 3.2: C/C++에서의 정적배열 선언 예

```
double doubleList[10];
// or
const int size = 10;
double doubleList[size]; // before C99 spec
// or
int size = 10;
double doubleList[size]; // after C99 spec
```

3.1.1.2 동적배열

Fortran에서의 동적배열 선언은 Listing 3.3처럼 자료형에 이어서 `allocatable` 지시어와 배열 차원을 의미하는 `dimension` 지시어를 사용해서 변수를 선언하고 `allocate` 함수를 사용하여 주어진 크기에 해당하는 메모리를 할당한다. 할당된 메모리를 제거할 때는 `deallocate`함수를 이용하여 제거한다.

Listing 3.3: Fortran에서의 동적배열 선언 예

```
! 변수 선언
real, dimension(:), allocatable :: realList
! array 크기
integer, parameter :: size=10
! 메모리 할당
allocate(realList(size))
! 메모리 해제
deallocate(realList)
```

C에서의 동적배열 선언은 Listing 3.4처럼 자료형에 이어서 포인터형을 의미하는 *를 사용하여 변수를 선언하고 `malloc` 또는 `calloc` 함수를 이용하여 주어진 크기에 해당하는 메모리를 할당한다. 할당된 메모리를 제거하기 위해서는 `free`함수를 이용하여 제거한다.

Listing 3.4: C에서의 배열 선언 예

```
#include <stdlib.h>
/* 변수 선언 */
double* doubleList;
/* array 크기 */
int size = 10;
/* 메모리 할당 */
doubleList = (double*)malloc(sizeof(double)*size);
/* 메모리 해제 */
```

```
free(doubleList);
```

마지막으로 C++에서의 동적배열 선언은 기본적으로 C와 동일하고, Listing 3.5처럼 메모리를 할당할 때는 `new` 연산자를 사용하고 해제는 `delete` 연산자를 사용한다는 점만 다르다. 단, `delete` 연산자를 사용할 때 배열의 경우는 `delete[]` 형태로 사용해야 한다는 점은 주의해야 한다.

Listing 3.5: C++에서의 배열 선언 예

```
// 변수 선언
double* doubleList;
// array 크기
int size = 10;
// 메모리 할당
doubleList = new double[size];
// 메모리 해제
delete[] doubleList;
```

참고로, C++ 11 표준 라이브러리는 Listing 3.6처럼 `std::array` 템플릿 클래스를 통해 정적 배열에 대한 자료구조를 제공하고 있다.

Listing 3.6: std::array 자료구조 사용 예

```
#incldue <array>
// 변수 선언 및 할당
std::array<double, 10> doubleList;
```

3.1.1.3 배열 원소 접근 연산자

배열의 원소에 접근하는 연산자는 Fortran의 경우 Listing 3.7에 보인 것처럼 함수 호출 구문처럼 `()` 연산자를 사용하고 C/C++의 경우 Listing 3.8에 보인 것처럼 `[]` 연산자를 사용한다.

Listing 3.7: Fortran 배열 원소 접근법

```
realList(1) = 0
realList(2) = 1
write(*,*) realList(1)
```

Listing 3.8: C/C++ 배열 원소 접근법

```
doubleList[0] = 0
doubleList[1] = 1
std::cout << doubleList[0] << std::endl;
```

다차원 배열은 Fortran의 경우 Listing 3.9처럼 () 연산자 안에 순서대로 각각의 차원을 기술하면 되고 C/C++의 경우에는 Listing 3.10처럼 하나의 [] 연산자에 하나의 차원만 사용할 수 있기 때문에 필요한 만큼 [] 연산자를 사용해서 기술해야 한다.

Listing 3.9: Fortran 다차원 배열 원소 접근법

```
multiDimensionList(1,1) = 0
multiDimensionList(1,2) = 1
write(*,*) multiDimensionList(1,1)
```

Listing 3.10: C/C++ 다차원배열 원소 접근법

```
multiDimensionList[0][0] = 0
multiDimensionList[0][1] = 1
std::cout << multiDimensionList[0][0] << std::endl;
```

3.1.2 리스트 자료구조

리스트(list) 자료구조는 데이터의 추가/삽입/삭제를 통해 데이터를 담고 있는 컨테이너의 크기가 변하는 자료구조에 해당하며, C++ 표준 라이브러리는 Listing 3.11처럼 `std::vector`가 리스트 자료구조를 구현하고 있다. `std::vector`는 데이터의 추가/삽입 시 데이터의 크기가 할당된 메모리 공간을 초과하는 경우 메모리 크기를 재조정하는데, 재조정 가능성을 낮추기 위해 예상되는 데이터의 크기에 대응하는 예비 메모리를 가지고 있다. 예비 메모리 크기는 `reserve` 함수를 통해 설정할 수 있으며 그 크기는 `capacity`함수를 통해 알 수 있다. `std::vector` 에 저장된 데이터의 크기는 `size`함수를 통해 알 수 있으며 그 크기는 `resize`함수를 통해 인위적으로 조절할 수 있다. `reserve` 함수와 `resize` 함수는 각각 적용대상이 다르므로 서로 독립적으로 동작한다.

Listing 3.11: std::vector 자료구조 사용 예

```
#include <vector>
// 변수 선언
std::vector<double> doubleList;
```

```
// 예비 메모리 크기 설정
doubleList.reserve(1000);
// 예비 메모리 크기 확인
std::cout << doubleList.capacity() << std::endl;
// 데이터 크기 설정
doubleList.resize(10);
// 데이터 크기 확인
std::cout << doubleList.size() << std::endl;
```

3.1.3 연관 배열 자료구조

배열 자료구조는 원소에 접근하기 위해 정수형태의 색인(index)을 사용해야 한다. 색인을 사전에 알 수 있다면 바로 목표로 하는 원소에 접근할 수 있지만 문제는 정수형태의 색인에는 의미를 담는데 한계가 있다. 격자 정보는 정수 형태의 색인만으로 표현이 용이하지만 예를 들어 Fig. 3.2처럼 고객 연락처를 배열 자료구조에 저장한다고 할 때, 정수형 색인을 사용한다고 하면 두 개의 배열 자료구조를 준비하여 하나는 고객이름, 다른 하나는 연락처를 저장한 후 고객이름에 해당하는 색인을 찾기 위해 고객이름 배열을 처음부터 검색하여 일치하는 색인을 찾고 이에 대응하는 값을 연락처 배열에서 찾아야 한다. 최악의 경우 배열의 제일 끝에 있는 값을 찾아야 하므로 검색비용은 배열의 크기에 선형적으로 비례하여 복잡도 $O(n)$을 가진다.

만일 고객이름을 고유한 정수형 색인으로 변경할 수 있다면 연락처 배열 하나만으로 검색을 용이하게 할 수 있게 된다. 연관 배열 자료구조는 이와 같이 색인 또는 key를 정수[1]로 변환해주는 해시함수와 배열형 자료구조를 합친 자료구조로 해시테이블이라고도 한다.[2]. key를 알면 값이 저장되어있는 배열의 색인을 바로 알 수 있기 때문에 언제나 검색 비용이 $O(1)$의 복잡도를 보장하므로 검색 문제에 많이 활용되는 자료구조이다. 당연하겠지만, 해시함수가 비용이 비싼 연산을 사용한다면 해시테이블의 검색성능은 단순 배열을 사용하는 것보다 나빠질 수 있다.

OpenFOAM에서 제공하는 해시테이블은 SHA1[3] 알고리즘에 기반한 해시함수를 사용하고 있다. C++ 표준라이브러리는 `map`를 통해 해시테이블을 제공한다. 해시테이블은 key와 value 2개의 열로 이루어진 테이블과 같기 때문에 자료형 선언은 key와 value에 대한 자료형을 동시에 선언해야 한다. Listing 3.12는 C++의 표준라이브러리인 `std::map` 자료구조를 이용해 key는 문자열, value는 실수형을 갖는 테이블을 선언한다.

---

[1] digest라 한다.

[2] 구현 방법에 따라 선형 자료구조일 수도 있고 비선형 자료구조일 수도 있다.

[3] git도 SHA1 알고리즘을 사용한다.

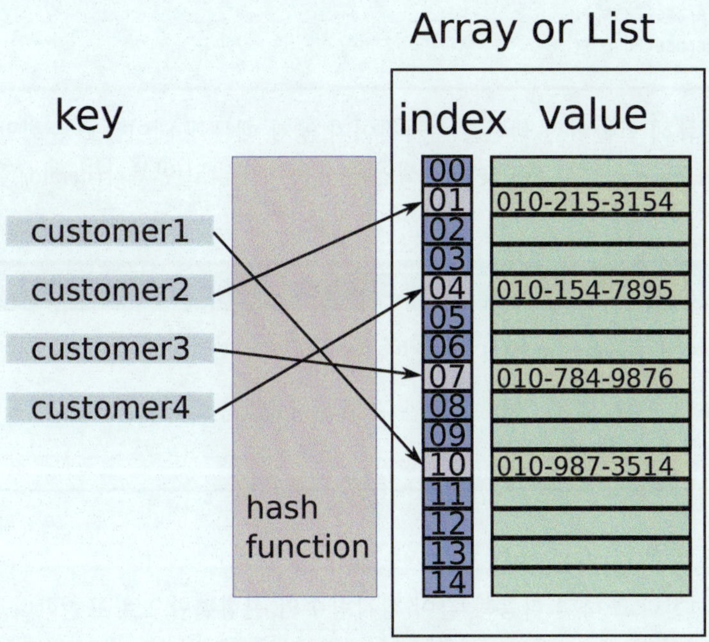

Fig 3.2: 해시테이블

Listing 3.12: 해시테이블 선언

```cpp
#include <map>
#include <string>

// 해시테이블 선언
std::map<std::string, double> hashTable;
```

해시테이블의 삽입/삭제는 Listing 3.13에 보인 것처럼 각각 `insert`와 `erase` 함수를 사용한다. 삽입할 때는 (key, value)의 쌍으로 입력해야 하기 때문에 C++ 표준라이브러리는 `std::pair` 클래스를 사용해서 해시테이블에 데이터를 넣을 수 있도록 하고 있다.

Listing 3.13: 자료의 삽입 삭제

```cpp
// 삽입
hashTable.insert(std::pair("cat", 4));
hashTable.insert(std::pair("dog", 5));
// 삭제
```

```
hashTable.erase("cat");
hashTable.erase("dog");
```

해시함수를 통해 만들어진 색인은 순차적이지 않기 때문에 테이블을 순회할 때는, Listing 3.14처럼 배열형 자료구조와 달리 숫자형 색인을 사용하지 않고 반복자(iterator)를 통해 순회하는 방법을 사용한다.

Listing 3.14: 해시테이블 순회방법

```
for(auto iter=hashTable.begin(); iter!=hashTable.end(); ++iter)
{
  std::cout << iter->first << ", " << iter->second << std::endl;
}
```

3.1.3.1 해시함수 예

불규칙파를 생성한다고 하면 다음과 같이 삼각함수의 선형결합으로 표현한다. 3시간정도의 파를 재현한다고 하면 매 timestep마다 보통 1000개 이상의 component wave 또는 Airy wave를 중첩시켜야 규칙성이 발견되지 않는다.

$$\eta = \sum_i A_i \cos(\theta_i)$$

이런 경우, 비용이 비싼 삼각함수의 연산을 줄이기 위해 삼각함수 테이블을 미리 작성하여 활용하는 경우가 있는데 이는 삼각함수에 대한 해시테이블을 사용하는 것과 같다. 삼각함수 테이블의 해시함수는 radian을 색인으로 변경하는 함수로 정의하는데, 삼각함수는 주기함수이기 때문에 일반화된 각도 x에서 실제 각도 θ를 추출하기 위해 mod 함수를 사용한다.

$$x = 2n\pi + \theta, \text{ where } n = 0, \pm 1, \pm 2, \ldots, \theta \in [0, 2\pi)$$

mod 함수는 나눗셈에서 몫이 아닌 나머지를 반환하는 함수이므로 일반화된 각도 x에서 θ를 추출해낼 수 있다.

$$\text{mod}(x, 2\pi) = \theta$$

다음과 같이 θ를 정규화하여 그 값의 범위를 $[0, 1)$로 조정하도록 한다.

$$\text{mod}\left(\frac{x}{2\pi}, 1\right)$$

파 재생문제에서 radian 값의 정밀도는 10^{-6} 이상 사용하지 않는다고 하면 radian을 정수형태로 변환시키는 함수를 다음과 같은 형태로 표현할 수 있다.

$$h\left(x\right) = \text{mod}\left(\frac{x}{2\pi}, 1\right) \times 10^6 = i,\ \text{where } i \in [0, 1 \times 10^6)$$

위 함수를 색인 값을 계산해주는 해시함수[4]로 사용하여 삼각함수 테이블을 사용하는 코드를 작성하면 Listing 3.15와 같다.

Listing 3.15: 삼각함수에 대한 해시테이블 사용예

```
#include <iostream>
#include <cmath>
#include <chrono>

const int nTableSize = 1000000;
float cosTable[nTableSize];
const float twoPi = 2*M_PI;

int hashFunction(float x)
{
    return static_cast<int>(fmod(x/twoPi, 1.0)*nTableSize);
}

int main(int argc, char** argv)
{
    //initialize cosine table
    for(int i=0; i<nTableSize; ++i)
    {
        cosTable[i] = cos(i*twoPi/nTableSize);
    }

    int nComponentWaves = 2000;
    float ntheta = twoPi/nComponentWaves;
    double radians[nComponentWaves];

    for(int i=0; i<nComponentWaves; ++i)
    {
        radians[i] = ntheta*i;
    }

    double eta = 0;
    auto start = std::chrono::system_clock::now();
```

[4] 정확히는 range reduction function에 해당한다.

```
    for(int i=0; i<nComponentWaves; ++i)
    {
        eta += cosTable[hashFunction(radians[i])];
    }
    auto end = std::chrono::system_clock::now();
    auto duration =
        std::chrono::duration_cast<std::chrono::nanoseconds>(end - start);
    std::cout << "elapsed time (ns): " << duration.count() << std::endl;

    start = std::chrono::system_clock::now();
    eta = 0;
    for(int i=0; i<nComponentWaves; ++i)
    {
        eta += cosTable[hashFunction(radians[i])];
    }
    end = std::chrono::system_clock::now();
    duration =
        std::chrono::duration_cast<std::chrono::nanoseconds>(end - start);
    std::cout << "elapsed time (ns): " << duration.count() << std::endl;

    return 0;
}
```

Listing 3.15를 실행해보면 수학라이브러리의 최적화 방식에 따라 상이한 결과를 보여준다 (See page 143). Linux는 `errno` 라는 전역변수에 함수의 상태를 저장하는 구조를 취하고 있다 [3]. gcc의 기본값은 수학함수 실행 후 그 상태를 검사하는 루틴을 실행[5]하는 것이 기본값이기 때문에 별다른 처리를 하지 않으면 삼각함수 테이블을 사용하는 코드가 훨씬 느린 것으로 나타날 것이다. 따라서 속도 최적화가 목적이라면 Listing 3.16처럼 컴파일러에 `-fno-math-errno` 옵션을 추가해서 컴파일 해야 한다[6,7].

> **INFO**
> `Makefile`은 page 148에 언급한 `genMakefile`을 사용해서 작성하도록 한다.

[5] `-fmath-errno`

[6] Intel 컴파일러의 경우 이 설정이 기본값이다.

[7] Fortran의 경우 `errno`같은 메커니즘을 사용하지 않으므로 테이블을 사용한 것이 일반적으로 빠르다.

Listing 3.16: Makefile

```
CXX=g++
# CXXFLAGS=-O3
CXXFLAGS=-O3 -fno-math-errno
LDFLAGS=
INCLUDE=-Iinclude
LIB=-L. -Llib
SRC=main.cpp
OBJ=$(SRC:%.cpp=%.o)
OUT=main.exe

%.o:%.cpp
	${CXX} ${CXXFLAGS} ${INCLUDE} -c $<

all: build

build:${OBJ}
	${CXX} ${CXXFLAGS} ${INCLUDE} -o ${OUT} $^ ${LDFLAGS} ${LIB}

clean:
	rm -rf ${OBJ} ${OUT}

.PHONY: all build clean
```

Fig. 3.3은 component wave의 개수를 2000로 했을 때 컴파일러 옵션 차이로 인한 실행속도를 비교한 것이다. 오류 검사를 하도록 한 경우 실행속도는 삼각함수 테이블을 사용한 경우가 오히려 2배정도 느린 것으로 나타난 반면, 오류검사를 하지 않도록 한 경우 실행속도는 100 – 500배 정도의 성능 개선이 발생했을 뿐만 아니라 그 중에서도 삼각함수 테이블을 사용한 것이 삼각함수를 사용한 것보다 2배 정도 더 효율적인 것을 알 수 있다.

3.2 컨테이너 구현 방식

컨테이너 자료구조는 구현방법에 따라 intrusive 형식과 non-intrusive 형식으로 나눌 수 있다[22, 23]. 예를 들어, 연결리스트를 구현한다고 가정해보자. 연결리스트는 기본적으로 원소(element)와 연결정보로 구성된다. non-intrusive 방식은 Fig. 3.4 (a)에 나타낸 것처럼 원소의 실제 저장위치와 원소와 연결정보를 관리하는 노드(node)의 저장위치가 일치하지 않는다. 따라서 다음과 같은 특징을 가진다.

- 노드의 메모리와 원소의 메모리 할당이 별개로 이루어지며 노드 내에 원소의 값을 복사해야하므로 메모리 낭비가 발생한다. 이를 막기 위해 노드 내에서는 원소에 대한 포인터로

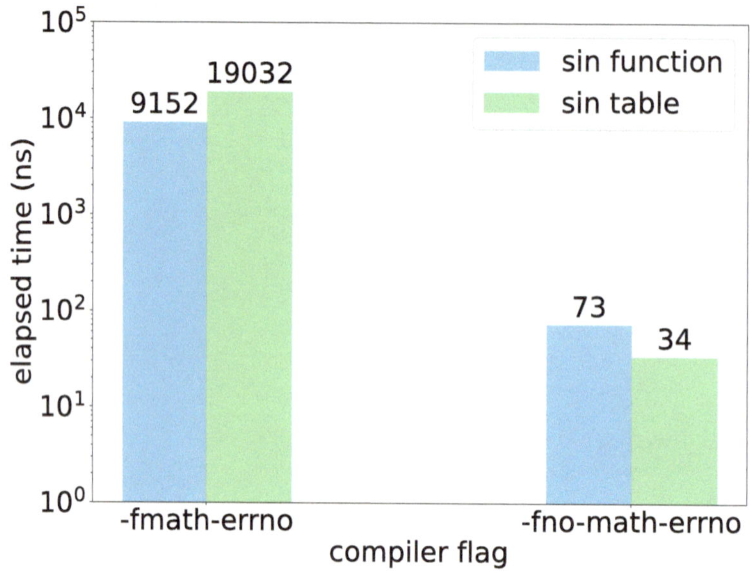

Fig 3.3: 컴파일러 옵션에 따른 실행속도 차이

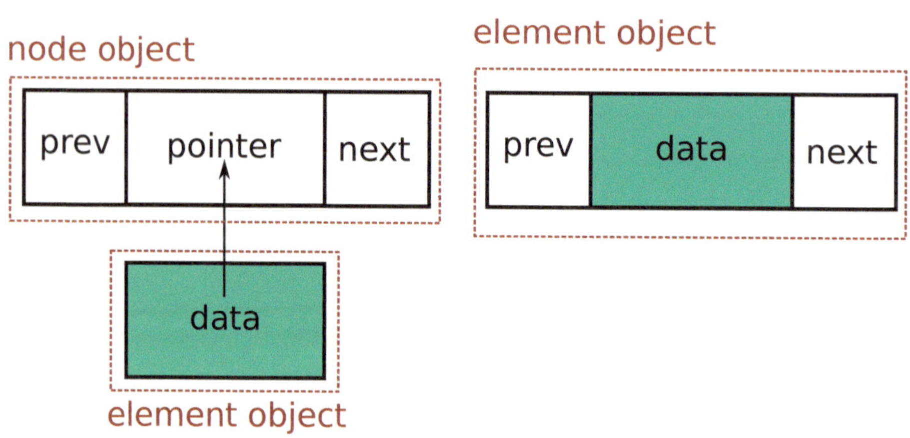

(a) non-intrusive 컨테이너 (b) intrusive 컨테이너

Fig 3.4: 컨테이너 구현방식 차이

복사하여 불필요한 값의 복사를 방지한다.

- 연결된 원소에 접근하기 위해서는 노드를 통해 간접적으로 접근해야 하므로 추가적인 계산비용이 발생한다.
- 원소에 별도의 연결정보를 포함하지 않기 때문에 `int` 등의 원시 자료형에도 적용할 수 있다. 이런 이유로, C++ 표준라이브러리의 컨테이너는 non-intrusive 방식으로 구현되어

있다.

반면에 intrusive 방식은 Fig. 3.4 (b)에 나타낸 것처럼 원소가 연결정보도 같이 가지고 있는 형태로 구현된다.

- 노드를 위한 메모리 할당이 없으므로 메모리 낭비가 적다.
- 원소가 연결정보도 같이 가지고 있으므로 원소에서 다음 원소로 직접적인 접근이 가능하여 추가적인 계산비용이 적다.
- 원소에 연결정보가 포함되어있어야 하기 때문에 사용자 정의 자료형에만 적용할 수 있어 원시 자료형에는 사용할 수 없다. OpenFOAM의 컨테이너 중 `tmp` 컨테이너는 intrusive 방식으로 구현되어있으며 원소가 되는 클래스에 연결정보를 자동으로 포함시키기 위해 `refCounter`의 서브클래스를 통해 확장하도록 하고 있다.

3.3 연습문제

Exercise 1

다음과 같은 등차수열의 합을 배열을 이용해 구해보도록 한다.

$$a_i = a_0 + d\,(i-1) \text{ where } i = 1, \ldots, n$$

(a) 등차수열의 합 공식 $S_n = \frac{n(a_0+a_n)}{2}$ 을 함수로 작성해보자.

(b) 합공식을 사용하지 않고 동일한 결과를 내는 코드를 작성해보도록 한다.

(c) `double` 자료형의 배열을 사용해서 배열의 각 원소에 a_i 의 값을 저장하는 코드를 작성하도록 한다.

> **HINT**
> 배열을 만들 때는 `double a = new double[n]`의 형태로 작성한다.
> 사용후에 메모리를 반환할 때는 `delete[] a;` 형태로 작성한다.

(d) 앞서 만든 배열의 각 원소를 순회하면서 배열의 합을 구하는 코드를 작성한다.

(e) 배열자료형 `std::vector`를 사용해서 앞서 배열로 만든 코드를 수정한다.

> **HINT**
> `std::vector` 자료형을 사용하려면 `#include <vector>`를 추가해야한다.

(f) iterator를 사용해서 배열의 각 원소를 출력시키는 코드를 작성하도록 한다.

Exercise 2

page 44의 6번 문제에 사용된 코드에 residual을 계산하는 기능을 추가하도록 한다. residual을 이전 step에서의 결과와 현재 step에서의 결과의 차이로 정의한다.

$$r_i = x_i - x_{i-1}$$

1. `std::vector` 자료형을 사용해서 각 iteration step마다 residual을 저장하는 구문을 추가하도록 한다.
2. C++의 표준자료형에는 데이터의 순서쌍을 취급하는 `std::pair` 자료구조가 있다. 이 자료구조를 이용하여 순서쌍 (x_i, r_i) 형태로 값을 기록하도록 코드를 수정하도록 한다.

> **HINT**
> 자료형 선언은 `std::pair<double, double>` 형태로 하여 `std::vector` 자료구조에 저장하도록 만들도록 한다.

4

C++ 일반

C++는 Procedural 언어인 C 언어에 변수와 함수를 동시에 다룰 수 있는 클래스 자료구조를 추가한 형태로 출발하여 Object Oriented Programming (OOP), 혹은 객체지향 개념을 지원하는 형태로 발전하였다. 엄밀히 말해 C++는 Java 언어처럼 순수 객체지향언어는 아니지만 객체지향 언어 개념과 템플릿을 이용한 Generic programming 기법 등을 통해 다른 객체지향언어와 차별화된 기능을 지원하고 있다. 이는 C++ 개발철학상 성능을 간과할 수 없기 때문에 이루어진 결과로 해석된다.

C++ 표준은 C++ 98 표준 이후로 한동안 정체상태에 있다가 C++ 11표준이 나온 이후로, C++ 11 표준 이전 C++는 classic C++로 불리고 C++ 11표준 이후부터는 modern C++라고 불릴 정도로 많은 변화를 겪었다. 이들 변화들의 많은 부분은 클래식 C++에서 가지고 있었던 문법적 모호성에서 기인한 잠재적인 오류/보안허점 등을 제거하기 위한 문법적 엄격함, 그리고 rvalue reference로 대비되는 성능향상이라고 볼 수 있다. 우연히 발견된 사용법이기는 하지만 그 유용함으로 인해 메타프로그래밍 기법을 C++ 문법 차원에서 점차적으로 지원하는 방향으로 나아가고 있다.

아래 기술하는 내용은 OpenFOAM 프레임워크 이해에 필요한 C++의 문법적 요소들을 정리한 것으로 보다 C++ 전반적인 문법적 요소 및 전문적인 내용은 참고문헌 [1] [13] [19] 을 참고하도록 한다.

4.1 상수

4.1.1 심벌릭 상수

심벌릭 상수(symbolic constant)는 `const` 키워드로 선언된 변수를 의미한다. 심벌릭 상수 선언된 변수는 선언과 동시에 초기화 시켜야 하며 이후 변수의 값을 변경시킬 수 없다. 만일 Listing 4.1처럼 `const` 변수에 값을 대입할 경우 컴파일 타임 오류를 일으킨다.

Listing 4.1: 상수 선언

```
const int i=1;
i = 2; // compile time error
```

4.1.2 리터럴 상수

리터럴 상수(literal constant)는 변수가 아닌 데이터를 의미하기 때문에 저장된 메모리 공간을 가리키는 이름 즉, 변수를 가지고 있지 않다. 쉽게 말하면 리터럴 상수는 프로그램이 코드에 직접 기술하는 하드코딩된 값들을 의미하며, 정수, 부동소수, 문자, 문자열 그리고 bool 등의 자료형으로 구분할 수 있다. 정수와 부동소수는 직관적으로 알 수 있으므로 설명을 생략한다. bool 자료형은 true와 false 두 가지만 존재한다. 문자 상수는 single quotation으로 감싸인 글자와 escape 문자를 포함한다. 문자열 상수는 double quotation으로 감싸인 복수의 글자를 의미한다. 리터럴 상수들은 대부분 stack 영역(See page 609)에 저장되지만 예외적으로 문자열 상수는 .rodata 영역(See page 609)에 저장되어 프로그램 종료 시까지 삭제되지 않기 때문에, Listing 4.2처럼 const char*형태의 포인터 변수에 주소를 저장할 수 있다.

Listing 4.2: 문자열 리터럴 상수 예

```
const char* literalString = "Lorem ipsum dolor sit amet";
```

4.1.3 열거형 상수

C 언어의 열거형 상수 자료형 enum의 값은 전역공간에 저장된다. C++ 11 이전의 enum은 이름공간 적용 대상이 아니고 각각의 enum 요소는 기억하기 쉽게 정수형 값에 붙인 이름, 즉 별칭이기 때문에 별칭이 달라도 값이 같으면 서로 호환되는 문제가 발생할 수 있다. 문법적인 오류는 아니기 때문에 컴파일은 되지만 가독성을 해칠 수 있는 여지가 있어 사용에 주의가 필요하기 때문에 C++ 11표준에서 enum도 별도의 이름공간을 가질 수 있는 기능을 추가하였다. 변경된 enum 자료구조를 사용할 경우에는 Listing 4.3처럼 enum class 키워드를 사용해야한다.

Listing 4.3: enum class 사용예

```
enum couplingMethod { RELAXATION, EXPLICIT, IMPLICIT };
enum class couplingMethod { RELAXATION, EXPLICIT, IMPLICIT };
```

열거형 자료형 enum 또는 enum class를 사용할 때, 외부 입력으로 받아들인 문자열을 열거형 자료형으로 변환하거나 반대로 사용자에게 보다 가독성있는 정보를 제공하기 위해 열거형 자료형의 각 원소에 대한 별칭을 문자열로 표현해야할 경우가 종종 발생한다. C, C++은 이런 변환을 언어차원에서 지원하기 않기 때문에 OpenFOAM의 경우 NamedEnum 클래스를 제공하여 이런 기능을 지원하고 있다. NamedEnum 클래스는 열거형 자료형의 wrapper 클래스로 볼 수 있기 때문에 먼저 열거형 자료형을 정의한 후 NamedEnum 객체를 선언해서 사용해야 한다. NamedEnum 클래스는 Listing 4.4처럼 템플릿 특수화를 통해 열거형 자료형의 각 원소에 대응하도록 멤버변수인 문자열 배열 names을 초기화하여 사용하도록 설계되어 있다. NamedEnum 클래스는 해시테이블의 서브클래스이기 때문에 배열 원소 접근 연산자 []를 이용해 문자열 표현을 얻을 수 있고 반대로 문자열을 이용해 대응하는 열거형 자료형의 원소를 얻을 수도 있다.

Listing 4.4: NamedEnum 자료형 사용 예

```
#include "NamedEnum.H"
#include "messageStream.H"

class test
{
  public:
  enum class selection { RELAXATION, IMPLICIT, EXPLICIT };
  const static Foam::NamedEnum<selection, 3> selectionNames_;
};

template<>
const char* Foam::NamedEnum
<test::selection, 3>::names[] = {"relaxation", "implicit", "explicit"};
const Foam::NamedEnum<test::selection, 3> test::selectionNames_;

int main(int argc, char* argv)
{
  test obj;
  Foam::Info << obj.selectionNames_ << Foam::endl;
  Foam::Info << obj.selectionNames_[test::selection::RELAXATION] << Foam::endl;
  if (obj.selectionNames_["relaxation"] == test::selection::RELAXATION)
  {
    Foam::Info << "selected relaxation method" << Foam::endl;
  }
  else
  {
    Foam::Info << "selected other method" << Foam::endl;
  }
  return 0;
}
```

한편, OpenFOAM plus는 비슷한 자료형으로 Enum 클래스를 지원한다. NamedEnum과 달리 템플릿 특수화가 필요없고 초기화할 때 NamedEnum보다 좀더 직관적인 형태를 가지고 있지만 열거형 자료형의 원소를 초기화할 때 한번 더 언급하는 구조이기 때문에 열거형 자료형의 원소의 별칭이 변경될 경우 헤더파일뿐만 아니라 소스코드에도 수정이 필요해지는 번거로움을 가지고 있다. Listing 4.4를 Enum 자료형으로 재작성하면 Listing 4.5과 같이 작성할 수 있다.

Listing 4.5: Enum 자료형 사용 예

```
#include "Enum.H"
#include "messageStream.H"

class test
{
  public:
  enum class selection { RELAXATION, IMPLICIT, EXPLICIT };
  const static Foam::Enum<selection> selectionNames_;
};

const Foam::Enum<test::selection> test::selectionNames_
(
  {
      { test::selection::RELAXATION, "relaxation" },
      { test::selection::IMPLICIT, "implicit" },
      { test::selection::EXPLICIT, "explicit" }
  }
);

int main(int argc, char* argv)
{
  test obj;
  Foam::Info << obj.selectionNames_ << Foam::endl;
  Foam::Info << obj.selectionNames_[test::selection::RELAXATION] << Foam::endl;
  if (obj.selectionNames_["relaxation"] == test::selection::RELAXATION)
  {
    Foam::Info << "selected relaxation method" << Foam::endl;
  }
  else
  {
    Foam::Info << "selected other method" << Foam::endl;
  }
  return 0;
}
```

4.2 global/static/friend 개념

4.2.1 global 변수/함수

C/C++ 컴파일러에서 global(전역)은 명시적으로 extern 키워드로 선언된 변수/함수 또는 main 함수 외부에서 선언된 변수/함수를 의미한다. C 컴파일러는 헤더파일에 선언된 변수/함수는 static 키워드가 명시되지 않은 경우 extern이 생략된 것으로 처리하기 때문에 모두 global이다. 단, C++ 컴파일러에서 const 로 선언된 global은 예외적으로 static으로 처리한다. global은 모두 같은 곳에 이름이 등록되기 때문에 이름충돌(namespace confliction)이 쉽게 발생할 수 있다. 특히, 변수의 경우는 이름 충돌이 쉽게 발생할 수 있기 때문에 mutex 등의 특별한 경우가 아니면 헤더파일에 변수를 선언하지 말도록 권하고 있다. 만일 global 변수/함수에 static 키워드를 적용하면 해당 변수/함수가 선언된 파일 또는 translation unit[1] 내부에서만 global로 동작하고 다른 translation unit에서는 존재를 알 수 없게 된다(See page 66). 따라서, 헤더파일에서 선언된 변수에 static을 적용하면 translation unit 마다 독립적으로 존재하는 동일한 이름의 변수/함수를 사용하는 것이 가능하여 이름공간 대용으로 사용하기도 한다. 서로 다른 translation unit간에 global로 선언된 변수를 공유하는 경우에는, 변수의 정의 및 초기화는 특정 translation unit에서 전담하고 나머지 translation unit에서는 extern 선언만 하여 심벌 재정의 오류가 발생하지 않도록 해야 한다. C 컴파일러의 경우에는 extern과 초기화 구문을 섞어서 extern int a = 3;를 해도 문제가 없지만, C++ 컴파일러는 초기화 구문과 extern을 통한 외부 참조 구문을 엄격히 구분하고 있기 때문에 값의 정의는 int a = 3;으로 하고 값을 참조하는 외부 translation unit 에서는 extern int a;으로 구분해서 선언해야 한다.

C++에서는 이름공간 개념이 추가되면서 global을 포함한 이름공간을 명시하기 위해 scope 연산자 ::가 도입되었다. scope 연산자는 [prefix]::의 형식으로 사용할 수 있고 prefix에는 namespace 또는 class/struct 등의 키워드를 사용할 수 있어, Listing 4.6처럼 특정 이름공간에 있는 멤버를 명시적으로 호출할 때 활용할 수 있다.

Listing 4.6: 클래스 멤버함수 명시

```
void Person::prn() {}
```

만일 prefix 없이 scope 연산자를 사용할 경우는 global을 의미한다. 클래스 내부에서의 함수호출은 특별히 명시하지 않는 한 클래스 멤버함수부터 탐색하기 때문에 C 함수 같은 global 함수를 호출할 때는 Listing 4.7, 4.8처럼 ::를 붙여서 명시하는 것이 탐색 속도 면에서 유리하다.

[1] 컴파일 해서 하나의 object 파일을 만들 수 있는 헤더파일와 소스코드 묶음을 의미한다.

Listing 4.7: 전역변수 참조

```
int ex = 1;
int main()
{
    int ex = 2;
    ex += 2;
  ::ex += 1;
    return 0;
}
```

Listing 4.8: 전역함수 호출

```
void Person::test()
{
  ::strcpy();
}
```

4.2.2 static 변수/함수/클래스

static 키워드는 선언된 대상을 상위 scope에 바인딩 시키기 때문에 이름공간 개념에 가깝다고 할 수 있다. 예를 들어 함수 내부에서 사용된 static 변수는 함수에 바인딩 되기 때문에 함수가 종료하더라도 그 상태를 유지하여 stateful 또는 side-effect가 있는 함수를 만들 수 있다. 만일 static 키워드를 헤더파일/소스코드에 선언할 경우 scope가 translation unit에 바인딩 되어 이름 탐색 범위가 파일 내부로 제한(file-local) 되기 때문에 다른 translation unit에서는 존재하지 않는 것으로 인식된다. 이러한 이유로 C 언어에서 static 변수/함수는 Listing 4.9처럼 전역변수의 이름충돌을 피하고자 해당 파일내에서만 사용되는 internal function을 구현할 때 활용된다.

Listing 4.9: static을 활용한 internal function 정의

```
// some.cpp
static void internalFunc()
{
  // body
}
```

internal function은 C++ 문법으로는 Listing 4.10처럼 익명 이름공간 (anonymous namespace)를 이용해서 구현할 수도 있다. 엄밀히 말하면 static 키워드는 객체/함수/변수는 file-local로 만들 수 있어도 자료형 선언을 file-local로 만들 수 없는데 비해 익명 이름공간은 자료형 선언도 file-local로 만들 수 있기 때문에 익명 이름공간이 static보다 상위 개념에 해당한다고 볼 수

있다.

Listing 4.10: 익명 이름공간을 활용한 internal function 정의

```cpp
// some.cpp
namespace
{
  void internalFunc()
  {
    // body
  }
}
```

일반 변수가 stack 영역에 저장되는 것과 달리(See page 609), `static` 변수 중 원시 자료형에 대한 변수는 모두 초기화되어 data section[2]에 정의되며[3] 할당되는 메모리는 컴파일 타임에 결정되고 프로그램이 종료할 때까지 그 값을 계속 유지한다. 따라서 `static`으로 선언된 변수는 global 변수처럼 main 함수가 실행되기 전에 생성되어 초기화 되어야 한다. `static` 변수가 메모리에 올라가는 순서는 동일 translation unit내에서는 정의된 순서로 올라가지만, 여러 translation unit에 걸쳐 선언되어 있을 경우에는 순서가 정의되어있지 않다.

클래스 내부에서 선언된 `static` 키워드는 클래스에 바인딩되기 때문에 객체 생성과 무관한 특징이 있다. 따라서 C++ 표준에 따르면 `static` 멤버변수는 생성자[4]에서 초기화 시킬 수 없고 리터럴 상수가 아닌 경우 Listing 4.11처럼 클래스 정의 외부, 보통 소스코드에서 초기화 시켜야 한다.

Listing 4.11: static 멤버변수 초기화 예

```cpp
class A
{
  public:
  static int var;
  static const int cvar = 1; // ok
}

int A::var = 0; // ok
const int A::cvar = 1; // ok
```

---

[2]클래스 객체의 경우에는 0으로 초기화된 뒤 bss section에 올라간다.
[3]이를 static initialization이라 한다.
[4]생성자는 클래스가 아닌 객체 초기화와 관련있는 함수이다.

4.2.3 friend 클래스/함수

friend 키워드는 클래스의 접근지정자(access modifier)를 무시하도록 만드는 키워드로 friend로 지정된 대상에서 friend 키워드를 포함한 대상의 멤버에 접근지정자와 관계없이 모두 public인 것처럼 만든다. 따라서 friend 키워드는 public to로 해석하는 것이 외우기 편할 것으로 생각된다. friend 키워드를 적용할 수 있는 대상은 3가지 경우에 해당한다.

- 클래스
- 클래스 멤버함수
  - friend 멤버함수
  - friend 전역함수

클래스 선언부에서 다른 클래스를 friend 키워드로 선언하면 friend 클래스라 한다. Listing 4.12를 보면 클래스 A 내부에서 클래스 B를 friend 선언했다. friend 키워드를 public to로 해석해보면 클래스 B는 클래스 A의 모든 멤버에 접근 가능하다는 것을 알 수 있다.

Listing 4.12: friend 선언

```
#include <iostream>

class B;
class A
{
  priviate:
      int var;
  public:
      A(): var(2) {}
  friend B; // class A is public to class B
};

class B
{
  public:
      void printA()
      {
        A a;
        std::cout << a.var << std::endl;
      }
};
```

```cpp

int main(int argc, char** argv)
{
  B b;
  b.printA();
  return 0;
}
```

클래스 내부에서 다른 클래스의 멤버함수를 friend 선언하면 friend 멤버함수라 한다. 이 경우 Listing 4.13처럼 friend 멤버함수에서만 대상 클래스에 무조건적인 접근을 허용할 수 있다.

Listing 4.13: friend 멤버함수 선언

```cpp
#include <iostream>

class A;
class B
{
    public:
        void printA(A& a);
};

class A
{
    private:
        int var;
    public:
        A() : var(2) {}

        friend void B::printA(A& a);
};


void B::printA(A& a)
{
    std::cout << a.var << std::endl;
}


int main(int argc, char** argv)
{
    A a;
    B b;
```

```cpp
    b.printA(a);
    return 0;
}
```

마지막으로 friend 키워드를 클래스 멤버함수에 직접 적용하면 friend 전역함수가 된다. 전역함수가 되기 때문에 클래스 멤버함수처럼 선언되었지만 클래스 이름없이 함수 이름만으로 호출해야 한다. 그리고 전역함수의 경우 적용대상을 지정하지 않으면 동작을 정의할 수 없기 때문에(See page 80) friend 전역함수는 매개변수 리스트를 void로 할 수 없다. 따라서, friend 전역함수는 Listing 4.14와 같은 형태로 선언되어야 한다.

Listing 4.14: friend 전역함수

```cpp
#include <iostream>

class A
{
    private:
        int var;
    public:
        A() : var(2) {}

        /* void parameter list is not allowed
        friend void printA()
        {
            std::cout << var << std::endl;
        }
        */
        friend void printA(A& a)
        {
            std::cout << a.var << std::endl;
        }
};

int main(int argc, char** argv)
{
    A a;
    // a.printA(); // this is not allowed
    // printA();
    printA(a);
    return 0;
}
```

friend 전역함수는 특정 클래스에 종속되지 않는 연산자 오버로딩을 지원할 수 있어 클래스 멤버함수의 연산자 오버로딩과 함께 자주 사용되는 방법이다(See page 80). 보통 +=같은 단항 연산자의 동작은 객체 자신을 수정하기 때문에 멤버함수로 정의하고 +같은 이항 연산자는 새로운 객체를 생성하도록 정의하기 때문에 Listing 4.15처럼 friend 전역함수를 이용한 연산자 오버로딩을 활용한다.

Listing 4.15: 연산자 오버로딩 예

```
#include <iostream>

class Point
{
    private:
        double x_;
        double y_;
    public:
        Point(double x, double y) : x_(x), y_(y) {}
        Point() : Point(0, 0) {}

        Point& operator+=(const Point& b)
        {
            x_ += b.x_;
            y_ += b.y_;
            return *this;
        }

        friend const Point operator+(const Point& a, const Point& b)
        {
            Point p;
            p.x_ = a.x_ + b.x_;
            p.y_ = a.y_ + b.y_;
            return p;
        }

        friend std::ostream& operator<< (std::ostream& os, const Point& p);
};

std::ostream& operator<< (std::ostream& os, const Point& p)
{
    os << '(' << p.x_ << " " << p.y_ << ')';
    return os;
}

```

```
int main(int argc, char** argv)
{
    Point a(1,2);
    Point b(2,4);
    Point c;
    c = a + b;
    std::cout << a << std::endl;
    std::cout << b << std::endl;
    std::cout << c << std::endl;
    c += a;
    std::cout << c << std::endl;

    return 0;
}
```

4.3 클래스 일반

클래스는 기존의 사용자 정의 자료형[5]에 함수를 포함할 수 있도록 도입된 C++의 자료구조로 순수가상함수 유무에 따라 Fig. 4.1과 같이 일반 클래스와 추상 클래스로 구분할 수 있다.

(a) 일반 클래스 표현 (b) 추상 클래스 표현

Fig 4.1: 클래스 표현

4.3.1 객체

클래스 자료형이 변수로 선언되면 객체(object)라 한다. 클래스 자료구조는 함수를 포함할 수 있다는 점이 다른 자료형과 차별화되는 부분이기 때문에 클래스의 멤버는 다음과 같이 구분할 수 있다.

- 변수
    - 멤버변수

[5]Fortran의 경우 `Type`, C/C++의 경우 `struct` 키워드로 지원한다.

- 클래스변수

• 함수

  - 멤버함수
  - 클래스함수

클래스에 선언된 변수와 함수 중 static으로 선언되면 클래스 변수/함수라 부르며 메모리상에 오직 하나만 존재하게 되고 클래스 scope을 명시하면 global처럼 접근할 수 있다. 즉 클래스 변수/함수는 Listing 4.16처럼 이름공간이 구분된 전역변수/함수의 개념으로 생각할 수 있다. static으로 선언되지 않은 모든 멤버는 멤버변수/함수라 불리며 객체마다 고유의 저장공간을 가진다.

Listing 4.16: 클래스변수와 멤버변수

```cpp
#include <iostream>
class A
{
  public:
  int memberVar;
  static int classVar;
};

int A::classVar = 1;
int main(int argc, char** argv)
{
  A a;
  a.memberVar = 0;
  std::cout << "member variable of A: " << a.memberVar << std::endl;
  std::cout << "class variable of A: " << A::classVar << std::endl;
  A::classVar = 2;
  std::cout << "class variable of A: " << A::classVar << std::endl;
}
```

4.3.2 생성자

객체를 선언하게 되면 객체의 멤버변수를 초기화시켜야 한다. 객체 선언 후 멤버변수를 하나하나 초기화 시킬 수도 있지만 C++는 생성자(constructor)라고 하는 객체의 생성과 동시에 멤버변수 초기화를 담당하는 전용 멤버함수를 제공하고 있다. 생성자는 클래스의 이름과 동일한 이름을 가지며 반환형이 없는 함수를 가리킨다[6]. 생성자는 매개변수의 리스트의 개수와 개개의 자료형이 일치하지 않는 조건에서 복수의 생성자를 정의할 수 있다(See page 80). C++ 11표준부터는 이미 정의된 생성자를 이용해 매개변수 리스트가 다른 생성자를 정의할 수 있는 위임 생성자(Delegating constructor)를 사용할 수 있다. Listing 4.17처럼 위임 생성자는 보통 범용 생성자를 정의한 후 이를 이용해 특수한 경우의 생성자를 정의할 때 활용할 수 있다.

> **INFO**
> 생성자 함수처럼 반환형없이 ~<클래스 이름> 형태로 정의된 함수를 소멸자(destructor)라고 한다. 소멸자에서는 주로 멤버변수에 할당된 메모리를 해제하는 코드를 추가하며 보통 `virtual`로 선언된다.

Listing 4.17: 생성자 선언

```
class Point
{
  double x_;
  double y_;
  double z_;
  public:
  // Point() { x_=0; y_=0; z_=0; } // C++ 98 표준
  Point() : Point(0, 0, 0) {} // C++11 표준, 생성자 위임
  Point(double x, double y, double z) { x_=x; y_=y; z_=z; }
}

int main(int argc, char** argv)
{
  Point p1;
  Point p2(1., 2.2, 3.5);
}
```

4.3.2.1 생성자 리스트

클래스 멤버변수는 전통적인 방법으로 생성자 함수의 { } 블럭 내부에서 초기화 할 수도 있지만, 생성자 리스트를 사용해서도 초기화할 수 있다. 생성자 리스트는 Listing 4.18처럼 생성자 정의 블럭 시작 직전에 : 연산자에 이어서 멤버변수에 초기값을 대입하는 방법으로 작성할 수 있다. 이 방법의 장점은 생성자 코드를 실행하기 전에 멤버변수를 초기화하기 때문에 객체 생성시 오버헤드를 줄이는 장점이 있기 때문에 권장된다.

---

[6]반환값이 없는 함수는 `void` 함수이다.

Listing 4.18: 생성자 리스트 사용 예

```
class A
{
    public:
    A() : a_(0), b_(1) {} // 생성자 리스트

    private:
    int a_;
    int b_;
}
```

이때 생성자 리스트의 내용은 멤버변수를 선언한 순서대로 하지 않을 경우 컴파일 시 reorder 관련 경고를 내기 때문에 가능하다면 선언한 순서대로 초기화 시키도록 한다. 서브클래스인 경우에는 Listing 4.19처럼 생성자 리스트의 첫 번째는 슈퍼클래스의 생성자를 기술해야 한다.

Listing 4.19: 서브클래스 생성자 리스트 사용 예

```
class B {}

class A : public class B
{
  public:
  A() : B(), a_(0), b_(1) {}

  private:
  int a_;
  int b_;
}
```

4.3.2.2 복사생성자

복사 생성자는 먼저 생성된 객체를 이용하여 새로운 객체를 생성하기 위한 생성자로 복사생성자를 만들 때 관례적으로 Listing 4.20처럼 매개변수를 `const` 키워드를 적용한다. 매개변수 자료형에 `const`를 적용하는 목적은 함수 내에서 매개변수로 넘겨진 값을 read-only로 만들어 함수 내부에서 실수로 변경되지 않도록 보장하기 위함이다.

Listing 4.20: 복사생성자 선언 예

```
myClass(const myClass &T);
```

참고로 복사생성자와 대입 연산자가 호출되는 경우를 Listing 4.21과 같이 비교하였다. 가장 혼동이 되는 경우가 대입 연산자 =를 사용했을 경우인데, 복사생성자가 호출되는 경우는 선언과 동시에 값을 초기화시키는 경우이고 선언 후 값을 초기화시키는 경우는 대입 연산자가 호출된다. 즉, 초기화에 사용되는 = 연산자는 복사생성자에 대한 별칭, 또는 syntactic sugar에 해당한다.

Listing 4.21: 복사 생성자, 대입 연산 호출 시점 비교

```
class Test
{
  public:
  Test() { std::cout << "default constructor" << std::endl; }
  Test(const Test& t) { std::cout << "copy constructor" << std::endl; }
  Test& operator=(const Test& t)
  {
    cout << "assignment operator" << std::endl; return *this;
  }
}

Test t1; // default constructor
Test t2(t1); // copy constructor
Test t3 = t1; // copy constructor
t1 = t2; // assignment operator
```

4.3.2.3 explicit 생성자

explicit[7] 생성자는 객체 생성시 암시적으로 객체가 생성되지 못하도록 강제하는 역할을 한다.

Listing 4.22: implicit 객체 생성 예

```
class A
{
};

class B
{
  public:
  B() {}
  B(A& a) {}
  B(int n) {}
  B(double d) {}
}
```

[7] 이 키워드는 C++ 98 표준부터 도입되었다.

```cpp

A a;
int n = 1;
double d = 1.0;

B b; // B() 생성자 호출
b = a; // B(a)를 암시적으로 호출한 후 대입
b = n; // B(n)을 암시적으로 호출한 후 대입
b = d; // B(d)를 암시적으로 호출한 후 대입
```

Listing 4.22처럼 암시적으로 생성자를 호출하게 될 경우, 의도치 않게 원하지 않는 생성자 호출이 발생할 수 있다. 만일 생성자를 `explicit` 생성자로 선언할 경우에는 Listing 4.23처럼 반드시 명시적으로 생성자를 통해 객체를 생성해야 한다.

Listing 4.23: explicit 객체 생성 예

```cpp
class A
{
};

class B
{
  public:
  explicit B() {}
  explicit B(A& a) {}
  explicit B(int n) {}
  explicit B(double d) {}
}

A a;
int n = 1;
double d = 1.0;

B b = B();
b = B(a);
b = B(n);
b = B(d);
```

4.3.3 상속

상속은 코드 재활용 수단을 제공함과 동시에 클래스 간의 계층적 관계를 구성함으로써 자료형의 추상화 수단을 제공할 수 있기 때문에 OOP에서 중요한 부분을 차지한다. 클래스 간에

상속관계를 부여하기 위해서는 Listing 4.24처럼 상속 연산자(:)를 사용해야 하며 :의 좌측에는 서브클래스가 오고 우측에는 슈퍼클래스가 와야 한다.

Listing 4.24: 상속관계 정의 방법

```
class subClass : public superClass
```

Listing 4.24에서 표현한 클래스간 상속관계를 다이어그램으로 나타내면 Fig. 4.2와 같다. 슈퍼클래스는 일반 클래스 또는 추상 클래스뿐만 아니라 심지어 템플릿 클래스 또는 템플릿 매개변수 인자도 대상이 될 수 있다. 상속관계는 서브클래스에서 슈퍼클래스 방향으로 설정하는데 이는 업캐스팅(upcasting)가(See page 109) 가능한 방향으로 이해하도록 하자.

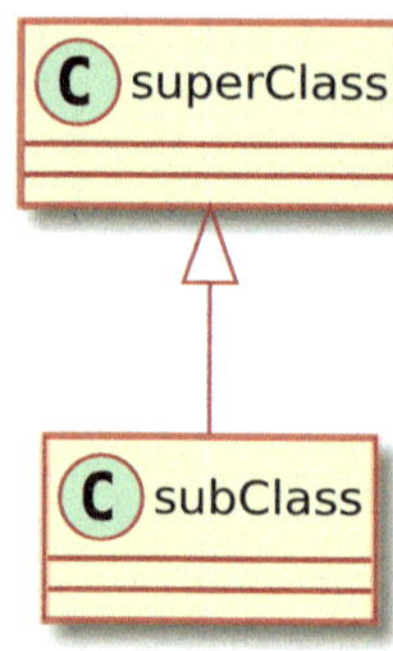

Fig 4.2: 클래스 상속에 대한 UML 표현

상속이 발생할 때 코드를 제공하는 측을 슈퍼클래스 (superclass) 또는 부모클래스라 하고 코드를 받는 측을 서브클래스 (subclass) 또는 자식클래스라한다. 예를 들어, Fig. 4.2와 같이 `superClass`에 구현된 feature1과 feature2를 `subClass`에도 추가한다고 가정해보자.

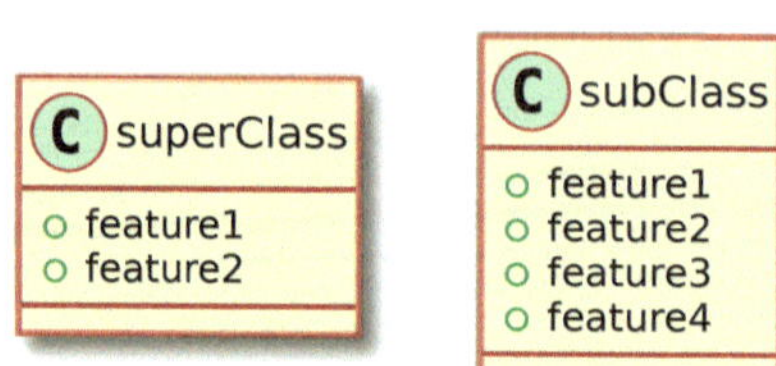

Fig 4.3: 중복 코드 작성 예

Fortran이나 C였다면 Fig. 4.3처럼 `superClass`의 코드를 `subClass`에 코드를 직접 복사하는 방식으로 처리했을 것이다. 이 방법의 단점은 만일 `superClass`의 feature1이나 feature2에 버그가 있어 코드를 수정했을 때 `subClass`에 있는 코드도 같이 수정해야 한다. 만일 feature1이나 feature2의 코드를 복사해간 클래스가 한 개 이상이라고 하면 코드의 무결성 관리가 힘들어진다는 것을 쉽게 예상할 수 있다. 상속은 이런 고민을 언어차원에서 해결해 줄 수 있는 방법에 해당한다. Fig. 4.3를 상속관계로 표현하면 Fig. 4.4와 같다. feature1과 feature2는 superClass로부터 가져오기 때문에 subClass에는 feature1과 feature2를 중복해서 기술할 필요없이 새로운 기능 feature3과 feature4에만 집중하면 된다.

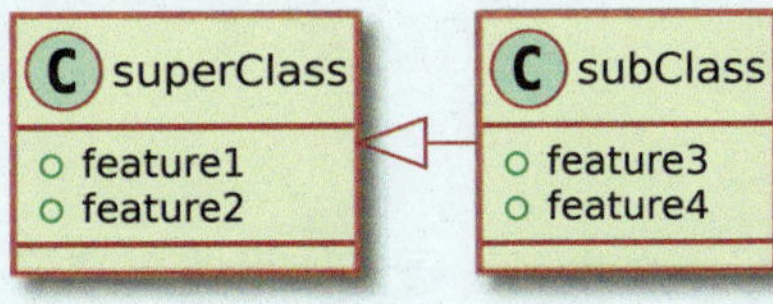

Fig 4.4: 상속 관계

Fig. 4.4를 상속 연산자(:)를 이용해 Listing 4.25처럼 작성할 수 있다.

> **WARNING**
> 서브클래스는 반드시 이미 존재하는 슈퍼클래스로부터만 상속관계를 지정할 수 있다. 템플릿을 사용하면 이런 제약이 없어지며 이를 Mixin 상속이라 한다(See page 108).

Listing 4.25: 서브클래스 구현 예

```
1  class superClass
2  {
3    public:
4    void feature1();
5    void feature2();
6  };
7
8  class subClass : public superClass
9  {
10   public:
11   void feature3();
12   void feature4();
13 };
```

Listing 4.25에서 3, 10번줄에 사용된 public은 접근지정자(access modifier)라 불리는데 그 아래 선언된 클래스 멤버에 대한 접근권한을 지정하는 키워드로 총 3가지 접근지정자가 있다.

- public
- protected
- private

public로 지정된 클래스 멤버는 클래스 외부에서도 접근/호출 가능하다. protected로 지정된 클래스 멤버는 클래스 외부에서 접근/호출 가능하지 않지만 상속관계에 있는 서브클래스에서는 접근/호출 가능하다. 마지막으로 private로 지정된 클래스 멤버는 클래스 외부에서 접근/호출 가능하지 않다.

4.3.4 함수 중복정의

함수 중복정의 또는 오버로딩(overloading)는 동일한 클래스 내에서 이름이 같은 함수를 한 개 이상 가질 수 있는 기능을 의미한다. 이름이 같은 함수는 매개변수 리스트의 크기와 각각의 매개변수의 자료형으로 작성되는 signature로 서로를 구분하기 때문에, Listing 4.26처럼 복수의 이름이 같은 함수를 정의할 수 있다.

Listing 4.26: 오버로딩의 올바른 예

```
int func1(double a, int b);
int func1(int a, int b);
```

반환 값의 자료형은 signature에 포함되지 않기 때문에, Listing 4.27처럼 매개변수 리스트는 동일하면서 반환 값의 자료형만 다르게 선언한 함수들은 이름공간에서 충돌하기 때문에 오버로딩 할 수 없다.

Listing 4.27: 오버로딩의 잘못된 예

```
int func1(double a, int b);
double func1(double a, int b);
```

오버로딩은 다음과 같이 크게 3종류로 나눠 생각할 수 있다.

- 멤버함수 오버로딩 (function overloading)
  - 객체의 전달인자의 좌측값/우측값 여부에 따른 오버로딩
  - 객체의 좌측값/우측값 여부에 따른 오버로딩
  - 객체의 상수성 여부에 따른 오버로딩
- 연산자 오버로딩 (operator overloading)
  - 연산자 오버로딩
  - 형변환 오버로딩

4.3.4.1 멤버함수 오버로딩

C++ 11 표준에서는 우측값 참조(See page 17)와 같은 객체의 상태를 좀 더 명확하게 규정할 수 있는 기능이 추가되면서 멤버함수 오버로딩은 3가지 형태로 세분해서 작성할 수 있게 되었다.

- 객체의 전달인자의 좌측값/우측값 여부에 따른 오버로딩

Listing 4.28: 전달인자가 좌측값일 때 호출되는 함수

```
void func(const int& a)
{
  std::cout << "lvalue argument" << std::endl;
}
```

Listing 4.29: 전달인자가 우측값일 때 호출되는 함수

```
void func(const int&& a)
{
  std::cout << "rvalue argument" << std::endl;
}
```

Listing 4.30: 전달인자 형태에 따른 오버로딩 예

```
#include <iostream>

class A
{
    public:
        void func(const int& a) { std::cout << "lvalue argument" << std::endl; }
        void func(const int&& a) { std::cout << "rvalue argument" << std::endl; }
};
int main(int argc, char** argv)
{
    A obj;
    int a = 1;
    obj.func(a);
    obj.func(1);
    return 0;
}
```

- 객체의 좌측값/우측값 여부에 따른 오버로딩

Listing 4.31: 객체가 좌측값 형태일 때 호출되는 함수

```
void func() &
{
  std::cout << "object is lvalue" << std::endl;
}
```

Listing 4.32: 객체가 우측값 형태일 때 호출되는 함수

```
void func() &&
{
  std::cout << "object is rvalue" << std::endl;
}
```

Listing 4.33: 객체의 형태에 따른 오버로딩 예

```
#include <iostream>

class A
{
  public:
  void func() & { std::cout << "lvalue object" << std::endl; }
  void func() && { std::cout << "rvalue object" << std::endl; }
};
int main(int argc, char** argv)
{
  A obj;
  obj.func();
  A().func();
  return 0;
}
```

- 객체의 상수성 여부에 따른 오버로딩

Listing 4.34: 객체가 비상수형일 때 호출되는 함수

```
void func()
{
  std::cout << "object is non-const" << std::endl;
}
```

Listing 4.35: 객체가 상수형일 때 호출되는 함수

```cpp
void func() const
{
  std::cout << "object is const" << std::endl;
}
```

Listing 4.36: 객체의 상수성 여부에 따른 오버로딩 예

```cpp
#include <iostream>

class A
{
  public:
  void func() { std::cout << "non-const object" << std::endl; }
  void func() const { std::cout << "const object" << std::endl; }
};
int main(int argc, char** argv)
{
  A non_const_obj;
  const A const_obj;
  non_const_obj.func();
  const_obj.func();
  return 0;
}
```

4.3.4.2 연산자 오버로딩

연산자 오버로딩은 기존 연산자의 의미에 새로운 정의를 추가하는 것을 의미하며 `operator` 키워드로 작성한다. C++에서 지원하는 연산자는 크게 3가지로 나뉜다.

- 단항 연산자 (unary operator)
- 이항 연산자 (binary operator)
- 삼항 연산자 (ternary operator)

이 중에서 연산자 오버로딩이 가능한 것은 단항 연산자와 이항 연산자뿐이다. 연산자를 오버로딩할 때의 문법은 일반 함수처럼 반환형을 먼저 적고 연산을 전위 표기법 (prefix notation)

으로[8] 기술하면 된다. 우리가 익숙한 형태는 중위 표기법 (infix notation)으로 이항 연산자의 경우 **<피연산자1> <연산자> <피연산자2>**의 형태가 된다. 이를 전위 표기법으로 기술하면 **<연산자> <피연산자1> <피연산자2>**의 형태가 된다. 따라서, + 연산자를 예로 들면 Listing 4.37처럼 연산자 오버로딩이 가능하다.

Listing 4.37: + 연산자 오버로딩

```
int operator + (int a, int b)
{
  return a + b
}
```

즉, 우리가 익숙하게 사용하는 연산자들은 사실 내부적으로 `operator` 키워드를 이용해 정의한 함수에 대한 바인딩으로 이해하면 된다.

단항 연산자는 좀 헷갈릴 수 있는데 ++과 --의 경우 A++, ++A처럼 피연산자 앞이나 뒤에 올 수 있다. 각각을 후위 연산, 전위 연산이라 하는데 후위연산은 인자 없는 연산자 오버로딩, 전위연산은 Listing 4.38처럼 인자가 있는 연산자 오버로딩을 사용해서 정의해야 한다.

Listing 4.38: 전위, 후위 연산 정의

```
int operator ++(); //후위 연산. e.g. A++
int operator ++(int a); //전위 연산. e.g. ++A
```

Listing 4.39처럼 연산자 오버로딩을 생성자 함수처럼 반환값 없이 정의하면 형변환 연산자 정의를 의미한다.

Listing 4.39: 형변환 오버로딩

```
operator int(); // int 형으로 형변환
operator double(); // double 형으로 형변환
operator bool(); // bool 형으로 형변환
```

4.3.5 멤버함수 오버라이딩

멤버함수 재정의 또는 오버라이딩(overriding)와 오버로딩은 쉽게 혼동할 수 있는 기능인데 오버로딩이 동일한 클래스 내에서 복수의 함수이름을 정의할 수 있는 수평적 기능이라고 하면 오버라이딩은 슈퍼클래스에서 정의된 멤버함수를 서브클래스에서 재정의하는 수직적 기능이라

[8] 피연산자와 연산자가 있을 때 연산자를 가장 처음에 기술하고 피연산자를 순서대로 나중에 기술하는 것을 전위 표기법이라고 한다.

는 면에서 차이가 있다. 따라서, 오버라이딩이 성립하려면 슈퍼클래스에서 정의된 멤버함수와 정확히 이름, 매개변수 자료형 및 개수 그리고 반환형까지 동일해야 한다.

오버라이딩은 다른 말로 name hiding이라는 표현을 사용하기도 하는데, 오버라이딩이 발생할 경우, overload resolution 즉, 오버라이딩 함수 결정 정책으로 인해 오버라이딩된 슈퍼클래스의 멤버함수는 서브클래스에서는 보이지 않게 된다. 만일 슈퍼클래스에서 func라는 이름의 멤버함수가 오버로딩을 통해 여러 종류의 버전이 준비되어있고 서브클래스에서 이 중 하나의 함수를 오버라이딩했다고 하면 서브클래스에서는 오버라이딩한 멤버함수 외의 슈퍼클래스의 다른 버전의 멤버함수를 찾지 못한다.

Listing 4.40: overload resolution 문제

```cpp
class A
{
  pulbic:
  virtual ~Base() = default;
  virtual void func() const;
  virtual void finc(int x) const;
};

class B :: public A
{
  public:
  void func() const;
}

int main(int argc, char **argv)
{
  B b;
  b.func(123);

  return 0;
}
```

Listing 4.40을 컴파일 하면 `no matching function for call to B::func(int)` 에러를 발생시킨다. 코드 상으로 판단했을 때에는 A 클래스를 상속하고 멤버함수 중 일부만을 오버라이딩 했으므로 오버라이딩되지 않은 함수는 슈퍼클래스에서 찾을 것으로 예상하겠지만 overriding resolution 정책에 의해 더 깊이 찾지 않고 이름을 찾은 클래스에서 해당 함수를 찾으려고 시도하기 때문이다. 위 overload resolution 과정으로 인해 슈퍼클래스에서 정의된 오버라이딩된 함수을 찾지 못하는 현상을 name hiding이라 하고 이 name hiding은 fragile base class problem이라 불리는 상황을 해결하기 위해 만들어졌다. fragile base class problem이란 base class에 행한 코드 변경이 잠재적으로 서브클래스를 사용하는 코드에 악영향을 줄 수 있는 상황을 가리킨다.

예를 들어, Listing 4.41과 같은 클래스 상속 관계를 가정하자.

Listing 4.41: fragile base class problem

```
class A {};
class B : public A
{
  public:
  void f(float x) { std::cout << "B::f";}
};

int main()
{
  B b;
  b.f(5);
  return 0;
}
```

만일 A 클래스에 Listing 4.42와 같은 변화를 주었다고 가정하자.

Listing 4.42: 변경된 코드

```
class A
{
  public:
  virtual void f(int x) { std::cout << "A::f"; }
}
```

이렇게 될 경우 `main` 함수에서 호출한 `b.f(5)`는 원래 코드에서는 `f(float x)`를 호출할 테지만 새로 변경된 코드에서는 보다 정확한 자료형인 `f(int x)`를 호출하게 될 것이다. 즉, 원래 의도는 B 클래스의 멤버함수 `f`를 호출하려는 것이었지만 슈퍼클래스의 멤버함수를 수정함으로 인해 의도치 않게 A 클래스의 멤버함수 `f`가 호출되어 코드의 동작이 변경될 수 있기 때문에, name hiding 정책을 적용하여 이런 현상을 방지한다.

Listing 4.41에서 발견된 문제는 3가지 방법으로 접근하여 해결할 수 있다.

- 직접 호출
  암시적으로 호출하는 것이 아니라 부모클래스의 이름공간을 명시하여 호출하는 방법이다.

Listing 4.43: 방법 1

```
int main(int argc, char** argv)
{
  B b;
  b.A::func(123);
}
```

- 오버로딩 함수 재구현
  오버라이딩이 발생할 경우 슈퍼클래스의 오버로딩된 멤버함수들이 모두 가려지므로 가려진 모든 또는 필요한 오버로딩된 함수들을 서브클래스에서 오버라이딩하는 것이다. 오버로딩된 멤버함수들이 많고 프로젝트 크기가 클수록 적용하기 힘든 방법이다.

Listing 4.44: 방법 2

```
class B : public A
{
  public:
  void func() const;
  void func(int x) const;
}
```

- using 지시어 사용
  using 지시어를 사용하면 명시적으로 슈퍼클래스에서 오버로딩된 함수 이름을 전부 서브클래스의 이름공간으로 불러온다. 결과적으로 서브클래스는 슈퍼클래스의 오버로딩된 함수들을 상속받은 것이 되기 때문에, 서브클래스에서 오버라이딩을 시도하면 오버라이딩이 아닌 오버로딩으로 처리 된다. 일반적으로 name hiding으로 인한 문제는 이 방법을 통해 해결한다.

Listing 4.45: 방법 3

```
class B : public A
{
  public:
  using A::func;
  void func() const;
}
```

4.3.5.1 virtual 키워드

오버라이딩을 사용할 경우 다음과 같은 시나리오가 있을 수 있다. C++에서 객체의 자료형은 변수의 값과 관계없이 선언된 자료형을 따르게 된다. 일반적인 자료형일 경우 이는 문제가 되지 않지만, 포인터 혹은 참조형으로 선언될 경우, 슈퍼클래스의 자료형이 서브클래스 객체를 저장할 수 있기 때문에 문제가 될 수 있다. 즉, 정의를 따르면 포인터로 선언된 자료형은 슈퍼클래스의 멤버함수를 호출하게 되므로 작성자의 의도와 다르게 동작할 수 있는 요인이 된다. Listing 4.46의 경우, `main` 함수에서는 클래스 B의 객체 b를 선언하고 클래스 B의 멤버함수 `func`를 호출한다. 실행해보면 의도한 대로 클래스 B의 멤버함수를 호출하는 것을 알 수 있다.

Listing 4.46: 일반 자료형

```
1  class A
2  {
3    public:
4    void func() { cout << ”A” << endl; }
5  }
6
7  class B : public A
8  {
9    public:
10   void func() { cout << ”B” << endl; }
11 }
12
13 int main (void)
14 {
15   B b;
16   b.func();
17   return 0;
18 }
```

위의 15-16번줄을 포인터로 처리하면 Listing 4.47처럼 작성할 수 있다.

Listing 4.47: 포인터 자료형

```
int main (void)
{
  B* b = new B;
  b->func();
  A* a = b;
  a->func();

```

```
    delete b;
    return 0;
}
```

이때 객체 a는 자료형이 A 클래스의 포인터이므로 B의 멤버함수 func를 호출하는 대신 A의 멤버함수를 호출하게 되어 의도치 않은 동작을 하게 된다. 즉 선언된 자료형이 아닌 변수가 담고 있는 자료의 실제 자료형을 따라 멤버함수를 정확히 호출하도록 지시하기 위한 것이 virtual 키워드이다. virtual 키워드를 사용해서 수정한 코드는 Listing 4.48과 같다.

Listing 4.48: 수정된 코드

```
class A
{
  public:
  virtual void func() { cout << "A" << endl; }
}

class B : public A
{
  public:
  virtual void func() { cout << "B" << endl; }
}

int main (void)
{
  B* b = new B;
  b->func();
  A* a = b;
  a->func();
  delete b;
  return 0;
}
```

비슷한 맥락으로 virtual로 선언된 멤버변수의 default argument는 선언된 자료형의 default argument를 따라가므로 사용시 주의가 필요하다. 예를 들어 Listing 4.49를 실행하면 31-33번 줄은 모두 동일한 B 객체의 멤버함수를 호출하지만 default argument는 다르게 출력된다. 이유는 31번 줄은 객체 B를 클래스 A의 포인터로 선언한 반면, 나머지는 모두 클래스 B로 선언된 자료형이기 때문이다.

Listing 4.49: default argument 문제

```cpp
#include <iostream>

class A
{
    public:
    virtual void func(int a = 0)
    {
        std::cout << "--------"
        std::cout << "A" << std::endl;
        std::cout << "a: " << a << std::endl;
    }
};

class B : public A
{
    public:
    virtual void func(int a = 1)
    {
        std::cout << "--------"
        std::cout << "B" << std::endl;
        std::cout << "a: " << a << std::endl;
    }

};

int main(void)
{
    A* a = new B();
    B* b = new B();
    B bb;
    a->func();
    b->func();
    bb.func();
    return 0;
}
```

Listing 4.50: 실행결과

```
--------
B
a: 0
--------
```

```
B
a: 1
--------
B
a: 1
```

4.3.5.2 override와 final 키워드

C++ 11 표준 전까지는 서브클래스에서 오버라이딩이 일어나는 멤버함수 앞에 virtial 키워드를 붙여서 오버라이딩된 멤버함수를 표시하는 것이 관례였다. 하지만 서브클래스의 멤버함수에 사용한 virtual 키워드는 사용자에게 주의를 환기시키는 용도 외에 다른 문법적 기능을 가지고 있지 않기 때문에 사용자 실수로 오버라이딩이 발생하지 않고 오버로딩되어도 컴파일 타임에 이를 알아내기 힘들다. 예를 들어, Listing 4.51처럼 슈퍼클래스에 원래 void func(int a)라는 멤버함수가 있었는데 개발과정에서 이 함수를 void func(int a) const 형태로 변경했다고 가정해보자. 16번줄에서 func 멤버함수를 호출하면 이 함수는 subClass 객체의 멤버함수 void func(int a)를 호출하게 되는데 이 함수는 superClass에 존재하지 않는 함수이므로 오버라이딩된 함수가 아니라 서브클래스의 새로운 멤버함수 정의 또는 오버로딩에 해당한다. 이는 원래 의도에 맞지 않는 상황이지만 문법적으로 잘못된 부분은 없기 때문에 사용자가 주의하지 않으면 모르고 넘어갈 가능성이 많다.

Listing 4.51: 오버라이딩이 발생하지 않는 경우

```
1  class superClass
2  {
3    public:
4    virtual void func(int a) const { std::cout << a << std::endl;}
5    //virtual void func(int a) { std::cout << a << std::endl;}
6  };
7
8  class subClass : public superClass
9  {
10   public
11   virtual void func(int a) { std::cout << a + 1<< std::endl; }
12 };
13
14 int main(int argc, char** argv)
15 {
16   subClass sub;
17   sub.func(2);
18   return 0;
```

```
}
```

C++ 11 표준에서는 오버라이딩 관계를 문법적 검사대상으로 할 수 있도록 override 키워드를 추가하였다. 따라서 위와 같은 상황에서 Listing 4.52처럼 override 키워드를 오버라이딩을 적용할 서브클래스에서 사용하면 컴파일타임에 오류를 잡아 의도치 않은 상황이 발생하는 것을 방지할 수 있다.

Listing 4.52: override 키워드를 사용한 경우

```
class superClass
{
  public:
  virtual void func(int a) const { std::cout << a << std::endl;}
  //virtual void func(int a) { std::cout << str << std::endl;}
};

class subClass : public superClass
{
  public
  virtual void func(int a) override { std::cout << a << std::endl; }
};

int main(int argc, char** argv)
{
  subClass sub;
  sub.func(2);
  return 0;
}
```

override와 같이 도입된 final 키워드는 더 이상의 오버라이딩을 원하지 않는 경우에 적용할 수 있다. 따라서 Listing 4.53과 같은 경우에는 슈퍼클래스에서 더 이상의 오버라이딩을 못하도록 명시했기 때문에 필요한 경우 컴파일 타임 에러를 발생시킬 수 있다.

Listing 4.53: overriding 키워드를 사용한 경우

```
class superClass
{
  public:
  virtual void func(int a) final { std::cout << a << std::endl;}
};

```

```
class subClass : public superClass
{
  public
  virtual void func(int a) override { std::cout << a + 1<< std::endl; }
};

int main(int argc, char** argv)
{
  subClass sub;
  sub.func(2);
  return 0;
}
```

4.3.6 Functor

() 연산자를 오버로딩해서 만들어지는 클래스를 특별히 Functor, 또는 함수객체라고 한다. 함수 호출 연산자인 () 연산자를 오버로딩하기 때문에 객체를 마치 함수호출처럼 사용할 수 있다는 특징을 가지고 있다. Functor를 사용하면 다음과 같은 장점을 가진다.

- 상태를 가진 함수를 만들 수 있다. C 언어에서 상태를 가지는 함수를 만들기 위해서는 Listing 4.54와 같이 `static` 변수를 이용해서 구현해야 한다.

Listing 4.54: stateful function

```
int stateful(int i)
{
  static int state = 0;
  state = i;
  return i;
}
```

물론 C++에서도 Listing 4.55처럼 `static` 변수를 활용할 수 있고 심지어 멤버변수로도 만들 수 있다.

Listing 4.55: 클래스 변수

```
class A
{
  public:
  static int state_;
};
```

```
    
    A a;
    A b;
    
    a.state_ = 1;
    b.state_ = 2;
    std::cout << a.state_ << " : " << b.state_ << std::endl;
```

하지만 static 멤버변수는 클래스 변수이기 때문에 모든 객체가 동일한 변수를 공유하게 되지만 Functor는 Listing 4.56처럼 객체마다 다른 상태를 가지게 만들 수 있다는 점에서 차이가 있다.

Listing 4.56: Functor

```
class A
{
  private:
  int state_;
  public:
  void operator(int i) { state_ = i; }
  int state() { return state_; }
};

A a;
A b;

a.(1);
b.(2);
std::cout << a.state() << " : " << b.state() << std::endl;
```

- Functor는 클래스이므로 그 자체로 하나의 자료형이다. 즉 Functor는 generic programming 또는 meta programming에서 템플릿 인자로 사용할 수 있다.
- Functor는 포인터 자료형이 아니므로 함수의 전달인자로 넘길 경우 최적화에 좀 더 유리하게 만들 수 있다. 예를 들어 정렬함수 sort는 함수의 마지막 인자로 함수 포인터 또는 Functor를 전달받을 수 있기 때문에, Listing 4.57과 같은 정렬 코드를 작성할 수 있다. 이때 함수 포인터를 사용했을 때, Functor를 사용했을 때 그리고 람다 함수를 이용했을 때 정렬시간을 비교하면 Fig. 4.5와 같다.

Listing 4.57: 속도 비교

```
#include <algorithm>
#include <vector>
#include <chrono>
#include <iostream>

bool cmp(float a, float b) { return a > b; }

class Cmp
{

    public:
        bool operator()(float a, float b)
        {
            return a > b;
        }
};

int main(int argc, char** argv)
{
    int maxSize = 10000;
    if (argc > 1)
    {
        maxSize = std::stoi(argv[1]);
    }
    std::cout << "Size of data: " << maxSize << std::endl;
    std::vector<float> fptrData(maxSize);
    for (auto iter=fptrData.begin(); iter!=fptrData.end(); ++iter)
    {
        *iter = rand()*maxSize;
    }
    // copy
    std::vector<float> functorData(fptrData);
    std::vector<float> lambdaData(fptrData);

    auto start = std::chrono::system_clock::now();
    std::sort(fptrData.begin(), fptrData.end(), cmp);
    auto end = std::chrono::system_clock::now();
    auto duration =
        std::chrono::duration_cast<std::chrono::nanoseconds>(end - start);
    std::cout << "elapsed time (ns): " << duration.count() << std::endl;

    start = std::chrono::system_clock::now();
```

```
    std::sort(functorData.begin(), functorData.end(), Cmp());
    end = std::chrono::system_clock::now();
    duration = std::chrono::duration_cast<std::chrono::nanoseconds>(end - start);
    std::cout << "elapsed time (ns): " << duration.count() << std::endl;

    start = std::chrono::system_clock::now();
    std::sort
    (
        lambdaData.begin(),
        lambdaData.end(),
        [](float a, float b){ return a > b; }
    );
    end = std::chrono::system_clock::now();
    duration = std::chrono::duration_cast<std::chrono::nanoseconds>(end - start);
    std::cout << "elapsed time (ns): " << duration.count() << std::endl;

    return 0;
}
```

Listing 4.57를 배열 크기를 10^4 에서 10^7 까지 변화시켜가며 계산속도를 비교해보면 대략 Functor와 람다 함수를 사용하면 함수 포인터를 사용했을 때보다 약 30% 정도의 속도개선이 있는 것을 알 수 있다.

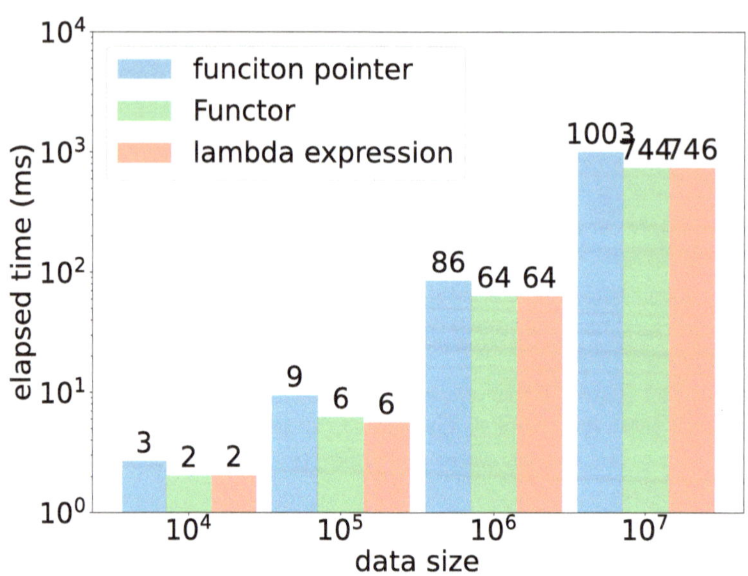

Fig 4.5: sort 함수 실행시간 비교

4.3.7 클래스간 관계

클래스간 관계는 사용 용도에 따라 여러 가지 형태로 구성할 수 있으며 이들 형태를 디자인 패턴(Design Pattern)이라 한다(See page 393). 가장 강력하면서 직관적인 관계는 앞서 설명한 상속관계이다. 상속관계는 코드 재사용이라는 관점에서 아주 강력한 기능이지만 특정 클래스에 대한 강한 의존성을 가지기 때문에 서브클래스로 확장 시 불필요한 코드가 삽입될 수 있다는 점에서 유연함이 떨어지는 관계이다. 그래서 보통 직접적인 연관 관계로 설명할 수 있는 또는 자료형의 추상화로 묶을 수 있는 관계에는 상속관계를 사용한다. 하지만, 직접적인 연관관계는 떨어지지만 의존관계는 있는 경우에는 집합(aggregation)이나 구성(composition) 관계로 클래스를 표현한다.

- 집합관계

  집합관계는 클래스에 객체의 영구적인 데이터를 가지고 있는 것이 아니라 포인터나 참조형으로 유지하는 경우를 의미하며 코드로는 Listing 4.58, 4.59와 같이 표현한다.

Listing 4.58: 포인터 변수를 이용한 집합관계

```
class LESdelta { ... };
class LESModel
{
    autoPtr<LESdelta> delta_;
};
```

Listing 4.59: 참조형 변수를 이용한 집합관계

```
class LESdelta { ... };
class LESModel
{
    LESdelta& delta_;
};
```

집합관계를 UML로 나타내면 Fig. 4.6과 같이 표현할 수 있다.

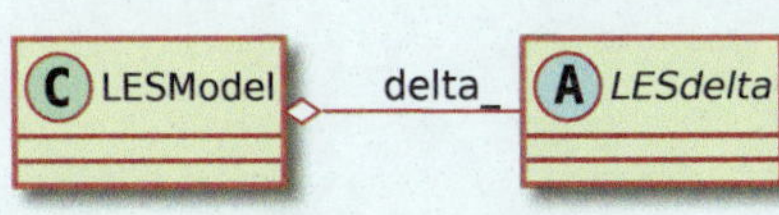

Fig 4.6: 집합관계에 대한 UML 표현

- 구성관계

구성관계는 클래스에 객체에 대한 영구적인 데이터를 가지고 있는 경우를 의미하며 코드로는 Listing 4.60과 같이 표현한다.

Listing 4.60: 집합관계

```cpp
class fvBoundaryMesh { ... };
class fvMesh
{
    fvBoundaryMesh boundary_;
};
```

구성관계를 UML로 나타내면 Fig. 4.7과 같이 표현할 수 있다.

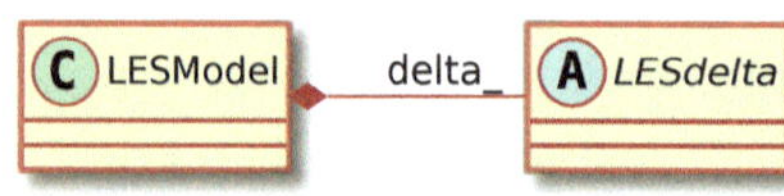

Fig 4.7: 구성관계에 대한 UML 표현

이들 집합관계와 구성관계는 후술할 디자인패턴(See page 393)에서 중요한 패턴 구성에 활용되니 참고하도록 한다.

4.4 Generic Programming

C++에서 일반화 프로그래밍(generic programming)은 템플릿을 통해 지원하고 있다. 템플릿이란 자료형을 입력으로 하여 클래스를 만들어주는 자동 코드 생성기로 단순하게는 page 28에서 다룬 매크로 함수를 OOP적인 문법검사 기능을 추가하여 확장한 것으로 이해할 수 있다. 즉, 템플릿과 매크로 함수는 코드 생성기라는 면에서 공통점을 가지고 있지만 템플릿은 문법의 일부라는 점이 매크로 함수와 다르다.

템플릿은 `template` 키워드를 사용하여 정의할 수 있으며 Listing 4.61, 4.62처럼 템플릿 클래스와 템플릿 함수로 구분할 수 있다. `template` 키워드는 템플릿 매개변수를 입력으로 받는 연산자로 볼 수 있는데 템플릿 매개변수는 `class` 또는 `typename` 키워드 또는 `int`과 같은 원시 자료형[9]과 같이 사용해야 한다.

[9]non-type 매개변수라 한다.

Listing 4.61: 템플릿 클래스 정의

```
template<typename T1, typename T2, ...>
class className
{
  // body
};
```

Listing 4.62: 템플릿 함수 정의

```
class className
{
  // body
  template<typename T1, typename T2, ...>
  <type> <member function name> ([parameter list]);
};
```

템플릿 인자에 사용된 `class` 키워드는 초창기 C++ 개발 당시 새로운 키워드를 추가하지 않고 기존 키워드를 재사용하려는 의도에서 사용된 키워드로 일반적인 경우에는 `typename`과 동일한 의미를 가진다. 하지만 Listing 4.63과 같은 경우, 7번줄의 원래 의도는 자료형 `T`의 멤버 자료형인 `A`에 대한 포인터 변수 선언문이지만, 관점을 달리하면 `T`의 멤버변수 `A`에 `aObj`를 곱하는 구문으로 해석할 수도 있다. C++ 컴파일러는 모호함이 존재할 때 변수로 처리하기 때문에 Listing 4.63은 의도와 다른 동작을 하게 된다.

Listing 4.63: 암시적 템플릿 매개변수 선언방식의 모호성

```
1 template <class T>
2 class Demonstration
3 {
4   public:
5   void method()
6   {
7     T::A * aObj;
8   }
9 };
```

Listing 4.63처럼 코드 내에서 템플릿 매개변수로 인식하지 못하는 상황이 발생할 경우, `T`가 변수가 아닌 자료형이라는 것을 명시하기 위해 C++ 표준위원회에서 `typename` 키워드를 도입하였다[16]. Listing 4.63를 원래 의도대로 동작하게 하기 위해서는 Listing 4.64처럼 `typename` 키워드를 사용해야 한다.

Listing 4.64: 명시적인 템플릿 매개변수 선언방식

```
template <class T>
class Demonstration
{
  public:
  void method()
  {
    typename T::A * aObj;
  }
};
```

> **INFO**
> 템플릿 매개변수에 사용되는 `class` 키워드는 역사적인 이유와 하위호환을 위해 키워드를 유지하는 것이기 때문에 가능하면 템플릿 인자를 나타낼 때는 `typename`을 사용하는 것을 권장한다.

4.4.1 템플릿 인스턴스화

템플릿 클래스는 템플릿 매개변수에 실제 자료형을 전달인자로 사용함으로써 클래스 정의 코드를 만들 수 있는데 이 과정을 Fig. 4.8처럼 템플릿 인스턴스화라고 한다. 참고로 클래스로부터 객체(object)를 만드는 과정도 인스턴스화라 하기도 한다.

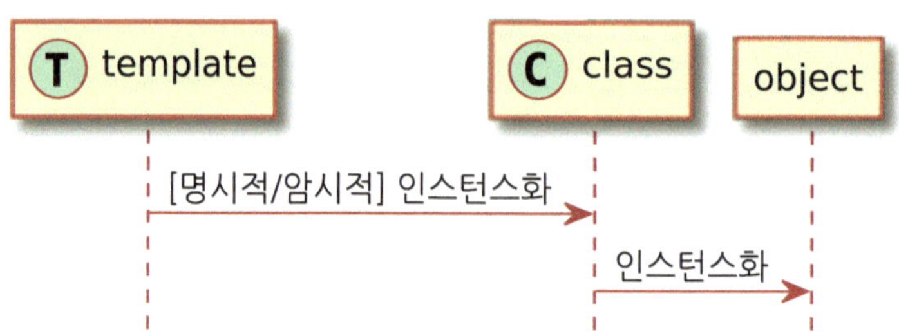

Fig 4.8: 템플릿을 통한 객체 생성과정

전달인자는 자료형 또는 리터럴 상수(See page 62)를 사용할 수 있다. 템플릿 인스턴스화는 컴파일 타임에 발생하고 템플릿 인스턴스화 시점에 문법검사가 이루어지기 때문에 템플릿 코드에 대한 컴파일 에러가 없다고 해서 템플릿 코드에 오류가 없다는 것을 보장하지 않는다. 특별히 명시하지 않는 한 템플릿은 암시적 인스턴스화가 이루어지기 때문에 컴파일러가 클래스 정의를 항상 확인할 수 있도록 헤더파일에 템플릿 선언과 정의를 모두 포함시켜야 한다. 따라서, 템플릿을 이용한 라이브러리는 모든 소스코드가 공개될 수 있다는 단점을 가지고 있다. 암시적 인스턴스화와 반대로 명시적 인스턴스화를 사용하면 지정된 자료형에 대한 인스턴스화만 허용하여 템플릿의 정의를 소스코드에 별도로 기술할 수 있게 된다. 이 방법은 원치 않는 자료형에 대한 인스턴스화를 막는데 사용할 수 있는데[10], 예를 들어 숫자형 자료형에 대해서만 템플릿 클래스를 활용하고자 할 때는 Listing 4.65처럼 사용할 수 있다.

> **INFO**
> 템플릿으로 작성된 코드는 정적/동적 라이브러리로 만들 수 없다. 템플릿 코드를 라이브러리화 할 때도 명시적 인스턴스화를 활용한다. OpenFOAM의 난류모델이 대표적인 예에 해당한다.

Listing 4.65: 명시적 인스턴스화

```
// header.hpp
template <typename T>
class Number
{
  // body
};

typedef Number<int> intNumber;
typedef Number<float> floatNumber;
typedef Number<double> doubleNumber;
// header.cpp
#include "header.hpp"

// template definition

// 명시적 인스턴스화 선언
template class Number<int>;
template class Number<float>;
template class Number<double>;

```

4.4.2 템플릿 특수화

템플릿은 동일한 알고리즘을 가진 자료구조에 대한 일반화이다. 하지만 특정 자료형에 대해서는 예외적인 처리가 필요할 수 있는데 이때 적용하는 것이 템플릿 특수화(template specialization)이다. 예를 들어, Listing 4.66처럼 두 개의 매개변수에 대한 합을 구하는 템플릿 함수가 있다고 가정한다.

[10]명시적 인스턴스화 대신 C++ 11에서 도입된 `static_assert`를 사용할 수도 있다.

Listing 4.66: 템플릿 함수

```
template<typename T>
T add(T a, T b)
{
  return a + b;
}
```

Listing 4.66 템플릿 코드는 숫자형 자료형 `int`, `float`, `double`등에 대해서는 의도한대로 동작한다. 하지만 자료형이 문자열일 경우에 연산자 +에 대한 정의가 없기 때문에 예외적인 상황이 발생한다. 이때 사용하는 것이 템플릿 특수화이다. 템플릿 특수화는 Listing 4.67처럼 템플릿 매개변수 리스트를 없애고 직접 매개변수를 예외가 발생하는 자료형으로 치환해서 표현하면 된다.

Listing 4.67: 템플릿 특수화 적용

```
template<typename T>
T add(T a, T b)
{
  return a + b;
}

// 템플릿 특수화
template<>
char* add(char* a, char* b)
{
  char* str="string operation is not allowed"
  return str;
}
```

템플릿 인자 추론 및 우선순위 결정은 SFINAE (Substitution Failure Is Not An Error) 정책에 기반하는데, 여러 개의 치환 후보가 있을 때 첫 번째 혹은 이전 치환 시도 실패를 에러로 취급하면 나머지 후보에 대한 치환작업이 이루어지지 않기 때문에 사용하는 규칙이다. 즉, 치환 실패를 에러로 처리하지 않고 다음 후보로 넘어가서 시도하는 규칙이 되기 때문에 `if`문 같은 분기문과 비슷한 특성을 보여 후술 할 템플릿 메타프로그래밍 기법에서 활용된다. 템플릿은 일반화 프로그래밍이기 때문에 모든 데이터 타입에 대해서 동작한다. 하지만, 만일 숫자형 자료형에만 적용되어야 하는 템플릿이라고 하면 다른 자료형에 대해서는 동작을 정의하지 않는 것이 안전하기 때문에 Listing 4.68처럼 적용대상이 아닌 자료형은 특별한 동작을 정의하지 않고 적용대상에 대해서만 템플릿 특수화를 통해 동작을 정의하는 형태로 예외적인 상황을 제어할 수도 있다.

Listing 4.68: SFINAE 규칙 활용 예

```
template <typename T> struct restrictor {}
template <> struct restrictor<float> { typedef float result; };
template <> struct restrictor<double> { typedef double result; }

template <typename T>
typename restrictor<T>::result distance(T a1, T a2, T b1, T b2) {
  T tmp1 = a1 - b1;
  T tmp2 = a2 - b2;

  return std::sqrt(tmp1*tmp1 + tmp2*tmp2);
}
```

4.4.3 템플릿 별칭

템플릿은 그 문법적 특징 때문에 Listing 4.69처럼 구문이 불필요하게 길어지는 번거로움을 가지고 있다.

Listing 4.69: 템플릿 변수 선언 예

```
std::map<std::string, Record> recordTable;
std::map<std::string, void (*) (int)> callbackTable;
```

C++ 11 표준 전까지의 관행은 Listing 4.70처럼 `typedef` 문을 사용하여 별칭(template alias)을 만들어 두고 사용하는 것이었다.

Listing 4.70: 템플릿 별칭 사용예

```
typedef std::map<std::string, Record> TableType1;
typedef std::map<std::string, void (*) int> TableType2;
TableType1 recordTable;
TableType2 callbackTable;
```

그런데 Listing 4.70을 보면 `TableType1`과 `TableType2`는 모두 `std::map`의 첫 번째 매개변수를 `std::string`으로하고 두 번째 매개변수만을 템플릿 매개변수로 하는 자료형으로 볼 수도 있기 때문에 Listing 4.71과 같이 표현하고 싶을 수 있다.

Listing 4.71: 템플릿 별칭 잘못된 사용예

```
template<class T>
typedef std::map<std::string, T> TableType;

TableType<Record> recordTable;
TableType<void (*)(int)> callbackTable;
```

하지만 `typedef`는 템플릿 매개변수를 처리하지 못하기 때문에 Listing 4.71과 같은 형태를 사용할 수 없다. 단, 이 제약은 직접적으로 템플릿 매개변수에 `typedef` 키워드를 적용할 수 없다는 제약이기 때문에 다음과 같이 간접적인 형태로 클래스/구조체 내부에서 템플릿 매개변수를 이용하는 형태로는 이런 제약을 피해갈 수 있다. Listing 4.72와 같은 형태는 C++ 11 표준 이전에 작성된 대부분의 템플릿을 활용한 프레임워크에서 활용되던 방법이다.

Listing 4.72: 템플릿 별칭 사용예 1

```
tempalte<class T>
struct Registry
{
    typedef std::map<std::string, T> TableType;
}
```

C++ 11 표준에서는 `using`을 템플릿 별칭 작성에 사용할 수 있도록 확장하였기 때문에 향후 `typedef` 대신 Listing 4.73처럼 `using`을 사용하기를 권한다.

Listing 4.73: 템플릿 별칭 사용예 2

```
template<class T>
using std::map<std::string, T> TableType;

TableType<Record> recordTable;
TableType<void (*)(int)> callbackTable;
```

INFO

OpenFOAM 8의 `src/finiteVolume/fields/volFields/volFieldsFwd.H`를 보면 `using`키워드를 사용한 템플릿 별칭으로 선언한 `volField` 자료형을 볼 수 있다.

4.5 템플릿 메타프로그래밍

템플릿 메타프로그래밍 (TMP)는 C++ 일반화 프로그래밍 문법에서 의도치 않게 발견된 기법으로 1994년 Erwine Unruh [25]의 보고서에서 나타난 소수(prime number) 계산 사례를 그 시작으로 보고 있다. 이 보고서를 시작으로 메타프로그래밍 기법이란 이름으로 해당 기법을 체계화하여 현재에 이르고 있다. 메타프로그래밍의 핵심 아이디어는 필요한 계산을 가능하면 컴파일 타임에 수행하여 런타임 시간을 줄이는데 있다. 따라서, 컴파일 시간이 과도해지고 바이너리 파일 크기가 커져 로딩시간이 늘어날 수 있는 단점이 있지만, 실행시간이 획기적으로 줄어드는 효과를 가지고 있다. 이는 C++를 수치해석 도구로 사용하는데 가장 큰 장애가 되는 가상테이블로 인한 오버헤드를 줄여 C++를 범용성을 가진 수치해석 도구로 활용할 수 있는 가능성을 열었다는데 큰 의의가 있다. C++에서는 템플릿 문법을 통해 메타프로그래밍을 구현하기 때문에 보통 템플릿 메타프로그래밍(TMP)이라 부른다. TMP는 그 자체가 일반화 프로그래밍에 속하기 때문에 코드가 최소화되고 유지보수가 쉬워질 수 있는 가능성을 가지고 있다. 하지만, 현재까지는 TMP는 문법적 요소가 아닌 문법적 해킹에 해당하기 때문에 컴파일러의 도움을 받을 수 없어 구현방법이 난해하고 디버깅이 어려우며 컴파일러 의존성이 있어 이식성이 낮을 수 있다는 단점 또한 가지고 있다. 하지만 C++ 11 표준부터 `constexpr`를 비롯한 문법적으로 TMP를 지원하기 위한 기능들이 추가되고 있는 추세이기 때문에 향후 좀더 쉽게 활용할 수 있을 것으로 예상된다.

4.5.1 메타데이터

C++에서 컴파일타임에 조작할 수 있는 요소를 메타데이터라 하는데 다음과 같이 2가지로 나눌 수 있다.

- 자료형 (type)
- 비자료형 (non-type)

자료형은 `int`, `char` 등의 원시 자료형과 구조체, 클래스를 의미하고 비자료형은 컴파일 타임에 값을 알 수 있는 거의 모든 것, `const`, `enum` 등의 상수와 `static` 멤버, 전역객체, 포인터, 참조형 등이 이에 해당한다. 객체는 런타임에 만들어지기 때문에 메타데이터에 속하지 않는다. 모든 메타데이터는 템플릿 인자로 사용할 수 있을 뿐만 아니라, 자료형/비자료형에 대한 컴파일 타임 연산도 가능하다. 비자료형의 컴파일 타임 연산 기능을 활용하는 것을 템플릿 메타프로그래밍(TMP)이라하는데, 컴파일 타임에 템플릿 인자에 대한 검사를 지원하기 위해 개발된 클래스를 traits 클래스라 한다. C++ 11 표준 이전까지는 `static` 멤버변수를 이용하여 비자료형에 대한 컴파일 타임 연산이 가능하도록 구현하였는데, C++ 11 표준부터는 컴파일 타임 상수를 지원하는 `constexpr`[11] 키워드를 지원하고 있다. `constexpr`를 사용할 경우 변수나, 함수 인자

[11]C++ 14, C++ 17에서 `constexpr`를 보다 일반적인 용도로 사용하기 위해 제약이 많이 완화되었다.

또는 함수 반환 값에 사용할 수 있는데 컴파일 타임에 평가되기 위해서는 이들 값들이 컴파일 타임에 결정될 수 있는 리터럴 상수(literal constant)이어야 한다(See page 62). 메타데이터로 사용할 수 있는 리터럴 상수 목록은 다음과 같다.

- 숫자
- 참조
- 모든 매개변수들이 리터럴 상수이고 `constexpr` 생성자를 포함하는 클래스
- 비정적 데이터 멤버가 모두 리터럴 상수인 클래스

참고로 해당 타입이 리터럴 상수인지 여부를 판단하려면 표준 라이브러리의 `std::is_literal_type` 함수를 사용하면 된다. 변수의 경우에는 컴파일 타임에 평가가능 여부가 비교적 자명하기 때문에 함수와 사용할 경우만 추가로 기록한다. `constexpr`을 사용할 수 있는 함수는 가상함수가 아니어야 한다. 함수에 `constexpr`을 사용할 경우에는 `inline` 함수를 암시하며 `inline` 함수들과 동일하게 컴파일 된다. C++ 11에서는 `constexpr`을 사용한 함수의 반환 시 `if-else` 문을 통한 반환을 사용할 수 없기 때문에 삼항 연산자(ternary expression)을 사용해야 하는 제약이 있었지만 C++ 14부터 이 제약이 사라졌다. 함수 인자가 리터럴 상수가 아니면 컴파일 타임이 아닌 런타임에 실행된다.

4.5.2 기본 문법

클래스와 달리 TMP는 자료형과 리터럴 상수를 처리하여 자료형 또는 리터럴 상수를 계산하는 기법이기 때문에 일반 클래스와 다음과 같은 큰 차이가 있다.

- TMP에서 템플릿 내에 사용된 `typedef` 혹은 `using`을 사용한 별칭은 traits 클래스에서 자료형의 컴파일 타임 동적 검사에 활용되어 일반적인 함수의 `return`문과 비슷한 모습을 보인다.
- TMP는 컴파일 시간에 모든 계산이 이루어지도록 하는데 목적이 있기 때문에 클래스 변수이면서 리터럴 상수인 `static const` 자료형을 사용한다.
- TMP는 분기가 필요한 경우는 SFINAE 알고리즘을 이용하여 템플릿 특수화를 통해 구현한다.
- TMP는 반복문을 구현할 때 재귀(recursive)를 사용하며(See page 26), 재귀의 종료 조건 또는 경계조건을 구현하기 위해 템플릿 특수화를 사용한다. 재귀는 반복문을 점화식 형태로 표현할 수 있으면 쉽게 만들 수 있다. 예를 들어, factoral 함수 $f(n) = n! = n \times (n-1) \times (n-2) \ldots 1$는 점화식 형태로 $f(n) = n \times f(n-1)$로 표현할 수도 있다. 점화식으로 표현된 재귀적 형태의 함수를 구현하면 Listing 4.74와 같다.

Listing 4.74: factorial 함수

```
1 int factorial(int n)
2 {
3     if (n == 0) return 1;
4     return n* factorial(n-1);
5 }
```

Listing 4.74의 3번줄 `if` 문을 통한 분기가 경계조건에 해당하고 4번줄 `return n*factorial(n-1)`이 일반화 코드에 해당한다. 동일한 기능을 TMP로 구현해보자. 앞서 TMP에서 `return` 문은 `typedef` 또는 `using`을 통한 자료형의 별칭으로 표현 가능하다고 했고 변수는 `static` 상수로 표현한다고 했으므로 이를 따라서 TMP를 작성하면 Listing 4.75처럼 표현할 수 있다.

Listing 4.75: factorial TMP

```
#include <iostream>

template<unsigned int n>
class factorial
{
    public:
    static const unsigned int value = n*factorial<n-1>::value;
};

template<>
class factorial<0>
{
    public:
    static const unsigned int value = 1;
};

int main(int argc, char** argv)
{
    std::cout << factorial<4>::value << std::endl;
    return 0;
}
```

지금까지 다룬 내용으로부터 일반 코드와 이에 대응하는 TMP 문법을 표로 정리하면 Tab. 4.1과 같다.

Tab 4.1: TMP와 일반 코드 문법비교

	TMP 구문	일반코드 구문
변수	`static const`	변수
분기문	SFINAE를 활용한 템플릿 특수화	`if-else`구문
`this`	클래스 자료형에 대한 `typedef`	`this`
함수 반환	`typedef`으로 정의된 자료형	`return`
반복문	재귀문	`for`

4.5.3 Mixin과 CRTP

Mixin과 CRTP는 클래스를 확장시키는 기법 중의 하나로 주어진 클래스에 부가적인 기능을 추가할 수 있다는 특징상 code injection 기법으로 불리기도 한다. CRTP 기법은 curiously recurring template pattern의 약자로 1989년 F-bounded quantification으로 처음 소개되었고[4], 그후 1995년 Jim Coplien에 의해 CRTP라는 용어가 사용되기 시작하였다 [6].

Mixin과 CRTP는 모두 템플릿 클래스의 상속관계로 구현되지만 상속의 주체가 누구인지에 따라 구현방법이 달라진다. Mixin은 Listing 4.76처럼 템플릿 인자로 주어진 자료형에서 확장하는 구조로 되어 있다. 상속처럼 슈퍼클래스를 특정 클래스에 종속시키지 않는다는 점에서 Mixin 상속은 일반화된 상속으로 이해할 수도 있다.

Listing 4.76: Mixin 상속

```
template<typename Base>
class MixinClass : Base
{
    ...
}
```

반면 CRTP는 Listing 4.77처럼 서브클래스가 슈퍼클래스에도 나타나기 때문에 최종적으로 서브클래스는 슈퍼클래스의 코드가 정적인 형태로 삽입된다. 이 형태는 가상테이블을 사용하지 않는 상속형태이기 때문에 정적상속(Static polymorphism)이라 하기도 한다.

Listing 4.77: CRTP 구조

```
template<class Type>
class CRTP;

class Derived : public CRTP<Derived>
{
    ...
```

```
}
```

Mixin 기법은 임의의 슈퍼클래스를 감싸는 구조가 되어 슈퍼클래스의 멤버변수 또는 멤버함수를 직접 호출할 수 없기 때문에 Proxy 클래스로 볼 수도 있다. 반면, CRTP는 원본 클래스에 강제로 코드를 삽입하기 때문에 삽입된 코드는 멤버변수 또는 멤버함수가 된다. 이런 특성으로 인해 CRTP는 `clone` 함수처럼 자료구조의 설계상 반드시 구현해야 하나 자료구조의 동작과 관계없는 공통적인 코드를 자동으로 삽입시키기 위한 형태로 사용되기도 한다. 예를 들어, OpenFOAM에서 격자 객체의 생성/삭제를 용이하게 만들기 위한 `MeshObject` 자료구조가 있는데 이 자료구조는 `MeshObject` 자체는 Fig. 4.9에 보인 것처럼 Mixin 상속으로 구현되어있고 사용법은 `MeshObjectType`으로부터 확장되는 형태인 CRTP구조로 동작하도록 설계되어 있다.

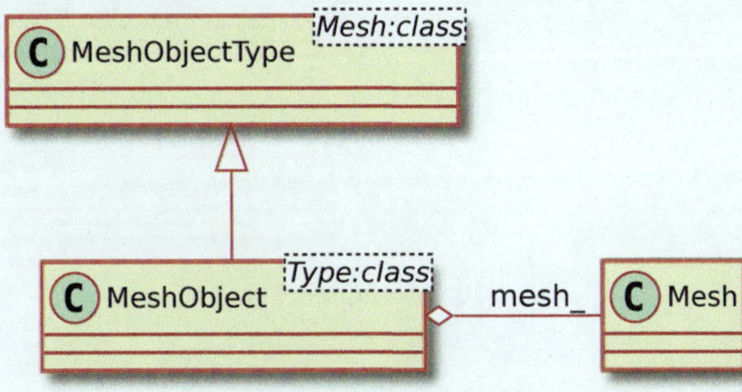

Fig 4.9: MeshObject

`MeshObjectType` 템플릿 인자는 Fig. 4.10에 보인 것처럼 `meshObject` 클래스의 서브클래스 사용을 전제로 설계되어 있다.

`MeshObject`를 사용할 때는 Listing 4.78처럼 CRTP 형태로 확장시켜 사용한다.

Listing 4.78: MeshObject의 CRTP 형태 사용 예

```
class wallDist
:
    public MeshObject<fvMesh, UpdateableMeshObject, wallDist>
```

4.6 기타 주제

4.6.1 형변환

형변환(type casting, type coercion)이란 선언된 변수의 자료형(type)를 다른 자료형으로 변환시키는 것을 의미하는 것으로 사용형태에 따라 2가지로 구분할 수 있다.

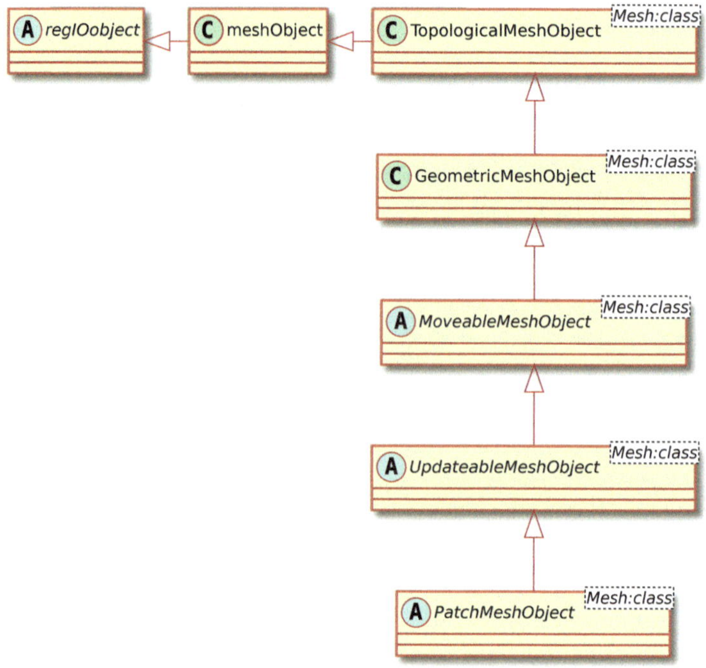

Fig 4.10: MeshObjectType

- 암시적 형변환 (implicit type casting)
- 명시적 형변환 (explicit type casting)

암시적 형변환은 숫자형 자료형을 다룰 때 주로 발생한다. 예를 들어 정수는 실수의 부분 집합이기 때문에 정수형 자료형과 실수형 자료형을 혼합한 연산, 예를 들어 `10 + 2.2`를 계산하게 되면 `(float)10 + 2.0`[12] 형태로 번역되어 실수형 자료형으로 Implicit 형변환이 일어나 `10.0 + 2.2`로 처리된다. 명시적 형변환은 변환할 자료형을 직접 기술하는 형태로 사용한다. `10 + (int)2.2`처럼 Explicit 형변환을 하게 되면 `2.0`을 정수형 자료형으로 형변환을 하여 계산될 때는 `10 + 2`로 계산되도록 한다. 이 때 실수형 자료형을 강제로 정수형 자료형으로 형변환을 함으로써 자료의 손실이 발생할 수 있는데 이를 축소변환 (narrowing conversion)이라 한다[13].

C++ 03표준부터 상속 등의 OOP적인 특징을 지원하기 위해 용도를 명확하게 분리한 형변환 (typecasting) 연산자들이 추가되었다.

- `const_cast`
  `const` 선언된 포인터 또는 참조 자료형의 상수성을 제거하기 위해 사용한다.

---

[12]참고로 이 형식은 C 형식의 형변환이다.

[13]반대로 자료의 손실이 발생하지 않는 형변환을 확대변환(widening conversion)이라 한다

Listing 4.79: const_cast 형변환 예

```
char str[] = "Lorem ipsum dolor sit amet";
const char* cptr = str;
// char* ptr = cptr; // error
char* ptr = const_cast<char*>(cptr);
```

- `static_cast`

  암시적 형변환 가능한 실수와 정수간 변환, `enum` 자료형과 정수형간 변환, 배열과 포인터 자료형간 변환 그리고 상속관계에 있는 포인터간 변환에 사용한다. 단, 상속관계에 있는 포인터간 변환은 런타임에 형변환 가능한 자료형인지 여부를 검사하지 않기 때문에 사용자 실수가 발생할 수 있다.

Listing 4.80: static_cast 형변환 예

```
double value = 1.1;
int ivalue = static_cast<int>(value);
float fvalue = static_cast<int>(value);

char str[] = "Lorem ipsum dolor sit amet";
char* pstr = static_cast<char*>(str);
```

- `dynamic_cast`

  상속관계에 있는 포인터가 변환에 사용된다. `static_cast`와 다른 점은 런타임에 형변환 가능한 타입인지 여부를 검사하기 때문에 오버헤드가 있고 RTTI를 활성화 시켜야 사용할 수 있다. 서브클래스에서 슈퍼클래스로의 형변환, 즉 업캐스팅은 암시적 형변환을 허용하기 때문에 보통 슈퍼클래스에서 서브클래스로의 형변환, 즉 다운캐스팅(downcasting)에 주로 사용한다.

Listing 4.81: dynamic_cast 형변환 예

```
class superClass
{
  public:
  virtual ~superClass() {}
};
class subClass : public superClass {};

superClass* super = new superClass();
// subClass* sub = super; // error
subClass* sub = dynamic_cast<subClass*>(super);
```

- `reinterpret_cast`
  임의의 포인터 자료형간 또는 정수형과 포인터 자료형 간의 무조건적인 형변환을 허용하는 연산자이다. 함수 포인터 등의 주소값을 정수형 변수에 저장할 때 사용할 수 있다. C 언어의 형변환에 가장 가까운 형변환이다.

4.6.2 namespace와 using 키워드

`namespace`는 이름충돌을 방지하기 위한 개념으로 서로 다른 이름공간에 정의된 이름들은 각각 독립된 공간에 있는 것으로 간주되어 동일한 이름을 사용할 수 있다. 반면, `using` 키워드는 서로 다른 이름공간에 독립적으로 존재하는 이름들을 현재 이름공간에 불러들이는 역할을 한다.

Listing 4.82: C++ 표준 라이브러리의 이름공간 사용 예

```
#include <iostream>
using std;
cout << "hello world" << endl;
```

Listing 4.82는 현재 이름공간에 `std` 이름공간을 불러들여 `std` 이름공간을 명시하지 않고도 `std` 이름공간 내의 클래스, 함수들을 이름만으로 사용할 수 있게 한다. 그렇지 않을 경우 Listing 4.83처럼 항상 `std` 이름공간을 함수나 클래스 이름 앞에 붙여주어야 한다.

Listing 4.83: using 없이 사용하기

```
#include <iostream>
std::cout << "hello world" << std::endl;
```

이렇게 `using` 키워드는 이름공간을 현재 scope으로 불러들이는 역할을 하기 때문에 이름공간 생략을 위한 용도 외에도 다음과 같은 용도로도 활용된다.

- 생성자 상속
  `using` 뒤에 함수의 생성자를 호출할 경우 생성자 상속이라고 해서 부모클래스의 생성자를 자식클래스에서 재활용할 수 있도록 할 수 있다.

Listing 4.84: constructor inherit

```
    class A
    {
        A();
```

```
        A(int);
    }

    class B :: public A
    {
        using A::A(int)
    }
```

- 접근지정자 수정
  클래스 멤버변수에 적용할 경우 부모클래스의 멤버변수를 자식클래스의 접근지정자 (access modifier) 아래로 불러오는 기능을 한다. 이는 부모클래스에서 `private` 선언된 변수를 자식클래스에서 `public` 변수로 사용하고자 할 때 사용할 수 있다.

Listing 4.85: 클래스 멤버변수

```
class A
{
  private:
    int m;
}

class B :: public A
{
  public:
    using A:m
}

int main (int argc, char** argv)
{
    A a;
    B b;
    cout << a.m << endl; // this statement make an access violation error
    cout << b.m << endl;
}
```

- overriding에서 name hiding 현상 방지

4.6.3 클래스 관련

4.6.3.1 생성자, 소멸자 및 대입 연산자의 제어

C++ 11 이전에는 C++ 클래스의 내부를 작성하지 않아도 기본 생성자, 복사생성자, 대입 연산자, 소멸자 4가지 함수를 생성하도록 되어 있다. C++ 11에서는 추가로 `move` 생성자와 `move` 대입 연산자가 자동 생성된다. 사용자가 정의한 생성자가 있을 경우 컴파일러는 기본 생성자를[14] 자동으로 작성하지 않는다. 이러한 경우에 Listing 4.86처럼 명시적으로 `default` 키워드를 사용함으로써 컴파일러에게 기본 생성자를 만들도록 지시할 수 있다.

Listing 4.86: default 키워드 사용 예

```
class A
{
  int x_;
    public:
    A() = default;
    A(int x) { x_ = x; }
}
```

`static` 멤버만 존재하는 클래스 혹은 싱글톤(singletone)처럼 메모리 상에 하나의 객체만 생성되도록 하고 싶을 경우, 객체 생성을 못하게 만들기 위해 생성자 정의를 못하도록 하고 객체를 복사하지 못하도록 복사생성자와 대입 연산자를 정의하지 못하도록 할 필요가 있다. C++ 11 표준 이전에는 private 접근지정자를 활용하여 생성자와 대입 연산자를 노출시키지 않는 형태로 작성했다면 C++ 11 표준부터는 `delete` 키워드를 추가하여 Listing 4.87처럼 명시적으로 생성자나 연산자가 생성되지 않도록 제어할 수 있다.

Listing 4.87: delete 사용예

```
class A
{
    public:
    A(const A&) = delete;
    A& operator = (const A&) = delete
}
```

4.6.3.2 uniform initialization

변수를 초기화할 때, 클래식 C++는 두 가지 방법을 지원하고 있다.

[14] 매개변수 리스트가 없는 생성자를 의미한다.

- 대입 연산자 (=)를 이용한 복사 초기화 (copy initialization)

Listing 4.88: 복사 초기화

```
int value = 5;
```

- 생성자를 이용한 직접 초기화 (direct initialization)

Listing 4.89: 직접 초기화

```
int myClass(5);
```

직접 초기화는 함수 호출과 유사하며 일부 데이터 타입에서는 복사 초기화보다 성능이 더 뛰어나고 클래스의 경우 암시적 초기화를 막아 원하지 않는 자료형으로의 형변환이 생기는 것을 막을 수 있는 장점을 가지고 있다. 추가적으로 초기화와 대입을 구분하여 가독성을 높일 수도 있기 때문에 보통 복사 초기화보다는 직접 초기화를 권장한다. 하지만 이들 초기화 방법은 일부 자료형의 변수/객체에 대해서만 동작하고 특히 직접 초기화는 Listing 4.90과 같은 이유 때문에 문제가 발생할 수 있다.

Listing 4.90: 초기화 문제 예

```
#include <iostream>

class A
{
  public:
  A()
  {
    std::cout << "class A initializer invoked." << std::endl;
  }
};

int main()
{
  A a(); // definition of function a
  std::cout << "-----------" << std::endl;
  A b; // declaration of object a of A
  return 0;
}
```

Listing 4.90은 아무 내용도 출력하지 않는다. 이유는 C++ 컴파일러는 함수의 정의처럼 보이는 것들은 모두 함수의 정의로 해석하기 때문에, 위 코드에서 `a()`는 객체 선언이 아닌 `A`를 반환하고 인자를 받지 않는 함수 `a`를 정의한 것으로 해석했기 때문이다. 이와 같은 문제로 인해 C++ 11 표준부터는 uniform initialization[15]이라는 통일된 초기화 메커니즘을 추가하였다. 이 방법은 모든 초기화를 Listing 4.91처럼 `{ }` 기호로 나타내는 것이다.

Listing 4.91: uniform initialization 예

```
int value{5};
int value{}; // default initialization to 0
```

uniform initialization은 형변환을 허용하지 않기 때문에 암시적 형변환(implicit type casting)으로 인한 잠재적 오류를 방지할 수 있다. 즉, Listing 4.92와 같은 초기화는 데이터 손실이 발생할 수 있는 축소변환(narrowing conversion)에 해당하기 때문에 컴파일타임 에러를 발생시킨다.

Listing 4.92: uniform initialization의 잘못된 사용 예

```
int value{4.5};
```

uniform initialization은 Listing 4.93과 같이 `return` 키워드와도 같이 사용할 수 있다. 이 경우 `func()`에서 반환하는 값은 생성자 `A(1, 2.3)`을 호출한 것과 같은 효과를 지닌다.

Listing 4.93: 함수에 적용한 예

```
class A
{
  public:
  A(int x, double y);
};

A func()
{
  return {1, 2.3}; // same as A(1, 2.3)
}

int main() { func(); }
```

배열같은 리스트 자료형을 초기화할 경우 C++ 11 표준부터는 `initializer_list`를 이용하여 uniform initialization 방법을 사용할 수 있도록 하고 있다. 따라서 임의의 클래스에 uniform initialization을 지원하기 위해서는 Listing 4.94와 같이 `initializer_list`를 매개변수로하는

[15] brace initialization이라고도 한다.

생성자를 추가해야 한다.

Listing 4.94: initializer_list 사용 예

```
class myClass
{
  public:
  A(std::initializer_list<int> l)
  {
    for (auto iter = l.begin(); iter != l.end(); ++iter)
    {
      std::cout << *iter << std::endl;
    }
  }
};

int main() { A a = {1, 2, 3, 4, 5};}
```

initializer_list를 사용할 때 한가지 주의할 점은 initializer_list를 전달받는 생성자가 있다면 uniform initializer를 통해 생성자 호출 시 initializer_list를 통한 생성자가 가장 최우선으로 고려되기 때문에 원하지 않는 생성자가 호출되는 경우가 발생할 수 있다. 따라서 리스트형으로 초기화하는 것이 아니라면 직접 초기화를 통해 생성자를 호출하도록 한다.

4.6.4 템플릿 지원 기능

4.6.4.1 템플릿 함수

C++ 11 표준에서 추가된 decltype을 사용해서 Listing 4.95처럼 템플릿 함수의 반환형을 지정할 경우 반환형을 함수가 종료되기 전까지 알 수 없기 때문에 반환형을 결정할 수 없는 문제가 발생한다.

Listing 4.95: decletype으로 반환형을 지정한 잘못된 경우

```
template <class Lhs, class Rhs>
decltype(lhs + rhs) adding_func(const Lhs& lhs, const Rhs& rhs)
{
    return lhs + rhs;
}
```

C++ 11 표준에서 이 문제를 해결하려면 auto 키워드로 반환형을 기술하고 자료형은 후행 반환 형식(trailing return type)으로 선언해야했지만, C++ 14표준에서는 반환형에 auto 키워드를 사용하더라도 후행 반환 형식을 사용하지 않고도 기존 함수 정의 형식을 그대로 사용할 수 있도록

개선되었다. 단 auto는 템플릿 타입 추론에 의해 결정되기 때문에 의도한 것과 다른 자료형으로 추론될 가능성도 있기 때문에 Listing 4.96처럼 decltype 키워드로 감싼 형태로 사용하는 것이 안전하다.

Listing 4.96: auto 반환형으로 정의한 예

```
// C++ 11
template <class Lhs, class Rhs>
auto adding_func(const Lhs& lhs, const Rhs& rhs) -> decltype(lhs + rhs)
{
    return lhs + rhs;
}

// C++ 14
decltype(auto) adding_func(const Lhs& lhs, const Rhs& rhs)
{
    return lhs + rhs;
}
```

4.6.4.2 가변길이 템플릿 인자

가변 길이 템플릿 인자는 parameter pack (...)이라고 불리는 키워드를 가리키며 0개 이상의 전달인자들을 의미한다. Listing 4.97처럼 템플릿 매개변수에 사용하면 template parameter pack 이라 부르고 Listing 4.98처럼 함수 매개변수에 사용하면 function parameter pack라고 한다.

Listing 4.97: template parameter pack

```
template <typename T, typename... Types>
```

Listing 4.98: function parameter pack

```
void print(T arg, Types... args){ ... }
```

참고로 sizeof... 함수를 사용하면 parameter pack으로 전해진 전달인자의 개수를 얻을 수 있다.

C++ 11표준에 도입된 가변길이 템플릿은 한가지 단점이 존재한다. 이는 클래스 C++에서 메타프로그래밍을 구현할 때와 동일한 문제인데 메타프로그래밍에서 반복문은 함수형 언어처럼 재귀 호출형태로 작성이 되기 때문에 반드시 종료조건을 만들어 두어야 한다. 템플릿을 이용한 경우 템플릿 특수화를 이용해 종료조건을 만드는데 C++ 11에서의 가변인자 템플릿도 Listing 4.99처럼 종료조건을 따로 만들어 두어야 한다.

Listing 4.99: C++ 11 sum_all 구현

```
int sum_all() { return 0;}

template <typename... Ints>
int sum_all(int num, Ints... nums)
{
    return num + sum_all(nums...);
}

int main()
{
    std::cout << sum_all(1, 4, 2, 3, 10) << std::endl;
}
```

4.6.4.3 folding expression 지원

folding expression을 이용하면 재귀함수의 종료조건을 둘 필요가 없이 Listing 4.100처럼 코드를 간결하게 처리할 수 있다.

Listing 4.100: C++ 17 sum_all 구현

```
template <typename... Ints>
int sum_all(Ints... nums)
{
  return (... + nums);
}

int main()
{
  std::cout << sum_all(1, 4, 2, 3, 10) << std::endl;
}
```

C++ 17표준에서 지원하는 folding 방식은 다음과 같이 총 4가지가 있다. 여기서 I는 초기값을 의미하며 parameter pack이 아님에 주의한다. 여기서 op 자리에는 대부분의 이항 연산자들이 올 수 있다.

C++ 11 표준 이전에는 자료형의 별칭을 만드는 용도로 `typedef`문을 사용하였으나 템플릿 자료구조에는 적용할 수 없는 한계를 가지고 있었다. 템플릿 지원이 강화된 C++ 11 표준부터는 `using`을 사용하여 템플릿 매개변수를 지원하는 자료형에 대한 별칭을 만들 수 있도록 기능을 확장하였다.

Tab 4.2: folding 방식

이름	fold 방식	실제 전개 형태
(E op ...)	단항 우측 fold	(E_{1} op (... op (E_{N-1} op E_{N})))
(... op E)	단항 좌측 fold	(((E_{1} op E_{2}) op ...) op E_{N})
(E op ... op I)	이항 우측 fold	(E_{1} op (... op (E_{N-1} op (E_{N} op I))))
(I op ... op E)	이항 좌측 fold	((((I op E_{1}) op E_{2})op ...) op E_{N})

4.7 C++ 표준 변화 내용

본 절에서는 C++에 대한 이해를 돕고자 C++ 98 표준부터 주요 변경내용을 정리하였다. 간단한 참고수준이기 때문에 보다 깊은 이해를 위해서는 참고문헌을 활용하도록 한다.

4.7.1 C++ 98 표준

최초의 ISO 표준이며 Stroustrup의 저서인 "The C++ Programming Language" 2판에 소개된 버전이다. C 언어에 다음 기능이 추가된 것으로 볼 수 있다.

- class 키워드 추가.
- const 키워드 추가
- inline 함수 지원
- default argument 지원
- 참조 자료형 추가
- 함수 및 연산자 오버로딩 지원
- template 및 예외 처리 지원
- iostream 지원
- new/delete 연산자 추가

4.7.2 C++ 03 표준

C++ 98의 안정화 버전으로 다음과 같은 기능이 추가되었다.

- bool 자료형 추가
- RTTI(Run-Time Type Information) 지원
- const_cast, static_cast, dynamic_cast 그리고 reinterpret_cast 형변환 연산자 추가
- namespace와 using 키워드 추가
- STL의 개념을 정식 표준 라이브러리로 채택

- auto_ptr 스마트 포인터 도입

4.7.3 C++ 11 표준

C에서 독립한 최초의 C++ 표준으로 기존 C++ 표준과 구별하기 위해 modern C++이라고도 부른다. C++ 11은 거의 새로운 언어라고 해도 좋을 정도로 많은 변화를 가지고 있기 때문에 기존 C++ 문법에 익숙하다면 잊고 새로 익히는 것이 좋다고 생각한다.

- C++ 표준라이브러리에 사용할 수 있는 unique_ptr과 shared_ptr 스마트 포인터 추가
- 우측값 참조자료형(rvalue reference) 추가
- default, delete 키워드 추가
- 자료형 추론 키워드로 auto 키워드 재정의
- 변수명이나 표현식의 구체적인 타입을 얻기 위한 decltype 키워드 추가
- trailing-return type 추가
- range for 구문 추가
- 명시적 null pointer 자료형 nullptr 추가
- 가상함수를 선언할 때, 슈퍼클래스로부터 오버라이딩할 수 있는 가상함수가 있는 경우에만 컴파일 되도록 지시할 수 있는 override 키워드 추가
- 생성자 초기화 리스트에서 오버로딩된 생성자를 호출할 수 있는 생성자 위임 기능 추가
- enum class 추가
- 템플릿 별칭(template alias) 지원을 위한 using 키워드 기능 확장
- unified initialization
- 컴파일 타임 평가 기능을 강화하기 위한 constexpr 키워드 추가
- 가변길이 템플릿 인자(variadic template parameter) 추가

4.7.4 C++ 14 표준

C++ 14 표준은 C++ 11 표준의 버그 수정 및 약간의 개선사항을 포함한 버전이다.

1. tailing-return type 사용 없이 auto 반환형 사용가능
2. variable template 지원
3. 람다 인라인 함수에 auto 키워드 사용가능
4. 람다 표현식 지원으로 람다 인라인 함수 내에 지역변수 선언 가능

4.7.5 C++ 17 표준

- 중첩 이름공간 지원
- `string_view` 자료형 추가
- folding expression 추가
- structured binding 지원
- 생성자의 템플릿 추론 기능 추가
- `boost::filesystem` 기반의 파일시스템 라이브러리 추가
- STL 알고리즘의 병렬버전 지원

4.7.6 C++ 20 표준

C++ 20 표준에서 추가되는 기능 중에 `module`과 `concept` 기능이 있다. `module`은 Fortran과 Python 등에서 지원하는 기능으로 라이브러리에서 필요한 부분만 선별적으로 불러올 수 있는 기능이다. 전통적인 `#include`문은 해당 파일을 현재 파일에 복사해오는 기능만을 하기 때문에 불필요하게 소스코드가 커지게 되고 ODR[16]을 위반하게 되는 문제가 있다. 또한 컴파일러 관점에서 ODR 체크하느라 생기는 오버헤드로 인해 컴파일 시간이 길어지는 단점도 가지고 있다. `module` 기능은 ODR을 보장해주고 선별기능으로 컴파일 시간을 줄일 수 있는 이점을 가지고 있다. `concept` 기능은 템플릿 특히 메타프로그래밍을 지원하기 위한 기능으로 보인다.

4.8 연습문제

Exercise 1

Functor는 함수 연산자 ()를 오버로딩한 클래스를 의미한다. 함수 포인터와 달리 전달인자로 넘겨도 인라인 함수가 되기 때문에 성능상의 이유로 종종 활용되는 형태이다. 다음 함수들을 함수가 아닌 Functor로 구현해보도록 한다.

(a) $f(x, y) = x - y$를 Sub 클래스로 작성한다.
(b) $f(x, y) = x + y$를 Add 클래스로 작성한다.
(c) $f(x, y) = x \times y$를 Mul 클래스로 작성한다.
(d) $f(x, y) = x/y$를 Div 클래스로 작성한다.

[16] one define rule

Exercise 2

page 44의 Exercise 6 문제에서 Newton-Raphson기법을 함수 포인터를 활용하여 구현하였다. wave number k를 계산하기 위해 dispersion relation, `double f(double k)`와 이에 대한 미분 `double fprime(double k)`를 구현하면서 dispersion relation 내부에서 사용되는 water depth, wave freqeuncy, gravity 등의 값을 중복을 막기 위해 전역변수로 처리하거나 `double f(double k)`와 `double fprime(double k)` 함수 내의 지역변수로 중복해서 사용해서 구현했을 수도 있다. 어느 방법을 사용했건 잠재적인 문제의 소지가 있는 방법으로 이번엔 Functor를 이용하여 함수 포인터가 가진 문제점 중 함수별로 상태를 가질 수 없다는 문제를 해결해보도록 한다. 문제를 쉽게 하기 위해 앞서 구현한 `find_root` 함수의 매개변수 리스트와 내부 구현을 다음과 같이 결정하도록 한다.

```cpp
double find_root(double x0, dispersionRelation& f)
{
    double x;
    x = x0;
    for(int i=0; i<10; ++i)
    {
        std::cout << "iter: " << i << std::endl;
        x = x0 - f(x0)/f.derivative(x0);
        std::cout << "inter x: " << x << std::endl;
        if (std::fabs(x-x0) < 1e-4) break;
        x0 = x;
    }
    return x;
}
```

(a) 위 함수에 사용할 수 있는 `dispersionRelation` 클래스를 다음과 같이 작성하고 Functor 클래스로 동작할 수 있도록 16번 줄을 정의하고 미분 값을 계산할 수 있도록 17번 줄의 멤버함수 `double derivative(double x)`를 정의하도록 한다.

```cpp
1 class dispersionRelation
2 {
3     const double pi_;
4     const double grav_;
5     double omega_;
6     double h_;
7 public:
8     dispersionRelation(double omega, double h)
```

```cpp
        :
        pi_(M_PI),
        grav_(9.81),
        omega_(omega),
        h_(h)
        {}

    double operator()(double k) { /* body */ }
    double derivative(double k) { /* body */ }
};
```

(b) 앞서 정의한 find_root 함수는 dispersionRelation 클래스에 대해서만 사용할 수 있기 때문에 내부 구현은 일반화되었지만 특정 자료형에 종속되어 일반화된 함수라 볼 수 없다. 매개변수에 있는 dispersionRelation을 템플릿 매개변수로 표현하여 템플릿 함수형태로 구현하고 그 결과를 비교해보도록 한다.

Exercise 3

2차원 상의 점을 표현하는 Point 클래스를 작성해보도록 한다. Point 클래스는 x와 y 좌표점을 가지고 있어야 하므로 2개의 멤버변수를 가져야 한다. 클래스의 생성자는 멤버변수를 초기화 시키기위한 목적의 함수이므로 다음과 같이 두 개의 좌표 값을 매개변수로 하는 생성자를 추가하도록 한다.

> **INFO**
> 내용 확인을 용이하게 하기 위해 friend 함수로 << 연산자를 오버로딩하였다.

```cpp
#include <iostream>

class Point
{
    double x_;
    double y_;

    public:
    Point() :x_(0), y_(0) {}
    Point(const double x, const double y) : x_(x), y_(y) {}

    friend std::ostream& operator<<(std::ostream& os, const Point& p);

```

```
14     static Point add(const Point& p1, const Point& p2);
15     static Point sub(const Point& p1, const Point& p2);
16     static Point mul(const double& c, const Point& p);
17 };
18
19 std::ostream& operator<<(std::ostream& os, const Point& p)
20 {
21     os << p.x_ << " " << p.y_;
22     return os;
23 }
24
25 Point Point::add(const Point& p1, const Point& p2)
26 {
27   // body
28 }
29
30 Point Point::sub(const Point& p1, const Point& p2)
31 {
32   // body
33 }
34
35 Point Point::mul(const double& c, const Point& p)
36 {
37   // body
38 }
39
40 int main()
41 {
42     Point p1(1, 2);
43     Point p2(3, 4);
44
45     std::cout << p1 << std::endl;
46     std::cout << p2 << std::endl;
47     std::cout << Point::add(p1, p2) << std::endl;
48     std::cout << Point::sub(p1, p2) << std::endl;
49     std::cout << Point::mul(3, p1) << std::endl;
50     return 0;
51 }
```

1. Point 객체간 더하기 연산을 할 수 있도록 클래스 함수로 정의된 add 함수의 정의로 27 번줄에 추가하도록 한다.
2. Point 객체간 빼기 연산을 할 수 있도록 클래스 함수로 정의된 sub 함수의 정의로 32

번줄에 추가하도록 한다.

3. Point 객체의 스칼라 곱을 할 수 있도록 클래스 함수로 정의된 mul 함수의 정의로 37 번줄에 추가하도록 한다.
4. 컴파일 후 실행결과가 의도한 대로 나오는지 확인하도록 한다.

Exercise 4

2차원 원(Circle)을 정의하는 클래스를 작성해보도록 한다.

> **INFO**
> 초기값을 명시적으로 받아 객체를 만들 수 있도록 C++ 11 표준에 도입된 키워드인 `delete`를 사용해서 기본 생성자가 만들어지는 것을 Explicit로 방지하도록 하였다.

```
class Circle
{
  double x_; // center coord
  double y_; // center coord
  double radius_; // radius

  public:
  Circle() = delete;
  Circle(const double x, const double y, const double radius)
  {
    // body
  }

  Circle(const double x1, const double y1, const double x2, const double y2)
  {
    // body
  }

  friend std::ostream& operator<<(std::ostream& os, const Circle& c);
};

std::ostream& operator<<(std::ostream& os, const Circle& c)
{
  os << c.x_ << " " << c.y_ << " " << c.radius_;
  return os;
}
```

1. 원은 중심좌표와 반지름만으로 정의할 수 있으므로 중심좌표 (x, y)와 반지름을 매개변수로 하여 원을 정의하는 생성자를 11번줄에 작성하도록 한다.

> **HINT**
> 익숙하다면 11번 줄 대신 생성자 리스트에서 처리하는 것을 권장한다.

2. 원은 지름의 양 끝점 (x_1, y_1)과 (x_2, y_2)으로도 정의할 수 있으므로 이들 두 점을 매개변수로 하여 원을 정의하는 생성자를 16번줄에 작성하도록 한다.

> **HINT**
> 반지름 계산을 위해 `#include <math.h>` 또는 `#include <cmath>`를 추가해서 `sqrt` 함수를 사용할 수 있게 해야 한다.

3. 면적 계산을 위해 `double area() const` 멤버함수를 추가하도록 한다.
4. 생성자의 매개변수 리스트 중 좌표 입력을 위해 사용된 `double` 자료형 대신 1번 문제에서 작성한 `Point` 클래스를 사용하도록 수정해본다.

Exercise 5

3번 문제에서 작성한 2차원 원을 표현하기 위한 클래스를 확장해서 일반적인 2차원 평면상의 기하학적 도형을 표현할 수 있는 클래스 계층관계를 구성하려고 한다.

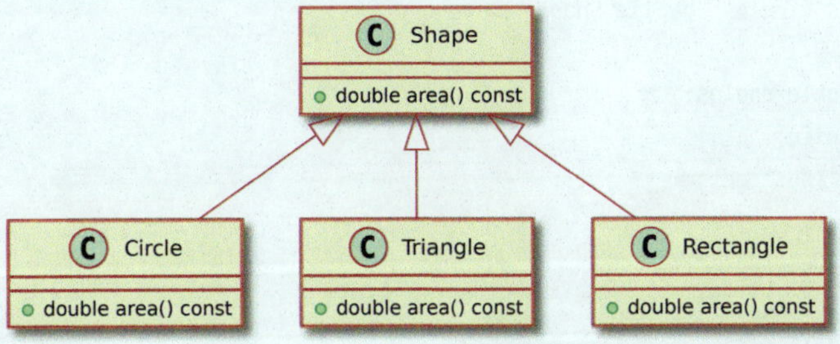

1. 위 그림에서 나타낸 클래스 중 슈퍼클래스인 `Shape` 클래스를 작성하도록 한다. 이때 멤버함수 `double area() const`를 포함하도록 한다.

> **HINT**
> 슈퍼클래스의 `double area() const`에 정해진 동작은 없다.

2. Circle 클래스를 Shape의 서브클래스로 선언하고 적절한 생성자와 원의 넓이를 계산하는 double area() const를 정의하도록 한다.
3. Triangle 클래스를 Shape의 서브클래스로 선언하고 적절한 생성자와 삼각형의 넓이를 계산하는 double area() const를 정의하도록 한다.
4. Rectangle 클래스를 Shape의 서브클래스로 선언하고 적절한 생성자와 사각형의 넓이를 계산하는 double area() const를 정의하도록 한다.
5. Shape 클래스의 멤버함수 double area() const는 기본 동작을 정의할 수 없으므로 순수가상함수로 선언하는 것이 합리적이다. 이때 순수 가상함수로 선언할 때 virtual 키워드를 사용해야 하는 이유를 생각해보자.
6. 슈퍼클래스의 포인터형은 서브클래스 객체를 저장할 수 있어 strategy pattern에 활용된다. 이 구조를 이용하여 앞서 작성한 Shape 클래스와 서브클래스들을 활용하여 임의의 도형에 대한 넓이를 출력하는 다음 코드를 완성하도록 한다.

```
#include <iostream>
#include <string>

class Shape
{
  public:
  ~Shape() {}
  virtual double area() const = 0;
};
// circle class definition
class Circle : public Shape
{
  double radius;
  public:
  // constructor

  // destructor
  ~Circle() {}
  double area() const override
  {
    // body
  }
};
// triangle class definition
class Triangle : public Shape
{
  double height, width;
  public:
```

```
    // constructor

    // destructor
    ~Triangle() {}
    double area() const override
    {
      // body
    }
  };
  // rectangle class definition
  class Rectangle : public Shape
  {
    double height, width;
    public:
    // constructor

    // destructor
    ~Rectangle() {}
    double area() const override
    {
      // body
    }
  };

  int main(int argc, char** argv)
  {
    std::string choice;
    Shape* shape = nullptr;

    choice = "circle";
    if (choice == "circle")
    {
      shape = new Circle(/* parameter list */);
    }
    else if (choice == "triangle")
    {
      shape = new Triangle(/* parameter list */);
    }
    else if (choice == "rectangle")
    {
      shape = new Rectangle(/* parameter list */);
    }

    std::cout << "Area of shape: " << shape->area() << std::endl;
```

```
73      delete shape;
74      return 0;
75    }
```

이를 활용해 strategy pattern을 활용하여 사용자 입력에 따라 shape 포인터 변수에 `Circle`, `Triangle`, `Rectangle` 객체를 선별적으로 저장해서 `double area() const` 함수를 호출하는 코드를 작성해보도록 한다.

INFO

위 코드의 56번 줄에서 사용된 포인터 자료형은 그대로 사용하는 것보다 메모리 관리를 위임할 수 있는 스마트 포인터를 사용하도록 한다.

```
    std::unique_ptr<Shape> shape = nullptr;
    shape = std::unique_ptr<Shape>(new Circle(0, 0, 1));
```

스마트 포인터를 사용하면 73번줄과 같은 메모리 해제구문을 직접사용할 필요가 없어진다.

Exercise 6

2번 문제에서 작성한 `Point` 클래스 객체간 연산을 위해 작성한 클래스 함수 `add`, `sub`, `mul`은 함수 이름을 기억해야 한다는 점에서 그리고 함수 이름이 길어서 작성할 때 불편하다는 점에서 사용성이 좋지 않다. 이를 연산자 오버로딩 (operator overloading)를 통해 개선해 보도록 한다. 연산자 오버로딩을 할 때 관습상 += 같은 단항 연산자는 멤버함수로 작성하고 + 같은 이항 연산자는 `friend` 함수로 오버로딩을 하는 경향이 있다. 예를 들어 더하기 연산은 다음과 같이 두 종류로 작성할 수 있다.

```
class Point
{
  double x_;
  double y_;
  public:
  Point& operator+=(const Point& p) { x_ += p.x_; y_ += p.y_; return *this; }
  friend Point operator+(const Point& p1, const Point& p2);
}

```

```
Point operator+(const Point& p1, const Point& p2)
{
  return Point(p1.x_ + p2.x_, p1.y_ + p2.y_);
}

```

1. 나머지 클래스 함수들에 대해서도 연산자 오버로딩으로 재작성해보도록 한다.
2. 오버로딩된 연산자를 활용하여 Point 객체간 산술연산을 하는 코드를 작성해보도록 한다.

Exercise 7

2차원 자료에 대한 벡터 클래스를 만들고자 한다. 벡터 클래스의 개략적인 틀은 다음과 같다.

```
#include <iostream>

class vec
{
  double* data_;
  unsigned size_;

  public:
  vec(unsigned size = 3) : size_(size), data_(new double[size]) {}
  virtual ~vec() { delete[] data_; }

  unsigned size() const { return size_; }
  const double* data() { return data_; }

  double& operator[](const int index) { return data_[index]; }
  const double& operator[](const int index) const { return data_[index]; }

  static double dot(const vec& a, const vec& b);

  friend std::ostream& operator<<(std::ostream& os, vec& v);

  // operator
  friend vec operator+(const vec& a, const vec& b);
  vec operator*(const double& c, const vec& a);
  vec operator*(const vec& a, const double& c);
};
```

```
static double vec::dot(const vec& a, const vec& b)
{
  // body
}

vec operator+(const vec& a, const vec& b)
{
  // body
}

vec vec::operator*(const double& c, const vec& a)
{
  // body
}
vec operator*(const vec& a, const double& c)
{
  // body
}

std::ostream& operator<<(std::ostream& os, vec& v)
{
  os << v.size() << "( ";
  for(int i=0; i<v.size(); ++i)
  {
    so << v[i] << " ";
  }
  os << ")";
  return os;
}

int main(int argc, char** argv)
{
  int dim = 3;
  vec a(dim);
  vec b(dim);

  for(int i=0; i<dim; ++i)
  {
    a[i] = i+1;
    b[i] = i+2;
  }
  std::cout << a << std::endl;
  std::cout << b << std::endl;
```

```
71    std::cout << vec::dot(a, b) << std::endl;
72  }
```

(a) 벡터 내적을 구하기 위한 클래스 함수 dot를 30번 줄에 정의하고 그 결과를 확인하도록 한다.

(b) 벡터원소간 연산 Op를 다음과 같이 정의하자.

$$\mathrm{Op}\,(a, b, i) = \begin{cases} a_0 b_0 & \text{if } i = 0 \\ a_i b_i + \mathrm{Op}\,(a, b, i-1) & \text{otherwise} \end{cases}$$

클래스 함수 `static double Op(const vec& a, const vec& b, unsigned index)`를 선언하고 위 Op 함수의 정의를 구현하도록 한다.

(c) 앞서 구현한 클래스 함수 Op 함수를 이용해 재귀적으로 벡터 내적을 구하는 클래스 함수 `static double dot_recursive(const vec& a, const vec& b)`를 정의하도록 한다.

(d) vec 자료형 간 더하기 연산을 35번 줄에 정의하도록 한다.

(e) vec 자료형에 스칼라 곱 연산을 40, 44번 줄에 정의하도록 한다. 매개변수만 다른 동일한 함수를 두 개 준비하는 이유를 생각해보도록 한다.

Exercise 8

문제 7에서 구현한 벡터 클래스를 double을 포함한 일반적인 형태의 자료형을 지원할 수 있도록 템플릿 클래스로 구현하고자 한다. 앞서 작성한 vec 클래스의 구조를 참고하여 템플릿 클래스의 기본 형태는 다음과 같이 정의할 수 있다.

```
template<typename T, unsigned Dim>
class Vector
{
  T* data_;
  unsigned size_;

  public:
  Vector() : data_(new T[Dim]), size_(Dim) {}
  virtual ~Vector() { delete[] data_; }

  const T* data() { return data_; }
  T& operator[](const int index) { return data_{index}; }
  const T& operator[](const int index) const { return data_{index}; }
  static T dot(const Vector<T, Dim>& a, const Vector<T, Dim>& b);
```

```
15
16     // operator
17     friend T operator+(const T& a, const T& b);
18     T operator*(const double& c, const T& a);
19     T operator*(const T& a, const double& c);
20 };
21
22 int main(int argc, char** argv)
23 {
24     constexpr int dim = 3;
25     Vector<double, dim> a;
26     Vector<double, dim> b;
27
28     for(int i=0; i<dim; ++i)
29     {
30         a[i] = i+1;
31         b[i] = i+2;
32     }
33
34     std::cout << a << std::endl;
35     std::cout << b << std::endl;
36     std::cout << Vector<double, dim>::dot(a, b) << std::endl;
37 }
```

위 템플릿 클래스는 34, 35줄에서 **operator<<**에 대한 오버로딩이 없기 때문에 오류를 발생시킨다. **friend** 함수를 이용해서 **operator<<**에 대한 오버로딩은 크게 세가지 방법으로 구현할 수 있다.

(a) 19번줄 이후에 **friend**함수에 대해 선언한 후 클래스 바깥에서 함수를 정의하면 다음과 같은 형태가 된다.

```
template<typename T, unsigned Dim>
class Vector
{
  // 생략
  template<typename T1, unsigned Dim1>
  friend std::ostream& operator<<(std::ostream& os, const Vector& v);
};

template<typename T, unsigned Dim>
std::ostream& operator<< (std::ostream& os, const Vector<T, Dim>& v)
```

```
{
    os << Dim << "( ";
    for(unsigned i=0; i<Dim; ++i)
    {
        os << v[i] << " ";
    }
    os << ")";
    return os;
}
```

위와 같은 형태로 구현하면 템플릿화된 operator<< 함수는 Vector<double, 3>형태로 템플릿 인스턴스화 되었음에도 불구하고 double이 아닌 다른 자료형으로 템플릿 인스턴스화된 자료형에도 접근할 수 있는 권한을 가지게 되어 operator<< 에 대해 불필요한 템플릿 인스턴스가 생성되는 단점을 가진다.

(b) 앞선 구현의 단점을 해결하기 위해 이번엔 operator<< 함수의 정의를 인라인시키는 방법으로 적용해본다.

```
template<typename T, unsigned Dim>
class Vector
{
  // 생략
  friend std::ostream& operator<<(std::ostream& os, const Vector& v)
  {
    os << Dim << "( ";
    for(unsigned i=0; i<Dim; ++i)
    {
        os << v[i] << " ";
    }
    os << ")";
    return os;
  }
};
```

이 방법은 헤더파일에 함수 정의를 노출시킨다는 단점은 있지만 정확히 템플릿 인스턴스화된 클래스에 대한 operator<<만을 정의할 수 있는 구현방법이다.

(c) 마지막으로 forward declaration을 활용하여 템플릿 함수의 선언과 정의를 분리시킬 수 있는 방법을 살펴보도록 한다.

```cpp
// forward declaration
template <typename T, unsigned Dim> class Vector;
template <typename T, unsigned Dim> std::ostream& operator<<
(
    std::ostream&,
    const Vector<T, Dim>&
);

template<typename T, unsigned Dim>
class Vector
{
  // 생략
  friend std::ostream& operator<< <T, Dim>
  (
      std::ostream& os,
      const Vector<T, Dim>& v
  );
};

template<typename T, unsigned Dim>
std::ostream& operator<< (std::ostream& os, const Vector<T, Dim>& v)
{
  os << Dim << "( ";
  for(unsigned i=0; i<Dim; ++i)
  {
    os << v[i] << " ";
  }
  os << ")";
  return os;
}
```

(d) forward declaration을 활용한 방법을 이용하여 17번 줄의 `friend` 템플릿 함수를 구현하여 `Vector` 자료형에 대한 더하기 연산을 정의하도록 한다.

(e) 18, 19번 줄의 스칼라 곱에 대한 연산을 정의하도록 한다.

Exercise 9

문제 6에서 구현한 템플릿 클래스에 벡터 내적을 구할 수 있는 `dot` 함수를 구현해보도록 한다. 여기서 구현할 방법은 런타임에 `for` 구문을 이용한 계산방법이 아니라 컴파일 타임에 필요한 계산을 미리 수행할 수 있도록 템플릿 메타프로그래밍 기법을 적용할 것이다.

(a) 템플릿 메타프로그래밍에서 반복문은 재귀함수로 구현된다. 재귀함수의 구현은 앞서 2

차원 벡터 클래스 vec에서 Op 함수를 이용해서 구현한 바 있다. 이를 템플릿 메타프로그래밍에 적용하기 위해서 다음과 같이 2개의 자료구조를 정의해야 한다.

```
template<typename T, unsigned Dim, unsigned index>
struct ComputeDot
{
    static T Op(const Vector<T, Dim>& a, const Vector<T, Dim>& b)
    {
        return a[index] * b[index] + ComputeDot<T, Dim, index - 1>::Op(a, b);
    }
};

template<typename T, unsigned Dim>
struct ComputeDot<T, Dim, 0>
{
    static T Op(const Vector<T, Dim>& a, const Vector<T, Dim>& b)
    {
        return a[0] * b[0];
    }
};
```

위 두 개의 자료구조의 vec에서 구현한 Op 함수 구현과 비교하여 동작 방법에 대해 생각해보도록 한다. Op 함수를 멤버함수가 아닌 클래스 함수로 구현한 이유에 대해서도 생각해보도록 한다.

(b) ComputeDot 템플릿 클래스를 이용해 벡터 내적함수를 구현하면 다음과 같다.

```
template<typename T, unsigned Dim>
T Vector<T, Dim>::dot(const Vector<T, Dim>& a, const Vector<T, Dim>& b)
{
    return ComputeDot<T, Dim, Dim-1>::Op(a, b);
}
```

위에서 구현한 dot 함수와 vec 클래스의 dot_recursive 함수와 비교해서 어떤 점이 달라질 수 있는지에 대해서 생각해 보도록 한다.

Exercise 10

벡터공간은 벡터공간의 서로 다른 원소 V_1, V_2와 스칼라 c에 대해서 다음 연산이 정의된 집합을 의미한다.

$$V_1 + V_2 \in V$$
$$cV_1 \in V$$

임의의 자료형을 템플릿 인자로 하는 벡터공간을 표현하는 템플릿 클래스를 다음과 같이 설계하도록 한다. 구현을 단순화하기 위해 멤버 초기화 방법은 고민하지 않도록 한다.

```
1  template<typename T>
2  class VectorSpace
3  {
4    T comp_;
5    public:
6    VectorSpace() {}
7
8    // type casting operator
9    operator T() { return comp_; }
10   // stream out
11   friend std::ostream& operator<<(std::ostream& os, const VectorSpace& A)
12   {
13     os << A.comp_;
14     return os;
15   }
16
17   // vector space operation
18   friend T operator+(const VectorSpace& A, const VectorSpace& B)
19   {
20     return A.comp_ + B.comp_;
21   }
22   friend T operator*(const VectorSpace& A, const double& c)
23   {
24     return A.comp_*c;
25   }
26 }
```

(a) 벡터공간의 원소는 템플릿 인자로 주어진 자료형 T가 20, 24번줄에 주어진 벡터합과 벡터곱연산이 정의되어있어야 한다. VectorSpace 템플릿 클래스를 문제 7에서 작성한 vec 자료형으로 인스턴스화시켜 벡터공간에 속하는 자료형인지 확인해보도록 한다.

(b) C++ 20표준에서 도입된 concept는 컴파일 타임에 템플릿 자료형을 체크할 수 있는 템플릿의 확장기능이다. 다음과 같이 벡터합과 벡터곱을 정의하는 VectorSpaceOp concept를 작성해보자.

```
template<typename T>
concept VectorSpaceOp
    = requires (T a, double c)
    {
      {a + a} -> std::same_as<T>;
      {a*c} -> std::same_as<T>;
    }
```

위 `concept`을 템플릿 클래스의 제약조건으로 적용하려면 다음처럼 VectorSpace 템플릿 클래스의 선언부를 다음과 같이 수정한다.

```
template<typename T> requires VectorSpaceOp<T>
class VectorSpace
{
  ...
}
```

WARNING

`concept` 기능을 사용하려면 `-std=c++20` 옵션을 추가해서 컴파일해야한다.

(c) 벡터합과 벡터곱연산이 정의되어있지 않은 자료형을 이용해 `VectorSpace` 템플릿을 인스턴스화한 후 컴파일 해보고 그 결과에 대해 생각해보도록 한다.

5

빌드 시스템

5.1 컴파일러

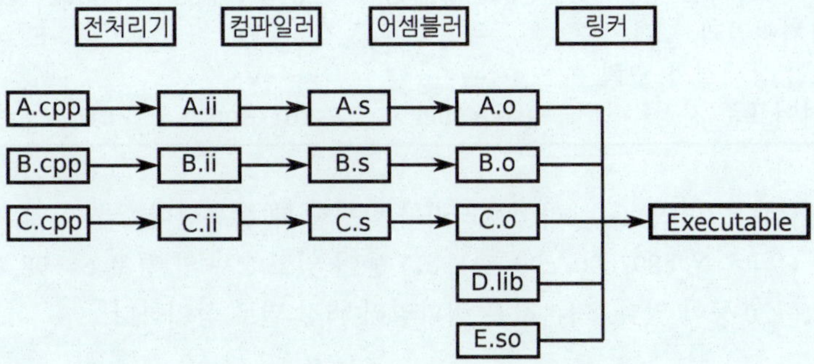

Fig 5.1: 컴파일 과정

컴파일 과정은 Fig. 5.1과 같은 단계를 거쳐 실행파일을 만든다. 먼저 소스코드는 전처리기를 거쳐 `#define` 등의 매크로를 확장한 중간파일을 만들고 프로그래밍 언어 해석기에 해당하는 컴파일러를 거쳐 어셈블러 코드를 작성한다. 어셈블러 코드는 어셈블러를 거쳐 object 파일이 만들어지며 링커를 통해 개개의 object 파일과 정적 (static) 혹은 동적/공유 (dynamic/shared) 라이브러리와 묶어 실행파일을 만들게 된다. 특별한 언급이 없는 한 컴파일러가 전처리에서 링커까지의 과정을 통합해서 처리하여 위 과정들이 명시적으로 드러나지 않기 때문에, 위 과정들의 구분 없이 컴파일이라고 칭하기도 한다. 규모가 큰 프로그램의 경우 소스코드를 기능단위로 분할해서 작성하는 경우가 많으며, 이 경우 각각의 소스코드로부터 object 파일[1]을 미리 만들어 두고 링커를 통해 통합하는 방식을 사용하는데 이를 분할 컴파일이라고 한다. 라이브러리는 개념적으로 보면 object 파일들을 tar나 zip으로 단일 파일로 묶은 것으로 생각할 수 있기 때문에, object 파일로 보면 된다. object 파일 또는 라이브러리는 `objectdump -d` 명령을 통해 어셈블러

[1] translation unit을 구분하는 기준이 되며 C/C++의 경우 하나의 헤더파일/소스코드에서 하나의 object 파일이 작성된다.

코드를 확인할 수 있고 nm 또는 readelf -s 명령을 통해 심벌 테이블을 확인할 수 있다. 심벌 테이블은 C와 Fortran 코드를 묶는 Mixed Language Programming 기법(See page 609)에서 유용하게 활용된다.

5.1.1 C/C++ 컴파일러 옵션

5.1.1.1 기본 옵션

Tab 5.1: 기본 옵션

기능	Gcc	Clang	Intel
실행파일 이름 지정	-o <path>	-o <path>	-o <path>
object 파일 생성†	-c	-c	-c
assembly 파일 생성	-S		-S
중간 결과파일 보존	--save-temps	--save-temps	--save-temps
전처리결과 출력	-E	-E	-E
컴파일 상세결과 출력	-v	-v	-w2
언어표준 지정‡	-std <spec>	-std <spec>	-std <spec>

†: 주로 분할 컴파일 방법 또는 라이브러리를 작성할 때 활용한다.

‡: 언어 표준은 C의 경우 c89, c90, c99, c11, c17 등이 있고 C++의 경우 c++98, c++03, c++11, c++14, c++17, c++20 등이 있다. 기본값은 컴파일러 버전 별로 상이하다.

5.1.1.2 헤더파일 및 매크로 처리 옵션

Tab 5.2: 헤더파일 및 매크로 옵션

기능	Gcc	Clang	Intel
헤더파일 탐색경로 추가	-I <path>	-I <path>	-I <path>
매크로 정의†	-D <name>[=<value>]	-D <name>[=<value>]	-D <name>[=<value>]
매크로 삭제‡	-U <name>	-U <name>	-U <name>

†: 매크로의 값을 정의할 수 있어 컴파일 단계에서 소스코드에 작성된 #define 문과 상호작용하게 만들어 조건부 컴파일을 구현할 수 있다.

‡: 소스코드에 #undef 문을 사용한 것과 동일한 효과를 가진다.

5.1.1.3 링커 옵션

Tab 5.3: 링커 옵션

기능	Gcc	Clang+	Intel
라이브러리 탐색 경로 추가	-L <path>	-L <path>	-L <path>
링크 라이브러리 지정	-l <library name>	-l <library name>	-l <library name>
공유 라이브러리 생성	-shared	-shared	-shared
PIC† 라이브러리 생성	-fPIC	-fPIC	-fPIC
정적 라이블러리 생성	-static	-static	-static
표준라이브러리 사용하지 않음	-nostdlib	-nostdlib	-nostdlib

†: 메모리의 어느 공간에도 별도의 수정 없이 실행될 수 있는 position independent code (PIC)를 만들어 해당 코드를 사용하는 프로세스의 코드 공간(text section) 재배치 작업이 필요 없도록 만든다. 해당 옵션을 사용하지 않는 공유라이브러리는 실행 시 재배치에 시간이 소요되고 다른 프로세스와 코드 공간 (text section)을 공유할 수 없는 단점을 가지게 되기 때문에 일반적으로 공유 라이브러리 생성시 같이 사용한다.

5.1.1.4 수학 라이브러리 관련 옵션

Tab 5.4: 컴파일러 옵션

기능	Gcc	Clang	Intel
오류검사 생략	-fno-math-errno	-fno-math-errno	-fno-math-errno†
오류검사 포함	-fmath-errno†	-fmath-errno†	-fmath-errno
속도위주 최적화‡	-ffast-math	-ffast-math	-fp-model fast[=1¦2]*

†: 기본값

‡: 정확도를 희생한 부동 소수점 연산 모델이기 때문에 정확도가 중요한 경우 권장하지 않는다.

5.1.1.5 컴파일 경고 옵션

Tab 5.5: 컴파일러 옵션

기능	Gcc	Clang	Intel
모든 경고 출력	-Wall	-Wall	-Wall
일반적인 경고 출력	-W	-W	-W
경고 출력 제거	-w	-w	-w
경고 발생시 컴파일 중단	-Werror	-Werror	-Werror
loop 최적화 정보	-fopt-info-vec-missed	-Rpass-anlysis =loop-vectorize	-qopt-report-phase =vec,loop

5.1.1.6 최적화 관련 옵션

Tab 5.6: 컴파일러 옵션

기능	Gcc	Clang	Intel
최적화 수준	-O[01235]		

- -O0
  최적화를 수행하지 않는다. 인라인 함수는 확장되지 않기 때문에 만일 인라인 함수를 많이 사용한 소스코드의 경우 문제가 발생할 수 있다.
- -O1
  -O와 같으며 -O0보다는 속도향상과 사이즈 감소가 있다. 인라인 함수도 확장된다.
- -O2
  가장 많이 사용하는 옵션으로 실행속도위주로 최적화를 수행한다.
- -O3
  가장 공격적인 최적화 옵션으로 실행속도와 사이즈에 대한 최적화를 수행한다. 모든 함수를 인라인 함수와 같이 취급한다. 코드가 왜곡될 가능성이 높기 때문에 사용에 주의가 필요하다.
- -O5
  사이즈 최적화를 실행하기 때문에 임베디드 시스템에서 사용한다.

5.1.1.7 디버깅 옵션

Tab 5.7: 디버깅 옵션

기능	Gcc	Clang+	Intel
디버깅 정보 생성	-g[0123]	-g[0123]	-g[0123]

- -g0
  디버깅 정보를 삽입하지 않는다.
- -g1
  지역변수를 제외한 함수 및 전역변수에 대한 디버그 정보를 제공한다.
- -g2
  -g와 동일하다. 인라인 함수를 제외한 디버깅 정보를 제공한다.

• -g3
  매크로 정의 및 인라인 함수를 포함한 디버깅 정보를 제공한다.

5.1.2 Fortran 컴파일러 옵션

Tab 5.8: 컴파일러 종류별 옵션 비교

기능	GNU Fortran (gfortran)	Intel Fortran (ifort)
NaN과 infinity처리	`-frounding-math`	`-fp-model strict`
implicit none 설정	`-fimplicit-none`	`-implicitnone`
Array out of bound check	`-fbound-check`	`-check bounds`
floating point 예외 처리	`-ffpe-trap=invalid,zero,overflow`	`-fpe0`
openmp	`-fopenmp`	`-openmp`
stack protector	`-fstack-protector-all`	`-fstack-protector-all`
전처리기 사용	`-cpp`	`-fpp`

5.2 Make

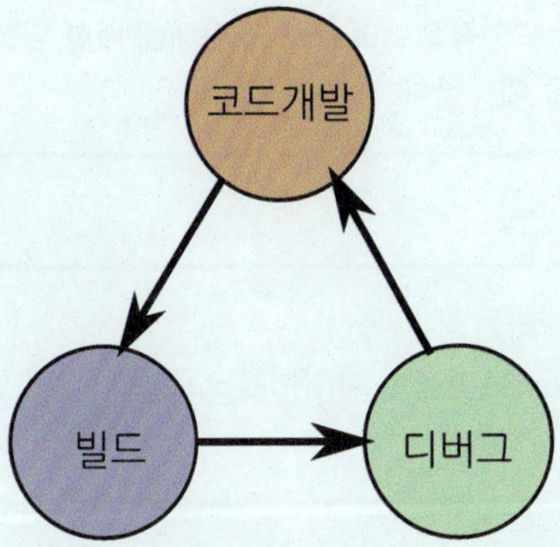

Fig 5.2: 빌드 사이클

make는 단순반복적인 컴파일 명령과 재작성 작업을 최소화 해주는 배치작업 명령어로 코드 개발 - 빌드 - 디버그 사이클에서 빌드를 담당하는 Linux의 기본적인 빌드시스템이다.

make는 별도로 지정하지 않는 한 실행된 위치에서 `Makefile`에 기술된 빌드 규칙에 따라 코드를 빌드한다. 만일 특별히 작성한 `Makefile`이 있다면 `make -f <Makefile path>`의 형태로 실행한다. OpenFOAM에서 사용되는 wmake도 내부적으로는 `wmake/makefiles` 아래에 정의된 설정을 `Makefile`로 사용하는 스크립트이기 때문에 OpenFOAM의 빌드시스템도 make이다.

Makefile은 변수 또는 매크로를 제외하면 Listing 5.1과 같은 형식으로 구성된 복수의 빌드 규칙으로 구성된다.

Listing 5.1: Makefile taget 빌드 규칙 형식

```
<target> : [dependency]
[<tab><command1>]
[<tab><command2>]
...
```

빌드 규칙은 다음과 같이 3가지 요소로 구성된다.

- target

  target은 빌드규칙을 대표하는 이름으로 target 이름 뒤에 colon(:)을 붙여 target임을 나타내고 이어서 dependency를 기술한 후 target에서 실행해야 하는 command들을 기술한다. command가 없이 순수하게 target과 dependency만으로 구성된 target을 meta target이라 한다. meta target은 보통 다음과 같은 경우에 사용된다.

  – 복수의 target을 관리/제어하기 위한 목적

    Linux에서는 거의 표준적으로 소스코드 전체에 대한 빌드 시 `make all`을 사용하는데 all이 meta target에 해당한다.

    ```
    all: lib test
    ```

  – target과 파일이름 충돌 회피 목적

    `Makefile` 내에서 target이름이 파일이름으로 오인되지 않도록 `.PHONY` target을 사용해서 이를 방지할 수 있다.

    ```
    .PHONY: all lib test clean
    ```

- dependency

  dependency는 target이 의존하는 다른 target들을 의미하고 `<target>:` 뒤에 현재 target이 실행을 위해 의존하는 다른 target 이름들을 기술해야 한다. 재컴파일 시 기존에 만들어진 object 파일들을 정리할 목적으로 사용하는 `clean` target처럼 dependency가 없는 경우도 있다.

```
clean:
    rm -f *.o
```

- command

  target과 dependency 항목을 작성한 후 target에서 실행해야 하는 command들을 작성할 수도 있는데 target과 구분하기 위해 각각의 command들은 반드시 탭문자로 들여쓰기 된 상태에서 작성되어야 한다.

`Makefile`은 빌드 규칙 작성을 자동화할 수 있도록 몇 가지 매크로를 제공하고 있다.

- `%`

  `%` 매크로는 터미널에서 사용하는 glob 패턴 중 `*`와 비슷한 역할을 한다. 즉, `%`은 임의의 문자열을 의미하기 때문에 다음과 같이 소스코드 리스트로부터 object 파일 리스트를 만들 때 활용할 수 있다.

```
SRC=main.cpp lib1.cpp lib2.cpp
OBJ=${SRC:%.cpp=%.o}
```

- `$<`

  dependency에 기술한 내용을 가리킨다. 만일 dependency가 리스트의 형식으로 주어진다면 `$<`는 그 중 가장 첫 번째 dependency를 가리킨다. `%` 매크로와 같이 사용하여 다음과 같이 object 파일 생성 규칙을 작성하는데 활용할 수 있다.

```
%.o:%.cpp
    g++ -c $<
```

- `$^`

  dependency에 기술한 내용을 가리킨다는 면에서는 `$<`와 동일하지만. 만일 dependency가 리스트의 형식으로 주어진다면 `$<`는 그 중 가장 첫 번째 dependency를 가리킨다. `%` 매크로와 같이 사용하여 다음과 같이 object 파일 생성 규칙을 작성하는데 활용할 수 있다.

```
main.exe:main.o lib1.o lib2.o
    g++ -o $@ $^
```

- `$@`

  target의 이름을 가리키는 매크로이다.

```
main.exe:main.o
    g++ -o $@ $<
```

- $*

  target의 이름을 가리키는 매크로이다. $@와 다른 점은 target이 확장자를 가지는 경우 확장자를 제외한 이름만을 의미한다.

```
main.o:main.c
    g++ -o $@ -c $*.c
```

매크로뿐만 아니라 Makefile은 변수도 지원하며 make에서 사용하는 내부변수들의 목록은 make -p로 확인할 수 있다. Makefile 작성은 연습문제를 참고하도록 한다.

5.2.1 Makefile 자동생성 스크립트

Makefile을 필요할 때마다 작성하는 것은 불편한 일이다. 본문 내의 예로 작성한 코드들을 컴파일 하기 위한 Makefile을 자동으로 작성하기 위해 Listing 5.2와 같이 Python으로 스크립트를 작성하고 genMakefile이라는 이름으로 저장하도록 한다.

Listing 5.2: genMakefile

```python
#!/usr/bin/env python

import os
import argparse

compiler_type = {
  'gnu': {'cpp':'g++', 'c':'gcc', 'fortran':'gfortran'},
  'clang': {'cpp':'clang++', 'c':'clang', 'fortran':'flang'},
  'intel': {'cpp':'icpc', 'c':'icc', 'fortran':'ifort'},
}

macro_variable = { 'cpp':'CXX', 'c':'CC', 'fortran':'FC' }
default_lang_spec = {'cpp':'c++11', 'c':'c99', 'fortran':'f95'}
default_lang_ext = {'cpp':'cpp', 'c':'c', 'fortran':'f90'}

if __name__ == '__main__':
  parser = argparse.ArgumentParser()
  parser.add_argument('-l', '--lang', metavar='<language>', dest='lang', default='cpp', choices=['cpp', 'c', 'fortran'],
    help='programming language. available list is cpp, c, fortran. default is cpp')
  parser.add_argument('-c', '--compiler-type', metavar='<compiler-type>', dest='type', default='gnu',
    choices=['gnu', 'clang', 'intel'], help='compiler type. available list is gnu, clang, intel. default is gnu')
  parser.add_argument('-s', '--spec', metavar='<language spec>', dest='spec',
    help='language spec. default is c++11 for cpp, c99 for c and f90 for fortran')
  group = parser.add_mutually_exclusive_group()
  group.add_argument('--shared', action='store_true', dest='shared', help='shared library')
```

```
group.add_argument('--static', action='store_true', dest='static', help='static library')
parser.add_argument('-d', '--debug', action='store_true', help='turn on debug flag')
parser.add_argument('-e', '--ext', metavar='<file extension>', dest='ext',
  help='file extension for source codes. default is cpp for cpp, c for c and f95 for fortran')
parser.add_argument('-o', '--output', metavar='<output>', dest='out', default='main',
  help='output file name without extension')

args = parser.parse_args()

if args.ext is not None:
  ext = args.ext
else:
  ext = default_lang_ext[args.lang]

sources = [f for f in os.listdir('.') if os.path.isfile(f) and f.endswith(ext)]
lines = []
lines.append('{0} = {1}'.format(macro_variable[args.lang], compiler_type[args.type][args.lang]))
if args.spec is not None:
  if args.type == 'intel' and args.lang == 'fortran':
    lines.append('{0}FLAGS = {1}'.format(macro_variable[args.lang], '-std{0}'.format(args.spec[1:])))
  else:
    lines.append('{0}FLAGS = {1}'.format(macro_variable[args.lang], '-std={0}'.format(args.spec)))
else:
  if args.type == 'intel' and args.lang == 'fortran':
    lines.append('{0}FLAGS = {1}'.format(macro_variable[args.lang],
      '-std{0}'.format(default_lang_spec[args.lang][1:])))
  else:
    lines.append('{0}FLAGS = {1}'.format(macro_variable[args.lang],
      '-std={0}'.format(default_lang_spec[args.lang])))

if args.shared:
  lines[-1] += (' -shared -fPIC')

if args.debug:
  lines[-1] += ' -g'

lines.append('LDFLAGS =')
lines.append('INCLUDE = -I.')
lines.append('LIB = -L.')
lines.append('SRC =')
for source in sources:
  lines[-1] += ' ' + source
lines.append('OBJ = $(SRC:%.{0}=%.o)'.format(ext))
prefix = ''
postfix = 'exe'
if args.shared:
  prefix = 'lib'
  postfix = 'so'
elif args.static:
  prefix = 'lib'
  postfix = 'a'

lines.append('OUT = {0}{1}.{2}\n'.format(prefix, args.out, postfix))
lines.append('%.o:%.{0}'.format(ext))
lines.append('\t$({0}) $({0}FLAGS) $(INCLUDE) -c $<\n'.format(macro_variable[args.lang]))
lines.append('all:build\n')
lines.append('build:$(OBJ)')
if not args.static:
  lines.append('\t$({0}) $({0}FLAGS) $(INCLUDE) -o $(OUT) $^ $(LDFLAGS) $(LIB)\n'.format(macro_variable[args.lang]))
else:
```

```
  lines.append('\tar rcs $(OUT) $^\n')

lines.append('clean:')
lines.append('\trm -f $(OBJ) $(OUT)\n')
lines.append('.PHONY:all build clean')

with open('Makefile', 'w') as fp:
  for line in lines:
    fp.write(line+'\n')
```

genMakefile 스크립트를 PATH 환경변수에 등록된 위치에 옮겨놓고 소스코드가 있는 폴더에서 genMakefile을 실행시키면 폴더내의 소스코드 리스트를 작성하여 Makefile을 생성시킨다. 지원하는 프로그래밍 언어는 C, C++, Fortran을 지원하고 컴파일러 종류는 gnu, clang, intel 컴파일러를 지원한다. 기본동작은 C++을 가정하고 있고 소스코드의 확장자는 *.cpp를 기준으로 소스코드 리스트를 작성한다. genMakefile -l <lang>으로 언어를 c, cpp, fortran 중에서 선택해서 Makefile을 생성시킬 수 있다. 기타 실행 옵션은 genMakefile -h를 통해 확인하도록 한다. 기본값만으로 genMakefile을 실행시켜 얻는 C++ 코드 빌드를 위한 Makefile은 Listing 5.3과 같은 형태로 생성된다.

Listing 5.3: C++ 소스코드 컴파일용 Makefile

```
CXX = g++
CXXFLAGS = -std=c++11
LDFLAGS =
INCLUDE = -I.
LIB = -L.
SRC =
OBJ = $(SRC:%.cpp=%.o)
OUT = main.exe

%.o:%.cpp
	$(CXX) $(CXXFLAGS) $(INCLUDE) -c $<

all:build

build:$(OBJ)
	$(CXX) $(CXXFLAGS) $(INCLUDE) -o $(OUT) $^ $(LDFLAGS) $(LIB)

clean:
	rm -f $(OBJ) $(OUT)

.PHONY:all build clean
```

INFO

genMakefile 스크립트는 OpenFOAM의 wmakeFilesAndOptions 명령어와 비슷한 형태로 동작하도록 작성된 스크립트이기 때문에 OpenFOAM 코드 생성방법에 익숙해진다는 관점에서 활용하는 것을 권한다.

5.2.2 OpenFOAM 빌드시스템과의 연관성

OpenFOAM의 빌드시스템은 make 대신 wmake을 사용한다. 개발한 소스코드를 컴파일 하기 위해서는 Listing 5.4처럼 소스코드가 있는 폴더안에 Make 폴더를 두고 Make폴더에는 files와 options을 포함해야한다.

Listing 5.4: OpenFOAM 빌드시스템 구성

```
App/
├── Make
        ├── files
        └── options
```

files와 options 파일의 내용은 Listing 5.5와 같은 형태로 구성된다.

Listing 5.5: files 내용 형식

```
1  .C 파일
2  .C 파일
3  .C 파일
4  .C 파일
5  ...
6
7  EXE = <실행파일 이름> /* 실행 파일 빌드용 */
8  LIB = <라이브러리 이름> /* 라이브러리 빌드용 */
```

Listing 5.5의 내용에서 1-5번줄의 내용은 Listing 5.2의 SRC 변수와 동일하게 소스코드 리스트를 기술하는 부분이다. Makefile 파일과는 한 줄 당 하나의 소스코드를 기술한다는 점만 다르다. 7번 또는 8번줄은 Listing 5.3의 OUT 변수와 동일하게 최종 결과물의 이름을 기술하는 부분에 해당한다. Listing 5.5에 보인 것처럼 실행파일인 경우에는 7번줄처럼 작성하고 라이브러리인 경우에는 8번줄처럼 작성하도록 한다.

Listing 5.6: options 파일 형식

```
1 EXE_INC =
2 EXE_LIBS = /* 실행 파일 작성용 */
3 LIB_LIBS = /* 라이브러리 작성용 */
```

INFO

2021년 공개될 OpenFOAM 9부터는 C preprocessor인 cpp를 사용하지 않고 shell script 처럼 #을 주석으로 사용하도록 수정되어 기존의 C style 주석 `/* */`를 사용할 수 없으므로 유의하도록 한다. 그 외에 ifdef, ifneq, else, endif 등의 키워드를 도입하여 환경변수를 이용한 조건부 컴파일을 할 수 있거나 기존과 달리 Makefile과 유사하게 SOURCE 변수에 소스코드 리스트를 사용할 수 있도록 수정되었다.

`options`의 내용은 컴파일과 링커 옵션을 기술하는 부분으로 Listing 5.3에서 보인 `Makefile` 내용 중 `INCLUDE`와 `LIB` 변수가 하는 일과 정확히 일치한다. 단지, 실행파일일 경우에는 2번줄, 라이브러리인 경우에는 4번줄처럼 작성한다. 만일 여러 줄에 걸쳐서 기술해야 하는 경우에는 Listing 5.7처럼 각 줄의 끝에 백슬래쉬 문자(\)를 사용해서 기술하도록 한다.

Listing 5.7: options 파일 예

```
EXE_INC = \
    -I$(LIB_SRC)/finiteVolume/lnInclude \
    -I$(LIB_SRC)/meshTools/lnInclude

LIB_LIBS = \
    -lfiniteVolume \
    -lmeshTools
```

`files`와 `options` 파일에는 C style의 블럭 주석 `/* */`을 사용할 수 있으므로 주석 혹은 불필요한 행을 임시로 삭제하는 용도로 활용할 수 있다. 만일 여러 줄에 걸쳐 기술하기 위해 백슬래쉬 문자를 사용한 줄을 주석처리할 경우에는 Listing 5.8처럼 백슬래쉬 문자를 포함하지 않도록 주의해야 한다.

Listing 5.8: 주석 사용 예

```
EXE_INC = \
 /* -I$(LIB_SRC)/finiteVolume/lnInclude */ \
    -I$(LIB_SRC)/meshTools/lnInclude

```

```
LIB_LIBS = \
/* -lfiniteVolume */ \
    -lmeshTools
```

실행파일을 빌드할 경우에는 wmake, 라이브러리, 정확히는 동적/공유 라이브러리를 빌드할 경우에는 wmake libso 명령을 사용해야 한다.

5.3 연습문제

Exercise 1

다음과 같은 소스코드를 가정한다.

- read.H

```
void read();
```

- read.C

```
#include <iostream>
void read()
{
  std::cout << "read function invoked" << std::endl;
}
```

- write.H

```
void write();
```

- write.C

```
#include <iostream>
void write()
{
  std::cout << "write function invoked" << std::endl;
}
```

- main.C

```
#include "read.H"
#include "write.H"
int main(int argc, char** argv)
{
  read();
  write();
}
```

(a) 먼저 다음 명령을 실행해보고 결과를 확인해보도록 한다.

```
g++ -o main.exe main.C read.C write.C
```

(b) 분할 컴파일을 확인해보기 위해 다음 명령을 실행해보고 결과를 확인해보도록 한다.

```
g++ -c main.C
g++ -c read.C
g++ -c write.C
g++ -o main.exe main.o read.o write.o
```

(c) 위 과정을 `Makefile`로 작성하도록 한다. `-c` 옵션으로 컴파일 하면 확장자가 `.o`인 object 파일이 생성된다는 것을 이용하여 `Makefile`을 다음과 같이 작성한다.

```
main.o: main.C
    g++ -c main.C

read.o: read.C
    g++ -c read.C

write.o: write.C
    g++ -c write.C

main.exe: main.o read.o write.o
    g++ -o main.exe main.o read.o write.o
```

위 코드를 컴파일할 때 `make main.exe`로 target을 명시해야 한다. target 이름을 바꾸면 동작이 어떻게 바뀌는지 확인하도록 한다.

(d) 위에서 작성한 `Makefile`을 보면 중복되는 이름들이 많은 것을 알 수 있다. 매크로를 이용해 이를 수정해보면 다음과 같이 작성할 수 있다.

```
main.o: main.C
    g++ -c $<

read.o: read.C
    g++ -c $<

write.o: write.C
    g++ -c $<

main.exe: main.o read.o write.o
    g++ -o $@ $^
```

(e) 재컴파일시 object 파일이 있을 경우 소스코드의 내용이 반영이 안될 수 있기 때문에 object 파일을 삭제한 후 컴파일 하는 것을 권장한다. 이를 위해 clean target을 추가하고 `.PHONY` target도 추가하도록 한다.

```
1  main.o: main.C
2      g++ -c $<
3
4  read.o: read.C
5      g++ -c $<
6
7  write.o: write.C
8      g++ -c $<
9
10 main.exe: main.o read.o write.o
11     g++ -o $@ $^
12
13 clean:
14     rm -f *.o
15
16 .PHONY: clean
```

(f) 위 `Makefile`을 잘 보면 2, 5, 8번줄은 동일한 명령이 반복되고 있고 target과 dependency가 확장자만 다르고 이름은 같은 것을 알 수 있다. 이런 경우는 `%` 매크로를 이용하여 보다 간단한 형태로 만들 수 있다.

```
%.o:%.C
    g++ -c $<

```

```
main.exe: main.o read.o write.o
    g++ -o $@ $^

clean:
    rm -f *.o
```

(g) 이제 변수를 도입해서 위에서 작성한 `Makefile`을 빌드규칙에 특정 파일이름을 제거해서 일반화시키도록 한다.

```
1   OBJ=main.o read.o write.o
2   OUT=main.exe
3
4   %.o:%.C
5       g++ -c $<
6
7   $(OUT): $(OBJ)
8       g++ -o $@ $^
9
10  clean:
11      rm -f *.o
```

(h) 위에서 작성한 `Makefile`의 1번줄의 object 파일 리스트는 소스코드의 확장자만 변경한 것이므로 직접 object 파일 리스트를 작성하는 것보다는 소스코드 리스트를 활용하는 코드가 좀 더 합리적일 것이다. 이를 `%` 매크로와 문자열 치환 문법을 활용하여 작성하면 다음과 같이 작성할 수 있다.

```
SRC=main.C read.C write.C
OBJ=$(SRC:%.C=%.o)
OUT=main.exe

%.o:%.C
    g++ -c $<

$(OUT): $(OBJ)
    g++ -o $@ $^

clean:
    #echo $(OBJ)
    rm -f *.o
```

(i) 이제 위에서 작성한 `Makefile`에 컴파일 옵션과 링커옵션을 반영할 수 있도록 추가

적인 변수를 반영하여 Makefile을 완성하도록 한다.

```
CXX=g++
CXXFLAGS=-W -Wall -O3 -std=c++11 -g
LDFLAGS=
INCLUDE=-I.
LIB=-L. -lm
SRC=main.C read.C write.C
OBJ=$(SRC:%.C=%.o)
OUT=main.exe

%.o:%.C
    $(CXX) $(CXXFLAGS) $(INCLUDE) -c $<

$(OUT): $(OBJ)
    $(CXX) $(CXXFLAGS) $(INCLUDE) -o $@ $^ $(LDFLAGS $(LIB)


clean:
    #echo $(OBJ)
    rm -f *.o
```

(j) genMakefile 스크립트를 활용하여 Makefile을 생성시켜보고 wmakeFilesAndOptions 의 동작원리를 익혀보도록 한다.

Exercise 2

OpenFOAM의 빌드스크립트는 wmake/rules 아래에 모여있다. 64비트 환경에서 gcc로 컴파일 하는 경우 wmake/rules/linux64Gcc아래에 컴파일 옵션들이 들어있다.

(a) wmake/rules/linux64Gcc/c 파일을 열어보고 어떤 컴파일 옵션들이 들어있는지 확인하도록 한다.

(b) wmake/rules/linux64Gcc/c++ 파일을 열어보고 어떤 컴파일 옵션들이 들어있는지 확인하도록 한다.

WARNING

OpenFOAM의 환경변수에서 만들어지는 WM_CXX, WM_CXXFLAGS등의 컴파일 옵션은 OpenFOAM이 아닌 ThirdParty를 컴파일 하기 위한 옵션이다.

Exercise 3

실행파일은 wmake, 라이브러리는 wmake libso 명령으로 컴파일 한다. 따라서, src 내에서는 wmake libso 명령을 사용하고 applications 내에서는 wmake 사용해야 한다.

(a) find . -type d -name 'Make' 명령으로 OpenFOAM 소스코드 내의 모든 Make 폴더를 찾아 wmake libso사용하는 곳과 wmake을 사용하는 곳의 내용이 어떻게 다른지 확인하도록 한다.

(b) OpenFOAM의 빌드스크립트 중 wmakeFilesAndOptions 스크립트는 Makefile을 자동으로 작성해주는 도구로 스크립트를 실행한 폴더를 기준으로 모든 *.C 파일을 찾아 Make/files에 기록하고 Make/options에 기본적인 헤더파일과 라이브러리 정보를 작성해준다. 임시로 폴더를 하나 만들고 .C 파일들을 만든 후 wmakeFilesAndOptions을 실행해 어떤 형태로 Makefile이 작성되는지 확인하도록 한다.

(c) Make/files는 소스코드 목록과 컴파일 결과로 만들어질 라이브러리 또는 실행파일의 경로와 이름을 포함하고 있다. env ¦ grep WM_과 env ¦ grep FOAM_을 실행해서 이들 환경변수가 Make/files 내에 어떤 형태로 사용되었는지 확인하도록 한다.

(d) Make/options는 소스코드 위치와 라이브러리 위치 및 이름에 대한 정보를 포함하고 있다. env ¦ grep WM_과 env ¦ grep FOAM_ 실행한 결과와 wmake/makefiles/general 파일에 나타난 환경변수가 Make/options 내에 어떤 형태로 사용되었는지 확인하도록 한다.

II 확장 가능한 프로그래밍 기법

6

수치해석 코드 개발 및 확장

수치해석을 수행하는 In-house 코드의 구조를 살펴보면 대개의 경우 계산영역을 표현하는 격자와 격자에 매핑되는 필드 값을 저장하는 배열형 변수, 물리모델에 사용되는 계수들 그리고 필드 값에 변경을 가하는 수치해법들로 구성된다.

문제는 일반적으로 수치해석에 사용되는 Fortran 언어의 경우, 알고리즘은 분기문을 통해 구분하여 어느 정도 수준까지는 구조화가 가능하지만, 함수 호출과 함수 구현의 분리를 통한 추상화가 쉽지 않기 때문에 문제의 특성에 맞는 유연한 자료구조를 설계하기가 용이하지 않은 한계를 가지고 있다. 이러한 한계로 인해 코드를 확장하는 과정에서 기존 코드의 재작성이 불가피하게 되고 결국 코드의 복잡도를 상승시켜 종국에는 코드 개발이 중단되게 만들기 쉽다.

이런 관점에서, 본 장은 Procedural 언어의 대표적인 언어인 Fortran과 C를 이용하여 일반화/추상화를 진행하면서 이들 언어가 가진 한계를 살펴보고 C++에서 OOP와 일반화 프로그래밍(Generic programming) 패러다임을 통해 그 한계를 어떻게 극복할 수 있는지 살펴보도록 한다. Fortran은 현재 2018 표준까지 나와있고 그 과정에서 일부 OOP적인 문법을 도입하기도 했지만 기존의 Fortran으로 개발된 코드들은 Fortran 77 혹은 Fortran 90/95으로 개발된 것들이 많으므로 특별한 언급이 없는 한 Fortran 90/95 표준 기준으로 설명하도록 한다.

6.1 문제의 정의

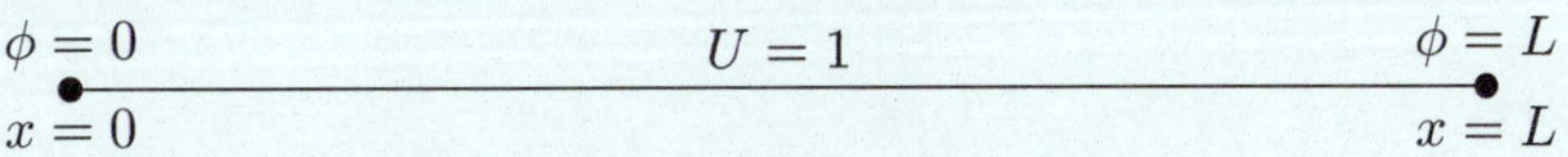

Fig 6.1: 1d problem

참고문헌 [10]에 나와있는 Eq. (6.1)와 같은 1D 대류/확산 문제를 생각해본다.

$$\frac{\partial(\rho u \phi)}{\partial x} - \frac{\partial}{\partial x}\left(\Gamma \frac{\partial \phi}{\partial x}\right) = 0 \tag{6.1}$$

여기서 ρ, u 그리고 Γ는 각각 밀도와 속도 그리고 확산계수를 의미한다.

문제의 경계조건은 Eq. (6.2)와 같다.

$$\phi = \begin{cases} \phi_0 \text{ at } x = 0 \\ \phi_L \text{ at } x = L \end{cases} \tag{6.2}$$

ρ와 u가 상수라고 가정하면 Eq. (6.1)은 다음과 같이 해석 해를 가진다.

$$\phi = \phi_0 + \frac{e^{xPe/L} - 1}{e^{Pe} - 1} (\phi_L - \phi_0) \tag{6.3}$$

Pe는 무차원 수 Peclet number를 의미하며 그 정의는 다음과 같다.

$$Pe = \frac{\rho u L}{\Gamma}$$

6.2 코드 구현

Eq. (6.1)을 FDM (Finite Difference Method) 기법으로 이산화 시켜 보도록 한다. 구현을 단순화하기 위해 정렬격자(structured mesh)로 이산화하도록 한다. 정렬격자는 인접 점들간의 관계를 node index의 선후관계로 알 수 있기 때문에 격자 연결정보(connectivity information) 없이도 격자를 표현할 수 있다는 특징을 가지고 있다.

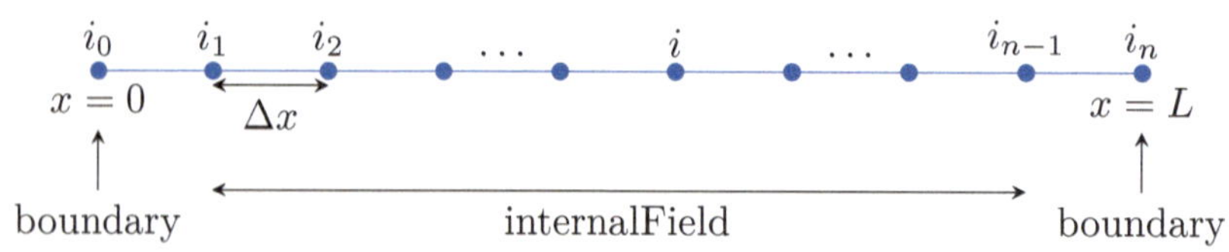

Fig 6.2: 이산화된 계산영역

대류항은 CDS(Central Difference Scheme)와 upwind scheme을 지원하도록 하고 확산항은 CDS만을 구현하도록 한다. 해석 코드는 전통적으로 많이 사용되는 Fortran 90 문법으로 먼저 구현한 다음 C언어로 재구현하도록 한다.

6.2.1 이산화

계산영역을 이산화하면 1차원 FDM문제는 Eq. (6.4)와 같이 Tridiagonal matrix를 구성하게 된다. 대각성분의 좌우에 놓여있는 성분 즉, 비대각 성분(off-diagonal)은 인접 node에서의 기여 또는 가중치를 의미한다.

$$L\phi_{i-1} + D\phi_i + U\phi_{i+1} = q_i \tag{6.4}$$

비대각 성분중에서 상삼각성분 U와 하삼각성분 L은 이산화 기법에 따라 값이 달라지고 대각성분은 $D = -(L+U)$의 관계를 가진다. 계산 영역의 좌우 경계에서의 관계는 Eq. (6.5)와 같다.

$$\begin{aligned} D\phi_1 + U\phi_2 &= -L\phi_0 \\ L\phi_{n-2} + D\phi_{n-1} &= -U\phi_n \end{aligned} \tag{6.5}$$

대류항을 CDS로 이산화 시켰을 때의 계수행렬은 Eq. (6.6)과 같이 유도된다.

$$C(\phi) = \frac{-\rho u\phi_{i-1} + \rho u\phi_{i+1}}{2\Delta x} \tag{6.6}$$

대류항을 CDS로 이산화 시켜 얻어지는 선형연립방정식 $A^c x = b^c$는 Eq. (6.7)과 같이 구성된다.

$$\begin{bmatrix} 0 & -\frac{\rho U}{2\Delta x} & & & & & & \\ -\frac{\rho U}{2\Delta x} & 0 & -\frac{\rho U}{2\Delta x} & & & & & \\ & -\frac{\rho U}{2\Delta x} & 0 & -\frac{\rho U}{2\Delta x} & & & & \\ & & \cdots\cdots & \cdots\cdots & \cdots\cdots & & & \\ & & & & -\frac{\rho U}{2\Delta x} & 0 & -\frac{\rho U}{2\Delta x} & \\ & & & & & -\frac{\rho U}{2\Delta x} & 0 & -\frac{\rho U}{2\Delta x} \\ & & & & & & -\frac{\rho U}{2\Delta x} & 0 \end{bmatrix} = \begin{bmatrix} \frac{\rho U}{2\Delta x}\phi_0 \\ 0 \\ 0 \\ \cdots \\ 0 \\ 0 \\ -\frac{\rho U}{2\Delta x}\phi_L \end{bmatrix} \tag{6.7}$$

비슷한 방법으로 대류항을 upwind scheme으로 이산화 시켰을 때의 계수행렬은 Eq. (6.8)과 같이 유도된다.

$$C(\phi) = L\phi_{i-1} - (L+U)\phi_i + U\phi_{i+1} \tag{6.8}$$

상삼각행렬과 하삼각 행렬은 Eq. (6.9)와 같은 관계를 가진다. 조건문대신 min, max 함수를 이용한 compact form으로 기술하였다 [10].

$$\begin{aligned} L &= -\frac{\max(\rho u, 0)}{\Delta x}, \\ U &= \frac{\min(\rho u, 0)}{\Delta x} \end{aligned} \tag{6.9}$$

대류항을 upwind scheme으로 이산화 시켜 얻어지는 선형연립방정식 $A^c x = b^c$는 Eq. (6.10)과 같이 구성된다.

$$\begin{bmatrix} \frac{\max(\rho U)}{\Delta x} - \frac{\min(\rho U)}{\Delta x} & \frac{\min(\rho U)}{\Delta x} & & & \\ -\frac{\max(\rho U)}{\Delta x} & \frac{\max(\rho U)}{\Delta x} - \frac{\min(\rho U)}{\Delta x} & \frac{\min(\rho U)}{\Delta x} & & \\ & \cdots\cdots\cdots & & & \\ & -\frac{\max(\rho U)}{\Delta x} & \frac{\max(\rho U)}{\Delta x} - \frac{\min(\rho U)}{\Delta x} & \frac{\min(\rho U)}{\Delta x} \\ & & -\frac{\max(\rho U)}{\Delta x} & \frac{\max(\rho U)}{\Delta x} - \frac{\min(\rho U)}{\Delta x} \end{bmatrix} = \begin{bmatrix} \frac{\max(\rho U)}{\Delta x}\phi_0 \\ 0 \\ \cdots \\ 0 \\ -\frac{\min(\rho U)}{\Delta x}\phi_L \end{bmatrix} \tag{6.10}$$

확산항을 CDS로 이산화 시켰을 때의 계수행렬은 Eq. (6.11)과 같이 유도된다.

$$D(\phi) = \Gamma\frac{\partial^2\phi}{\partial x^2} \approx \Gamma\frac{\frac{\phi_{i+1}-\phi_i}{\Delta x} - \frac{\phi_i-\phi_{i-1}}{\Delta x}}{\Delta x} = \Gamma\frac{\phi_{i+1} - 2\phi_i + \phi_{i-1}}{(\Delta x)^2} \tag{6.11}$$

확산항을 CDS로 이산화 시켜 얻어지는 선형연립방정식 $A^d x = b^d$는 Eq. (6.12)와 같이 구성된다.

$$\begin{bmatrix} \frac{2\Gamma}{\Delta x^2} & -\frac{\Gamma}{\Delta x^2} & & & & & \\ -\frac{\Gamma}{\Delta x^2} & \frac{2\Gamma}{\Delta x^2} & -\frac{\Gamma}{\Delta x^2} & & & & \\ & -\frac{\Gamma}{\Delta x^2} & \frac{2\Gamma}{\Delta x^2} & -\frac{\Gamma}{\Delta x^2} & & & \\ & & \cdots\cdots\cdots & & & & \\ & & & -\frac{\Gamma}{\Delta x^2} & \frac{2\Gamma}{\Delta x^2} & -\frac{\Gamma}{\Delta x^2} & \\ & & & & -\frac{\Gamma}{\Delta x^2} & \frac{2\Gamma}{\Delta x^2} & -\frac{\Gamma}{\Delta x^2} \\ & & & & & -\frac{\Gamma}{\Delta x^2} & \frac{2\Gamma}{\Delta x^2} \end{bmatrix} = \begin{bmatrix} \frac{\Gamma}{\Delta x^2}\phi_0 \\ 0 \\ 0 \\ \cdots \\ 0 \\ 0 \\ \frac{\Gamma}{\Delta x^2}\phi_L \end{bmatrix} \tag{6.12}$$

전체 선형연립방정식은 Eq. (6.13)과 같이 대류항과 확산항에서 얻 각각의 계수행렬과 소스항의 합으로 표현된다.

$$\underline{\underline{\boldsymbol{A}}}\underline{\boldsymbol{x}} = \underline{\boldsymbol{b}} \tag{6.13}$$

$$\begin{aligned} \underline{\underline{\boldsymbol{A}}} &= \underline{\underline{\boldsymbol{A}}}^c + \underline{\underline{\boldsymbol{A}}}^d \\ \underline{\boldsymbol{b}} &= \underline{\boldsymbol{b}}^c + \underline{\boldsymbol{b}}^d \end{aligned}$$

6.2.2 Fortran 90 버전

코드 내에서 사용될 변수들을 전역변수로 선언하여 초기화 함수와 같이 준비한다. 전역변수는 디버깅을 어렵게 만드는 요인이 되기 때문에 규모가 큰 코드에서는 그다지 권장하는 방법은 아니지만, 해석에 사용되는 값들을 전역변수로 선언하면 알고리즘 어느 곳에서나 접근이 용이해지기 때문에 subroutine이나 함수의 매개변수 리스트를 적게 가져갈 수 있어 API(See page 610)가 단순해지는 이점이 생긴다. Fortran 90에서 도입된 `module`을 사용하면 subroutine 또는 함수 내에서 필요한 전역변수만 참조할 수 있어 디버깅 시 문제의 원인을 파악하기가 `common` 블럭을 사용하는 것보다 용이해지기 때문에 Fortran 77 문법에서 지원하는 `common` 블럭 대신

Fortran 90에서 도입된 module 기능을 이용하도록 한다. 배열 인덱스는 나중에 C 코드로 변경이 용이하도록 Fortran style인 1부터 시작하지 않고 C style인 0부터 시작하도록 지정하였다.

전역변수로 선언할 값들은 다음과 같다.

- 계산영역 크기, Length
- 물성치 즉, 밀도와 확산계수
- 이산화된 계산영역 수, 즉 nodeSize
- 이산화된 계산영역 중 경계를 제외한 내부필드, internalFieldSize = nodeSize − 2
- 이산화된 개별 계산영역의 크기, deltaX = Length/(nodeSize − 1)
- 경계값, 즉 우측 경계와 좌측 경계값
- 필드변수, 즉 속도장과 수치해
- 행렬식 계산을 위한 계수행렬, 소스항 관련 배열 변수

배열변수들의 초기화는 Listing 6.1에서 작성한 globalvars module에서 담당하도록 한다. 변수들을 사용하기 전에 initVariables subroutine을 먼저 호출해서 변수들을 초기화 하고 계산이 완료된 후에는 destroyVariables subroutine을 호출하여 메모리에서 변수들을 해제시키도록 한다. correctBC subroutine은 Eq. (6.2)에서 정의한 경계조건을 반영시키는 subroutine에 해당한다. showVariables subroutine은 입력에 사용된 변수들의 값을 확인하는 용도이므로 필요없는 경우 무시해도 된다.

Listing 6.1: globalvars.f90

```
module globalvars
  implicit none

  integer, parameter :: nodeSize = 11
  integer, parameter :: internalFieldSize = nodeSize - 2
  real, parameter :: Length = 1
  real, parameter :: deltaX = Length/(nodeSize - 1), rDeltaX = 1./deltaX

  real, parameter :: rho = 1, diffusivity = 0.02

  real, dimension(:), allocatable :: phi, U, exact
  real, dimension(:), allocatable :: source, diag, lower, upper
  real, dimension(:), allocatable :: internalField

  real :: phiLeft, phiRight

contains
```

```fortran

  subroutine showVariables
    write(*,*) nodeSize, internalFieldSize, Length
    write(*,*) deltaX, rDeltaX
    write(*,*) rho, diffusivity
    write(*,*) phiLeft, phiRight
  end subroutine showVariables

  subroutine initVariables
    allocate(phi(0:internalFieldSize-1))
    allocate(exact(0:internalFieldSize-1))
    allocate(U(0:internalFieldSize-1))
    allocate(source(0:internalFieldSize-1))
    allocate(lower(0:internalFieldSize-1))
    allocate(diag(0:internalFieldSize-1))
    allocate(upper(0:internalFieldSize-1))

    phi = 0.
    exact = 0.
    U = 1.
    source = 0.
    lower = 0.
    diag = 0.
    upper = 0.
  end subroutine initVariables

  subroutine destroyVariables
    deallocate(phi)
    deallocate(exact)
    deallocate(U)
    deallocate(source)
    deallocate(lower)
    deallocate(diag)
    deallocate(upper)
  end subroutine destroyVariables

  subroutine correctBC
    phiLeft = 0
    phiRight = Length
  end subroutine correctBC

end module globalvars
```

1차원 문제이고 계수행렬이 Tridiagonal matrix를 구성하므로 $\underline{\boldsymbol{A}\boldsymbol{x}} = \underline{\boldsymbol{b}}$ 형식의 선형연립방

정식의 해를 구하는 방법은 반복법이 아닌 직접법의 하나인 TDMA [24]를 사용하도록 한다. Listing 6.2에 작성한 `linalg` `module`은 TDMA를 구현한 것이다.

Listing 6.2: linalg.f90

```
module linalg
 implicit none

contains
 subroutine TDMA(n, lower, diag, upper, source, x)
   implicit none
   integer, intent(in) :: n
   real, dimension(:), intent(in) :: lower(0:n-1), diag(0:n-1), upper(0:n-1)
   real, dimension(:), intent(in) :: source(0:n-1)
   real, dimension(:), intent(out) :: x(0:n-1)
   ! local variables
   integer :: i
   real, dimension(:) :: uprime(0:n-1), bprime(0:n-1)

   uprime(0) = upper(0)/diag(0)
   bprime(0) = source(0)/diag(0)

   do i=1,n-2
      uprime(i) = upper(i)/(diag(i) - lower(i)*uprime(i-1))
   end do

   do i=1,n-1
      bprime(i) = (source(i) - lower(i)*bprime(i-1))/(diag(i) - lower(i)*uprime(i-1))
   end do

   x(n-1) = bprime(n-1)/diag(n-1)
   do i=n-2,0,-1
      x(i) = bprime(i) - uprime(i)*x(i+1)
   end do
 end subroutine TDMA

 subroutine writeCoeffs
   use globalvars, only : internalFieldSize, lower, diag, upper
   implicit none
   integer :: i
   open(unit=11, file="coeffs.dat")
   do i=0,internalFieldSize-1
      write(11,*) lower(i), diag(i), upper(i)
   end do
```

```
    close(11)
  end subroutine writeCoeffs

  subroutine writeSources
    use globalvars, only : internalFieldSize, source
    implicit none
    integer :: i
    open(unit=11, file="sources.dat")
    do i=0,internalFieldSize-1
       write(11,*) source(i)
    end do
    close(11)
  end subroutine writeSources

  subroutine writeSolutions
    use globalvars, only : internalFieldSize, phi, phiLeft, phiRight
    implicit none
    integer :: i
    open(unit=11, file="solutions.dat")
    write(11,*) phiLeft
    do i=0,internalFieldSize-1
       write(11,*) phi(i)
    end do
    write(11,*) phiRight
    close(11)
  end subroutine writeSolutions
end module linalg
```

대류항을 이산화시켜 얻은 Eq. (6.7)과 (6.10)은 Listing 6.3에 작성된 convection module에 cds_convection과 upwind_convection subroutine으로 구현되었다.

Listing 6.3: convection.f90

```
module convection
contains
  subroutine cds_convection
    use globalvars, only : rho, rDeltaX, U, phi, lower, upper, diag, source
    use globalvars, only : phiLeft, phiRight, internalFieldSize
    implicit none
    integer :: i

    do i=0,internalFieldSize-1
       lower(i) = lower(i) - rho*U(i)*rDeltaX*0.5
```

```fortran
      upper(i) = upper(i) + rho*U(i)*rDeltaX*0.5
      diag(i) = -(lower(i) + upper(i))
    end do

    source(0) = source(0) + rho*U(0)*rDeltaX*0.5*phiLeft
    source(internalFieldSize-1) = source(internalFieldSize-1) !
            - rho*U(internalFieldSize-1)*rDeltaX*0.5*phiRight
  end subroutine cds_convection

  subroutine upwind_convection
    use globalvars, only : rho, rDeltaX, U, phi, lower, upper, diag, source
    use globalvars, only : phiLeft, phiRight, internalFieldSize
    implicit none
    integer :: i

    do i=0,internalFieldSize-1
      lower(i) = lower(i) - max(rho*U(i), 0.)*rDeltaX
      upper(i) = upper(i) + min(rho*U(i), 0.)*rDeltaX
      diag(i) = -(lower(i) + upper(i))
    end do

    source(0) = source(0) + max(rho*U(0), 0.)*rDeltaX*phiLeft
    source(internalFieldSize-1) = source(internalFieldSize-1) !
      - min(rho*U(internalFieldSize-1), 0.)*rDeltaX*phiRight
  end subroutine upwind_convection

end module convection
```

확산항을 이산화시켜 얻은 Eq. (6.12)는 Listing 6.4에 작성된 `diffusion` `module`에 `cds_diffusion` `subroutine`으로 구현되었다.

Listing 6.4: diffusion.f90

```fortran
module diffusion
contains
  subroutine cds_laplacian
    use globalvars, only : diffusivity, rDeltaX, U, phi, lower, upper, diag, source
    use globalvars, only : phiLeft, phiRight, internalFieldSize
    implicit none
    integer :: i

    do i=0,internalFieldSize-1
      lower(i) = lower(i) - diffusivity*rDeltaX**2
```

```
      upper(i) = upper(i) - diffusivity*rDeltaX**2
      diag(i) = -(lower(i) + upper(i))
    end do

    source(0) = source(0) + diffusivity*rDeltaX**2*phiLeft
    source(internalFieldSize-1) = source(internalFieldSize-1) !
                            + diffusivity*rDeltaX**2*phiRight
  end subroutine cds_laplacian
end module diffusion
```

참고로 Fortran 90의 module들은 이름공간을 지원하지 않기 때문에 각 module들에 들어있는 subroutine들의 이름은 전역 공간에 등록된다. 즉, subroutine의 이름이 동일한 공간에 등록되기 때문에, 서로 다른 module에서 동일한 subroutine의 이름을 사용하면 서로 구분되지 않아 충돌이 발생하므로 이를 회피하기 위해 _convection, _laplacian의 접미어를 붙였다.

해석코드는 Listing 6.5와 같이 변수를 초기화하고 경계조건을 적용한 후 대류항과 확산항을 이산화하여 계수들을 합한 후 TDMA로 수치해를 구한 후 Neuman 경계조건의 경우를 위해 경계값을 갱신하는 구조로 구현될 것이다.

Listing 6.5: main.f90

```
program convectiondiffusion
  use globalvars
  use cds
  use upwind
  use linalg
  implicit none
  integer :: i, j
  integer :: convectionScheme ! 0: cds, 1: upwind

  convectionScheme = 0

  call initVariables
  call correctBC

  if (convectionScheme == 0) then
     cds_convection
  else if (convectionScheme == 1) then
     upwind_convection
  end if

  call cds_laplacian

```

```fortran
  call TDMA(internalFieldSize, lower, diag, upper, source, phi)

  call correctBC ! update boundary value

  call writeCoeffs
  call writeSources
  call writeSolutions

  call destroyVariables
end program convectiondiffusion
```

참고로 Listing 6.5를 컴파일 하여 실행파일로 만들기 위한 `Makefile`은 Listing 6.6와 같으며 동일한 스크립트는 `genMakefile`을 사용해서도 생성할 수 있다(See page 148).

Listing 6.6: Makefile

```makefile
FC=gfortran
RM=rm
SOURCE=globalvars.f90 linalg.f90 cds.f90 upwind.f90 main.f90
OBJ=$(SOURCE:%.f90=%.o)

%.o:%.f90
	$(FC) -c $<

all:build

build:$(OBJ)
	$(FC) $^ -o 1dconvectiondiffusion.exe

clean:
	$(RM) $(OBJ)

.PHONY.: all build clean
```

6.2.3 C언어 버전

Fortran 90으로 작성된 코드들을 C언어 버전으로 재작성해보도록 한다. 태생적으로 C 언어는 Fortran과 비슷한 부분이 많고 앞서 배열 인덱스를 0부터 시작하도록 작성하였기 때문에 알고리즘적인 부분은 거의 변경 없이 문법적인 표현부분만 수정하면 그대로 동작하도록 되어 있다. 먼저 `globalvars` `module`에서 전역변수로 선언된 변수들을 Listing 6.7처럼 `globalvars.h` 헤더파일 안에 모아서 선언하도록 한다.

Listing 6.7: globalvars.h

```
// input
//// domain
const double L = 1;
//// mesh properties
const int nodeSize = 11;
const int internalFieldSize = nodeSize - 2;
const double deltaX = L/(nodeSize - 1);
const double rDeltaX = 1./deltaX;

// physical properties
const double rho = 1;
const double diffusivity = 0.02;

// field variable
double* phi;
double* U;
double* exact;

// matrix coeffs and sources
double* source;
double* d;
double* l;
double* u;
double* internalField;

// boundaries
double phiLeft;
double phiRight;
```

C 언어에서는 Fortran 90에서 제공하는 `module` 기능이 없기 때문에 전역변수를 초기화하는 함수들을 모듈화하기 위해 Fortran 코드와 달리 `globalvars.h` 헤더파일과 분리시켜 Listing 6.8, 6.9와 같은 형태로 정의하여 사용하도록 한다[1]. 현재 작성/사용 중인 소스코드 외부에 선언된 전역변수는 모두 `extern`으로 선언되어야 참조할 수 있기 때문에 `globalvars.h`에 선언된 변수들을 `extern` 키워드를 사용하여 재선언하였다.

[1]C/C++에서는 코드의 API만을 공개할 수 있도록 코드를 헤더파일과 소스코드로 구분하여 작성하는 것이 관행이다.

Listing 6.8: field.h

```
#ifndef __FIELDS_H
#define __FIELDS_H

extern const double L;
extern const int nodeSize;
extern const int internalFieldSize;
extern const double deltaX;
extern const double rDeltaX;

extern const double rho;
extern const double diffusivity;

extern double* phi;
extern double* U;
extern double* exact;

extern double* source;
extern double* d;
extern double* l;
extern double* u;
extern double* internalField;

extern double phiLeft;
extern double phiRight;

void initVariables();
void destroyVariables();
void correctBC();

#endif
```

Listing 6.9: field.cpp

```
#include "fields.h"

void initVariables()
{
    phi = new double[internalFieldSize];
    exact = new double[internalFieldSize];
    U = new double[internalFieldSize];
    source = new double[internalFieldSize];
    l = new double[internalFieldSize];
```

```
    d = new double[internalFieldSize];
    u = new double[internalFieldSize];

    // initialize field and coefficients
    for(int i=0; i<internalFieldSize; ++i)
    {
        phi[i] = 0.0;
        U[i] = 1.0;
        l[i] = 0;
        d[i] = 0;
        u[i] = 0;
        source[i] = 0;
        exact[i] = 0;
    }
}

void destroyVariables()
{
    delete[] U;
    delete[] phi;
    delete[] exact;
    delete[] d;
    delete[] l;
    delete[] u;
    delete[] source;
}

void correctBC()
{
    // update/correct boundary values
    phiLeft = 0;
    phiRight = L;
}
```

> **INFO**
> 엄밀히 말하면 `new`와 `delete` 연산자는 C++의 일부이므로 대신 `malloc`이나 `calloc` 그리고 `free` 함수를 사용해야 하나 편의상 C++의 연산자를 사용하기로 한다.

`convection.f90`을 C 코드로 포팅하는 과정은 거의 자명하기 때문에 Listing 6.10에서 작성한 헤더파일과 Listing 6.11에서 작성한 소스코드로 분리해서 작성하는 관행만 신경쓴다면 크게 어렵지 않은 코드라 생각한다. Fortran의 subroutine는 C에서는 `void` 함수에 대응하기 때문에 일차적으로 Fortran 코드를 그대로 옮긴 것으로 생각하면 된다(See page 615).

Listing 6.10: convection.h

```
#ifndef __CONVECTION_H
#define __CONVECTION_H

extern const double L;
extern const int nodeSize;
extern const int internalFieldSize;
extern const double deltaX;
extern const double rDeltaX;

extern const double rho;
extern const double diffusivity;

extern double* phi;
extern double* U;
extern double* exact;

extern double* source;
extern double* d;
extern double* l;
extern double* u;
extern double* internalField;

extern double phiLeft;
extern double phiRight;

void cds_convection();
void upwind_convection();
#endif
```

Listing 6.11: convection.cpp

```
#include "convection.h"
#include <cmath>

void cds_convection()
{
    for(int i=0; i<internalFieldSize; ++i)
    {
        // convection
        //- cds scheme
        //// lower triangle
        l[i] += -rho*U[i]*rDeltaX*0.5;
```

```
        //// upper triangle
        u[i] += rho*U[i]*rDeltaX*0.5;

        // diagonal
        //d[i] += 0; // -(l[i] + u[i])
        d[i] = -(l[i] + u[i]);
    }

    // source term from convection
    source[0] += rho*U[0]*rDeltaX*0.5*phiLeft;
    source[internalFieldSize-1] += -rho*U[internalFieldSize-1]*rDeltaX*phiRight;
}

void upwind_convection()
{
    for(int i=0; i<internalFieldSize; ++i)
    {
        // convection
        //- upwind scheme
        //// lower triangle
        l[i] += -std::fmax(rho*U[i], 0.)*rDeltaX;
        //// upper triangle
        u[i] += std::fmin(rho*U[i], 0.)*rDeltaX;

        // diagonal
        //d[i] += -(-std::max(rho*U[i], 0.)*rDeltaX +  std::min(rho*U[i], 0.)*rDeltaX);
        d[i] = -(l[i] + u[i]);
    }

    // source term from convection
    source[0] += std::fmax(rho*U[0], 0.)*rDeltaX*phiLeft;
    source[internalFieldSize-1] +=
        -std::fmin(rho*U[internalFieldSize-1], 0.)*rDeltaX*phiRight;
}
```

`convection.f90` 포팅하는 것과 동일한 방법으로 `cds_laplacian` subroutine는 Listing 6.12에서 작성한 헤더파일과 Listing 6.13에서 작성한 소스코드로 분리해서 작성하였다.

Listing 6.12: laplacian.h

```
#ifndef __LAPLACIAN_H
#define __LAPLACIAN_H

```

```
extern const double L;
extern const int nodeSize;
extern const int internalFieldSize;
extern const double deltaX;
extern const double rDeltaX;

extern const double rho;
extern const double diffusivity;

extern double* phi;
extern double* U;
extern double* exact;

extern double* source;
extern double* d;
extern double* l;
extern double* u;
extern double* internalField;

extern double phiLeft;
extern double phiRight;

void cds_laplacian();

#endif
```

Listing 6.13: laplacian.cpp

```
#include "laplacian.h"
void cds_laplacian()
{
    for(int i=0; i<internalFieldSize; ++i)
    {
        // diffusion
        //- cds scheme
        //// lower triangle
        l[i] += -diffusivity*rDeltaX*rDeltaX;
        //// upper triangle
        u[i] += -diffusivity*rDeltaX*rDeltaX;

        // diagonal
        //d[i] += 2.0*gamma*rDeltaX*rDeltaX; // -(l[i] + u[i])
        d[i] = -(l[i] + u[i]);
```

```
    }

    // source term from diffusion
    source[0] += diffusivity*rDeltaX*rDeltaX*phiLeft;
    source[internalFieldSize-1] += diffusivity*rDeltaX*rDeltaX*phiRight;
}
```

TDMA 알고리즘은 Listing 6.14, 6.15와 같이 구현하였다. C 언어는 Fortran과 달리 함수의 전달인자가 포인터형일 경우 특별한 언급이 없으면 pointer aliasing를 가정하여 최적화를 하기 때문에 Fortran 코드보다 계산성능 면에서 불리한 코드를 생성하게 된다(See page 14). 이를 고려하여 `restrict` 키워드를[2] 사용해 컴파일러가 pointer aliasing을 가정하지 못하도록 한다.

Listing 6.14: linalg.h

```
#ifndef __MATRIX_H
#define __MATRIX_H

extern const double L;
extern const int nodeSize;
extern const int internalFieldSize;
extern const double deltaX;
extern const double rDeltaX;

extern const double rho;
extern const double diffusivity;

extern double* phi;
extern double* U;
extern double* exact;

extern double* source;
extern double* d;
extern double* l;
extern double* u;
extern double* internalField;

extern double phiLeft;
extern double phiRight;

void TDMA
```

[2] 컴파일러 구현마다 키워드가 약간씩 다르다.

```
(
    const double* __restrict__ l,
    const double* __restrict__ d,
    const double* __restrict__ u,
    const int n,
    const double* __restrict__ b,
    double* x
);

void writeCoeffs();
void writeSources();
void writeSolutions();

#endif
```

Listing 6.15: linalg.cpp

```
#include <iomanip>
#include <fstream>
#include <cmath>
#include "linalg.h"

void TDMA
(
    const double* __restrict__ l,
    const double* __restrict__ d,
    const double* __restrict__ u,
    const int n,
    const double* __restrict__ b,
    double* x
)
{
    double* __restrict__ uprime = new double[n];
    double* __restrict__ bprime = new double[n];

    // forward sweep
    uprime[0] = u[0]/d[0];
    bprime[0] = b[0]/d[0];

    for (int i=1; i<n-1; i++)
    {
        uprime[i] = u[i]/(d[i] -l[i]*uprime[i-1]);
    }
```

```
    for (int i=1; i<n; i++)
    {
        bprime[i] = (b[i] - l[i]*bprime[i-1])/(d[i] - l[i]*uprime[i-1]);
    }

    // backward substitution
    x[n-1] = bprime[n-1];
    for (int i=n-2; i>=0; i--)
    {
        x[i] = bprime[i] - uprime[i]*x[i+1];
    }

    delete[] uprime;
    delete[] bprime;
    return;
}

void writeCoeffs()
{
    std::ofstream os;
    os.open("coeffs.dat");
    for(int i=0; i<internalFieldSize; ++i)
    {
        for(int j=0; j<internalFieldSize; ++j)
        {
            if (i == j)
            {
                os << std::setw(10) << d[i];
            }
            else if (i == j+1)
            {
                os << std::setw(10) << u[i];
            }
            else if (i == j-1)
            {
                os << std::setw(10) << l[i];
            }
            else
            {
                os << std::setw(10) << " ";
            }
        }
        os << std::endl;
    }
```

```
    os.close();
}

void writeSources()
{
    std::ofstream os;
    os.open("sources.dat");
    for(int j=0; j<internalFieldSize; ++j)
    {
        os << std::setw(10) << source[j] << std::endl;
    }
    os.close();
}

void writeSolutions()
{
    //// solution
    const double Pe = rho*U[0]*L/diffusivity;

    for (int i=0; i<internalFieldSize; ++i)
    {
        double x = deltaX*(i+1);
        exact[i] = phiLeft + (exp(x*Pe/L) - 1)/(exp(Pe) - 1) * (phiRight - phiLeft);
    }

    std::ofstream os;
    os.open("solutions.dat");
    os << "#solution comparison" << std::endl;
    os << 0 << "\t" << phiLeft << "\t" << phiLeft << std::endl;
    for (int i=0; i<internalFieldSize; ++i)
    {
        double x = deltaX*(i+1);
        os << x << "\t" << exact[i] << "\t" << phi[i] << std::endl;
    }
    os << L << "\t" << phiRight << "\t" << phiRight << std::endl;
    os.close();
}
```

해석코드는 Listing 6.16처럼 `main.cpp` 함수 안에 작성하면 된다. `globalvars.h` 헤더파일은 전역변수를 가지고 있기 때문에 `main.cpp` 소스코드에만 포함시켜야 한다.

Listing 6.16: main.cpp

```
#include "fields.h"
#include "linalg.h"
#include "convection.h"
#include "laplacian.h"

#include "globalvars.h"

int convectionScheme = 0; //
int main (int argc, char** argv)
{
    initVariables();
    correctBC();

    if (convectionScheme == 0)
    {
      cds_convection();
    }
    else if (convectionScheme == 1)
    {
      upwind_convection();
    }

    cds_laplacian();

    TDMA(internalFieldSize, l, d, u, source, phi);
    correctBC(); // update boundary value

    writeSolutions();
    // destroy variables
    destroyVariables();
    return 0;
}
```

참고로 Listing 6.16에서 작성된 코드를 컴파일 하여 실행파일로 만들기 위한 `Makefile`은 다음과 같다. `Makefile`은 page 148에서 작성한 `genMakefile`을 사용해서도 동일한 스크립트를 얻을 수 있다.

Listing 6.17: Makefile

```
CXX=g++
RM=rm
```

```
INCLUDE=-I.
SOURCE=main.cpp laplacian.cpp cds.cpp upwind.cpp fields.cpp linalg.cpp
OBJ=$(SOURCE:%.cpp=%.o)

%.o:%.cpp
	$(CXX) $(INCLUDE)-c $<

all:build

build:$(OBJ)
	$(CXX) $(INCLUDE) $^ -o 1dconvectiondiffusion.exe

clean:
	$(RM) $(OBJ)

.PHONY.: all build clean
```

7

알고리즘의 모듈화 기법

본 장에서는 함수 혹은 알고리즘 호출 방법을 일반화시키는 방법을 소개하고, 더 나아가 해석 코드에서 기술하는 함수이름과 실제로 런타임에서 호출되는 함수를 분리시켜 해석 알고리즘의 호출방법을 추상화시키는 방법을 소개하도록 한다. 호출방법을 추상화시키는 방법은 다른 말로 표현과 내용의 분리라고도 할 수 있는데, 확장 및 지속 가능한 코드 개발 기법에서 중요한 부분을 차지한다.

7.1 함수 호출의 추상화

Fortran이나 C같은 Procedural 언어에서는 전체를 작은 함수들의 조합으로 나누어 생각한다. 함수란 일련의 코드 조각을 하나의 작업단위로 처리하는 기법으로 어찌 보면 가장 단순하게 코드를 일반화 시킬 수 있는 방법에 해당한다. 전체 혹은 일부 코드를 보고 동일한 패턴으로 기술된 코드 조각을 별도로 떼어내어 함수로 정의하게 되면, 전체 코드 량이 줄어들고 논리의 흐름을 따라가기가 용이해져 가독성이 개선되는 효과가 있다. 그리고 오류 발생시 문제의 원인을 파악하기가 용이하기 때문에 가능하면 전체코드에서 함수로 일반화 할 수 있는 부분은 모두 함수로 처리되도록 하는 것이 좋다.

7.1.1 Fortran 언어의 한계

Listing 7.1은 `subroutine`과 `function`을 사용하는 Fortran 코드의 예이다.

Listing 7.1: 제곱 함수 호출 예

```
program main
  real :: x, y
  x = 3.0

  write(*,*) 'Input value: ', x
  call sqrSubroutine(x, y)
```

```
  write(*,*) 'Subroutine call: ', y
  write(*,*) 'Function call', sqrFunction(x)

contains

  subroutine sqrSubroutine(x, y)
    implicit none
    real, intent(in) :: x
    real, intent(out) :: y
    write(*,*) 'sqr subroutine called'
    y = x**2
  end subroutine sqrSubroutine

  function sqrFunction(x)
    real :: sqrFunction
    write(*,*) 'sqr function called'
    sqrFunction = x**2
  end function sqrFunction

end program main
```

Listing 7.1 코드를 컴파일 하기 위한 Makefile은 Listing 7.2과 같다.

Listing 7.2: Makefile

```
FC=gfortran
FFLAGS=-cpp
INCLUDE=-I.
LIB=-L.
SRC=main.f90
OBJ=$(SRC:%.f90=%.o)
OUT=main.exe

%.o:%.f90
	${FC} ${INCLUDE} ${FFLAGS} -c $<

all:build

build:${OBJ}
	${FC} ${INCLUDE} ${FFLAGS} ${LIB} -o ${OUT} $^

clean:${OBJ} ${OUT}
	rm -f $^
```

```

.PHONY: all build clean
```

코드의 실행 결과는 Listing 7.3과 같다.

Listing 7.3: Fortran 코드 실행 결과

```
$ ./main.exe
 Input value:    3.00000000
 sqr subroutine called
 Subroutine call:    9.00000000
 Function call sqr function called
   9.00000000
```

Listing 7.1 코드에 sqrt와 cubic 함수를 추가하여 기능을 확장 하고 사용자 입력에 따라 실행하는 함수를 달리할 수 있도록 만들어 보도록 한다. 단순화하기 위해 Listing 7.4와 같이 subroutine으로 구현하도록 한다.

Listing 7.4: 기능 확장된 코드

```
program main
  real :: x, y
  integer :: choice
  !!!! input part !!!!
  x = 3.0
  write(*,*) 'Input value: ', x
  write(*,*) 'select method(0 for sqr, 1 for sqrt, 2 for cubic)'
  read(*,*) choice
  !!!! logic part !!!!
  if (choice == 0) then
     call sqrSubroutine(x, y)
  else if (choice == 1) then
     call sqrtSubroutine(x, y)
  else if (choice == 2) then
     call cubicSubroutine(x, y)
  end if
  write(*,*) 'Subroutine call: ', y
contains
  subroutine sqrSubroutine(x, y)
    implicit none
    real, intent(in) :: x
    real, intent(out) :: y
```

```
23     write(*,*) 'sqr subroutine called'
24     y = x**2
25   end subroutine sqrSubroutine
26   subroutine sqrtSubroutine(x, y)
27     implicit none
28     real, intent(in) :: x
29     real, intent(out) :: y
30     write(*,*) 'sqrt subroutine called'
31     y = x**0.5
32   end subroutine sqrtSubroutine
33   subroutine cubicSubroutine(x, y)
34     implicit none
35     real, intent(in) :: x
36     real, intent(out) :: y
37     write(*,*) 'cubic subroutine called'
38     y = x**3
39   end subroutine cubicSubroutine
40 end program main
```

Listing 7.4의 실행결과는 Listing 7.5와 같이 사용자 입력에 대해서 `sqr`, `sqrt` 또는 `cubic` 함수를 실행하는 것을 알 수 있다.

Listing 7.5: 실행 결과

```
$ ./main.exe
 Input value:    3.00000000
 select method(0 for sqr, 1 for sqrt, 2 for cubic)
0
 sqr subroutine called
 Subroutine call:    9.00000000
```

위와 같은 방식은 앞 장에서 1D 대류/확산 해석코드도 convection scheme을 지원하기 위해 분기문을 사용했던 것처럼, In-house 코드에서 일반적으로 행해지는 코드 확장방식에 해당한다. 만일 위 In-house 코드가 계속적인 기능추가로 확장된다고 가정하면 실제 계산 알고리즘은 동일함에도 불구하고 무수히 많은 분기문들로 채워질 것이고, 매번 코드가 확장 될 때마다 소스코드를 수정해야 한다.

Listing 7.4에서 `contains` 이하 구문을 제외하면 실제 실행 코드의 핵심은 10 – 16번 줄에 해당한다. 이들은 모두 입력변수 `x`와 출력변수 `y`를 전달인자로 받는 2변수 함수라는 공통점을 가지고 있기 때문에, 위 해석코드는 2변수 함수로 표현되는 알고리즘을 사용하는 코드로 볼 수 있다. 따라서, 만일 실제 호출되는 함수에 관계없이 2변수 함수를 호출하는 방식으로 일반화 시킬 수 있다면 Listing 7.6과 같이 단순한 형태의 코드로 작성할 수 있을 것이다.

Listing 7.6: 추상화된 코드 예

```fortran
program main
  real :: x, y
  integer :: choice

  x = 3.0

  write(*,*) 'Input value: ', x
  write(*,*) 'select method(0 for sqr, 1 for sqrt)'
  read(*,*) choice

  call twoParamFunc(x, y)

  write(*,*) 'Subroutine call: ', y

```

이것이 가능하다면 계산 로직과 호출 함수를 분리시킬 수 있기 때문에 main 프로그램은 한번 완성된 이후 새로운 알고리즘을 추가시키더라도 main 프로그램 소스코드를 수정할 필요 없이 추가된 알고리즘만 별도의 라이브러리로 제공하면 될 것이다. 함수 호출 방법을 일반화 시키는 방법은 함수 포인터로 가능하지만, 불행히도 Fortran 90/95문법에서는 함수포인터를 지원하지 않기 때문에 2변수 함수에 대한 함수 호출 방법을 일반화 할 수 없다. 참고로 Fortran 2008 문법으로는 함수 포인터를 사용할 수 있으며 이를 활용한 코드는 Listing 7.7과 같다. `contains`이하 구문들을 라이브러리 형태로 분리시키게 되면 Listing 7.6에서 보인 추상화된 코드에 근접한 결과를 얻을 수 있음을 알 수 있다.

Listing 7.7: 함수 포인터 사용버전

```fortran
program main
  real :: x, y
  integer :: choice
  !!!! function pointer declaration !!!!
  interface
     subroutine method(x, y)
       real, intent(in) :: x
       real, intent(out) :: y
     end subroutine method
  end interface
  procedure(method), pointer :: methodPtr => Null()
  !!!! input part
  x = 3.0
  write(*,*) 'Input value: ', x
```

```
  write(*,*) 'select method(0 for sqr, 1 for sqrt)'
  read(*,*) choice
  !!!! preprocess
  if (choice == 0) then
     methodPtr => sqrSubroutine
  else if (choice == 1) then
     methodPtr => sqrtSubroutine
  else if (choice == 2) then
     methodPtr => cubicSubroutine
  endif
  !!!! main logic
  call methodPtr(x, y)
  write(*,*) 'Subroutine call: ', y
contains
  subroutine sqrSubroutine(x, y)
    implicit none
    real, intent(in) :: x
    real, intent(out) :: y
    write(*,*) 'sqr subroutine called'
    y = x**2
  end subroutine sqrSubroutine
  subroutine sqrtSubroutine(x, y)
    implicit none
    real, intent(in) :: x
    real, intent(out) :: y
    write(*,*) 'sqrt subroutine called'
    y = x**0.5
  end subroutine sqrtSubroutine
  subroutine cubicSubroutine(x, y)
    implicit none
    real, intent(in) :: x
    real, intent(out) :: y
    write(*,*) 'cubic subroutine called'
    y = x**3
  end subroutine cubicSubroutine
end program main
```

7.1.2 C 언어의 함수 추상화

Listing 7.1에서 작성한 Fortran 코드를 C 언어로 포팅하여 Listing 7.8과 같이 재작성하도록 한다. 참고로 C 언어는 `subroutine`과 `function`의 구분이 없으므로 `function` 구현만을 사용하도록 한다.

Listing 7.8: sqr 함수 호출 예

```c
#include <stdio.h>
#define SQRMACRO(x) \
    (x)*(x)
float sqrFunction(float x)
{
    return x*x;
}
int main(int argc, char** argv)
{
    float x;
    x = 3;
    printf("Input Value: %f\n", x);
    printf("Function call: %f\n", sqrFunction(x));
    printf("Macro Function call: %f\n", SQRMACRO(x));
    return 0;
}
```

Listing 7.9에서 작성한 `Makefile`은 C 코드 컴파일용 `Makefile`이다.

Listing 7.9: Makefile

```makefile
CC=gcc
CFLAGS=-std=c99
INCLUDE=-I.
LDFLAGS=-L. -lm
SRC=main.c
OBJ=$(SRC:%.c=%.o)

%.o:%.c
	${CC} ${INCLUDE} ${CFLAGS} -c $<

all:build

build:${OBJ}
	${CC} ${INCLUDE} ${CFLAGS} ${LDFLAGS} -o main.exe $^

clean:${OBJ} main.exe
	rm -f $^

.PHONY: all build clean
```

코드의 실행 결과는 Listing 7.10과 같다.

Listing 7.10: C 코드 실행 결과

```
$ ./main.exe
Input Value: 3.000000
Function call: 9.000000
Macro Function call: 9.000000
```

sqrt와 cubic 함수도 지원하고 사용자 입력에 따라 적용하는 함수를 달리할 수 있도록 Listing 7.11과 같이 수정해보도록 한다.

Listing 7.11: C 언어 구현

```c
#include <stdio.h>
#include <math.h>

float sqr(float x)
{
    printf("sqr function called\n");
    return x*x;
}
float sqrt(float x)
{
    printf("sqrt function called\n");
    return pow(x,0.5);
}
float cubic(float x)
{
    printf("cubic function called\n");
    return x*x*x;
}
int main(int argc, char** argv)
{
    float x;
    int choice;
    x = 3;
    // input part
    printf("select method(0 for sqr, 1 for sqrt, 2 for cubic): ");
    scanf("%d", &choice);
    printf("Input Value: %f\n", x);
    // logic part
    if (choice == 0)
    {
        printf("Function call: %f\n", sqr(x));
```

```
    }
    else if (choice == 1)
    {
        printf("Function call: %f\n", sqrt(x));
    }
    else if (choice == 2)
    {
        printf("Function call: %f\n", cubic(x));
    }
    return 0;
}
```

Listing 7.11 코드의 실행 결과는 Listing 7.12에서 보인 것과 같이 Fortran 코드와 동일한 결과를 주는 것을 알 수 있다.

Listing 7.12: 실행 결과

```
$ ./main.exe
select method(0 for sqr, 1 for sqrt, 2 for cubic): 0
Input Value: 3.000000
sqr function called
Function call: 9.000000
```

C 언어는 함수 포인터를 지원한다. 이를 이용하여 main 함수 내부를 단순화시켜 보도록 한다. C 언어에서 함수 이름은 그 자체가 함수 주소이므로 포인터 변수[1]에 저장할 수 있다. `float` 자료형을 반환하는 1 변수 함수에 대한 함수 포인터 선언은 다음과 같이 할 수 있다[2](See page 27).

Listing 7.13: 1변수 함수 포인터 자료형 선언 형태

```
typedef float (*function1Ptr)(float)
```

Listing 7.13에서 `function1Ptr`은 자료형에 해당한다. 이제 함수 포인터를 이용하여 Listing 7.14와 같이 코드를 재작성해보도록 한다.

---

[1] 주소를 저장하기 위한 특수한 용도의 변수. 자료형 뒤에 *를 붙여서 선언한다.

[2] C++11 표준에서 도입된 `using` 키워드의 확장된 사용법을 사용하면 보다 가독성있는 표현이 가능하다. `using function1Ptr = float(*)(float)`

Listing 7.14: 함수 포인터 사용 버전

```
#include <stdio.h>
#include <math.h>

float sqr(float x)
{
    printf("sqr function called\n");
    return x*x;
}
float sqrt(float x)
{
    printf("sqrt function called\n");
    return pow(x,0.5);
}
float cubic(float x)
{
    printf("cubic function called\n");
    return x*x*x;
}
typedef float (*function1Ptr)(float);

int main(int argc, char** argv)
{
    float x;
    int choice;
    function1Ptr method;
    x = 3;
    // input part
    printf("select method(0 for sqr, 1 for sqrt): ");
    scanf("%d", &choice);
    printf("Input Value: %f\n", x);
    // preprocess
    if (choice == 0)
    {
        method = sqr;
    }
    else if (choice == 1)
    {
        method = sqrt;
    }
    else if (choice == 2)
    {
        method = cubic;
```

```
43     }
44     // logic part
45     printf("Function call: %f\n", method(x));
46     return 0;
47 }
```

Listing 7.14 코드를 보면 함수 포인터 자료형을 19번줄에 선언하고 25번줄에 1변수 함수 포인터를 저장할 변수를 선언하였다. 그리고 기존의 분기문에서 직접 함수 호출을 하는 대신 함수 포인터 변수에 호출할 함수 주소값을 저장시키도록 하여 함수 호출을 분기문 바깥으로 이동시켰다는 것을 알 수 있다. 따라서, 새로운 알고리즘을 추가하더라도 45번 줄은 더 이상 수정할 필요 없이 분기문에 추가적인 알고리즘만 등록시키면 되므로 코드의 유지/보수가 조금은 용이해질 수 있다는 걸 알 수 있다. 여기서 더 나아가, 만일 분기문을 Listing 7.15와 같이 main 함수 외부로 빼내 전역변수에 함수 포인터를 등록시킬 수 있다면, main 함수는 기능 추가에 의존성이 없을 것이므로 기능확장에 좀 더 유연하고 유지/보수가 용이한 구조를 가지게 될 것이다.

Listing 7.15: 일반화 버전

```
#include <stdio.h>
#include <math.h>

typedef float (*function1Ptr)(float);

int main(int argc, char** argv)
{
    float x;
    int choice;
    function1Ptr method;
    x = 3;
    // input part
    scanf("%d", &choice);
    // logic part
    printf("Function call: %f\n", method(x));
    return 0;
}
```

하지만 C 언어 문법상, main 함수 외부에서는 변수/함수의 선언/정의만 가능하고 main 함수가 실행되기 전에 main 함수 바깥에서 조건문 등의 제어문의 사용이나 함수 호출은 불가능하기 때문에 전역변수에 함수 포인터를 등록하는 방법은 사용할 수 없다.

7.2 OOP를 이용한 알고리즘 모듈화 기법

앞 절에서 함수 포인터를 이용하여 함수 호출방법을 일반화시켜 `sqr`, `sqrt` 그리고 `cubic` 함수 등의 기능 선택 부분과 실행부분을 분리시킬 수 있음을 확인하였다. 하지만 문법적인 한계로 분기문을 main 함수 외부로 빼내지 못한다는 것 또한 확인하였다. 본 절에서는 C++ 문법과 C++ 표준 라이브러리만을 활용하여 분기문을 main 함수에서 제거하면서 자동으로 알고리즘을 등록하는 기법과 함께, Factory method라 불리는 기법을 이용한 지연 객체생성 메커니즘을 이용하여 표현과 내용을 분리시키는 추상화 기법을 소개하도록 하겠다. 본 절의 순서는 다음과 같다.

- 분기문의 제거
- main함수 외부에서의 함수 등록
- 템플릿 문법을 통한 중복코드 제거
- 일반화
- 동적로딩

7.2.1 분기문의 제거

분기문은 해시테이블로 대체가 가능하기 때문에(See page 19) 분기문을 해시테이블로 대체하여 Listing 7.16처럼 문법적 요소가 아닌 변수형태로 표현하도록 한다. C++ 표준라이브러리에서 해시테이블 자료구조인 `std::map`을 제공하므로 이를 활용하도록 한다[3].

Listing 7.16: 분기문의 제거

```cpp
#include <iostream>
#include <cmath>
#include <map>
#include <string>

float sqr(float x)
{
    std::cout << "sqr function called" << std::endl;
    return x*x;
}
float sqrt(float x)
{
    std::cout << "sqrt function called" << std::endl;
```

[3]Fortran 및 C 언어에서도 해시테이블을 지원하는 라이브러리를 사용한다면 비슷한 결과를 얻을 수 있을 것이나 언어에서 지원하는 표준라이브러리만을 사용한다고 했을 때 Fortran 및 C 언어는 번거로운 면이 있다.

```
    return pow(x,0.5);
}
float cubic(float x)
{
    std::cout << "cubic function called" << std::endl;
    return x*x*x;
}
typedef float (*function1Ptr)(float);
std::map<std::string, function1Ptr> RTStable;
int main(int argc, char** argv)
{
    // register algorithm
    RTStable.insert(std::make_pair("sqr", sqr));
    RTStable.insert(std::make_pair("sqrt", sqrt));
    RTStable.insert(std::make_pair("cubic", cubic));

    float x;
    std::string choice;
    x = 3;
    // input part
    std::cout << "select method(sqr or sqrt or cubic): " << std::endl;
    std::cin >> choice;
    std::cout << "Input Value: " << x << std::endl;
    // logic part
    std::cout << "Function call: " << RTStable[choice](x) << std::endl;
    return 0;
}
```

Listing 7.17: Makefile

```
CXX=g++
CXXFLAGS=-std=c++11
LDFLAGS=
INCLUDE=-I.
LIB=-L. -lm
SRC=main.cpp
OBJ=$(SRC:%.cpp=%.o)
OUT=main.exe

%.o:%.cpp
	$(CXX) $(INCLUDE) $(CXXFLAGS) -c $<

all:build
```

```
build:$(OBJ)
	$(CXX) $(INCLUDE) $(CXXFLAGS) $(LDFLAGS) $(LIB) -o $(OUT) $^

clean:
	rm -f $(OBJ) $(OUT)

.PHONY: all build clean
```

함수 포인터 등록과정을 분기문이 아닌 해시테이블로 변경하면서 부가적으로 알고리즘을 문자열로 대표할 수 있게 되어 직관적인 사용성을 가지게 되었다. Fortran 코드는 문자열 처리가 번거롭기도 하여 기능 선택을 위해 보통 정수형 자료형을 사용하는데 이는 사용자 메뉴얼이 없을 경우 소스코드를 보지 않는 한 의미를 알 수 없다는 고질적인 단점을 가지고 있다.

7.2.2 main함수 외부에서의 함수 등록

이제 Listing 7.16에서 작성한 코드의 26, 27, 28번 줄이 main 함수 바깥에서 실행될 수 있는 방법을 생각해보자. C++ 문법에서도 main 함수 바깥에서는 변수의 선언과 초기화만 허용된다. 그런데 객체의 경우(See page 73), 변수 선언 시 생성자(constructor) 함수가 호출되어 내부 멤버변수들을 초기화시키고 변수 생명주기가 끝나면 소멸자(destructor) 함수를 호출하도록 되어 있다.

Listing 7.18: 전역 객체

```cpp
#include <iostream>

class addToTable
{
  public:
  addToTable()
  {
    std::cout << "Did you call me?" << std::endl;
  }
};

addToTable globalObject;

int main(int argc, char** argv)
{
  return 0;
}
```

이를 확인해보기 위해 Listing 7.18 코드를 컴파일 하여 실행해보면 Listing 7.19처럼 main 함수 내에 내용이 없음에도 불구하고 `addToTable` 클래스의 생성자가 실행된 내용을 볼 수 있다.

Listing 7.19: 실행 결과

```
$ ./main.exe
Did you call me?
```

Listing 7.18의 실행결과로부터 객체의 생성자는 main 함수 외부에서도 실행이 되는 것을 알 수 있다. 즉, 객체는 선언시 내부적으로 생성자 함수가 호출되는 특이한 자료구조이기 때문에 이 특성을 이용하여 생성자 함수내에 함수 포인터를 등록시키는 코드를 내장시키면 main 함수 바깥으로 Listing 7.16 코드의 26, 27, 28번 줄을 옮길 수 있게 된다. 이제 생성자 함수 내부에서 해시테이블에 등록이 가능한지 확인해 보기 위해 Listing 7.20과 같이 코드를 수정해보도록 한다. 모든 것을 main 함수 외부에서 처리하도록 할 것이므로 해시테이블은 전역으로 선언되어야 한다.

Listing 7.20: 코드 예

```cpp
#include <iostream>
#include <map>

std::map<int, int> hashTable;

class addToTable
{
  public:
  addToTable()
  {
      hashTable.insert(std::pair<int, int>(3, 5));
      // list hash table
      for(auto iter=hashTable.begin(); iter!=hashTable.end(); ++iter)
      {
        std::cout << "key: " << iter->first
        << " value: " << iter->second << std::endl;
      }
  }
};

addToTable globalObject;

int main(int argc, char** argv)
{
  return 0;
```

```
}
```

Listing 7.20을 실행하면 Listing 7.21과 같은 결과를 얻을 수 있다.

Listing 7.21: 실행 결과

```
$ ./a.out
Did you call me?
key: 3 value: 5
```

main 함수가 비어있음에도 불구하고 원하는 결과가 나타나는 것을 알 수 있다. addToTable 클래스를 활용하여 앞서 Listing 7.16의 26-28번줄을 main 함수 바깥에서 실행되도록 작성해보도록 한다. main 함수 바깥에서는 전역인 것만 접근이 가능하므로 등록할 함수들도 전역으로 선언되어있어야 한다. 즉, Listing 7.16의 코드는 Listing 7.22와 같이 재작성할 수 있다.

Listing 7.22: 재작성된 코드 예

```
#include <iostream>
#include <cmath>
#include <map>
#include <string>

float sqr(float x)
{
    std::cout << "sqr function called" << std::endl;
    return x*x;
}
float sqrt(float x)
{
    std::cout << "sqrt function called" << std::endl;
    return pow(x,0.5);
}
float cubic(float x)
{
    std::cout << "cubic function called" << std::endl;
    return x*x*x;
}

typedef float (*function1Ptr)(float);
std::map<std::string, function1Ptr> RTStable;

class sqrAddToTable
```

```
{
public:
    sqrAddToTable()
    {
        RTStable.insert(std::pair<std::string, function1Ptr>("sqr", sqr));
        // list hash table
        std::cout << "sqr inserted to table" << std::endl;
        for(auto iter=RTStable.begin(); iter!=RTStable.end(); ++iter)
        {
            std::cout << "  *key: " << iter->first << std::endl;
        }
    }
};

class sqrtAddToTable
{
public:
    sqrtAddToTable()
    {
        RTStable.insert(std::pair<std::string, function1Ptr>("sqrt", sqrt));
        // list hash table
        std::cout << "sqrt inserted to table" << std::endl;
        for(auto iter=RTStable.begin(); iter!=RTStable.end(); ++iter)
        {
            std::cout << "  *key: " << iter->first << std::endl;
        }
    }
};

class cubicAddToTable
{
public:
    cubicAddToTable()
    {
        RTStable.insert(std::pair<std::string, function1Ptr>("cubic", sqrt));
        // list hash table
        std::cout << "cubic inserted to table" << std::endl;
        for(auto iter=RTStable.begin(); iter!=RTStable.end(); ++iter)
        {
            std::cout << "  *key: " << iter->first << std::endl;
        }
    }
};

```

```cpp
sqrAddToTable sqrDelegator;
sqrtAddToTable sqrtDelegator;
cubicAddToTable cubicDelegator;

int main(int argc, char** argv)
{
    // register algorithm
    // RTStable.insert(std::make_pair("sqr", sqr));
    // RTStable.insert(std::make_pair("sqrt", sqrt));
    // RTStable.insert(std::make_pair("cubic", cubic));

    float x;
    std::string choice;
    x = 3;
    // input part
    std::cout << "select method(sqr or sqrt or cubic): " << std::endl;
    std::cin >> choice;
    std::cout << "Input Value: " << x << std::endl;
    // logic part
    std::cout << "Function call: " << RTStable[choice](x) << std::endl;
    return 0;
}
```

Listing 7.22를 컴파일 하여 실행하면 Listing 7.23과 같이 해시테이블에 등록하는 과정을 직접 볼 수 있다.

Listing 7.23: 실행 결과

```
$ ./a.out
sqr inserted to table
  *key: sqr
sqrt inserted to table
  *key: sqr
  *key: sqrt
cubic inserted to table
  *key: cubic
  *key: sqr
  *key: sqrt
select method(sqr or sqrt or cubic):
sqrt
Input Value: 3
Function call: sqrt function called
1.73205
```

생성자 함수에 해시테이블 조작 구문을 추가하고 전역객체로 선언함으로써, main 함수가 실행되기 전에 등록되도록 만들 수 있었다. Listing 7.22에서 불필요한 구문들을 정리하고 생성자에서 해시테이블의 key 값을 받을 수 있도록 Listing 7.24처럼 수정하도록 한다.

Listing 7.24: 수정된 코드 예

```cpp
#include <iostream>
#include <cmath>
#include <map>
#include <string>

float sqr(float x)
{
    std::cout << "sqr function called" << std::endl;
    return x*x;
}
float sqrt(float x)
{
    std::cout << "sqrt function called" << std::endl;
    return pow(x,0.5);
}
float cubic(float x)
{
    std::cout << "cubic function called" << std::endl;
    return x*x*x;
}

typedef float (*function1Ptr)(float);
std::map<std::string, function1Ptr> RTStable;

class sqrAddToTable
{
public:
    sqrAddToTable(const std::string& name)
    {
        RTStable.insert(std::pair<std::string, function1Ptr>(name, sqr));
    }
};

class sqrtAddToTable
{
public:
    sqrtAddToTable(const std::string& name)
    {
```

```
        RTStable.insert(std::pair<std::string, function1Ptr>(name, sqrt));
    }
};

class cubicAddToTable
{
public:
    cubicAddToTable(const std::string& name)
    {
        RTStable.insert(std::pair<std::string, function1Ptr>(name, sqrt));
    }
};

sqrAddToTable sqrDelegator("sqr");
sqrtAddToTable sqrtDelegator("sqrt");
cubicAddToTable cubicDelegator("cubic");

int main(int argc, char** argv)
{
    for (auto iter = RTStable.begin(); iter != RTStable.end(); ++iter)
    {
        std::cout << "  *key: " << iter->first << std::endl;
    }
    float x;
    std::string choice;
    x = 3;
    // input part
    std::cout << "select method(sqr or sqrt or cubic): " << std::endl;
    std::cin >> choice;
    std::cout << "Input Value: " << x << std::endl;
    // logic part
    std::cout << "Function call: " << RTStable[choice](x) << std::endl;
    return 0;
}
```

Listing 7.24를 컴파일 하여 실행하면 Listing 7.25와 같다.

Listing 7.25: 실행 결과

```
$ ./a.out
  *key: cubic
  *key: sqr
  *key: sqrt
```

```
select method(sqr or sqrt or cubic):
sqrt
Input Value: 3
Function call: sqrt function called
1.73205
```

이제 main 함수 바깥에서 전역함수를 등록시킬 수 있다는 것을 확인하였으므로, 전역함수의 내용을 객체 생성코드로 수정해보도록 한다. 이름충돌을 피하기 위해 클래스 이름을 대문자화 하였고 가독성을 위해 `typedef` 대신 `using`을 사용하여 Listing 7.26과 같이 작성하였다.

Listing 7.26: 수정된 코드 예

```
#include <iostream>
#include <cmath>
#include <map>
#include <memory>
#include <string>

class Sqr
{
public:
    Sqr() = default;
};

std::unique_ptr<Sqr> Sqr_factory()
{
    std::cout << "sqr object created" << std::endl;
    return std::unique_ptr<Sqr>(new Sqr());
}

using SqrPtr = std::unique_ptr<Sqr> (*)();
std::map<std::string, SqrPtr> SqrRTStable;

class SqrAddToTable
{
public:
    SqrAddToTable(const std::string& name)
    {
        SqrRTStable.insert(std::pair<std::string, SqrPtr>(name, Sqr_factory));
    }
};

SqrAddToTable SqrDelegator("sqr");
```

```
32
33 int main(int argc, char** argv)
34 {
35     std::cout << "SqrRTStable" << std::endl;
36     for (auto iter = SqrRTStable.begin(); iter != SqrRTStable.end(); ++iter)
37     {
38         std::cout << "  *key: " << iter->first << " -> ";
39         iter->second();
40     }
41     /*
42     float x;
43     std::string choice;
44     x = 3;
45     // input part
46     std::cout << "select method(sqr or sqrt or cubic): " << std::endl;
47     std::cin >> choice;
48     std::cout << "Input Value: " << x << std::endl;
49     // logic part
50     std::cout << "Function call: " << RTStable[choice](x) << std::endl;
51         */
52     return 0;
53 }
```

Listing 7.26을 컴파일 하여 실행시키면 Listing 7.27과 같다.

Listing 7.27: 실행 결과

```
$ ./a.out
SqrRTStable
  *key: sqr -> sqr object created
```

이로써, Listing 7.26의 13 – 17번줄에 해당하는 함수가 해시테이블에 등록되었고 38 – 39번줄에서 해시테이블의 key 값에 대응하는 함수를 호출하자 정상적으로 `Sqr_factory` 함수가 실행되는 것을 알 수 있다. 참고로 13 – 17번줄에 해당하는 객체를 생성시키는 함수를 factory 함수라 한다. 이제 해시테이블에 factory 함수를 등록할 수 있는 것을 확인하였으므로 나머지 sqrt, cubic 클래스에 대해서 factory 함수를 Listing 7.28과 같이 작성하도록 한다. 주석으로 된 부분은 일단 삭제하도록 한다.

Listing 7.28: 수정된 코드 예

```
#include <iostream>
#include <cmath>
#include <map>
#include <memory>
#include <string>

class Sqr
{
public:
    Sqr() = default;
};

class Sqrt
{
public:
    Sqrt() = default;
};

class Cubic
{
public:
    Cubic() = default;
};

std::unique_ptr<Sqr> Sqr_factory()
{
    std::cout << "sqr object created" << std::endl;
    return std::unique_ptr<Sqr>(new Sqr());
}

std::unique_ptr<Sqrt> Sqrt_factory()
{
    std::cout << "sqrt object created" << std::endl;
    return std::unique_ptr<Sqrt>(new Sqrt());
}

std::unique_ptr<Cubic> Cubic_factory()
{
    std::cout << "cubic object created" << std::endl;
    return std::unique_ptr<Cubic>(new Cubic());
}

```

```cpp
using SqrPtr = std::unique_ptr<Sqr> (*)();
using SqrtPtr = std::unique_ptr<Sqrt> (*)();
using CubicPtr = std::unique_ptr<Cubic> (*)();

std::map<std::string, SqrPtr> SqrRTStable;
std::map<std::string, SqrtPtr> SqrtRTStable;
std::map<std::string, CubicPtr> CubicRTStable;

class SqrAddToTable
{
public:
    SqrAddToTable(const std::string& name)
    {
        SqrRTStable.insert(std::pair<std::string, SqrPtr>(name, Sqr_factory));
    }
};

class SqrtAddToTable
{
public:
    SqrtAddToTable(const std::string& name)
    {
        SqrtRTStable.insert(std::pair<std::string, SqrtPtr>(name, Sqrt_factory));
    }
};

class CubicAddToTable
{
public:
    CubicAddToTable(const std::string& name)
    {
        CubicRTStable.insert(std::pair<std::string, CubicPtr>(name, Cubic_factory));
    }
};
SqrAddToTable SqrDelegator("sqr");
SqrtAddToTable SqrtDelegator("sqrt");
CubicAddToTable CubicDelegator("cubic");

int main(int argc, char** argv)
{
    std::cout << "SqrRTStable" << std::endl;
    for (auto iter = SqrRTStable.begin(); iter != SqrRTStable.end(); ++iter)
    {
        std::cout << "  *key: " << iter->first << " -> ";
```

```
        iter->second();
    }
    std::cout << "SqrtRTStable" << std::endl;
    for (auto iter = SqrtRTStable.begin(); iter != SqrtRTStable.end(); ++iter)
    {
        std::cout << "  *key: " << iter->first << " -> ";
        iter->second();
    }
    std::cout << "CubicRTStable" << std::endl;
    for (auto iter = CubicRTStable.begin(); iter != CubicRTStable.end(); ++iter)
    {
        std::cout << "  *key: " << iter->first << " -> ";
        iter->second();
    }
    return 0;
}
```

Listing 7.28을 컴파일 하여 실행하면 Listing 7.39와 같은 결과를 얻을 수 있다.

Listing 7.29: 실행 결과

```
$ ./a.out
SqrRTStable
  *key: sqr -> sqr object created
SqrtRTStable
  *key: sqrt -> sqrt object created
CubicRTStable
  *key: cubic -> cubic object created
```

실행 결과를 보면 각각의 factory함수가 개별 해시테이블에 들어가는 것을 확인할 수 있다. Listing 7.28에서 해시테이블 선언부분을 보면 value에 들어가는 자료형은 하나의 자료형인데 비해 등록시키려는 자료형은 Sqr, Sqrt, Cubic 세개의 자료형인 것을 알 수 있다. 이러한 이유로 해시테이블을 3개를 준비한 것인데, 이는 변수의 낭비일 뿐만 아니라 새로운 기능이 추가될 때마다 해시테이블을 새로 만들어야하기 때문에 원래의 취지와 맞지 않다. 세 개의 서로 다른 자료형을 하나의 자료형으로 취급할 수 있다면 위 코드는 하나의 해시테이블로 운영이 가능할 것이다. 현실 세계에서 서로 다른 종을 하나의 상위 개념으로 묶을 수 있는데, 예를 들어, 감자, 고구마, 배추들은 식물이라는 상위개념으로 지칭할 수 있다. OOP에서 식물이라는 상위개념에 해당하는 것을 슈퍼클래스라하고 하위개념을 서브클래스라 하며 자료형을 슈퍼클래스로 표현하는 것을 추상화라 한다(See page 109). 즉, Sqr, Sqrt, Cubic 클래스를 슈퍼클래스로 표현해야 하는데 Sqr, Sqrt, Cubic은 모두 1변수 함수에 속하므로 슈퍼클래스의 이름을 Fig. 7.1에 보인 것처럼 Function1으로 하여 이들을 서브클래스 관계로 묶도록 한다.

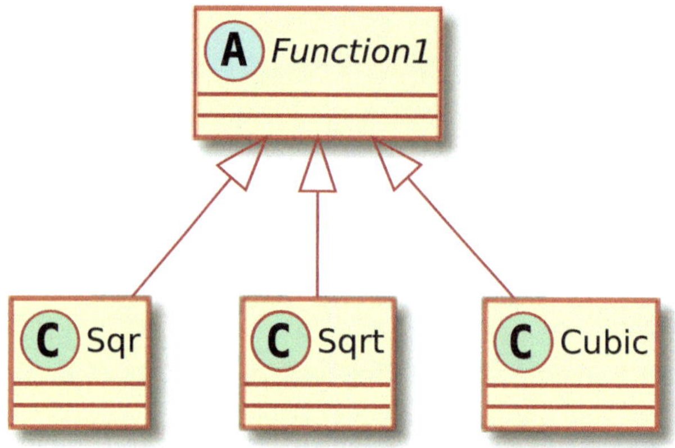

Fig 7.1: function1 클래스 상속관계

이제 추상화에 대해서 알았으므로 Listing 7.28을 추상화시켜서 Listing 7.30과 같이 재작성 해보도록 한다.

Listing 7.30: 수정된 코드 예

```
#include <iostream>
#include <cmath>
#include <map>
#include <memory>
#include <string>

class Function1
{
public:
    Function1() = default;
};

class Sqr : public Function1
{
public:
    Sqr() = default;
};

class Sqrt : public Function1
{
public:
    Sqrt() = default;
```

```cpp
};

class Cubic : public Function1
{
public:
    Cubic() = default;
};

std::unique_ptr<Function1> Sqr_factory()
{
    std::cout << "sqr object created" << std::endl;
    return std::unique_ptr<Function1>(new Sqr());
}

std::unique_ptr<Function1> Sqrt_factory()
{
    std::cout << "sqrt object created" << std::endl;
    return std::unique_ptr<Function1>(new Sqrt());
}

std::unique_ptr<Function1> Cubic_factory()
{
    std::cout << "cubic object created" << std::endl;
    return std::unique_ptr<Function1>(new Cubic());
}

using Function1Ptr = std::unique_ptr<Function1> (*)();

std::map<std::string, Function1Ptr> Function1RTStable;

class SqrAddToTable
{
public:
    SqrAddToTable(const std::string& name)
    {
        Function1RTStable.insert(std::pair<std::string, Function1Ptr>(name, Sqr_factory));
    }
};

class SqrtAddToTable
{
public:
    SqrtAddToTable(const std::string& name)
    {
```

```cpp
            Function1RTStable.insert(std::pair<std::string, Function1Ptr>(name, Sqrt_factory));
    }
};

class CubicAddToTable
{
public:
    CubicAddToTable(const std::string& name)
    {
      Function1RTStable.insert
      (
          std::pair<std::string, Function1Ptr>(name, Cubic_factory)
      );
    }
};
SqrAddToTable SqrDelegator("sqr");
SqrtAddToTable SqrtDelegator("sqrt");
CubicAddToTable CubicDelegator("cubic");

int main(int argc, char** argv)
{
    std::cout << "Function1RTStable" << std::endl;
    for (auto iter = Function1RTStable.begin(); iter != Function1RTStable.end(); ++iter)
    {
        std::cout << "    *key: " << iter->first << " -> ";
        iter->second();
    }
    return 0;
}
```

Listing 7.30의 실행결과는 이전과 동일하므로 여기에 보이지는 않도록 한다. Sqr, Sqrt, Cubic 클래스를 함수처럼 기능하여 main 함수 부분을 수정하지 않아도 되도록 `operator()`를 오버로딩하여 Functor 클래스로 작성하도록 한다(See page 93). 이전 주석 처리한 `main` 함수 내부 구문도 다시 살리도록 한다. 해시테이블에 등록된 함수는 factory 함수이므로 선택된 자료형의 객체를 얻기 위해 factory 함수를 실행해서 변수에 저장해야 하므로 Listing 7.31과 같이 124 번줄이 삽입되었다.

Listing 7.31: 코드 예

```cpp
1 #include <iostream>
2 #include <cmath>
3 #include <map>
```

```
#include <memory>
#include <string>

class Function1
{
public:
    Function1() = default;

    virtual float operator()(float x) = 0;
};

class Sqr : public Function1
{
public:
    Sqr() = default;

    virtual float operator()(float x)
    {
        std::cout << "sqr function called" << std::endl;
        return x*x;
    }
};

class Sqrt : public Function1
{
public:
    Sqrt() = default;

    virtual float operator()(float x)
    {
        std::cout << "sqrt function called" << std::endl;
        return pow(x,0.5);
    }
};

class Cubic : public Function1
{
public:
    Cubic() = default;

    virtual float operator()(float x)
    {
        std::cout << "cubic function called" << std::endl;
        return x*x*x;
```

```
    }
};

std::unique_ptr<Function1> Sqr_factory()
{
    std::cout << "sqr object created" << std::endl;
    return std::unique_ptr<Function1>(new Sqr());
}

std::unique_ptr<Function1> Sqrt_factory()
{
    std::cout << "sqrt object created" << std::endl;
    return std::unique_ptr<Function1>(new Sqrt());
}

std::unique_ptr<Function1> Cubic_factory()
{
    std::cout << "cubic object created" << std::endl;
    return std::unique_ptr<Function1>(new Cubic());
}

using Function1Ptr = std::unique_ptr<Function1> (*)();

std::map<std::string, Function1Ptr> Function1RTStable;

class SqrAddToTable
{
public:
    SqrAddToTable(const std::string& name)
    {
        Function1RTStable.insert(std::pair<std::string, Function1Ptr>(name, Sqr_factory));
    }
};

class SqrtAddToTable
{
public:
    SqrtAddToTable(const std::string& name)
    {
        Function1RTStable.insert(std::pair<std::string, Function1Ptr>(name, Sqrt_factory));
    }
};

class CubicAddToTable
```

```
92 {
93 public:
94     CubicAddToTable(const std::string& name)
95     {
96       Function1RTStable.insert
97       (
98           std::pair<std::string, Function1Ptr>(name, Cubic_factory)
99       );
100     }
101 };
102
103 SqrAddToTable SqrDelegator("sqr");
104 SqrtAddToTable SqrtDelegator("sqrt");
105 CubicAddToTable CubicDelegator("cubic");
106
107 int main(int argc, char** argv)
108 {
109     std::cout << "Function1RTStable" << std::endl;
110     for (auto iter = Function1RTStable.begin(); iter != Function1RTStable.end(); ++iter)
111     {
112         std::cout << "  *key: " << iter->first << " -> ";
113         iter->second();
114     }
115
116     float x;
117     std::string choice;
118     x = 3;
119     // input part
120     std::cout << "select method(sqr or sqrt or cubic): " << std::endl;
121     std::cin >> choice;
122     std::cout << "Input Value: " << x << std::endl;
123     // logic part
124     std::unique_ptr<Function1> func = Function1RTStable[choice]();
125     std::cout << "Function call: " << (*func)(x) << std::endl;
126
127     return 0;
128 }
```

Listing 7.31에서 103 – 105번째줄에 사용되는 해시테이블의 key 값을 클래스 변수로 사용하도록 한다. `static` 멤버변수는 선언된 클래스 범위에서 전역변수처럼 사용할 수 있으므로 `typeName` 변수를 `static`으로 선언하도록 한다. 변경된 클래스 정의는 Listing 7.32과 같다.

Listing 7.32: 클래스 정의

```
class Function1
{
public:
    Function1() = default;

    virtual float operator()(float x) = 0;

    static const std::string typeName;
};

class Sqr : public Function1
{
public:
    Sqr() = default;

    virtual float operator()(float x)
    {
        std::cout << "sqr function called" << std::endl;
        return x*x;
    }

    static const std::string typeName;
};

class Sqrt : public Function1
{
public:
    Sqrt() = default;

    virtual float operator()(float x)
    {
        std::cout << "sqrt function called" << std::endl;
        return pow(x,0.5);
    }

    static const std::string typeName;
};

class Cubic : public Function1
{
public:
    Cubic() = default;

```

```

    virtual float operator()(float x)
    {
        std::cout << "cubic function called" << std::endl;
        return x*x*x;
    }

    static const std::string typeName;
};

const std::string Function1::typeName = "Function1";

const std::string Sqr::typeName = "sqr";
SqrAddToTable SqrDelegator(Sqr::typeName);

const std::string Sqrt::typeName = "sqrt";
SqrtAddToTable SqrtDelegator(Sqrt::typeName);

const std::string Cubic::typeName = "cubic";
CubicAddToTable CubicDelegator(Cubic::typeName);

```

`SqrAddToTable`, `SqrtAddToTable`, `CubicAddToTable` 클래스는 각각 Sqr, Sqrt, Cubic 클래스에 대해서만 동작하므로 클래스의 기본 전달인자(default argument)를 사용해서 작성하는 것이 보다 편할 것이다. 또한 `static` 멤버변수의 초기화에 사용된 문자열이 소스코드보다는 클래스 헤더파일에 드러나는 것이 가독성이 좋기 때문에 Listing 7.33과 같이 수정하도록 한다.

Listing 7.33: 코드 예

```
#include <iostream>
#include <cmath>
#include <map>
#include <memory>
#include <string>

class Function1
{
public:
    Function1() = default;

    virtual float operator()(float x) = 0;

```

```
    static constexpr char* typeName_ = "Function1";
    static const std::string typeName;
};

class Sqr : public Function1
{
public:
    Sqr() = default;

    virtual float operator()(float x)
    {
        std::cout << "sqr function called" << std::endl;
        return x*x;
    }

    static constexpr char* typeName_ = "sqr";
    static const std::string typeName;
};

class Sqrt : public Function1
{
public:
    Sqrt() = default;

    virtual float operator()(float x)
    {
        std::cout << "sqrt function called" << std::endl;
        return pow(x,0.5);
    }

    static constexpr char* typeName_ = "sqrt";
    static const std::string typeName;
};

class Cubic : public Function1
{
public:
    Cubic() = default;

    virtual float operator()(float x)
    {
        std::cout << "cubic function called" << std::endl;
        return x*x*x;
    }
```

```cpp
    static constexpr char* typeName_ = "cubic";
    static const std::string typeName;
};

std::unique_ptr<Function1> Sqr_factory()
{
    std::cout << "sqr object created" << std::endl;
    return std::unique_ptr<Function1>(new Sqr());
}

std::unique_ptr<Function1> Sqrt_factory()
{
    std::cout << "sqrt object created" << std::endl;
    return std::unique_ptr<Function1>(new Sqrt());
}

std::unique_ptr<Function1> Cubic_factory()
{
    std::cout << "cubic object created" << std::endl;
    return std::unique_ptr<Function1>(new Cubic());
}

using Function1Ptr = std::unique_ptr<Function1> (*)();

std::map<std::string, Function1Ptr> Function1RTStable;

class SqrAddToTable
{
public:
    SqrAddToTable(const std::string& name = Sqr::typeName)
    {
        Function1RTStable.insert(std::pair<std::string, Function1Ptr>(name, Sqr_factory));
    }
};

class SqrtAddToTable
{
public:
    SqrtAddToTable(const std::string& name = Sqrt::typeName)
    {
        Function1RTStable.insert(std::pair<std::string, Function1Ptr>(name, Sqrt_factory));
    }
};
```

```cpp

class CubicAddToTable
{
public:
    CubicAddToTable(const std::string& name = Cubic::typeName)
    {
        Function1RTStable.insert
        (
            std::pair<std::string, Function1Ptr>(name, Cubic_factory)
        );
    }
};

const std::string Function1::typeName = Function1::typeName_;

const std::string Sqr::typeName = Sqr::typeName_;
SqrAddToTable SqrDelegator;

const std::string Sqrt::typeName = Sqrt::typeName_;
SqrtAddToTable SqrtDelegator;

const std::string Cubic::typeName = Cubic::typeName_;
CubicAddToTable CubicDelegator;

int main(int argc, char** argv)
{
    std::cout << "Function1RTStable" << std::endl;
    for (auto iter = Function1RTStable.begin(); iter != Function1RTStable.end(); ++iter)
    {
        std::cout << "  *key: " << iter->first << " -> ";
        iter->second();
    }

    float x;
    std::string choice;
    x = 3;
    // input part
    std::cout << "select method(sqr or sqrt or cubic): " << std::endl;
    std::cin >> choice;
    std::cout << "Input Value: " << x << std::endl;
    // logic part
    std::unique_ptr<Function1> func = Function1RTStable[choice]();
    std::cout << "Function call: " << (*func)(x) << std::endl;

```

```
    return 0;
}
```

Listing 7.33 코드는 런타임에 해시테이블에 등록된 클래스를 대표하는 key 값으로부터 객체를 생성할 수 있으므로, 객체의 생성시기를 런타임으로 늦출 수 있다. 이로 인해 실제 객체와 소스코드에 기술된 표현식간의 의존성을 제거하여 추상화된 표현만으로 소스코드 작성이 가능해진다. 이와 같은 기법을 Factory method라 한다.

7.2.3 템플릿 문법을 통한 중복코드 제거

Listing 7.33 코드에서 factory함수와 AddToTable 클래스들을 보면 자료형만 다를 뿐 내부 코드는 동일한 것을 알 수 있다. 이렇게 알고리즘은 동일하고 자료형만 바뀌는 경우 C++에서는 템플릿을 통해 클래스 소스코드를 만들 수 있는 기능을 제공하고 있기 때문에, 변경이 일어나는 자료형들을 각각 템플릿 인자로 처리하도록 하여 Listing 7.34처럼 factory 템플릿 함수로 표현할 수 있다.

Listing 7.34: factory 템플릿 함수

```
template<typename baseType, typename derivedType>
std::unique_ptr<baseType> factory()
{
    return std::unique_ptr<baseType>(new derivedType());
}
```

마찬가지로 addToTable 클래스도 변경이 일어나는 자료형을 각각 템플릿 인자로 처리하도록 하면 Listing 7.35처럼 addToTable 템플릿 클래스로 표현할 수 있다.

Listing 7.35: addToTable 템플릿 클래스

```
template<typename baseType, typename derivedType>
class AddToTable
{
public:
    AddToTable(const std::string& name = derivedType::typeName)
    {
        Function1RTStable.insert
        (
            std::pair<std::string, Function1Ptr>(name, factory<baseType, derivedType>)
        );
    }
```

```
};
```

factory 템플릿 함수와 AddToTable 템플릿 클래스는 템플릿 매개변수 개수가 같으므로 하나로 합칠 수도 있다. factory 템플릿 함수는 전역함수처럼 동작해야 하므로 static 함수로 선언하도록 한다. factory 템플릿 함수는 이제 AddToTable 템플릿 클래스의 멤버함수이므로 매개변수 리스트는 삭제하여 Listing 7.36처럼 작성하도록 한다.

Listing 7.36: 수정된 addToTable 템플릿 클래스

```
template<typename baseType, typename derivedType>
class AddToTable
{
public:
    static std::unique_ptr<baseType> factory()
    {
        return std::unique_ptr<baseType>(new derivedType());
    }

    AddToTable(const std::string& name = derivedType::typeName)
    {
        Function1RTStable.insert(std::pair<std::string, Function1Ptr>(name, factory));
    }
};
```

Listing 7.36 코드를 반영한 전체 코드는 Listing 7.37과 같다.

Listing 7.37: 수정된 코드 예

```
#include <iostream>
#include <cmath>
#include <map>
#include <memory>
#include <string>

class Function1
{
public:
    Function1() = default;

    virtual float operator()(float x) = 0;

    static constexpr char* typeName_ = "Function1";
```

```
    static const std::string typeName;
};

class Sqr : public Function1
{
public:
    Sqr() = default;

    virtual float operator()(float x)
    {
        std::cout << "sqr function called" << std::endl;
        return x*x;
    }

    static constexpr char* typeName_ = "sqr";
    static const std::string typeName;
};

class Sqrt : public Function1
{
public:
    Sqrt() = default;

    virtual float operator()(float x)
    {
        std::cout << "sqrt function called" << std::endl;
        return pow(x,0.5);
    }

    static constexpr char* typeName_ = "sqrt";
    static const std::string typeName;
};

class Cubic : public Function1
{
public:
    Cubic() = default;

    virtual float operator()(float x)
    {
        std::cout << "cubic function called" << std::endl;
        return x*x*x;
    }

```

```
    static constexpr char* typeName_ = "cubic";
    static const std::string typeName;
};

using Function1Ptr = std::unique_ptr<Function1> (*)();

std::map<std::string, Function1Ptr> Function1RTStable;

template<typename baseType, typename derivedType>
class AddToTable
{
public:
    static std::unique_ptr<baseType> factory()
    {
        return std::unique_ptr<baseType>(new derivedType());
    }

    AddToTable(const std::string& name = derivedType::typeName)
    {
        Function1RTStable.insert(std::pair<std::string, Function1Ptr>(name, factory));
    }
};

const std::string Function1::typeName = Function1::typeName_;

const std::string Sqr::typeName = Sqr::typeName_;
AddToTable<Function1, Sqr> SqrDelegator;

const std::string Sqrt::typeName = Sqrt::typeName_;
AddToTable<Function1, Sqrt> SqrtDelegator;

const std::string Cubic::typeName = Cubic::typeName_;
AddToTable<Function1, Cubic> CubicDelegator;

int main(int argc, char** argv)
{
    std::cout << "Function1RTStable" << std::endl;
    for (auto iter = Function1RTStable.begin(); iter != Function1RTStable.end(); ++iter)
    {
        std::cout << "  *key: " << iter->first << std::endl;
    }

    float x;
    std::string choice;
```

```cpp
    x = 3;
    // input part
    std::cout << "select method(sqr or sqrt or cubic): " << std::endl;
    std::cin >> choice;
    std::cout << "Input Value: " << x << std::endl;
    // logic part
    std::unique_ptr<Function1> func = Function1RTStable[choice]();
    std::cout << "Function call: " << (*func)(x) << std::endl;

    return 0;
}
```

전역으로 선언된 해시테이블은 Function1의 서브클래스들을 관리하므로 Function1의 멤버로 관리하는 것이 보다 합리적일 것이다. 따라서 Function1 클래스의 선언은 Listing 7.38과 같이 변경한다.

Listing 7.38: Function1 클래스 선언

```cpp
class Function1
{
public:
    Function1() = default;

    virtual float operator()(float x) = 0;

    static constexpr char* typeName_ = "Function1";
    static const std::string typeName;

    using Function1Ptr = std::unique_ptr<Function1> (*)();
    using Function1Table = std::map<std::string, Function1Ptr>;
    static Function1Table Function1RTStable;
};
```

이제 AddToTable 템플릿 클래스는 Function1의 멤버인 해시테이블을 담당하는 클래스이므로 별도의 클래스로 존재하기보다는 Function1 클래스의 중첩클래스 (nested class)로 두는 것이 관리가 용이할 것이다. 이를 반영한 Function1 클래스는 Listing 7.39와 같다.

Listing 7.39: Function1 클래스 선언

```cpp
class Function1
{
```

```
public:
    Function1() = default;

    virtual float operator()(float x) = 0;

    static constexpr char* typeName_ = "Function1";
    static const std::string typeName;

    using Function1Ptr = std::unique_ptr<Function1> (*)();
    using Function1Table = std::map<std::string, Function1Ptr>;
    static Function1Table Function1RTStable;

    template<typename baseType, typename derivedType>
    class AddToTable
    {
    public:
        static std::unique_ptr<baseType> factory()
            {
                return std::unique_ptr<baseType>(new derivedType());
            }

        AddToTable(const std::string& name = derivedType::typeName)
            {
                baseType::Function1RTStable.insert
                (
                    std::pair<std::string, typename baseType::Function1Ptr>(name, factory)
                );
            }
    };

};
```

Listing 7.39에서 AddToTable는 이제 Function1의 중첩클래스이기 때문에 첫 번째 템플릿 매개변수는 항상 Function1이 되므로 불필요한 매개변수이다. 따라서 이를 반영하여 Listing 7.40과 같이 작성하도록 한다.

Listing 7.40: Function1 클래스 선언

```
class Function1
{
public:
    Function1() = default;

```

```
    virtual float operator()(float x) = 0;

    static constexpr char* typeName_ = "Function1";
    static const std::string typeName;

    using Function1Ptr = std::unique_ptr<Function1> (*)();
    using Function1Table = std::map<std::string, Function1Ptr>;
    static Function1Table Function1RTStable;

    template<typename derivedType>
    class AddToTable
    {
    public:
        static std::unique_ptr<Function1> factory()
        {
            return std::unique_ptr<Function1>(new derivedType());
        }

        AddToTable(const std::string& name = derivedType::typeName)
        {
            Function1::Function1RTStable.insert
            (
                std::pair<std::string, Function1Ptr>(name, factory)
            );
        }
    };

};
```

변경된 Function1 클래스를 반영한 전체코드는 Listing 7.41과 같다.

Listing 7.41: 수정된 코드 예

```
#include <iostream>
#include <cmath>
#include <map>
#include <memory>
#include <string>

class Function1
{
public:
    Function1() = default;
```

```
    virtual float operator()(float x) = 0;

    static constexpr char* typeName_ = "Function1";
    static const std::string typeName;

    using Function1Ptr = std::unique_ptr<Function1> (*)();
    using Function1Table = std::map<std::string, Function1Ptr>;
    static Function1Table Function1RTStable;

    template<typename derivedType>
    class AddToTable
    {
    public:
        static std::unique_ptr<Function1> factory()
            {
                return std::unique_ptr<Function1>(new derivedType());
            }

        AddToTable(const std::string& name = derivedType::typeName)
            {
              Function1::Function1RTStable.insert
              (
                  std::pair<std::string, Function1Ptr>(name, factory)
              );
            }
    };

};

class Sqr : public Function1
{
public:
    Sqr() = default;

    virtual float operator()(float x)
    {
        std::cout << "sqr function called" << std::endl;
        return x*x;
    }

    static constexpr char* typeName_ = "sqr";
    static const std::string typeName;
};
```

```
class Sqrt : public Function1
{
public:
    Sqrt() = default;

    virtual float operator()(float x)
    {
        std::cout << "sqrt function called" << std::endl;
        return pow(x,0.5);
    }

    static constexpr char* typeName_ = "sqrt";
    static const std::string typeName;
};

class Cubic : public Function1
{
public:
    Cubic() = default;

    virtual float operator()(float x)
    {
        std::cout << "cubic function called" << std::endl;
        return x*x*x;
    }

    static constexpr char* typeName_ = "cubic";
    static const std::string typeName;
};



const std::string Function1::typeName = Function1::typeName_;
Function1::Function1Table Function1::Function1RTStable;


const std::string Sqr::typeName = Sqr::typeName_;
Function1::AddToTable<Sqr> SqrDelegator;

const std::string Sqrt::typeName = Sqrt::typeName_;
Function1::AddToTable<Sqrt> SqrtDelegator;

const std::string Cubic::typeName = Cubic::typeName_;
```

```
Function1::AddToTable<Cubic> CubicDelegator;

int main(int argc, char** argv)
{
    std::cout << "Function1RTStable" << std::endl;
    for
    (
        auto iter = Function1::Function1RTStable.begin();
        iter != Function1::Function1RTStable.end();
        ++iter
    )
    {
        std::cout << "  *key: " << iter->first << std::endl;
    }

    float x;
    std::string choice;
    x = 3;
    // input part
    std::cout << "select method(sqr or sqrt or cubic): " << std::endl;
    std::cin >> choice;
    std::cout << "Input Value: " << x << std::endl;
    // logic part
    std::unique_ptr<Function1> func = Function1::Function1RTStable[choice]();
    std::cout << "Function call: " << (*func)(x) << std::endl;

    return 0;
}
```

7.2.4 일반화

앞 절에서 자료형의 추상화를 통해 main 함수 바깥에서 자동으로 자료형을 등록하고 생성할 수 있는 구조를 작성하였다. 이 구조는 하나의 슈퍼클래스에서 파생된 서브클래스만을 관리한다. 하지만 응용프로그램이 하나의 슈퍼클래스만으로 구성되는 것이 아니라 복수의 슈퍼클래스들로 구성될 수 있기 때문에 매번 슈퍼클래스를 작성할 때마다 위와 같은 복잡한 템플릿 코드와 해시테이블 등록을 위한 전역변수 선언 구문을 일일이 작성해야 한다면 오타로 인한 오류의 소지도 있고 코드의 알고리즘이 아닌 지엽적인 부분에 들어가는 자원이 더 커질 수 있다. 이와 같은 부수적인 작업을 용이하게 만들기 위해 매크로 함수를 이용하여 코드 자동 생성 매크로(Boilerplate)를 작성하도록 한다. 매크로 함수를 작성할 때는 코드에서 공통적으로 들어가는 부분을 파악하고 바뀌어야 하는 부분을 전달인자로 처리하도록 하면 시행착오를 줄일 수 있다. 앞서 작성한 코드 중 Function1 선언과 초기화 구문을 살펴보도록 한다.

Listing 7.42: Function1 클래스 선언 및 정의

```
1  class Function1
2  {
3  public:
4      Function1() = default;
5  
6      virtual float operator()(float x) = 0;
7  
8      static constexpr char* typeName_ = "Function1";
9      static const std::string typeName;
10 
11     using Function1Ptr = std::unique_ptr<Function1> (*)();
12     using Function1Table = std::map<std::string, Function1Ptr>;
13     static Function1Table Function1RTStable;
14 
15     template<typename derivedType>
16     class AddToTable
17     {
18     public:
19         static std::unique_ptr<Function1> factory()
20             {
21                 return std::unique_ptr<Function1>(new derivedType());
22             }
23 
24         AddToTable(const std::string& name = derivedType::typeName)
25             {
26               Function1::Function1RTStable.insert
27               (
28                   std::pair<std::string, Function1Ptr>(name, factory)
29               );
30             }
31     };
32 
33 };
34 
35 const std::string Function1::typeName = Function1::typeName_;
36 Function1::Function1Table Function1::Function1RTStable;
37 
```

Listing 7.42 코드에서 8, 9번줄은 클래스를 가리키는 key 값과 이를 저장하는 변수에 대한 선언부에 해당하고 변수 초기화는 35번 줄에서 이루어지고 있다. 11 – 31번줄은 해시테이블에 등록하기 위한 자료구조 선언에 해당하고 36번줄에서 해시테이블의 초기화 이루어지고 있다. 이를 구분하여 정리하면 Listing 7.43, 7.44와 같다.

Listing 7.43: 해시테이블 등록을 위한 자료구조 선언부

```
using Function1Ptr = std::unique_ptr<Function1> (*)();
using Function1Table = std::map<std::string, Function1Ptr>;
static Function1Table Function1RTStable;

template<typename derivedType>
class AddToTable
{
public:
    static std::unique_ptr<Function1> factory()
        {
            return std::unique_ptr<Function1>(new derivedType());
        }

    AddToTable(const std::string& name = derivedType::typeName)
        {
            Function1::Function1RTStable.insert
            (
                std::pair<std::string, Function1Ptr>(name, factory)
            );
        }
};
```

Listing 7.44: 해시테이블 초기화 구문

```
Function1::Function1Table Function1::Function1RTStable;
```

Function1 클래스의 서브클래스의 경우에는 Listing 7.45와 같이 해시테이블에 자기자신을 등록하는 구문이 추가된다.

Listing 7.45: 해시테이블에 등록

```
Function1::AddToTable<Sqr> SqrDelegator;
```

이들을 기능별로 구분하여 매개변수화 하여 매크로 함수로 작성하도록 한다. 매크로 함수 작성 시 접근법은 앞서 전역으로 선언된 factory 함수와 AddToTable 클래스를 템플릿 함수로 만드는 과정과 유사하므로 매크로 함수로 만드는 과정은 숙제로 남겨두도록 한다. 작성할 매크로 함수는 위 내용을 바탕으로 사용성 개선을 위해 내용을 약간 수정하여 작성하였다.

- TypeName
- defineTypeName

- declareRTSTable
- addRTSTable

Listing 7.46: TypeName 매크로 함수

```
#define TypeName(TypeNameString)                                        \
    static const char* typeName_() { return TypeNameString; }          \
    static const std::string typeName;                                  \
    virtual const std::string& type() { return typeName; }
```

Listing 7.47: defineTypeName 매크로 함수

```
#define defineTypeName(thisType)                                        \
    const std::string thisType::typeName(thisType::typeName_());
```

Listing 7.48: declareLookupTable 매크로 함수

```
#define declareRTSTable(baseType, argName)                                    \
     using baseType##Constructor = std::unique_ptr<baseType> (*)();           \
     using baseType##ConstructorTable = std::map<std::string, baseType##Constructor>; \
     static baseType##ConstructorTable* baseType##ConstructorTable_;          \
     template<class baseType##Type>                                           \
         class add##argName##ToConstructorTable                               \
         {                                                                    \
             public:                                                          \
                 static std::unique_ptr<baseType> New()                       \
                 {                                                            \
                     return std::unique_ptr<baseType>(new baseType##Type());  \
                 }                                                            \
                 add##argName##ToConstructorTable                             \
                 (                                                            \
                 const std::string name = baseType##Type::typeName            \
                 )                                                            \
                 {                                                            \
                     if (baseType::baseType##ConstructorTable_ == nullptr)    \
                     {                                                        \
                        baseType::baseType##ConstructorTable_                 \
                            = new baseType::baseType##ConstructorTable();     \
                     }                                                        \
                     baseType::baseType##ConstructorTable_->insert            \
                     (                                                        \
                         std::pair<std::string, baseType##Constructor>(name, New)    \
```

```
26                  );                                                      \
27              }                                                           \
28      };
```

Listing 7.48을 보면 원래 코드와 달리 18 – 22번줄이 추가된 것을 알 수 있다. 이 변화로 인해 4번줄과 같이 해시테이블 변수가 포인터형으로 선언되었다. 전역변수는 main함수에 진입하기 전에 초기화되는데 그 순서가 정해져 있지 않다. 따라서, 슈퍼클래스가 메모리에 로드 되기 전에 서브클래스들이 먼저 메모리에 로드 되면 해시테이블이 초기화되어 있지 않기 때문에 런타임 에러가 발생할 수 있다. 이를 방지하기 위해 해시테이블을 최초 메모리에 로드 되기 전까지는 널포인터로 초기화시키고 슈퍼클래스/서브클래스에 관계없이 가장 먼저 접근하는 클래스에서 해시테이블을 초기화하도록 만든 구문이다.

Listing 7.49: defineRTSTable 매크로 함수

```
#define defineRTSTable(baseType)                                            \
    baseType::baseType##ConstructorTable *baseType::baseType##ConstructorTable_
        = nullptr;
```

Listing 7.50: addRTSTable 매크로 함수

```
#define addRTSTable(baseType, argName, thisType)                            \
    baseType::add##argName##ToConstructorTable<thisType>                    \
        add##thisType##ToConstructorTable_;
```

이들 매크로 코드를 이용하여 재작성하면 Listing 7.51과 같다.

Listing 7.51: 매크로 코드를 적용한 코드 예

```
#include <iostream>
#include <cmath>
#include <map>
#include <memory>
#include <string>
#include "macro.hpp"

class Function1
{
public:
    Function1() = default;

```

```
    virtual float operator()(float x) = 0;

    TypeName("Function1")

    declareRTSTable(Function1, Object)
};

class Sqr : public Function1
{
public:
    Sqr() = default;

    virtual float operator()(float x)
    {
        std::cout << "sqr function called" << std::endl;
        return x*x;
    }

    TypeName("sqr")
};

class Sqrt : public Function1
{
public:
    Sqrt() = default;

    virtual float operator()(float x)
    {
        std::cout << "sqrt function called" << std::endl;
        return pow(x,0.5);
    }

    TypeName("sqrt")
};

class Cubic : public Function1
{
public:
    Cubic() = default;

    virtual float operator()(float x)
    {
        std::cout << "cubic function called" << std::endl;
        return x*x*x;
```

```
    }

    TypeName("cubic")
};


defineTypeName(Function1);
defineRTSTable(Function1);

defineTypeName(Sqr);
addRTSTable(Function1, Object, Sqr);

defineTypeName(Sqrt);
addRTSTable(Function1, Object, Sqrt);

defineTypeName(Cubic);
addRTSTable(Function1, Object, Cubic);

int main(int argc, char** argv)
{
    std::cout << "Function1RTStable" << std::endl;
    for
    (
        auto iter = Function1::Function1ConstructorTable_->begin();
        iter != Function1::Function1ConstructorTable_->end();
        ++iter
    )
    {
        std::cout << "  *key: " << iter->first << std::endl;
    }

    float x;
    std::string choice;
    x = 3;
    // input part
    std::cout << "select method(sqr or sqrt or cubic): " << std::endl;
    std::cin >> choice;
    std::cout << "Input Value: " << x << std::endl;
    // logic part
    std::unique_ptr<Function1> func = (*Function1::Function1ConstructorTable_)[choice]();
    std::cout << "Function call: " << (*func)(x) << std::endl;

    return 0;
}
```

Listing 7.52 코드를 컴파일 하여 실행하면 여전히 Listing 7.53과 같이 동일한 결과를 얻을 수 있다.

Listing 7.52: 실행 결과

```
$ ./main.exe
Function1RTStable
  *key: cubic
  *key: sqr
  *key: sqrt
select method(sqr or sqrt or cubic):
sqrt
Input Value: 3
Function call: sqrt function called
1.73205
```

Listing 7.51 코드의 96번줄은 해시테이블에 등록된 값을 얻어내는 구문으로 Function1 클래스에서 selector 함수를 제공하는 것이 합리적일 것이다. selector 함수를 New라는 이름으로 추가하고 Listing 7.53처럼 재작성해보도록 한다.

Listing 7.53: 수정된 Function1

```
class Function1
{
public:
    Function1() = default;

    virtual float operator()(float x) = 0;

    TypeName("Function1")

    declareRTSTable(Function1, Object)

    static std::unique_ptr<Function1> New(const std::string name)
    {
        auto iter = Function1ConstructorTable_->find(name);
        if (iter == Function1ConstructorTable_->end())
        {
            std::cerr << "Failed to find " << name << std::endl;
            return nullptr;
        }
        return iter->second();
    }
```

```
};
```

이를 반영한 main함수는 Listing 7.54와 같다.

Listing 7.54: 수정된 main 함수

```
int main(int argc, char** argv)
{
    std::cout << "Function1RTStable" << std::endl;
    for
    (
        auto iter = Function1::Function1ConstructorTable_->begin();
        iter != Function1::Function1ConstructorTable_->end();
        ++iter
    )
    {
        std::cout << "  *key: " << iter->first << std::endl;
    }

    float x;
    std::string choice;
    x = 3;
    // input part
    std::cout << "select method(sqr or sqrt or cubic): " << std::endl;
    std::cin >> choice;
    std::cout << "Input Value: " << x << std::endl;
    // logic part
    std::unique_ptr<Function1> func = Function1::New(choice);
    std::cout << "Function call: " << (*func)(x) << std::endl;

    return 0;
}
```

7.3 연습문제

Exercise 1

지금까지 소개한 기법은 Factory method 중 자기등록형 패턴(self-registering factory pattern)[4]에 속하는 기법으로 동적 링킹이 발생할 때 전역 객체를 초기화시킨다는 점을 활용한 기법이다. 이

[4] https://www.drdobbs.com/cpp/self-registering-objects-in-c/184410633

패턴은 동적 링킹을 활용하기 때문에 소스코드 레벨에서 컴파일하거나 공유라이브러리 형태로 작성하여 동적 로딩시키는 형태로 코드를 빌드해야 한다.

(a) Listing 7.41에서 작성된 소스코드의 100번줄까지의 내용을 라이브러리로 만들기 위해 클래스 별로 `Function1.C`, `Function1.H`, `Sqr.C`, `Sqr.H`, `Sqrt.C`, `Sqrt.H`, `Cubic.C`, `Cubic.H` 파일들을 작성하도록 한다.

(b) 공유라이브러리를 생성하기 위한 `Makefile`을 작성하도록 한다.

> **HINT**
> 공유라이브러리 작성을 위한 `Makefile`은 page 148에 소개된 자동생성 스크립트를 활용하여 생성할 수 있다.

(c) 공유라이브러리를 활용할 수 있도록 `dlfcn.h` 헤더파일에 선언되어있는 `dlopen` 함수를 사용하여 `main.C`를 다음과 같이 작성하도록 한다.

Listing 7.55: main.C

```
#include <iostream>
#include <memory>
#include <vector>
#include <string>
#include <dlfcn.h>
#include "Function1.H"

int main(int argc, char** argv)
{
    std::vector<void*> handleList;
    std::vector<std::string> soNameList;
    soNameList.push_back("libcubic.so");
    soNameList.push_back("libsqr.so");
    soNameList.push_back("libsqrt.so");

    std::cout << "List table" << std::endl;
    for(int i=0; i<soNameList.size(); ++i)
    {
      handleList.push_back
      (
          ::dlopen(soNameList[i].c_str(), RTLD_LAZY | RTLD_GLOBAL)
      );
    }

```

```
    std::cout << "Begin" << std::endl;
    if (Function1::Function1ConstructorTable_ != nullptr)
    {
        std::cout << "Function1RTStable" << std::endl;
        for
        (
            auto iter = Function1::Function1ConstructorTable_->begin();
            iter != Function1::Function1ConstructorTable_->end();
            ++iter
        )
        {
            std::cout << "  *key: " << iter->first << std::endl;
        }
    }

    return 0;
}
```

(d) 앞서 작성한 공유라이브러리와 main.C를 컴파일하여 그 결과를 보도록 한다.

(e) 공유라이브러리 대신 정적 라이브러리를 생성하는 Makefile를 작성하도록 한다.

> **HINT**
> 정적라이브러리 작성을 위한 Makefile은 page 148에 소개된 자동생성 스크립트를 활용하여 생성할 수 있다.

(f) 공유라이브러리 대신 정적 라이브러리와 main.C를 컴파일하여 그 결과를 공유라이브러리를 활용한 코드와 비교해보도록 한다.

> **WARNING**
> dlopen 함수를 사용하는 구문은 삭제하도록 한다.

8

자원 관리 자료구조

첫 장에서 소개한 1D 대류/확산 코드 구현을 보면, 수치해석 코드는 크게 알고리즘 호출과 필드값 관리로 구분됨을 알 수 있다. 수치해석 코드에서 물성치, 필드 값을 포함한 변수들은 보통 전역변수로 선언하는데, 이들 전역변수는 이를 담당하는 파일에 모아두고 활용한다. 하지만, Fortran으로 작성된 In-house 코드들은 Fortran 77의 영향으로 변수이름을 줄여서 작성하게 되므로 시간이 지나면 변수의 의도를 파악하기 쉽지 않아 코드를 확장하는 과정에서 동일한 역할을 하는 변수를 중복 정의하는 등 변수 관계가 복잡하게 엮이는 상황이 발생하여 코드의 유지/보수를 어렵게 만드는 요인이 되기도 한다. 전역변수의 활용은 오류 발생시 디버깅을 어렵게 하는 요소이기도 하기 때문에 Fortran 90 표준에서는 `module`을 도입하여 선택적으로 전역변수를 노출시키는 방식으로 문제발생 여지를 줄이고 있다. 하지만, 전역변수를 사용하면 알고리즘 어디서나 필요한 변수를 용이하게 참조할 수 있으므로, 변수를 함수나 subroutine의 전달인자로 넘기는 것보다 API가 간략해지는 이점이 있기 때문에 전역변수 사용의 이점을 놓기는 아쉬운 면이 있다.

> **INFO**
> 최근 유행하고 있는 web front-end 개발용 프레임워크인 Veu나 React 또한 이런 이유로 전역 저장소의 역할을 하는 Veux와 Redux를 제공한다.

반면, C언어로 구현한 코드를 보면 전역변수로 선언된 필드 값을 다른 함수에서 접근하려면 사용하고자 하는 변수를 모두 `extern` 키워드로 선언하고서 사용해야 한다. 매번 사용하고자 하는 변수가 있을 경우 `extern`으로 선언하는 것은 번거롭기도 하거니와 코드를 일반화 시킬 경우 사용할지 안할 지 알 수 없는 변수를 사전에 결정할 수 없는 문제도 발생하게 된다. 게다가 전역변수 사용은 OOP 관점에서는 권장하지 않는 방법에 해당한다. 즉, C언어를 사용하면 함수 포인터를 사용해서 일반화가 가능하다는 장점은 있지만 전역변수 참조 시 상당한 번거로움을 감수해야 한다는 단점을 가지고 있다. Fortran이라면 Fotran 90 문법의 `module` 기능을 이용하여 필요한 전역변수만 불러서 사용하는 방법이 있겠지만 현재까지 발표된 C++ 표준[1]에서는 이를

[1] 2019년 기준으로 발표된 C++ 표준은 C++ 17이다.

지원하지 않는다[2]. 하지만 `module`도 정적인 형태로만 사용할 수 있어 컴파일 타임에 결정되어야 하기 때문에 만일 런타임에 생성된 필드 값에는 적용하지 못하는 단점을 여전히 가지고 있다. 그렇다고, 전역변수를 사용하지 않고 함수의 전달인자로 넘겨주도록 코드를 작성하면 `extern` 키워드로 인한 번거로움은 해소될 수 있을지 모르지만, API간 의존성이 발생하여 코드가 복잡해지는 문제가 발생하고, 함수의 매개변수 리스트의 변경이 불가피해지는 경우 기존 코드와 API 호환성 문제가 발생한다. 특히, 수치해석의 경우 경계 값을 참조하는 경우가 빈번하게 발생하는데 전역변수를 사용하지 못하면 참조할지 말지 모르는 경계값을 항상 함수 호출 시 전달인자로 넘겨주기 때문에 코드가 불필요하게 복잡해지는 문제가 발생한다.

이 문제는 Procedural 언어가 자료형의 추상화를 지원하지 못하는 데서 발생하는 문제로 볼 수 있다. C++ 클래스의 상속관계 규칙을 보면 서브클래스의 자료형은 슈퍼클래스로 암시적 업캐스팅(upcasting)가 가능하다. 즉, 관리하고자 하는 자료형들의 원형이 되는 자료형을 작성하고 모든 자료형들이 이 자료형으로부터 파생되도록 만들면 자료구조와 관계없이 일관적인 방법으로 변수 관리를 하면서도 전역변수인 것처럼 코드 내 어느 곳에서도 쉽게 필요한 변수를 참조할 수 있게 만들 수 있다. 이를 통해, 컴파일 과정에서 생성되는 정적 자료형뿐만 아니라 런타임에 생성되는 동적 자료형까지 질의를 통해 전역객체처럼 활용할 수 있는 변수 관리 자료구조를 구현해보도록 한다.

8.1 자원 저장소 관리 기능 구현

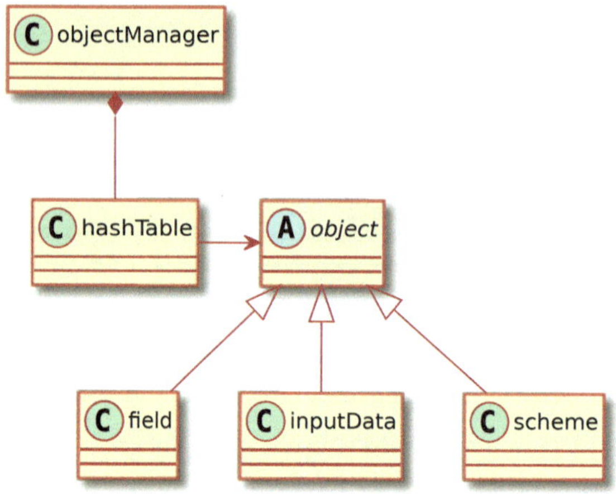

Fig 8.1: 자원저장소 계층구조

자원 저장소는 자료형의 추상화를 사용할 수 있으면 생각보다 간단하게 구현 가능하다. 런타임에 자원을 등록하고 관리하는 자료구조를 Fig. 8.1처럼 `objectManager`라 하자. 이 자

[2]하지만, C++ 20 표준에서 module 기능이 지원될 예정이다.

료구조는 자원을 등록/관리하기 위한 hashTable을 내부 변수로 두고 있다. hashTable에 등록되는 모든 자원들은 object 추상 클래스의 서브클래스가 되도록 강제하도록 한다. 이렇게 hashTable에 등록되는 자료형을 object로 선언하면, 자료형이 추상화되기 때문에 object에서 파생되는 임의의 자원을 모두 hashTable 자료구조에 등록시켜 활용할 수 있게 된다. 구현을 단순화 하기 위해 C++ 표준라이브러리만으로 이를 구현해보도록 한다. hashTable 자료구조는 std::map을 사용하도록 한다. 먼저 object 추상 클래스를 Listing 8.1처럼 정의하도록 한다. 추상 클래스이므로 최소한의 내용만으로 채울 것이다. 여기서는 hashTable의 key로 등록할 이름 변수만 선언하도록 한다.

Listing 8.1: object 자료구조

```
#ifndef __object_h
#define __object_h
#include <string>
class object
{
    private:
        const std::string name_;
    public:
        object(const std::string& name)
        :
            name_(name)
        {}
        virtual ~object() {};

        const std::string& name() { return name_; }
};
#endif
```

다음으로 object 객체를 관리할 objectManager를 Listing 8.2처럼 정의하도록 한다. 내부변수로 자원을 등록 관리할 hashTable을 두고 등록함수와 검색함수를 멤버함수로 두도록 한다. 여기서 한가지 주의할 점이, 등록된 자원은 objectManager 외부에서는 함부로 자원을 해제하면 안되므로 포인터 변수를 노출시키지 않도록 해야 한다. 따라서 검색함수 lookupObject는 key에 해당하는 자원이 있을 경우 이에 대한 참조를 반환하도록 해야 한다. 그리고 상수객체를 지원하기 위해 24 – 26줄처럼 lookupObject는 상수객체를 위한 멤버함수도 작성하도록 한다.

Listing 8.2: objectManager 자료구조

```
1 #ifndef __objectManager_h
2 #define __objectManager_h
```

```
#include <map>
#include <string>
#include <memory>
class objectManager
{
  protected:
      std::map<std::string, std::unique_ptr<object>> db_;

  public:
      void checkIn(object* obj)
      {
          db_.insert(std::pair(obj->name(), obj));
      }

      const std::map<std::string, std::unique_ptr<object>>& db() { return db_; }

      object& lookupObject(const std::string& name)
      {
          return *(db_.find(name)->second);
      }

      const object& lookupObject(const std::string& name) const
      {
          return *(db_.find(name)->second);
      }

      void showRecord() const
      {
          for(auto iter=db_.begin(); iter!=db_.end(); ++iter)
          {
              std::cout << iter->first << " : " << iter->second->name() << std::endl;
          }
      }
};
#endif
```

위 자료구조를 이용하여 런타임에 객체들을 등록하여 사용할 수 있는 코드를 작성해보도록 한다. 필드자료형으로 std::vector 자료구조를 이용하여 scalarList 자료구조를 정의하고 입력 값을 저장할 자료형을 dictionary 자료구조로 정의하고 내부변수로 hashTable 객체를 두도록 한다. 이들 자료구조는 모두 objectManager의 hashTable에 등록시킬 것이기 때문에 object의 서브클래스로 작성하도록 한다. 구조가 간단하므로 실행 결과는 숙제로 남겨두도록 한다.

Listing 8.3: 사용 예

```cpp
#include <iostream>
#include <string>
#include <map>
#include <vector>
#include "object.h"
#include "objectManager.h"

class scalarList : public object
{
    private:
        std::vector<double> data_;

    public:
        scalarList(const std::string& name)
        :
            object(name)
        {}

        std::vector<double>& data() { return data_; }

        size_t size() { return data_.size(); }
        void resize(size_t size) { return data_.resize(size); }
        void reserve(size_t size) { return data_.reserve(size); }

};

class dictionary: public object
{
    private:
        std::map<std::string, std::string> dict_;
    public:
       dictionary(const std::string& name)
       :
           object(name)
    {}

    std::map<std::string, std::string>& dict() { return dict_; }
};

int main(int argc, char** argv)
{
    objectManager manager;
```

```

    manager.checkIn(new object("myobj"));
    manager.checkIn(new scalarList("mylist"));
    manager.checkIn(new dictionary("mydict"));

    manager.showRecord();

    scalarList& cache = static_cast<scalarList&>(manager.lookupObject("mylist"));
    cache.resize(10);

    std::cout << cache.name() << std::endl;
    std::cout << cache.size() << std::endl;

    for(auto iter=cache.data().begin(); iter!=cache.data().end(); ++iter)
    {
        std::cout << *iter << std::endl;
    }

    auto& dict = static_cast<dictionary&>(manager.lookupObject("mydict"));
    dict.dict().insert(std::pair("value", "uniform (1 0 0)"));
    dict.dict().insert(std::pair("rho", "1.21"));

    for(auto item: dict.dict())
    {
        std::cout << item.first << " : " << item.second << std::endl;
    }
    return 0;
}
```

8.2 연습문제

Exercise 1

자원관리 자료구조와 앞 장에서 소개한 알고리즘 모듈화 기법을 활용하여 1D 대류/확산 코드를 재작성해보도록 한다.

OpenFOAM 프레임워크의 구성요소

9

지연객체 생성도구

OpenFOAM은 Run Time Selection (RTS)이라는 Factory method[1]라 불리는 기법을 사용하여 런타임에 선택적으로 객체를 생성할 수 있도록 하고 있다. 기본적인 원리는 이전 파트의 OOP를 이용한 알고리즘 모듈화 기법을 참고하도록 한다. 이 기법으로 인해 해석코드는 개략적으로 지배방정식만을 표현하면 되고 각 항들의 이산화된 값은 입력파일을 통해 런타임에 구성하도록 제어할 수 있다. 이렇게 실제 이산화된 값을 제외한 추상화된 문법적 표현을 Domain Specific Language (DSL)이라 하며, OpenFOAM에서는 RTS 기법에 기반하여 편미분 방정식에서 자주 등장하는 수학적인 표현을 DSL로 제공하고 있다.

$$\frac{\partial \rho \underline{\boldsymbol{U}}}{\partial t} + \nabla \bullet \phi \underline{\boldsymbol{U}} - \nabla \bullet \mu \nabla \underline{\boldsymbol{U}} = -\nabla p$$

Listing 9.1: OpenFOAM의 DSL 표현

```
  fvm::ddt(rho, U)
+ fvm::div(phi, U)
- fvm::laplacian(mu, U)
==
- fvc::grad(p)
```

RTS를 사용함으로써 얻게 되는 가장 큰 장점은 표현과 내용을 철저하게 분리시킬 수 있다는 점이다. 표현과 내용이 분리되기 때문에, 해석코드는 특정 알고리즘 혹은 이산화 기법에 종속되지 않아 기존 해석코드를 재컴파일 하지 않고도 새로운 이산화 기법을 추가하는 것이 용이해진다. 그리고 객체의 선택적인 생성이 입력파일로 제어되기 때문에 복잡하게 얽힌 알고리즘들도 손쉽게 구성할 수가 있다. OpenFOAM에서 대류항에 관련한 이산화는 객체가 복잡하게 엮여있기 때문에 이에 대한 표현을 단순화하기 위해 스트림으로 읽어 들인 데이터로부터 객체가 연쇄적으로 생성되어 서로 연결되는 구조가 되도록 구현하고 있다.

[1] 정확히는 self-registering factory pattern

Listing 9.2: 대류항 이산화 기법 설정 예

```
div(phi,U) bounded Gauss linearUpwind limited;
```

예를 들어, Listing 9.2와 같은 대류항 이산화 기법을 설정하는 구문은 bounded 객체에 발산 정리로부터 유도되는 이산화 알고리즘을 탑재하도록 연쇄적으로 bounded 객체가 생성되고 그 안에 Gauss 객체의 서브클래스인 linearUpwind의 객체가 생성되도록 구현되어 있다.

런타임에서 이루어지는 객체의 생성은 슈퍼클래스에 정의된 selector라 부르는 static 함수 New를 통해 이루어지고 이 함수가 RTS 해시테이블에 등록된다. 서브클래스의 생성자를 슈퍼클래스에서 유지하고 있는 해시테이블에 등록시키는 과정은 src/OpenFOAM/db/typeInfo와 src/OpenFOAM/db/runTimeSelection에 정의된 매크로 함수를 통해 자동화시키고 있다. 클래스 뿐만 아니라 템플릿 클래스에도 RTS를 사용할 수 있도록 관련된 매크로를 제공하고 있는데, 템플릿은 자료형을 입력 받을 수 있는 일반화된 클래스라고 볼 수 있기 때문에 기존 RTS 관련 매크로에 템플릿 매개변수를 처리할 수 있도록 자료형에 대한 매개변수가 추가된 형태로 구현되어 있다.

9.1 Selector 함수

New 함수는 OpenFOAM에서 selector라 부르며 런타임에 RTS 테이블에서 사용자가 요구한 자료형을 검색하여 대응하는 객체를 생성해주는 함수이다. New 함수와 C++ 연산자인 new는 객체를 생성한다는 점에서는 동일하지만 런타임에 사용자 요구에 의해 객체를 선택적으로 생성해야 하는 경우에는 New 함수를 사용하고 알고리즘 구현에 특정 객체를 명시적으로 사용할 필요가 있는 경우에는 new를 사용하여 객체를 생성하도록 한다. OpenFOAM에서는 new 연산자를 직접적으로 다루는 것을 피하기 위해 Listing 9.3처럼 스마트 포인터인 autoPtr(See page 361) 또는 tmp (See page 362) 객체를 통해 접근하도록 유도하고 있다.

Listing 9.3: new 연산자 사용 예

```
tmp<volScalarField> rAU;

rAU = new volScalarField
(
    IOobject
    (
        "rAU",
        runTime.timeName(),
        mesh,
        IOobject::READ_IF_PRESENT,
```

```
        IOobject::AUTO_WRITE
    ),
    mesh,
    dimensionedScalar(dimTime/dimDensity, 1)
);
```

9.2 Boilerplate

이전 파트에서 살펴본 것처럼 사용자가 작성한 클래스 혹은 템플릿 클래스에 RTS를 적용하기 위해서는 해시테이블의 key로 사용하기 위한 typeName 문자열 선언 및 정의 매크로와 해시테이블에 함수포인터를 등록시키는데 필요한 해시테이블 선언 및 등록 매크로가 필요하다. 이와 같이 특정기능을 부여하기 위해 반복적으로 사용하는 매크로들을 Boilerplate라 한다. 이들 매크로는 src/OpenFOAM/db/typeInfo와 src/OpenFOAM/db/runTimeSelection에 각각 정의되어있기 때문에 RTS를 활용하는 클래스는 이들 폴더에 준비되어있는 헤더파일들을 #include문으로 포함시킨 후 사용해야 한다.

9.2.1 TypeName

RTS 해시테이블의 key 값은 다음과 같이 2개의 매크로를 사용하여 정의한다.

- TypeName
- defineTypeNameAndDebug

TypeName 매크로를 통해 key 값에 대한 입력을 처리하고 defineTypeNameAndDebug 매크로를 통해 클래스 변수 typeName을 TypeName 매크로를 통해 전달된 key 값으로 초기화 시킨다. 따라서 TypeName 매크로는 클래스 헤더파일에 사용해야 하며 defineTypeNameAndDebug 매크로는 소스코드에 사용해야 한다.

Listing 9.4: TypeName 매크로 함수 사용예

```
//- Runtime type information
TypeName("dynamicFvMesh");
```

Listing 9.4에서 사용된 매크로는 확장을 거치면 Listing 9.5와 같은 코드로 변환된다.

Listing 9.5: dynamicFvMesh의 TypeName 매크로 확장 예

```
static const char* typeName_()
{
  return "dynamicFvMesh";
}

static const ::Foam::word typeName;
static int debug;

virtual const word& type() const
{
  return typeName;
};
```

확장된 code를 보면 debug switch에 사용할 `static` 변수와 RTS 테이블의 key로 사용될 `typeName`을 `static` 변수로 선언한 것을 알 수 있다. `typeName`의 초기화는 Listing 9.6과 같이 `defineTypeNameAndDebug` 매크로를 통해 이루어진다.

Listing 9.6: defineTypeNameAndDebug 매크로 정의

```
#define defineTypeNameAndDebug(Type, DebugSwitch)                          \
    defineTypeName(Type);                                                  \
    defineDebugSwitch(Type, DebugSwitch)
```

Listing 9.6에서 정의된 매크로에서 `defineTypeName(Type)`은 `typeName` 변수를 초기화시키는 역할을 하고 `defineDebugSwitch`는 `debug` 객체를 `src/OpenFOAM/global/debug/debug.C`에 선언된 전역변수인 `debugObjects_`에 등록시키는 역할을 한다.

9.2.2 debugSwitch

`defineDebugSwitch` 매크로에 대해서 좀 더 살펴보면, 첫 번째 전달인자는 `typeName` 변수에 저장되는 key 값이 되고 두 번째 전달인자는 debug level의 기본값이 된다. debug level에 따라 코드를 재컴파일 하지 않고도 각 클래스 별로 설정된 디버그 정보가 출력되도록 할 수 있으며 debug level값이 0이면 아무 메시지도 출력하지 않는다. 이 debug level은 `etc/controlDict` 파일에 기술된 DebugSwitches subDict에서 각각의 클래스 별로 설정이 가능하고 OpenFOAM 2.2.0 이후부터는 case 폴더의 `system/controlDict` 파일 내의 DebugSwitches subDict내에 정의할 수 있도록 변경되어 case 별로 개별적인 설정이 가능해졌다.

코드 개발 시 debugSwitch 값을 활용하고 싶은 경우에는, Listing 9.7과 같이 debug `static` 변수 값을 이용하여 디버그 메시지를 출력하도록 작성할 수 있다.

Listing 9.7: Pstream 활용 예

```
if (debug & 2)
{
    Pout<< " received from "
        << belowID << " data: " << value << endl;
}
```

참고로 debug `static` 변수 값은 매크로 함수에 전달된 인자를 이용해 `src/OpenFOAM/global/debug/debug.H`에 정의된 `debugSwitch` 함수를 이용하여 초기화 된다. 이 함수는 `system/controlDict` 또는 case 폴더의 `system/controlDict` 파일에 정의된 DebugSwitch subDict에서 `name` 매개변수의 값과 일치하는 엔트리를 RTS 테이블에서 찾아 초기화시키는 역할을 한다.

Listing 9.8: debugSwitch 함수 정의

```
int Foam::debug::debugSwitch(const char* name, const int defaultValue)
{
    return debugSwitches().lookupOrAddDefault
    (
        name, defaultValue, false, false
    );
}
```

`debug` 객체는 `src/OpenFoam/global/debug/simpleRegIOobject.H`에 정의된 간이 `RegIOobject` 객체를 확장시켜 객체별로 debug 값을 등록할 수 있게 만든다.

Listing 9.9: dynamicFvMesh의 debugSwitch 관리

```
int dynamicFvMesh::debug(::Foam::debug::debugSwitch(dynamicFvMesh::typeName_(), 0));

class adddynamicFvMeshToDebug : public ::Foam::simpleRegIOobject
{
public:
    adddynamicFvMeshToDebug(const char* name) :
        ::Foam::simpleRegIOobject(Foam::debug::addDebugObject, name)
    {}

    virtual ~adddynamicFvMeshToDebug()
    {}

    virtual void readData(Foam::Istream& is)
    {
```

```
        dynamicFvMesh::debug = readLabel(is);
    }

    virtual void writeData(Foam::Ostream& os) const
    {
        os << dynamicFvMesh::debug;
    }
};

adddynamicFvMeshToDebug adddynamicFvMeshToDebug_(dynamicFvMesh::typeName_());
```

Listing 9.9와 같이 매크로 확장된 코드를 보면 간이 regIOobject인 simpleRegIOobject를 상속받은 클래스에서 생성자에 addDebugObject 함수 포인터를 전달하도록 하고 있다. addDebugObject 함수는 Listing 9.10, 9.11, 9.12에서 보이는 것처럼 매개변수인 name의 값을 전역 변수인 debugObjectPtr_ 서 검색하여 등록시키는 역할을 하고 있다.

Listing 9.10: addDebugObject 정의

```
void Foam::debug::addDebugObject(const char* name, simpleRegIOobject* obj)
{
    simpleObjectRegistryEntry* ptr = debugObjects().lookupPtr(name);
    if (ptr)
    {
        ptr->append(obj);
    }
    else
    {
        debugObjects().append
        (
            name,
            new simpleObjectRegistryEntry
            (
                List<simpleRegIOobject*>(1, obj)
            )
        );
    }
}
```

Listing 9.11: debugObjects 정의

```
// Debug switch read and write callback tables.
simpleObjectRegistry* debugObjectsPtr_(nullptr);

Foam::simpleObjectRegistry& Foam::debug::debugObjects()
{
    if (!debugObjectsPtr_)
    {
        debugObjectsPtr_ = new simpleObjectRegistry(1000);
    }

    return *debugObjectsPtr_;
}
```

Listing 9.12: simpleRegIOobject 클래스 정의

```
class simpleRegIOobject
{
public:
    // Constructors
        //- Construct from objectregistry inserter and name
        simpleRegIOobject
        (
            void (*fn)(const char* name, simpleRegIOobject*),
            const char* name
        )
        {
            (*fn)(name, this);
        }
    //- Destructor
    virtual ~simpleRegIOobject()
    {};
    // Member Functions
        //- Read
        virtual void readData(Istream&) = 0;
        //- Write
        virtual void writeData(Ostream&) const = 0;
};
```

9.2.3 RTS 테이블

RTS 테이블은 런타임에서 생성시키고자 하는 자료형을 등록하고 관리하기 위한 데이터베이스의 역할을 한다. 데이터베이스는 멤버변수로 선언되어 있는 해시테이블을 사용하고 등록과정을 자동화시키기 위해 `declareRunTimeSelectinoTable`, `defineRunTimeSelectionTable` 그리고 `addToRunTimeSelectionTable` 매크로를 사용한다. `declareRunTimeSelectionTable`은 해시테이블과 관련된 자료형을 선언하고 `defineRunTimeSelectionTable`에서는 선언된 자료형의 초기화를 담당한다. `addToRunTimeSelectionTable`은 템플릿 인스턴스화를 활용하여 해시테이블에 selector 함수를 등록시키는 역할을 한다. 따라서 이들 매크로는 클래스의 성격에 따라 다음과 같이 구분하여 사용해야 한다.

- 추상 클래스
  - declareRunTimeSelectionTable
  - defineRunTimeSelectionTable
- 슈퍼클래스
  - declareRunTimeSelectionTable
  - defineRunTimeSelectionTable
  - addToRunTimeSelectionTable
- 서브클래스
  - addToRunTimeSelectionTable

이들 매크로들의 구현원리는 이전 파트에서 상술하였기 때문에 상세한 설명은 피하기로 한다. `declareRunTimeSelectionTable`은 이전 파트와 상이한 부분이 있어 아래에 상술하도록 한다.

Listing 9.13: declareRunTimeSelectionTable 매크로함수

```
#define declareRunTimeSelectionTable(autoPtr,baseType,argNames,argList,parList) \
    typedef autoPtr<baseType> (*argNames##ConstructorPtr)argList;              \
    typedef HashTable<argNames##ConstructorPtr, word, string::hash>             \
        argNames##ConstructorTable;                                             \
```

```
    static argName##ConstructorTable* argNames##ConstructorTablePtr_;         \
    ...
    template<class baseType##Type>                                             \
    class add##argNames##ConstructorToTable                                    \
    {                                                                          \
    public:                                                                    \
        static autoPtr<baseType> New argList                                   \
        {                                                                      \
            return autoPtr<baseType>(new baseType##Type parList);              \
        }                                                                      \
        add##argNames##ConstructorToTable                                      \
        (                                                                      \
            const word& lookup = baseType##Type::typeName                      \
        )                                                                      \
        {                                                                      \
            ...
            if (!argNames##ConstructorTablePtr_->insert(lookup, New))          \
            ...
        }
        ...
    }                                                                          \
    ...
```

Listing 9.13에 작성된 매크로함수의 매개변수 리스트에서 1, 2, 4, 5번째 매개변수들은 selector 함수 선언과 일치해야 하며, 3번째 매개변수는 selector함수를 일반화시킨 함수포인터 이름과 이를 관리할 RTS 해시테이블 이름 작성에 사용될 이름에 해당한다.

dynamicFvMesh 클래스를 예로 들면, declareRunTimeSelectionTable 매크로 함수에 사용된 전달인자들은 9.14와 같다.

Listing 9.14: declareRunTimeSelectionTable 매크로 함수

```
declareRunTimeSelectionTable
(
    autoPtr,
    dynamicFvMesh,
    IOobject,
    (const IOobject& io),
    (io)
);
```

그리고 dynamicFvMesh의 selector 함수는 9.15와 같이 선언되어 있다.

Listing 9.15: dynamicFvMesh의 selector 함수

```
autoPtr<dynamicFvMesh> New(const IOobject* io);
```

selector 함수의 반환 자료형은 `autoPtr`로 감싼 `dynamicFvMesh` 형태이며, selector 함수의 매개변수 리스트는 `const IOobject* io`가 된다. 이는 매크로 함수의 1, 2, 4, 5번째 전달인자와 동일함을 알 수 있다.

`dynamicFvMesh`에 사용된 `declareRunTimeSelectionTable` 매크로 함수에서 확장된 매개변수를 `{}`로 표시하면 9.16과 같다.

Listing 9.16: declareRunTimeSelectionTable 매크로 확장

```
1 typedef {autoPtr}<{dynamicFvMesh}> (*{IOobject}ConstructorPtr)(const {IOobject}& io);
2 typedef HashTable<{IOobject}ConstructorPtr, word, string::hash>
3         {IOobject}ConstructorTable;
4 static {IOobject}ConstructorTable* {IOobject}ConstructorTablePtr_;
5 template<class {dynamicFvMesh}Type>
6 class add{IOobject}ConstructorToTable
7 {
8 public:
9     static {autoPtr}<{dynamicFvMesh}> New {(const IOobject& io)}
10     {
11         return {autoPtr}<{dynamicFvMesh}>(new {dynamicFvMesh}Type {io});
12     }
13     add{IOobject}ConstructorToTable
14     (
15         const word& lookup = {dynamicFvMesh}Type::typeName
16     )
17     {
18         ...
19         if (!{IOobject}ConstructorTablePtr_->insert(lookup, New))
20         ...
21     }
22     ...
23 }
```

1번 줄은 함수포인터 자료형을 선언하는 부분이고 2번 줄은 함수포인터를 관리할 해시테이블 자료형을 선언하는 부분이다. 여기에 사용된 토큰을 보면 매크로 함수의 3번째 전달인자인 `IOobject`가 사용되고 있음을 확인할 수 있다. 9번 줄을 보면 해시테이블에 등록시킬 `static` 함수를 정의하고 있다. 함수 이름을 `New`로 사용하고 있지만 19번 줄을 보면 알 수 있듯이 이 함수는 selector 함수인 `New`가 아니라 Listing 9.17에 보인 것처럼 `dynamicFvMesh`의 생성자 함수를 호출하는 래퍼 함수(wrapper function)이다. selector에서 문자열로 객체생성을 요청하면 해시테이블에 등록된 9번줄의 함수를 호출하여 객체를 생성하는 구조이다. 여기서 한가지 더 확인할 수 있는 것은, selector 함수와 생성자 함수의 매개변수 리스트는 동일해야 한다는 점이다.

Listing 9.17: selector 함수 내부에서 객체 반환

```
Foam::autoPtr<Foam::dynamicFvMesh> Foam::dynamicFvMesh::New(const IOobject& io)
{
    IOobject dictHeader(dynamicMeshDictIOobject(io));
    if (dictHeader.typeHeaderOk<IOdictionary>(true))
    {
        IOdictionary dict(dictHeader);
        const word dynamicFvMeshTypeName(dict.lookup("dynamicFvMesh"));
        Info<< "Selecting dynamicFvMesh " << dynamicFvMeshTypeName << endl;
        ...
        return autoPtr<dynamicFvMesh>(cstrIter()(io));
    }
    else
    {
        return autoPtr<dynamicFvMesh>(new staticFvMesh(io));
    }
}
```

9.3 연습문제

Exercise 1

RTS에는 슈퍼클래스에 `static` 멤버변수인 해시테이블에 서브클래스들의 이름이 등록되어있기 때문에 이를 활용하여 서브클래스 목록을 사전에 알아낼 수가 있다. 해시테이블 변수이름만 알면 수월하게 구현할 수 있는 기능이기 때문에, 여기서는 경계조건의 목록을 얻는 방법을 알아보도록 한다. 이 기능은 OpenFOAM 5부터 simpleFoam등의 solver의 명령행 인자인 `-listScalarBCs`와 `-listVectorBCs`를 사용했을 때 얻을 수 있는 기능과 동일하다.

경계조건을 담당하는 클래스인 `fvPatchField`를 정의하는 `fvPatchField.H` 헤더파일 안에는 `declareRunTimeSelectionTable` 매크로가 사용되어 `patch`, `patchMapper` 그리고 `dictionary` 자료형에 대한 해시테이블이 정의되어있기 때문에, RTS로 접근 가능한 `static` 해시테이블은 다음과 같이 3가지가 된다.

- `patchConstructorPtr_`
- `patchMapperConstructorPtr_`
- `dictionaryConstructorPtr_`

이들 해시테이블 중 patchConstructorPtr_를 이용해서 등록된 경계조건의 목록을 얻어보도록 한다. 해시테이블은 List와 달리 비순차적인 자료구조이기 때문에, 만일 정렬된 리스트가 필요할 경우 멤버함수인 Toc()보다는 sortedToc()를 사용하기를 권하고 있다. 아래는 sortecToc() 멤버함수를 이용해 등록된 내용을 나열하는 코드이다.

```
#include "fvCFD.H"
#include "fvPatchField.H"

using namespace Foam;

int main(int argc, char** argv)
{
    Info << "patchConstructorTablePtr" << endl;
    Info << fvPatchField<scalar>::patchConstructorTablePtr_->sortedToc();

    return 0;
}
```

(a) 위 코드를 해시테이블을 직접 순회하면서 목록을 얻는 코드를 작성해보도록 한다.

HINT
해시테이블은 비순차적인 자료형이기 때문에 OpenFOAM에서 제공하는 순회매크로인 forAll을 사용할 수 없고 iterator를 이용한 탐색 매크로인 forAllConstIter 매크로를 사용해야 한다. 이때, 해시테이블에 대한 iterator는 해시테이블에 등록된 각각의 레코드를 가리키고, 레코드는 key와 이 key에 대응되는 값의 쌍으로 묶여있다. 따라서, iterator를 사용할 경우 다음 두 멤버함수를 통해 해시테이블의 레코드에 접근할 수 있다.

- iterator.key()
  해시테이블의 key를 반환
- iterator()
  해시테이블의 key에 대응하는 값을 반환

Exercise 2

page 127의 Exercise 5에서 작성한 Shape 클래스와 서브클래스들을 OpenFOAM 프레임워크에서 사용할 수 있도록 RTS 기능을 부여하고자 한다. RTS 기능부여에 사용할 수 있는 boilerplate 목록은 다음과 같다.

- `TypeName`
- `defineTypenameAndDebug`
- `declareRunTimeSelectionTable`
- `defineRunTimeSelectionTable`
- `addToRuntimeSelectionTable`

(a) 클래스들의 헤더파일에 `TypeName` 매크로를 추가하여 해시키를 정의하도록 한다.
(b) 클래스들의 소스코드에 `defineTypenameAndDebug` 매크로를 추가하여 해시키를 클래스 변수에서 사용할 수 있도록 초기화 시킨다.
(c) 슈퍼클래스인 `Shape` 클래스의 헤더파일에 `declareRunTimeSelectionTable` 매크로를 추가하여 RTS 테이블을 선언한다.

> **WARNING**
> `declareRunTimeSelectionTable` 매크로의 마지막 2개의 인자는 생성자의 매개변수 리스트, 전달인자 리스트와 동일해야 한다.

(d) 슈퍼클래스인 `Shape` 클래스의 소스코드에 `defineRunTimeSelectionTable` 매크로를 추가하여 RTS 테이블을 초기화 시킨다.
(e) 슈퍼클래스인 `Shape` 클래스의 소스코드에 `New` selector 함수를 추가하도록 한다.
(f) 서브클래스들의 소스코드에 `addToRuntimeSelectionTable` 매크로를 추가하여 RTS 테이블에 등록시킨다.

Exercise 3

Boilerplate를 사용해서 일반적인 클래스에 RTS 기능을 부여할 수 있다. 다음과 같은 계층구조를 가진 클래스를 설계한다고 가정해보자.

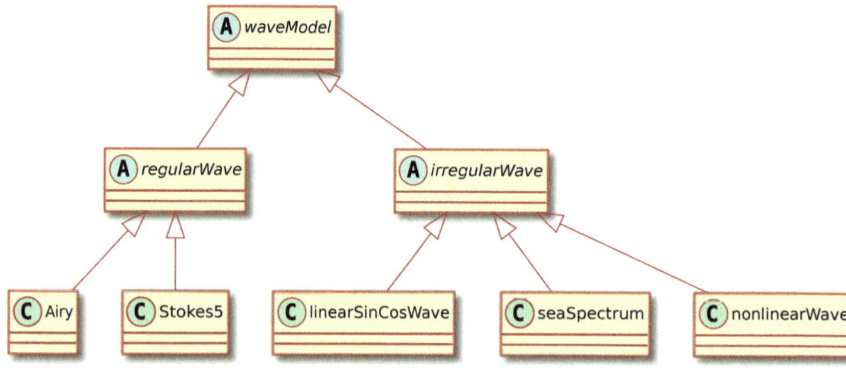

(a) `waveModel.[CH]` 헤더파일/소스코드를 만들고 `waveModel` 클래스를 작성한다. 순수가상 함수 `double eta(double x, double y)`를 추가하여 추상 클래스가 되도록 작성한다.

(b) `waveModel.[CH]`에 selector함수 `New` 함수를 작성하도록 한다. `New`함수의 매개변수 리스트는 대상이 되는 생성자의 매개변수 리스트와 동일하게 작성한다.

(c) `waveModel.H`에 `TypeName` 매크로를 사용해서 `"waveModel"`이라는 이름을 부여해서 RTS 테이블의 key 값이 되도록 한다.

(d) `waveModel.H`에 `declareRunTimeSelectionTable` 매크로 함수를 사용해서 RTS에 사용할 해시테이블을 선언하도록 한다.

> **WARNING**
> 매크로 함수의 4번째, 5번째 전달인자는 생성자의 매개변수 리스트와 동일해야한다.

(e) `waveModel.C`에 `defineRunTimeSelectionTable` 매크로 함수를 사용해서 해시테이블을 초기화 시키도록 한다.

(f) `regularWave.[CH]` 헤더파일/소스코드를 만들고 `waveModel` 클래스의 서브클래스가 되도록 한다. `regularWave`의 기본 동작을 정의할 수 없으므로 여전히 추상 클래스로 선언한다.

(g) `regularWave.H`에 `TypeName` 매크로를 사용해서 `"regularWave"`이라는 이름을 부여해서 RTS 테이블의 key 값이 되도록 한다.

> **WARNING**
> 추상 클래스이고 `waveModel`의 서브클래스이므로 객체생성을 할 수 없기 때문에 `addToRunTimeSelectionTable`을 사용할 수 없다.

(h) `Airy.[CH]` 헤더파일/소스코드를 만들고 `regularWave` 클래스의 서브클래스가 되도록 한

다. eta 함수를 정의해서 추상 클래스가 아닌 구체 클래스가 되도록 한다.

(i) Airy.H에 TypeName 매크로를 사용해서 "Airy"이라는 이름을 부여해서 RTS 테이블의 key 값이 되도록 한다.

(j) Airy.C에 addToRunTimeSelectionTable 매크로를 사용해서 "Airy" 클래스를 RTS 테이블에 등록시킨다.

(k) 나머지 클래스들에 대해서도 동일하게 boilerplate 들을 적용해서 RTS 기능을 부여해 보도록 한다.

Exercise 4

격자 경계에 접근하는 방법을 확인해보기 위해 다음과 같은 코드를 이용하도록 한다.

```
#include "argList.H"
#include "fvMesh.H"

using namespace Foam;
int main(int argc, char** argv)
{
    Foam::argList args(argc, argv);
    Foam::Time runTime(Foam::Time::controlDictName, args);
    fvMesh mesh
    (
        IOobject
        (
            fvMesh::defaultRegion,
            runTime.timeName(),
            runTime,
            IOobject::MUST_READ
        )
    );

    const fvBoundaryMesh& boundaries = mesh.boundary();
    Info << "# of patches: " << boundaries.size() << endl;
    forAll(boundaries, bi)
    {
        Info << boundaries[bi].name() << endl;
        Info << boundaries[bi].type() << endl;
        Info << boundaries[bi].index() << endl;
        Info << boundaries[bi].size() << endl;
        Info << boundaries[bi].coupled() << endl;
    }
```

```
30
31     Info << "index of " << boundaries[0].name() << ": "
32         << boundaries.findPatchID(boundaries[0].name()) << endl;
33
34     const fvPatch& patch = boundaries["left"];
35     Info << patch.name() << endl;
36     return 0;
37 }
```

(a) OpenFOAM에서는 응용프로그램에서 반복적으로 나타나는 코드조각들은 따로 `src/OpenFOAM/include`와 `src/finiteVolume/cfdTools`에 모아두어 활용할 수 있도록 하고 있다. 먼저 7번줄은 OpenFOAM의 표준적인 명령행 인자처리 위임하는 구문으로 `setRootCase.H`에 작성된 구문과 동일한 동작을 한다. 7번줄을 `#include` 문을 이용해 `setRootCase.H`으로 대치해서 작성해보도록 한다.

(b) 8번 줄은 `objectRegistry` 계층구조의 가장 상위를 차지하는 `Time` 객체를 생성하기 위한 구문으로 `createTime.H`에 작성된 구문과 동일한 동작을 한다. 8번줄을 `#include` 문을 이용해 `createTime.H`으로 대치해서 작성해보도록 한다.

(c) 9-18번 줄은 `Time` 객체에서 관리되는 격자 객체를 생성하는 구문으로 `createMesh.H`에 작성된 구문과 동일한 동작을 한다. 이들 구문을 `#include` 문을 이용해 `createMesh.H`으로 대치해서 작성해보도록 한다.

(d) 격자의 경계는 `fvMesh` 객체에서 관리하며 멤버함수 `boundary`를 통해 `fvBoundaryMesh`에 대한 참조를 얻을 수 있다. 다음 구문을 18번 줄 뒤에 추가하여 경계격자에 대한 정보를 확인해보도록 한다.

```
    const fvBoundaryMesh& boundaries = mesh.boundary();
    Info << "# of patches: " << boundaries.size() << endl;
```

HINT
적절한 격자가 없을 경우 `tutorials` 아래에서 제공하는 튜토리얼을 활용하도록 한다.

(e) `fvBoundaryMesh` 클래스는 `fvPatch` 클래스의 리스트로 구현된 자료구조이기 때문에 멤버함수로 리스트 크기를 알려주는 `size` 함수를 제공한다. 이를 통해 다음과 같이 `fvBoundaryMesh`에서 관리하고 있는 모든 경계격자, `fvPatch` 객체에 접근할 수 있다.

```
for(auto i=0; i<boundaries.size(); ++i)
{
  Info << boundaries[bi].name() << endl;
}
```

OpenFOAM에서 제공하는 List 클래스의 서브클래스는 forAll 매크로를 사용할 수 있다. 위 구문을 forAll 매크로로 대체하여 동일하게 동작하는 것을 확인해보도록 한다.

(f) fvPatch 클래스는 멤버함수 type, index 등을 제공하여 경계에 대한 정보를 얻을 수 있도록 하고 있다. 이들 멤버함수를 위 코드에 추가하여 경계격자에 대한 정보를 확인해보도록 한다.

(g) fvBoundaryMesh는 findPatchID 멤버함수를 통해 경계격자의 이름을 알 경우 해당 경계격자가 들어있는 배열의 인덱스를 얻을 수 있는 기능을 제공한다. findPatchID 멤버함수를 사용하는 구문을 추가하여 이를 확인해보도록 한다.

(h) fvBoundaryMesh는 배열접근 연산자 []를 오버로딩하여 경계격자의 이름을 알 경우 바로 fvPatch에 대한 참조를 얻을 수 있는 기능을 제공하고 있다. 배열 접근 연산자를 사용하여 fvPatch에 대한 참조를 얻는 구문을 추가하여 이를 확인해보도록 한다.

10

자원 저장소

OpenFOAM은 objectRegistry, regIOobject 그리고 IOobject 자료구조를 이용하여 자원 저장소를 구현하고 있다. 이 기법은 이전 파트에서 설명된 필드변수 관리 자료구조 메커니즘과 동일한 방식으로 구현되어 있기 때문에 수치해석이 일어나는 거의 모든 곳에서 런타임에 생성된 객체를 질의를 통해 전역변수처럼 접근할 수 있는 방법을 제공한다.

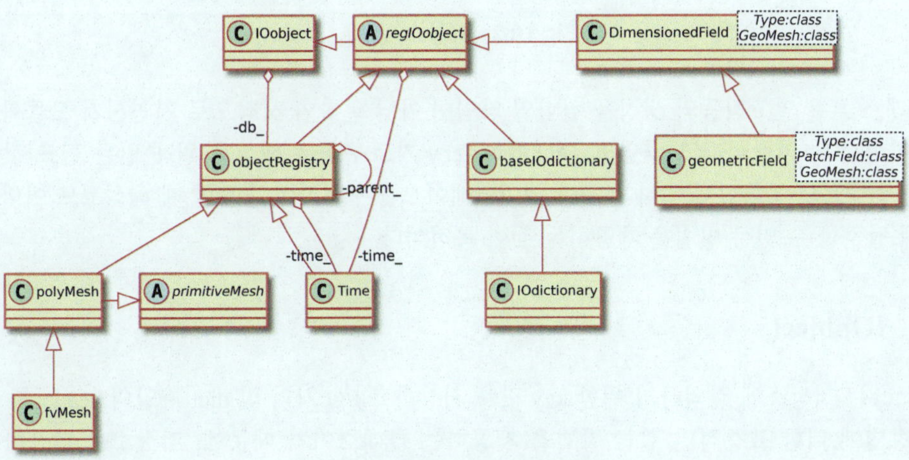

Fig 10.1: IOobject 상속관계

Fig. 10.1과 같은 상속관계에서 가장 최상위에 위치한 IOobject 클래스는 자원 저장소에 저장된 자원들의 고유 값, 즉 해시테이블의 key 값과 IO관련된 설정 값들의 저장을 담당한다. regIOobject와 objectRegistry는 저장소에의 등록과 관리 그리고 검색을 담당한다. 따라서 regIOobject와 objectRegistry를 상속한 클래스는 런타임에서 IOobject에 등록된 이름만 알면 어느 위치에서든 접근 가능해진다. 기능상으로는, objectRegistry가 폴더의 역할 혹은 자원 관리자에 해당하고 regIOobject는 파일 혹은 자원에 해당한다. 폴더에는 폴더 또는 파일을 저장할 수 있지만 파일에는 폴더를 저장할 수 없는 것처럼, objectRegistry는 재귀적으로 objectRegistry 자료형과 regIOobject 자료형을 저장할 수 있지만 regIOobject는 그렇게 할 수 없다. OpenFOAM에서 objectRegistry의 서브클래스는 Time과 fvMesh이고 거의 대부분은

regIOobject의 서브클래스이다. 즉, OpenFOAM에서 자원들은 공통의 시간정보 내에서 독립적인 격자를 가질 수 있고 이산화 기법 및 필드 값은 각각의 격자에 종속되도록 배치되기 때문에 Fig. 10.2와 같은 구조를 가지게 된다.

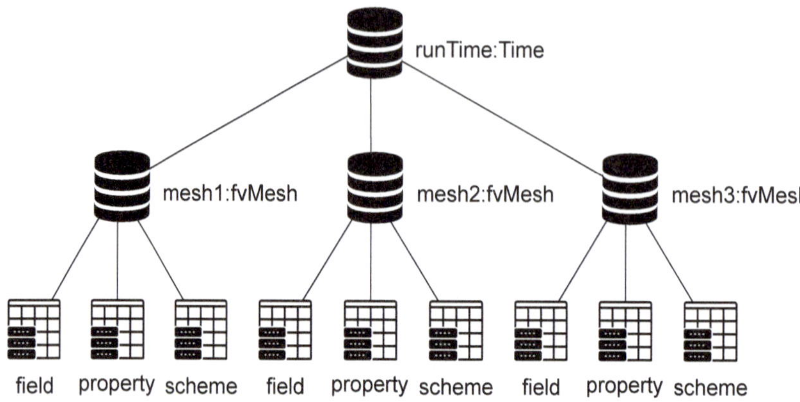

Fig 10.2: 저장소 관계

클래스 혹은 알고리즘의 생성을 컴파일 타임이 아닌 런타임 시점으로 지연시켜 모듈화시키는 것이 RTS의 역할이라고 하면 objectRegistry 자료구조는 해석을 위해 만든 필드 값들을 포함한 변수들의 목록을 관리하기 위한 데이터베이스를 구현하여 필요할 때 해석코드 어디서나 손쉽게 접근할 수 있는 방법을 제공하는 것이 목적이다.

10.1 IOobject

IOobject는 저장소에 질의하기 위한 key 값을 저장하고 I/O 처리 및 dict 파일의 header를 읽고 쓰는 방법에 대한 표준적인 접근 방법을 제공하는 클래스이기 때문에, 저장소를 활용하도록 설계된 모든 자료구조는 IOobject 클래스에서 파생된다. 따라서, 저장소의 관리자 역할을 하는 Time, fvMesh 등의 클래스들은 멤버변수의 전달인자로 저장소에 저장된 key 값을 담고 있는 IOobject 객체를 받도록 작성되어 있다.

IOobject의 생성자는 Listing 10.11에 보인 것과 같이 크게 2종류로 나뉠 수 있다.

Listing 10.1: IOobject 생성자

```
IOobject
(
    const word& name,
    const fileName& instance,
    const objectRegistry& registry,
```

```
    readOption r=NO_READ,
    writeOption w=NO_WRITE,
    bool registerObject=true
);

IOobject
(
    const word& name,
    const fileName& instance,
    const fileName& local,
    const objectRegistry& registry,
    readOption r=NO_READ,
    writeOption w=NO_WRITE,
    bool registerObject=true,
    bool globalObject = false
);
```

`word`와 `fileName` 자료형으로 된 매개변수는 저장소에 등록할 이름과 경로 구성에 사용되는 값에 해당한다. `objectRegistry` 자료형으로 된 매개변수는 `IOobject` 객체를 관리할 관리자를 의미하며 대부분의 경우 `Time` 객체보다는 `fvMesh` 객체를 전달한다. readOption과 writeOption은 `IOobject` 객체와 디스크상의 파일과의 상호작용과 관련된 값에 해당한다. 이들은 기본값이 `NO_READ`와 `NO_WRITE`로 되어있기 때문에 `IOobject`의 생성자의 기본 동작은 메모리상에만 존재하는 객체 (in-memory)를 생성한다. readOption이나 writeOption가 하나라도 `NO_READ`나 `NO_WRITE`에 해당하지 않으면 `IOobject` 생성자에 전달된 name 매개변수는 저장소에 저장된 객체의 이름일 뿐만 아니라 디스크상에 저장된 파일이름과도 일치하고 (on-disk 객체), 이때 파일의 경로는 `fileName` 자료형으로 전달된 값을 이용하여 `instance_/[local_/]name_`의 형태로 구성된다.

- instance : 파일 경로에서 파일 이름을 제외한 경로를 가리킨다.
- name : 파일 경로에서 파일 이름을 가리킨다.
- local : 주어질 경우 파일 경로에서 instance와 name을 제외한 중간 경로를 가리킨다.

`bool` 자료형으로 된 매개변수 `registerObject`는 `IOobject` 객체 생성후 저장소에 이름을 등록시킬지 여부를 나타내는 값인데 기본값은 등록하는 것으로 되어 있다. globalObject 매개변수는 해당 `IOobject`가 병렬연산 시 동일한 객체를 나타내는지 processor local을 의미하는지 여부를 나타내고 기본값은 processor local로 생성되도록 되어 있다.

`IOobject`의 주요 멤버함수는 다음과 같다.

- `const objectRegistyr& db() const`

  `IOobject` 생성자의 초기화 리스트를 보면 알 수 있듯이 매개변수 registry로 전달된 `objectRegistry` 객체의 참조는 멤버변수 `db_`에 저장된다. `db()`는 이렇게 생성자 초기화 리스트에서 저장된 `objectRegistry`의 객체에 대한 참조를 반환한다. `Time`과 `fvMesh`의 슈퍼클래스가 `objectRegistry`이기 때문에, 생성자에 전달한 자료형에 따라 이들 두 자료형 중 하나의 참조를 얻을 수 있다.

- `const Time& time() const`

  `IOobject` 상속관계를 보면 알 수 있듯이, `objectRegistry` 자료형은 항상 `Time` 객체에 대한 참조를 가지고 있고 멤버함수 `time()`을 통해 접근할 수 있도록 하고 있다. `IOobject`의 멤버함수 `time()`은 간접적으로 `db()`로부터 얻을 수 있는 `objectRegistry` 객체의 멤버함수 `time()`을 호출한다.

Listing 10.2: time 함수 정의

```
const Time& time() const
{
    return db_.time();
}
```

- `void rename(const word& newName)`

  저장소에 등록된 이름을 새로운 이름으로 변경한다. 주로 런타임에 만들어진 임시객체의 이름을 수정할 때 사용된다.

Listing 10.3: rename 함수 사용 예

```
template<class BasicTurbulenceModel>
Foam::tmp<Foam::volScalarField>
Foam::ReynoldsStress<BasicTurbulenceModel>::k() const
{
    tmp<Foam::volScalarField> tk(0.5*tr(R_));
    tk.ref().rename("k");
    return tk;
}
```

- `template<class Name> static word groupName(Name name, const word& group)`

  OpenFOAM에서는 문자열에 `.`이 포함된 경우, 앞쪽의 문자열을 member, 뒤쪽의 문자열을 group으로 인식한다. 예를 들면 name 값이 `"xxx.yyy"`라고 되어있을 때 xxx는 member가 되고 yyy는 group이 된다. groupName은 반대로 group 명을 포함한 문자열을 생성해주는 템플릿 함수이다. 만일 group 값이 null이면 단순히 name을 반환한다. 이 기능은 난류

모델 구현에서 자주 나타난다.
groupName 멤버함수와 연관된 함수로 다음 2가지 함수를 사용할 수 있다.

- `static word group(const word& name)`
  인자로 주어진 name이 `.`을 포함하고 있는지 조사하여 `.` 이후의 문자열을 반환하거나 `word::null`을 반환한다.
- `static word member(const word& name)`
  인자로 주어진 name이 `.`을 포함하고 있는지 조사하여 `.` 이전의 문자열을 반환하거나 전체 문자열을 반환한다.

- `template<class Name> static word modelName(Name name, const word& model)`
  OpenFOAM 8부터 도입된 멤버함수로 name 뒤에 구분자 `:`와 model 이름을 붙여 그 값을 반환하는 템플릿 함수이다. 만일 model 값이 null이면 단순히 name을 사용한다.
- `word modelName(const char* name) const`
  RTS로 연결된 클래스는 멤버변수로 `type()` `static` 함수를 가지고 있고 이 함수는 RTS 해시테이블에 등록한 이름을 반환한다. 이 특성을 이용하여 typeName과 주어진 이름을 구분자 `:`로 이어 그 값을 반환한다. OpenFOAM 8에서는 `turbulenceModel` 자료구조에서 이를 활용하여 난류모델에서 사용되는 인자들을 쉽게 저장소에서 참조할 수 있도록 수정되었다.

Listing 10.4: realizableKE in OpenFOAM 7

```
volScalarField C1(max(eta/(scalar(5) + eta), scalar(0.43)));
```

Listing 10.5: realizableKE in OpenFOAM8

```
volScalarField::Internal C1
(
    modelName("C1"),
    max(eta/(scalar(5) + eta), scalar(0.43))
);
```

10.2 regIOobject

`IOobject`를 저장소에 등록/해제하는 역할을 수행하는 클래스이다. `objectRegistry` 클래스는 `regIOobject`의 서브클래스이기 때문에, `IOobject` 객체를 관리하는 기능은 `objectRegistry`와

regIOobject 클래스 모두 가지고 있다. regIOobject는 저장소에 등록 시 IOobject에 저장된 key 값을 사용하기 때문에 반드시 IOobject 객체를 전달인자로 받게 되어 있다. 저장소 계층 관계에서 최상위 노드는 Time 객체이고 유일해야하기 때문에 두 번째 매개변수 isTime을 통해 이를 제어하고 있다.

Listing 10.6: regIOobject 생성자

```
Foam::regIOobject::regIOobject(const IOobject& io, const bool isTime)
:
    IOobject(io),
    registered_(false),
    ownedByRegistry_(false),
    watchIndex_(-1),
    eventNo_                // Do not get event for top level Time database
    (
        isTime
      ? 0
      : db().getEvent()
    ),
    isPtr_(NULL)
{
    // Register with objectRegistry if requested
    if (registerObject())
    {
        checkIn();
    }
}
```

생성자 함수는 멤버변수 초기화를 마친 후 checkIn() 함수를 호출하여 regIOobject 객체의 관리자인 objectRegistry 객체의 멤버함수 checkIn()을 호출하여 저장소에 등록한다.

Listing 10.7: checkIn 함수 정의

```
bool Foam::regIOobject::checkIn()
{
    if (!registered_)
    {
        registered_ = db().checkIn(*this);
        ....
    }
}
```

regIOobject의 주요 멤버함수는 다음과 같다.

- static Type& store(Type*)

store 함수는 전달인자가 단순 포인터형인 것과 autoPtr 형인 것에 대응할 수 있도록 Listing 10.8에 보인 것처럼 두 가지 종류의 함수를 제공하고 있다.

Listing 10.8: store 함수

```
template<class Type>
inline static Type& store(Type*);

template<class Type>
inline static Type& store(autoPtr<Type>&);
```

일반적으로 C++ 객체는 생명주기가 있어 함수 내부에서 지역변수로 선언될 경우 그 함수를 벗어나면 메모리에서 삭제된다. IOobject 객체 또한 마찬가지 이유로 지역변수로 선언될 경우 저장소에서 객체를 조회할 수 없게 된다. store 함수는 객체의 소유권을 저장소로 옮겨 함수가 종료되더라도 메모리에서 해제되지 않고 조회가 가능하도록 한다. 생성자 함수의 매개변수 리스트 중 registerObject 값이 true이면 내부적으로 store 함수를 호출하여 저장소에 등록시킨다. selector 함수인 New를 사용할 경우 이 과정을 대신 처리해주기 때문에 RTS를 이용하는 한 직접적으로 사용할 경우는 없다. 하지만, 경우에 따라서는 New 함수 대신 직접 new 함수를 이용하여 객체를 생성해야 할 경우가 발생하는데 이 경우는 store 함수를 사용해 직접 저장소에 등록시켜야 한다.

store 함수는 저장소에 등록하는 용도로도 사용하지만 Listing 10.9에 보인 gradScheme 코드처럼 cache용 필드변수 저장용으로도 활용할 수 있다.

Listing 10.9: gradScheme

```
if (!mesh().objectRegistry::template foundObject<GradFieldType>(name))
{
    solution::cachePrintMessage("Calculating and caching", name, vsf);
    tmp<GradFieldType> tgGrad = calcGrad(vsf, name);
    regIOobject::store(tgGrad.ptr());
}

solution::cachePrintMessage("Retrieving", name, vsf);
GradFieldType& gGrad =
mesh().objectRegistry::template lookupObjectRef<GradFieldType>
(
    name
);
```

- bool checkIn()

- `bool checkOut()`

  자기 자신을 objectRegistry에 등록/해제시키는 함수로 `objectRegistry`의 멤버함수는 `checkIn`과 `checkOut`을 간접적으로 호출하는 함수이다. 직접적으로 호출할 일은 없는 함수이다.

Listing 10.10: checkIn 함수

```
bool checkIn()
{
    if (!registered_)
    {
        registered_ = db().checkIn(*this);
        ...
    }
    return registered_;
}
```

Listing 10.11: checkOut 함수

```
bool checkOut()
{
    if (registered_)
    {
        ...
        return db().checkOut(*this);
     }
     return false;
}
```

- `bool write(const bool write = true) const`

  `regIOobject` 객체를 명시적으로 파일에 쓰도록 할 때 사용하는 함수이다. 함수정의를 보면 단순히 writeObject 멤버함수의 래퍼 함수(wrapper function)이며 세부 설정은 `Time`객체에 등록된 값을 가져다 사용한다. `writeObject` 함수는 후술할 `objectRegistry` 객체인 `Time`객체의 멤버함수인 `writeObject`에서 호출되는 함수이다.

Listing 10.12: write 함수

```
bool Foam::regIOobject::write(const bool write) const
{
    return writeObject
    (
```

```
            time().writeFormat(),
            IOstream::currentVersion,
            time().writeCompression(),
            write
        );
    }
```

- **bool** writeObject (IOstream::streamFormat fmt, IOstream::versionNumber ver, IOstream::compressionType cmp, **const bool** write) **const**
  regIOobject 객체의 내용을 파일에 쓰도록 한다. 보통은 write 멤버함수로부터 간접적으로 호출되기 때문에 직접적으로 호출할 경우는 거의 없다.

Listing 10.13: writeObject 멤버함수

```
1 bool Foam::regIOobject::writeObject
2 (
3     IOstream::streamFormat fmt,
4     IOstream::versionNumber ver,
5     IOstream::compressionType cmp,
6     const bool write
7 ) const
8 {
9     ...
10    if (Pstream::master() || !masterOnly)
11    {
12        osGood = fileHandler().writeObject(*this, fmt, ver, cmp, write);
13    }
14    else
15    {
16        osGood = true;
17    }
18    ...
19    return osGood;
20 }
```

Listing 10.13의 12번째 줄에 나타나는 fileHandler()는 src/OpenFOAM/global/fileOperation/fileOperation.H에 선언된 전역 함수이며 이 함수는 fileOperation 객체를 반환하여 멤버함수인 writeObject를 호출한다.

Listing 10.14: fileOperation의 writeObject

```
bool writeObject
(
    const regIOobject& io,
    IOstream::streamFormat fmt,
    IOstream::versionNumber ver,
    IOstream::compressionType cmp,
    const bool write
) const
{
    if (write)
    {
        fileName pathName(io.objectPath());
        mkDir(pathName.path());
        ...
        if (!io.writeHeader(os))
        {
            return false;
        }
        // Write the data to the Ostream
        if (!io.writeData(os))
        {
            return false;
        }
        IOobject::writeEndDivider(os);
    }
    return true;
}
```

fileOperation의 writeObject 멤버함수는 regIOobject 객체를 전달인자로 받아 regIOobject의 슈퍼클래스인 IOobject의 멤버변수에 등록된 파일 정보를 이용하여 쓰기전용 스트림 객체인 Ostream을 생성한 후 쓰기작업을 수행한다. 실제 데이터가 기록되는 writeData 함수는 regIOobject 객체의 멤버함수로 순수가상함수이기 때문에 regIOobject의 서브클래스에서 정의해서 사용해야 한다. 이를 통해 서브클래스의 구현 방법에 따라 서로 다른 writeData 함수를 동작시키는 것이 가능해진다.

10.3 objectRegistry

objectRegistry 자료형은 저장소에 등록된 객체의 관리자 역할을 한다. OpenFOAM에서 objectRegistry의 서브클래스는 Time, polyMesh, cloud, triSurfaceMesh 그리고 surfaceRegistry만

이 존재하고 이들 서브클래스의 서브클래스도 objectRegistry의 기능을 할 수 있다. 따라서, OpenFOAM의 해석코드를 실행하게 되면 메모리상에 준비된 저장소에 Fig. 10.3과 같은 형태로 객체들이 등록되게 된다. 해석코드의 전체적인 제어를 담당하는 controlDict 파일은 저장소 전체를 관리하는 Time 객체에 등록되고, 세세한 설정과 관련된 fvSchemes, fvSolution, 물성치, 난류모델 및 필드 값들은 fvMesh 객체별로 저장된다.

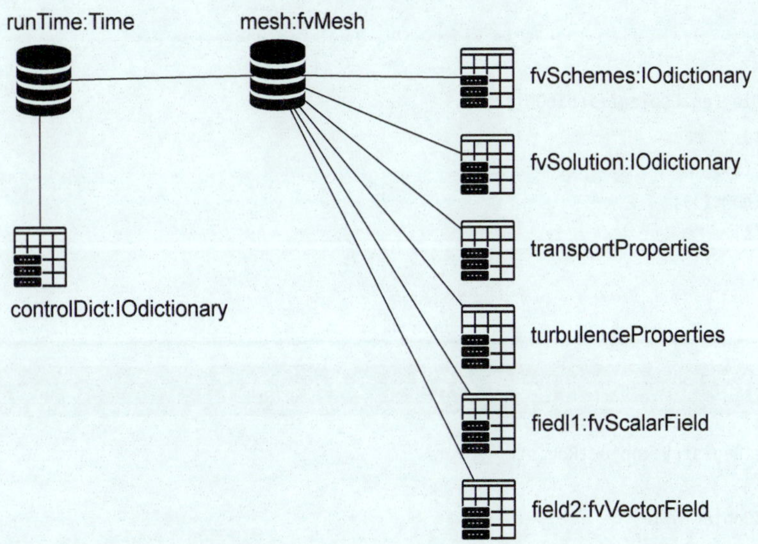

Fig 10.3: 저장소에 등록된 객체들

저장소의 최상위 객체는 Time 객체이기 때문에, objectRegistry 생성자는 전달인자가 Time 객체일 때와 아닐 때의 생성자를 구분하고 있다.

Listing 10.15: Time 객체가 전달인자일 경우의 생성자 함수

```
Foam::objectRegistry::objectRegistry
(
    const Time& t,
    const label nIoObjects
)
:
    regIOobject
    (
        IOobject
```

```
        (
            string::validate<word>(t.caseName()),
            t.path(),
            t,
            IOobject::NO_READ,
            IOobject::AUTO_WRITE,
            false
        ),
        true    // to flag that this is the top-level regIOobject
    ),
    HashTable<regIOobject*>(nIoObjects),
    time_(t),
    parent_(t),
    dbDir_(name()),
    event_(1)
{}

```

Listing 10.16: Time 객체가 전달인자가 아닐 경우의 생성자 함수

```
Foam::objectRegistry::objectRegistry
(
    const IOobject& io,
    const label nIoObjects
)
:
    regIOobject(io),
    HashTable<regIOobject*>(nIoObjects),
    time_(io.time()),
    parent_(io.db()),
    dbDir_(parent_.dbDir()/local()/name()),
    event_(1)
{
    writeOpt() = IOobject::AUTO_WRITE;
}
```

objectRegistry 객체는 다음과 같은 특징을 가진다.

- objectRegistry는 등록된 객체에 대한 포인터를 가지고 있고 names 멤버함수로 열람할 수 있다.
- 상위 objectRegistry를 parent 멤버함수를 통해 접근할 수 있다.
- 위치에 관계없이 항상 최상위 노드인 Time 객체에 대한 참조를 가진다.

objectRegistry의 주요 멤버함수는 다음과 같다.

- bool foundObject(const word& name) const
  전달인자로 주어진 name 값과 일치하는 객체가 저장소에 있는지 확인한다. 있을 경우 true, 없을 경우 false를 반환한다.
- template<class Type> const Type&lookupObject(const word& name) const
  전달인자로 주어진 name 값과 일치하는 객체를 저장소에서 찾아서 그 참조를 반환한다. 저장소에 한번 등록된 객체는 objectRegistry 객체에만 접근할 수 있으면 코드 내 어디서든 접근할 수 있기 때문에 불필요하게 지역변수를 새로 만든다던가 함수의 전달인자로 전달하는 과정이 불필요해진다. 거기다 등록될 때 한번만 초기화 과정을 거치면 되므로 성능 면에서도 유리해지기 때문에 필드 값 등의 객체는 코드 시작부분에 등록시키고 코드 내에서는 lookupObject를 이용해 참조를 얻는 방식으로 코드를 작성하는 것이 유리하다.
- const Time& time() const
  objectRegistry의 최상위 객체인 time() 객체에 대한 참조를 반환한다.
- const objectRegistry& parent() const;
  objectRegistry 객체가 Time 객체가 아닐 경우 Time 객체를 반환한다. 이론적으로는 objectRegistry는 Time 객체 아래에 재귀적으로 계속 objectRegistry의 계층구조를 구성할 수 있기 때문에 parent()가 반드시 Time 객체이지는 않다.
- wordList names() const
  저장소에 등록된 객체들의 이름들의 목록을 얻을 수 있다.
- bool writeObject(IOstream::streamFormat fmt, IOstream::versionNumber ver, IOstream::compressionType cmp) const
  regIOobject 객체들을 파일에 반영하는 역할을 하는 함수이다. Time 객체를 제외한 다른 객체들은 오버라이딩 없이 그대로 사용되고 Time 객체만 오버라이딩하여 Time 객체가 중앙에서 다른 객체들의 IO를 통제할 수 있도록 구현되어 있다. Listing 10.17의 Time의 writeObject 함수 정의를 보면 먼저 TimeDict() 함수를 호출한 후 쓰기 속성을 가진 상태인 경우 14번 줄에서 objectRegistry의 writeObject를 호출하도록 되어 있다.

Listing 10.17: Time의 writeObject 멤버함수

```
1 bool Foam::Time::writeObject
2 (
3     IOstream::streamFormat fmt,
4     IOstream::versionNumber ver,
5     IOstream::compressionType cmp
6 ) const
7 {
```

```
    if (writeTime())
    {
        bool writeOK = writeTimeDict();

        if (writeOK)
        {
            writeOK = objectRegistry::writeObject(fmt, ver, cmp);
        }
        ...
        return writeOK;
    }
    ...
}
```

objectRegistry의 writeObject 함수는 저장소인 해시테이블을 순회하면서 등록된 regIOobject 객체 중 쓰기 속성을 가진 객체들의 writeObject 함수를 호출하도록 되어 있다.

Listing 10.18: objectRegistry의 writeObject 멤버함수

```
bool Foam::objectRegistry::writeObject
(
    IOstream::streamFormat fmt,
    IOstream::versionNumber ver,
    IOstream::compressionType cmp
) const
{
    bool ok = true;

    forAllConstIter(HashTable<regIOobject*>, *this, iter)
    {
        ...
        if (iter()->writeOpt() != NO_WRITE)
        {
            ok = iter()->writeObject(fmt, ver, cmp) && ok;
        }
    }
    return ok;
}
```

Listing 10.18에 기술된 코드의 쓰임새는 regIOobject 객체 생성시 전달인자로 넘긴 IOobject 객체의 읽기/쓰기 설정과 연관되어 있다. OpenFOAM case 폴더내의 파일들은 경우에 따라 다를 수 있지만 대략적으로 Fig. 10.4, 10.5, 10.6과 같은 입출력 설정을 가지게 된다.

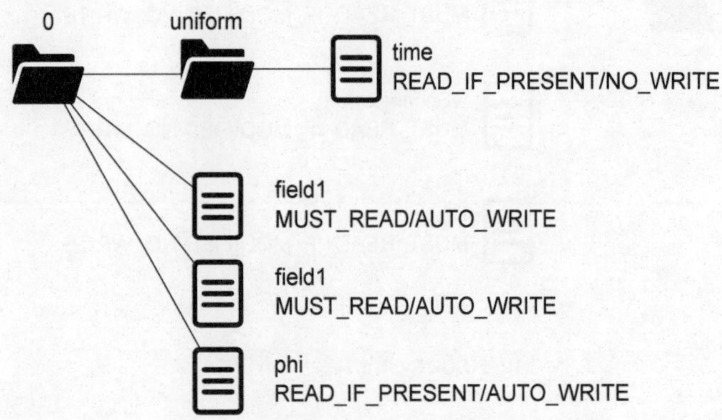

Fig 10.4: time 폴더내 파일

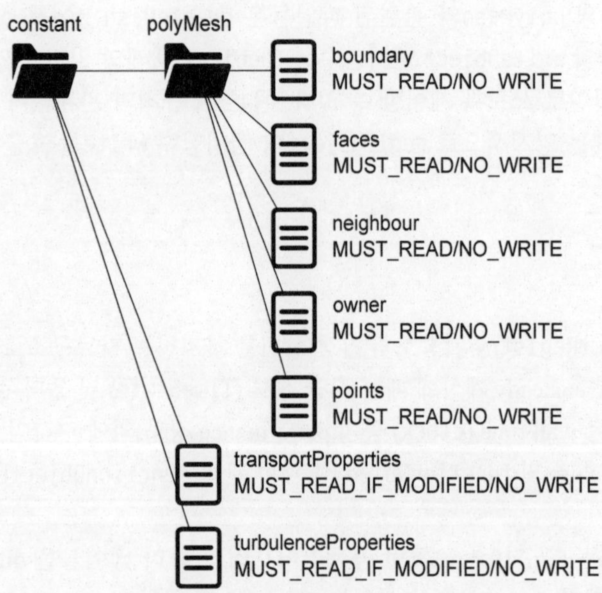

Fig 10.5: constant 폴더내 파일

Fig. 10.4, 10.5, 10.6에서 필드값과 transportProperties의 읽기/쓰기 상태는 OpenFOAM 관례상 `createFields.H`에서 정의하고 flux 값은 `createPhi.H` 에서 정의되어 `createFields.H` 내부에서 호출된다. uniform 폴더는 유동장과 관련 없는 데이터(volume, surface, point, etc.)의 저장을 위해 사용되고 병렬계산을 위해 영역 분할(Domain Decomposition)시킬

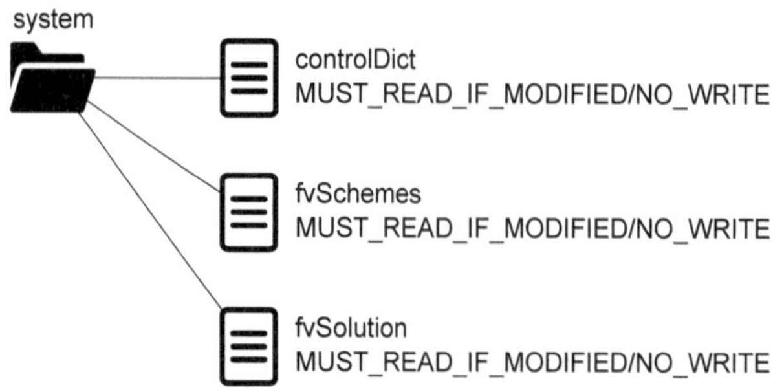

Fig 10.6: system 폴더내 파일

때도 각각의 processor 폴더에 그대로 복사된다. uniform/time은 createTime.H에서 Time 객체 생성시 Time 자료구조의 setControl() 멤버함수에서 읽기/쓰기 상태가 설정되고 controlDict도 마찬가지로 Time의 생성자에서 설정된다. points, faces, owner, neighbor, boundary 등의 polyMesh와 관련된 파일들은 createMesh.H에서 설정된다. 따라서 objectRegistry의 writeObject 멤버함수는 IOobject 객체의 읽기/쓰기 설정에 의해 필요한 데이터만 파일로 쓰도록 제어할 수 있다. 물론 이 규칙과 관계없이 데이터를 파일로 쓰도록 할 경우에는 명시적으로 regIOobject의 멤버함수 write를 호출하면 된다.

10.4 Time

Time 자료구조는 objectRegistry 저장소의 가장 상위를 차지하는 자료구조로 Fig. 10.7에 보인 상속관계처럼 steady 및 unsteady 계산에 대한 시간 정보 (TimeState) 및 폴더 관리 (TimePaths), cpu time (cpuTime) 또는 wall time (clock) 등의 performance 정보 외에 런타임에 로딩되는 공유라이브러리(dlLibraryTable) 및 functionObject에 대한 관리(functionObjectList)를 담당하고 있다.

OpenFOAM 7까지는 Fig. 10.7 (a)처럼 공유라이브러리 관리 테이블을 dlLibraryTable멤버변수로 관리하고 있었지만 OpenFOAM 8부터는 Fig. 10.7 (b)처럼 dlLibraryTable을 멤버변수로 관리하는 대신 전역변수로 변경하게 되었다. 이는 Function1 클래스와 codeStream을 확대 적용하여 중복코드를 제거하고 코드를 일반화시키는 과정에서 dlLibraryTable에 접근이 필요했었고, Function1 클래스는 objectRegistry 보다 하위층을 구성하는 라이브러리로 설계되었기 때문에 objectRegistry 클래스와의 의존성이 없도록 하기 위해 Time 클래스를 재설계한 결과이다.

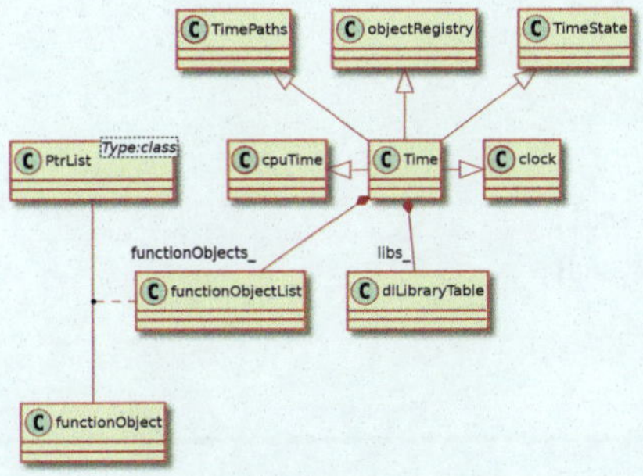

(a) OpenFOAM 7 이전

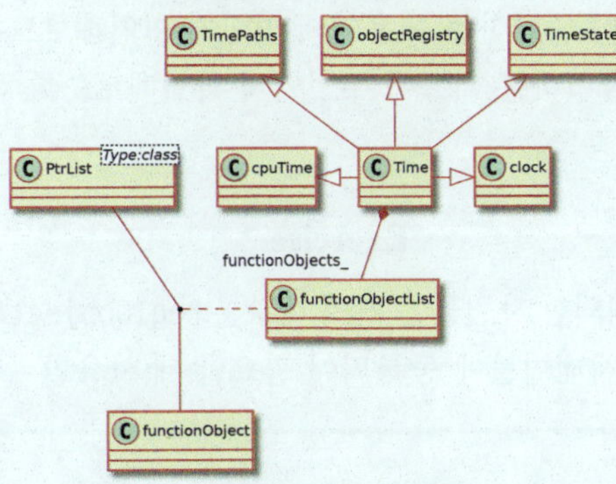

(b) OpenFOAM 8

Fig 10.7: Time 클래스 관계

10.5 연습문제

Exercise 1

해석코드에서 저장소를 탐색할 때, 멤버함수 db 또는 thisDb 멤버함수를 사용하게 된다. thisDb() 멤버함수는 polyMesh에서 정의된 멤버함수이다. thisDb()는 앞서 설명한 저장소 관계로부터 유추할 수 있듯이 각 격자에 속한 객체만으로 국한된다. db()에서 반환되는 객체는 문맥에 따라 Time 객체일 수도 있고 격자 객체일 수도 있다.

```
#include "fvCFD.H"
#include "fvMesh.H"

using namespace Foam;
int main(int argc, char* argv[])
{

    #include "setRootCaseLists.H"
```

```
    #include "createTime.H"
    #include "createMesh.H"

    Info<< runTime.db() << endl;
    Info<< mesh.thisDb() << endl;
    return 0;
}
```

(a) Time 객체인 runTime이 출력하는 내용이 무엇인지 확인해보도록 한다.

(b) Mesh 객체인 mesh가 출력하는 내용이 무엇인지 확인해보도록 한다.

Exercise 2

Time과 fvMesh 객체를 제외한 자원들은 거의 대부분 regIOobject의 서브클래스로 구현되어 fvMesh 객체에 들어있는 해시테이블에 등록되어 필요할 때 사용할 수 있도록 되어 있다.

```
#include "fvCFD.H"
#include "fvMesh.H"
#include "volFields.H"
#include "zeroGradientFvPatchFields.H"
#include <typeinfo>
#include <cxxabi.h>

using namespace Foam;
int main(int argc, char* argv[])
{

    #include "setRootCaseLists.H"
    #include "createTime.H"
    #include "createMesh.H"

    return 0;
}
```

(a) IOdictionary 클래스는 dictionary 자료구조를 objectRegistry에 등록시킬 수 있도록 확장한 자료구조이다. 다음 구문을 추가하여 그 결과를 확인해보도록 한다.

```
IOdictionary dict
(
    IOobject
    (
        "c0",
        mesh.time().constant(),
        mesh,
        IOobject::READ_IF_PRESENT,
        IOobject::NO_WRITE
    )
);
Info << mesh.thisDb() << endl;
```

(b) DimensionedField와 GeometricField도 objectRegistry에 등록시킬 수 있도록 확장한 자료구조이다. 다음 구문을 추가하여 그 결과를 확인해보도록 한다.

```
volScalarField weight
(
    IOobject
    (
        "t0",
        mesh.time().constant(),
        mesh,
        IOobject::NO_READ,
        IOobject::NO_WRITE
    )
    mesh,
    dimensionedScalar(dimless, 0),
    zeroGradientFvPatchScalarField::typeName
);
Info << mesh.thisDb() << endl;
```

(c) objectRegistry의 멤버 템플릿 함수 names는 템플릿 인자로 주어진 자료형으로 등록된 자원들을 리스트형태로 반환하는 함수이다. 다음 구문을 추가하여 결과를 확인해보도록 한다.

```
Info << mesh.thisDb().names<dictionary>() << endl;
Info << mesh.thisDb().names<volScalarField>() << endl;
```

(d) objectRegistry의 멤버 템플릿 함수 lookupObject는 템플릿 인자로 주어진 자료형과 전달인자로 주어진 이름으로 등록된 자료에 대한 참조를 얻을 수 있는 기능을 제공한다.

다음 구문을 추가하여 그 결과를 확인하도록 한다.

```
const dictionary& ref = mesh.thisDb().lookupObject<dictionary>("c0");
Info << ref.typeName << endl;
```

(e) `t0` 자원에 대한 참조를 얻는 구문을 작성해보도록 한다.

(f) C++에서는 `typeinfo`와 `cxxabi.h` 헤더파일을 통해 RTTI 기능을 제공한다. 다음 구문을 추가하여 주어진 객체의 자료형을 확인해보도록 한다.

```
int status = -4;
const char* name = typeid(mesh.thisDb().lookupObject<dictionary>("c0")).name();
Info << abi::__cxa_demangle(name, NULL, NULL, &status) << endl;
```

Exercise 3

OpenFOAM의 표준 코드 작성 방법을 따르면 모든 런타임 자원은 `createFields.H` 헤더파일에서 등록한다. 주로 등록되는 자료형은 `IOdictionary`의 서브클래스이거나 `GeometricField`이다.

(a) `applications/solvers/incompressible/simpleFoam/simpleFoam.C` 소스코드에 나타나는 `#include "createFields.H"` 구문 이후에 다음 코드를 추가하여 `simpleFoam`에서 사용되는 런타임 자원들을 확인해보도록 한다.

```
Info << mesh.thisDb() << endl;
```

(b) `fvMesh`같은 `objectRegistry` 객체에 등록되는 자원은 모두 `regIOobject` 추상클래스의 서브클래스들이다. 멤버함수 `lookupObject`를 사용하여 개별 자원을 얻는 대신 다음과 같이 `forAllConstIter` 매크로를 통해 등록된 자원 전체를 얻을 수도 있다.

```
forAllConstIter(HashTable<regIOobject*>, mesh.thisDb(), iter)
{
    Info << iter.key() << " : " << iter()->typeName << endl;
}
```

위 코드를 추가하여 얻어지는 결과를 보고 `iter()->typeName`의 출력결과에 대해서 생각해 보도록 한다.

HINT
C++은 선언된 자료형의 멤버를 호출하기 때문에 필요한 경우 `dynamic_cast`나 `static_cast`를 사용한 형변환을 통해 원하는 자료형으로 변환시켜야 한다.

(c) OpenFOAM은 `typeInfo.H` 헤더파일을 통해 RTTI를 지원하며 주어진 객체가 특정 자료형인지 또는 특정 클래스의 서브클래스인지 확인할 수 있는 템플릿 함수 `isType`과 `isA`를 제공하고 있다. `foaAllConstIter` 매크로를 통해 얻은 자원들이 특정 자료형인지 또는 서브클래스인지를 확인하는 코드를 작성해보도록 한다.

11

입출력

11.1 IOstream

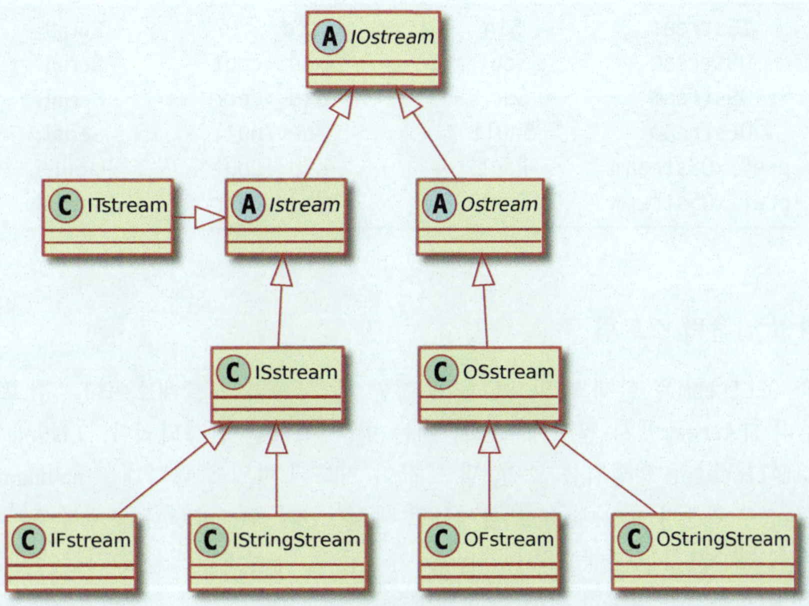

Fig 11.1: IOstream 상속관계

`IOstream`은 OpenFOAM에서 파일 입출력을 담당하는 클래스로 C++의 `std::iostream` 클래스의 계층관계와 유사하게 구성되어 있다. `Istream` 클래스는 입력을 담당하는 추상 클래스이다. `Istream`의 서브클래스인 `IStringStream`과 `ISstream`은 OpenFOAM의 입력데이터 형식인 dictionary 파일과 필드 값을 읽기 위한 용도로 사용된다. 서브클래스 `ITstream`은 RTS를 통한 연쇄적인 객체생성이 가능하도록, 공백으로 구분된 토큰들로 구성된 문자열 스트림을 처리할 수 있는 클래스이다. `Ostream` 클래스는 출력을 담당하는 추상 클래스이다. `Ostream`의 서브클래스인 `OStringStream`과 `OSstream`은 dictionary와 필드 값의 출력을 위한 용도로 사용된다.

11.1.1 표준 입출력 스트림

IOstream은 다음과 같이 6개의 전역객체를 제공하고 있다. Sin은 std::cin에 대응하는 입력 스트림으로 serial 연산에서 활용된다. Sout은 std::cout에 대응하는 출력 스트림으로 serial 연산에서 활용된다. Serr은 std::cerr에 대응하는 오류 스트림으로 serial 연산에서 활용된다. Snull은 출력을 모두 /dev/null로 보내는 역할을 한다.

Pout은 std::cout에 해당하는 출력 스트림으로 각각의 processor id를 출력의 처음에 추가하기 위해 prefixOSstream의 객체로 생성되어있고 parallel 연산에서 활용된다. Perr은 std::cerr에 해당하는 오류 스트림으로 출력 시 각각의 processor id 정보를 추가시키기 위해 prefixOSstream의 객체로 생성되어있고 parallel 연산에서 활용된다.

Tab 11.1: IOstream 전역객체

대상 클래스	전역객체 이름	대응하는 C++ iostream	Remark
ISstream	Sin	std::cin	Serial
OSstream	Sout	std::cout	Serial
OSstream	Serr	std::cerr	Serial
OFstream	Snull	/dev/null	Serial
prefixOSstream	Pout	std::cout	Parallel
prefixOSstream	Perr	std::cerr	Parallel

11.1.2 파일 입출력 스트림

IFstream과 OFstream은 실제 파일 I/O를 수행할 때 사용하는 클래스이다. 참고로 OpenFOAM 6부터 IFstream에서 필드데이터를 읽는 방식이 약간 변경되었다. Listing 11.1에 보인 IFstreamAllocator 생성자를 보면, 필드 값이 기록된 파일을 나타내는 pathname을 찾고 파일이 없는 경우 확장자 .gz나 .orig를 붙여보고 테스트한다. OpenFOAM 6에서 추가된 부분은 확장자 .orig를 테스트하는 부분으로 two-phase 계산을 할 때 VoF 필드를 초기값에 반영시킬 때 원본이 수정되는 문제를 피하기 위해 .orig 개념을 도입하였다.

INFO
OpenFOAM 6이전에는 원본을 보호하기 위해 save 또는 orig같은 별도의 폴더에 경계조건을 작성해두고 수작업으로 0 폴더에 복사하는 식으로 운영했었다.

Listing 11.1: IFstreamAllocator

```
Foam::IFstreamAllocator::IFstreamAllocator(const fileName& pathname)
...
```

```
{
    ...
    ifPtr_ = new ifstream(pathname.c_str());
    if (!ifPtr_->good())
    {
        if (isFile(pathname + ".gz", false, false))
        {
            delete ifPtr_;
            ...
            ifPtr_ = new igzstream((pathname + ".gz").c_str());
            ...
        }
        else if (isFile(pathname + ".orig", false, false))
        {
            delete ifPtr_;
            ...
            ifPtr_ = new ifstream((pathname + ".orig").c_str());
        }
    }
}
```

11.2 Pstream

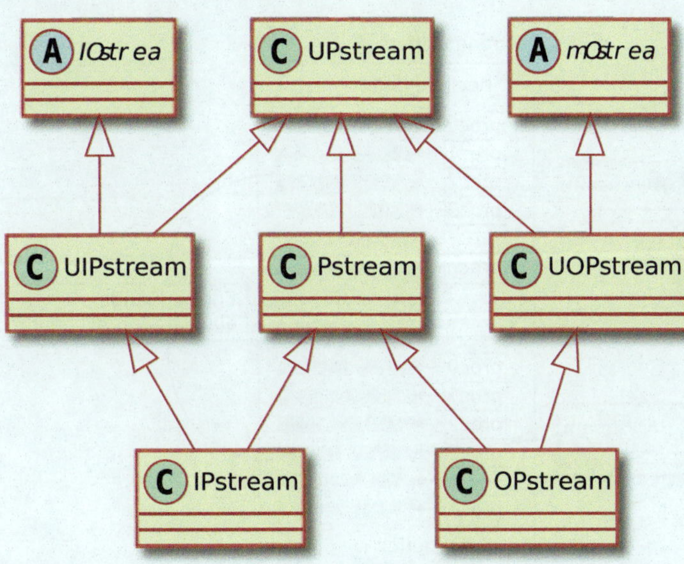

Fig 11.2: Pstream 상속관계

`Pstream`은 Parallel I/O를 처리하기 위해 구현된 입출력 스트림으로, `IPstream`은 `Istream`에 대응하고 `OPstream`은 `Ostream`에 대응한다.

`UPstream` 클래스의 생성자는 `commsType` 객체만을 다루고 commsType은 다음 3종류의 MPI 통신형태에 대한 열거형 자료형을 다룬다.

- blocking
- scheduled
- nonBlocking

`Pstream`의 생성자는 `commsType`과 다른 processor와 주고받는 버퍼크기를 입력으로 받아 내부버퍼(`buf_`)를 생성한다. `UIPstream`과 `UOPstream`은 각각 비할당형 입출력 스트림을 다루기위한 클래스로 생성자는 `commsType`과 데이터를 주고받을 processor 정보와 데이터를 저장할 버퍼의 주소를 다룬다. 그리고 `UIPstream`과 `UOPstream`은 `PstreamBuffers` 클래스와 연계되어 processor간 데이터 통신을 담당하도록 설계되어 있다. `PstreamBuffers`는 Fig. 11.3에 보인 것처럼 송/수신을 위한 버퍼리스트를 가지고 있으며 이들 리스트의 크기는 processor의 개수와 동일하다. `UOPstream`은 `PstreamBuffers`의 송신버퍼(send buffer)와 묶여있고 송신이 끝나면 명시적으로 `finishedSends` 멤버함수를 호출하여 수신버퍼(receive buffer)와 동기화 시켜야 한다. 참고로 `finishedSends` 멤버함수는 내부적으로 `Pstream::exchange` 함수를 호출하여 두 버퍼를 동기화시킨다. 동기화가 끝난 후에는 수신버퍼(receive buffer)와 묶인 `UOPstream`를 통해 데이터를 읽어오게 된다.

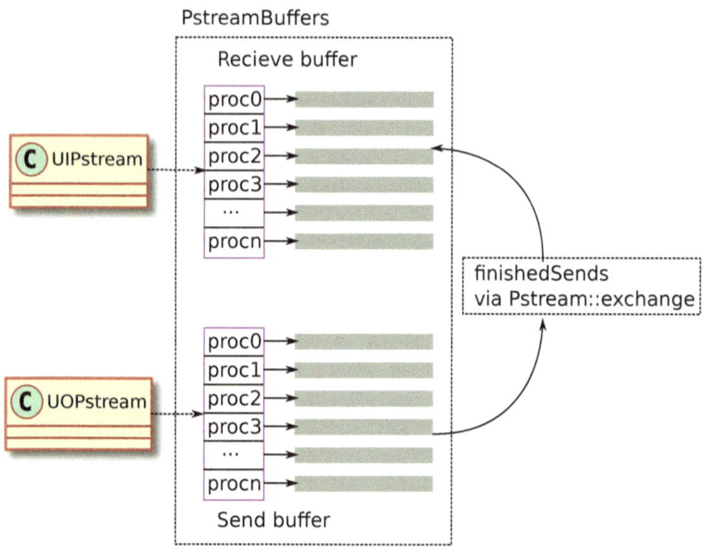

Fig 11.3: PstreamBuffers와 UIPstream, UOPstream과의 관계

IPstream과 OPstream은 UIPstream/UOPstream과 Pstream의 다중상속 클래스로서 객체 생성시 버퍼의 주소는 UIPstream/UOPstream의 멤버변수 externalBuf_에 저장되고 실제 버퍼는 Pstream의 멤버변수 buf_에 생성시켜 실제적인 parallel I/O 스트림 처리를 담당하도록 하고 있다.

11.2.1 병렬연산 Functor

reduce, gather 그리고 scatter 등의 병렬 연산에 부여하는 연산자는 함수객체(Functor)(See page 93)를 사용하며 src/OpenFOAM/primitives/ops/ops.H에 관련 매크로가 정의되어 있다. 함수 포인터가 아닌 함수객체를 사용하는 이유는 함수포인터는 inline 최적화에 한계가 있어 성능향상에 불리하기 때문에 함수 객체를 사용하는 것이다. 이곳에 정의되어 있는 매크로의 종류는 다음과 같다.

- 대입단항 연산
- 이항 연산
- weighted 연산

11.2.1.1 대입단항 연산 함수객체

대입단항 연산이란 x += y 처럼 우변의 피연산자의 개수가 1개인 연산을 의미하며 생성 매크로 EqOp(opName, op)는 2종류의 함수객체를 생성한다.

- template<class T1, class T2> class opName##Op2
- template<class T> class opName##Op

Op2가 붙은 함수객체는 좌변과 우변의 자료형이 다른 경우의 함수객체이고 Op가 붙은 함수객체는 좌변과 우변의 자료형이 동일한 경우의 함수객체로 Listing 11.2와 같이 반환형이 없이 연산결과는 첫 번째 매개변수에 반영되는 형태이다.

Listing 11.2: 함수객체 형태

```
void operator()(T&x, const T& y) const { op; }
```

OpenFOAM에서 정의된 대입단항 연산 함수객체는 Tab. 11.2과 같다.

Tab 11.2: 대입단항 연산 함수객체

연산자 이름	함수객체 이름	연산
eq	eqOp2, eqOp	`x = y`
plusEq	plusEqOp2, plusEqOp	`x += y`
minusEq	minusEqOp2, minusEqOp	`x -= y`
multiplyEq	multiplyEqOp2, multiplyEq	`x *= y`
divideEq	divideEqOp2, divideEqOp	`x /= y`
eqSqr	eqSqrOp2, eqSqrOp	`x = sqr(y)`
eqMag	eqMagOp2, eqMagOp	`x = mag(y)`
plusEqMagSqr	plusEqMagSqrOp2, plusEqMagSqrOp	`x += magSqr(y)`
maxEq	maxEqOp2, maxEqOp	`x = max(x, y)`
minEq	minEqOp2, minEqOp	`x = min(x, y)`
minMagSqrEq	minMagSqrEqOp2, minMagSqrEqOp	`x = (magSqr(x)<=magSqr(y) ? x : y)`
maxMagSqrEq	maxMagSqrEqOp2, maxMagSqrEqOp	`x = (magSqr(x)>=magSqr(y) ? x : y)`
andEq	andEqOp2, andEqOp	`x = (x && y)`
orEq	orEqOp2, orEqOp	`x  = (x ¦¦ y)`
eqMinus	eqMinusOp2, eqMinuxOp	`x = -y`
nopEq	nopEqOp2, nopEqOp	`(void)x`

11.2.1.2 이항 연산자 함수객체

이항 연산이란 `z = x + y` 처럼 우변의 피연산자의 개수가 2개인 연산을 의미하며 생성 매크로 `Op(opName, op)`는 3종류의 함수객체를 생성한다.

- `template<class T, class T1, class T2> class opName##Op3`
- `template<class T1, class T2> class opName##Op2`
- `template<class T> class opName##Op`

Op3가 붙은 함수객체는 우변의 피연산자들의 자료형과 좌변의 자료형이 다른 경우의 함수객체이고 Op2는 좌변의 첫 번째 피연산자와 우변의 자료형이 같은 경우 그리고 Op는 좌변과 우변의 자료형이 동일한 경우의 함수객체로 Listing 11.3과 같이 연산결과는 `return` 문을 통해 반환되는 형태이다.

Listing 11.3: 함수객체 형태

```
T operator()(const T& x, const T& y) { return op; }
```

정의된 이항 연산 함수객체는 Tab. 11.3와 같다.

Tab 11.3: 이항 연산 함수객체

연산자 이름	함수객체 이름	연산
sum	sumOp3, sumOp2, sumOp	`x + y`
plus	plusOp3, plusOp2, plusOp	`x + y`
minus	minusOp3, minusOp2, minusOp	`x - y`
multiply	multiplyOp3, multiplyOp2, multiplyOp	`x * y`
divide	divideOp3, divideOp2, divideOp	`x / y`
cmptMultiply	cmptMultiplyOp3, cmptMultiplyOp2, cmptMultiplyOp	`cmptMultiply(x, y)`
cmptPow	cmptPowOp3, cmptPowOp2, cmptPowOp	`cmptPow(x, y)`
cmptDivide	cmptDivideOp3, cmptDivideOp2, cmptDivideOp	`cmptDivide(x, y)`
stabilise	stabiliseOp3, stabiliseOp2, stabiliseOp	`stabilise(x, y)`
max	maxOp3, maxOp2, maxOp	`max(x, y)`
min	minOp3, minOp2, minOp	`min(x, y)`
minMagSqr	minMagSqrOp3, minMagSqrOp2, minMagSqrOp	`(magSqr(x)<=magSqr(y) ? x : y)`
maxMagSqr	maxMagSqrOp3, maxMagSqrOp2, maxMagSqrOp	`(magSqr(x)>=magSqr(y) ? x : y)`
minMod	minModOp3, minModOp2, minModOp	`minMod(x, y)`
and	andOp3, andOp2, andOp	`x && y`
or	orOp3, orOp2, orOp	`x || y`
eqEq	eqEqOp3, eqEqOp2, eqEqOp	`x == y`
less	lessOp3, lessOp2, less	`x < y`
lessEq	lessEqOp3, lessEqOp2, lessEqOp	`x <= y`
greater	greaterOp3, greaterOp2, greaterOp	`x > y`
greaterEq	greaterEqOp3, greaterEqOp2, greaterEqOp	`x >= y`

11.2.1.3 weighted 연산 함수객체

weighted 연산 함수객체 생성 매크로 `weightedOp(opName, op)`는 1종류의 함수객체를 생성한다.

- `template<class Type, class CombineOp> class opName##WeightedOp`

정의된 함수객체는 Tab. 11.4과 같이 1종류이다. 이 함수객체는 가중치를 곱한 값을 CombineOp 함수객체에 전달하도록 되어 있다. CombineOp는 반환 값이 없는 형태의 함수객체이므로, 가중치를 곱한 값은 대입단항 연산자 함수객체의 우변 값에 전달되어 처리된다.

Tab 11.4: WeightedOp 함수객체

연산자 이름	함수객체 이름	연산
multiply	multiplyWeightedOp	`(weight*y)`

11.3 messageStream

messageStream은 오류 또는 단순 정보 출력을 처리하기 위한 자료구조이다. << 연산자와 같이 사용될 경우, 출력 스트림인 Ostream으로 형변환되어 뒤이어 나타나는 메시지들을 Ostream으로 전달하는 역할을 한다. messageStream은 Tab. 11.5와 같이 3개의 전역객체를 제공하고 오류의 정도에 따라 구분해서 사용할 수 있도록 하고 있다.

Tab 11.5: messageStream의 전역객체

Severity	전역객체
INFO	Info
WARNING	Warning
SERIOUS	SeriousError

messageStream은 디버깅에 용이하도록 호출한 함수이름과 소스코드 이름과 줄 번호를 출력시키기위한 매크로 함수를 제공하고 있다.

- `SeriousErrorIn(functionName)`
- `SeriousErrorInFunction`
  `SeriousErrorIn(functionName)`의 래퍼 함수이다. gcc의 경우 functionName은 `__PRETTY_FUNCTION__`으로 대체되어 demangled된 C++ 함수이름으로 대체된다.
- `SeriousIOErrorIn(functionName, ios)`
- `SeriousIOErrorInFunction(ios)`
  `SeriousIOErrorIn(functionName, ios)`의 래퍼 함수이다. gcc의 경우 functionName은 `__PRETTY_FUNCTION__`으로 대체되어 demangled된 C++ 함수이름으로 대체된다.
- `WarningIn(functionName)`
- `WarningInFunction`
  `WarningIn(functionName)`의 래퍼 함수이다. gcc의 경우 functionName은 `__PRETTY_FUNCTION__`으로 대체되어 demangled된 C++ 함수이름으로 대체된다.
- `IOWarningIn(functionName, ios)`
- `IOWarningInFunction(ios)`
  `IOWarningIn(functionName, ios)`의 래퍼 함수이다. gcc의 경우 functionName은 `__PRETTY_FUNCTION__`으로 대체되어 demangled된 C++ 함수이름으로 대체된다.
- `InfoIn(functionName)`
- `InfoInFunction`
  `InfoIn(functionName)`의 래퍼 함수이다. gcc의 경우 functionName은 `__PRETTY_FUNCTION__`으로 대체되어 demangled된 C++ 함수이름으로 대체된다.
- `IOInfoIn(functionName, ios)`

- IOInfoInFunction(ios)
  IOInfoIn(functionName, ios)의 래퍼 함수이다. gcc의 경우 functionName은 __PRETTY_FUNCTION__으로 대체되어 demangled된 C++ 함수이름으로 대체된다.

로그 혹은 디버그 정보를 출력하기 위해 다음과 같은 보조적인 매크로를 정의하고 있다. 이들 매크로는 그 정의에서 알 수 있듯이, 코드 내에 정의된 지역변수 log 또는 debug 값에 반응하여 필요한 정보를 표준출력으로 내보내기 위한 매크로정의이다.

- InfoHeader
  ::Foam::writeInfoHeader 값이 true일 경우에 Info 객체로 동작한다.
- Log
  log 지역변수 값이 true일 경우에 Info 객체로 동작한다.
- DebugInfo
  debug 변수값이 true일 경우에 Info 객체로 동작한다.
- DebugInFunction
  debug 변수값이 true일 경우에 InfoInFunction 객체로 동작한다.

병렬 계산 코드의 디버깅에 도움이 될 수 있도록 다음과 같이 변수에 대한 디버그 정보를 출력할 수 있는 매크로 함수도 정의하고 있다. DebugVar 매크로 함수는 전달인자로 주어진 변수의 값을 Pout 스트림을 사용하여 모든 processor에서의 값을 출력해준다.

Listing 11.4: DebugVar 매크로함수

```
#define DebugVar(var)
{
  ::Foam:string oldPrefix(::Foam::Pout.prefix());
  ::Foam::Pout "[" << __FILE__ << ":" << __LINE__ << "]";
  ::Foam::Pout.prefix() = oldPrefix + #var " ";
  ::Foam::Pout<< var << ::Foam:endl;
  ::Foam::Pout.prefix() = oldPrefix;
}
```

11.3.1 error

error 클래스는 messageStream의 서브클래스로 errorSeverity::FATAL에 대응하는 출력을 담당하는 클래스이다. error 클래스는 Tab. 11.6과 같이 2개의 전역객체를 제공하고 있다.

- FatalErrorIn(functionName)

Tab 11.6: error의 전역객체

Severity	전역객체
FATAL	FatalError
FATAL	FatalIOError

- `FatalErrorFunction`
  `FatalErrorIn(functionName)`의 래퍼 함수이다. gcc의 경우 functionName은 `__PRETTY_FUNCTION__`으로 대체되어 demangled된 C++ 함수이름으로 대체된다.
- `FatalIOErrorIn(functionName, ios)`
- `FatalIOErrorInFunction(ios)`
  `FatalIOErrorIn(functionName)`의 래퍼 함수이다. gcc의 경우 functionName은 `__PRETTY_FUNCTION__`으로 대체되어 demangled된 C++ 함수이름으로 대체된다.
- `SafeFatalIOErrorIn(functionName, ios, msg)`
- `SafeFatalIOErrorInFunction(ios, msg)`
  `SafeFatalIOErrorIn(functionName)`의 래퍼 함수이다. gcc의 경우 functionName은 `__PRETTY_FUNCTION__`으로 대체되어 demangled된 C++ 함수이름으로 대체된다.
- `notImplemented(functionName)`
- `NotImplemented`
  `notImplemented(functionName)`의 래퍼 함수이다. gcc의 경우 functionName은 `__PRETTY_FUNCTION__`으로 대체되어 demangled된 C++ 함수이름으로 대체된다.

11.4 연습문제

Exercise 1

C언어로 작성된 Hello World 프로그램은 다음과 같다.

```
#include <stdio.h>

int main(int argc, char** argv)
{
  printf("Hello World\n");
}
```

(a) 위 코드를 OpenFOAM의 `Info` 출력 스트림을 사용한 버전으로 수정해보도록 한다.

(b) 위 코드를 OpenFOAM의 `Warning` 출력 스트림을 사용한 버전으로 수정해보도록 한다.

(c) 위 코드를 OpenFOAM의 `SeriousError` 출력 스트림을 사용한 버전으로 수정해보도록 한다.

Exercise 2

page 32에서 예로 보인 CSV 파일을 처리하는 코드를 다음과 같이 `std::string` 클래스의 멤버함수 `find`를 이용하여 작성하였다.

```
#include <iostream>
#include <fstream>
#include <sstream>
#include <vector>

int main(int argc, char** argv)
{
    std::ifstream ifs("wave.csv");
    std::string line;
    std::getline(ifs, line);
    std::cout << line << std::endl;

    double time, eta;
    while(std::getline(ifs, line))
    {
        std::size_t pos = 0; // start index of search in a string
        std::size_t nPos = 0; // index of first match in the search
        nPos = line.find(",", pos);
        std::string token = line.substr(pos, nPos - pos);
        time = std::stod(token);
        pos = nPos + 1;
        nPos = line.find(",", pos);
        token = line.substr(pos);
        eta = std::stod(token);
        std::cout << time << " " << eta << std::endl;
    }

    return 0;
}
```

위 코드를 OpenFOAM에서 제공하는 함수들로 고쳐보도록 한다.

INFO
문자열 파싱은 std::getline(std::istream&, std::string&, char delimiter)을 사용할 수도 있지만 위 예와 같이 std::string 클래스의 멤버함수 size_t find(std::string& str, size_t pos = 0)를 사용해서도 구현할 수 있다. OpenFOAM은 std::getline(std::istream&, std::string&, char delimiter)에 대응하는 멤버함수는 제공하지 않는다.

(a) #include 문으로 작성된 구문을 모두 지우고 OpenFOAM 헤더파일인 IFstream.H, IStringStream.H, scalar.H로 고쳐쓰도록 한다.
(b) std::ifstream 클래스에 대응하는 OpenFOAM 클래스 Foam::IFstream를 사용하도록 8번줄을 고쳐 쓰도록 한다.
(c) 전역함수 std::getline(std::istream&, std::string&)는 OpenFOAM 클래스 Foam::IFstream의 멤버함수 getLine(string&)와 대응한다. 10, 14번 줄을 멤버함수 getLine(string&)를 사용하도록 고쳐 쓰도록 한다.
(d) std::string에 대응하는 OpenFOAM 클래스 Foam::string을 사용하도록 9, 19번 줄을 고쳐 쓰도록 한다.
(e) std::cout과 std::endl에 대응하는 OpenFOAM 클래스 Foam::Info와 Foam::endl을 사용하도록 11, 25번 줄을 고쳐쓰도록 한다.
(f) double에 대응하는 OpenFOAM 자료형 Foam::scalar를 사용하도록 13번 줄을 고쳐 쓰도록 한다.
(g) 문자열형태로 주어진 숫자를 double 형태 자료형으로 번역해주는 std::stod에 대응하는 함수는 OpenFOAM에서는 std::istringstream에 대응하는 Foam::IStringStream 클래스와 입력스트림으로부터 scalar 자료형으로 번역해주는 함수 Foam::readScalar를 활용해서 작성할 수 있다. 19, 24번 줄을 OpenFOAM 함수만으로 작성해보도록 한다.

HINT
문자열 token을 Foam::IStringStream 생성자의 전달인자로 사용하여 객체를 만들고 이를 오버로딩된 형변환 연산자 operator()를 호출하여 Foam::readScalar 함수의 전달인자로 전달하여 Foam::readScalar(Foam::IStringStream(token)()) 형태로 작성해보도록 한다.

Exercise 3

page123의 Exercise 2에 작성된 코드를 OpenFOAM 자료형으로 고쳐 작성하도록 한다.

12

입력 데이터 처리

12.1 명령행 인자 처리

Fortran[1]과 달리 C/C++에서는 다음과 같이 실행파일의 이름 뒤에 일련의 인자를 기술하여 실행 방식을 제어하는 명령행 인자를 처리할 수 있는 기능을 제공하고 있다.

Listing 12.1: 명령행 인자 예

```
find . -maxdepth 1 -type f
```

Listing 12.1에서 `find`가 명령어이고 그 뒤에 나타나는 인자들을 명령행 인자라고 한다. C/C++에서 명령행 인자를 처리하기 위한 main 함수의 원형은 Listing 12.2와 같다.

Listing 12.2: main함수 원형

```
int main(int argc, char** argv)
```

명령행 인자들은 argument vector라고 하는 배열이 `argv` 매개변수를 통해 main 함수 내부로 전달되도록 하고 있다. C/C++의 배열은 스스로 배열 크기정보를 알 수 없기 때문에 argument counter라고하는 배열 크기정보를 `argc` 매개변수를 통해 전달받도록 하고 있다. 명령행 인자는 문자열 형태로 전달되기 때문에 문자열의 배열 즉, `char*[]` 또는 `char**` 형태를 가지게 된다. 참고로, `argv` 배열의 첫 번째 원소에는 명령어 이름이 등록된다. 따라서 Listing 12.1에서 명령행 인자를 담고 있는 매개변수 `argv`는 문자열 배열 `[find, ., -maxdepth, 1, -type, f]`를 담고 있고 명령행 인자의 개수를 담고 있는 매개변수 `argc`의 값은 6이 된다. 이는 Listing 12.3 코드로 확인할 수 있다.

[1]Fortran 2003 표준전까지는 명령행 인자를 처리하는 표준적인 방법을 제공하지 않았다.

Listing 12.3: 실행인자 처리 코드

```
#include <iostream>
int main(int argc, char** argv)
{
  std::cout << "argument count: " << argc << std::endl;
  for(int i; i< argc; ++i)
  {
    std::cout << argv[i] << std::endl;
  }
  return 0;
}
```

Linux에서 일반적으로 사용되는 명령행 인자형태는 크게 command-line option과 argument로 나뉘며 command-line option은 보통 -[2] 또는 --[3]가 붙은 형태로 표현되고 매개변수를 취하거나 단독으로 사용되는 등 복잡한 동작방식을 가지고 있다. 이를 Linux의 명령행 인자 표기형태로 나타내면 다음과 같다.

Listing 12.4: 명령행 인자 표기형태

```
<command> [-option1] [-option2=<param>] <argument1> <argument2> ...
```

Listing 12.4에서 나타낸 표기 형태에서 <>로 나타낸 형태는 필수요소를 의미하고 `[]`로 나타낸 형태는 선택적 요소를 의미하여 반드시 기술할 필요 없는 명령행 인자를 의미한다. 이들을 직접 처리하는 코드를 작성하는 것은 번거로운 작업으로 Linux의 경우 `getopt`라는 처리함수를 표준라이브러리에서 제공하고 있다. OpenFOAM의 경우, `getopt` 함수 대신 `argList` 클래스를 통해 명령행 인자를 처리할 수 있도록 되어 있다.

12.1.1 argList 자료구조

`argList` 자료구조는 객체 생성시 생성자 전달인자로 main함수에 전달된 argc와 argv의 값을 위임하여 OpenFOAM의 표준적인 명령행 인자를 처리할 수 있도록 되어 있다. 따라서 OpenFOAM에서 제공하는 형태로 명령행 인자를 처리하고 싶은 경우는 main 함수에서 Listing 12.5와 같이 작성하면 된다.

---

[2] short form

[3] long form

Listing 12.5: argList를 통한 명령행 인자 처리

```
#include "argList.H"

using namespace Foam;
int main(int argc, char** argv)
{
  argList args(argc, argv);
}
```

argList 자료구조를 사용하여 명령행 인자를 처리하도록 하면 OpenFOAM 실행파일에서 기본적으로 제공하는 case, dir 등의 명령행 인자들을 작성한 상태로 시작하게 된다. 기본값으로 생성된 명령행 인자 외에 명령행 인자를 추가하려면 argList 클래스의 static 멤버함수를 argList 객체 생성 전에 먼저 실행하여 argList가 관리하고 있는 해시테이블의 내용을 먼저 수정해야 한다.

argList 자료구조는 명령행 인자 처리 외에 case 폴더에 대한 환경변수를 동적으로 생성하여 OpenFOAM 실행파일이 파일, 폴더 처리할 때의 기준점을 잡아주는 역할도 하고 있다. argList 객체를 사용하면 실행된 경로를 기준으로 FOAM_CASE와 FOAM_CASENAME 두 개의 환경변수를 동적으로 생성한다. 참고로 OpenFOAM은 총 3개의 환경변수를 동적으로 처리하여 사용하고 있는데 Time 객체를 생성하면 FOAM_APPLICATION이라는 환경변수를 동적으로 생성하여 실행파일의 이름을 등록시키고 있다.

사실 argList 객체는 OpenFOAM 코드 작성 시 직접적으로 기술하는 경우는 거의 없다고 볼 수 있다. 표준적인 사용경험을 제공하기 위해서 OpenFOAM은 몇 가지 코드조각을 src/OpenFOAM/include에 모아놓고 있는데 이중 setRootCase.H는 Listing 12.6에 보인 것처럼 argList 객체를 생성하고 적절한 에러처리 코드까지 포함하고 있기 때문에 대부분의 경우 main 함수 내에서 setRootCase.H를 포함시키는 형태로 사용하기 때문이다.

Listing 12.6: setRootCase.H 내용

```
Foam::argList args(argc, argv);
if (!args.checkRootCase())
{
    Foam::FatalError.exit();
}
```

참고로 argList 객체는 Time 객체로 전달되어 FOAM_APPLICATION 환경변수를 만드는데 이에 필요한 과정도 Listing 12.7에 보인 것처럼 createTime.H에 기술하였기 때문에 대부분의 OpenFOAM 코드는 setRootCase.H와 createTime.H를 사용하여 작성되고 있다.

Listing 12.7: createTime.H

```
Foam::Info<< "Create time\n" << Foam::endl;

Foam::Time runTime(Foam::Time::controlDictName, args);
```

12.1.2 병렬 연산 처리

argList 객체에는 병렬연산으로 처리하도록 하는 -parallel 옵션이 기본값으로 들어있다. 해당 옵션이 명령행 인자로 전달되면 Fig. 12.1처럼 argList는 생성자에서 ParRunControl 객체의 멤버함수 runPar를 실행하고 이는 Pstream 객체의 멤버함수 init을 호출한다. init 함수는 내부에서 멤버함수 setParRun을 호출하는데 이 함수는 Pstream의 클래스 변수 parRun_을 true로 변경하여 클래스 함수 parRun을 통해 어디서나 상태 값을 알 수 있게 만든다.

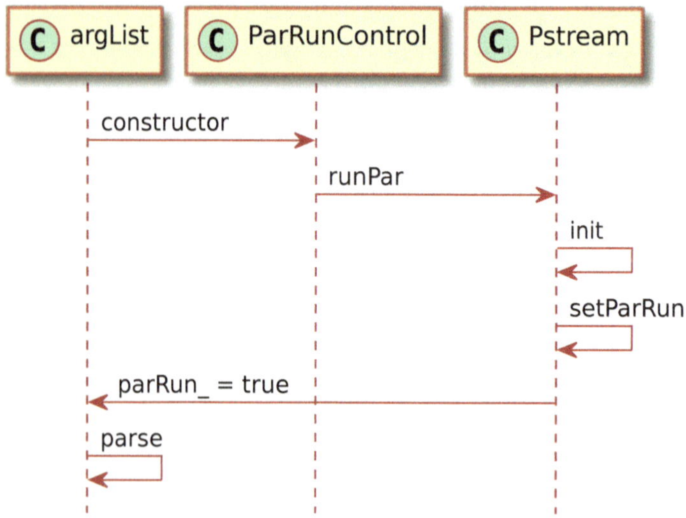

Fig 12.1: 병렬연산 준비과정

마지막으로 argList의 생성자는 Listing 12.8에 기술된 멤버함수 parse를 호출하여 각 processor 폴더의 위치를 계산한다. 이렇게 함으로써 mpirun 명령으로 각 processor 별로 생성된 실행코드는 전체 격자와 필드 값 대신 분할된 격자와 경계조건만을 불러와 계산을 수행하고 필요할 때만 processor boundary에서의 통신을 수행하게 된다.

Listing 12.8: parse 함수 내 processor별 분할정보 위치 계산 코드

```
if (Pstream::master())
{
    // Establish rootPath_/globalCase_/case_ for master
    getRootCase();
    ...
}
else
{
    ...
    // Establish rootPath_/globalCase_/case_ for slave
    getRootCase();
}
case_ = globalCase_/(word("processor") + name(Pstream::myProcNo()));
```

12.2 dictionary

OpenFOAM의 입력 데이터는 dictionary 자료구조를 통해 구조화된다. dictionary 자료구조는 key와 value 쌍으로 이루어진 해시테이블 자료구조[4]의 형식을 지니고 있으며 value에 dictionary 자신을 포함할 수 있는 재귀적 자료구조로 Fig. 12.2처럼 json 파일형식과 그 형태가 유사한 것을 알 수 있다[5].

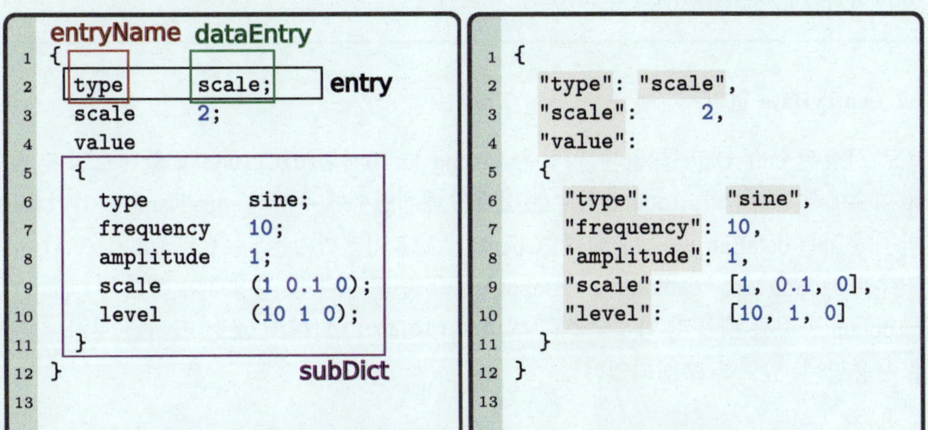

(a) dictionary (b) json

Fig 12.2: dictionary와 json 입력형식 비교

[4]Python에서는 해시테이블을 dictionary 자료형이라 한다.

[5]Fortran 90 표준인 namelist도 key, value 쌍의 유사한 구조를 제공하나 계층구조를 지원하지 않고 코드상의 변수 이름과 선언 순서가 일치해야하는 등 사실상 구조체의 구조를 파일로 기술한 형태이기 때문에 기능이 제한적이다.

OpenFOAM에서 dictionary는 (key, value) 쌍을 엔트리(entry)라 지칭하고 key와 value를 각각 entryName[6]과 dataEntry라 한다. dataEntry는 한 개 이상의 dataEntry로 구성될 수 있으며 이 경우 ITstream을 통해 복수의 토큰으로 구성된 문자열로 처리하게 된다. 복수의 dataEntry는 system/fvSchemes 처리할 때 활용되고 있다. dataEntry는 scalar, label, Switch, vector, List, string 등의 OpenFOAM의 원시 자료형과 dictionary 자료형을 사용할 수 있다. dataEntry로 사용된 dictionary 자료형은 별도로 subDict라 한다. subDict를 제외하면 하나의 엔트리는 반드시 semicolon (;)으로 종료되어야 한다.

12.2.1 엔트리 처리

12.2.1.1 entry 추가

dictionary 자료형은 엔트리를 추가하기 위해 Listing 12.9와 같이 두 가지 멤버함수를 제공한다. add 함수는 덮어쓰기가 기본값이 아니고 set 함수는 덮어쓰기가 기본값인 점이 다를 뿐, 이들 두 함수는 기본적으로 동일한 동작을 한다.

Listing 12.9: 엔트리 추가 함수

```
template<class T>
void add(const keyType&, const T&, bool overwrite=false);

template<class T>
void set(const keyType&, const T&);
```

12.2.1.2 entryData 읽기

단독으로 사용된 entryData를 읽는 역할은 Listing 12.10처럼 dictionary 클래스의 멤버함수 lookup 함수에서 담당한다. lookup 함수는 첫번째 매개변수에 주어진 entryName을 dictionary에서 찾아 대응하는 dataEntry를 반환한다. OpenFOAM 8 이전까지는 scalar, label, Switch 자료형의 경우, readScalar, readLabel, readBool 등의 변환 함수를 사용해야 했으나 OpenFOAM 8부터 lookup 함수를 템플릿 함수로 재구현하여 Listing 12.11에서 보인 것처럼 보다 직관적인 형태로 사용할 수 있도록 수정되었다[7].

[6] OpenFOAM online tutorial에는 entryName 대신 keyword라 칭하고 있으나 소스코드에는 entryName으로 표현되어 있다.

[7] OpenFOAM plus에서는 보다 일찍부터 이 부분을 개선하였다.

Listing 12.10: lookup 함수 원형

```
template<class T>
T lookup
(
    const word& entryName,
    bool recursive=false,
    bool patternMatch=true
)
```

Listing 12.11: entryData 읽는 방법

```
//scalar value1 = readScalar(dict.lookup("value1")); // old style
scalar value1 = dict.lookup<scalar>("value1"); // new style
//label value2 = readLabel(dict.lookup("value2")); // old style
label value2 = dict.lookup<label>("value2"); // new style
//Switch value3 = readBool(dict.lookup("value3")); // old style
Switch value3 = dict.lookup<Switch>("value3"); // new style
vector value4 = dict.lookup("value4");
word value5 = dict.lookup("value5");
```

`lookup` 함수는 첫 번째 전달인자에 해당하는 entryName을 찾을 수 없을 경우 에러를 발생시킨다. 만일 해당 entryName에 대한 기본값이 있어 해당 엔트리를 생략할 수 있는 시나리오에서는 Listing 12.12처럼 `lookupOrDefault` 템플릿 함수를 사용한다. 전체적인 형태는 `lookup` 함수와 동일하나 2번째 매개변수로 기본값을 제공하여 entryName 탐색에 실패했을 때 기본값을 반환하도록 되어 있다.

Listing 12.12: lookupOrDefault 함수 원형

```
template<class T>
T lookupOrDefault
(
    const word& entryName,
    const T& defaultValue,
    bool recursive=false,
    bool patternMatch=true
)
```

12.2.1.3 subDict 읽기

subDict를 불러올 때는 Listing 12.13처럼 `subDict` 멤버함수를 사용한다.

Listing 12.13: subDict 함수 원형

```
const dictionary& subDict(const word& entryName) const;
```

사용할 때는 Listing 12.14처럼 첫 번째 매개변수에 subDict의 이름을 넘겨주고 이에 대응하는 dictionary 객체를 가져온다.

Listing 12.14: subDict 사용 예

```
dictionary val = dict.subDict("mySubDict");
```

lookup 함수와 마찬가지로 subDict 함수도 첫 번째 매개변수로 주어진 subDict 이름 탐색에 실패할 경우 에러를 발생시킨다. 이 경우에도 Listing 12.15처럼 탐색에 실패했을 경우에 lookupOrDefault 함수처럼 기본동작을 가지고 있는 멤버함수 subOrEmptyDict와 optionalSubDict를 제공하고 있다. subOrEmptyDict는 주어진 entryName에 대응하는 subDict가 없을 경우 빈 dictionary를 반환하고 optionalSubDict는 탐색에 실패했을 경우 subDict를 호출한 dictionary 전체를 반환한다.

Listing 12.15: subOrEmptyDict 및 optionalSubDict 함수 원형

```
dictionary subOrEmptyDict
(
    const word&,
    const bool mustRead = false
) const;

const dictionary& optionalSubDict(const word&) const;
```

12.2.2 매크로 확장

dictionary 파일은 이미 기술된 엔트리를 변수처럼 참조하도록 할 수 있는데 이를 매크로 확장(macro expansion)이라 한다. dictionary의 내용은 기술된 순서대로 처리하기 때문에 매크로 확장을 사용하기 전에 참조하려는 entryName에 해당하는 내용이 먼저 정의되어있어야 한다. 매크로 확장을 사용할 때는 Listing 12.16과 같이 dataEntry가 올 위치에 참조하려는 entryName을 $<entryName>의 형태로 작성한다.

Listing 12.16: 매크로 확장 1

```
inletU 10;
internalField  uniform ($inletU 0 0);
```

dictionary 자료구조는 폴더처럼 계층적 구조로 구성되기 때문에 매크로 확장은 scope 개념을 적용하여 특정 subDict 내의 엔트리를 직접 참조할 수도 있다. Listing 12.17처럼 특정 subDict내의 엔트리 참조는 . 연산자를 통해 접근할 수 있고 현재 subDict보다 한 단계 위의 엔트리를 참조할 경우에는 ..[8] 연산자를 사용할 수 있다. 최상위에 있는 엔트리는 :를 통해 접근할 수 있다. OpenFOAM 8 부터는 scope 연산자로 사용되던 . 대신 /를 사용하게 될 것으로 보인다[9].

Listing 12.17: 매크로 확장 2

```
a 10;
subDict
{
  b $..a;
  subsubDict
  {
    c $:a;
  }
}
d $subDict.b;
```

12.2.3 지시어

12.2.3.1 #include

매크로 확장과 더불어, dictionary 파일은 엔트리 일부를 별도의 파일에 기록해 두고 이를 #include문으로 dictionary 파일에 포함시키는 방법도 지원한다. #include문 뒤에는 파일에 대한 경로를 가리키는 문자열이 나와야 하는데 경로값은 절대경로를 사용할 것이 아니라면 #include을 호출한 파일 기준으로 작성해야 한다. 예를 들어 0 폴더 내에 include 라는 폴더를 만들고 이곳에 필드 값에서 사용할 엔트리들을 저장했다고 하면 Listing 12.18과 같이 사용할 수 있다.

[8]상위 폴더를 가리키는 연산자 ..와 닮았다.

[9]etc/controlDict의 OptimisationSwitches에 엔트리 inputSyntax slash; 형태로 선언되어있으면 scope 연산자로 /를 사용하게 된다.

Listing 12.18: include문 사용 예

```
dimensions [0 1 -1 0 0 0];
internalField uniform (0 0 0);
boundaryField
{
  port
  {
    type fixedValue;
    value uniform (0 0 0);
  }
  stbd
  {
    type fixedValue;
    value $internalField;
  }
  front
  {
    type fixedValue;
    #include "include/defaultValues"
  }
}
```

이때 #include문에 사용한 defaultValues 파일에 들어간 내용은 Listing 12.19와 같다.

Listing 12.19: defaultValues 내용

```
value uniform (0 0 0);
```

참고로 #includeEtc 지시어는 OpenFOAM 폴더의 etc 폴더를 기준으로 동작한다는 점을 제외하면 #include 지시어와 동일한 기능을 한다.

12.2.3.2 #includeFunc

functionObject의 사용편의를 위해 OpenFOAM 4부터 #includeFunc 지시어를 제공하고 있다. #includeFunc를 사용하면 functionObject의 내용을 controlDict의 functions subDict에 복잡하게 기술해야 하는 번거로움을 피할 수 있다.

확장되는 형태를 확인하기 위해서 Listing 12.20과 같은 간단한 코드를 작성하도록 한다. #includeFunc는 argList 객체가 동적으로 만드는 환경변수 FOAM_CASE를 참고하기 때문에 dictionary 파일에서 이 기능을 사용하기 위해서는 argList 객체를 생성시킨 후 사용해야 한다.

Listing 12.20: #includeFunc 기능 사용 예

```
#include "argList.H"
#include "IFstream.H"
#include "dictionary.H"
#include "Function1.H"
#include "autoPtr.H"

using namespace Foam;
int main(int argc, char** argv)
{
    argList args(argc, argv);

    IFstream is("dict");
    dictionary dict(is);
    Info << dict << endl;
    return 0;
}
```

dictionary 파일에는 Listing 12.21과 같은 내용을 넣도록 하자.

Listing 12.21: dictionary

```
#includeFunc forceCoeffsCompressible
```

Listing 12.20 코드를 실행하면 Listing 12.22와 같은 결과를 얻을 수 있다.

Listing 12.22: 실행 결과

```
forceCoeffsCompressible
{
    patches         ( patch1 patch2 );
    magUInf         20;
    rhoInf          1.225;
    lRef            1;
    Aref            1;
    liftDir         ( 0 0 1 );
    dragDir         ( 1 0 0 );
    CofR            ( 0 0 0 );
    pitchAxis       ( 0 1 0 );
    type            forceCoeffs;
    libs            ( "libforces.so" );
    writeControl    timeStep;
```

```
        writeInterval   1;
    }
```

12.2.3.3 #calc

dictionary 파일은 #calc 지시어를 통해 다른 entry의 값을 이용하여 계산된 값을 저장할 수도 있다. #calc도 FOAM_CASE 환경변수에 의존하기 때문에 사용시 argList 객체를 생성한 후 사용해야 한다. Listing 12.20을 재활용하여 Listing 12.23에 작성된 파일을 불러보면 Listing 12.24처럼 기존의 엔트리들로부터 계산된 결과를 새로운 엔트리에 등록시키는 것을 확인할 수 있다.

Listing 12.23: dictionary

```
a 1;
b 2;
c #calc "$a + $b";
```

Listing 12.24: 실행 결과

```
{
  a 1;
  b 2;
  c 3;
}
```

12.2.4 IOdictionary

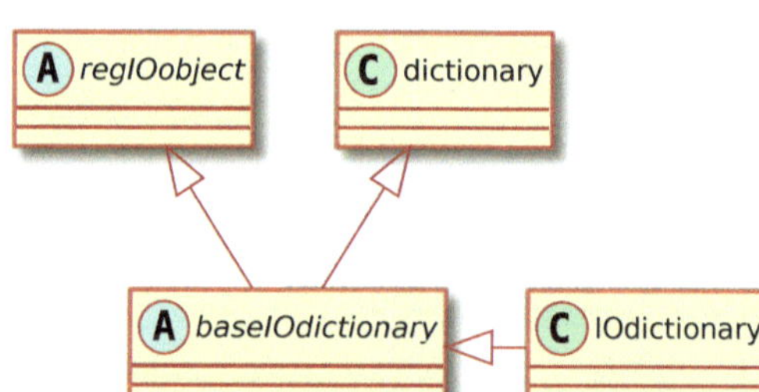

Fig 12.3: IOdictionary 상속관계

만일 파일로부터 dictionary 객체를 생성하기 위해서는 Listing 12.25와 같은 형식으로 작성해야 한다.

Listing 12.25: dictionaryRead.C

```
#include "dictionary.H"
#include "IFstream.H"
#include "OFstream.H"
#include "ListOps.H"
#include "argList.H"

using namespace Foam;

int main(int argc, char *argv[])
{
    // specify positional argument
    argList::validArgs.append("dictionary");
    argList args(argc, argv);
    const word dictName(args[1]);
    Info<< "Reading " << dictName << nl << endl;
    const dictionary dict = IFstream(dictName)();

    Info<< dict << endl;
    Info<< "End\n" << endl;

    return 0;
}
```

하지만 Listing 12.25와 같은 형식은 간단한 코드 작성에는 괜찮지만 여러 개의 입력파일이 존재하는 경우 직접 파일관리를 해야 하는 번거로움이 존재한다. OpenFOAM의 case 폴더는 파일 단위로 구성되기 때문에 파일 형태의 `dictionary` 파일과 `dictionary` 객체를 동기화시키고 자원저장소인 `objectRegistry`에 관리를 위임해서 파일 IO 등의 작업들을 중앙에서 손쉽게 관리할 수 있도록 Fig. 12.3처럼 `regIOobject`의 서브클래스로 하는 `IOdictionary` 클래스를 만들었다. `IOdictionary` 클래스는 `regIOobject`의 서브클래스이므로 런타임 자원관리 대상이 되기 때문에 저장소에 등록된 뒤에는 코드 어디에서나 손쉽게 접근 할 수 있게 된다. `IOdictionary`는 사용자 입력을 처리하기 위한 자료구조이기 때문에 OpenFOAM으로 코드 개발 시 `IOdictionary` 클래스의 서브클래스로 작성하는 것을 쉽게 볼 수 있다.

`IOdictionary` 자료구조가 읽는 파일 형식은 Fig. 12.4처럼 크게 header와 `dictionary` 자료구조로 구성되어 있으며 추가로 장식적인 요소인 banner, divider 그리고 endDivider로 구성된다. header는 FoamFile로 시작하는 subDict 형태로 구성되어있으며 엔트리로 version과 format 그리고 `objectRegistry` 저장소에 등록될 때의 자료형과 등록된 이름에 해당하는 class와 object 엔트리로 구성된다. version과 format은 OpenFOAM 스트림 버전 정보와 현재 처리하고 있는

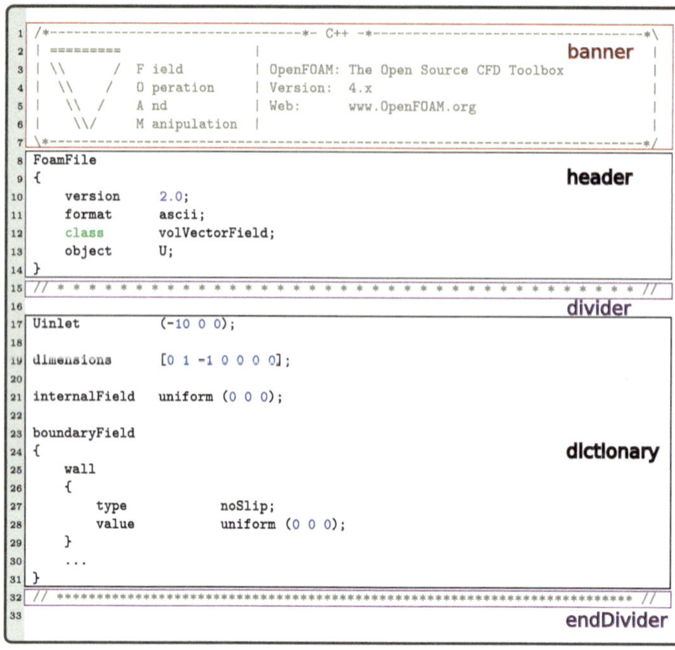

Fig 12.4: IOdictionary 파일 형식

파일의 스트림 형식[10]에 대한 정보이기 때문에 특별한 일이 없는 한 직접 수정해서는 안되는 엔트리이다.

`IOdictionary`는 `regIOobject`의 서브클래스이기 때문에, `IOdictionary`를 이용해서 파일에 저장된 내용을 처리할 때는 Listing 12.26처럼 `IOdictionary` 생성자에 파일의 이름과 경로 그리고 read/write 여부에 관한 정보를 담고 있는 `IOobject` 객체를 전달해야 한다. 참고로, OpenFOAM case를 구성하는 폴더구조는 `Time` 클래스의 슈퍼클래스 `TimePaths` 클래스에 저장되어있기 때문에 `Time` 객체의 멤버함수 `constant`나 `system`을 통해 접근할 수 있다. `fvSolution`은 `system` 폴더 내에 있으므로 `IOobject`의 생성자에 `system` 멤버함수를 통해 경로를 전달해주면 된다.

Listing 12.26: fvSolution

```
IOdictionary
(
    IOobject(
        "fvSolution",
        mesh.time().system(),
        mesh,
```

[10]ascii 또는 binary

```
        IOobject::MUST_READ,
        IOobject::NO_WRITE
    )
);
```

12.2.5 사용 예

12.2.5.1 런타임에서 dictionary 작성

런타임에 dictionary 객체를 생성하고 엔트리를 추가하는 코드를 12.27과 같이 작성할 수 있다. dictioary 객체의 멤버함수 add를 사용해서 필요한 만큼 원하는 자료형에 대한 엔트리를 추가할 수 있다.

Listing 12.27: dictionary 작성 예

```
1  #include "fvCFD.H"
2
3  int main(int argc, char** argv)
4  {
5      dictionary dict;
6
7      dict.add("type", "scale");
8      dict.add("scale", 2);
9      dictionary subDict;
10     subDict.add("type", "sine");
11     subDict.add("frequency", 10);
12     subDict.add("amplitude", 1);
13     subDict.add("scale", vector(1, 0.1, 0));
14     subDict.add("level", vector(10, 1, 0));
15     dict.add("value", subDict);
16
17     Info<< dict;
18
19     return 0;
20 }
```

Listing 12.27를 컴파일 하기 위해 Makefile을 이용한 빌드시스템 대신 OpenFOAM의 빌드시스템인 wmake을 활용하도록 한다. OpenFOAM 코드를 컴파일하기 위한 설정은 wmake 빌드시스템에서 제공하는 wmakeFilesAndOptions를 사용할 수 있다. 작성된 코드의 이름을 main.C라 하고 저장한 폴더에서 터미널을 열어 wmakeFielsAndOptions를 실행하면 컴파일을 하기 위한 최소한의 설정들을 자동으로 만들어준다. 참고로 Listing 12.27의 1번째 행에서 #include문에 사용한 fvCFD.H 헤더파일은 OpenFOAM의 대부분의 기능들을 사용할 수 있도록 필요한 헤더 파일들을 묶어놓은 헤더파일로 간단한 코드 검증용으로 사용할 때 편리함을 제공한다. 대신 meshTools폴더의 헤더파일을 추가로 등록해야 하기 때문에 Make/options를 Listing 12.28과 같이 수정하도록 한다.

Listing 12.28: Make/options

```
EXE_INC = \
    -I$(LIB_SRC)/finiteVolume/lnInclude \
    -I$(LIB_SRC)/meshTools/lnInclude

EXE_LIBS = \
    -lfiniteVolume
```

wmake 명령으로 컴파일 하여 실행한 결과는 Listing 12.29와 같다.

Listing 12.29: 실행 결과

```
{
    type            scale;
    scale           2;
    value
    {
        type            sine;
        frequency       10;
        amplitude       1;
        scale           ( 1 0.1 0 );
        level           ( 10 1 0 );
    }
}
```

12.2.5.2 dictionary 파일 읽기

모형시험 정보를 처리하기 위한 dictionary를 작성한다고 가정해보자. 필요한 입력은 대략 다음과 같이 생각해볼 수 있다.

- 프로젝트 이름 (project name)
- 모형스케일 (scale)
- 수선간 거리 (Lpp)
- 폭 (breadth)
- 흘수 (draft)

- 선속 (ship speed)
- 프로펠러 종류 (propeller type)
- 프로펠러 날개 개수 (number of blades)
- 프로펠러 rpm
- 프로펠러 직경 (diameter)
- 타형 (rudder type)
- 타 면적 (rudder area)
- 타각 (rudder angle)
- 타각속도 (turn rate)

위 내용은 Listing 12.30과 같이 `dictionary`로 작성할 수 있다. 모형시험 정보는 KRISO의 공개선형인 KVLCC로 `http://www.simman2008.dk/KVLCC/KVLCC2/kvlcc2_geometry.html`에서 확인할 수 있다.

Listing 12.30: dictionary 내용

```
projectName ”KVLCC2”;
shipSpeed 15.5; // knots
scale 58;
Lpp 320; //m
Breadth 58; //m
Draft 20.8; //m
propellerType ”FP”; // fixed pitch
numberOfBlades 4;
rpm 70; // rpm
diameter 9.86; //m
// POW data
J (0.000 0.050 0.100 0.150 0.200 0.250 0.299 0.349);
KT (0.2891 0.2790 0.2654 0.2506 0.2347 0.2162 0.1994 0.1825);
KQ (0.3054 0.2976 0.2876 0.2751 0.2644 0.2467 0.2335 0.2186);

rudderType ”Horn”;
area 136.7; // m2
angle 10; // degree
turnRate 2.34; // deg/s
```

하지만 Listing 12.30과 같이 특별한 구분 없이 작성하는 것보다 subDict를 이용해서 입력을 구조화하는 것이 각 엔트리들의 의미를 명확하게 만들어 가독성을 향상시키는데 도움이 되고 나중에 객체화할 때도 유리하다. 수정된 `dictionary` 내용은 Listing 12.31과 같다.

Listing 12.31: dictionary 내용 구조화

```
projectName "KVLCC2";
scale 58;

mainParticulars
{
  Lpp 320; //m
  Breadth 58; //m
  Draft 20.8; //m
}

propeller
{
  type "FP"; // fixed pitch
  numberOfBlades 4;
  rpm 70; // rpm
  diameter 9.86; //m
  POW
  {
    J (0.000 0.050 0.100 0.150 0.200 0.250 0.299 0.349);
    KT (0.2891 0.2790 0.2654 0.2506 0.2347 0.2162 0.1994 0.1825);
    KQ (0.3054 0.2976 0.2876 0.2751 0.2644 0.2467 0.2335 0.2186);
  }
}

rudder
{
  type "Horn";
  area 136.7; // m2
  angle 10; // degree
  turnRate 2.34; // deg/s
}

testCondition
{
  shipSpeed 15.5; // knots
}
```

objectRegistry 자원저장소를 개입시키지 않기 위해서 IFstream을 사용하여 dictionary 파일을 읽는 코드를 Listing 12.32와 같이 작성할 수 있다.

Listing 12.32: 선형정보 읽는 코드

```
#include "dictionary.H"
#include "IFstream.H"
#include "List.H"

using namespace Foam;
int main(int argc, char** argv)
{
  IFstream is("inputData");
  dictionary input(is);

  word projectName = input.lookup<word>("projectName");
  scalar scale = input.lookup<scalar>("scale");

  scalar lpp = input.subDict("mainParticulars").lookup<scalar>("Lpp");
  scalar breadth = input.subDict("mainParticulars").lookup<scalar>("Breadth");
  scalar draft = input.subDict("mainParticulars").lookup<scalar>("Draft");

  word propellerType = input.subDict("propeller").lookup<word>("type");
  label numberOfBlades = input.subDict("propeller").lookup<label>("numberOfBlades");
  scalar rpm = input.subDict("propeller").lookup<scalar>("rpm");
  scalar diameter = input.subDict("propeller").lookup<scalar>("diameter");

  dictionary POWDict = input.subDict("propeller").subDict("POW");
  List<scalar> J = POWDict.lookup<List<scalar>>("J");
  List<scalar> KT = POWDict.lookup<List<scalar>>("KT");
  List<scalar> KQ = POWDict.lookup<List<scalar>>("KQ");

  word rudderType = input.subDict("rudder").lookup<word>("type");
  scalar rudderArea = input.subDict("rudder").lookup<scalar>("area");
  scalar rudderAngle = input.subDict("rudder").lookup<scalar>("angle");
  scalar rudderRate = input.subDict("rudder").lookup<scalar>("turnRate");

  scalar shipSpeed = input.subDict("testCondition").lookup<scalar>("shipSpeed");
}
```

12.2.5.3 IOdictionary 자료구조로 파일 제어

Listing 12.32를 `IOdictionary`를 지원할 수 있도록 수정해 보도록 한다. 본격적으로 OpenFOAM case 폴더 구조를 활용할 것이기 때문에 Listing 12.33에 작성된 코드는 최소한 다음과 같은 파일들이 지정된 위치에 있다고 가정해야한다.

```
case
├── 0
├── constant
│   └── polyMesh
│       ├── boundary
│       ├── cells
│       ├── faces
│       ├── neighbour
│       ├── owner
│       └── points
└── system
    ├── controlDict
    ├── fvSchemes
    └── fvSolution
```

따라서 OpenFOAM case 작성에 익숙하지 않은 경우는 `tutorials`에 있는 case들을 활용하는 것을 권장한다. Listing 12.32의 8 – 9번 줄을 `IOdictionary`를 지원하기 위해 Listing 12.33의 14 – 24번 줄로 수정하도록 한다.

Listing 12.33: IOdictionary 파일 작성 예

```
1  #include "argList.H"
2  #include "IOdictionary.H"
3  #include "Time.H"
4  #include "fvMesh.H"
5  #include "List.H"
6
7  using namespace Foam;
8  int main(int argc, char** argv)
9  {
10   #include "setRootCase.H"
11   #include "createTime.H"
12   #include "createMesh.H"
13
14   IOdictionary input
15   (
16       IOobject
17       (
18           "inputData.new",
19           mesh.time().system(),
20           mesh,
21           IOobject::MUST_READ,
22           IOobject::NO_WRITE
```

```
        )
    );

    word projectName = input.lookup<word>("projectName");
    scalar scale = input.lookup<scalar>("scale");

    scalar lpp = input.subDict("mainParticulars").lookup<scalar>("Lpp");
    scalar breadth = input.subDict("mainParticulars").lookup<scalar>("Breadth");
    scalar draft = input.subDict("mainParticulars").lookup<scalar>("Draft");

    word propellerType = input.subDict("propeller").lookup<word>("type");
    label numberOfBlades = input.subDict("propeller").lookup<label>("numberOfBlades");
    scalar rpm = input.subDict("propeller").lookup<scalar>("rpm");
    scalar diameter = input.subDict("propeller").lookup<scalar>("diameter");

    dictionary POWDict = input.subDict("propeller").subDict("POW");
    List<scalar> J = POWDict.lookup<List<scalar>>("J");
    List<scalar> KT = POWDict.lookup<List<scalar>>("KT");
    List<scalar> KQ = POWDict.lookup<List<scalar>>("KQ");

    word rudderType = input.subDict("rudder").lookup<word>("type");
    scalar rudderArea = input.subDict("rudder").lookup<scalar>("area");
    scalar rudderAngle = input.subDict("rudder").lookup<scalar>("angle");
    scalar rudderRate = input.subDict("rudder").lookup<scalar>("turnRate");

    scalar shipSpeed = input.subDict("testCondition").lookup<scalar>("shipSpeed");
}
```

Listing 12.31은 IOdictionary와 호환되지 않는 자료형이므로 호환될 수 있도록 header를 추가시키는 작업을 코드형태로 작성해보도록 한다[11].

Listing 12.34: IOdictionary 호환성을 추가하기 위한 코드

```
#include "argList.H"
#include "Time.H"
#include "dictionary.H"
#include "messageStream.H"
#include "IFstream.H"
#include "OFstream.H"
#include "IOobject.H"

```

[11] 이 정도는 수작업으로 직접 고치는 것이 효율적이다.

```
using namespace Foam;
int main(int argc, char** argv)
{
  #include "setRootCase.H"
  #include "createTime.H"

  IFstream ifs("inputData");
  dictionary dict(ifs);

  Info << dict << endl;

  fileName path("inputData.new");
  OFstream ofs(path);
  IOobject header(path, runTime, IOobject::MUST_READ, IOobject::AUTO_WRITE);
  header.writeHeader(ofs, "dictionary");
  ofs << dict << endl;
  header.writeEndDivider(ofs);
}
```

Listing 12.34 코드로부터 작성된 inputData.new 파일은 Listing 12.35와 같다.

Listing 12.35: inputData.new 파일

```
/*--------------------------------*- C++ -*----------------------------------*\
  =========                 |
  \\      /  F ield         | OpenFOAM: The Open Source CFD Toolbox
   \\    /   O peration     | Website:  https://openfoam.org
    \\  /    A nd           | Version:  8
     \\/     M anipulation  |
\*---------------------------------------------------------------------------*/
FoamFile
{
    version     2.0;
    format      ascii;
    class       dictionary;
    location    "";
    object      inputData.new;
}
// * * * * * * * * * * * * * * * * * * * * * * * * * * * * * * * * * * * * * //
{
    projectName     "KVLCC2";
    scale           58;
    mainParticulars
```

```
    {
        Lpp             320;
        Breadth         58;
        Draft           20.8;
    }
    propeller
    {
        type            "FP";
        numberOfBlades  4;
        rpm             70;
        diameter        9.86;
        POW
        {
            J               ( 0 0.05 0.1 0.15 0.2 0.25 0.299 0.349 );
            KT              ( 0.2891 0.279 0.2654 0.2506 0.2347 0.2162 0.1994 0.1825 );
            KQ              ( 0.3054 0.2976 0.2876 0.2751 0.2644 0.2467 0.2335 0.2186 );
        }
    }
    rudder
    {
        type            "Horn";
        area            136.7;
        angle           10;
        turnRate        2.34;
    }
    testCondition
    {
        shipSpeed       15.5;
    }
}
// ************************************************************************* //
```

실행결과는 Listing 12.32의 실행결과와 동일하므로 보이지는 않도록 한다.

12.3 Function1

Function1 템플릿 클래스는 상수함수를 포함한 일반적인 1변수 함수를 구현하기 위한 자료구조이다[12]. dictionary 입력파일내의 dataEntry의 표현방법에서 단순 상수뿐만 아니라 비정상(unsteady) 형태도 지원할 수 있는 자료구조로 사용하기 위하여 OpenFOAM 4에서 처음 도입된 이후로 유연한 자료구조를 제공할 수 있기 때문에 중요하게 다뤄지고 지속적으로 코드 구조에 변

[12] 2021년에 공개될 OpenFOAM 9에서는 2변수 함수를 구현하는 Function2 클래스도 제공한다.

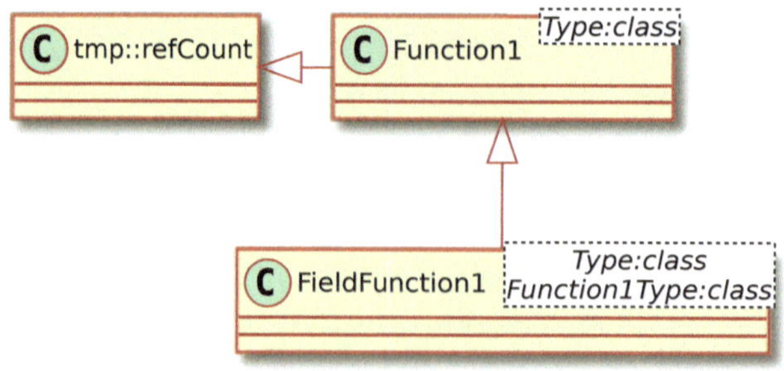

Fig 12.5: Function1 계층관계

화를 겪고 있는 클래스이다. 즉, Function1은 기능상 dictionary의 entryData의 일부로 생각할 수 있다고 생각한다. Function1의 주요 용도는 interpolation과 적분 범위 내에서의 integration 계산이기 때문에 인터페이스 함수는 다음과 같이 두 종류의 멤버함수만을 제공한다.

- `Type value(const scalar x) const`
  주어진 Function1의 x에서의 값을 계산한다. 만일 Function1이 연속함수가 아닌 경우에는 interpolation 값을 반환한다.
- `tmp<Field<Type>> value(const scalarField& x) const`
  Field 자료형에 대한 함수이다.
- `Type integrate(const scalar x1, const scalar x2) const`
  주어진 범위에서의 적분값을 반환한다. 예를 들어 격자 이동을 Function1을 이용하여 구현할 경우 일정 시간 경과후의 격자의 변위벡터를 이 멤버함수를 이용하여 계산할 수 있다.
- `tmp<Field<Type> integrate(const scalarField& x1, const scalarField& x2) const`
  Field 자료형에 대한 함수이다.

Function1 클래스는 기본적으로 autoPtr와 같이 사용할 목적으로 설계되었기 때문에 Function1의 서브클래스들은 복사생성자와 clone 함수를 정의해서 사용해야 한다. OpenFOAM 6에서는 Fig. 12.5처럼 서브클래스의 복사생성자와 clone 함수가 자동으로 삽입되도록 구현한 FieldFunction1[13] 서브클래스를 추가하여 Funtion1의 로직에만 집중하여 확장시킬 수 있도록 하고 있다. OpenFOAM 8에는 Function1 자료구조를 컴파일 된 코드가 아니라 dictionary 내에 소스코드 형태로 기술할 수 있도록 CodeBase 자료구조를 활용하는 Coded Function1 자료구조를 추가하였다. CodeBase를 사용하기 위해서는 공유라이브러리를 관리하는 dlTable에 접근할 필요가 있었는데 이전까지의 구현에서 dlTable은 objectRegistry의 서브클래스인 Time 객체의 멤버변수로 관리되고 있었다. Function1은 objectRegistry보다

[13] CRTP로 동작한다

하위단을 구성하는 라이브러리로 설계되었기 때문에 런타임에서 Time 객체에 접근할 수 없어 자원 저장소에 접근할 수 없는 문제가 발생하기 때문에 OpenFOAM 8에서 dlTable을 Time의 멤버변수가 아닌 전역변수로 수정하여 CodedFunction1을 구현할 수 있도록 하였다.

매크로함수는 템플릿 매개변수를 사용할 수 없기 때문에 각 템플릿 클래스의 인스턴스들에 직접 RTS 매크로를 적용해서 사용해야 한다. 이런 이유로 Function1은 makeFunction1.C에 makeFunction1Type과 makeScalarFunction1 매크로 함수를 통해 템플릿 인스턴스화를 명시적으로 지정하여 RTS 테이블이 작성될 수 있도록 하고 있다. 만일 Function1 클래스를 확장하는 경우에는 소스코드에 Listing 12.36의 내용을 {name}과 {type}을 수정해서 추가하면 된다.

Listing 12.36: runTimeSelectionTable 적용방법

```
defineTypeNameAndDebug({name}, 0)
Function1<{type}>::adddictionaryConstructorToTable<name>
    add{name}ConstructorToTable_;
```

Function1 템플릿 클래스는 다음 3가지 형태의 입력 형식을 지원할 수 있도록 설계되어 있다. 이는 기본적으로 dictionary의 entryData로 기술된 형식들과의 호환성을 보장하기 위해 고려된 방식에 해당한다.

- Function1 type을 정의하는 엔트리를 기술하고 Function1 객체의 초기화 정보를 coeff subDict에 기술하는 방법
  이 형식이 Function1 객체를 dictionary에 기술하는 기본형식으로 다른 기술 형식들은 내부적으로 기본형식으로 변환되어 처리된다.

Listing 12.37: format 1

```
<entryName> sine;
<entryName>Coeffs
{
  amplitude 0.1;
  frequency 10;
  level 0.2;
}
```

- coeff subDict를 생략하고 현재 dictionary scope에 Function1 객체의 초기화 정보를 직접 기술하는 방법

Listing 12.38: format 2

```
<entryName> sine;
amplitude 0.1;
frequency 10;
level 0.2;
```

- entryName subDict에 type 엔트리를 추가하고 이어서 `Function1` 객체의 초기화 정보를 기술하는 방법

Listing 12.39: format 3

```
<entryName>
{
  type sine;
  amplitude 0.1;
  frequency 10;
  level 0.2;
}
```

- entryName에 이어서 바로 상수 형태 자료를 기술하는 방법

Listing 12.40: format 4

```
<entryName> table ((0 (1 0 0)) (1 (2 0 0)));

<entryName> constant (1 0 0);
<entryName> (1 0 0); // constant can have the constant keyword omitted
```

> **INFO**
> 이 형태에서는 Table `Function1` 객체를 바로 생성하거나 `vector`나 `scalar`등의 상수형 자료형을 사용할 수 있다.

12.3.1 Table

`Function1`의 서브클래스인 `Table` 자료구조는 OpenFOAM 자체 table 형식을 처리하기 위한 자료구조이다. table이라고는 하지만 OpenFOAM의 table은 XY plot을 위한 자료구조에 가깝기 때문에 x, y로 부르는 2개의 column만으로 구성된 table이다.

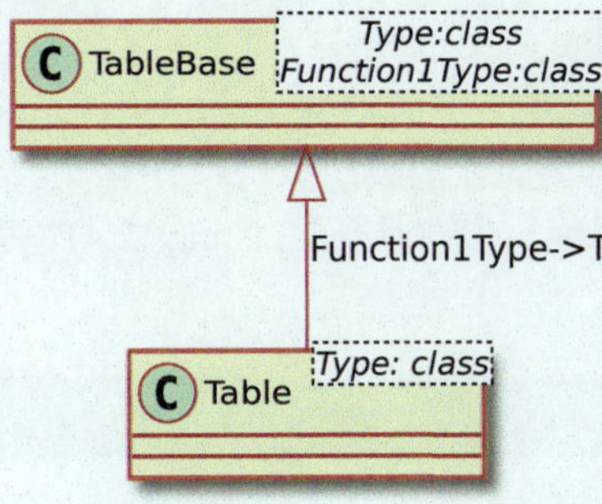

Fig 12.6: Table 상속관계

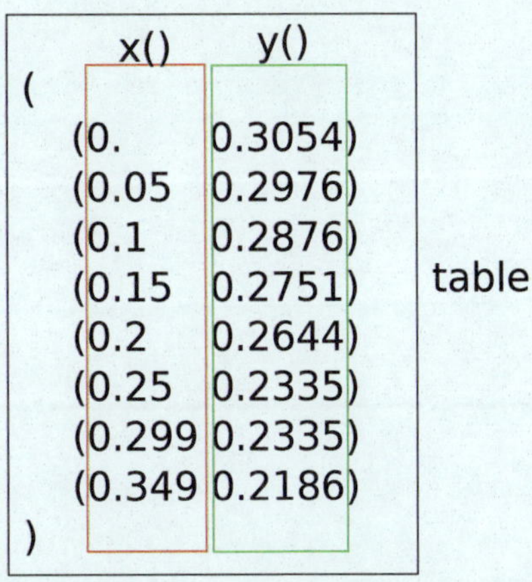

Fig 12.7: table 객체형태

이 형태는 Python의 numpy 행렬 표현에 익숙하다면, table 자료구조는 각 행이 리스트로 표현되는 리스트의 리스트 형태로 표현된다는 것을 쉽게 눈치챌 수 있을 것이다. 정확히 말하면 두 번째 column의 자료형은 `scalar`, `vector`, `tensor`가 될 수 있도록 템플릿 매개변수화 하였기 때문에 `List<Tuple2<scalar, Type>>` 형태로 정의된다. 따라서, 이 자료구조에서 추가된 멤버 함수는 다음과 같다.

> **INFO**
> `Tuple2` 자료형은 서로 다른 자료형 2개를 담을 수 있는 자료형으로 C++ 표준라이브러리에서 제공하는 `pair` 자료형에 대응한다. OpenFOAM에서 제공하는 `Pair` 자료형은 동일한 자료형 2개를 담을 수 있는 `List`의 서브클래스이다.

- `tmp<scalarField> x() const`
  첫 번째 column에 대한 참조를 반환한다.

- `tmp<Field<Type>> y() const`
  두 번째 column에 대한 참조를 반환한다.

`dictionary`에 기술할 때는 `Function1` 기술형태 중 Listing 12.41처럼 상수 형태를 기술하는 방법으로 작성한다.

Listing 12.41: table 작성 방법 예

```
KT table
(
    (0.     0.2891 )
    (0.05   0.279  )
    (0.1    0.2654 )
    (0.15   0.2506 )
    (0.2    0.2347 )
    (0.25   0.2162 )
    (0.299  0.1994 )
    (0.349  0.1825 )
);
```

12.3.2 TableFile

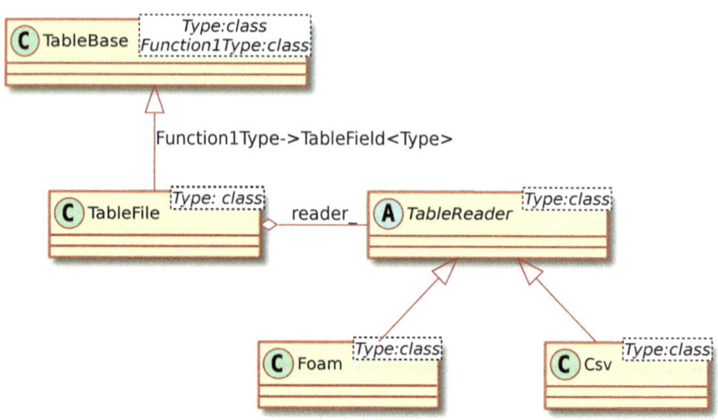

Fig 12.8: TableFile 상속관계

`Function1`의 서브클래스인 `TableFile`은 OpenFOAM 8에서 구현된 자료구조로 이전에 서로 독립된 기능으로 흩어져있던 `TableFile`과 `Csv`를 하나로 합쳐 table 형태의 외부 파일을 읽을 수 있는 기능을 제공하기 위한 자료구조이다[14]. 한가지 주의해야 할 것은 `Function1`의 `New` 함수로

[14] 2021년에 공개될 OpenFOAM 9에서는 Table 클래스에 통합되어 동작하도록 수정될 예정이다.

만들어진 TableFile과 직접 TableFile의 객체를 생성했을 때의 기능에 차별이 있다. 만일, 정의역 구간에서의 interpolation 또는 적분구간에서의 integration이 목적이라면 Function1의 New 함수를 통해 TableFile 객체를 생성해야 하고, table 자료형태 그 자체로 활용하고자 한다면 TableFile 객체를 직접 만들어야 한다. TableFile은 TableReader 객체를 통해 OpenFOAM의 table 형식뿐만 아니라 CSV(Comman Separated Value)형식의 파일도 지원한다. OpenFOAM table 형식은 앞 절에서 설명했고 단지 형식만 파일로 옮겨 적은 것 뿐이기 때문에 CSV에 대해서만 설명하도록 한다. CSV 파일형식은 그 이름이 뜻하는 것처럼 comma(,)로 각 column 값을 구분한 텍스트 파일이고 OpenFOAM의 table 형식과 달리 column 수에 제한이 없고 각 column에 대한 header도 작성할 수 있어서 보다 활용도가 높다고 할 수 있다.

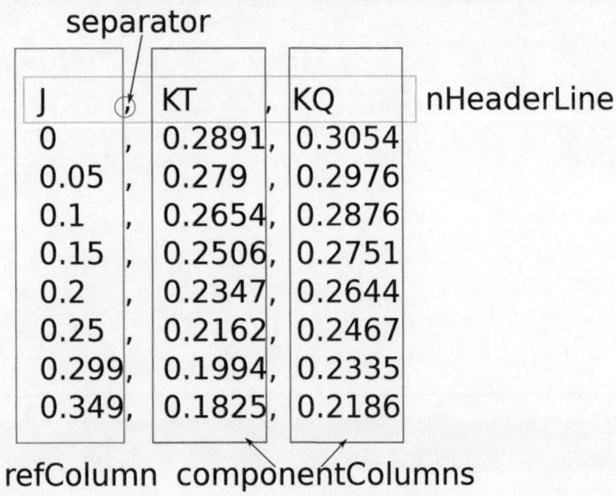

Fig 12.9: Csv 객체

Csv 객체는 CSV 형식을 표현하기 위해 다음과 같은 entryName을 dictionary로부터 전달받는다.

- nHeaderLine
  table의 record가 아닌 각 column의 정보를 기술하는 header line의 개수를 지정한다.
- refColumn
  x column으로 사용할 column index를 지정한다. x column은 정의역으로 사용되기 때문에 서로 중복이 없이 오름차순으로 정렬된 값이어야 한다. column index는 0부터 시작한다.
- componentColumns
  y column으로 사용할 column index를 리스트로 지정한다. 리스트로 지정하는 이유는 y column의 자료형이 scalar일 때는 하나의 column으로 표현할 수 있지만 vector나 tensor일 경우에는 각각 3개, 9개의 원소로 구성되므로 리스트 자료형으로 처리하는 것이다.

- separator
  각 column을 분리시키는 구분자로 기본값은 comma (,)로 되어있으므로 특별한 경우가 아니라면 생략할 수 있다.

TableFile 객체를 직접 생성했을 경우, 정의역에 해당하는 x와 y 멤버변수를 사용할 수 있는데, 이들 함수는 tmp로 감싸인 형태로 반환하므로 tmp객체로 받거나 값을 복사해서 사용해야 한다. 예를 들어, TableFile을 scalar 형태로 사용한다고 가정했을 때 Listing 12.42와 같은 입력에 대해서 Listing 12.43이나 Listing 12.44와 같은 형태로 사용해야 한다.

Listing 12.42: dict 내용

```
type tableFile;
typeCoeffs
{
    file "test.csv";
    format csv;
    nHeaderLine 1;
    refColumn 0;
    componentColumns (1);
    separator ",";
}
```

Listing 12.43: 사용법 1

```
Function1s::TableFile<scalar> dataTable("type", dict);
tmp<scalarField> x = dataTable.x();
tmp<scalarField> y = dataTable.y();
Info<< x.size() << endl;
```

Listing 12.44: 사용법 2

```
Function1s::TableFile<scalar> dataTable("type", dict);
const scalarField x(dataTable.x());
const scalarField y(dataTable.y());
Info<< x.size() << endl;
```

12.3.3 사용 예

앞서 KVLCC 모형정보 처리에 사용했던 내용 중 POW (Propeller Open Water) 정보를 리스트 형태로 처리했었는데 사실 이 데이터는 table 형태로 기술하는 것이 좀더 합리적이다. 앞서 설명한 Table 또는 TableFile 자료구조를 활용하여 propeller의 POW 데이터를 수정하면 Listing 12.45와 같다.

Listing 12.45: dictionary 내용 구조화

```
propeller
{
  type "FP"; // fixed pitch
  numberOfBlades 4;
  rpm 70; // rpm
  diameter 9.86; //m
  POW
  {
    KT table
    (
        (0.    0.2891 )
        (0.05  0.279  )
        (0.1   0.2654 )
        (0.15  0.2506 )
        (0.2   0.2347 )
        (0.25  0.2162 )
        (0.299 0.1994 )
        (0.349 0.1825 )
    );
    KQ table
    (
        (0.    0.3054)
        (0.05  0.2976)
        (0.1   0.2876)
        (0.15  0.2751)
        (0.2   0.2644)
        (0.25  0.2467)
        (0.299 0.2335)
        (0.349 0.2186)
    );
  }
}
```

Table Function1은 사용할 목적에 따라 다음과 같이 생성방법을 달리해야 한다.

- New 함수를 통해 생성
  table 각각의 record보다 단순 interpolation과 integration만이 필요한 경우. 즉, Function1의 인터페이스 함수인 value와 integration 만을 활용할 경우.

- Table 객체를 직접 생성
  interpolation과 integration 뿐만 아니라 table record 자체를 활용해야 하는 경우. 즉, `Table` 클래스의 멤버함수 `x`와 `y`를 활용해야 할 경우.

두 가지 방법을 모두 고려하여 Listing 12.46과 같이 코드를 수정하였다. `New` 함수로 객체 생성시 객체 포인터의 메모리 관리를 위임하기 위해 `autoPtr`로 받아야 한다.

Listing 12.46: 선형정보 읽는 코드

```
#include "argList.H"
#include "IFstream.H"
#include "dictionary.H"
#include "Function1.H"
#include "Table.H"
#include "autoPtr.H"

using namespace Foam;
int main(int argc, char** argv)
{
    argList args(argc, argv);

    IFstream is("dict");
    dictionary dict(is);

    Info << dict << endl;

    dictionary POWDict = dict.subDict("propeller").subDict("POW");
    autoPtr<Function1<scalar>> KT
        (
         Function1<scalar>::New("KT", POWDict)
        );

    autoPtr<Function1<scalar>> KQ
        (
         Function1<scalar>::New("KQ", POWDict)
        );

    /* the following functions are not supported in Function1 interface
    Info << "J: " << KT.x() << endl;
    Info << "KT: " << KT.y() << endl;
    Info << "J: " << KQ.x() << endl;
    Info << "KQ: " << KQ.y() << endl;
    */
```

```
    /*
    //the following functions are not supported in Function1 interface
    Info << "J: " << KT.x() << endl;
    Info << "KT: " << KT.y() << endl;
    Info << "J: " << KQ.x() << endl;
    Info << "KQ: " << KQ.y() << endl;
    */

    //Instead, interpolation is available
    Info << "KT at J=0.12 : " << KT->value(0.12) << endl;
    Info << "KQ at J=0.12 : " << KQ->value(0.12) << endl;

    Function1s::Table<scalar> KTtable("KT", POWDict);
    Function1s::Table<scalar> KQtable("KQ", POWDict);
    Info << "J: " << KTtable.x() << endl;
    Info << "KT: " << KTtable.y() << endl;
    Info << "J: " << KQtable.x() << endl;
    Info << "KQ: " << KQtable.y() << endl;

    return 0;
}
```

여기서 한걸음 더 나아가서, 일반적으로 실험 데이터는 별도의 파일로 기록해서 관리하는 것이 용이할 수 있으므로 table을 파일로 기록하고 이를 읽는 방식으로 표현하도록 하자. 파일 형태의 table은 `TableFile Function1`으로 처리할 수 있으며 table 형식은 foam과 csv 두 가지 형태를 지원한다. foam 형식은 앞서 보인 OpenFOAM 자체의 table 형식을 파일로 기록한 형태일 뿐이기 때문에 파일에 표현할 수 있는 column은 2개로 제한된다. 따라서 여기서는 Listing 12.47처럼 column 수에 제한이 없는 CSV 형식으로 파일을 저장하도록 한다.

Listing 12.47: pow.csv 내용

```
J,KT,KQ
0,0.2891,0.3054
0.05,0.279,0.2976
0.1,0.2654,0.2876
0.15,0.2506,0.2751
0.2,0.2347,0.2644
0.25,0.2162,0.2467
0.299,0.1994,0.2335
0.349,0.1825,0.2186
```

`Csv` 객체의 입력형식을 적용하여 Listing 12.45의 내용을 수정하면 Listing 12.48과 같다.

Listing 12.48: dictionary 내용 구조화

```
propeller
{
  type "FP"; // fixed pitch
  numberOfBlades 4;
  rpm 70; // rpm
  diameter 9.86; //m
  POW
  {
     KTtable
     {
          type tableFile;
          format csv; // csv or foam
          // specific entries to csv
          nHeaderLine 1;
          refColumn 0; // J column
          componentColumns (1); // KT column
          separator ","; // default
          mergeSeparators no; // default
          // common entry for TableFile
          file "pow.csv";
          outOfBounds clamp; // optional
          interpolationScheme linear; // optional
     }

     KQtable
     {
          type tableFile;
          format csv; // csv or foam
          // specific entries to csv
          nHeaderLine 1;
          refColumn 0; // J column
          componentColumns (2); // KQ column
          separator ","; // default
          mergeSeparators no; // default
          // common entry for TableFile
          file "pow.csv";
          outOfBounds clamp; // optional
          interpolationScheme linear; // optional
     }
  }
}
```

변경된 dictionary를 처리할 수 있도록 수정한 코드는 Listing 12.49와 같다.

Listing 12.49: TableFile 처리 코드

```
#include "argList.H"
#include "IFstream.H"
#include "dictionary.H"
#include "Function1.H"
#include "TableFile.H"
#include "Table.H"
#include "autoPtr.H"

using namespace Foam;
int main(int argc, char** argv)
{
    argList args(argc, argv);

    IFstream is("dict");
    dictionary dict(is);

    Info << dict << endl;

    dictionary POWDict = dict.subDict("propeller").subDict("POW");
    autoPtr<Function1<scalar>> KT
        (
         Function1<scalar>::New("KTtable", POWDict)
        );

    autoPtr<Function1<scalar>> KQ
        (
         Function1<scalar>::New("KQtable", POWDict)
        );

    /*
    //the following functions are not supported in Function1 interface
    Info << "J: " << KT.x() << endl;
    Info << "KT: " << KT.y() << endl;
    Info << "J: " << KQ.x() << endl;
    Info << "KQ: " << KQ.y() << endl;
    */

    //Instead, interpolation is available
    Info << "KT at J=0.12 : " << KT->value(0.12) << endl;
    Info << "KQ at J=0.12 : " << KQ->value(0.12) << endl;

    Function1s::TableFile<scalar> KTTableFile("type", POWDict.subDict("KTtable"));
```

```
    Function1s::TableFile<scalar> KQTableFile("type", POWDict.subDict("KQtable"));

    Info << "J: " << KTTableFile.x() << endl;
    Info << "KT: " << KTTableFile.y() << endl;
    Info << "J: " << KQTableFile.x() << endl;
    Info << "KQ: " << KQTableFile.y() << endl;

    return 0;
}
```

12.4 연습문제

Exercise 1

OpenFOAM은 명령행 처리를 위해 argList 클래스를 제공한다. 명령행 인자는 클래스 변수로 잡혀있는 해시테이블을 조작한 후 argList 객체를 생성해서 처리한다.

```
#include "fvCFD.H"
int main(int argc, char** argv)
{
    Foam::argList args(argc, argv);
    return 0;
}
```

(a) src/OpenFoam/global/argList/argList.C의 initValidTables 함수를 통해 기본으로 생성되는 command-line argument를 확인한 후 임의의 OpenFOAM 명령어의 help를 호출해보도록 한다.

> **HINT**
> -help 옵션을 사용하면 된다. 예를 들어 simpleFoam -help

(b) 클래스 변수인 validArgs의 멤버함수 append를 이용해서 필수 실행인자를 추가해보도록 한다.

(c) 클래스 함수인 addOption은 클래스 변수 validOptions 해시테이블에 실행 옵션을 등록한다. addOption을 사용해서 실행옵션을 추가해보도록 한다.

(d) 클래스 함수인 removeOption은 클래스 변수 validOptions 해시테이블에 등록된 실행 옵션을 제거한다. removeOption을 사용해서 기본 실행옵션인 parallel을 삭제해보도록

한다.

Exercise 2

dictionary파일 처리과정을 보기 위해 다음과 같은 코드를 작성하도록 한다.

```
#include <dictionary.H>
#include <IFstream.H>
#include <messageStream.H>
#include <OSspecific.H>

int main(int argc, char** argv)
{
    Foam::setEnv("FOAM_CASE", ".", true);

    Foam::IFstream ifs("dict");
    Foam::dictionary inputDict(ifs);
    Foam::Info << inputDict << Foam::endl;
    return 0;
}
```

(a) 위 코드를 임의의 위치에 main.C로 저장하고 그 위치에서 터미널을 열어 wmakeFilesAndOptions 명령을 실행해보고 Make폴더내의 파일과Makefile과 유사점에 대해서 생각해보도록 한다.

(b) 다음 dictionary 파일을 dict라는 이름으로 위 코드와 동일한 위치에 저장하여 코드 실행결과를 보도록 한다.

```
1  box
2  {
3    length 3;
4    width 4;
5    height 5;
6  }
```

(c) dictionary 자료구조는 매크로 확장을 지원하여 앞서 정의한 엔트리를 재활용할 수 있는 수단을 제공한다. 위 dictionary파일 5번줄 이후에 dummy $length를 삽입한 후 실행결과를 확인하도록 한다.

(d) dictionary 자료구조는 #include 지시어를 통해 다른 dictionary파일을 불러올 수 있는 기능을 제공한다. 다음 dictionary파일을 subDict라는 이름으로 저장하고 dict 파일의

5번째 줄 이후에 #include "subDict"를 추가하여 실행결과를 확인하도록 한다.

```
1  inTheBox
2  {
3    item1 3.1;
4    item2 "string";
5    item3 on;
6  }
```

(e) dictionary 자료구조는 #calc 지시어를 통해 간단한 산술연산이 가능하도록 하고 있다. dict 파일의 5번줄 이후에 mid #calc "$length/2.";"를 삽입한 후 코드 실행결과를 보도록 한다.

(f) #calc 지시어를 사용해서 dict파일의 5번줄 이후에 volume엔트리를 추가하여 length × width × height 식을 사용하여 상자의 부피를 계산하도록 만들도록 한다.

(g) #calc 지시어를 사용해서 직육면체의 중심 좌표에 대한 centre 엔트리를 추가하도록 한다.

> **HINT**
> 자료형은 vector로 작성하도록 한다.

(h) 실행 코드에서 setEnv를 사용하는 8번줄을 주석 처리하여 컴파일하고 #clac 지시어가 있는 dictionary파일을 실행해보도록 한다.

Exercise 3

dictionary 파일에 작성된 entryData를 읽는 방법을 연습해보도록 한다. 다음과 같은 dictionary를 가정하고 inputCoeffs라는 파일이름으로 저장하도록 한다.

```
entryName1 1;
entryName2 3.14;
entryName3 keyword;
entryName4 "string keyword"";
entryName5 (1 2 3);
entryName6 (3 4 5 6 7 8);
entryName7 (3.1 4.2 5.5 6.3 7.1 8.3);
entryName8
(
  entryDict1 { type 1; }
  entryDict2 { type 2; }
```

```
12    entryDict3 { type 3; }
13    entryDict4 { type 4; }
14  );
```

dictionary 파일을 읽는 코드는 다음 코드를 활용하도록 한다.

```
#include <dictionary.H>
#include <IFstream.H>
#include <vector.H>
#include <List.H>

using namespace Foam;
int main(int argc, char** argv)
{
  IFstream ifs("inputCoeffs");
  dictionary dict(ifs);

  Info << dict << endl;

  return 0;
}
```

(a) inputCoeffs의 1번줄에 작성된 엔트리의 dataEntry는 label 자료형으로 작성되어 있다. lookup 함수를 이용해 값을 읽는 코드를 추가하고 그 결과를 확인하도록 한다.

(b) inputCoeffs의 2번줄에 작성된 엔트리의 dataEntry는 scalar 자료형으로 작성되어 있다. lookup 함수를 이용해 값을 읽는 코드를 추가하고 그 결과를 확인하도록 한다.

(c) inputCoeffs의 3번줄에 작성된 엔트리의 dataEntry는 word 자료형으로 작성되어 있다. lookup 함수를 이용해 값을 읽는 코드를 추가하고 그 결과를 확인하도록 한다.

(d) inputCoeffs의 4번줄에 작성된 엔트리의 dataEntry는 string 자료형으로 작성되어 있다. lookup 함수를 이용해 값을 읽는 코드를 추가하고 그 결과를 확인하도록 한다. 덧붙여 word 자료형으로 읽었을 때와 출력이 어떻게 다른지 비교해보도록 한다.

(e) inputCoeffs의 5번줄에 작성된 엔트리의 dataEntry는 vector 클래스로 작성되어 있다. lookup 함수를 이용해 값을 읽는 코드를 추가하고 그 결과를 확인하도록 한다. forAll 매크로를 사용해 리스트의 원소를 출력해보도록 한다.

HINT
원시 자료형인 label, scalar, word, string이 아닌 클래스들은 값을 읽을 때 대입연산자가 아닌 생성자로 초기화 시켜야한다.

(f) inputCoeffs의 6번줄에 작성된 엔트리의 dataEntry는 label 자료형에 대한 List 템플릿 클래스로 작성되어 있다. lookup 함수를 이용해 값을 읽는 코드를 추가하고 그 결과를 확인하도록 한다. forAll 매크로를 사용해 리스트의 원소를 출력해보도록 한다.

(g) List 템플릿 클래스는 몇가지 alias 자료형들을 지원한다. inputCoeffs의 6번줄을 labelList alias를 사용해서 값을 읽는 코드를 추가하고 그 결과를 확인하도록 한다.

(h) inputCoeffs의 7번줄에 작성된 엔트리의 dataEntry는 scalar 자료형에 대한 List 템플릿 클래스로 작성되어 있다. lookup 함수를 이용해 값을 읽는 코드를 추가하고 그 결과를 확인하도록 한다. forAll 매크로를 사용해 리스트의 원소를 출력해보도록 한다.

(i) List 템플릿 클래스는 몇가지 alias 자료형들을 지원한다. inputCoeffs의 7번줄을 scalarList alias를 사용해서 값을 읽는 코드를 추가하고 그 결과를 확인하도록 한다.

(j) inputCoeffs의 7번줄에 작성된 엔트리의 dataEntry는 scalar 자료형에 대한 List 템플릿 클래스로 작성되어 있다. lookup 함수를 이용해 값을 읽는 코드를 추가하고 그 결과를 확인하도록 한다.

(k) inputCoeffs의 8 – 14번줄에 작성된 엔트리의 dataEntry는 dictionary 자료형에 대한 List로 구성되어 있다. lookup 함수를 이용해 값을 읽고 코드를 추가하고 그 결과를 확인하도록 한다.

HINT
dictionary의 List 형태는 PtrList<entry> 자료형으로 읽을 수 있다.

(l) (k)문제를 각각 forAll과 forAllConstIter 매크로를 사용해서 리스트의 원소를 순회해서 각각의 내용을 출력하는 코드를 작성해보도록 한다.

HINT
entry 자료형을 dictionary 자료구조로 내보내기 위해서는 멤버함수 dict를 사용하도록 한다.

13

functionObject

functionObject는 후처리를 위한 자료구조로 OpenFOAM 2.x부터 점진적으로 여러 번의 구조 변화를 거쳐 현재에 이르고 있다.

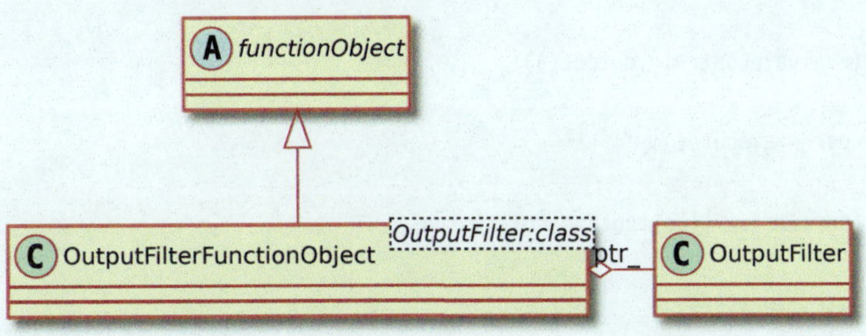

Fig 13.1: OpenFOAM 2버전에서의 functionObject 상속 관계

OpenFOAM 2.x에서 functionObject 자료형은 Fig. 13.1과 같은 구조로 설계되어 독립적으로 개발된 클래스를 Listing 13.1처럼 OutputFilterFunctionObject 템플릿 클래스의 템플릿 매개변수로 전달하여 7번줄처럼 전달된 클래스의 객체에 대한 참조를 통해 간접적인 방법으로 멤버함수를 호출하는 형태로 동작하였다.

Listing 13.1: OpenFOAM 2.x에서의 OutputFilterFunctionObject 코드

```
1 template<class OutputFilter>
2 class OutputFilterFunctionObject
3 :
4     public functionObject
5 {
6   // 생략
7   autoPtr<OutputFilter> ptr_;
8   // 생략
9 }
```

이 객체의 멤버함수는 추상 클래스인 functionObject의 인터페이스 함수 read, execute, write함수 내에서 호출되기 때문에 그 관계가 명시적으로 드러나지 않고 문법적으로 관계를 강제할 수 없어 사용자의 실수가 발생할 수 있고 템플릿으로 확장되기 때문에 오류를 컴파일 타임이 아닌 런타임에서야 인지하게 될 수도 있는 잠재적인 문제도 안고 있다.

Listing 13.2: OpenFOAM 2.x에서의 funcionObject 동작

```
template<class OutputFilter>
bool Foam::OutputFilterFunctionObject<OutputFilter>::execute
(
    const bool forceWrite
)
{
    if (active())
    {
        ...
        if (evaluateControl_.output())
        {
            ptr_->execute();
        }
        if (forceWrite || outputControl_.output())
        {
            ptr_->write();
        }
        ...
    }
    ...
}
```

13.1 구조

OpenFOAM 2에서의 functionObject의 설계는 직접적인 연관성이 떨어지는 클래스를 작성하면서도 functionObject 클래스의 인터페이스를 간접적으로 강제하는 불합리한 구조였기 때문에, OpenFOAM 4부터 독립적인 클래스대신 functionObject의 서브클래스만으로 확장하여 사용할 수 있도록 재설계하여 Fig. 13.2처럼 직접적으로 추상 클래스의 인터페이스를 강제하는 형태로 수정되었다.

이 과정에서 Decorator pattern을 적용하여 시간 정보와 dictionary 파일 처리를 전담하는 timeControl 클래스를 별도로 두고 나머지 서브클래스들은 시간정보와 dictionary 처리를 제외한 기능구현에만 집중할 수 있도록 설계하였다. timeControl는 foPtr_변수에 다른 서브클래스 객체의 참조를 저장하고 있어 확장된 모든 functionObject 서브클래스들이 timeControl의

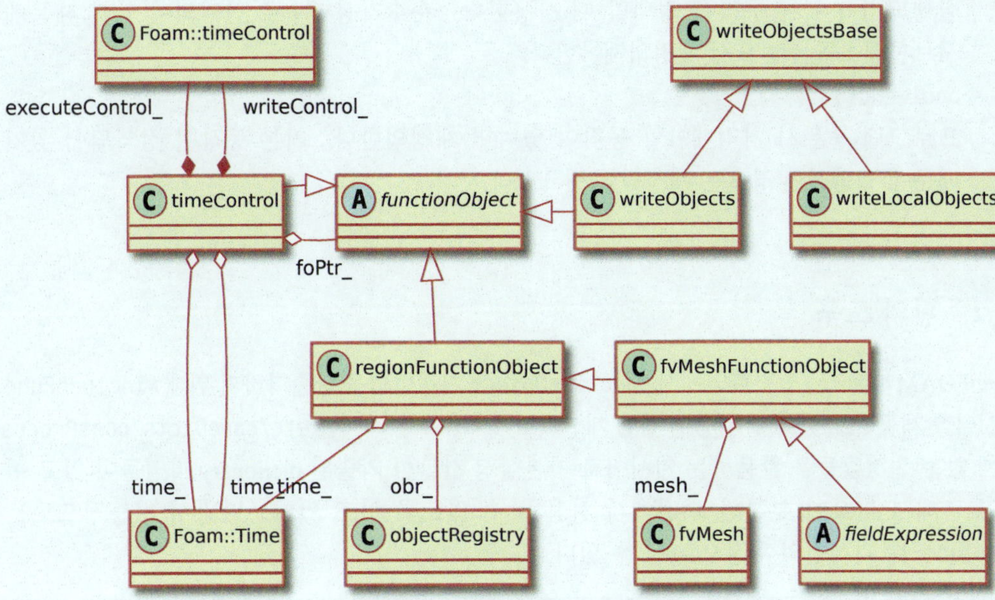

Fig 13.2: OpenFOAM 4버전 이후의 functionObject 상속 관계

처리를 거친 결과를 얻을 수 있도록 하고 있다. `timeControl`에서 처리하는 엔트리 목록은 다음과 같다.

- type
- writeControl
- writeInterval
- log

`functionObject`를 구현할 때는 기본적으로 다음 인터페이스 함수들을 재정의 해야 한다.

- `bool executeAtStart() const`
  time loop에 첫 진입시 정의해야할 동작이 있다면 재정의한다. 기본 동작이 정의되어있기 때문에 일반적인 경우는 재정의할 필요없다.
- `bool execute()`
  `Time` 객체에 `operator++`, `operator+=` 연산자가 적용될 때 실행되므로 매 time step마다 실행되어야 하는 동작을 정의할 때 사용한다. 순수가상함수로 선언되어 있기 때문에 서브클래스들은 반드시 재정의해야한다.
- `bool write()`
  `Time` 객체에 `operator++`, `operator+=` 연산자가 적용될 때 실행되므로 매 time step마다

실행되어야 하는 동작을 정의할 때 사용한다. 순수가상함수로 선언되어 있기 때문에 서브클래스들은 반드시 재정의해야한다.

- `bool end()`
  프로그램 종료시 처리해야할 동작이 있다면 재정의한다. 기본 동작이 정의되어 있기 때문에 일반적인 경우는 재정의할 필요없다.

13.2 편의 도구

OpenFOAM 4부터는 입력파일에서 `functionObject` 시정방법을 단순화하기 위해 `#includeFunc` 지시어를 제공하고 있고 그 기능이 점점 개선되고 있다. 이 지시어는 `etc/caseDicts/postProcessing` 밑에 있는 설정값들을 활용하는 지시어로 기본설정 값들이 기술된 dictionary 파일들이 있고 이를 호출해서 필요한 부분만 수정해서 사용할 수 있도록 하고 있다. 따라서 기능적으로는 `#includeEtc` 지시어의 확장으로 볼 수 있다.

Listing 13.3: Q criterion 사용 예

```
functions
{
    #includeFunc Q
}
```

Listing 13.4: Q criterion 스크립트 확장 결과

```
type            Q;
libs            ("libfieldFunctionObjects.so");

field           U;

executeControl  writeTime;
writeControl    writeTime;
```

만일 입력이 필요한 경우에는 Listing 13.5과 같이 사용할 수 있다.

Listing 13.5: mag 사용예

```
functions
{
    #includeFunc mag(U)
}
```

Listing 13.6: mag 스크립트 확장 결과

```
type            mag;
libs            ("libfieldFunctionObjects.so");

field           <fieldName>;

executeControl  writeTime;
writeControl    writeTime;
```

13.3 사용 예

`functionObject` 설정은 `system/controlDict` 내의 functions subDict 내에 기술해야 한다. type, writeControl, writeInterval은 `functionObject`에서 공통적으로 사용하는 entry에 해당하고 `timeControl`에서 처리된다. 나머지 엔트리들은 각각의 `functionObject` 별로 달라진다.

Listing 13.7: functionObject 설정 예

```
functions
{
  <name>
  {
     type <functionObject name>;
     libs (<functionObject library name>);
     writeControl  timeStep;
     writeInterval 1;
     log           true;
   /*
     functionObject specific entries
   */
  }
}
```

13.3.1 forces

`forces functionObject`는 patch entry에 주어진 wall patch 리스트에 작용하는 힘과 모멘트를 계산한다. local coordinate를 사용하여 임의의 좌표계에 대한 힘과 모멘트를 추가시킬 수 있다. 모멘트 계산을 위한 좌표 원점은 CofR entry에 기술한다. 특별한 언급이 없는 경우 좌표축은 글로벌 좌표축 즉, 시스템 기본 좌표계에서 계산한다. Listing 13.8은 가장 기본적인 형태의 forces `functionObject` 정의 파일이다.

Listing 13.8: forces

```
forces
{
    type            forces;
    functionObjectLibs ( ”libforces.so” );
    writeControl    timeStep;
    writeInterval   1;
    patches         (”hull” ”rudder”);
    rhoName         rhoInf;
    rho             rhoInf;
    log             truc;
    rhoInf          1.21;
    CofR            ( 0 0 0 );
}
```

semi-submersible 처럼 overturning moment를 critical wind direction 기준으로 힘과 모멘트를 얻어야 할 경우에는 Listing 13.9처럼 local coordinate를 정의해야한다. local coordinate을 정의하려면 CofR 엔트리 대신 origin 엔트리와 coordinateRotation subDict를 사용해야 한다. coordinateRotation subDict의 type entry에 `coordinateRotation` 서브클래스의 이름을 기술하며 서브클래스의 생성자 전달인자를 이어서 기술하도록 한다. 많은 경우 type은 임의의 좌표축 벡터 2개로 로컬 좌표계를 기술하는 `axesRotation` 클래스를 사용하면 무난하다.

Listing 13.9: forces

```
forces
{
    type            forces;
    functionObjectLibs 1 ( ”libforces.so” );
    writeControl    timeStep;
    writeInterval   1;
    patches         0 ( );
    rhoName         rhoInf;
    rho             rhoInf;
    log             true;
    rhoInf          1.21;
    origin (0 0 0);
    coordinateRotation
    {
      type axesRotation;
      e3 (0 0 1);
      e1 (1 0 0);
    }
```

```
}
```

13.3.2 fieldAverage

`fieldAverage functionObject`는 fields 리스트에 주어진 필드에 대한 평균값과 추가적으로 fluctuation을 계산하는데 사용할 수 있다.

Listing 13.10: fieldAverage

```
fieldAverage1
{
  type              fieldAverage;
  functionObjectLibs ("libfieldFunctionObjects.so");
  enabled           true;
  outputControl     outputTime;
  fields
  (
    U
    {
      mean          on;
      prime2Mean    on; //RMS
      base          time;
    }
  );
}
```

13.3.3 sets

`sets funcitonObject`는 `sampledSet` 클래스를 `functionObject`로 확장한 유틸리티로 line probe의 용도로 사용할 수 있다. fields entry에 주어진 필드 리스트에 대한 interpolation 값을 기록한다. OpenFOAM 5에서 interfaceHeight `functionObject`를 도입하기 전에는 wave elevation을 기록하기 위한 방법으로 활용되었다.

Listing 13.11: sets

```
surfaceElevation
{
  type              sets;
  functionObjectLibs ("libsampling.so");
  enabled           true;
  writeControl      timeStep;
```

```
    writeInterval   1;
    fields (alpha.water);
    interpolationScheme cellPointFace;
    setFormat       gnuplot;
    sets
    (
      gauge0
      {
        type lineUniform;
        axis z;
        start (0 0 -2);
        end   (0 0 2);
        nPoints    100;
      }
    )
  }
```

13.3.4 interfaceHeight

`interfaceHeight functionObject`는 VoF 필드로부터 직접 wave elevation을 계산하기 위한 목적으로 OpenFOAM 5에서 추가된 `functionObject`이다. 기본적인 동작은 `constant/g`에 정의된 gravity vector를 방향벡터로 하는 ray를 정의하고 계산영역에 의해 ray의 하한과 상한이 정해진다. Wave elevation은 ray와 격자와의 교점으로 나눠진 segment의 길이 s를 VoF값에 대해 적분하여 구한다.

$$\eta = \int_{\text{bottom}}^{\text{top}} \alpha ds$$

Listing 13.12: interfaceHeight 사용 예

```
functions
{
    interfaceHeight1
    {
        type            interfaceHeight;
        libs            ("libfieldFunctionObjects.so");
        locations       ((300 0 0) (450 0 0) (600 0 0));
        alpha           alpha.water;
        interpolationScheme cellPointFace;
        liquid true;
    }
}
```

WARNING

병렬연산에서 `interfaceHeight` 사용시 주의해야 할 점이 있다. ray가 decomposed domain의 경계, 즉 processor boundary에 정확히 놓일 경우 (`blockMesh`로 격자를 만들 경우 발생할 가능성이 있다.) 동시에 두 곳에 동일한 segment의 interfaceHeight가 존재하여 mean elevation이 0이 아닌 잘못된 결과를 내주게 된다. 이는 현재 OpenFOAM 내에서 해결할 수 없는 문제로 만일 단독계산 결과와 병렬연산 결과에서 다른 결과를 주는 경우 $1e^{-6}$ 정도의 작은 값을 더하여 확실하게 internalField 안에 놓이도록 조치해야 한다. `interfaceHeight` 뿐만 아니라 `sets`를 사용할 때도 동일한 문제가 발생할 수 있다.

13.3.5 residuals

솔버의 수렴정도를 확인하는 용도로 `residuals functionObject`를 사용할 수 있다.

Listing 13.13: residuals 사용예

```
functions
{
  myresidual
  {
    type residuals;
    functionObjectLibs ( "libutilityFunctionObjects.so" );
    writeControl timeStep;
    writeInterval 1;
    fields (p U alpha.water);
  }
}
```

WARNING

`#includeFunc residuals`를 사용하면 fields 엔트리는 `fields (p U)`로 고정되기 때문에 two-phase 문제같은 경우에는 `#includeFunc` 대신 직접 기술해서 사용하도록 한다.

`residuals functionObject`를 통해 기록된 값들은 `foamMonitor` 명령을 사용해 해석이 진행되는 동안 모니터할 수 있다. `functionObject`를 통해 작성되는 데이터는 `postProcessing` 폴더 아래에 `functionObject` 이름으로 생성된 폴더에 저장되기 때문에 Listing 13.13의 경우 다음과 같이 모니터할 수 있다.

Listing 13.14: foamMonitor 사용 예

```
foamMonitor -l postProcessing/myresidual/myresidual.dat
```

13.4 연습문제

Exercise 1

OpenFOAM은 `functionObject` 작성을 도와주는 `foamNewFunctionObject` 명령을 제공한다. 이 명령을 활용해서 가장 간단한 `helloWorld functionObject`를 작성해보도록 한다.

(a) 터미널에서 `foamNewFunctionObject helloWorld` 명령을 실행하고 작성되는 파일 목록을 확인한다.

> **WARNING**
> 기본적으로 작성되는 멤버변수는 사용하지 않을 것이므로 생성자 리스트와 `read` 멤버함수에 작성된 초기화 구문들을 삭제하도록 한다.

(b) `helloWorld.C` 파일을 열고 `execute` 멤버함수 정의를 찾아 다음과 같이 수정하도록 한다.

```
bool Foam::functionObjects::helloWorld::execute()
{
    Info<< "Hello Word executed" << endl;
    return true;
}
```

(c) `helloWorld.C` 파일을 열고 `write` 멤버함수 정의를 찾아 다음과 같이 수정하도록 한다.

```
bool Foam::functionObjects::helloWorld::write()
{
    Info<< "Hello Word wrote" << endl;
    return true;
}
```

(d) `helloWorld.C` 파일을 열고 `end` 멤버함수 정의를 찾아 다음과 같이 수정하도록 한다.

```
bool Foam::functionObjects::helloWorld::end()
{
    Info<< "Hello Word ended" << endl;
    return true;
}
```

(e) 작성된 helloWorld functionObject를 tutorials/incompressible/icoFoam/cavity/cavity case를 대상으로 테스트해보도록 한다. system/controlDict 파일을 열고 마지막에 다음 subDict를 추가하도록 한다.

```
functions
{
    hellowWorld
    {
        type    helloWorld;
        libs    ("libhelloWorldFunctionObject.so");
    }
}
```

icoFoam을 실행하여 각 time step마다 출력되는 메시지를 확인해보도록 한다.

> **INFO**
> 컴파일할 때 wmake libso 명령으로 컴파일 하도록 한다.

(f) 재정의 가능한 함수 중에 executeAtStart 함수가 있다. 이 함수를 다음과 같이 추가하고 결과를 확인해보도록 한다.

```
// helloWorld.H
bool Foam::functionObjects::helloWorld::executeAtStart()

// heloWorld.C
bool Foam::functionObjects::helloWorld::executeAtStart()
{
    Info<< "Hello Word started" << endl;
    return true;
}
```

실행 결과를 확인해보고 C++ 11표준에서 override 키워드가 추가된 이유에 대해서 생각해보도록 한다.

Exercise 2

rigidBodyMeshMotion 클래스가 실행될 때 rigidy body의 상태를 저장하고 있는 rigidBodyState 객체의 값을 출력하는 functionObject를 작성해보도록 한다.

14

추상화 도구

수치해석 코드는 편미분 방정식으로 표현되는 지배방정식을 이산화하여 필드에 적용하여 원하는 계산을 수행하는 코드로 일반화 할 수 있다. 이런 관점에서 OpenFOAM은 다음과 같은 추상화 도구를 제공하고 있다.

- 벡터 및 텐서 연산자
- grad, div, laplacian 등의 미분 연산자
- 표준적인 필드 순회방법
- 계산 성능 향상을 위한 자원 재활용 도구

14.1 벡터 및 텐서 연산자 정의

OpenFOAM은 벡터와 텐서 연산을 C++ 연산자 오버로딩 기법을 통해 가능한 수학적으로 익숙한 형태로 코드를 작성할 수 있도록 배려하고 있다. OpenFOAM에서 말하는 텐서는 엄밀하게는 2차 텐서, 즉 행렬만을 의미한다. OpenFOAM에서 제공하는 연산자는 Tab. 14.1에 정리되어 있다.

Tab 14.1: 벡터 공간 연산자

연산	수학적 표현	OpenFOAM 표현	비고
Addition	$\underline{\underline{a}} + \underline{\underline{b}}$	a + b	벡터, 텐서 가능
Subtraction	$\underline{\underline{a}} - \underline{\underline{b}}$	a - b	벡터, 텐서 가능
scalar multiplication	$s\underline{\underline{a}}$	s * a	벡터, 텐서 가능
scalar division	$\underline{\underline{a}}/s$	a/s	벡터, 텐서 가능
Inner product	$\underline{\underline{a}} \bullet \underline{\underline{b}}$	a & b	벡터, 텐서 가능
Double Inner product	$\underline{\underline{a}} : \underline{\underline{b}}$	a && b	텐서 가능
Cross product	$\underline{a} \times \underline{b}$	a ^ b	벡터 가능
Outer product	$\underline{a} \otimes \underline{b}$	a * b	벡터, 텐서 가능

필드 값에 대해서 자주 사용되는 연산은 Tab. 14.2을 참고한다.

Tab 14.2: 필드 자료형을 위한 함수

연산	수학적 표현	OpenFOAM 표현	비고
제곱	$\underline{\boldsymbol{a}}^2$	sqr(a)	
절대값, 벡터 크기	$\lvert\underline{\boldsymbol{a}}\rvert$	mag(a)	
절대값의 제곱	$\lvert\underline{\boldsymbol{a}}\rvert^2$	magSqr(a)	
지수승	$\underline{\boldsymbol{a}}^n$	pow(a, n)	
제곱승	$\underline{\boldsymbol{a}}^2$	pow2(a)	
세제곱승	$\underline{\boldsymbol{a}}^3$	pow3(a)	
네제곱승	$\underline{\boldsymbol{a}}^4$	pow4(a)	
오제곱승	$\underline{\boldsymbol{a}}^5$	pow5(a)	
육제곱승	$\underline{\boldsymbol{a}}^6$	pow6(a)	
1/4 제곱승	$\underline{\boldsymbol{a}}^{0.25}$	pow025(a)	
필드평균	$\overline{\underline{\boldsymbol{a}}}$	cmptAv(a)	
필드최대값	$\max\left(\underline{\boldsymbol{a}}\right)$	max(a)	
필드최소값	$\min\left(\underline{\boldsymbol{a}}\right)$	min(a)	
회전변환	$\underline{\underline{\boldsymbol{T}}}\underline{\boldsymbol{a}}$	transform(T, a)	

2차 텐서에 대한 연산자는 Tab. 14.3에 정리되어 있다.

Tab 14.3: 행렬 전용 연산

연산	수학적 표현	OpenFOAM 표현	비고
Transpose	$\underline{\underline{\boldsymbol{M}}}^T$	M.T()	
Diagonal 성분	$diag\left(\underline{\underline{\boldsymbol{M}}}\right)$	diag(M)	
Trace	$tr\left(\underline{\underline{\boldsymbol{M}}}\right)$	tr(M)	
Deviatoric component	$\underline{\underline{\boldsymbol{M}}} - \frac{1}{3}tr\left(\underline{\underline{\boldsymbol{M}}}\right)$	dev(T)	
Deviatoric component	$\underline{\underline{\boldsymbol{M}}} - \frac{2}{3}tr\left(\underline{\underline{\boldsymbol{M}}}\right)$	dev2(T)	
Symmetric component	$\frac{1}{2}\left(\underline{\underline{\boldsymbol{M}}} + \underline{\underline{\boldsymbol{M}}}^T\right)$	symm(M)	
Skew-symmetric component	$\frac{1}{2}\left(\underline{\underline{\boldsymbol{M}}} - \underline{\underline{\boldsymbol{M}}}^T\right)$	skew(M)	
Determinant	$det\underline{\underline{\boldsymbol{M}}}$	det(M)	
Cofactors	$cof\underline{\underline{\boldsymbol{M}}}$	cof(M)	
Inverse	$\underline{\underline{\boldsymbol{M}}}^{-1}$	inv(M)	
Hodge dual star operator	$(M_{23}, -M_{13}, M_{12})$	*M	3x3 행렬에만 적용가
Invariant I	$tr\left(\underline{\underline{\boldsymbol{M}}}\right)$	invariantI(M)	
Invariant II	$\frac{1}{2}\left[\left(tr\left(\underline{\underline{\boldsymbol{M}}}\right)\right)^2 - tr\left(\underline{\underline{\boldsymbol{M}}}\right)^2\right]$	invariantII (M)	
Invariant III	$det\left(\underline{\underline{\boldsymbol{M}}}\right)$	invariantIII(M)	

14.2 배열객체 순회 매크로

앞서도 언급한 것처럼 수치해석 코드는 많은 부분 배열의 내용을 순회하면서 다양한 연산을 적용하는 방식으로 구성되어 있다. 이들은 OOP의 영역은 아니고 Procedural 언어의 영역과 동일하게 반복문으로 처리가 된다. 대표적으로 Listing 14.1과 같이 `for` 문이 자주 사용된다.

Listing 14.1: for 반복문

```
for (int i=0; i<maxIndex; i++)
{
    // do something
}
```

코드 블럭을 { }로 구분하는 C 계열 언어들은 코딩 스타일을 자유롭게 가져갈 수 있기 때문에 K&R, Allman, GNU 등의 다양한 코딩스타일이 존재한다. 보통 규모가 있는 협업프로젝트를 진행할 때는 코드의 가독성을 위해 하나의 코딩 스타일을 정해놓고 시작하는데 OpenFOAM에서는 수치해석에 많이 등장하는 반복문을 작성할 때 이런 코딩 스타일에 대한 고민 없이 동일한 사용자 경험을 제공하기 위한 매크로를 제공하고 있다. OpenFOAM에서 제공하는 배열자료형 순회를 위한 매크로는 다음과 같이 `UList.H` 헤더파일[1]에 정의되어 있다.

OpenFOAM에는 다음과 같이 총 4개의 매크로가 정의되어 있고 이들은 다시 배열 인덱스 활용형과 반복자(iterator) 활용형으로 구분할 수 있다.

- 배열 인덱스 활용형
  - `forAll`

Listing 14.2: forAll 매크로 정의

```
#define forAll(list, i)
    for (Foam::label i=0; i<(list).size(); i++)
```

  - `forAllReverse`

Listing 14.3: forAllReverse 매크로 정의

```
#define forAllReverse(list, i)
    for (Foam::label i=(list).size()-1; i>=0; i--)
```

[1] OpenFOAM plus에는 `stdFoam.H`에 정의되어 있다.

- 반복자 활용형

  - forAllIter

Listing 14.4: forAllIter 매크로 정의

```
#define forAllIter(Container,container,iter)
    for
    (
        Container::iterator iter = (container).begin();
        iter != (container).end();
        ++iter
    )
```

  - forAllConstIter

Listing 14.5: forAllConstIter 매크로 정의

```
#define forAllConstIter(Container,container,iter)
    for
    (
        Container::const_iterator iter = (container).begin();
        iter != (container).end();
        ++iter
    )
```

매크로 자체는 `for` 문을 매개변수화한 것이기 때문에 이해하는데 어렵지 않으므로, 사용해야 하는 상황만을 설명하도록 한다. 배열자료형을 구분하면 크게 연속 메모리 공간 (contiguous memory)을 사용하는 순차형 자료형과 연결리스트, 해시테이블 같은 비순차형 자료형으로 나눌 수 있다. 순차형 자료형은 위 4가지 매크로를 모두 사용할 수 있지만 비순차형 자료형은 반복자 활용형 매크로만 사용할 수 있다. 따라서, `UList`를 상속한 배열형 자료형, 즉 `UList`, `List`, `Field`, `DimensionedField`, `GeometricField`은 위 4가지 매크로를 모두 사용할 수 있으나 `forAll` 또는 `forAllReverse`같은 배열 인덱스 활용형 매크로를 사용하는 것이 일반적이다.

예를 들어, Listing 14.6과 같은 반복문은 `forAll` 매크로를 사용해서 Listing 14.7과 같이 처리할 수 있다.

Listing 14.6: for 문 예

```
size_t n = 10;
List<label> array(n);
for (int i=0; i<array.size(); i++)
{
    std::cout << array[i] << std::endl;
}
```

Listing 14.7: 매크로 사용 예

```
size_t n = 10;
List<label> array(n);
forAll(array, i)
{
    std::cout << array[i] << std::endl;
}
```

자주 사용하는 경우는 아니지만 역순으로 탐색해야 할 경우에는 `forAllReverse` 매크로를 사용하게 된다.

해시테이블처럼 비순차적 자료형을 탐색해야 하는 경우 반복자를 이용한 탐색이 가능하다. 반복자에 대한 자세한 내용은 본문의 내용을 넘어서므로 C++ 참고문헌을 일독하기를 권한다.

Listing 14.8과 같이 반복자를 사용하는 코드를 가정하자.

Listing 14.8: 반복자 사용 예

```
typedef HashTable<fvPatchField<scalar>::patchConstructorPtr, word, string::hash>
    patchTable;

for
(
    auto iter=(*fvPatchField<scalar>::patchConstructorPtr_).begin();
    iter!=(*fvPatchField<scalar>::patchConstructorPtr_);
    ++iter
)
{
    Info << iter.key() << endl;
}
```

매크로를 이용하면 Listing 14.9와 같이 사용할 수 있다.

Listing 14.9: 매크로 사용예

```
typedef HashTable<fvPatchField<scalar>::patchConstructorPtr, word, string::hash>
    patchTable;

forAllConstIter(patchTable, *fvPatchField<scalar>::patchConstructorPtr_, iter)
{
    Info << iter.key() << endl;
}
```

참고로 OpenFOAM plus에서는 C++ 11표준 이후 도입된 새로운 문법적 기능들을 적극적으로 활용하여 새로운 매크로 또는 API를 도입하고 있는데 반복 매크로에도 기존의 4개의 매크로에 더해서 Listing 14.10처럼 Iters로 끝나는 매크로를 추가하고 있다. 기존 `forAllIter` 혹은 `forAllConstIter` 매크로가 배열자료형 추론을 하지 않고 명시적으로 자료형을 매크로의 첫 번째 전달인자로 넘기도록 되어있는 반면, C++ 11 문법부터 추가된 자료형을 추론할 수 있는 `decltype`이라는 연산자를 활용하여 첫번째 전달인자를 생략할 수 있도록 되어 있다. 배열형 자료형 (정확히는 container 자료형)의 시작 주소와 끝 주소를 얻기 위해 템플릿 함수로 `begin`, `end` 래퍼 함수(wrapper function)를 정의하였다. C++ 11에서 정의가 바뀐 `auto` 키워드를 이용해 추론된 자료형을 반환할 수 있도록 `auto` 반환 자료형을 적용하였다. `auto` 반환 자료형을 사용할 경우, C++ 11부터 도입된 trailing-return-type (후행반환타입)으로 정의되어야 한다는 것을 고려하면 크게 이해하기 어렵지 않은 매크로이다.

Listing 14.10: forAllConstIters 매크로 형태

```
template<class C>
constexpr auto begin(C& c) -> decltype(c.begin())
{
    return c.begin();
}

template<class C>
constexpr auto end(C& c) -> decltype(c.end())
{
    return c.end();
}

#define forAllIters(container,iter)
    for
    (
        auto iter = stdFoam::begin(container);
        iter != stdFoam::end(container);
```

```
        ++iter
    )
```

14.3 스마트 포인터

OpenFOAM에서는 auto_ptr에 대응하는 autoPtr 컨테이너와 shared_ptr에 대응되는 tmp 컨테이너 클래스를 제공하고 있다. OpenFOAM 6까지는 배열형 자료형에서 발생하는 대량의 메모리 복사 및 불필요한 객체 생성/삭제로 인한 성능 저하를 막기 위한 Xfer라는 컨테이너를 제공하고 있었으나, 이 자료구조는 C++ 11 이후부터 언어 차원에서 제공하기 시작한 move semantics를 소프트웨어적으로 구현한 것이기 때문에, OpenFOAM 7부터 삭제된 자료구조이다.

OpenFOAM은 new 연산자를 통한 직접적인 포인터 자료형을 사용하는 것은 내부적으로 objectRegistry에 자원을 등록할 때만 사용하여 의도적으로 사용자에게서 포인터 자료형 대신 참조형 자료형을 사용하도록 유도하고 있다. 간혹 new 연산자를 통해 특정 객체를 생성해야하는 경우에도 autoPtr 또는 tmp 스마트 포인터를 통해 포인터 자료형을 관리하면서 포인터 노출대신 참조형 자료형으로 형변환이 가능하도록 지원하고 있다. 그리고 객체의 복사가 필요한 경우에는 clone 함수를 지원하여 병렬연산처럼 동일한 객체를 processor마다 만들 필요가 있을 때 객체의 현재 상태를 손쉽게 재현할 수 있는 방법도 제공하고 있다. 형변환 기능과 복사기능은 C++ 표준라이브러리에서 지원하는 스마트 포인터에서 지원하지 못하는 기능이다.

14.3.1 autoPtr

autoPtr은 OpenFOAM에서 제공하는 스마트 포인터 자료형 중의 하나로 C++ 03 표준에서 처음 도입된 auto_ptr 스마트 포인터를 발전시킨 자료형이다(See page 15).

Listing 14.11: autoPtr의 생성자

```
template<class T>
inline Foam::autoPtr<T>::autoPtr(const autoPtr<T>& ap, const bool reUse)
```

auto_ptr은 항상 소유권 이전만 발생하기 때문에 데이터의 복사가 필요할 때 바로 사용할 수 없다는 단점을 가지고 있다. OpenFOAM에서 객체의 복사는 주로 병렬연산을 초기화하는 과정에서 발생한다. 계산영역을 작은 영역으로 분할 한 후 동일한 연산을 적용하기 때문에 동일한 객체의 복사가 필요해진다. 객체의 복사는 복사 생성자에서 일어나는데 객체가 autoPtr 객체를 포함하고 있다면 autoPtr 객체도 복사가 이루어져야 한다. autoPtr 생성자 매개변수 리스트에서 reUse 매개변수는 값이 true이면 auto_ptr 같은 소유권 이전이 발생하며 false이면 복사가 일어난다. 따라서, 멤버변수에 autoPtr 자료형이 있다면 객체를 복사할 때 autoPtr 객체도 복사 동작이 이루어지도록 Listing 14.12와 같이 false를 전달인자로 넘겨주어야 한다.

Listing 14.12: 복사생성자에서 autoPtr 객체 복사 동작

```
Foam::myClass:myClass(const myClass& mc)
:
    myPtr_(mc.myPtr_, false)
{}
```

그리고 복사과정에서 객체의 `clone` 멤버함수를 호출하기 때문에 `autoPtr` 사용을 염두에 두고 개발하는 클래스는 반드시 `clone` 멤버함수와 복사생성자를 구현해야 한다.

`auto_ptr`과 달리 `autoPtr`은 Listing 14.13처럼 참조 객체로의 형변환 연산을 지원하여 직접적인 포인터 연산을 막아 사용자 실수로 인한 메모리 누수 등의 오류를 방지하고 있다.

Listing 14.13: autoPtr의 형변환 연산

```
autoPtr<basicPsiThermo> pThermo (basicPsiThermo::New(mesh));
basicPsiTermo& thermo = pThermo();
```

참고로 OpenFOAM plus의 경우는 C++ 11표준에 도입된 `decltype` 키워드를 활용하여 직접 `New` 템플릿 함수를 구현하여 좀 더 간략한 형태로 사용할 수도 있다.

Listing 14.14: OpenFOAM에서의 autoPtr 사용 예

```
autoPtr<fvMatrix> UEqn;
UEqn.set(new fvMatrix(...));
```

Listing 14.15: OpenFOAM plus에서의 autoPtr 사용 예

```
autoPtr<fvMatrix> UEqn;
UEqn.set(autoPtr::New<fvMatrix>(...));
```

14.3.2 tmp

`tmp` 스마트 포인터는 하나의 데이터를 복수의 장소에서 참조하는 경우를 위해 고안된 자료구조로 참조 빈도가 많은 필드 자료형에 적용하기 위한 목적으로 개발되었다. `tmp` 스마트 포인터는 shared pointer 자료구조를 제공하기 위한 자료구조로 `tmp`와 호환되는 자료형은 Listing 14.16, 14.17처럼 확장되는 자료형에 shared pointer의 특징인 연결정보/참조카운터를 자동으로 포함시키기 위해 `tmp::refCounter`로부터 CRTP 패턴(See page 108)을 통해 확장되도록 하여 intrusive 형식으로 구현되도록 하고 있다(See page 57).

Listing 14.16: Field 자료구조 선언

```
template<class Type>
class Field
:
    public tmp<Field<Type>>::refCount,
    public List<Type>
```

Listing 14.17: FieldField 자료구조 선언

```
template<template<class> class Field, class Type>
class FieldField
:
    public tmp<FieldField<Field, Type>>::refCount,
    public PtrList<Field<Type>>
```

`tmp` 클래스는 `Field` 클래스와 `fvMatrix` 클래스를 다룰 때 굉장히 많이 사용되므로 Listing 14.18처럼 사용형태에 익숙해질 필요가 있다.

Listing 14.18: tmp 클래스 사용예

```
// Momentum predictor
tmp<fvVectorMatrix> tUEqn
(
    fvm::ddt(U)
  + fvm::div(phi, U)
  - fvm::laplacian(nu, U)
);
fvVectorMatrix& UEqn = tUEqn.ref();
```

14.3.3 Xfer

`Xfer` 클래스는 새로운 객체를 생성할 때 기존 자원의 소유권을 가져오는 (stealing the existing resources) 방식으로 동작하도록 작성된 자료구조로 C++ 11에서 move semantics 기능이 추가됨으로써 더 이상 필요 없어진 자료구조이다[2]. move semantics 기능을 사용하지 않는 경우, 객체의 대입/복사 연산이 일어날 경우 임시객체를 생성해 값을 복사한 후 멤버변수가 이 임시객체를 가리키도록 하는 과정에서 불필요한 오버헤드가 발생해 성능저하가 일어날 수 있다.

OpenFOAM 7 이전에 개발된 코드 중 `Xfer`를 사용한 코드가 있는 경우 다음과 같은 가이드를 따라 코드를 수정해서 사용할 수 있다.

[2]하지만, foam-extend에서는 여전히 이 함수를 사용하고 있다.

- 함수 매개변수로 사용된 경우
  이 경우에는 C++ 11 표준부터 도입된 rvalue reference operator를 사용하도록 수정한다.

Listing 14.19: 수정 전 코드

```
mapDistribute
(
    const label constructSize,
    const Xfer<labelListList>& subMap,
    const Xfer<labelListList>& constructMap,
    const bool subHasFlip = false,
    const bool constructHasFlip = false
)
```

Listing 14.20: 수정 후 코드

```
mapDistribute
(
    const label constructSize,
    const labelListList&& subMap,
    const labelListList&& constructMap,
    const bool subHasFlip = false,
    const bool constructHasFlip = false
)
```

- `xfer` 멤버함수를 이용해 간접적으로 사용하는 경우
  `xfer` 멤버함수를 이용해 소유권 이전을 시키는 경우 `std::move` 함수를 이용하여 강제로 rvalue reference로 변경시켜 사용하도록 하면 된다.

Listing 14.21: 수정 전 코드

```
instantList* tPtr = new instantList(times.xfer())
```

Listing 14.22: 수정 후 코드

```
instantList* tPtr = new instantList(move(times))
```

14.4 Domain Specific Language

OpenFOAM에서는 편미분 방정식에서 나타나는 grad, div, laplacian 등의 각종 미분 연산자를 추상화시킨 API를 제공하고 있다. 이들 API를 활용하면 복잡한 편미분 방정식의 이산화를 익숙한 수학식에 가깝게 기술할 수 있어 코드의 가독성을 개선시킬 수 있다는 장점을 가지고 있다. 이들 API는 단순히 인터페이스만을 제공하고 실제 알고리즘은 RTS를 통해 런타임에 바인딩 되는 구조를 가진다. 이렇게 interface와 context를 분리하고 표현력을 개선하는 기법을 Domain Specific Language (DSL)이라고 한다. OpenFOAM에서 제공하는 DSL은 `finiteVolume/finiteVolume` 아래에 fvm과 fvc 폴더 내에 준비된 래퍼 함수(wrapper function)를 통해 구현된다.

Tab 14.4: OpenFOAM에서 제공하는 미분 연산자

Term description	Implicit/Explicit	Expression	functions
Time derivative	Imp/Exp	$\frac{\partial \phi}{\partial t}$	ddt(phi)
		$\frac{\partial}{\partial t}(\rho\phi)$	ddt(rho, phi)
Laplacian	Imp/Exp	$\nabla \bullet (\Gamma \nabla \phi)$	laplacian(Gamma,phi)
Convection/Div	Imp/Exp	$\nabla \bullet (\psi)$	div(psi)
		$\nabla \bullet (\psi\phi)$	div(psi, phi)
Gradient	Exp	$\nabla\phi$	grad(phi)
		$\nabla\phi \bullet \boldsymbol{S}$	snGrad(phi)
Curl	Exp	$\nabla \times \phi$	curl(phi)
Source	Imp		Sp(rho, phi)
	Exp		Su(rho, phi)
	Imp/Exp		SuSp(rho, phi)

Tab. 14.4에서 Implicit 형태는 행렬 자료형을 만들기 때문에 `fvm` 이름공간에, Explicit 형태는 필드 자료형을 만들기 때문에 `fvc` 이름공간으로 구분하고 있다. 예를 들어 Linear multistep method에 속하는 Adams-Bashforth와 Adams-Moulton method중 two-step method를 표현하면 Eq. (14.1), (14.2)와 같다.

Adams-Bashforth

$$y_{n+1} = y_n + h\left(\frac{3}{2}f(t_{n+1}, y_{n+1}) - \frac{1}{2}f(t_n, y_n)\right) \tag{14.1}$$

WARNING

Adams-Bashforth method의 원래 식은 다음과 같이 Explicit 형태로 표현되어야 하나 DSL 용법의 설명을 위해 수정하였다.

$$y_{n+2} = y_{n+1} + h\left(\frac{3}{2}f(t_{n+1}, y_{n+1}) - \frac{1}{2}f(t_n, y_n)\right)$$

Adams-Moulton

$$y_{n+1} = y_n + h\left(\frac{1}{2}f\left(t_{n+1}, y_{n+1}\right) + \frac{1}{2}f\left(t_n, y_n\right)\right) \tag{14.2}$$

> **INFO**
>
> Admas-Moulton의 two-step method 형태는 Crank-Nicolson과 동일한 형태를 가진다.

현재 time step $n+1$ 기준으로 과거의 값은 이미 아는 값이기 때문에 우변의 n time step에서 기술된 항들은 Explicit 형태, 즉 `fvc` DSL로 표현하고 $n+1$ time step에서 기술된 항들은 Implcit 형태, 즉 `fvm` DSL로 표현해야함을 알 수 있다. 이를 활용하여 page 249에 나타낸 Listing 9.1를 대상으로 표현하면 Listing 14.23, 14.24와 같이 표현할 수 있다.

Listing 14.23: Adams-Bashforth 구현

```
fvm::ddt(rho, U)
+ 3./2.*fvm::div(phi, U)
- 1./2.*fvc::div(phi, U)
- 3./2.*fvm::laplacian(mu, U)
+ 1./2.*fvc::laplacian(mu, U)
==
- fvc::grad(p)
```

Listing 14.24: Adams-Moulton 구현

```
fvm::ddt(rho, U)
+ 1./2.*fvm::div(phi, U)
+ 1./2.*fvc::div(phi, U)
- 1./2.*fvm::laplacian(mu, U)
- 1./2.*fvc::laplacian(mu, U)
==
- fvc::grad(p)
```

참고로 OpenFOAM에서 grad 함수는 `fvc` 이름공간에만 존재한다. `fvm::grad(phi)`의 경우 uniform mesh의 경우 대각항이 0이 되어 ill-conditioned matrix가 되고[3], implicit block coupled (pressure-velocity) algorithm 일 경우에만 의미가 있다고 한다[4]. 즉, OpenFOAM에서는 아직 block coupled algorithm을 지원하지 않기 때문에 `fvm::grad`는 지원하지 않는다.

---

[3] 이는 CDS scheme (linear scheme)을 생각해보면 당연하다

[4] pressure와 velocity coupling을 하려면 pressure field와 velocity field가 하나의 matrix에 표현되어야하므로 implicit scheme이 필요하다.

14.4.1 ddt DSL

ddt DSL 함수의 동작은 Fig. 14.1에 나타낸 것과 같다. ddt DSL 함수는 `system/fvSchemes`에 정의된 ddtSchemes subDict의 내용에 기술된 이산화 기법의 이름을 탐색하여 ddt 클래스의 `New` selector를 사용하여 $\frac{\partial}{\partial t}$ 연산을 담당하는 `ddt` 객체에 연결시키는 역할을 담당한다. 필드 연산에 따라 `fvm::ddt` 또는 `fvc::ddt` DSL을 사용할 수 있다[5]. 당연히, DSL이나 ddtScheme의 selector를 통하지 않고 원하는 `ddtScheme`의 서브클래스 객체를 직접 생성시키는 것도 가능하나 이렇게 할 경우 특정 알고리즘에 종속시키는 행위이기 때문에 특별한 경우를 제외하고 사용하지 않는다.

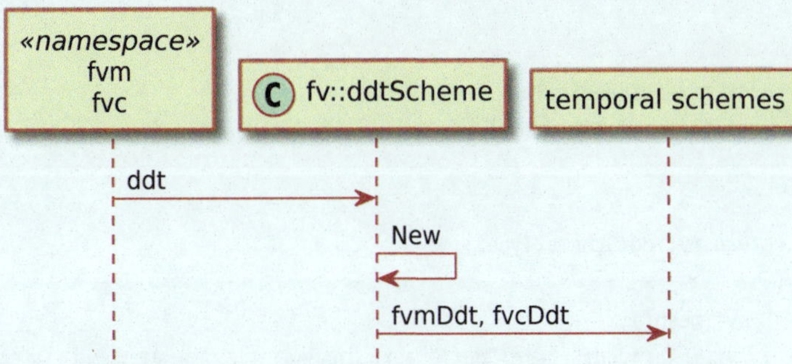

Fig 14.1: ddt DSL 함수의 내부 호출 흐름

ddt DSL 함수는 유동 특성(압축성/비압축성 그리고 다상유동)을 지원하기 위해 3종류의 DSL 함수를 제공한다.

- 1 parameter
  `<volume field>`만 주어진 경우로 비압축성 유체 solver에 나타나는 형태이다.

Listing 14.25: ddt 함수 형태 1

```
ddt
(
    const GeometricField<Type, fvPatchField, volMesh>& vf
)
{
    return fv::ddtScheme<Type>::New
    (
        vf.mesh(),
        vf.mesh().ddtScheme("ddt(" + vf.name() + ')')
    )
    ...
```

[5] fvmDdt.H 또는 fvcDdt.H에 정의되어 있다.

```
}
```

- 2 parameter

  <density field>와 <volume field>가 주어진 경우로 압축성 유체 solver에 나타나는 형태이다.

Listing 14.26: ddt 함수 형태 2

```
ddt
(
    const dimensionedScalar& rho,
    const GeometricField<Type, fvPatchField, volMesh>& vf
)
{
    return fv::ddtScheme<Type>::New
    (
        vf.mesh(),
        vf.mesh().ddtScheme("ddt(" + rho.name() + ',' + vf.name() + ')')
    )
    ...
}
```

Listing 14.27: ddt 함수 형태 3

```
ddt
(
    const volScalarField& rho,
    const GeometricField<Type, fvPatchField, volMesh>& vf
)
{
    return fv::ddtScheme<Type>::New
    (
        vf.mesh(),
        vf.mesh().ddtScheme("ddt(" + rho.name() + ',' + vf.name() + ')')
    )
    ...
}
```

- 3 parameter

  <alpha field>와 <density field> 그리고 <volume field>가 주어진 경우로 two-phase 혹은 multi-phase flow solver에 나타나는 형태이다.

Listing 14.28: ddt 함수 형태 4

```
ddt
(
    const volScalarField& alpha,
    const volScalarField& rho,
    const GeometricField<Type, fvPatchField, volMesh>& vf
)
{
    return fv::ddtScheme<Type>::New
    (
        vf.mesh(),
        vf.mesh().ddtScheme
        (
            "ddt("
          + alpha.name() + ','
          + rho.name() + ','
          + vf.name() + ')'
        )
    )
    ...
}
```

14.4.2 div DSL

div DSL 함수의 동작은 Fig. 14.2에 나타낸 것과 같다. div DSL 함수는 `system/fvSchemes`에 정의된 divSchemes subDict의 내용에 기술된 이산화 기법의 이름을 탐색하여 div 클래스의 `New` selector를 사용하여 $\nabla \bullet (\psi\phi)$ 연산을 담당하는 div 객체에 연결시키는 역할을 담당합니다. 필드 연산에 따라 `fvm::div` 또는 `fvc::div`를 사용할 수 있다[6]. 여기서 `fvm::div`[7] 형태의 호출은 `convectionScheme` 클래스의 서브클래스를 생성하고 `fvc::div`[8] 형태의 호출은 `divScheme` 클래스의 서브클래스를 생성한다.

div DSL 함수는 매개변수 개수에 따라 5종류의 DSL 함수가 준비되어 있지만 그 중 2개만이 본 함수이고 나머지는 래퍼 함수(wrapper function)에 해당한다.

- 3 parameter

[6] `fvmDiv.H` 또는 `fvcDiv.H`에 정의되어 있다.

[7] implicit 연산자에 해당한다.

[8] explicit 연산자에 해당한다.

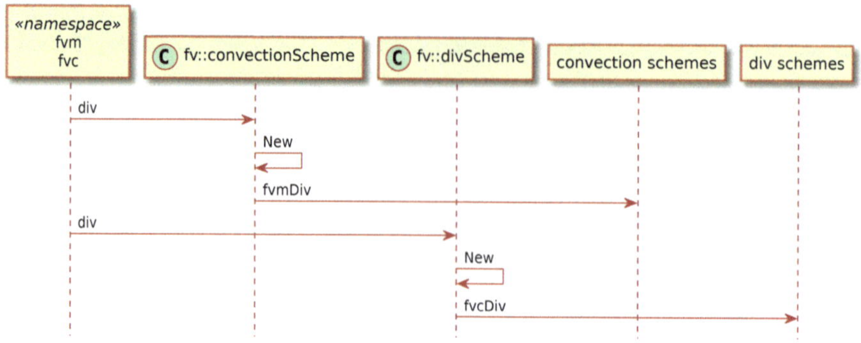

Fig 14.2: div DSL 함수의 내부 호출 흐름

`<flux field>`, `<volume field>` 그리고 `<scheme name>`이 주어진 경우로 `<scheme name>`을 `fvMesh`의 `divScheme` 멤버변수에 저장되어있는 divScheme subDict에서 `<scheme name>` 형태로 된 엔트리를 찾아 해당 div 객체를 생성한다.

Listing 14.29: div 함수 형태 1

```
div
(
    const surfaceScalarField& flux,
    const GeometricField<Type, fvPatchField, volMesh>& vf,
    const word& name
)
{
    return fv::convectionScheme<Type>::New
    (
        vf.mesh(),
        flux,
        vf.mesh().divScheme(name)
    )()
    .fvmDiv(flux, vf);
}
```

- 2 parameter
  `<flux field>`, `<volume field>`만 주어진 경우 `<scheme name>`을 `div(<flux name>, <field name>)`의 형태로 만들어 3 parameter 함수에 넣어 객체를 생성한다.

Listing 14.30: div 함수 형태 2

```
div
(
    const surfaceScalarField& flux,
    const GeometricField<Type, fvPatchField, volMesh>& vf
)
{
    return fvm::div(flux, vf, "div("+flux.name()+','+vf.name()+')');
}
```

`<volume field>`와 `<scheme name>`을 매개변수로 가진 경우는 Explicit 형태에만 사용되는 DSL이다.

Listing 14.31: div 함수 형태 3

```
div
(
    const GeometricField<Type, fvPatchField, volMesh>& vf,
    const word& name
)
{
    return fv::divScheme<Type>::New
    (
        vf.mesh(), vf.mesh().divScheme(name)
    ).ref().fvcDiv(vf);
}
```

- 1 parameter
  `<volume field>`만을 매개변수로 가진 경우로 Explicit 형태에만 사용되는 DSL이다.

Listing 14.32: div 함수 형태 4

```
div
(
    const GeometricField<Type, fvPatchField, volMesh>& vf
)
{
    return fvc::div(vf, "div("+vf.name()+')');
}
```

`<surface field>`를 매개변수로 가지는 경우는 `<surface field>`로부터 `volume filed`를 계산하는 방식으로 동작하는 Explicit 형태에만 사용되는 DSL을 제공한다.

Listing 14.33: div 함수 형태 5

```
div
(
    const GeometricField<Type, fvsPatchField, surfaceMesh>& ssf
)
{
    return tmp<GeometricField<Type, fvPatchField, volMesh>>
    (
        new GeometricField<Type, fvPatchField, volMesh>
        (
            "div("+ssf.name()+')',
            fvc::surfaceIntegrate(ssf)
        )
    );
}
```

14.4.2.1 div 객체 생성 과정 개요

div DSL는 grad DSL과 더불어 가장 복잡한 관계를 가진 DSL이기도 하다. div 연산의 이산화는 발산정리를 이용하기 때문에 반드시 flux 계산을 위한 surfaceInterpolationScheme 자료구조와 연결되어야 한다. 이를 확장성 있게 만들기 위해서 OpenFOAM은 RTS를 이용하는 자료구조에는 Istream을 이용하는 selector와 생성자를 제공하고 있다. `Istream`을 매개변수로 사용하면 selector 혹은 생성자 내부에서 토큰으로 구성된 스트림을 소모하면서 연쇄적으로 필요한 `surfaceInterpolationScheme` 객체를 생성하게 만들 수 있게 된다. 예를 들어 Fig. 14.3처럼 `Istream`으로 "Gauss linearUpwind grad(U)"를 convectionScheme의 selector에 전달했다고 가정해보자.

Listing 14.34: convectionScheme의 selector

```
tmp<convectionScheme<Type>> convectionScheme<Type>::New
(
    const fvMesh& mesh,
    const surfaceScalarField& faceFlux,
    Istream& schemeData
)
{
    ...
    const word schemeName(schemeData);
    ...
```

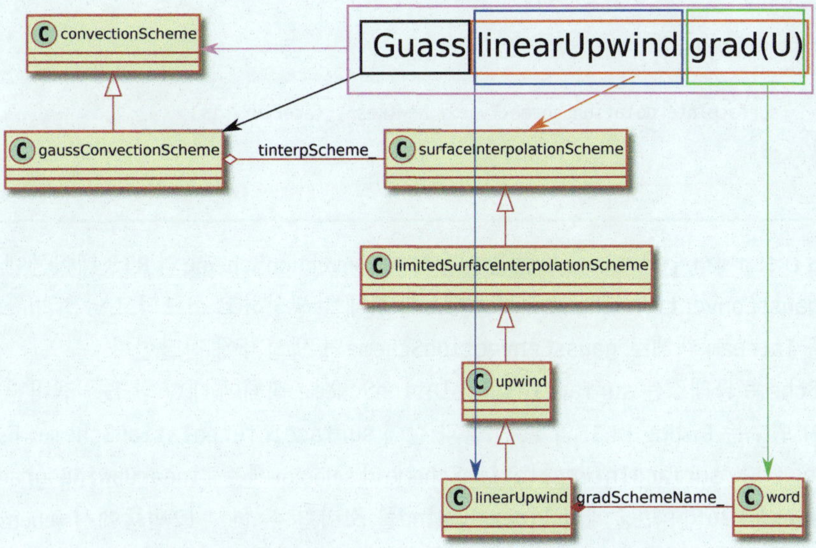

Fig 14.3: convectionScheme의 알고리즘 선정 과정

```
11     typename IstreamConstructorTable::iterator cstrIter =
12         IstreamConstructorTablePtr_->find(schemeName);
13     ...
14     return cstrIter()(mesh, faceFlux, schemeData);
15 }
```

`Gauss linearUpwind grad(U)` 스트림 전체가 `convectionScheme`의 selector에 전달되어 첫 번째 토큰인 Gauss가 Listing 14.34의 9번줄에서 schemeName으로 소모된다. 11 – 12번줄에서 schemeName에 해당하는 클래스를 검색한다. schemeName이 Gauss이므로 14번줄에서는 Listing 14.35와 같이 gaussScheme 클래스의 selector가 호출된다. gaussScheme의 selector가 호출될 때 남은 스트림 `linearUpwind grad(U)`이 전달된다.

Listing 14.35: gaussScheme 생성자

```
gaussConvectionScheme
(
    const fvMesh& mesh,
    const surfaceScalarField& faceFlux,
    Istream& is
)
:
    convectionScheme<Type>(mesh, faceFlux),
```

```
9        tinterpScheme_
10       (
11           surfaceInterpolationScheme<Type>::New(mesh, faceFlux, is)
12       )
13   {}
```

원래 Istream에서 얻은 Gauss 토큰을 이용하여 convectionScheme의 RTS 테이블에서 토큰과 일치하는 gaussConvectionScheme 서브클래스의 객체를 생성하고 소모되고 남은 "linearUpwind grad(U)"를 Istream 객체로 gaussConvectionScheme의 생성자에 전달한다.

gaussScheme 클래스는 surfaceInterpolationScheme 객체에 대한 참조를 멤버변수로 가지고 있다. 이 변수는 Listing 14.35의 11번 줄과 같이 surfaceInterpolationScheme의 selector를 통해 초기화 된다. surfaceInterpolationScheme의 selector에는 linearUpwind grad(U)이 전달되어 Listing 14.36의 9번줄에서 linearUpwind를 소비한 후 11 – 12번줄에서 schemeName에 해당하는 클래스를 검색한다. schemeName이 linearUpwind이므로 14번줄에서는 linearUpwind의 생성자를 호출하면서 객체가 사용하는 입력인자로 남은 스트림 grad(U)을 전달하게 된다.

Listing 14.36: surfaceInterpolationScheme의 selector

```
1  Foam::surfaceInterpolationScheme<Type>::New
2  (
3      const fvMesh& mesh,
4      const surfaceScalarField& faceFlux,
5      Istream& schemeData
6  )
7  {
8      ...
9      const word schemeName(schemeData);
10     ...
11     typename MeshFluxConstructorTable::iterator constructorIter =
12         MeshFluxConstructorTablePtr_->find(schemeName);
13     ...
14     return constructorIter()(mesh, faceFlux, schemeData);
15 }
```

즉, Istream을 이용하여 이산화 기법에 필요한 자료구조와 자료구조에서 사용하는 전달인자를 순서대로 기술하는 방식으로 복잡한 알고리즘 사이의 관계를 표현할 수 있게 된 것이다.

14.4.3 grad DSL

grad DSL 함수의 동작은 Fig. 14.4에 나타낸 것과 같다. grad DSL 함수는 `system/fvSchemes`에 정의된 gradSchemes subDict의 내용에 기술된 이산화 기법의 이름을 탐색하여 grad 클래스의 New selector를 사용하여 $\nabla\psi$ 연산을 담당하는 `grad` 객체에 연결시키는 역할을 담당한다. 등간격 격자를 가정하고 `linearScheme`을 적용했을 때 계수행렬의 대각성분에 기여하는 요소가 없기 때문에 `fvm::` 이름공간은 지원하지 않고 `fvc::` 이름공간만 지원한다[9].

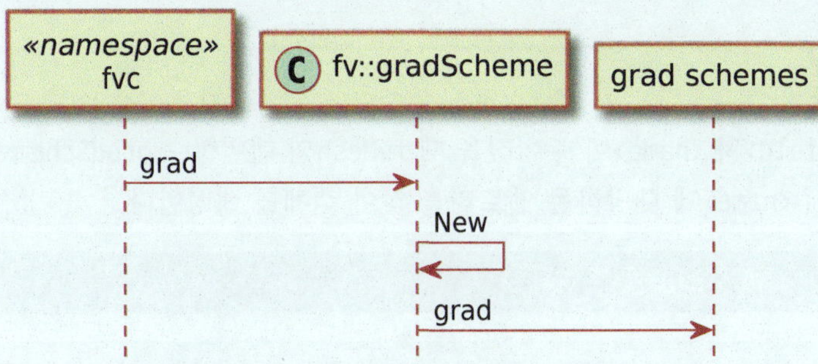

Fig 14.4: grad DSL 함수의 내부 호출 흐름

grad DSL 함수는 매개변수 개수에 따라 6종류의 DSL 함수가 준비되어 있지만 그 중 2개만이 본 함수이고 나머지는 래퍼 함수에 해당한다.

- 1 parameter
  `<surface field>` 만 주어졌을 때 gaussGrad scheme의 멤버함수인 `gradf`를 사용해서 `grad(<surface field name>)`라는 이름으로 객체를 생성한다.

Listing 14.37: grad 함수 형태 1

```
grad
(
    const GeometricField<Type, fvsPatchField, surfaceMesh>& ssf
)
{
    return fv::gaussGrad<Type>::gradf(ssf, "grad(" + ssf.name() + ')');
}
```

`<volume field>`만 주어졌을 때 2 parameter 생성함수에 `grad(<field name>)`이라는 이름으로 객체를 생성한다.

[9] fvcGrad.H에 정의되어 있다.

Listing 14.38: grad 함수 형태 2

```
grad
(
    const GeometricField<Type, fvPatchField, volMesh>& vf
)
{
    return fvc::grad(vf, "grad(" + vf.name() + ')');
}
```

- 2 parameter
  <volume field>와 <name>이 주어졌을 때 fvMesh의 멤버함수 gradScheme에서 얻어지는 subDict에서 <name>에 해당하는 엔트리를 찾아 객체를 생성한다.

Listing 14.39: grad 함수 형태 3

```
grad
(
    const GeometricField<Type, fvPatchField, volMesh>& vf,
    const word& name
)
{
    return fv::gradScheme<Type>::New
    (
        vf.mesh(),
        vf.mesh().gradScheme(name)
    )().grad(vf, name);
}
```

14.4.4 snGrad DSL

snGrad DSL 함수의 동작은 Fig. 14.5에 나타낸 것과 같다. snGrad DSL 함수는 system/fvSchemes에 정의된 snGradSchemes subDict의 내용에 기술된 이산화 기법의 이름을 탐색하여 snGradScheme 클래스의 selector를 사용하여 cell face에서의 $(\nabla\psi)_f$ 연산을 담당하는 snGrad 객체에 연결시키는 역할을 담당한다. grad와 마찬가지 이유로 fvc:: 이름공간만 지원한다[10].

snGrad DSL 함수는 매개변수 개수에 따라 4종류의 DSL 함수가 준비되어 있지만 그 중 1개만이 본 함수이고 나머지는 래퍼 함수에 해당한다.

[10] fvcSnGrad.H에 정의되어 있다.

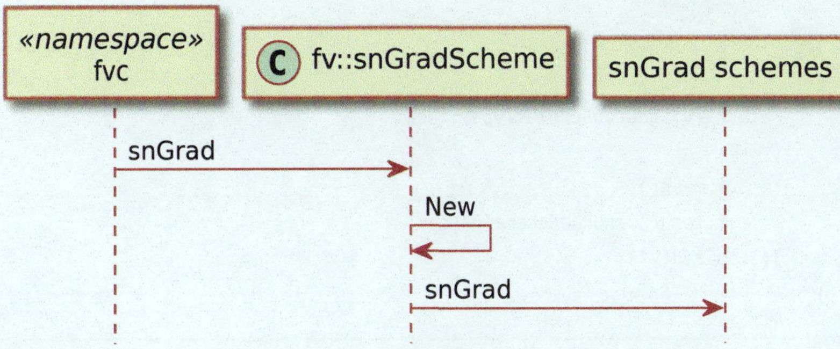

Fig 14.5: snGrad DSL 함수의 내부 호출 흐름

- 1 parameter
  `<volume field>`만 주어졌을 때 2 parameter 생성함수에 `snGrad(<field name>)`이라는 이름으로 객체를 생성시킨다.

Listing 14.40: snGrad 함수 형태 1

```
template<class Type>
tmp<GeometricField<Type, fvsPatchField, surfaceMesh>>
snGrad
(
    const GeometricField<Type, fvPatchField, volMesh>& vf
)
{
    return fvc::snGrad(vf, "snGrad(" + vf.name() + ')');
}
```

- 2 parameter
  `<volume filed>`와 `<name>`이 주어졌을 때 `fvMesh`의 멤버함수 `snGradScheme`에서 얻은 subDict에서 `<name>`에 해당하는 엔트리를 찾아 객체를 생성한 후 멤버함수 `snGrad`를 호출한다.

Listing 14.41: snGrad 함수 형태 2

```
template<class Type>
tmp<GeometricField<Type, fvsPatchField, surfaceMesh>>
snGrad
(
    const GeometricField<Type, fvPatchField, volMesh>& vf,
    const word& name
```

```
    )
    {
        return fv::snGradScheme<Type>::New
        (
            vf.mesh(),
            vf.mesh().snGradScheme(name)
        )().snGrad(vf);
    }
```

14.4.5 laplacian DSL

laplacian DSL 함수의 동작은 Fig. 14.6에 나타낸 것과 같다 laplacian DSL 함수는 `system/fvSchemes`에 정의된 laplacianSchemes subDict의 내용에 기술된 이산화 기법의 이름을 탐색하여 `laplacian` 클래스에 정의되어있는 New selector를 사용하여 $\nabla \bullet (\Gamma \nabla \psi)$와 같은 형태의 연산을 담당하는 laplacian 객체에 연결시키는 역할을 담당한다. 필드 연산에 따라 `fvm::laplacian` 또는 `fvc::laplacian`을 사용할 수 있다[11].

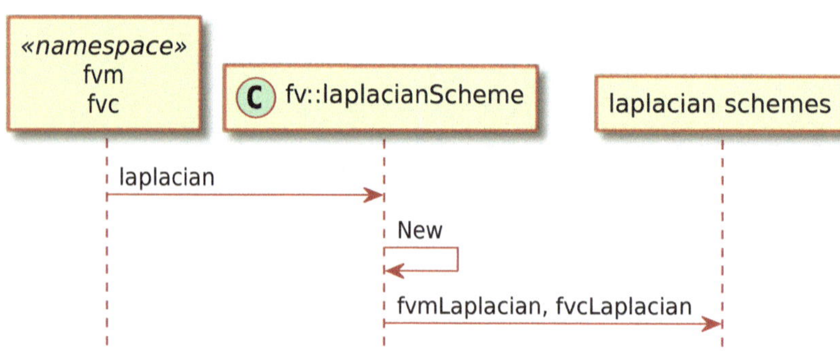

Fig 14.6: laplacian DSL 함수의 내부 호출 흐름

laplacian DSL 함수는 매개변수 개수에 따라 6종류의 DSL 함수가 준비되어 있지만, Γ의 유무에 따른 차이이기 때문에 3종류로 구분할 수 있다.

- 3 parameter
  `<diffusion coefficient>`, `<volume field>` 그리고 `<scheme name>`으로 주어진 경우로 `<scheme name>`을 fvMesh의 멤버함수 `laplacianScheme`에서 얻은 subDict에서 `<scheme name>` 형태로 된 엔트리를 찾아 해당 laplacian 객체를 생성한다.

[11] fvmLaplacian.H 또는 fvcLaplacian.H에 정의되어 있다.

Listing 14.42: laplacian 함수 형태 1

```
laplacian
(
    const dimensioned<GType>& gamma,
    const GeometricField<Type, fvPatchField, volMesh>& vf,
    const word& name
)
{
    const GeometricField<GType, fvsPatchField, surfaceMesh> Gamma
    (
        IOobject
        (
            gamma.name(),
            vf.instance(),
            vf.mesh(),
            IOobject::NO_READ
        ),
        vf.mesh(),
        gamma
    );

    return fvm::laplacian(Gamma, vf, name);
}
```

Listing 14.43: laplacian 함수 형태 2

```
laplacian
(
    const GeometricField<GType, fvPatchField, volMesh>& gamma,
    const GeometricField<Type, fvPatchField, volMesh>& vf,
    const word& name
)
{
    const GeometricField<GType, fvsPatchField, surfaceMesh> Gamma
    (
        IOobject
        (
            gamma.name(),
            vf.instance(),
            vf.mesh(),
            IOobject::NO_READ
        ),
        vf.mesh(),
```

```
        gamma
    );

    return fvm::laplacian(Gamma, vf, name);
}
```

Listing 14.44: laplacian 함수 형태 3

```
laplacian
(
    const GeometricField<GType, fvsPatchField, surfaceMesh>& gamma,
    const GeometricField<Type, fvPatchField, volMesh>& vf,
    const word& name
)
{
    return fv::laplacianScheme<Type, GType>::New
    (
        vf.mesh(),
        vf.mesh().laplacianScheme(name)
    ).ref().fvmLaplacian(gamma, vf);
}
```

- 2 parameter
  `<volume field>`만 주어진 경우에 사용되는 Explicit 형태의 DSL을 사용할 수 있다.

Listing 14.45: fvc 함수 형태 1

```
laplacian
(
    const GeometricField<Type, fvPatchField, volMesh>& vf,
    const word& name
)
{
    return fv::laplacianScheme<Type, scalar>::New
    (
        vf.mesh(),
        vf.mesh().laplacianScheme(name)
    ).ref().fvcLaplacian(vf);
}
```

`<diffusion coefficient>`, `<volume field>`만 주어진 경우에 사용되는 Explicit 형태의 DSL을 사용할 수 있다.

Listing 14.46: fvc 함수 형태 2

```
laplacian
(
    const dimensioned<GType>& gamma,
    const GeometricField<Type, fvPatchField, volMesh>& vf
)
{
    GeometricField<GType, fvsPatchField, surfaceMesh> Gamma
    (
        IOobject
        (
            gamma.name(),
            vf.instance(),
            vf.mesh(),
            IOobject::NO_READ
        ),
        vf.mesh(),
        gamma
    );

    return fvc::laplacian(Gamma, vf);
}
```

14.4.6 기타 DSL

14.4.6.1 source

편미분 방정식의 우변에 나타나는 소스항 S_ϕ을 담당한다(See page 593). 소스항은 Eq. (14.3) 처럼 선형시스템의 계수행렬에 반영되거나 소스항에 반영되는가에 따라 Implicit항 $\nabla \bullet Q_s(\phi)$ 과 explicit항 $Q_v(\phi)$으로 구분하여 나타낼 수 있다[20].

$$S_\phi = Q_v(\phi) + \nabla \bullet Q_s(\phi) \tag{14.3}$$

Implicit 소스항은 계수행렬의 대각성분에 반영되므로 그 값이 음수이면 대각성분에 대입할 때 이항되어 양수로 반영되기 때문에 대각성분이 지배적이 되는데 도움을 주므로 수치적 안정성이 높아진다. 반대이면 대각성분이 지배적이지 못해 수치적 안정성이 감소하므로 선형시스템의 우변에 반영하는 Explicit으로 처리하는 것이 좋다.

OpenFOAM DSL에서는 Explicit 소스항인 Su와 Implicit 소스항인 Sp외에 하이브리드 형식인 SuSp 함수를 지원한다. 하이브리드 소스항 SuSp는 Listing 14.47과 같이 그 부호에 따라 양수이면 계수행렬에, 음수이면 소스항에 반영한다.

Listing 14.47: fvm::SuSp

```
fvm.diag() += mesh.V()*max(susp.field(), scalar(0));
fvm.source() -= mesh.V()*min(susp.field(), scalar(0))
    *vf.primitiveField();
```

14.4.6.2 surfaceIntegrate and surfaceSum

Eq. (14.4)와 같은 convection 문제를 가정한다 ($\phi = \underline{\boldsymbol{U}} \bullet \underline{\boldsymbol{S}}_f$).

$$\frac{\partial}{\partial t}\int \psi dV + \int \nabla \bullet \psi dV = \frac{\partial}{\partial t}\int \psi dV + \int \psi\phi = 0 \tag{14.4}$$

FVM으로 이산화하면 Eq. (14.5)와 같이 표현된다.

$$\frac{\psi^n - \psi^o}{\Delta t}V^n + \sum_f (\psi\phi)_f = \frac{\psi^n - \psi^o}{\Delta t}V^n + \sum_f ((\psi\phi)_N - (\psi\phi)_O)_f = 0 \tag{14.5}$$

Explicit 형태로 표현하면 Eq. (14.6)과 같이 표현된다.

$$\frac{\psi^n - \psi^o}{\Delta t} + \frac{1}{V^n}\sum_f (\psi\phi)_f = 0 \tag{14.6}$$

`fvc::SurfaceIntegrate`에서 계산하는 값은 Eq. (14.6)의 좌변 두 번째 항을 구현한 것이다. 즉, cell의 total flux를 현재 time step의 cell volume으로 평균한 값이 된다.

$$\text{fvc::surfaceIntegrate} = \frac{1}{V^n}\sum_f (\psi\phi)_f \tag{14.7}$$

`fvc::SurfaceIntegrate`는 OpenFOAM의 two-phase solver인 interFoam의 Explicit VoF solver인 MULES와 CMULES에서 사용되고 있다.

INFO
`surfaceIntegrate`와 `surfaceSum`의 코드는 계산하는 방법 자체는 동일하다. 단지 `surfaceIntegrate`는 cell face flux의 합, 즉 total flux의 volume average에 해당하고 `surfaceSum`은 cell face (scalar) value 합의 volume average에 해당한다.

격자에서 직접 flux 계산을 할 경우에는 부호에 주의해야 한다. cell은 face id에 따라 owner일 수도, neighbour 일 수도 있기 때문에 cell이 neighbour 일 경우 face normal이 inward이므로 flux 계산 시 부호를 반대로 만들어서 계산해야 한다. 이를 일반화하면 대상 cell을 중심으로 flux 계산을 하게 될 경우 neighbor cell과 owner cell을 구분해야 한다.

$$\psi = \sum_O \phi_{fO} S_{fO} - \sum_N \phi_{fN} S_{fN} \tag{14.8}$$

`fvc::surfaceIntegrate` 함수를 살펴보면 Listing 14.48과 같이 표현된다.

Listing 14.48: flux 계산

```
forAll(owner, facei)
{
  psi[owner[facei]] += issf[facei];
  psi[neighbour[facei]] -= issf[facei]
}
```

만일 flux계산처럼 vector 성분이 아닌 scalar 성분일 경우는 `fvc::surfaceSum`과 같이 부호 변화가 발생하지 않는다

Listing 14.49: surface value 계산

```
forAll(owner, facei)
{
  psi[owner[facei]] += issf[facei];
  psi[neighbour[facei]] += issf[facei]
}
```

14.4.6.3 volumeIntegrate

`fvc::volumeIntegrate`는 각각의 volume 필드에 cell volume을 곱한 값을 반환한다.

$$\text{fvc::volumeIntegrate} = \psi_i \Omega_i \tag{14.9}$$

`fvc::domainIntegrate`는 `volumeIntegrate`의 합을 반환한다.

$$\text{fvc::domainIntegrate} = \int \psi dV = \sum_i (\psi_i \Omega_i) \tag{14.10}$$

14.4.6.4 average

`fvc::average`는 주변 cell의 평균값을 계산한다.

$$\text{fvc::average} = \langle \phi \rangle = \frac{1}{N} \sum \phi_P \tag{14.11}$$

14.4.6.5 cellReduce

`fvc::cellReduce` 템플릿 함수는 surface 필드로부터 템플릿 인자로 주어진 `CombineOp` 연산에 부합하는 volume 필드를 구성한다. `CombineOp`는 Tab. 11.2에 기술된 `Op`로 끝나는 함수객체를 사용할 수 있다.

14.4.6.6 curl

`fvc::curl`은 Eq. (14.12)를 통해 curl을 계산한다.

$$\nabla \times \phi = 2\left(\star \mathrm{skew}\left(\nabla \phi\right)\right) \tag{14.12}$$

ϕ을 vector 필드라 하면 $\nabla\phi$는 2차 텐서 $\underline{\underline{\boldsymbol{T}}}$가 된다. $\mathrm{skew}\left(\underline{\underline{\boldsymbol{T}}}\right) = \frac{1}{2}\left(\underline{\underline{\boldsymbol{T}}} - \underline{\underline{\boldsymbol{T}}}^T\right)$ 이고 $\star$는 Hodge dual star operator를 의미한다. Hodge dual star operator를 3×3 텐서 $\underline{\underline{\boldsymbol{T}}}$에 적용하면 vector $(T_{23}, -T_{13}, T_{12})$를 얻을 수 있기 때문에 vector의 curl을 계산할 수 있다. Hodge dual star opertor는 `src/OpenFOAM/primitives/Tensor/TensorI.H`에 정의되어 있다.

14.4.6.7 interpolate

`fvc::interpolate`는 주어진 volume 필드로부터 cell face 필드를 계산한다.

14.4.6.8 flux

`fvc::flux`는 `surfaceInterpolationScheme` 객체의 `dotInterpolate` 멤버함수를 호출하여 주어진 필드의 face flux를 계산한다.

Listing 14.50: flux

```
Foam::tmp<Foam::surfaceScalarField> Foam::fvc::flux
(
    const volVectorField& vvf
)
{
    return scheme<vector>
    (
        vvf.mesh(),
        "flux(" + vvf.name() + ')'
    )().dotInterpolate(vvf.mesh().Sf(), vvf);
}
```

14.4.6.9 reconstruct

vector형태의 필드 값의 face flux로부터 volume 필드를 재구성한다. face flux의 surface normal 방향의 합은 Eq. (14.13)과 같다.

$$\sum_f (\hat{n}_f \phi_f) = \sum_f \{\hat{n}_f (\underline{\boldsymbol{S}}_f \bullet \underline{\boldsymbol{U}}_f)\} \tag{14.13}$$

dyadic과 vector product 관계에서 $(\underline{\boldsymbol{a}} \otimes \underline{\boldsymbol{b}}) \bullet \underline{\boldsymbol{c}} = \underline{\boldsymbol{a}} (\underline{\boldsymbol{b}} \bullet \underline{\boldsymbol{c}})$ 인 관계를 적용하면 Eq. (14.14)와 같이 표현할 수 있다.

$$\sum_f (\hat{n}_f \phi_f) = \sum_f \{\hat{n}_f (\underline{\boldsymbol{S}}_f \bullet \underline{\boldsymbol{U}}_f)\} = \sum_f \{(\hat{n}_f \otimes \underline{\boldsymbol{S}}_f) \bullet \underline{\boldsymbol{U}}_f\} \tag{14.14}$$

face velocity $\underline{\boldsymbol{U}}_f$ 를 cell center velocity $\underline{\boldsymbol{U}}_P$ 로 근사할 수 있다고 하면 cell center velocity를 Eq. (14.15)처럼 근사적으로 얻을 수 있게 된다.

$$\underline{\boldsymbol{U}}_P = \left(\sum_f (\hat{n}_f \otimes \underline{\boldsymbol{S}}_f) \right)^{-1} \bullet \sum_f (\hat{n}_f \phi_f) \tag{14.15}$$

Eq. (14.15)를 구현한 것이 `fvc::reconstruct`이며 개념적으로 moment center를 구하는 방법과 비슷한 방식임을 알 수 있다.

Listing 14.51: fvc::reconstruct

```
inv(surfaceSum(SfHat*mesh.Sf()))&surfaceSum(SfHat*ssf)
```

14.5 연습문제

Exercise 1

C++ 11 표준에 도입된 새로운 기능 중 range-based for 구문이 있다. 이 기능은 배열 자료구조가 `begin`과 `end` 멤버함수를 지원할 경우 `for`문을 축약해서 사용할 수 있는 문법이다.

```
std::vector<double> list;
for(auto iter=list.begin(); iter !=list.end(); ++iter)
{
  // body
}
```

위 구문은 range-based for 구문으로 표현하면 다음과 같이 사용할 수 있다.

```cpp
std::vector<double> list;
for(const auto& iter : list)
{
  // body
}
```

(a) 앞서 소개된 반복 매크로, `forAll`과 `forAllConstIter`는 각각 `size`함수와 `begin` `end` 함수를 지원하는 자료구조에 적용해서 사용할 수 있는 매크로로 range-based for 구문을 문법적으로 지원하지 못하던 시기에 구현된 매크로 함수이다. 다음과 같은 iterator를 사용하는 `forAllConstIter`매크로를 range-based for 구문으로 수정해서 작성해보도록 한다.

```cpp
void writeOBJ
(
    Ostream& os,
    label& vertI,
    const FixedList<point, 4>& tet
)
{
    using tetraType = FixedList<point,4>;
    forAllConstIter(tetraType, tet, iter)
    {
        meshTools::writeOBJ(os, *iter);
    }
}
```

Exercise 2

range-based for의 경우 `begin`과 `end`함수를 지원하는 iterator가 있는 경우에만 활용할 수 있기 때문에 `size` 함수만을 지원하는 순차 자료형의 경우처럼 직접 배열 인덱스에 접근하는 형태로는 활용할 수 있다. 수치해석코드는 경우 iterator를 활용하는 경우보다는 배열 인덱스를 사용하는 것이 좀 더 직관적이고 많이 활용되는 형태이다. C++ 17 표준부터 도입된 structured binding [12]을 사용하면 Python에서 제공하는 `enumerate` 연산자와 비슷한 동작을 하는 템플릿 함수를 작성할 수 있다 (참고: `http://reedbeta.com/blog/python-like-enumerate-in-cpp17/`).

[12] node.js에서는 destructuring이란 용어를 사용한다.

```cpp
#include <tuple>
template<typename T>
constexpr auto enumerate(T&& iterable)
{
  static_assert
  (
      std::is_same_v
      <
          decltype(std::begin(std::declval<T>())),
          decltype(std::end(std::declval<T>()))
      >
  );
  using TIter = decletype(std::begin(std::declval<T>()));
  struct iterator
  {
    size_t i;
    TIter iter;
    bool operator != (const iterator& other) const { return iter != other.iter; }
    void operator ++ () { ++i; ++iter; }
    auto operator * () const { return std::tie(i, *iter); }
  }

  struct iterable_wrapper
  {
    T iterable;
    auto begin() { return iterator{ 0, std::begin(iterable) } ; }
    auto end() { return iterator{ 0, std::end(iterable) } ; }
  }

  return iterable_wrapper{ std::forward<T>(iterable) };
}
```

(a) 위 템플릿 함수를 활용하여 다음 코드를 enumerate 자료구조를 사용한 코드로 수정해보도록 한다.

```cpp
void writeOBJ
(
    Ostream& os,
    label& vertI,
    const FixedList<point, 4>& tet
)
```

```
{
    forAll(tet, fp)
    {
        meshTools::writeOBJ(os, tet[fp]);
    }
}
```

HINT

`for(auto i; i<tet.size(); ++i)` 형태는 `for (const auto& [i, iter] : enumerate<const FixedList<point, 4>&(tet))` 형태와 동일하다.

Exercise 3

Tab. 14.1와 14.2를 참고하여 vector와 tensor 자료구조 사용법을 연습해보도록 한다.

```
#include "vector.H"
#include "tensor.H"
#include "zero.H"
#include "messageStream.H"

using namespace Foam;
int main(int argc, char** argv)
{
  vector a = Zero;
  vector b = Zero;
  vector c = Zero;
  tensor A = Zero;
  scalar s = 0;
  Info << a << endl;
  Info << b << endl;
  Info << c << endl;
  Info << A << endl;

  return 0;
}
```

(a) $\underline{\boldsymbol{a}} = \begin{bmatrix} 1 & 1 & 1 \end{bmatrix}$, $\underline{\boldsymbol{b}} = \begin{bmatrix} -1 & 2 & 3 \end{bmatrix}$에 대한 inner product를 계산하고 scalar s에 그 값을 저장하여 출력하도록 한다.

> **WARNING**
> inner product 연산자 &는 C++의 연산자 우선순위 때문에 대부분의 경우 괄호로 묶은 형태로 사용해야 연산자 우선순위로 인한 오류가 발생하지 않는다.

(b) $\underline{c} = \underline{a} \times \underline{b}$를 계산하고 출력하도록 한다.

> **WARNING**
> cross product 연산자 ^는 C++의 연산자 우선순위 때문에 대부분의 경우 괄호로 묶은 형태로 사용해야 연산자 우선순위로 인한 오류가 발생하지 않는다.

(c) $\underline{a}$의 크기의 제곱 $|\underline{a}|^2 = \underline{a} \bullet \underline{a}$를 각각 `magSqr` 함수와 inner product 연산자 &를 사용해서 계산해보고 그 결과를 비교하도록 한다.

(d) $\underline{a}$의 크기 $|\underline{a}| = \sqrt{\underline{a} \bullet \underline{a}}$를 각각 `mag` 함수와 inner product 연산자 &를 사용해서 계산해보고 그 결과를 비교하도록 한다.

> **HINT**
> inner product 연산자를 사용할 경우 `sqrt` 함수를 사용하도록 한다.

(e) unit vector $\hat{a} = \frac{\underline{a}}{|\underline{a}|}$를 계산해보도록 한다.

(f) $\underline{a}$와 $\underline{b}$의 dyadic $\underline{a} \otimes \underline{b}$를 연산자 *를 사용해서 계산해보고 그 결과를 출력해보도록 한다.

(g) 앞서 구한 $\underline{a}$, $\underline{b}$, $\underline{c}$를 세 축으로 하는 `tensor` $\underline{\underline{A}}$를 생성하고 그 값을 출력해보도록 한다.

> **HINT**
> OpenFOAM의 `tensor` 자료구조는 vector를 행벡터로 취급하여 $A = \begin{bmatrix} \underline{a} & \underline{b} & \underline{c} \end{bmatrix}^T$ 의 형태로 저장한다.

(h) 앞서 생성한 `tensor` $\underline{\underline{A}}$의 transpose를 멤버함수 `T()`를 이용해 구하고 그 결과를 출력해보도록 한다.

(i) 특정 point를 `tensor` $\underline{\underline{A}}$ 자료구조로 저장한 좌표축에 대해 좌표변환하는 것은 각각의 좌표축에 대한 inner product와 같으므로 $\underline{\underline{A}} \bullet \underline{p}$ 형태로 계산할 수 있다. position vector $\underline{p}$를 생성하고 이의 좌표변환을 계산해보도록 한다.

(j) 서로 다른 두 vector $\underline{a}$, $\underline{b}$로 이루어지는 각도 만큼의 회전변환은 Rodirigues' rotation formular[13]를 이용해 계산할 수 있으며 이는 `rotationTensor` 함수를 통해 구현되어 있다. 앞서 생성한 $\underline{a}$와 $\underline{b}$에 대한 회전 변환을 계산하고 그 결과를 출력해보도록 한다.

---

[13] `https://en.wikipedia.org/wiki/Rodrigues'_rotation_formula` 참고

(k) x, y, z축에 대한 회전변환은 `Rx(const scalar& omega)`, `Ry(const scalar& omega)`, `Rz(const scalar& omega)` 함수를 이용해 얻을 수 있다. 각각의 축에 대해 회전각 $\omega = \pi/3$에 대한 회전변환을 얻어 그 값을 출력해보고 3차원 회전변환식[14]과 비교해보도록 한다.

(l) 임의의 축에 대한 회전변환은 `Ra(const vector& a, const scalar omega)` 함수를 이용해 얻을 수 있다. $\underline{c}$에 대해 $\omega = \pi/3$에 대한 회전변환을 얻어 그 값을 출력해보도록 한다.

> **INFO**
> 임의의 축에 대한 회전변환은 quaternion 자료구조로도 표현할 수 있으며 이에 대한 활용은 직관적이기 때문에 숙제로 남겨두기로 한다.

Exercise 4

규칙파를 정의할 때 파 진행방향과 중력방향을 각각 $\hat{x}$와 $\hat{z}$ 방향으로 한 로컬좌표계를 사용한다. 파의 진행방향 $\underline{\boldsymbol{d}}$를 정하면 다음과 같은 벡터 관계를 통해 중력방향에 수직인 좌표축을 계산할 수 있다.

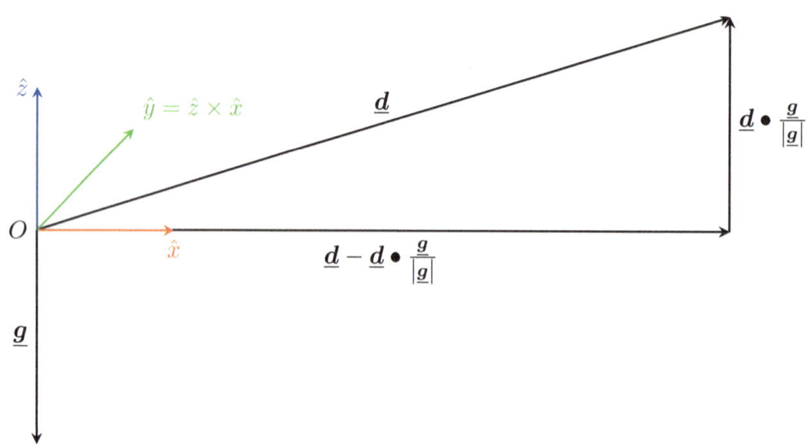

$$
\begin{aligned}
\hat{g} &= \frac{\underline{\boldsymbol{g}}}{|\underline{\boldsymbol{g}}|} \\
\hat{z} &= -\hat{g} \\
\hat{x} &= \underline{\boldsymbol{d}} - \underline{\boldsymbol{d}} \cdot \hat{g} \\
\hat{y} &= \hat{z} \times \hat{x}
\end{aligned}
$$

[14] https://en.wikipedia.org/wiki/Rotation_matrix 참고

(a) 중력가속도에 대한 단위벡터 $\hat{g}$를 OpenFOAM의 `vector` 자료형으로 계산해보도록 한다.

(b) 로컬좌표계의 $\hat{z}$를 중력가속도에 대한 단위벡터 $\hat{g}$로부터 계산하는 코드를 작성하도록 한다.

(c) 로컬좌표계의 $\hat{x}$를 진행방향 $\underline{\boldsymbol{d}}$로부터 파의 진행방향을 표시할 수 있도록 중력가속도에 직각인 성분을 계산하는 코드를 작성하도록 한다.

(d) 로컬좌표계의 $\hat{y}$를 앞서 계산한 두 단위벡터 $\hat{x}$와 $\hat{z}$의 cross product를 이용해서 계산하는 코드를 작성하도록 한다.

> **HINT**
> OpenFOAM의 벡터 및 텐서 연산은 Tab. 14.1을 참고하도록 한다.

(e) 앞서 구한 로컬좌표계의 각 축을 가리키는 방향벡터 $\hat{x}$, $\hat{y}$, $\hat{z}$를 기저로하는 텐서 $\underline{\underline{\boldsymbol{T}}} = \begin{bmatrix}\hat{x} & \hat{y} & \hat{z}\end{bmatrix}^T$ 를 정의하면 기준좌표계에서의 좌표점 $\underline{\boldsymbol{p}}$는 텐서에 대한 inner product 즉, $\underline{\underline{\boldsymbol{T}}} \bullet \underline{\boldsymbol{p}}$로 표현된다. 이 관계를 이용해 임의의 `vector` 자료형으로 주어진 점 p를 로컬좌표계를 의미하는 텐서 자료형 `tensor`을 이용하여 좌표변화시키는 코드를 작성해보도록 한다.

> **HINT**
> `src/waves/waveSuperpositions/waveSuperposition.C`의 `transformation` 멤버함수를 참고하도록 한다.

15

Design Pattern

특정 문제를 해결하기 위한 In-house 코드나 라이브러리 개발이 아니라 범용 프레임워크를 개발하는 경우, 코드 복잡도 제어, 유지보수 그리고 확장성을 위해 클래스 혹은 자료구조들은 특정한 패턴으로 연결된 구조를 보이게 된다. 이 패턴들을 디자인 패턴이라 하는데, 본 장에서는 Factory Method를 제외한 OpenFOAM에서 많이 활용하는 디자인 패턴들만을 간단하게 소개하도록 한다. 디자인 패턴에 대한 전문적인 설명은 참고문헌[1, 5, 11]을 참고하도록 한다.

15.1 Template Method Pattern

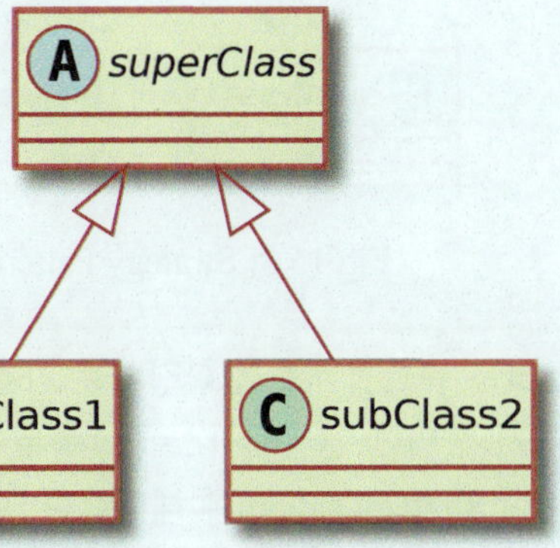

Fig 15.1: Template Method Pattern

Template Method Pattern은 Fig. 15.1처럼 슈퍼클래스와 서브클래스를 상속관계로 묶어 슈퍼클래스의 기능을 확장하는 가장 대표적인 방법에 해당한다. 슈퍼클래스는 반드시 추상 클래스일 필요는 없지만 서브클래스에 특정 인터페이스를 강제하려는 경우 추상 클래스로 표현한다. 이 관계는 외부에 노출되는 알고리즘의 인터페이스를 슈퍼클래스에서 정의하고 서브클래스는 세부 구현만을 담당하기 때문에 인터페이스를 벗어난 동작을 서브클래스에 추가할 수 없는 단점을 가지고 있다. 하지만 디자인 패턴은 이 패턴의 응용 패턴으로 설명할 수 있는 경우가 많기 때문에 가장 기본적인 패턴이라 할 수 있다. 대표적으로 dynamicFvMesh는 template method pattern으로 확장되어 있음을 알 수 있다.

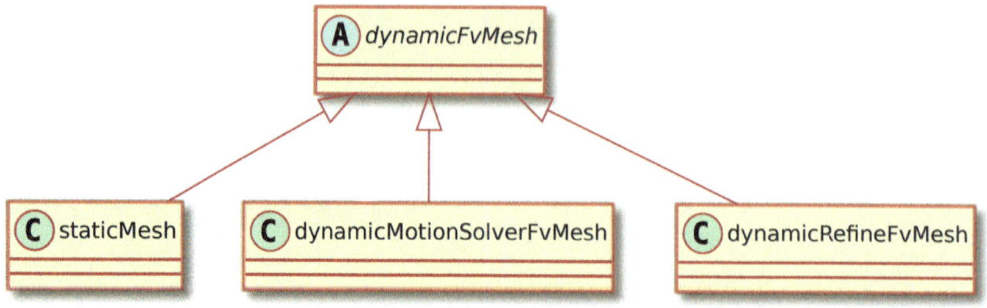

Fig 15.2: dynamicFvMesh 구현 예

15.2 Strategy Pattern

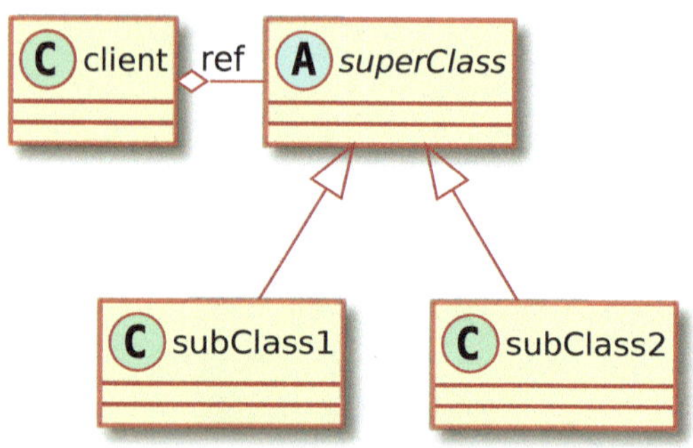

Fig 15.3: Strategy Pattern

Template Method Pattern은 슈퍼클래스를 확장하는 가장 손쉬운 방법에 해당하나 서브클래스의 동작이 슈퍼클래스에서 정의한 인터페이스에 종속된다는 한계를 가지고 있다. 이 한계를 해결하기위해 나타난 패턴이 Strategy pattern에 해당한다. 이는 상속과 포함관계를 섞은 형태로 Fig. 15.3을 보면 template method pattern을 활용하기 위한 client 클래스 안에 template method pattern의 슈퍼클래스에 대한 참조형 변수 ref를 가지고 있는 것을 알 수 있다. 이 패턴의 장점은 알고리즘을 추상화하여 특정알고리즘을 임의로 선택이 가능한 일종의 plug-in처럼 사용할 수 있다는 점이다. OpenFOAM에서 구현된 거의 대부분의 클래스들은 strategy pattern으로 묶여있다. 따라서, 코드를 분석할 때 client 클래스에서 client 클래스가 가지고 있는 참조형 변수를 확인한 후 변수의 자료형이 표현하는 template method pattern 순으로 도식화해가면 비교적 쉽게 각각의 역할과 의미를 파악하기 용이해진다. 대표적으로 dynamicMotionSolverFvMesh는 strategy pattern으로 motion solver를 plug-in화하여 구현하고 있다.

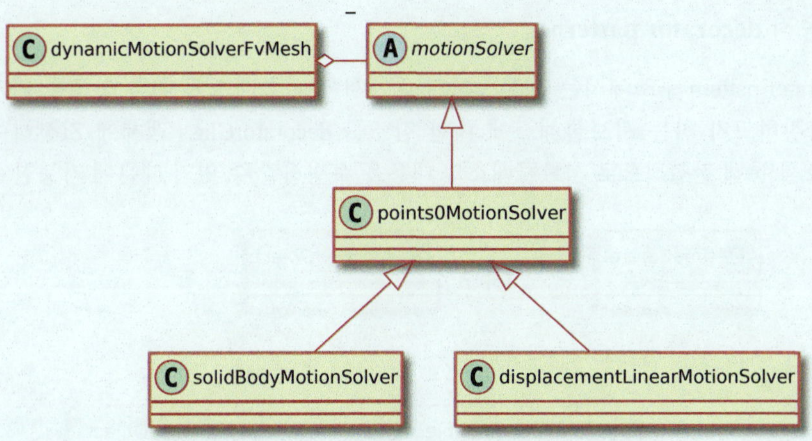

Fig 15.4: motionSolver 구현 예

15.3 Decorator Pattern

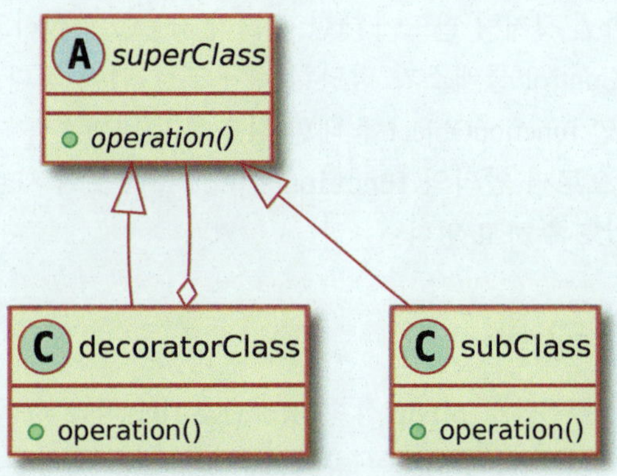

Fig 15.5: Decorator Pattern

Decorator Pattern은 서브클래스의 수정 없이 기본 기능에 decoratorClass의 기능을 추가 시키는 방법이며 발생시점에 따라 다음 2가지 형태로 구분할 수 있다[19].

- 동적 decorator pattern
- 정적 decorator pattern

15.3.1 동적 decorator pattern

동적 decorator pattern 구조에서는 decoratorClass에서 슈퍼클래스에 대한 참조를 가지고 있기 때문에, 확장하고자 하는 서브클래스에 대한 참조를 decoratorClass 객체에 저장하여 공통된 인터페이스를 통해 간접적으로 서브클래스의 내용을 수정시킬 수 있기 때문에 가능한 구조이다.

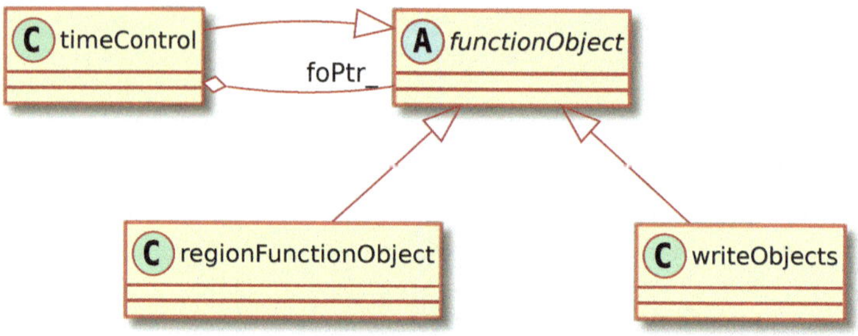

Fig 15.6: functionObject 구현 예

OpenFOAM의 functionObject(See page 343)는 대표적인 동적 decorator pattern을 구현한 자료구조로 Fig. 15.6에 나타낸 것처럼 필드에 대한 후처리 기능을 구현하고 시간과 관련된 기능은 decorator 클래스인 timeControl 클래스가 담당하는 구조로 되어 있다. timeControl 클래스의 내부를 보면 슈퍼클래스인 functionObject에 대한 참조형 멤버변수를 가지고 있어 timeControl 클래스의 객체를 호출함으로써 임의의 `functionObject` 클래스의 서브클래스에 시간 정보가 포함된 결과를 얻을 수 있도록 하고 있다.

15.3.2 정적 decorator pattern

정적 decorator pattern은 다른 말로 Mixin 상속(See page 108)이라 하며 컴파일 타임에 임의의 클래스에 decoratorClass의 코드를 주입하는 방식으로 클래스가 확장된다.

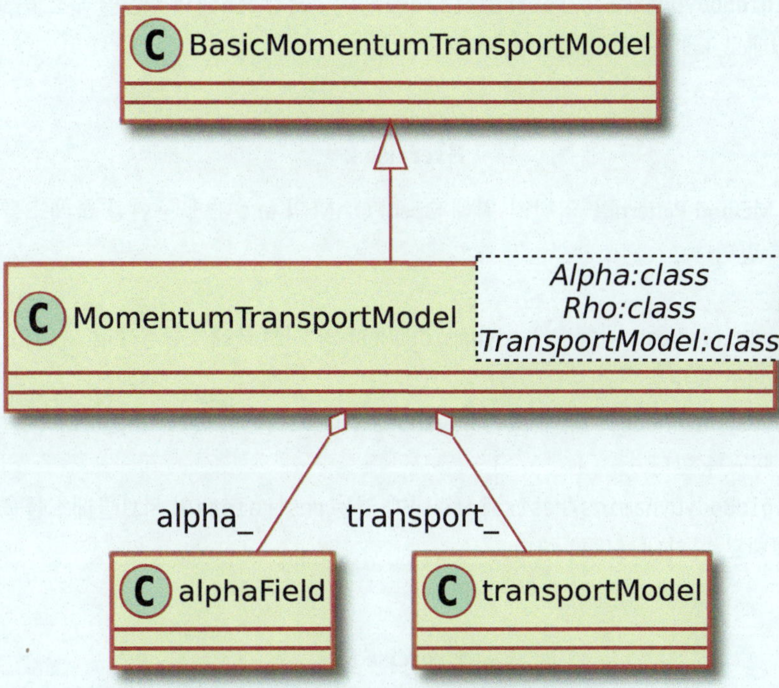

Fig 15.7: MomentumTransportModel Mixin

OpenFOAM 3부터 수정된 OpenFOAM의 난류모델은 대표적인 정적 decorator pattern을 구현한 자료구조로 Fig. 15.7에 나타낸 것처럼 `momentumTransportModel`의 서브클래스에 `MomentumTransportModel` 코드를 주입시켜 확장된 클래스를 활용하여 압축성/비압축성 그리고 다상유동에 대한 난류모델을 구현하고 있다(See page 555).

15.4 연습문제

Exercise 1

Template Method Pattern을 익히기 위해 OpenFOAM의 `src`내에 구현된 클래스들의 관계를 표현해보도록 한다.

(a) `src/dynamicFvMesh` 내에 있는 `dynamicFvMesh`의 서브클래스들을 Fig. 15.1와 같은 형태로 나타내보도록 한다.

(b) `src/waves/waveModels` 내에 있는 `waveModel`의 서브클래스들을 Fig. 15.1와 같은 형태로 나타내보도록 한다.

(c) `src/rigidBodyDynamics/restraints` 내에 있는 `restraints`의 서브클래스들을 Fig. 15.1와 같은 형태로 나타내보도록 한다.

Exercise 2

Template Method Pattern을 익히기 위해 OpenFOAM의 `src` 내에 구현된 클래스들의 관계를 표현해보도록 한다.

(a) `src/dynamicFvMesh` 내에 있는 `dynamicFvMesh`의 서브클래스들을 Fig. 15.1와 같은 형태로 나타내보도록 한다.
(b) `src/waves/waveModels` 내에 있는 `waveModel`의 서브클래스들을 Fig. 15.1와 같은 형태로 나타내보도록 한다.
(c) `src/rigidBodyDynamics/restraints` 내에 있는 `restraints`의 서브클래스들을 Fig. 15.1와 같은 형태로 나타내보도록 한다.

Exercise 3

Strategy Pattern을 익히기 위해 OpenFOAM의 `src` 내에 구현된 클래스들의 관계를 표현해보도록 한다.

(a) `dynamicFvMesh`의 서브클래스인 `dynamicMotionSolverFvMesh`의 구조를 Fig. 15.3와 같은 형태로 나타내보도록 한다.
(b) `waveSuperposition`의 구조를 Fig. 15.3와 같은 형태로 나타내보도록 한다.
(c) `solidBodyMotionFunction`의 구조를 Fig. 15.3와 같은 형태로 나타내보도록 한다.
(d) `rigidBodyMotion`의 구조를 Fig. 15.3와 같은 형태로 나타내보도록 한다.
(e) `rigidBodyMeshMotion`의 구조를 Fig. 15.3와 같은 형태로 나타내보도록 한다.

IV FVM 수치해석 자료구조

16

격자 자료형

OpenFOAM은 FVM 기법을 구현하고 있고 FVM 기법은 기본적으로 비정렬격자를 지원한다. 정렬격자는 격자가 좌표축에 정렬되어 표현되기 때문에 격자간 연결정보 (connectivity information)를 명시하지 않아도 인접 노드를 유추할 수 있지만 비정렬격자는 명시적으로 연결정보를 제공해야 격자를 표현할 수 있으므로 정렬격자에 비해 구조가 복잡해진다. 비정렬격자의 연결정보를 표현하는 방법은 다양하지만, OpenFOAM은 그 중에서 upper triangular face ordering을 이용한 방법으로 격자를 표현하고 있다. 이 방법은 face flux 표현에서 강점을 보인다는 점에서 FVM 표현에 유리한 격자 표현방식으로 보인다.

16.1 격자 개요

OpenFOAM에서 처리하는 3차원 격자는 Fig. 16.1에 나타낸 것처럼 5개의 구성요소로 나눌 수 있다.

- mesh
- cell
- face
- edge
- point

mesh는 cell이라 부르는 부피요소들로 구성되며 `polyMesh` 자료구조를 통해 구현된다. 하나의 cell은 4개 이상의 face들로 구성되어 부피를 정의하고 `cell` 자료구조로 표현된다. cell을 구성하는 각각의 face들은 3개 이상의 edge로 구성되어 면을 정의하고 `face` 자료구조로 표현된다. 마지막으로 face를 구성하는 각각의 edge들은 2개의 `point`로 구성되어 선을 정의하고 `edge` 자료구조로 표현된다. 이들 격자 구성요소는 `src/OpenFOAM/meshes/meshShapes` 아래에 정의되어 있다. 참고로 point는 `vector` 자료형 또는 alias 자료형인 `point` 자료형으로 표현되며 `src/OpenFOAM/meshes/primitiveShapes` 아래에 정의되어 있다.

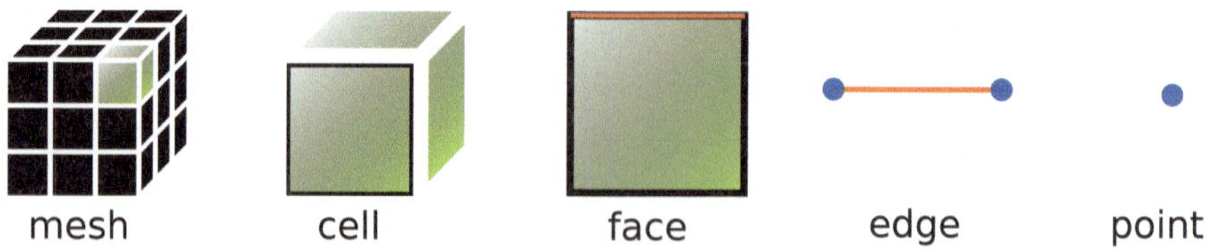

Fig 16.1: 격자 구성 요소

서로 다른 두 개의 인접 cell들은 하나의 cell face를 공유하고 있기 때문에 face id에 대해서 한 쌍의 cell id를 얻을 수 있고 이들 cell 쌍은 다음과 같이 두 종류로 나눌 수 있다.

- owner
- neighbour

cell id 순서쌍에서 id 값이 작은 cell을 owner cell, 큰 cell을 neighbour cell이라 한다. 그리고 cell face의 법선벡터(face normal)는 항상 owner cell에서 neighbour cell 방향으로 정한다. 예를 들어 Fig. 16.2처럼 face id 0에 대해서 cell id 순서쌍 $(1, 4)$를 얻을 수 있다고 하면 cell id 1이 owner cell, cell id 4가 neighbour cell이 되고 face normal은 1에서 4로 가는 방향이 된다.

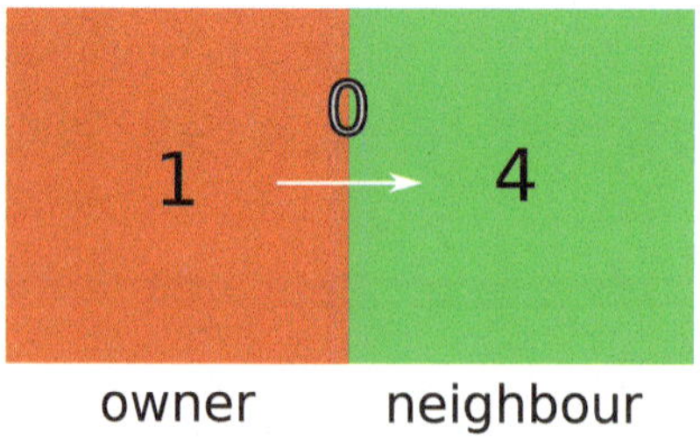

Fig 16.2: owner, neighbour cell 쌍

이렇게 구성된 격자는 경계 영역(boundary)과 내부 영역(internal)로 나눌 수 있다. boundary는 계산영역을 정의하는 격자요소로써 3차원인 경우 face, 2차원인 경우 edge로 정의할 수 있다. internal은 계산영역에서 boundary를 제외한 나머지 격자요소를 의미한다.

- boundary
- internal

internal은 격자구성요소에 따라 internalPoint, internalFace, internalEdge로 구분할 수 있다.

그리고 모든 cell들은 internal이다. cell을 구성하는 face중 한 개 이상이 patch를[1] 구성하는 face일 경우 해당 cell을 boundaryCell이라 한다. 참고로 cell에 매핑 되는 필드 값을 internalField라 한다.

boundary는 다음과 같이 physical boundary와 processor boundary로 구분할 수 있다.

- physical boundary
- processor boundary

physical boundary는 실제 계산영역을 정의하는 경계에 해당하기 때문에 대부분의 경계는 physical boundary에 해당한다. 만일, 병렬연산을 위해 영역분할법(domain decomposition)을 사용한 경우, 분할된 각각의 영역의 경계는 본래의 physical boundary외에 internal에서도 생기게 된다. internal에서 생긴 경계는 분할된 internal간의 연속성을 보장해야 하기 때문에 분할된 영역간 필드 값을 동일하게 유지해야 한다. 즉, processor boundary는 internal을 임의로 분할하는 가상의 경계로써 병렬연산 시 processor간 통신이 발생하여 동일한 경계 값을 유지해야 하는 coupled boundary에 속한다. OpenFOAM에서 경계영역은 patch라 부르는 face들의 집합으로 구성된다. patch에는 경계조건에 대응하는 필드 값이 매핑 되며 이들 필드를 OpenFOAM에서는 patchField라 한다.

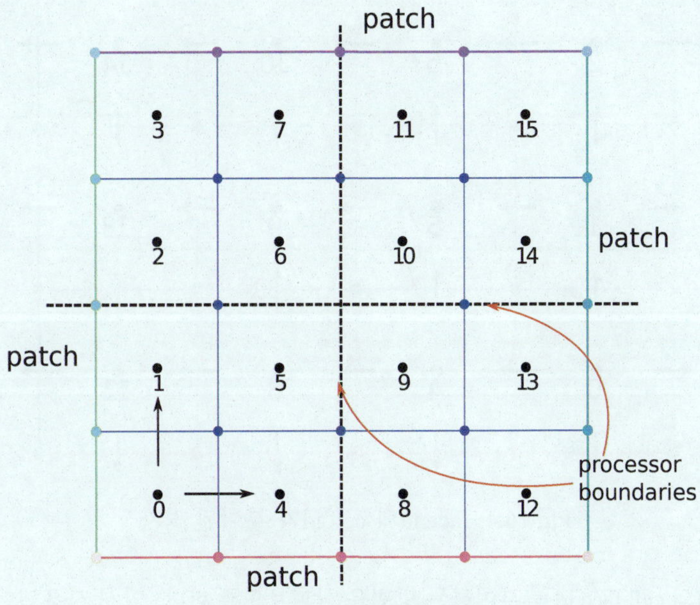

Fig 16.3: 격자의 경계

[1]OpenFOAM에서 경계를 구성하는 face 집합을 의미한다.

이해를 돕기 위해 Fig. 16.3과 같은 16개의 cell로 구성된 2차원 격자를 가정한다. cell id는 임의로 부여할 수도 있지만 여기서는 왼쪽 하단을 0으로 시작하여 윗 방향으로 인접한 cell부터 순서대로 id를 부여하도록 한다. 격자의 외곽을 정의하는 4개의 변들은 계산영역의 경계와 일치하기 때문에 physical boundary가 되며 서로 색깔이 다른 각각의 변이 하나의 patch가 된다. patch는 한 개 이상이 존재하기 때문에, OpenFOAM에서 이들은 patch의 리스트 즉, `patchList` 클래스의 서브클래스인 `polyBoundaryMesh` 자료구조로 관리한다. 병렬연산을 위해 계산영역을 분할할 경우, 분할된 영역이 서로 공유하고 있는 경계가 processor boundary가 된다. Fig. 16.3을 예로 들면, 계산영역을 $(0, 1, 4, 5)$, $(2, 3, 6, 7)$, $(8, 9, 12, 13)$ 그리고 $(10, 11, 14, 15)$로 나누었을 때 cell 1과 2가 공유하는 face, 5와 6이 공유하는 face가 processor boundary가 된다.

16.1.1 Cell face id 부여 방법

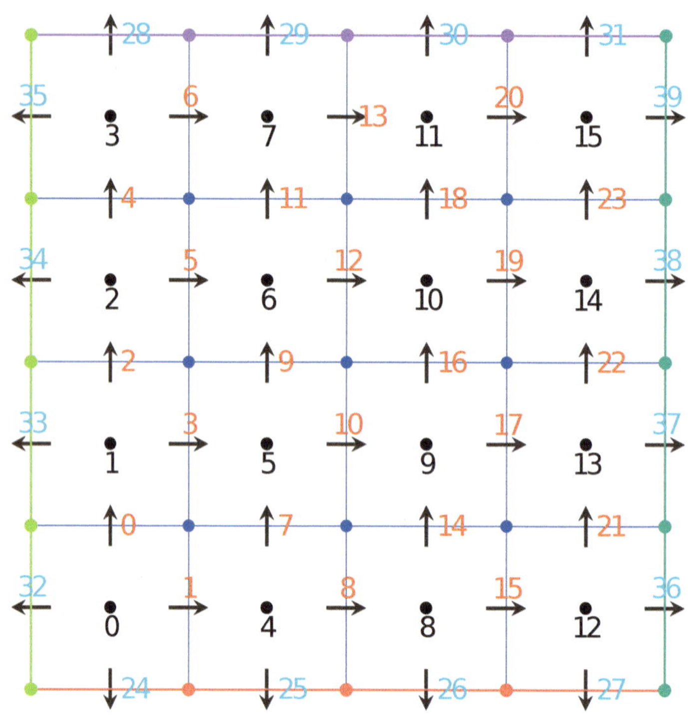

Fig 16.4: face id와 cell id가 부여된 격자

OpenFOAM의 cell face id를 부여하는 방법을 살펴보도록 한다. 앞서 사용했던 2차원 격자를 활용하여 face id를 부여하는데, Fig. 16.4처럼 face id는 patch를 제외한 internalFace만을 대상으로 0번 cell를 구성하는 face부터 순서대로 id를 부여한다. 이때, 인접 cell의 id가 작은 face부터 순서대로 id를 부여한다. 이와 같은 face id 표기방법을 OpenFOAM에서는 upper triangular face ordering이라 한다. patch를 구성하는 face에는 임의로 id를 부여할 수 있으나 patch 내에서는 face들의 id는 연속이어야 한다. upper triangular face ordering으로 구성된 격자는 하나의 owner cell에서 face normal이 neighbour cell로 향하는 face들의 id는 연속이라는 특징을 가지기 때문에 1차원 배열자료구조에 owner와 neighbour cell을 저장할 수 있게 된다. patch를 구성하는 face의 경우 owner cell은 모두 boundaryCell이 되고 neighbour cell id는 모두 −1로 정한다.

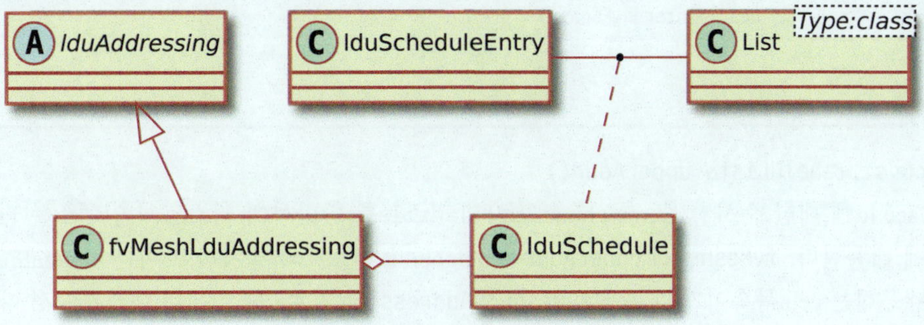

Fig 16.5: fvMeshLduAddressing

OpenFOAM은 FVM을 구현하고 있기 때문에 face flux 처리가 중요하여, 격자를 탐색할 때 cell id 대신 face id를 기준으로 탐색한다. face id를 기준으로 탐색하면 cell 쌍을 얻기 때문에 face id에 대응하는 owner cell과 neighbour cell을 구분해서 얻는 방법이 필요해진다. 이 대응관계를 맺어주기 위해 만들어진 자료구조가 `lduAddressing`이다. 보다 정확히 말하면, `lduAddressing`은 격자와 계수행렬(See page 507)의 대응관계를 만들어 주기 위한 인터페이스를 제공하는 추상 클래스이다. `lduAddressing` 자료구조는 추상 클래스이기 때문에 실제로 이를 구현한 서브클래스는 `fvMeshLduAddressing` 클래스이다. `lduAddressing`에서 제공하는 순수가상함수인 `lowerAddr`과 `upperAddr`는 각각 owner cell과 neighbour cell 리스트를 얻기 위한 인터페이스 함수에 해당한다.

- `const labelUList& lowerAddr()`
  face id에 대한 순서쌍 중, owner cell의 id 리스트를 반환하며 리스트의 인덱스는 face id에 대응한다. `fvMesh`에서 `lowerAddr`은 owner 리스트 중 boundaryCell을 제외한 cell 목록, 즉 internalFace에 대응하는 cell 목록이기 때문에 `fvMeshLduAddressing` 자료구조에서는 생성자에서 다음과 같이 owner cell 리스트 중 internalFace리스트의 `subList` (See page 462)로 초기화 시킨다.

Listing 16.1: fvMeshLduAddressing에서의 lowerAddr

```
lowerAddr_
(
    labelList::subList
    (
        mesh.faceOwner(),
        mesh.nInternalFaces()
    )
)
```

- `const labelUList& upperAddr()`
  face id에 대한 순서쌍 중, neighbour cell id 리스트를 반환하며 리스트의 인덱스는 face id에 대응한다. `fvMesh`에서 `upperAddr`은 neighbour 리스트와 일치하고 이는 internalFace에 대응하는 cell 목록이기 때문에 `fvMeshLduAddressing` 자료구조에서는 생성자에서 다음과 같이 neighbour cell 리스트로 초기화 시킨다.

Listing 16.2: fvMeshLduAddressing에서의 upperAddr

```
upperAddr_
(
    mesh.faceNeighbour()
)
```

이들 addressing 함수는 행렬자료구조와도 긴밀한 연관관계가 있고 클래스 이름 또한 이와 무관하지 않기 때문에 행렬자료구조에서 다시 설명하도록 한다.

16.1.2 격자 파일 구성

상술한 point, face, cell 그리고 (physical) boundary patch 등의 격자 요소는 case 폴더의 `constant/polyMesh` 아래에 파일로 저장되어 `polyMesh` 자료구조를 구성할 때 사용된다.

- `points`
  `points` 파일은 격자를 구성하는 point의 3차원 좌표로 구성된 리스트이다. `polyMesh`를 구성할 때 points 리스트는 OpenFOAM의 배열형 자료형 중의 하나인 `Field` 자료형을 이용하여 `Field<vector>` 또는 alias 자료형인 `vectorField`[2]를 사용하여 작성한다. 참고로, OpenFOAM에서 `point` 자료형은 `vector` 자료형에 대한 alias이기도 하기 때문에

[2] `src/OpenFOAM/primitives/Vector/lists` 아래에 정의되어 있다.

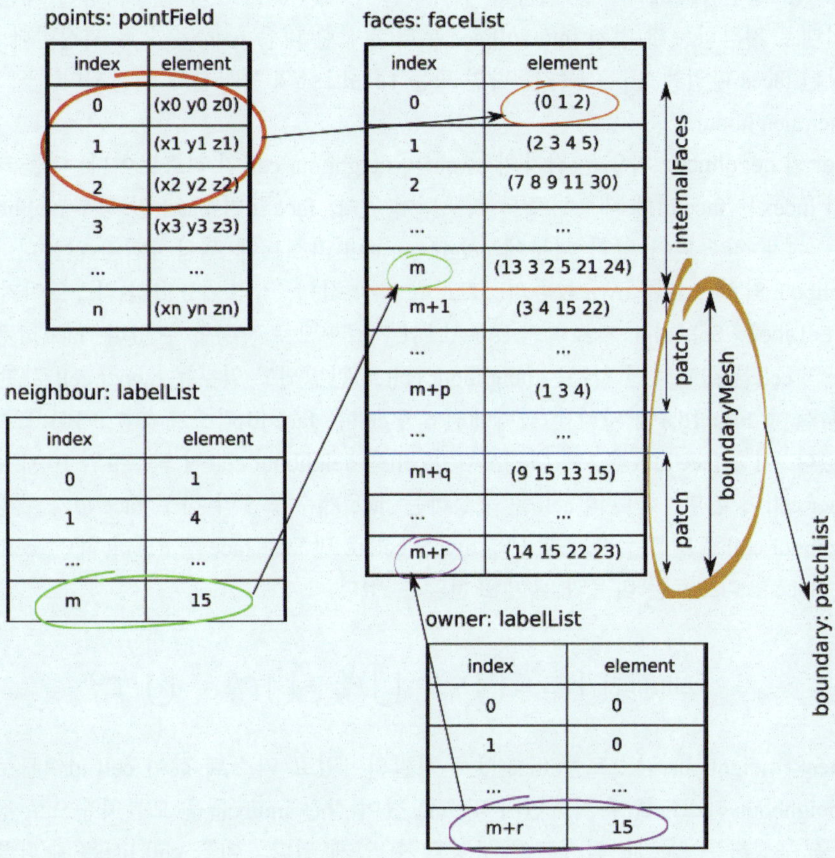

Fig 16.6: 격자 파일 형식

Field<point> 또는 pointField로도 선언하여 사용할 수 있다. points 리스트의 index는 point id에 대응하며 0부터 시작한다.

- faces

  faces 파일은 격자를 구성하는 face의 리스트이다. 공간상에서 면을 정의하기 위해서는 최소한 3개 이상의 point가 있어야하므로 하나의 face는 3개 이상의 point id를 가진 리스트로 표현된다. point id는 정수로 표현되므로 OpenFOAM의 정수형 자료형 label을 이용하여 face 자료형은 List<label> 또는 alias 자료형인 labelList[3]로 표현한다. 따라서 faces 리스트를 표현하기 위해서는 point id 리스트의 리스트로 표현해야 한다. 즉, List<List<label>> 또는 alias 자료형인 labelListList[4]로 표현하거나 List<face> 또는

[3] src/OpenFOAM/primitives/ints/lists 아래에 정의되어 있다.
[4] src/OpenFOAM/primitives/ints/lists에 정의되어 있다.

alias 자료형인 `faceList`[5]를 사용하여 작성할 수 있다. face 목록을 저장할 때는 face id 순서대로 저장하는데 먼저 internalFace 부터 저장한 다음 patch순으로 저장한다. 따라서 저장된 faces 파일에서 patch들은 파일 또는 `faceList`의 뒷부분에 저장된다.

- owner, neighbour
  `owner`와 `neighbour` 파일은 격자의 owner와 neighbour cell의 리스트이다. 이들 리스트의 배열 index는 face id에 대응하도록 저장되어 있다. face id가 patch일 경우 neighbour cell id는 -1로 약속되어 있기 때문에 neighbour cell 리스트에 포함시키지 않는다. 따라서 neighbour의 리스트가 owner의 리스트보다 항상 작다. 각각 cell id의 리스트이기 때문에 `List<label>` 또는 alias 자료형인 `labelList` 자료형으로 작성할 수 있다. face id 관점에서 하나의 cell을 살펴보면 일부는 neighbour cell로 판별되고 일부는 owner cell로 판별된다. 예를 들어, Fig. 16.4에 나타낸 격자에서 5번 cell은 face id 리스트 (3 7 9 10) 으로 표현할 수 있다. 이중 face id 3과 7에 대해서 5번 cell은 neighbour cell이 되고 9와 10에 대해서는 owner cell이 된다. 하나의 cell을 구성하는 face 개수를 S라 하고 face id가 대상 cell을 neighbour cell로 만드는 face를 F^N, owner cell로 만드는 face를 F^O라 하면, cell을 구성하는 face id 리스트는 다음과 같이 표현할 수 있다.

$$\text{cell}[i] = \bigcup_j^S F_{ij} = \bigcup_j^{S_N} F_{ij}^N + \bigcup_j^{S_O} F_{ij}^O = \bigcup_j^{S_N} F_{ij}^N + \bigcup_j^{S-S_N} F_{ij}^O$$

  owner와 neighbour 리스트는 face id로 정렬되어있고 리스트 값이 cell id이므로 owner와 neighbour 리스트를 순회하면서 리스트 값이 같은 index들을 오름차순으로 정렬하면 cell을 구성하는 face id 리스트를 구성할 수 있게 된다. 이들 cell list는 슈퍼클래스인 `primitiveMesh`의 `calcCells` 멤버함수에서 계산되어 저장된다. 참고로, OpenFOAM의 격자정보는 `src/OpenFOAM/meshes/polyMesh`에 정의되어있는 `polyMesh` 클래스에서 처리하고 owner, neighbour 리스트 대신 명시적으로 cells 리스트가 파일에 있는 경우 cells 리스트를 읽어서 반대로 owner, neighbour 리스트를 생성하도록 되어 있다.

- boundary
  faces 리스트의 뒷부분은 internalFace를 뺀 나머지, 즉 경계 또는 patch를 구성하는 face 리스트가 patch 단위로 저장되어 있다. 따라서, 각각의 patch는 계산영역을 감싸는 경계 (boundary)의 일부 혹은 slice이고 정의상 patch내의 face id는 연속적이기 때문에, patch의 시작 face id와 face 개수로 표현할 수 있다. 계산영역은 한 개 이상의 patch로 구성되므로, 이들 slice에 관한 정보를 담당하는 새로운 자료구조 `polyPatch`의 리스트 즉,`List<polyPatch>` 또는 alias 자료형인 `polyPatchList`[6] 자료형을 이용하여 경계 (boundary)를 표현한다.

[5] `src/OpenFOAM/meshes/meshShapes/face` 아래에 정의되어 있다.
[6] `src/OpenFOAM/meshes/polyMesh/polyPatches/polyPatch` 아래에 정의되어 있다.

16.1.3 격자 복원 정보

영역분할법(domain decomposition)을 사용하여 격자를 분할한 경우 (decomposed mesh), 각각의 분할된 격자[7]에는 나중에 원래 격자로 복원(reconstruct)하기 위한 정보를 추가로 가지고 있으며 이들 파일은 `labelIOLists`[8] 자료형으로 읽어 `reconstruct` 명령에서 사용된다.

- `boundaryProcAddressing`
- `cellProcAddressing`
- `faceProcAddressing`
- `pointProcAddressing`

16.2 격자 자료구조

OpenFOAM의 격자는 격자와 각 격자 요소에 매핑 되는 필드 값으로 구성되며, 이들 자료구조의 대응관계는 Fig. 16.7과 같이 표현할 수 있다.

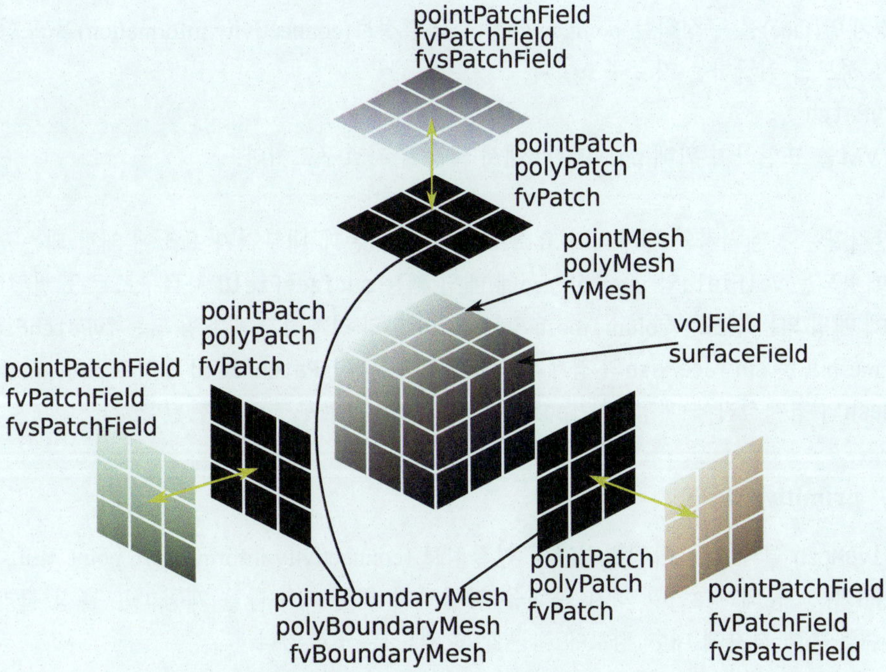

Fig 16.7: 격자와 경계 그리고 대응되는 필드 관계

[7] `processor<num>/constant/polyMesh` 아래에 저장되어 있다.

[8] `src/OpenFOAM/primitives/ints/lists` 아래에 정의되어 있다.

공간격자는 크게 3가지 자료구조로 표현된다.

- `pointMesh`
  point 정보만을 취급하는 자료구조이다.
- `polyMesh`
  cell을 구성하는 point, edge, face등의 연결정보(connectivity information)를 포함한 격자 정보를 취급하는 자료구조이다.
- `fvMesh`
  FVM을 표현하기 위해 기하학적 가중치 정보와 scheme 정보를 같이 다룰 수 있도록 `polyMesh`에서 확장된 자료구조이다.

경계격자 또한 크게 3가지 자료구조로 표현된다.

- `pointPatch`
  경계에서의 point 정보만을 취급하는 자료구조이다.
- `polyPatch`
  경계면(face)을 구성하는 point, edge등의 연결정보(connectivity information)을 포함한 격자 정보를 취급하는 자료구조이다.
- `fvPatch`
  FVM을 표현하기 위해 `polyPatch`에서 확장된 자료구조이다.

공간격자는 경계격자와 내부격자 요소로 나눌 수 있는데 내부격자 요소에 매핑 되는 필드는 cell에 매핑되는 `volField`와 internalFace에 매핑 되는 `surfaceField` 자료구조로 표현된다. 경계격자에 매핑 되는 필드는 volume mesh 또는 `volMesh`의 경계격자에 매핑 되는 `fvPatchField`와 surface mesh 또는 `surfaceMesh`의 경계격자에 매핑 되는 `fvsPatchField` 그리고 point mesh 또는 `pointMesh`의 경계격자에 매핑 되는 `pointPatchField` 자료구조로 표현된다.

16.2.1 primitiveMesh

`primitiveMesh` 클래스는 비정렬격자의 연결정보 (connectivity information), point 좌표, 면적, 부피, cell 형상 등의 정보 및 격자 품질을 점검하기 위한 기능들을 제공하는 추상 클래스로 멤버함수를 통해 격자에 대한 정보에 접근할 수 있도록 하고 있다.

- `label nPoints() const`
  격자를 구성하는 전체 point 수를 반환한다.
- `label nInternalPoints()`

경계를 구성하는 point를 제외한 point 수를 반환한다.

$$\text{경계의 point 수} = \text{nPoints()} - \text{nInternalPoints()}$$

- `label nEdges() const`
  격자를 구성하는 전체 edge 개수를 반환한다.
- `label nInternalEdges() const`
  경계를 구성하는 edge를 제외한 edge 개수를 반환한다.
  $$\text{경계의 edge 개수} = \text{nEdges()} - \text{nInternalEdges()}$$
- `label nFaces() const`
  격자를 구성하는 전체 face 개수를 반환한다.
- `label nInternalFaces() const`
  경계를 구성하는 face를 제외한 face 개수를 반환한다.
  $$\text{경계의 face 개수} = \text{nFaces()} - \text{nInternalFaces()}$$
- `label nCells() const`
  격자를 구성하는 전체 cell 개수를 반환한다.
- `const vectorField& cellCentres() const`
  cell들의 centroid 좌표를 반환한다.
- `const vectorField& faceCentres() const`
  face들의 centroid 좌표를 반환한다.
- `const scalarField& cellVolumes() const`
  cell들의 부피를 반환한다.
- `const vectorField& faceAreas() const`
  face들의 면적을 반환한다. 면적에 surface normal을 곱하기 때문에 `vectorField` 자료형으로 반환한다.
- `void calcCellShapes()`
  cell을 구성하는 point 정보를 이용하여 cell shape을 결정한다. cell shape 정보는 `src/OpenFOAM/meshes/meshShapes/cellShape`에 정의된 `cellShape` 클래스를 통해 저장된다. shape 이름은 `cellShape`의 멤버함수인 `model`을 통해 얻을 수 있다.

Listing 16.3: cell shape 이름 확인

```
const Foam::cellShapeList& cellShapes = mesh.cellShapes();
forAll(cellShapes, cid)
{
    Foam::Info << cellShapes[cid].model().name() << Foam::endl;
}
```

다음은 가상함수로 선언된 멤버함수 목록이다.

- `const pointField& points() const`
  격자를 구성하는 point들의 좌표들을 반환한다. `pointField`는 `vectorField`의 alias 자료형이다.
- `const faceList& faces() const`
  face 리스트를 반환한다.
- `labelList& faceOwner() const`
  face id에 대응하는 (owner, neighbour) 순서쌍 중 owner cell id 리스트를 반환한다. 이 리스트는 `constant/polyMesh/owner` 파일과 일치한다.
- `labelList& faceNeighbour() const`
  face id에 대응하는 (owner, neighbour) 순서쌍 중 neighbour cell id 리스트를 반환한다. 이 리스트는 `constant/polyMesh/neighbour` 파일과 일치한다.
- `const pointField& oldPoints() const`
  동적 격자에서 격자 이동이 있을 경우 이동 전의 격자점의 좌표를 얻을 수 있도록 준비한 멤버함수이다.

비정렬격자의 연결정보를 얻기 위한 helper 함수도 제공된다. 특정 격자 구성 요소와 연관된 격자 구성요소의 id 리스트가 생성되므로 연결정보의 자료형은 `labelListList` 자료형이 된다.

- `const labelListList& cellCells() const`
  cell의 face를 공유하는 주변 cell들의 리스트를 반환한다. 반환된 데이터는 cell id 순으로 정렬된다.
- `const labelListList& edgeCells() const`
  edge를 공유하는 cell들의 리스트를 반환한다. 반환된 데이터는 edge id 순으로 정렬된다.
- `const labelListList& pointCells() const`
  point를 공유하는 cell들의 리스트를 반환한다. 반환된 데이터는 point id 순으로 정렬된다.
- `const labelListList& edgeFaces() const`
  edge를 공유하는 face들의 리스트를 반환한다. 반환된 데이터는 edge id 순으로 정렬된다.
- `const labelListList& pointFaces() const`
  point를 공유하는 face들의 리스트를 반환한다. 반환된 데이터는 point id 순으로 정렬된다.
- `const labelListList& cellEdges() const`
  cell을 구성하는 edge들의 리스트를 반환한다. 반환된 데이터는 cell id 순으로 정렬된다.
- `const labelListList& faceEdges() const`
  face를 구성하는 edge들의 리스틀 반환한다. 반환된 데이터는 face id 순으로 정렬된다.
- `const labelListList& pointEdges() const`

point를 공유하는 edge들의 리스트를 반환한다. 반환된 데이터는 point id 순으로 정렬된다.

- `const labelListList& pointPoints() const`
  `pointEdges` 함수와 비슷하나 edge 리스트 대신 edge를 구성하는 point 리스트를 반환한다. 반환된 데이터는 point id 순으로 정렬되므로 리스트 인덱스와, 대응하는 리스트 값에 포함된 point id을 연결하면 멤버함수 `pointEdge` 실행결과와 동일해진다.
- `const labelListList& cellPoints() const`
  cell을 구성하는 point들의 리스트를 반환한다. 반환된 데이터는 cell id 순으로 정렬된다.

16.2.2 polyMesh

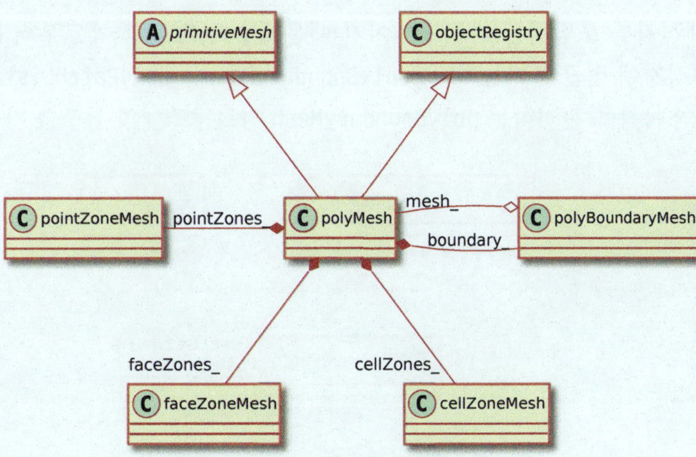

Fig 16.8: polyMesh 상속관계

`polyMesh`는 OpenFOAM에서 지원하고 있는 비정렬 격자의 기본이 되는 클래스로 추상 클래스인 `primitiveMesh`의 서브클래스이다. `polyMesh`는 부분 격자 자료구조인 `ZoneMesh`(See page 435)에 대한 참조를 관리하고 있다.`polyMesh`에서 추가로 지원하는 멤버함수는 다음과 같다.

- `const polyBoundaryMesh& boundaryMesh() const`
  `polyMesh`와 연관된 경계격자 리스트를 반환한다.
- `const globalMeshData& globalData() const`
  분할되기 전의 격자 정보를 다루는 `globalMeshData` 객체에 대한 참조를 얻을 수 있다. 경계에 인접한 cell을 의미하는 `boundaryCell`은 `globalMeshData` 객체의 멤버함수 `boundaryCells`를 통해 접근할 수 있다.
- `const objectRegistry& thisDb() const`

polyMesh는 자원 저장소 관리자 클래스인 objectRegistry의 서브클래스이기도 하기 때문에 polyMesh에 연관된 scheme, 필드 등의 런타임 자원들에 대한 참조를 얻을 수 있다.

- `const pointZoneMesh& pointZones() const`
  부분 격자중 pointZone 리스트에 대한 참조를 얻을 수 있다.
- `const faceZoneMesh& faceZones() const`
  부분 격자중 faceZone 리스트에 대한 참조를 얻을 수 있다.
- `const cellZoneMesh& cellZones() const`
  부분 격자중 cellZone 리스트에 대한 참조를 얻을 수 있다.

16.2.2.1 경계격자

polyMesh는 경계격자를 포함하는 자료구조이기 때문에 polyMesh 객체로부터 boundaryMesh 멤버함수로 경계격자에 접근이 가능하다. polyBoundaryMesh는 polyPatchList의 서브클래스로 polyPatch들의 목록을 관리하는 polyBoundaryMesh 자료구조에의 참조를 가지고 있다.

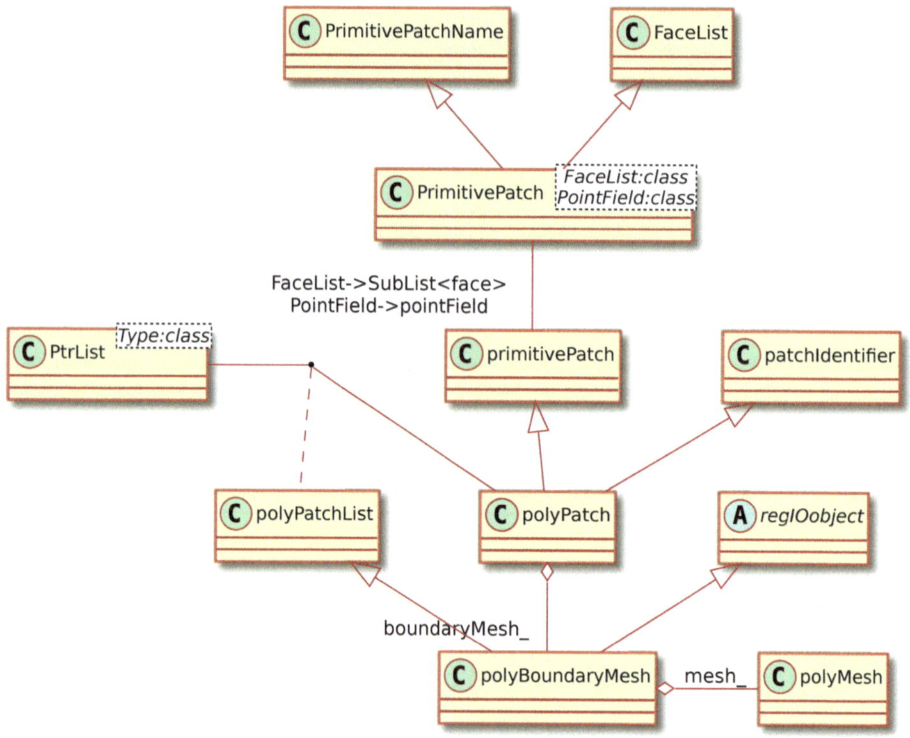

Fig 16.9: polyBoundaryMesh 상속관계

polyPatch 클래스는 primitivePatch 클래스와 patchIdentifier 클래스의 서브클래스이

다. patch 이름 등의 검색을 위한 자료구조는 patchIdentifier 클래스에서 상속받아 구현하고 있다. polyPatch는 병렬연산을 고려하고 있기 때문에 다음과 같이 멤버함수에는 병렬연산용 스트림버퍼를 매개변수로 사용하고 있다.

- `void initGeometry(PstreamBuffers& buffer)`
  patch geometry 계산을 위한 초기화를 담당한다.
- `void calcGeometry(PstreamBuffers& buffer)`
  patch geometry를 계산한다.
- `void initMovePoints(PstreamBuffers& buffer, const pointField& p)`
  격자 이동을 위한 patch의 초기화를 담당한다.
- `void movePoints(PstreamBuffers& buffer, const pointField& p)`
  격자 이동을 담당한다.
- `void initUpdateMesh(PstreamBuffers& buffer)`
  patch topology의 갱신이 필요한 경우 초기화를 담당한다.
- `void updateMesh(Pstreambuffers& buffer)`
  patch topology의 갱신을 담당한다.

primitivePatch는 템플릿 클래스인 PrimitivePatch를 SubList<face>와 pointField를 템플릿 매개변수로 인스턴스화 시킨 클래스로 patch에 대한 topology 정보와 격자요소에 대한 연결정보 계산을 담당하고 있다. 멤버함수인 localFaces와 localPoints는 격자 전체에 대한 face id 혹은 point id대신 patch 내부에서의 point id 또는 face id를 반환한다. 즉, localFaces와 locaPoints 함수로 얻은 id는 모두 0에서부터 시작한다.

Listing 16.4: patch point 정보 얻는 방법

```
label PatchId = mesh.boundaryMesh().findPatchID("name");
const polyPatch& patchFound = mesh.boundaryMesh()[PatchID];
const List<vector>& patchFound = patchFound.localPoints();
Info << "### localPoints" << patchFound << endl;
```

16.2.3 pointMesh

pointMesh는 polyMesh에서 point 정보만을 다루는 자료구조이다. 슈퍼클래스인 GeoMesh는 polyMesh와 objectRegistry에 대한 Proxy 클래스 역할을 한다. MeshObject는 MeshObjectType으로부터 만들어지는 CRTP 클래스이다. MeshObject가 하는 역할은 주어진 격자정보를 이용해 새로운 격자 객체를 손쉽게 생성하고 objectRegistry 저장소에도 등록시켜 실제 격자 객체처럼 사용할 수 있도록 하는 것이다. 따라서, polyMesh에서 point 정보만으로 격자 객체를 만드는

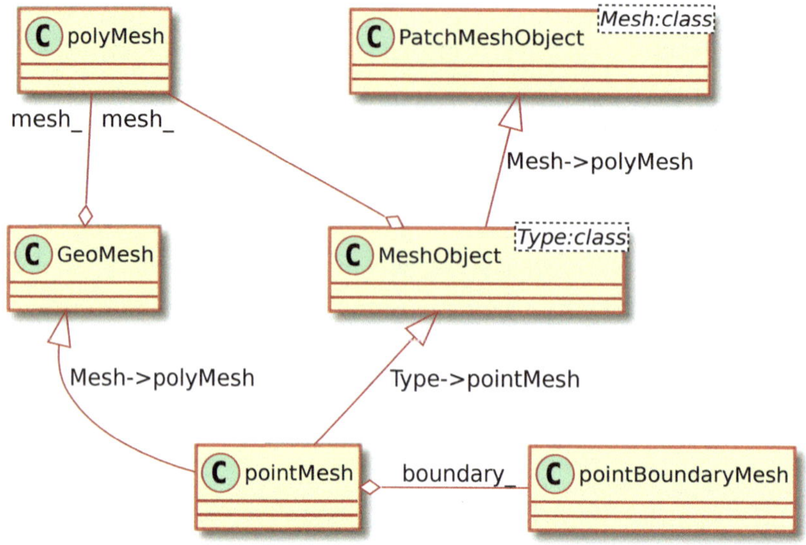

Fig 16.10: pointMesh 상속관계

pointMesh에 적합한 자료구조에 해당한다. pointMesh에서 제공하는 멤버함수 목록은 다음과 같다.

- `label size() const`
  point 수를 반환한다.
- `const pointBoundaryMesh& boundary() const`
  경계 격자 리스트를 반환한다.
- `const globalMeshData& globalData() const`
  분할되기 전의 격자 정보를 다루는 globalMeshData 객체에 대한 참조를 얻을 수 있다.
- `const objectRegistry& thisDb() const`
  자원 저장소 관리자에 대한 객체를 반환하여 pointMesh에 연관된 scheme, 필드 등의 런타임 자원들에 대한 참조를 얻을 수 있다.

16.2.3.1 경계격자

pointBoundaryMesh는 경계를 구성하는 patch 요소 중 point 정보만을 다루는 pointPatch의 리스트로 구현된다.

주요 멤버함수는 다음과 같다. 함수 이름만으로 그 역할이 자명하므로 별도의 설명은 추가하지 않도록 한다.

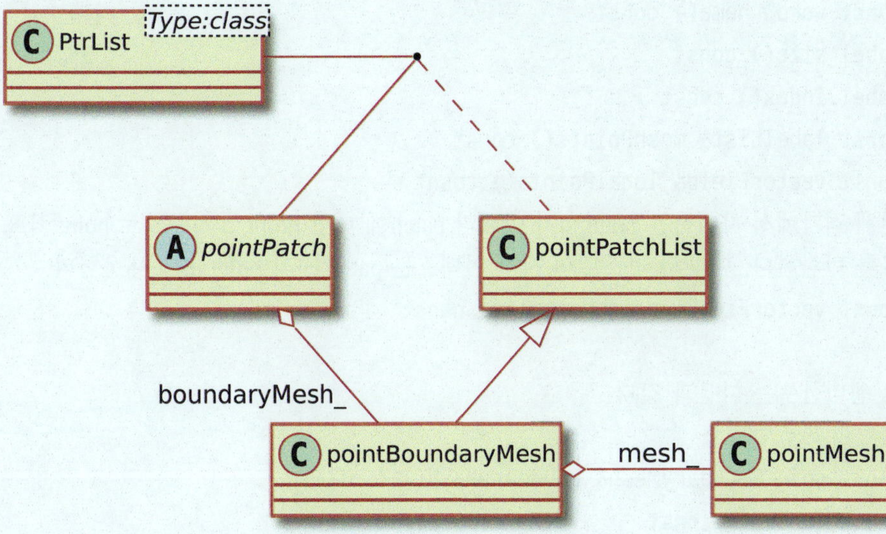

Fig 16.11: pointBoundaryMesh

- `const labelList& meshPoints() const`
- `const Map<label>& meshPointMap() const`
- `const Field<PointType>& localPoints() const`
- `const labelList& localPointOrder() const`
- `label whichPoint(const label gp) const`
  global point id를 주면 local point id를 반환한다.
- `label whichEdge(const edge& e) const`
  global edge id에 대해서 local edge id를 반환한다.
- `const labelList& boundaryPoints() const`
- `const labelListList& faceFaces() const`
- `const labelListList& edgeFaces() const`
- `const labelListList& faceEdges() const`
- `const labelListList& pointEdges() const`
- `const labelListList& pointFaces() const`
- `const Lit<FaceType>& localFaces() const`

한편, pointBoundaryMesh를 구성하는 pointPatch는 다른 경계의 pointPatch에도 접근할 수 있도록 pointBoundaryMesh에 대한 참조를 가진 추상 클래스이다. pointPatch의 순수 가상 함수는 다음과 같다.

- const word& name() const
- label size() const
- label index() const
- const labelList& meshPoints() const
- const vectorField& localPoints() cosnt
  전체 격자에서 차지하는 point id가 아니라 patch에 대한 point id 기준으로 point 좌표 리스트를 반환한다. 따라서 리스트의 시작 인덱스는 patch 시작 point id에 대응한다.
- const vectorField& pointNormals() const

주요 멤버함수는 다음과 같다.

- const pointBoundaryMesh& boundaryMesh() const
- bool coupled() const
- const word& constraintType() const
- void applyConstraint(const label pointi, pointConstraint& pc) const

16.2.4 fvMesh

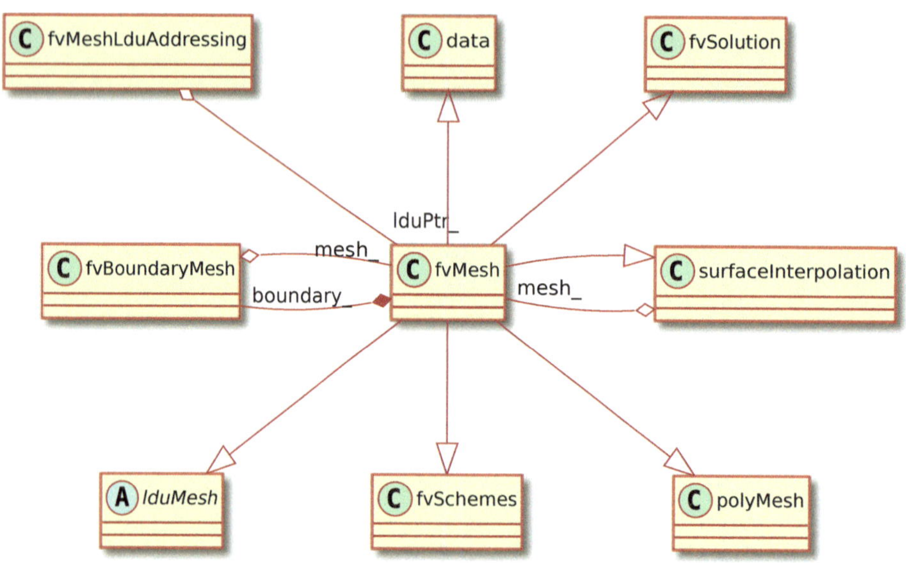

Fig 16.12: fvMesh

fvMesh는 FVM에 적용하기 위해 polyMesh에서 확장된 클래스이다. fvSchemes와 fvSolution 자료구조 외에도 fvMesh는 lduMesh, polyMesh, surfaceInterpolation와 data 자료구조를 상

속하고 있고 경계인 fvBoundaryMesh에 대한 참조를 가지고 있다. lduMesh[9] 클래스는 병렬 처리를 위한 인터페이스를 제공하기 위한 자료구조이며 인터페이스는 fvMesh에서 구현하고 있다. data 클래스는 solver의 performance등의 정보를 기록하기 위해 만들어진 자료구조로 OpenFOAM 6까지는 해당 정보를 저장하기 위한 setSolverPerformance 멤버함수를 가지고 있었다. 하지만 OpenFOAM 7부터 solverPerformance 사용방법에 변화가 생기면서 data 클래스는 빈 클래스가 되었다. 향후 상속관계에서 사라질 가능성이 있다고 생각된다.

fvMesh 클래스의 멤버함수 목록은 다음과 같다.

- `const Time& time() const`
  저장소의 최상위 객체인 Time 객체에 대한 참조를 반환한다.
- `const fvBoundaryMesh& boundary() const`
  경계 patch의 정보를 가지고 있는 fvBoundaryMesh에 대한 참조를 반환한다. fvBoundaryMesh 객체는 findPatchID 멤버함수를 통해 patch 이름으로부터 index값을 얻어올 수 있다.
- `const lduAddressing& lduAddr() const`
  격자와 행렬의 대응관계 저장하고 있는 자료구조에 대한 참조를 반환한다.
- `const labelUList& owner() const`
  owner cell list에 대한 참조를 반환한다.
- `const labelUList& neighbour() const`
  neighbour cell list에 대한 참조를 반환한다.
- `const DimensionedField<scalar, volMesh>& V() const`
  현재 timestep에 대한 cell volume 필드에 대한 참조를 반환한다.
- `const DimensionedField<scalar, volMesh>& V0() const`
  이전 timestep에 대한 cell volume 필드에 대한 참조를 반환한다.
- `const DimensionedField<scalar, volMesh>& V00() const`
  두 timestep전에 대한 cell volume 필드에 대한 참조를 반환한다.
- `const DimensionedField<scalar, volMesh>& Vsc() const`
  subCycling을 사용하고 있을 경우 현재 timestep에서의 cell volume 필드에 대한 참조를 반환한다.
- `const DimensionedField<scalar, volMesh>& Vsc0() const`
  subCycling을 사용하고 있을 경우 이전 timestep에서의 cell volume 필드에 대한 참조를 반환한다.
- `const surfaceVectorField& Sf() const`
  cell face vector 필드에 대한 참조를 반환한다.
- `const surfaceScalarField& magSf() const`

[9] 참고로 lduPrimitiveMesh 클래스는 GAMG solver의 Agglomeration에만 사용된다.

cell face area 필드에 대한 참조를 반환한다.

- `const surfaceScalarField& phi() const`
  cell face flux 필드에 대한 참조를 반환한다.
- `const volVectorField& C() const`
  cell center 좌표 필드에 대한 참조를 반환한다.
- `const surfaceVectorField& Cf() const`
  cell face center 좌표 필드에 대한 참조를 반환한다.
- `tmp<surfaceVectorField> delta() const`
  owner cell과 neighbour cell center간 거리를 반환한다.

16.2.4.1 surfaceInterpolation

`fvMesh`가 상속하는 `surfaceInterpolation` 클래스는 geometric weight와 non-orthogonality 보정을 위한 정보를 담당하는 자료구조이다. 이 자료구조의 주요 멤버함수는 다음과 같다.

- `const surfaceScalarField& weights() const`
  `weights` 멤버함수는 cell face를 공유하는 owner와 neighbour cell center 사이의 거리로부터 geometric weight 값을 계산해주는 역할을 하며, 내부적으로 `makeWeights` 함수를 호출한다.

Listing 16.5: weights

```
const Foam::surfaceScalarField&
Foam::surfaceInterpolation::weights() const
{
    if (!weights_)
    {
        makeWeights();
    }
    return (*weights_);
}
```

`makeWeights` 함수에서 하는 일은 face center를 지나고 face normal에 평행한 직선상에 투영시킨 cell center 간의 거리와 face center와 neghbour cell까지의 거리와의 비를 weight로 삼아 face id로 정렬된 배열자료에 저장한다.

$$w = \frac{\overline{N_{\perp} f}}{\overline{O_{\perp} f} + \overline{N_{\perp} f}} \tag{16.1}$$

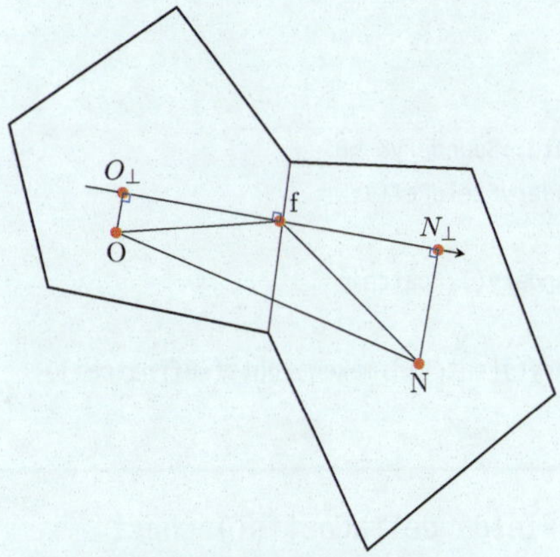

Fig 16.13: cell center weight

만일 cell skewness가 커서 $\overline{N_{\perp}f}$의 길이가 너무 작은 경우에는 다음과 같이 직접 cell center와 face center간의 거리를 이용하여 계산한다.

$$w = \frac{\overline{Nf}}{\overline{Of} + \overline{Nf}} \tag{16.2}$$

이들 비율은 geometric weight라 하며 face id로 정렬된 배열자료에 저장되어, face normal이 owner에서 neighbour 방향일 때 owner cell측의 weight 값으로 사용된다.

Listing 16.6: makeWeights 내용

```
forAll(owner, facei)
{
    const scalar SfdOwn = mag(Sf[facei]&(Cf[facei] - C[owner[facei]]));
    const scalar SfdNei = mag(Sf[facei]&(C[neighbour[facei]] - Cf[facei]));
    const scalar SfdOwnNei = SfdOwn + SfdNei;

    if (SfdNei/vGreat < SfdOwnNei)
    {
        w[facei] = SfdNei/SfdOwnNei;
    }
    else
    {
        const scalar dOwn = mag(Cf[facei] - C[owner[facei]]);
        const scalar dNei = mag(C[neighbour[facei]] - Cf[facei]);
        const scalar dOwnNei = dOwn + dNei;

        w[facei] = dNei/dOwnNei;
    }
```

```
    }

    surfaceScalarField::Boundary& wBf =
        weights.boundaryFieldRef();

    forAll(mesh_.boundary(), patchi)
    {
        mesh_.boundary()[patchi].makeWeights(wBf[patchi]);
    }
```

- `const surfaceScalarField& deltaCoeffs() const`

  `deltaCoeffs` 멤버함수는 cell face를 공유하는 owner와 neighbour cell center 사이의 거리의 역수를 계산해주는 역할을 하고 내부적으로 `makeDeltaCoeffs` 함수를 호출한다.

Listing 16.7: deltaCoeffs 내용

```
const Foam::surfaceScalarField&
Foam::surfaceInterpolation::deltaCoeffs() const
{
    if (!deltaCoeffs_)
    {
        makeDeltaCoeffs();
    }
    return (*deltaCoeffs_);
}
```

`makeDeltaCoeffs` 함수는 Listing 16.8에서 알 수 있는 것처럼 단순히 face를 공유하는 두 개의 cell 사이 거리의 역수를 face id로 정렬된 배열자료에 저장한다.

Listing 16.8: makeDeltaCoeffs 내용

```
forAll(owner, facei)
{
    deltaCoeffs[facei] = 1.0/mag(C[neighbour[facei]] - C[owner[facei]]);
}
```

- `const surfaceVectorField& nonOrthDeltaCoeffs() const`

  `surfaceInterpolation` 클래스의 멤버함수인 `nonOrthDeltaCoeffs` 함수는 내부적으로 `makeNonOrthDeltaCoeffs` 함수를 호출한다.

Listing 16.9: nonOrthDeltaCoeffs 내용

```
const Foam::surfaceScalarField&
Foam::surfaceInterpolation::nonOrthDeltaCoeffs() const
{
    if (!nonOrthDeltaCoeffs_)
    {
        makeNonOrthDeltaCoeffs();
    }
    return (*nonOrthDeltaCoeffs_);
}
```

makeNonOrthDeltaCoeffs 함수는 face를 공유하는 두 cell 사이 거리 $\mathbf{\Delta}$를 face unit normal vector $\hat{n}_f$에 투영한 길이의 역수 $\frac{1}{\hat{n}_f \bullet \mathbf{\Delta}}$를 face id로 정렬한 배열자료에 저장한다.

Listing 16.10: makeNonOrthDeltaCoeffs 내용

```
forAll(owner, facei)
{
    vector delta = C[neighbour[facei]] - C[owner[facei]];
    vector unitArea = Sf[facei]/magSf[facei];
    // Stabilised form for bad meshes
    nonOrthDeltaCoeffs[facei] = 1.0/max(unitArea & delta, 0.05*mag(delta));
}
```

- `const surfaceVectorField& nonOrthCorrectionVectors() const`
  surfaceInterpolation 클래스의 멤버함수인 nonOrthCorrectionVectors 함수는 내부적으로 makeNonOrthCorrectionVectors 함수를 호출한다.

Listing 16.11: nonOrthCorrectionVectors 내용

```
const Foam::surfaceVectorField&
Foam::surfaceInterpolation::nonOrthCorrectionVectors() const
{
    if (!nonOrthCorrectionVectors_)
    {
        makeNonOrthCorrectionVectors();
    }
    return (*nonOrthCorrectionVectors_);
}
```

makeNonOrthCorrectionVectors 함수는 surface unit normal vector $\hat{n}_f$와 cell center간을

잇는 vector의 관계로부터 얻어지는 correction vector $\underline{\boldsymbol{k}}$를 계산한다.

Listing 16.12: makeNonOrthCorrectionVectors 내용

```
const surfaceScalarField& NonOrthDeltaCoeffs = nonOrthDeltaCoeffs();
forAll(owner, facei)
{
    vector unitArea = Sf[facei]/magSf[facei];
    vector delta = C[neighbour[facei]] - C[owner[facei]];
    corrVecs[facei] = unitArea - delta*NonOrthDeltaCoeffs[facei];
}
```

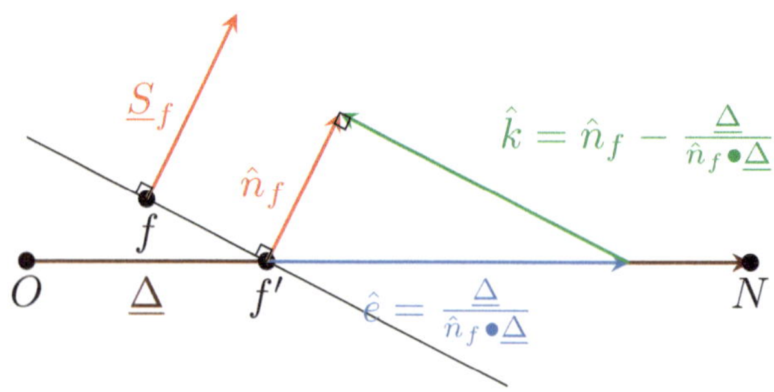

Fig 16.14: nonOrthCorrectionVector

16.2.4.2 fvBoundaryMesh

fvBoundaryMesh는 격자의 경계, 즉 각각의 patch에 접근하기 위한 수단을 제공하는 자료구조로 fvMesh 자료구조 내에 참조객체로 존재한다. 격자의 경계는 복수의 patch들로 구성되고 patch는 fvPatch 자료구조로 구현하기 때문에 fvPatch의 리스트, 즉 fvPatchList 클래스의 서브클래스로 구현된다. fvPatchList는 메모리상에 있는 fvPatch들에 대한 참조만을 유지하므로 배열 자료형 중 PtrList를 이용하여 구현하고 있다. 개개의 patch 정보는 fvPatch 자료구조에 저장되며 fvPatch 자료구조는 patch 요소에 접근하거나 patch를 관리하는 fvBounaryMesh 객체를 통해 다른 patch에도 접근할 수 있는 방법을 제공하고 있다.

fvBoundaryMesh 자료구조에서 사용할 수 있는 멤버함수는 다음과 같다.

- `const fvMesh& mesh() const`
  자원 저장소인 fvMesh 객체에 접근할 수 있는 참조를 반환한다.
- `lduInterfacePtrsList interfaces() const`
  coupled patch에 대한 격자요소와 행렬 사이의 대응관계를 반환한다.

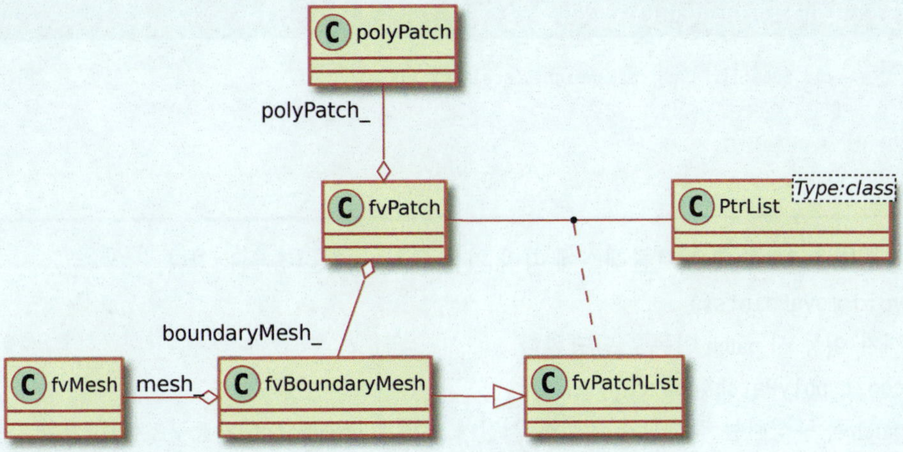

Fig 16.15: fvBoundarMesh

- `label findPatchID(const word& patchName) const`
  patch들은 `fvBoundaryMesh` 즉, 배열 자료형에 저장되는데 특정 patch의 배열 인덱스를 주어진 patch 이름을 통해 얻을 수 있다.
- `labelList findIndices(const keyType& key, const bool useGroups) const`
  주어진 이름에 해당하는 patch 인덱스를 얻을 수 있다. 이 멤버함수는 group 이름으로 복수의 patch를 묶은 경우 key 값으로 group 이름을 사용하여 group 내의 모든 patch 인덱스를 얻을 수 있다.
- `void movePoints()`
  동적격자를 사용하는 경우, 격자 이동을 담당한다.
- `fvPatch& operator[](const word&)`
  patch 이름을 알 경우 배열 접근 연산자를 통해 patch 이름과 대응하는 `fvPatch`에 대한 참조를 반환한다.

16.2.4.3 fvPatch

`fvBoundaryMesh`를 구성하는 `fvPatch` 클래스는 patch 격자요소를 관리하기 위해 `polyPatch` 클래스의 서브클래스로 구현하는 대신 포함관계로 구현하여 `polyPatch`와의 의존성이 약한 것이 특징이다. `fvPatch`의 주요 멤버함수는 다음과 같다.

- `void makeWeights(scalarField& sf) const`
  경계인 경우 `fvPatch` 클래스의 멤버함수인 `makeWeights`를 호출하여 weight를 계산하는데 Eq. (16.1), (16.2)에서 neighbour cell이 없기 때문에 weight는 다음과 같이 모두 1이 된다.

Listing 16.13: makeWeights

```
void Foam::fvPatch::makeWeights(scalarField& w) const
{
    w = 1.0;
}
```

하지만 fvPatch의 서브클래스에 따라 기본 동작이 다른 경우도 있다.

- `void movePoints()`
  격자 이동 시 patch 이동을 담당한다.
- `const polyPatch& patch() const`
  patch를 구성하는 격자요소 정보를 저장하고 있는 polyPatch 자료구조에 접근할 수 있는 참조를 반환한다.
- `const fvBoundaryMesh& boundaryMesh() const`
  fvPatch 목록을 관리하고 있는 상위 객체, 즉 fvBoundaryMesh에 접근할 수 있는 참조를 반환한다. 이를 통해 하나의 patch에서 다른 patch에 접근할 수 있는 방법을 제공하고 있다.
- `const word& name() const`
  patch의 이름을 반환한다.
- `label start() const`
  polyMesh의 저장된 정보는 face리스트는 internalFace가 먼저 저장되고 경계를 이루는 face는 배열의 뒤에 저장된다. 그리고 patch를 구성하는 face id는 서로 연속이기 때문에 patch의 정보는 polyMesh의 faces 멤버함수로부터 얻은 faceList에서 patch의 시작 face id와 face 개수를 알면 List 클래스의 중첩클래스인 subList[10]로 표현할 수 있게 된다. start 멤버함수는 patch의 시작 face id 값을 반환한다.
- `label size() const`
  patch 리스트의 크기를 반환한다. start 멤버함수와 함께 사용하면 face 리스트에서 patch를 구성하는 face 목록을 얻을 수 있다.
- `bool coupled() const`
  patch의 coupled 상태 여부를 반환한다.
- `label index() const`
  fvBoundaryMesh에 저장된 patch index를 반환한다.
- `const labelUList& faceCells() const`
  boundaryCell의 cell id 리스트를 반환한다.
- `const vectorField& Cf() const`

[10]subList는 List 내의 연속적인 공간을 표현하기 위한 자료구조이다.

patch를 구성하는 face들의 centroid 좌표를 반환한다.

- tmp<vectorField> Cn() const

  patch의 boundaryCell 들의 centroid 좌표를 반환한다.

- const scalarField& magSf() const

  patch를 구성하는 face들의 면적을 반환한다.

- tmp<vectorField> nf() const

  patch를 구성하는 face들의 face normal을 반환한다.

- const vectorField& Sf() const

  patch를 구성하는 face들의 면적을 반환한다. 면적에 face normal을 곱한 값을 반환하므로 개념적으로는 magSf() * nf() 연산의 결과와 동일하다.

- const scalarField& weight() const

  이산화에 사용되는 가중치를 반환한다.

- tmp<vectorField>& delta() const

  face neighbour cell center에서 patch face까지의 거리 vector를 face normal에 투영시킨 값을 반환한다. coupled patch의 경우에는 coupled cell to cell간의 거리 vector를 구해준다.

Listing 16.14: delta 함수 정의

```
tmp<vectorField> fvPatch::delta() const
{
  const vectorField nHat(nf());
  return nHat*(nHat & (Cf() - Cn()));
}
```

- const scalarField& deltaCoeffs()

  patch face to face neighbour cell center까지의 거리의 역수를 구해준다. coupled patch의 경우 cell to cell 거리 vector이다.

Listing 16.15: deltaCoeffs 함수 정의

```
const scalarField& fvPatch::deltaCoeffs() const
{
  return boundaryMesh().mesh().deltaCoeffs().boundaryField()[index()];
}
```

Listing 16.15는 fvMesh객체에 접근하기 위해 boundarMesh 함수를 통해 fvBoundary 객체를 얻어 mesh 멤버함수를 통해 fvMesh 객체를 얻는다. fvMesh 객체의 deltaCoeffs 멤버함수는 슈퍼클래스인 surfaceInterpolation의 멤버함수로 그 정의는 Listing 16.16과 같다.

Listing 16.16: deltaCoeffs 정의

```
const surfaceScalarField& surfaceInterpolation::deltaCoeffs() const
{
  if (!deltaCoeffs_)
  {
    makeDeltaCoeffs();
  }

  return (*deltaCoeffs_);
}
```

deltaCoeffs_ 포인터 값이 없을 경우 makeDeltaCoeffs 멤버함수를 호출하는데, internal face의 경우에는 cell to cell간의 거리의 역수, boundary face의 경우 face to cell간 거리의 역수, 즉 $\frac{1}{|\boldsymbol{r}|}$ 을 계산한다.

Listing 16.17: makeDeltaCoeffs 함수 정의

```
void surfaceInterpolation::makeDeltaCoeffs() const
{
  const volVectorField& C = mesh_.C();
  const labelUList& owner = mesh_.owner();
  const labelUList& neighbour = mesh_.neighbour();

  forAll(owner, facei)
  {
    deltaCoeffs[facei] = 1.0/mag(C[neighbour[facei]] - C[owner[facei]]);
  }

  surfaceScalarField::Boundary& deltaCoeffsBf =
      deltaCoeffs.boundaryFieldRef();

  forAll(deltaCoeffsBf, patchi)
  {
    deltaCoeffsBf[patchi] = 1.0/mag(mesh_.boundary()[patchi].delta());
  }
}
```

다시 fvPatch의 deltaCoeffs 멤버함수 정의로 돌아가보면 deltaCoeffs().boundarField() 함수를 호출하고 있으므로 boundary face to cell간 거리의 역수를 얻어내는 것을 알 수 있다.

fvPatch의 서브클래스 중 병렬연산 시 processor boundary의 처리나 sliding interface를 처

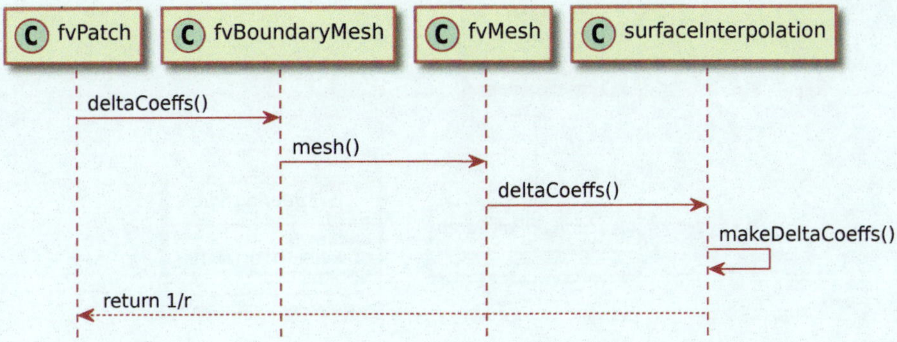

Fig 16.16: deltaCoeffs 동작 흐름

리하기 위해 `coupledFvPatch` 자료구조를 사용한다. `coupledFvPatch` 자료구조는 Fig. 16.17과 같이 coupled patch의 격자 정보에 접근하기 위해 `coupledPolyPatch` 자료구조의 참조를 멤버 변수로 가지고 있다.

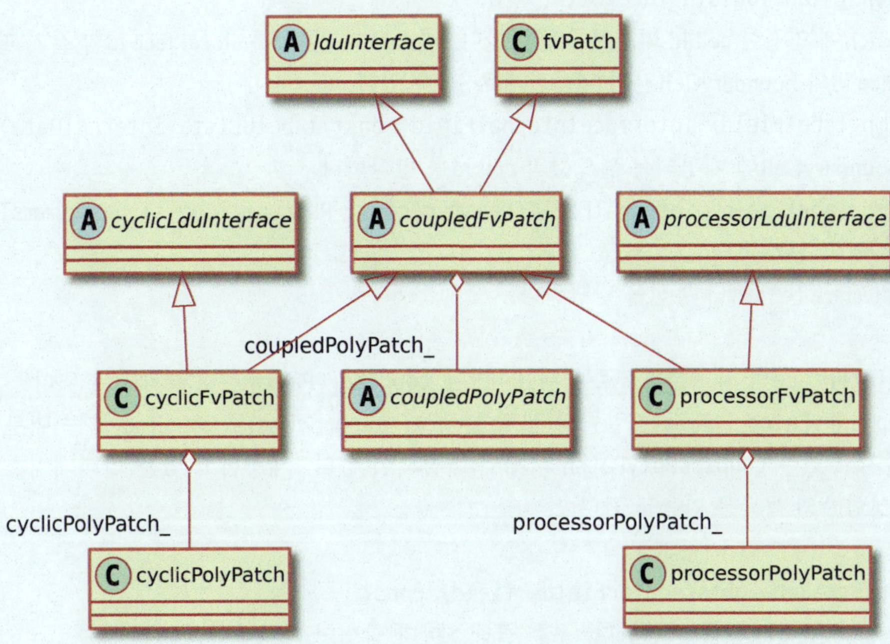

Fig 16.17: coupledFvPatch 상속 관계

`lduInterface`는 coupled boundary 즉, 병렬연산시 domain decomposition으로 인해 나누어진 subdomain간의 통신, 혹은 processor boundary 간의 통신 또는 periodic boundary 같은 cyclic 경계조건을 다루기 위해 만들어진 추상 클래스이다. `lduInterface`는 순수 가상함수로 구성되어있고 이들의 목록은 다음과 같다.

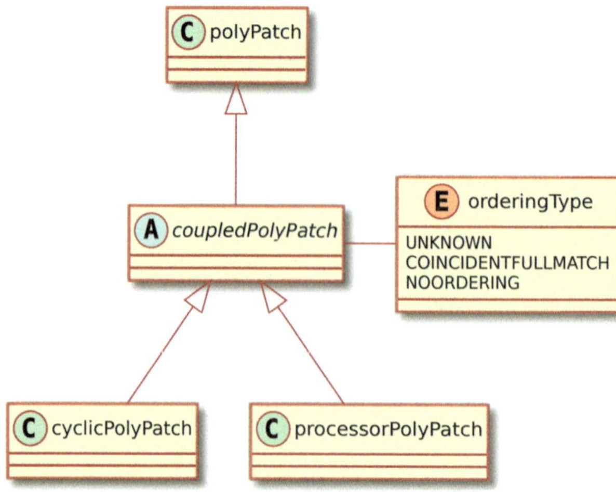

Fig 16.18: coupledPolyPatch 상속 관계

- const labelUList& faceCells() const
  patch에 인접한 cell id 리스트를 반환한다. 리스트의 인덱스는 local face id와 같기 때문에 face id와 boundaryCell간의 대응관계로 볼 수 있다.
- tmp<labelField> interfaceInternalField(const labelUList& internalData) const
  boundaryCell에 매핑되는 필드값과 cell id를 반환한다.
- tmp<labelField> internalFieldTransfer(const Pstream::commsTypes commsType, const labelUList& iF)
  interface간 데이터 통신을 담당한다.

lduInterface의 서브클래스로는 대표적으로 coupledFvPatch 추상 클래스가 있다.

coupledFvPatch 클래스는 일종의 래퍼 클래스(wrapper class)로 couple 정보는 내부에 참조로 가지고 있는 coupledPolyPatch 객체에 저장되어 있다. 제공하고 있는 인터페이스 혹은 순수가상함수의 목록은 다음과 같다.

- void makeWeights(scalarField& field) const
  geometric weight를 계산한다. 구현 클래스마다 방법이 다르다.
- const transformer& transform() const
  cyclic 경계가 회전변환을 포함하고 있을 경우 이에 대한 처리를 담당한다.
- tmp<vectorField> delta() const
  coupled patch를 공유하는 cell간 거리를 계산한다.

슈퍼클래스의 인터페이스 함수 faceCells()는 fvPatch의 faceCells 멤버함수를 호출하도록 되어 있다. coupledFvPatch의 서브클래스로는 대표적으로 cyclicFvPatch와 processorFvPatch가 있다. cyclicFvPatch역시 래퍼 함수(wrapper function)이며 실제 유용한 정보는 cyclicPolyPatch 참조에 저장되어 있다.

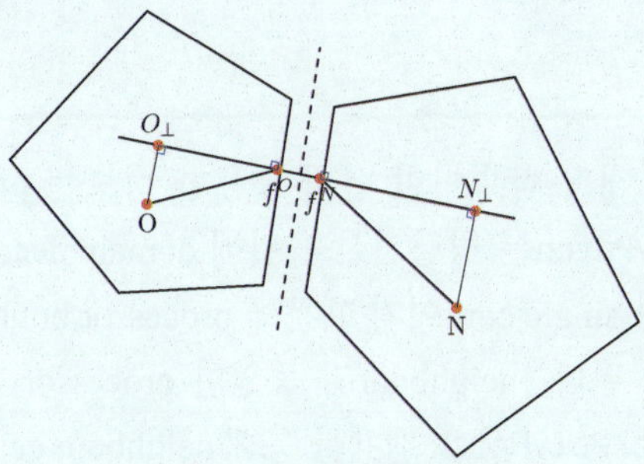

Fig 16.19: cyclic interface

makeWeight 함수는 fvMesh의 makeWeight 함수와 정의가 비슷하다.

Listing 16.18: makeWeights 함수 정의

```
void Foam::cyclicFvPatch::makeWeights(scalarField& w) const
{
    const cyclicFvPatch& nbrPatch = neighbFvPatch();

    const vectorField delta(coupledFvPatch::delta());
    const vectorField nbrDelta(nbrPatch.coupledFvPatch::delta());

    const scalarField nfDelta(nf() & delta);
    const scalarField nbrNfDelta(nbrPatch.nf() & nbrDelta);

    forAll(delta, facei)
    {
        const scalar ndoi = nfDelta[facei];
        const scalar ndni = nbrNfDelta[facei];
        const scalar ndi = ndoi + ndni;

        if (ndni/vGreat < ndi)
        {
            w[facei] = ndni/ndi;
        }
        else
        {
            const scalar doi = mag(delta[facei]);
            const scalar dni = mag(nbrDelta[facei]);
            const scalar di = doi + dni;
```

```
            w[facei] = dni/di;
        }
    }
}
```

processorFvPatch 역시 래퍼 함수이며 실제 유용한 정보는 processorPolyPatch 참조에 저장되어 있다. processorFvPatch는 병렬연산을 위해 domain decomposition을 사용했을 때만 동작하며 그렇지 않은 경우는 single core이기 때문에 processor boundary와 실제 물리적인 경계가 일치하므로 weight는 1이 된다. neighbour가 동일한 processor 내에 있지 않기 때문에 MPI 또는 래퍼 클래스인 processorPolyPatch 객체를 통해 neighbour cell의 정보를 불러온다는 점을 제외하고는 cyclicFvPatch와 동일하다.

Listing 16.19: makeWeights

```
void Foam::processorFvPatch::makeWeights(scalarField& w) const
{
    if (Pstream::parRun())
    {
        const vectorField delta(coupledFvPatch::delta());

        // The face normals point in the opposite direction on the other side
        const vectorField nbrDelta
        (
            procPolyPatch_.neighbFaceCentres()
          - procPolyPatch_.neighbFaceCellCentres()
        );

        const scalarField nfDelta(nf() & delta);

        const scalarField nbrNfDelta
        (
            (
                procPolyPatch_.neighbFaceAreas()
               /(mag(procPolyPatch_.neighbFaceAreas()) + vSmall)
            ) & nbrDelta
        );

        forAll(delta, facei)
        {
            const scalar ndoi = nfDelta[facei];
            const scalar ndni = nbrNfDelta[facei];
```

```
            const scalar ndi = ndoi + ndni;

            if (ndni/vGreat < ndi)
            {
                w[facei] = ndni/ndi;
            }
            else
            {
                const scalar doi = mag(delta[facei]);
                const scalar dni = mag(nbrDelta[facei]);
                const scalar di = doi + dni;

                w[facei] = dni/di;
            }
        }
    }
    else
    {
        w = 1.0;
    }
}
```

cyclicACMIFvPatch의 경우 Listing 16.20과 같이 정의된다.

Listing 16.20: makeWeights 함수 정의

```
void Foam::cyclicACMIFvPatch::makeWeights(scalarField& w) const
{
    if (coupled())
    {
        // These deltas are of the cyclic part alone - they are
        // not affected by the amount of overlap with the nonOverlapPatch
        const scalarField deltan(this->deltan());
        const scalarField nbrDeltan(this->nbrDeltan());

        forAll(deltan, facei)
        {
            scalar di = deltan[facei];
            scalar dni = nbrDeltan[facei];

            if (dni < cyclicACMIPolyPatch::tolerance())
            {
                // Avoid zero weights on disconnected faces. This value
```

```
                // will be weighted with the (zero) face area so will not
                // influence calculations.
                w[facei] = 1.0;
            }
            else
            {
                w[facei] = dni/(di + dni);
            }
        }
    }
    else
    {
        // Behave as uncoupled patch
        fvPatch::makeWeights(w);
    }
}
```

cyclicAMIFvPatch의 경우 Listing 16.21과 같이 정의된다.

Listing 16.21: makeWeights 함수 정의

```
void Foam::cyclicAMIFvPatch::makeWeights(scalarField& w) const
{
    if (coupled())
    {
        const scalarField deltan(this->deltan());
        const scalarField nbrDeltan(this->nbrDeltan());

        forAll(deltan, facei)
        {
            scalar di = deltan[facei];
            scalar dni = nbrDeltan[facei];

            w[facei] = dni/(di + dni);
        }
    }
    else
    {
        // Behave as uncoupled patch
        fvPatch::makeWeights(w);
    }
}
```

16.2.5 부분 격자

OpenFOAM은 격자의 일부를 선택해서 관리할 수 있는 zone과 set 자료구조를 제공하며 대상 격자 구성요소인 point, face, cell로 세분할 수 있다.

- zone
  - pointZone
  - faceZone
  - cellZone
- set
  - pointSet
  - pointZoneSet
  - faceSet
  - faceZoneSet
  - cellSet
  - cellZoneSet

zone 자료구조는 Fig. 16.20처럼 `labelList` 자료구조를 이용해 구현되며 `pointZone`의 경우 point id의 리스트, `faceZone`의 경우 face id, `cellZone`의 경우 cell id로 구성된다. zone 자료구조 자체는 `objectRegistry` 저장소를 활용할 수 없기 때문에 `ZoneMesh` CRTP 템플릿 클래스를 사용해서 `objectRegistry`에 등록시켜 관리하며 각각의 zone 자료구조 내부에 `zoneMesh_`라는 이름으로 참조할 수 있도록 설계되어 있다. zone 리스트는 `polyMesh`의 멤버변수로 관리된다(See page 413). zone 자료구조는 case 폴더의 `constant/polyMesh` 폴더 내의 `<point¦face¦cell>Zones` 이름으로 저장된 파일을 읽어들여 객체로 만들게 된다.

set 자료구조는 Fig. 16.21처럼 `labelHashSet` 자료구조를 이용해 구현되며 `topoSet` 클래스가 추상 클래스가 되어 set 자료구조를 대표하는 역할을 한다. `HashSet`[11] 템플릿 클래스는 해시테이블처럼 key와 value로 이루어지지 않고 key만을 가지는 자료구조로 point, face, cell 등의 격자 구성 요소의 id를 중복없이 관리하기 위한 목적으로 사용되었다. zone 자료구조와 달리 set 자료구조는 `regIOobject`의 서브클래스이기 때문에 객체 생성과 동시에 `objectRegistry` 저장소에 등록된다. `topoSet`의 서브클래스는 case 폴더의 `constant/polyMesh/sets` 폴더 내에

[11] C++의 set 자료구조에 대응한다.

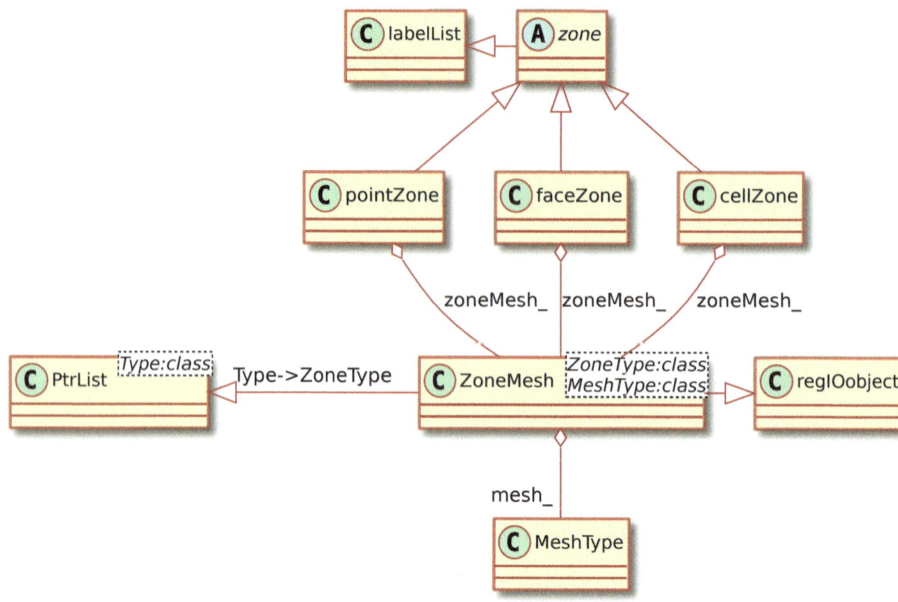

Fig 16.20: zone 계층관계

저장된 파일을 읽어들여 객체로 만들게 된다.

16.2.5.1 topoSetSource

OpenFOAM은 `topoSetSource` 자료구조를 통해 손쉽게 zone과 set을 생성하기 위한 수단을 제공하고 있다. 참고로, `topoSetSource` 자료구조는 직접 사용하는 경우보다는 `topoSet`[12] 또는 `setSet`[13] 명령어를 통해 set을 생성하고 `setsToZones` 명령어를 통해 zone을 생성하는 경우가 많다. `topoSetSource`의 서브클래스는 종류가 많지만 `sourceType` 열거형 자료형에 나타낸 것처럼 격자 구성 요소인 point, face, cell에 대응하는 set 또는 zone을 생성하며 크게 3가지 방법으로 set을 생성할 수 있다.

- 기하학적인 형상으로부터 만드는 방법
- zone 자료구조로부터 만드는 방법
- 격자 구성요소에 대한 리스트로부터 만드는 방법

주로 활용되는 형태는 기하학적인 형상으로부터 set을 생성하는 방법으로 Fig. 16.22에 예로 든 것 같이 box 형태의 범위 내에 포함되는 격자 구성요소들을 set 객체로 생성한다. 기하학적

---

[12] `topoSet` 명령어는 dictionary 기반으로 동작한다.

[13] `setSet` 명령어는 대화형 동작이 기본이며 `-batch` 옵션을 통해 배치명령으로 사용할 수 있다.

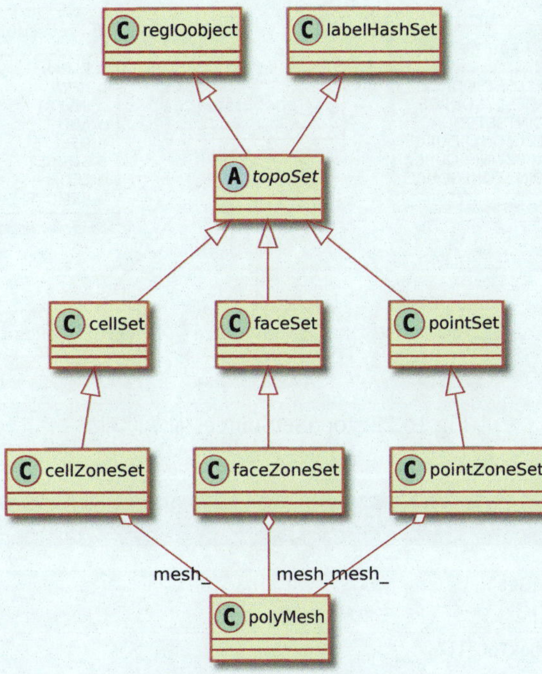

Fig 16.21: topoSet 계층관계

범위를 이용할 때는 각 격자구성 요소의 중심값으로 판단하기 때문에 `pointSet`의 경우는 범위 내에 point 좌표가 위치할 때, `faceSet`의 경우는 범위 내에 face center가 위치할 때, `cellSet`의 경우는 cell center가 위치할 때 set 객체로 생성한다.

> **WARNING**
> `topoSetSource`는 기본 동작이 파일로부터 읽도록 되어 있기 때문에, `pointSet`으로부터 바로 `cellSet`을 만들 수 없고 한번 파일로 저장한 후에 `pointToCell` 서브클래스를 사용해서 cellSet을 만들 수 있다.

`topoSetSource`는 `setAction` 열거형 자료형에 정의된 동작을 통해 원하는 작업을 수행할 수 있는 구조로 되어 있다. 열거형 자료형에 정의된 값들은 NamedEnum(See page 62)을 통해 dictionary 파일의 엔트리에 작성된 문자열과 상호작용 할 수 있도록 초기화되며 RTS 구조를 활용해 setType, setName, sourceType과 sourceType이 요구하는 입력을 dictionary 형태로 처리하여 `topoSetSource`의 서브클래스 객체를 생성시키는 구조로 되어 있다[14]. 따라서, `topoSetSource`의 서브클래스들은 New selector를 이용해서 생성해야 한다.

[14]`topoSet`과 `setSet` 명령어도 이 형태를 그대로 따르고 있다.

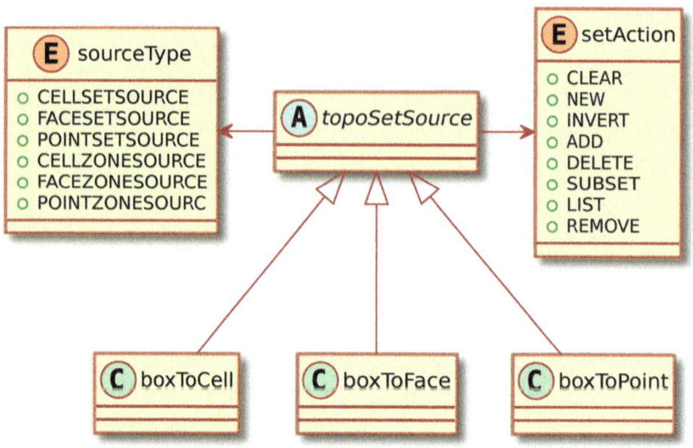

Fig 16.22: topoSetSource 계층관계

Listing 16.22: boxToCell 객체를 이용한 cellSet 생성 예

```
word setType = "cellSet";
word setName = "c1";
word sourceType = "boxToCell";
dictionary dict;

point pmin(Zero);
point pmax(1,1,1);
treeBoundBoxList tbb(1, treeBoundBox(pmin, pmax));
dict.add("boxes", tbb);
autoPtr<topoSet> topoSetPtr = topoSet::New(setType, mesh, setName, mesh.C().size());
topoSet& topoSetRef = topoSetPtr();
autoPtr<topoSetSource> topoSetSourcePtr = topoSetSource::New(sourceType, mesh, dict);
topoSetSource::setAction action = topoSetSource::toAction("new");
topoSetSourcePtr().applyToSet(action, topoSetRef);
cells_.setSize(topoSetRef.size());
label count(0);
forAllConstIter(cellSet, topoSetRef, iter)
{
  cells_[count++] = iter.key();
}

topoSetRef.write(); // write set into constant/polyMesh/sets
```

16.2.6 분할 격자

OpenFOAM은 병렬 연산을 수행하기 전에 격자를 분할하여(domain decomposition) processor 이름 뒤에 processor id가 붙은 형태의 폴더를 분할 개수 또는 core 개수만큼 만들어 격자를 분할하고 0 폴더에 있는 경계조건을 분할된 격자에 맞게 분할하여 각각의 processor 폴더의 0 폴더에 복사한다. 이 일련의 작업은 decomposePar 명령을 통해 수행되며 decomposePar 명령의 제어는 Listing 16.23처럼 system/decomposeParDict를 통해 이루어진다.

분할 방법은 다음과 같이 8가지 형태를 제공하며 디버그나 개발 목적이 아니라면 보통 scotch와 metis를 주로 사용한다.

- hierarchical
- manual
- metis
- multiLevel
- none
- scotch
- simple
- structured

Listing 16.23: decomposeParDict 예

```
FoamFile
{
    version     2.0;
    format      ascii;
    class       dictionary;
    location    "system";
    object      decomposeParDict;
}

numberOfSubdomains    4;
method                scotch;
```

actuator disk 모델을 사용하는 경우 disk 전체가 하나의 격자에 포함되도록 하는 것이 좋은데 이와 같이 특별한 경우 분할 과정에 제약조건을 부여해야 할 경우 constraints subDict를 추가해서 작성할 수 있다.

Listing 16.24: constraints를 부여한 decomposeParDict 예

```
FoamFile
{
    version     2.0;
```

```
    format      ascii;
    class       dictionary;
    location    "system";
    object      decomposeParDict;
}

numberOfSubdomains   4;
method               scotch;

constraints
{
  pod
  {
    type preserveFaceZones;
    zones ("pod1" "pod2");
  }
}

// for backward compatibility
//preserveFaceZones ("pod1" "pod2");
```

INFO

constraints subDict는 OpenFOAM 4부터 도입된 것으로 그 이전에는 직접 decompositionConstraint 서브클래스 엔트리를 작성하도록 되어 있었다.

OpenFOAM 8 기준으로 지원되는 constraint 목록은 다음과 같다.

- `preserveBaffles`
- `preserveFaceZones`
- `preservePatches`
- `refinementHistory`
- `singleProcessorFaceSets`

다음 명령은 각 processor 폴더에 ParaView에서 읽을 수 있는 `.foam` 파일을 생성시키는 스크립트이다. 각각의 processor 폴더에 있는 `.foam`을 ParaView에서 읽으면 각각의 분할된 격자와 필드를 독립적으로 읽을 수 있기 때문에 병렬 연산시 발생하는 오류를 확인하는데 활용할 수 있다.

Listing 16.25: processor 폴더에 ParaView용 파일 생성 코드

```
for folder in $(find . -maxdepth 1 -type d -name 'processor*');
do
  touch $folder/$(basename $folder).foam;
done
```

16.2.6.1 uncollated/collated 형식

OpenFOAM은 모든 설정을 파일 단위로 하기 때문에 하나의 case를 설정하는데 상당히 많은 파일이 관여하게 된다. 일단, `system` 폴더 내의 파일은 공통적으로 사용하므로 차치하더라도 `constant/polyMesh`와 `0` 폴더 내의 파일들은 분할된 각 processor 폴더 내에 복사되기 때문에 일반적으로 병렬 연산을 수행하게 되면 생성되는 파일의 개수는 병렬 연산 core 개수에 비례하게 된다. 동적 격자를 사용하지 않는 $k-\omega$ 난류 모델을 사용한 unsteady 계산을 가정하게 되면 `0` 폴더 내에는 k, ω, ν_t, p, U 필드를 위한 파일 5개가 필요하다. 총 100 개의 core로 병렬연산을 하게 되면 하나의 time step마다 총 500개의 파일이 생성되게 된다. Linux 파일 시스템에는 inode 라고 해서 파일 목록을 관리하는 메타데이터 영역이 존재하는데 파일 개수가 불필요하게 많이 생성되어 inode의 최대값에 이르게 되면 물리적인 디스크 공간에 여유가 있다고 하더라도 더 이상 (임시 파일을 포함한) 새로운 파일 생성이 되지 않아 정상적인 동작을 하지 못하게 된다. 더구나, 처리해야할 파일 개수가 많아지면 후처리 할 때도 시간이 오래걸리기 때문에 이런 관점에서 OpenFOAM의 파일 기반으로 하는 case 설정 방법은 대용량 계산에서 불리한 측면이 있다.

OpenFOAM 5에서는 이런 약점을 완화시키기 위해 collated format을 도입하였다. collated format은 기존처럼 core 개수만큼 processor 폴더를 생성하지 않고 하나의 processor 폴더를 생성시키고 필드값이 저장되는 파일을 하나의 리스트로 두고 리스트의 원소에 각 processor가 처리한 필드를 저장하는 형태로 구현되어 있다. OpenFOAM 4까지 사용하던 형태는 collated format과 구분하기 위해 uncollated format이라 한다. OpenFOAM의 기본 동작은 uncollated format이며 환경변수 `FOAM_FILEHANDLER`의 값을 collated 또는 uncollated로 변경함으로써 기본 동작을 바꿀 수 있다. 또는 `simpleFoam`을 비롯한 대부분의 병렬연산을 지원하는 명령어들은 `-fileHandler` 옵션을 통해 명령어 단위로 파일 처리를 다르게 처리할 수도 있다.

참고로 collated format은 ParaView 5.8 버전을 기준으로 할 때 아직까지 지원되지 않는 형태이기 때문에 collated format으로 계산하더라도 후처리를 위해서는 Listing 16.26처럼 foamFormatConverter 명령을 활용해 uncollated format으로 변경해서 사용해야 하기 때문에 아직까지는 장점보다는 단점이 많은 형식이므로 uncollated format 사용을 권한다. OpenFOAM plus의 경우, ADIOS/ADIOS2를 이용해 uncollated format이 가지고 있는 단점을 제거하려 하고 있다. 단기적으로, OpenFOAM의 기본 파일 포맷 구조를 바꾸는 것은 힘들기 때문에 `functionObject`

형태로 결과 파일을 병렬 I/O를 지원하는 HDF5 또는 CGNS같은 가상 파일시스템[15]을 지원하는 파일 포맷으로 저장할 수 있도록 개발하고 있다[16].

INFO
저자가 약 2년전에 ParaView 개발 팀에 collated format 지원을 위한 패치를 보냈으나 그 당시 ParaView에 구현된 OpenFOAM reader 구조의 불합리한 점이 먼저 논의가 되었고 collated format도 원활한 병렬처리를 위한 메타데이터에 대한 고려가 부족한 상태였기 때문에 ParaView 5.8 기준으로 아직까지 collated format 지원 기능은 구현되지 않은 상태이다.

Listing 16.26: format 변경 방법

```
mpirun -np 16 foamFormatConverter -parallel -fileHandler uncollated
```

INFO
직접 구현해 볼 사람들을 위해 첨언하자면, collated format은 ParaView 라이브러리의 `ParaViewCore/ServerManager/SMApplication/Resources/readers.xml`의 `DecomposedCase` item이 들어있는 열거형 자료를 수정해서 UI에 collated 메뉴를 추가하고 VTK 라이브러리의 `IO/Geometry/vtkOpenFOAMReader.[cxx¦h]`와 `IO/Parallel/vtkPOpenFOAMReader.[cxx¦h]`의 내용을 수정해야 한다.

16.3 연습문제

Exercise 1

OpenFOAM은 `blockMesh`와 `snappyHexMesh` 등의 자체 격자 생성도구를 제공하고 있다. `blockMesh`는 정렬격자 형태의 격자를 만드는데 활용할 수 있는 도구이다. `blockMesh`는 `system/blockMeshDict`에 작성된 내용을 바탕으로 정렬격자 형태의 격자를 생성한다. 다음 내용은 Fig. 16.4에 나타낸 격자와 비슷한 2차원 격자를 만드는 코드이다.

```
FoamFile
{
    version         2.0;
```

[15]하나의 물리적인 파일 내부에 데이터가 폴더와 파일로 구조화된 형태로 저장시키는 형태를 의미한다.

[16]`https://openfoam.com/documentation/files/adios-201610.pdf` 참고

```
    format          ascii;
    class           dictionary;
    location        "constant/polyMesh";
    object          blockMeshDict;
}

vertices
(
    ( 0 0 0 ) ( 1 0 0 ) ( 1 1 0 ) ( 0 1 0 ) ( 0 0 1 ) ( 1 0 1 ) ( 1 1 1 ) ( 0 1 1 )
);

blocks
(
    hex (0 1 2 3 4 5 6 7) ( 4 4 1) simpleGrading (1 1 1)
);

patches
(
    patch left ((0 4 7 3))
    patch right ((1 2 6 5))
    wall top ((2 3 7 6))
    patch bottom ((0 1 5 4))

    empty fontAndBack ((4 5 6 7) (0 3 2 1))
);
```

(a) 위에서 작성한 격자를 ParaView를 통해 격자의 모양을 확인해보도록 한다.

> **HINT**
> 터미널에서 `touch $(basename $(pwd)).foam`을 실행한 후 ParaView에서 해당 파일을 열도록 한다.

(b) 앞서 작성한 격자를 대상으로 다음 코드를 이용하여 point, face 등의 격자 요소를 확인해보도록 한다.

```
#include "fvCFD.H"
#include "dynamicFvMesh.H"

int main(int argc, char *argv[])
{
```

```
    #include "setRootCaseLists.H"
    #include "createTime.H"
    #include "createDynamicFvMesh.H"

    Info<< mesh.nPoints() << endl;
    Info<< mesh.nInternalPoints() << endl;
    Info<< mesh.nFaces() << endl;
    Info<< mesh.nInternalFaces() << endl;
    Info<< mesh.nCells() << endl;
    Info<< mesh.cellCentres() << endl;
    Info<< mesh.cellfaceCentres() << endl;
    return 0;
}
```

(c) 앞서 작성한 격자를 대상으로 다음 코드를 이용하여 경계격자의 개수 등의 정보를 확인해보도록 한다.

```
#include "fvCFD.H"
#include "dynamicFvMesh.H"

int main(int argc, char *argv[])
{
    #include "setRootCaseLists.H"
    #include "createTime.H"
    #include "createDynamicFvMesh.H"

    Info<< mesh.boundary().size() << endl;
    Info<< mesh.boundary().names() << endl;
    forAll(mesh.boundary(), i)
    {
      Info<<mesh.boundary()[i].name() << endl;
      Info<<mesh.boundary()[i].index() << endl;
      Info<<mesh.boundary()[i].Cf() << endl;
      Info<<mesh.boundary()[i].faceCells() << endl;
    }
    return 0;
}
```

(d) 앞서 작성한 격자를 대상으로 다음 코드를 이용하여 격자의 cell id와 face id의 관계를 확인해보도록 한다.

```
#include "fvCFD.H"
#include "dynamicFvMesh.H"

int main(int argc, char *argv[])
{
    #include "setRootCaseLists.H"
    #include "createTime.H"
    #include "createDynamicFvMesh.H"

    // internal face
    forAll(mesh.owner(), facei)
    {
        Info<<facei << " : " << mesh.owner()[facei]
            << ", " << mesh.neighbour()[facei] << endl;
    }
    // boundary face
    const polyBoundaryMesh& boundary = mesh.boundary();
    forAll(boundary, bi)
    {
        Info<<boundary[bi].name() << ": start id "
            << boundary[bi].start()
            << " with size " << boundary[bi].size() << endl;
    }

    return 0;
}
```

Exercise 2

병렬연산을 수행하기 위해서는 decomposePar 명령어를 이용해 격자를 system/decomposeParDict에 지정한 processor 개수만큼 분할해야 한다. 분할된 격자는 각각 processor<id> 형태의 폴더에 저장된다. 저장된 격자는 본래의 cell id가 아니라 각 processor 별로 0부터 시작하는 id를 새로 받게 된다.

(a) 분할된 격자의 분할 전 cell id를 알기 위해서는 globalIndex 자료구조를 이용하게 된다.

```
#include "globalIndex.H"
#include "argList.H"
#include "Time.H"
#include "polyMesh.H"
```

```cpp

using namespace Foam;

int main(int argc, char** argv)
{
  #include "setRootCase.H"
  #include "createTime.H"
  #include "createPolyMesh.H"

  if (!Pstream::parRun())
  {
    SeriousError << "globalIndex class is only useful in parallel mode"
        << abort(FatalError);
  }
  globalIndex globalNumbering(mesh.nCells());
  for (label celli = 0; celli < mesh.nCells(); ++celli)
  {
    label globalCelli = globalNumbering.toGlobal()(celli);
    label proci = globalNumbering.whichProcID(globalCelli);
  }
  return 0;
}
```

위 코드를 격자 분할된 case에 적용해서 결과를 확인해보도록 한다.

INFO

- `toGlobal`은 local cell id를 global cell id로 변경하는 함수이다.
- `whichProcID`은 global cell id가 속해있는 processor를 찾아주는 함수이다.
- `toLocal`은 global cell id를 local cell id로 변경하는 함수이다.
- `isLocal`은 global cell id가 현재 processor 내에 있는지 확인하는 함수이다.

WARNING

병렬연산으로 실행해야 의미가 있다.

(b) 분할되기 전의 격자의 기하학적 정보는 `globalMeshData` 자료구조를 이용하게 된다. `polyMesh` 자료구조는 내부 변수로 `globalMeshData` 정보를 포함하고 있기 때문에 이를 이용해 필요한 정보를 얻을 수 있다.

```
#include "globalMeshData.H"
#include "argList.H"
#include "polyMesh.H"
#include "Time.H"
#include "mapDistribute.H"

using namespace Foam;

int main(int argc, char** argv)
{
  #include "setRootCase.H"
  #include "createTime.H"
  #include "createPolyMesh.H"

  const globalMeshData& globalData = mesh.globalData();
  const indirectPrimitivePatch& coupledPatch = globalData.coupledPatch();
  const globalIndexAndTransform& transforms = globalData.globalTransforms();

  // print shared points
  {
    const mapDistribute& globalPointSlavesMap =
        globalData.globalPointSlavesMap();
    const labelListList& slaves =
        globalData.globalPointSlaves();
    const labelListList& transformedSlaves =
        globalData.globalPointTransformedSlaves();

    pointField coords(globalPointSlavesMap.constructSize());
    SubList<point>(coords, coupledPatch.nPoints()) =
        coupledPatch.localPoints();

    // Exchange data
    globalPointSlavesMap.distribute
    (
        transforms,
        coords,
        mapDistribute::transformPosition()
    )

    forAll(slaves, pointi)
    {
      const labelList& slavePoints = slaves[pointi];
      if (slavePoints.size() > 0)
      {
```

```
          Pout<< "Master point: " << pointi
              << " coord:" << coords[pointi]
              << " connected to untransformed slave points:" << endl;
          forAll(slavePoints, i)
          {
              Pout<< "    " << coords[slavePoints[i]] << endl;
          }
      }

      const labelList& transformedSlavePoints = transformedSlaves[pointi];

      if (transformedSlavePoints.size() > 0)
      {
          Pout<< "Master point: " << pointi
              << " coord:" << coords[pointi]
              << " connected to untransformed slave points:" << endl;
          forAll(slavePoints, i)
          {
              Pout<< "    " << coords[transformedSlavePoints[i]] << endl;
          }
      }
    }
  }

  return 0;
}
```

위 코드를 격자 분할된 case에 적용하여 coupled boundary의 관계를 파악해보도록 한다.

> **INFO**
> `mapDistribute` 자료구조는 processor boundary나 cyclic boundary같은 coupled boundary에 대한 매핑 정보를 제공하기 위한 자료구조이다.

Exercise 3

Exercise 1에서 작성한 격자를 대상으로 격자가 정해진 궤적을 따라 움직이는 동적격자를 작성해보도록 한다. 다음 코드를 대상으로 작업해보도록 한다.

```
1  #include <fvCFD.H>
2  #include <dynamicFvMesh.H>
3
4  int main(int argc, char** argv)
5  {
6      #include "setRootCase.H"
7      #include "createTime.H"
8
9      while (runTime.run())
10     {
11         Info << runTime.timeOutputValue() << " " << runTime.timeIndex() << endl;
12         runTime++;
13
14         runTime.write();
15     }
16     return 0;
17 }
```

(a) 8번 줄에 다음 코드를 추가하여 `constant/polyMesh`에 있는 격자를 읽을 수 있도록 한다.

```
Foam::fvMesh mesh
(
    Foam::IOobject
    (
        Foam::fvMesh::defaultRegion,
        runTime.timeName(),
        runTime,
        Foam::IOobject::MUST_READ
    )
);
```

(b) 격자를 주어진 형태로 움직이기 위해 다음 코드를 추가하도록 한다.

```
pointField p0(mesh.points()); // initial value
tmp<pointField> p(mesh.points()); // new points
```

(c) 격자의 움직임을 x축 방향으로 sine 함수 형태로 가정하여 다음 코드를 13번줄에 추가하도록 한다.

```
        scalar freq = 4;
        scalar amp = 1;
        scalar displacement = ::sin
        (
            freq*constant::mathematical::pi*runTime.timeOutputValue()
        );
        p = p0 + amp*vector(displacement,0,0);
        mesh.movePoints(p);
```

(d) 완성된 코드를 실행해보고 각 time 폴더 내에 작성된 `polyMesh/points`의 좌표값을 확인한 후, 위 코드가 12번줄에 작성된 `runTime++` 이후에 나타나야 하는 이유를 확인해보도록 한다.

(e) (a)은 `createMesh.H` 헤더파일로 대체할 수 있다. `#include "createMesh.H"`로 변경하여 재작성해보도록 한다.

(f) OpenFOAM 6부터 정적 격자와 동적 격자를 일관되게 처리할 수 있도록 자료구조가 개선되었기 때문에 `fvMesh` 대신 확장성이 좋은 `dynamicFvMesh` 객체로 처리하는 것이 좋을 수 있다. (a) 대신 다음 코드를 추가하여 재작성해보도록 한다.

```
    Foam::autoPtr<Foam::dynamicFvMesh> meshPtr
    (
        dynamicFvMesh::New
        (
            Foam::IOobject
            (
                Foam::dynamicFvMesh::defaultRegion,
                runTime.timeName(),
                runTime,
                Foam::IOobject::MUST_READ
            )
        )
    );
    dynamicFvMesh& mesh = meshPtr();
```

INFO

`dynamicFvMesh`는 추상클래스이므로 포인터 자료형으로 작성해야한다.

(g) (f)은 `createDynamicFvMesh.H` 헤더파일로 대체할 수 있다.
`#include "createDynamicFvMesh.H"`로 변경하여 재작성해보도록 한다.

(h) (c)의 displacement값을 `scalar`가 아닌 필드 자료형으로 작성하여 격자의 각 point들의

변위가 동일하지 않도록 작성해보도록 한다.

> **INFO**
> OpenFOAM의 morphing mesh 구현이 이와 유사하다.

(i) `fvMesh` 및 서브클래스는 격자가 동적격자인지 아닌지 파악할 수 있는 멤버함수 `dynamic`를 제공한다. 완성된 코드에 `Info<< "dynamic: " << mesh.dynamic() << endl;`을 추가하여 그 결과에 대해 생각해보도록 한다.

Exercise 4

Exercise 1에서 작성한 격자를 대상으로 refine mesh 기능을 확인하도록 한다. 다음 코드를 대상으로 작업해보도록 한다.

> **INFO**
> mesh refine 기능은 `hexRef8` 클래스에서 담당한다.

```
1  #include <fvCFD.H>
2  #include <dynamicFvMesh.H>
3  #include <hexRef8.H>
4  #include <polyTopoChange.H>
5  int main(int argc, char** argv)
6  {
7      #include "setRootCase.H"
8      #include "createTime.H"
9      #include "createMesh.H"
10
11     while (runTime.run())
12     {
13         runTime++;
14
15         runTime.write();
16     }
17     return 0;
18 }
```

(a) refine mesh 기능을 추가하기 위해 10번줄에 다음 코드를 추가하도록 한다.

```
Foam::hexRef8 meshCutter(mesh);
autoPtr<mapPolyMesh> map(nullptr);
```

(b) 다음 코드를 추가하여 meshCutter가 유지하고 있는 cell list가 owner list인지 neighbour list인지 확인하고 그 이유에 대해서 생각해 보도록 한다.

```
Info << "owner: " << mesh.owner().size() << nl
    << "neighbour: " << mesh.neighbour().size() << endl;
Info << "original cellLevel: " << meshCutter.cellLevel()<< endl;
```

(c) cell을 refine 시킬 경우 대상 cell의 id list를 작성하여 hexRef8의 멤버함수 setRefinement를 사용한다. cell의 변경을 확인하기 용이하도록 id list는 크기를 1로 하고 0번 cell을 대상으로 refine 시키도록 한다.

```
labelList cellsToRefine(1, Zero);
Foam::polyTopoChange meshMod0(mesh);
meshCutter.setRefinement(cellsToRefine, meshMod0);
map = meshMod0.changeMesh(mesh, false);
```

위 코드를 추가한 후 ParaView를 통해 0번 cell이 refine된 결과를 확인하도록 한다.

INFO

반복해서 refine시킬 경우 refine level만큼 2번줄의 polyTopoChange 객체를 생성시켜서 작업해야 한다.

(d) 다음 코드를 추가하여 hexRef8 객체가 refine된 cell을 관리하는 방법을 확인하도록 한다.

```
Info << "refined cellLevel: " << meshCutter.cellLevel() << endl;
Info << "cell to cell map: " << map().cellMap() << endl;
```

(b)의 결과와 비교해서 0번 cell이 refine된 후 몇개의 cell이 추가되고 추가된 cell의 id가 어떤 형태로 추가되었는지 확인하도록 한다.

(e) refine 전과 후의 격자 정보를 확인하기 위해 다음 코드를 추가하도록 한다.

```
Info<< "Refined from " << returnReduce(map().nOldCells(), sumOp<label>())
    << " to " << mesh.globalData().nTotalCells() << " cells" << endl;
```

```
    // update numbering of cells/vertices
    meshCutter.updateMesh(map);
    meshCutter.checkRefinementLevels(-1, labelList(0));
    // update fields
    mesh.updateMesh(map);
```

(f) 완성된 코드를 실행해 보고 각 time 폴더의 `polyMesh` 내에 작성된 파일 목록과 Exercise 3의 코드 실행결과로 얻은 time 폴더의 `polyMesh` 내의 파일 목록을 비교해보고 topology 변화의 의미에 대해 생각해본다.

> **HINT**
> Topology란 point/face/cell의 수와 연결 관계를 의미한다.

Exercise 5

`fvMesh`자료구조는 `motionSolver`자료구조를 통해 동적격자를 지원할 수 있도록 하고 있다. `motionSolver`는 격자의 solid body motion이나 격자의 morphing 등을 지원하고 point단위로 동작한다. 따라서 `motionSolver` 자료구조를 이용해 하나의 격자점을 이동시켜도 주변 격자에 미치는 영향은 없다. `fvMotionSolver` 자료구조는 이를 보완하여 하나의 격자점의 이동이 주변 격자점에도 영향을 미칠 수 있도록 weight field를 계산해주는 기능을 제공한다. 이 기능을 이용하여 다음과 같은 piston 타입 조파기를 구현해보도록 한다.

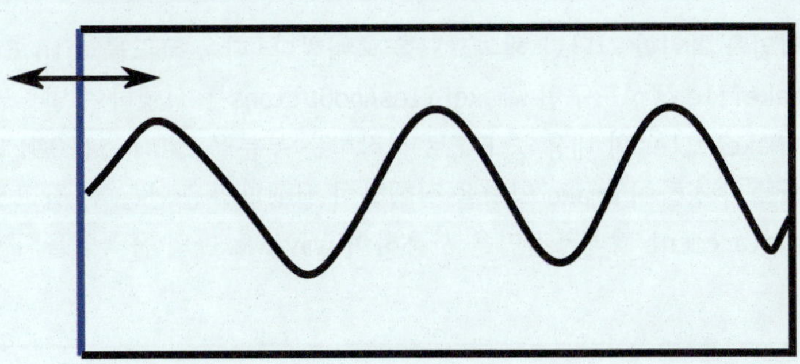

(a) 경계격자의 운동을 모사하기 위해 `fixedValuePointPatchField` 클래스를 상속하여 `waveMaker` 클래스를 작성하도록 한다. `TypeName` 매크로의 인자도 `waveMaker`로 한다.

(b) 격자의 움직임은 멤버함수 `void updateCoeffs()` 함수 내부에 작성하도록 한다. 간단히 선형적인 움직임을 구현하기 위해 경계격자의 움직임은 $\boldsymbol{x} = \begin{bmatrix} 2 \times x & 0 & 0 \end{bmatrix}$로 가정한다.

```
void Foam::waveMakerPointPatchVectorField::updateCoeffs()
{
    if (this->updated())
    {
        return;
    }

    const polyMesh& mesh = this->internalField().mesh()();
    const scalar& t = mesh.time().timeOutputValue();

    // const scalarField points(waveNumber_ & patch().localPoints());
    tmp<vectorField> tstroke(new vectorField(patch().size()));
    vectorField& stroke = tstroke.ref();
    vector strokeDirection(1, 0 ,0);
    forAll(stroke, i)
    {
        stroke[i] = 2*t*strokeDirection;
    }
    Field<vector>::operator=
    (
        stroke
    );
    fixedValuePointPatchField<vector>::updateCoeffs();
}
```

(c) 격자의 움직임을 확인할 간단한 해석코드를 준비한다. 다음 코드를 `main.C`라는 이름으로 저장하고 `Makefile` 생성도구인 `wmakeFilesAndOptions`를 실행하여 빌드 환경을 구축하도록 한다. `Make/files`의 내용 중 EXE로 시작하는 부분을 `EXE = $(FOAM_USER_APPBIN)` /waveMaker로 수정하여 `wmake` 명령을 실행하여 실행파일을 만든다. 참고로, 실행파일은 `0/pointDisplacement` 경계조건만을 사용하여 waveMaker의 움직임을 구현하도록 되어 있다.

```
#include "fvCFD.H"
#include "dynamicFvMesh.H"
#include "pimpleControl.H"

// * * * * * * * * * * * * * * * * * * * * * * * * * * * * * * * * * * * * * * //

```

```
int main(int argc, char *argv[])
{
    #include "setRootCaseLists.H"
    #include "createTime.H"
    #include "createDynamicFvMesh.H"
    #include "createDyMControls.H"

    // * * * * * * * * * * * * * * * * * * * * * * * * * * * * * * * * * * //
    Info<< "\nStarting time loop\n" << endl;

    while (pimple.run(runTime))
    {
        #include "readDyMControls.H"

        runTime++;

        Info<< "Time = " << runTime.timeName() << nl << endl;

        while (pimple.loop())
        {
            if (pimple.firstPimpleIter() || moveMeshOuterCorrectors)
            {
                mesh.update();

                if (mesh.changing())
                {

                    if (checkMeshCourantNo)
                    {
                        #include "meshCourantNo.H"
                    }
                }
            }
        }

        runTime.write();

        Info<< "ExecutionTime = " << runTime.elapsedCpuTime() << " s"
            << "  ClockTime = " << runTime.elapsedClockTime() << " s"
            << nl << endl;
    }

    Info<< "End\n" << endl;

```

```
    return 0;
}
```

(d) 격자의 거동을 확인하기 위해 `tutorials/multiphase/interFoam/laminar/wave` 폴더를 복사하고, waveMaker의 움직임으로 인한 격자의 이동을 제어하기 위해 `constant/dynamicMeshDict`을 추가한다. 경계격자의 이름 중 left를 waveMaker로 가정하고 `dynamicMeshDict`에 다음 내용을 작성하도록 한다.

```
FoamFile
{
    version     2.0;
    format      ascii;
    class       dictionary;
    object      dynamicMeshDict;
}

dynamicFvMesh       dynamicMotionSolverFvMesh;
motionSolverLibs    ("libfvMotionSolvers.so");

solver              displacementLaplacian;

displacementLaplacianCoeffs
{
    diffusivity         inverseDistance (left);
}
```

> **INFO**
> inverseDistance는 주어진 경계에서 거리가 멀어질수록 가중치가 0에 가까워진다.

(e) 경계격자의 운동을 기술하기 위해 `0/pointDisplacement`를 추가하고 다음 내용을 작성하도록 한다.

```
FoamFile
{
    version     2.0;
    format      ascii;
    class       pointVectorField;
    object      pointDisplacement;
}
```

```
// * * * * * * * * * * * * * * * * * * * * * * * * * * * * * * * * * * * * * //

dimensions      [0 1 0 0 0 0 0];

internalField   uniform (0 0 0);

boundaryField
{
    left
    {
        type            waveMaker;
        value           uniform (0 0 0);
    }
    right
    {
        type            fixedValue;
        value           uniform (0 0 0);
    }
    top
    {
        type            zeroGradient;
    }
    bottom
    {
        type            zeroGradient;
    }
    frontAndBack
    {
        type            empty;
    }
}
```

(f) displacement solver를 제어하기 위해 `system/fvSolution`의 solvers subDict에 다음 내용을 추가하도록 한다.

```
     "(cellDisplacement|cellDisplacementFinal)"
     {
         solver          GAMG;
         tolerance       1e-5;
         relTol          0;
         smoother        GaussSeidel;
         cacheAgglomeration false;
```

```
        nCellsInCoarsestLevel 10;
        agglomerator    faceAreaPair;
        mergeLevels     1;
    }
```

(g) 앞서 작성한 `waveMaker` 실행파일을 실행한 후 ParaView로 열어 실제로 waveMaker가 작동하는지 확인하도록 한다.

> **HINT**
> 생성되는 시간 폴더간격이 너무 멀다면 `system/controlDict`를 열어 `writeInterval` 값을 조정해보도록 한다.

(h) 이제 좀더 복잡한 waveMaker의 거동을 기술하기 위해 stroke를 sin 함수로 수정하여 재작성해보도록 한다.

(i) 위에서 작성한 sin 함수를 `Function1`의 서브클래스인 `Sine`으로 대체해보도록 한다.

> **HINT**
> 사용자 입력은 waveMaker 경계조건 클래스의 생성자 중 `const dictionary& dict`를 매개변수로 하는 생성자를 이용하도록 한다. 이 생성자가 경계조건 동작 시 가장 먼저 실행되는 생성자이다.

> **WARNING**
> 격자 분할이나 restart 상황에 대처하기 위해 `waveMaker` 클래스의 멤버함수 `void write(Ostream& os)`를 오버라이딩하는 것이 좋다.

(j) 실험실에서 사용한 waveMaker stoke 신호를 활용할 수 있도록 CSV 파일을 활용할 수 있는 `Function1`의 서브클래스인 `TableFile`을 사용하도록 고쳐보도록 한다.

(k) 앞서 만든 piston 타입 조파기를 응용하여 다음과 같은 flap 타입 조파기를 구현해보도록 한다.

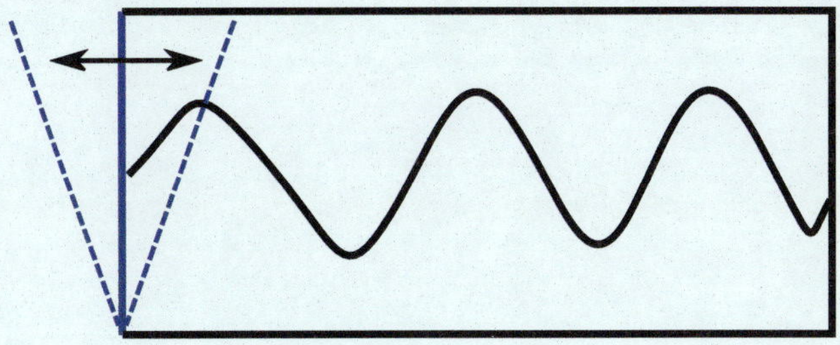

Exercise 6

(a) `tutorials/multiphase/interFoam/RAS/DTCHull`을 대상으로 `topoSet` 또는 `setSet` 명령을 활용해 `cellSet`을 작성해보도록 한다.

(b) `tutorials/multiphase/interFoam/RAS/DTCHull`에서 `checkMesh` 명령을 실행해보고 `constant/polyMesh/sets` 폴더 내에 생성된 파일들을 확인해보도록 한다.

> **HINT**
> `constant/polyMesh/sets` 폴더 내의 파일들은 `foamToVtk-faceSet` 명령을 통해 VTK 포맷으로 변환시킬 수 있다. 변환된 파일은 VTK 폴더에 작성되므로 이 폴더 내의 파일들을 ParaView로 읽도록 한다.

17

필드자료형

17.1 List

OpenFOAM의 경우 `UList`, `List`, `UPtrList`, `PtrList` 등의 클래스로 리스트 자료구조를 구현하고 있으며 기본적인 멤버함수는 C++ 표준라이브러리 `std::vector`와 비슷한 사용경험을 제공하고 있다. C++ 표준 라이브러리는 많은 경우 가상 소멸자를 지원하지 않기 때문에 서브클래스를 통한 확장을 지원하지 못해서 포인터나 참조형 객체를 다룰 때 의도하지 않은 동작을 할 가능성을 가지고 있다. 더구나, C++ 11 표준 이전에는 통칭 STL[1] 이라고 부르던 C++ 표준라이브러리의 신뢰도와 성능이 낮았기 때문에 자체 구현해서 사용하는 것이 일반적이었다. OpenFOAM에서 C++ 표준 라이브러리와 비슷하면서 확장이 가능한 자료형을 별도로 제공하는 이유는 이러한 배경과 무관하지 않다고 생각된다.

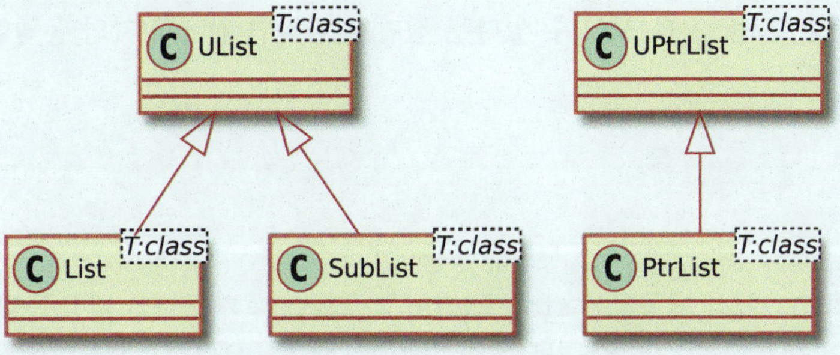

Fig 17.1: OpenFOAM의 List 자료형

17.1.1 UList

`UList` 클래스는 비할당형 배열 자료형으로 외부에 있는 배열자료에 대한 참조형태로 구현된다. 자체 저장공간이 없기 때문에 배열크기를 수정할 수 없고 배열크기와 배열원소 접근을 지원하기

[1]Standard Template Library로 불리며 Alexander Stepanov의 제너릭 프로그래밍 기법에 영향받아 만들어진 구현체로 지금은 STL이라는 용어대신 C++ 표준라이브러리라 호칭하는 것이 올바른 표현이다.

위해 다음과 같은 멤버함수 및 연산자를 제공한다.

- `label size() const`
  리스트 크기를 반환한다.
- `T& operator[] (const label)`
  주어진 `label` 대한 배열 원소의 참조를 얻는다.
- `template<class T> void writeEntry(Ostream& os, const UList<T>&)`
  출력 스트림 `Ostream`에 리스트 내용을 출력하는 전역함수이다.

배열 자료형에서 공통적으로 사용할 수 있는 순회매크로 `forAll`, `forAllReverse`, `forAllIter`, `forAllConstIter`이 정의되어 있다(See page 357).

17.1.2 SubList

`SubList` 클래스는 배열 자료의 연속된 구간 일부에 대한 참조를 가지는 자료형이다. 자체 저장공간이 없기 때문에 `UList` 처럼 배열크기를 수정할 수 없다. 생성자 호출만으로 객체를 생성하며 2종류의 생성자를 제공한다.

- `SubList(const UList<T>& list, const label subSize)`
  배열의 처음부터 `subSize` 만큼의 구간에 대한 참조를 얻는다.
- `SubList(const UList<T>& list, const label subSize, const label startIndex)`
  배열 구간의 시작위치를 정할 수 있다는 점만 제외하면 위 생성자와 동일한 기능을 수행한다.

17.1.3 List

`List` 자료구조는 C++에서 제공하는 `std::vector` 자료구조를 재구현한 자료구조이며 제공하는 멤버함수도 거의 비슷하다. `UList` 자료형에 정의된 매크로보다 실제 코드에서 보는 경우가 드물긴 하지만 `List` 자료형도 순회를 위한 매크로를 `ListLoopM.H`에 정의하고 있다.

- `List_FOR_ALL(f, i)`
- `List_END_FOR_ALL`
- `List_CELEM(f, fp, i)`
  리스트 f에 대한 i번째 값을 반환한다. 매개변수 리스트중 리스트 f에 대한 pointer 자료형 fp에 대해서만 연산을 하므로 사실 f는 필요없는 매개변수이다.
- `List_ELEM(f, fp, i)`

리스트 f에 대한 i번째 값을 반환한다. 매개변수 리스트중 리스트 f에 대한 pointer 자료형 fp에 대해서만 연산을 하므로 사실 f는 필요없는 매개변수이다.

- `List_ACCESS(type, f, fp)`
  type에 대한 시작 반복자(iterator)를 반환한다.
- `List_CONST_ACCESS(type, f ,fp)`
  type에 대한 시작 반복자(iterator)를 반환한다.

`List_FOR_ALL` 매크로는 `forAll` 매크로와 달리 블럭까지 같이 표현하기 때문에 forAll에 해당하는 내용은 다음과 같이 바뀌어야 한다.

Listing 17.1: 매크로 사용 예

```
List_FOR_ALL(U, i)
// some code here
List_END_FOR_ALL
```

17.1.4 UPtrList

`UPtrList`는 객체에 대한 참조를 담기 위한 배열 자료형으로 기본적인 동작은 `UList`와 동일하다. 따라서 기본적으로 `UList`와 동일하게 배열의 크기와 배열 연산을 지원하기 위한 다음과 같은 멤버함수를 제공한다.

- `label size() const`
  리스트 크기를 반환한다.
- `const T& operator[] (const label) const`
  주어진 인덱스에 대한 멤버의 상수형 참조를 얻는다.
- `T& operator[] (const label)`
  주어진 인덱스에 대한 멤버의 참조를 얻는다.
- `const T* operator()(const label)`
  주어진 인덱스에 대한 멤버의 상수 포인터를 얻는다.

17.1.5 PtrList

`PtrList`는 `UPtrList` 클래스의 서브클래스로 템플릿 인자로 주어진 자료형의 포인터형을 관리한다는 점만 `List` 자료구조와 다르다. 주로 `new` 연산자로 생성되는 객체 또는 힙메모리에 생성된 객체를 관리하는 용도로 활용된다.

17.1.6 사용예

List 자료구조를 사용하는 경우보다는 Field 자료구조를 사용할 경우가 많으므로 PtrList를 사용하는 경우를 살펴보기로 한다. 파 스펙트럼을 구현한다고 가정하면 파 스펙트럼은 유한개의 Airy wave의 선형결합으로 표현된다. 기존에 Airy wave 클래스를 구현했다고 가정하면 파 스펙트럼은 다음과 같이 구현할 수 있다.

Listing 17.2: 파스펙트럼 클래스

```
class Airy
{
  scalar height_;
  scalar omega_;
  public:
  Airy(height, omega)
  :
  height_(height),
  omega_(omega)
  {}
};

class seaSpectrum
{
  PtrList<Airy> componentWaves_;
  public:
  seaSpectrum
  (
      const UList<scalar>& heightList,
      const UList<scalar>& omegaList
  )
  :
      componentWaves_(heightList.size())
  {

    forAll(heightList, wavei)
    {
      componentWaves_.set(wavei, new Airy(heightList[hi], omegaList[hi]));
    }
  }
};
```

17.2 Field

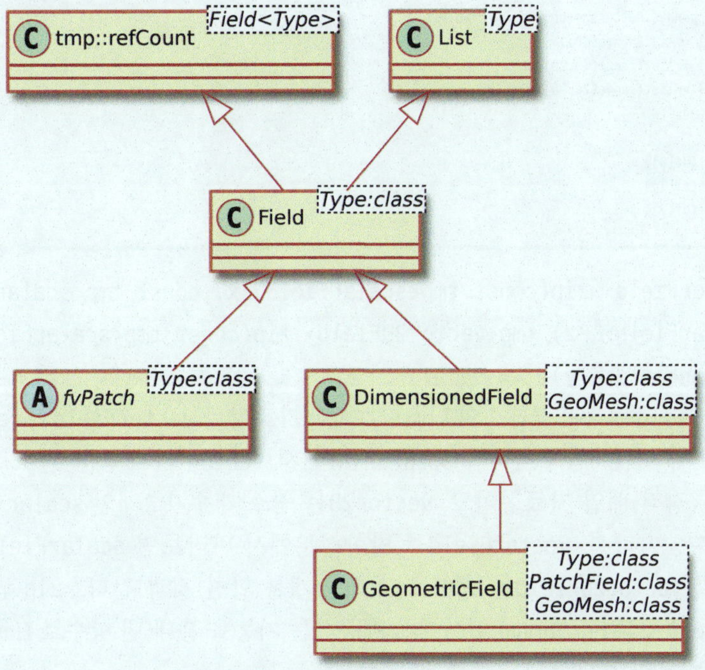

Fig 17.2: Field 자료형

`Field` 클래스는 Fig. 17.2에서 보는 것처럼 `List` 클래스에서 파생되어 intrusive 방식(See page 57)의 shared pointer를 구현하기 위해 `tmp` 클래스의 중첩클래스 `refCount`도 상속하고 있다. 따라서 기본 특징은 `List` 클래스와 `Field` 클래스가 동일하나 참조가 많아질 경우 동일 자료의 복사가 최소화되는 `Field` 클래스가 성능 면에서 유리한 자료구조로 볼 수 있다. 이 때문에 `Field` 클래스는 필드값을 저장하기 위한 가장 기본적인 자료구조로 사용되고 있으며 `Field`의 서브클래스인 `DimensionedField`와 `GeometricField` 클래스에서 멤버함수 `primitiveField`로 접근할 수 있다. `Field` 클래스의 주요 멤버함수는 다음과 같다.

- `tmp<Field<cmptType>> component(const direction) const`
  direction은 cmptType의 차원 또는 원소 개수를 의미한다. `Field` 자료형이 이미 배열 자료형이므로 배열의 원소가 1개 이상이라면 2차원 배열 또는 행렬 같은 형태를 가지게 된다. cmptType이 `vector`라고 가정하면 `vectorField`가 된다. `vector` 자료형은 멤버함수로 `x`, `y`, `z`를 가지고 있는데 이는 각각 direction 0, 1, 2에 해당한다. 즉 `vectorField`에 component 멤버함수를 적용하면 각각 x, y, z 성분만으로 이루어진 배열을 얻게 된다. Python의 pandas 자료구조에 비유하면 다음과 같다.

Listing 17.3: Python pandas 자료구조

```python
import pandas
df = pandas.DataFrame(columns=(0, 1, 2))
df[0] = list(range(10))
df[1] = list(range(10,20))
df[2] = list(range(20,30))
df.head

print(df[0])
print(df[1])
print(df[2])
```

- tmp<vectorField> zip(const tmp<scalarField>&x, const tmp<scalarField>& y, const tmp<scalarField>& z), tmp<vector2DField> zip(const tmp<scalarField>&x, const tmp<scalarField>& y)
  이 함수는 Field 템플릿 클래스의 인스턴스화한 자료형 중 vectorField와 vector2DField에만 적용할 수 있는 함수이다. OpenFOAM에서 vector 자료형은 원소 개수가 3개인 scalar형 (정적)배열 자료형이고, vector2D는 원소 개수가 2개인 scalar형 (정적) 배열 자료형이다. 따라서, vectorField를 방향성분에서 바라보면 scalarField 3개를 합친 것과 같고, vector2DField는 scalarField 2개를 합친 것과 같다. zip 함수는 Haskell 이나 Python[2] 등의 Functional 언어에서 제공하는 기능을 흉내 낸 함수로 Haskell 문법으로 표현하면 다음과 같다.

Listing 17.4: 하스켈에서의 zip 함수 표현

```haskell
zip :: [a] -> [b] -> [(a, b)]
zip :: [a] -> [b] -> [c] -> [(a, b, c)]
```

즉 Fig. 17.3과 같이 전달인자로 주어진 2개 또는 3개의 scalarField로부터 2차원 혹은 3차원 자료형을 가진 Field 자료형을 만들어주는 함수이다.

17.2.1 Pseudo Field

필드내의 모든 값이 동일하다면 실제로 메모리를 사용하는 것은 낭비가 된다. Pseudo Field는 이와 같이 컴파일 타임에 이미 값이 정해져 있어 불필요하게 메모리를 낭비하지 않고도 Field 자료형인 것처럼 사용할 수 있도록 고안된 자료형이다. Pseudo Field는 공통적으로 필드에 접근할 수 있는 field 멤버함수와 필드 각 요소에 접근할 수 있는 인덱스 함수 []를 구현하고 있다.

[2]python은 functional programming을 지원하는 다중 패러다임 언어이다.

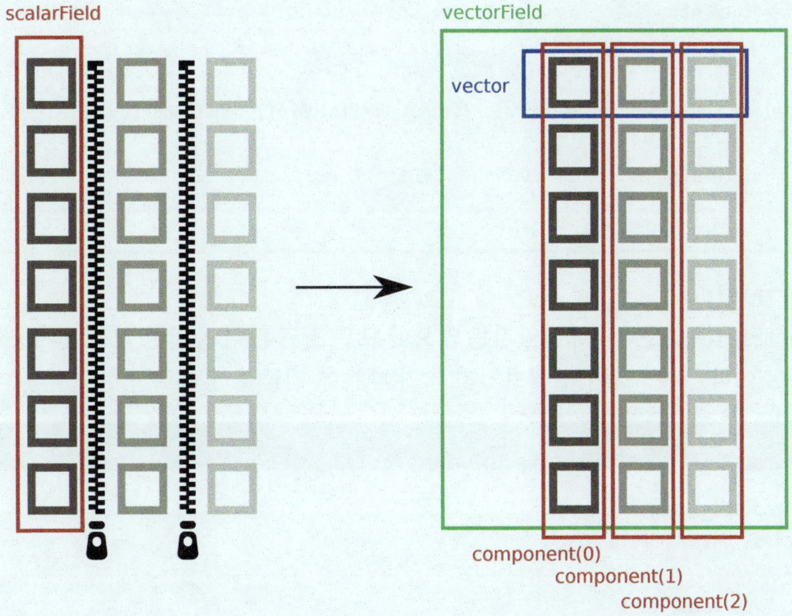

Fig 17.3: vectorField에 대한 component 및 zip 적용 예

Pseudo Field 자료구조는 크게 `primitiveField`인 `Field` 자료구조를 모사하는 종류와 `GeometricField` 자료구조를 모사하는 종류로 나눌 수 있다.

다음은 `Field` 자료구조에 대한 Pseudo Field 자료구조이다.

- `oneField`

  `oneField`의 경우 모든 필드 값이 1이기 때문에 압축성 유체를 위해 작성된 함수를 비압축성 유체에서도 사용할 수 있도록 밀도 값을 1로 만들기 위해 위해 사용될 수 있다.

Listing 17.5: oneField

```
class oneField : public one
{
  public:
      typedef oneField FieldType;
      oneField() {}
      inline one operator[] (const label) const {return one();}
      inline oneField field() const {return oneField();}
}
inline const oneField& operator*(const oneField& of, const oneField&)
```

```
{
  return of;
}

inline const oneField& operator/(const oneField& of, const oneField&)
{
  return of;
}
```

- UniformField

  UniformField는 값이 정해져있지는 않으나 모든 필드 값이 동일한 경우에 사용할 수 있는 자료구조이다. 필드 값이 정해져있지 않기 때문에 템플릿 형태로 구현되어 있다.

Listing 17.6: UniformField

```
template<class Type>
class UniformField
{
  Type value_;
  public:
  inline UniformField(const Type& value) { value_ = value; }
  inline operator Type() const { return value_; }
  inline Type operator[] (const label) const { return value_; }
  inline UniformField field() const { return UniformField(value_); }
}
```

- zeroField

  zeroField는 모든 필드의 값이 0인 경우에 사용할 수 있는 자료구조이다.

Listing 17.7: zeroField

```
class zeroField : public zero
{
  public:
      zeroField() {}
      inline scalar operator[] (const label) const
      {
        return scalar(0);
      }
      inline zeroField field() const
      {
        return zeroField();
```

```
        }
        inline zeroField operator()() const { return zeroField(); }
        inline zeroField operator-() const { return zeroField(); }
}

```

다음은 geometricField에 대한 Pseudo Field 자료구조이다.

- geometricOneField
  geometricField 자료구조에서 필드의 값이 모두 1인 필드를 모사한다.

Listing 17.8: geometricOneField

```
class geometricOneField : public one
{
  public:
        typedef oneField Internal;
        typedef oneField Patch;
        typedef oneFieldField Boundary;
        typedef one cmptType;

        geomtricOneField() {}

        inline const dimensionSet& dimensions() const { return dimless; }

        inline one operator[] (const label) const
        {
            return one();
        }
        inline oneField field() const
        {
            return oneField();
        }
        inline oneField oldTime() const { return oneField; }
        inline Internal operator()() const { return Internal(); }
        inline Internal v() const { return Internal(); }
        inline typename Internal::FieldType primitiveField() const
        {
            return typename Internal::FieldType();
        }
        inline Boundary boundaryField() const { return Boundary(); }
```

```
}
inline const geometricOneField& operator*
(
    const geometricOneField& gof,
    const ...&
)
{
  return gof;
}

inline const geometricOneField& operator/(const oneField& of, const ...&)
{
  return gof;
}
```

- geometricZeorField

  geometricField 자료구조에서 필드의 값이 모두 0인 필드를 모사한다.

Listing 17.9: geometricZeroField

```
class geometricZeroField : public zero
{
  public:
      geomtricZeroField() {}

      inline const dimensionSet& dimensions() const { return dimless; }

      inline scalar operator[] (const label) const
      {
        return scalar(0);
      }
      inline zeroField field() const
      {
        return zeroField();
      }
      inline oneField oldTime() const { return zeroField(); }
      inline Internal operator()() const { return zeroField(); }
      inline Boundary boundaryField() const { return zeroFieldField(); }
}
```

17.2.2 internalField 자료형

17.2.2.1 dimensionSet

dimensionSet은 특정 물리량을 7개의 기본 물리량(순서대로 Mass, Length, Time, Temperature, Moles, Current, Luminous intensity)의 비례관계로 표현할 수 있도록 구현한 자료구조이다.

예를 들어, 힘의 단위를 7개의 기본 물리량으로 표현하면 질량과 가속도의 곱으로 표현할 수 있다.

$$\text{Force} = \text{Mass} \times \text{Acceleration} = \text{Mass} \times \frac{\text{Length}}{\text{Time}^2} = \text{Mass} \times \text{Length} \times \text{Time}^{-2}$$

dimensionSet 생성자는 특정 단위를 표현하는데 사용된 기본 물리량의 지수 값을 받아 객체를 생성하기 때문에 힘의 단위는 dimensionSet(1, 1, -2, 0, 0, 0, 0)으로 표현할 수 있게 된다.

> **WARNING**
> dimensionSet 객체는 생성 후에 임의로 수정할 수 없고 부득이하게 수정이 필요한 경우에는 reset 함수를 이용해야 한다.

dimensionSet 클래스는 객체간 산술 연산을 허용하기 때문에 기본 물리량의 조합으로 속도나 힘과 같은 흔히 사용되는 물리량에 대한 단위는 다음 표와 같이 미리 정의하여 사용하고 있다.

17.2.2.2 DimensionedField

Field 자료구조에서 파생된 자료형으로 슈퍼클래스가 regIOobject인 것으로 보아 DimensionedField부터 런타임 자원관리 객체의 대상이 됨을 알 수 있다. GeoMesh는 컴파일타임 동적 타입검사를 지원하기 위한 traits 클래스로 서브클래스로 volMesh와 surfaceMesh를 사용할 수 있으며, 격자 객체에 대한 참조를 가지고 있기 때문에 Proxy 클래스의 역할도 한다. dimensionSet을 멤버 변수로 가지고 있기 때문에 DimensionedField와 그 서브클래스들은 자료의 차원 혹은 단위를 비교할 수 있는 기능을 가지고 있고 dimensions 멤버함수로 단위를 확인 가능하다. Field 클래스와 또 다른 차이점은 Field 클래스까지는 static char* typeName을 직접 기술했지만 DimensionedField 부터는 RTS를 통한 객체생성이 가능하기 때문에 TypeName 매크로가 헤더 파일에 나타나기 시작한다.

다음에 소개할 GeometricField에 비해서 실제로 사용할 경우는 많지 않기 때문에 다음 멤버함수 정도만 소개한다.

- dimensionSet dimensions()

Tab 17.1: 사전 정의된 dimensionSet 객체

	객체 이름	관계식	Remark
기본 물리량	dimless		무차원
	dimMass		질량
	dimLength		길이
	dimTime		시간
	dimTemperature		온도
	dimMoles		몰수
	dimCurrent		전류
	dimLuminousIntensity		밝기
파생 물리량	dimArea	$dimLength^2$	넓이
	dimVolume	$dimLength^3$	부피
	dimVelocity	dimLength/dimTime	속도
	dimAcceleration	dimVelocity/dimTime	가속도
	dimDensity	dimMass/dimVolume	밀도
	dimForce	dimMass×dimAcceleration	힘
	dimEnergy	dimForce×dimLength	에너지
	dimPressure	dimForce/dimArea	압력

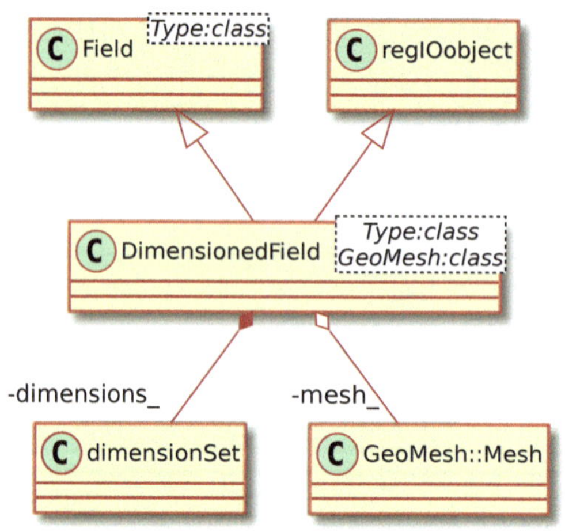

Fig 17.4: DimensionedField UML

- `Field<Type> field()`
- `bool writeData(Ostream& os)`

17.2.2.3 GeometricField

GeometricField 템플릿 클래스는 격자와 경계 그리고 이들 격자에 매핑 되는 internalField와 경계필드 및 자료의 단위를 관리하여 격자 객체와 격자에 매핑 된 필드에 접근하기 위한 중간자로서의 역할을 한다. 현시점에서 OpenFOAM은 FVM만을 다루고 있기 때문에 fvPatchField와 fvMesh를 묶은 자료형만을 제공하고 있다. GeometricField 템플릿 클래스에서 typedef문으로 제공하는 Mesh, BoundaryMesh, Internal, Patch 자료형은 각각 생성자에서 받은 격자 객체, 격자 객체에서 제공하는 경계격자, internalField 자료형, 그리고 경계격자에 매핑 되어있는 경계필드 자료형에 해당한다. BoundaryMesh는 time 폴더에 있는 경계 값을 읽어오는 역할을 하며 fvPatchField가 매핑 되는 격자에 해당한다. GeometricField 템플릿 클래스는 DimensionedField 클래스로부터 상속되기 때문에 서로 다른 단위를 가진 필드 간의 연산을 방지하는 기능을 하고 있다.

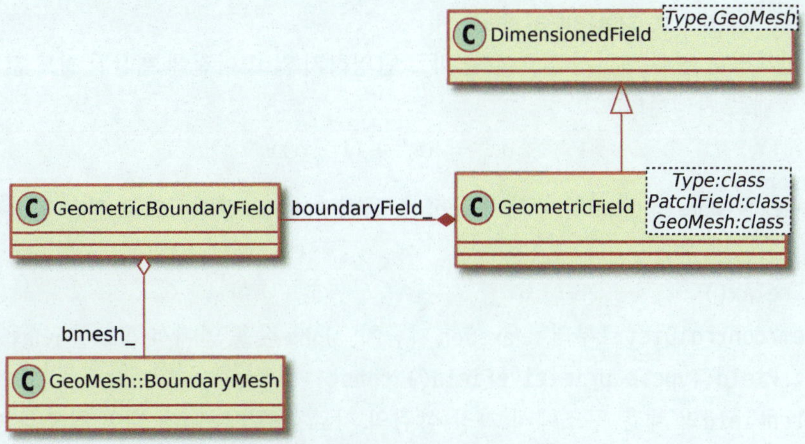

Fig 17.5: GeometricField UML

주로 활용되는 멤버함수는 다음과 같다.

- `void updateCoeffs()`
  경계조건 값을 갱신한다.
- `void evaluate()`
  경계조건을 평가한다.
- `Boundary boundaryInternalField()`
  boundary에 인접한 boundaryCell의 필드값을 얻는다.
- `Internal::FieldType& primitiveField()`
  단위가 없는 필드값을 얻는다.
- `Boundary& boundaryField()`

경계 필드값을 얻는다.

- `void correctBoundaryConditions()`
  `setUpToDate()` 함수를 호출하여 경계 값이 수정된 것으로 표시하고, `storeOldTimes()`함수를 호출하여 현재 필드 값을 old time 필드에 경계 필드 값을 수정한다. 마지막으로 `boundaryField_.evalue()`를 호출하여 경계값을 수정하여 Dirichlet 조건이 아닌 경우에 대한 경계값을 처리하도록 한다.
- `bool needReference()`
  pressure 경계조건이 전부 Neuman일 경우 compatibility equation이 되기 때문에 Poisson 방정식의 해가 유일해지지 못하는 문제가 발생한다. 이 현상을 방지하기 위해 reference pressure를 받는데 이 조건을 판단하기 위한 함수이다.
- `bool writeData(Ostream& os)`
  명시적으로 현재 time step에서의 필드값을 파일로 작성한다.
- `void relax(const scalar alpha)`
  해의 안정성을 위해 계산된 필드 값을 바로 반영하지 않고 이전에 계산된 필드 값과 적절히 섞은 형태로 반영한다.

$$\psi^n = \alpha\psi^n + (1-\alpha)\,\psi^o$$

  주로 steady-state solution일때 해의 안정성, 특히 Poisson 방정식으로 얻은 압력장에 적용한다.
- `void relax()`
  `system/controlDict`로부터 relaxation 가중치, alpha 값을 얻어서 필드를 relax 시킨다.
- `const Field<Type>& primitiveField() const`
  `fvPatchField`의 계층 구조에서 가장 상위의 자료구조 `Field`에 대한 참조를 반환한다. 일반적으로 단위에 상관없이 필드간 계산을 수행할 때 활용한다.
- `const DimensionedField<Type, volMesh>& internalField() const`
  `fvPatchField`의 계층 구조에서 바로 상위의 자료구조 `DimensionedField`에 대한 참조를 반환한다. OpenFOAM 2에서는 `primitiveField`가 하는 역할을 맡고 있었으나 OpenFOAM 4부터 그 내용이 변경되었다.

Tab 17.2: 표현식과 자료형의 대응

표현식	GeometricField	alias 자료형
$\int_\Omega \underline{\psi} dV$	`GeometricField<vector, fvPatchField, volMesh>`	volVectorField
$\int_\Omega \psi dV$	`GeometricField<scalar, fvPatchField, volMesh>`	volScalarField
$\int_{\partial\Omega} \underline{\psi} \bullet d\underline{\boldsymbol{S}}$	`GeometricField<vector, fvsPatchField, surfaceMesh>`	surfaceVectorField
$\int_{\partial\Omega} \psi d\underline{\boldsymbol{S}}$	`GeometricField<scalar, fvsPatchField, surfaceMesh>`	surfaceScalarField

17.2.3 경계필드 자료형

17.2.3.1 FieldField

`FieldField`는 각 경계에서의 필드 값을 관리하기 위한 자료구조이다. 불필요한 복사를 막기위해 각 경계 필드 값은 참조형태로 관리되기 때문에 `List` 자료구조가 아닌 `PtrList` 자료구조를 사용하고 shared pointer를 구현하기 위해 `refCount`를 intrusive 형태로 구현한다.

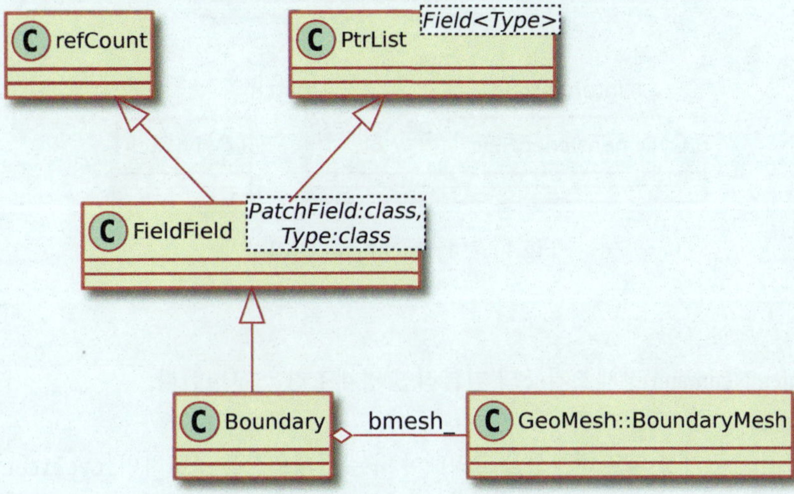

Fig 17.6: FieldField UML

17.2.3.2 Boundary

`Boundary` 클래스는 `GeometricField` 클래스의 중첩클래스로 선언되어있으며 경계에서의 필드 값을 관리하는 클래스로 `FieldField` 클래스로부터 파생되었다. 따라서 `Boundary` 클래스는 인덱스 접근함수 `[]`를 사용하여 `[patch id][field id]` 형태로 `U`, `p`등 특정 경계에 매핑 된 여러 경계값 중 하나에 접근할 수 있다. 경계 격자에 직접적으로 접근하기 위해 `BoundarMesh` 객체에 대한 참조를 가지고 있다.

17.2.3.3 fvPatchField

`fvPatchField`는 경계조건을 담당하는 추상 템플릿 클래스[3]로 모든 경계조건은 `fvPatchField`의 서브클래스로 구현된다. `fvPatchField`는 `fvPatch`에 매핑되는 필드 값을 가지고 있는 자료구조이기 때문에 연관되는 `fvPatch`에 대한 참조를 가지고 있다. `fvPatchField`의 서브클래스는 아래처럼 3종류로 나뉘어 관리되며 아래와 같은 기능을 한다.

[3] 정확히는 notImplemented 매크로 함수를 사용하여 fvPatchField를 사용하면 에러를 내고 강제로 종료하도록 되어 있다.

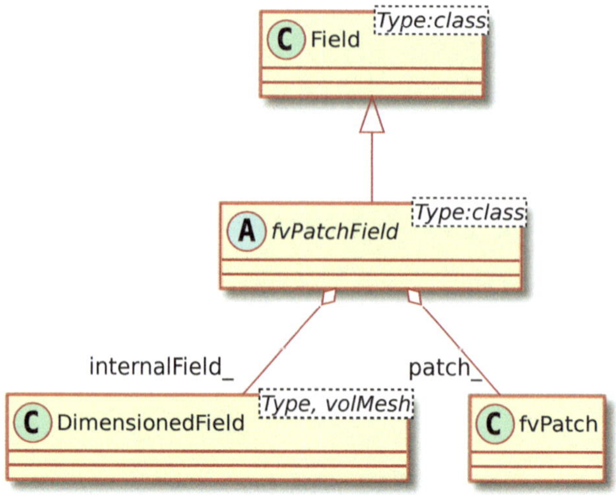

Fig 17.7: fvPatchField UML

- basic
  Dirichlet, Neumann 경계조건등의 기본적인 경계조건을 구현한다.
- constraint
  기하학적인 주기성 혹은 대칭성을 고려해야 하는 경계조건을 구현하며, `cyclic`, `cyclicAMI` 경계조건들이 이에 해당한다.
- derived
  basic 에서 파생되어 좀더 구체적인 조건에서 적용되어야 하는 경계조건을 구현한다.

`fvPatchField`에서 자주 활용되는 멤버함수는 아래와 같다.

- `const objectRegistry& db()`
  `objectRegistry` 저장소에 대한 참조를 얻는다.
- `const fvPatch& patch() const`
  현재 필드 값이 매핑 되어야하는 `fvPatch`에 대한 참조를 가져온다.
- `const DimensionedField<Type, volMesh>& internalField() const`
  필드 값을 얻어온다. 이 함수로 얻게 되는 필드 값은 필드의 차원 정보를 가지고 있기 때문에 서로 다른 차원을 가지는 필드간의 계산은 오류를 발생시킨다.
- `const Field<Type>& primitiveField() const`
  필드 값을 얻어온다. 이 함수로 얻게 되는 필드 값은 필드의 차원정보가 없는 필드이기 때문에 서로 다른 차원을 가지는 필드라도 이 함수를 사용하면 연산이 가능하다. OpenFOAM 2까지는 `internalField` 멤버함수가 하던 역할이다. 따라서, OpenFOAM 2에서 개발된 코드를 최신 OpenFOAM 코드에서 동작시키려면 `internalField` 함수 호출 부분을 전부

`primitiveField` 함수 호출로 변경해주어야 한다.

- `const word& patchType() const`
  patch의 종류를 얻어온다.
- `tmp<Field<Type> > snGrad() const`
  경계필드의 surface normal gradient 값을 얻어온다.
- `void updateCoeffs()`
  경계의 필드 값을 갱신시키는 역할을 하기 때문에 새로운 경계조건을 구현할 때 이 함수에서 구현한다. 경계 값의 반영은`operator=` 연산자를 사용한다.
- `tmp<Field<Type> > valueInternalCoeffs(const tmp<Field<scalar>>&) const`
  경계 필드에서 Dirichlet 경계조건으로 인해 계수행렬의 대각항에 기여하는 부분을 얻어온다.
- `tmp<Field<Type> > valueBoundaryCoeffs(const tmp<Field<scalar>>&) const`
  경계 필드에서 Dirichlet 경계조건으로 인해 소스항에 기여하는 부분을 얻어온다.
- `tmp<Field<Type> > gradientInternalCoeffs() const`
  경계 필드에서 Neumann 경계조건으로 인해 계수행렬의 대각항에 기여하는 부분을 얻어온다.
- `tmp<Field<Type> > gradientBoundaryCoeffs() const`
  경계 필드에서 Neumann 경계조건으로 인해 소스항에 기여하는 부분을 얻어온다.

`valueInternalCoeffs`, `valueBoundaryCoeffs`, `gradientInternalCoeffs`, `gradientBoundaryCoeffs` 함수의 존재의의를 이해하기 위해 앞서 살펴보았던 1D 대류/확산 문제를 FVM으로 다시 기술하여 경계조건에 따른 계수행렬과 소스항의 변화를 살펴보도록 한다. FDM과 달리 FVM은 물리적인 경계와 internalField를 계산하는 기준이 일치하지 않기 때문에, 경계조건을 부여했을 때 소스항뿐만 아니라 계수행렬의 대각항에도 변화가 발생한다. 앞서 사용했었던 1D 격자를 OpenFOAM의 upper triangular face ordering에 맞춰 cell과 face를 Fig. 17.8처럼 표시하도록 한다.

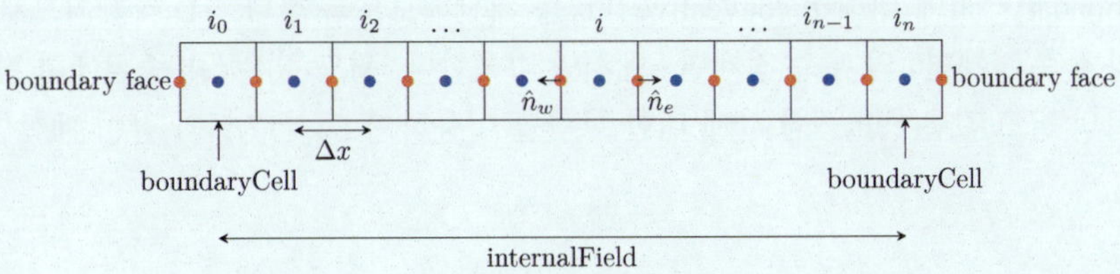

Fig 17.8: 1d fvmesh

지배방정식을 적분형태로 표현하여 발산정리 (divergence theorem)을 적용하여 정리하면 다음과 같다. 발산정리를 적용할 경우 미분 차수가 줄어드는 효과를 가지고 있으며 변경된 식에서는 모든 물리량이 cell center뿐만 아니라 cell face에서도 평가되어야 한다. 물리량들은 cell center에서 계산되기 때문에 cell face 값들은 cell center 값들의 보간으로 구해지며 `surfaceInterpolationScheme` 자료구조가 이에 대한 처리를 전담한다.

$$\int \nabla \bullet (\rho T \underline{\boldsymbol{U}})\, dV - \int \nabla \bullet (\Gamma \nabla T)\, dV = \int (\rho T \underline{\boldsymbol{U}}) \bullet d\underline{\boldsymbol{S}} - \int (\Gamma \nabla T) \bullet d\underline{\boldsymbol{S}} = 0 \tag{17.1}$$

발산정리에 의해 면적분으로 표현된 항들은 flux로 부를 수 있으므로 대류항과 확산항을 각각 F^c와 F^d로 표현하면 다음과 같다.

$$\int (\rho T \underline{\boldsymbol{U}}) \bullet d\underline{\boldsymbol{S}} - \int (\Gamma \nabla T) \bullet d\underline{\boldsymbol{S}} = F^c - F^d = 0 \tag{17.2}$$

$$F^c = \int (\rho T \underline{\boldsymbol{U}}) \bullet d\underline{\boldsymbol{S}} \approx \sum_f (\rho T \underline{\boldsymbol{U}})_f \bullet \underline{\boldsymbol{S}}_f = \sum_f (\rho T)_f \, \phi_f \tag{17.3}$$

$$F^d = \int (\Gamma \nabla T) \bullet d\underline{\boldsymbol{S}} \approx \sum_f (\Gamma \nabla T)_f \bullet \underline{\boldsymbol{S}}_f \tag{17.4}$$

이제 경계조건에 따른 계수행렬과 소스항의 변화를 살펴보도록 한다. 먼저 대류항에서 나타나는 영향을 살펴보도록 한다.

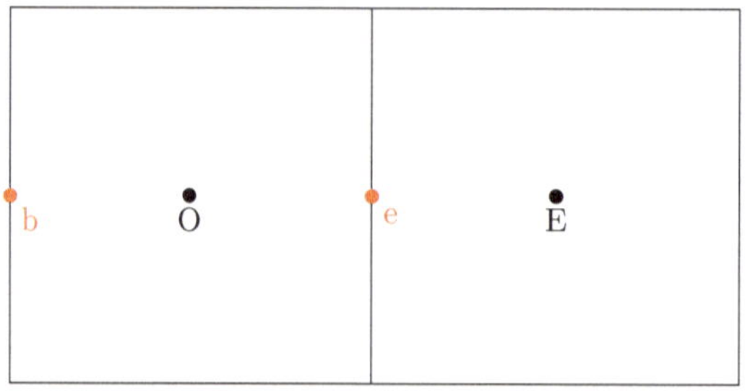

Fig 17.9: 경계에서의 cell, face 관계

좌측 boundaryCell에 대해서 convective flux를 계산해보도록 한다. 1D 격자이므로 face flux는 owner의 좌측 경계면 b와 우측 경계면 e에서만 발생한다. 필드 값은 cell 중심에서 평가되므로 경계면에서의 필드 값은 cell 중심 값에 대한 보간을 이용하여 Eq. (17.5)와 같이 계산할 수 있게 된다.

$$F^c = \rho T_b \phi_b + \rho T_e \phi_e = \rho T_b \phi_b + \rho \phi_e (1 - \omega) T_O + \rho \phi_e \omega T_E \tag{17.5}$$

참고로, 대류항은 연속방정식을 만족하는 형태가 되기 때문에 하나의 cell 내에서의 face flux의 총합은 0이 되어야 한다. Eq. (17.5)에서 각 cell face에서의 값은 surface interpolation에 의해

각 face별로 가중치 평균으로 구해진다. 2차원 사각형 cell이라고 가정하면 flux 합은 Eq. (17.6)과 같은 형태를 가진다.

$$F^c = A_E T_E + A_W T_W + A_S T_S + A_N T_N + A_O T_O \tag{17.6}$$

이 때 각 cell들에 가해지는 가중치는 Eq. (17.7)과 같다.

$$\begin{aligned} A_E &= \omega_e \dot{m}_e \\ A_W &= \omega_w \dot{m}_w \\ A_S &= \omega_s \dot{m}_s \\ A_N &= \omega_n \dot{m}_n \\ A_O &= \left[(1-\omega_e)\,\dot{m}_e + (1-\omega_w)\,\dot{m}_w + (1-\omega_s)\,\dot{m}_s + (1-\omega_n)\,\dot{m}_n \right] \end{aligned} \tag{17.7}$$

계수들의 총합은 mass face flux의 합이므로 연속방정식 관계에 의해서 그 값은 0이 되어야 한다. 따라서 계수행렬의 대각성분은 비대각 성분으로부터 Eq. (17.8)과 같이 간접적으로 구할 수 있다. 이와 같은 관계를 zero sum rule이라 한다.

$$A_O = -\left(A_E + A_W + A_N + A_S\right) \tag{17.8}$$

- Dirichlet type

  Dirichlet 경계조건에서 경계에서의 필드값 T_b를 이미 알고 있기 때문에 Eq. (17.5)의 우변으로 이항하면 다음과 같다.

$$\rho\phi_e\left(1-\omega\right)T_O + \rho\phi_e\omega T_E = -\rho T_b\phi_b \tag{17.9}$$

이를 일반화하면 경계조건은 우변의 소스항으로 들어감을 알 수 있다.

$$\int_\Omega \nabla \bullet \underline{\boldsymbol{U}}\phi dV = \int_{\partial\Omega} d\underline{\boldsymbol{S}} \bullet \underline{\boldsymbol{U}}\phi = \sum_f \underline{\boldsymbol{S}}_f \bullet \underline{\boldsymbol{U}}_f \phi_f = \sum_f F\phi_f = F_b\phi_b \tag{17.10}$$

- Neuman type

  경계에서의 미분 값으로부터 경계값을 추정하기 위해 2차 정확도의 Taylor expansion으로 근사 시키도록 한다.

$$T(x+\Delta x) = T(x) + \frac{dT}{dx}\Delta x + O(\Delta x^2) \tag{17.11}$$

$$T(x) = T(x+\Delta x) - \frac{dT}{dx}\Delta x \tag{17.12}$$

따라서 경계면과 owner에서의 필드 값의 관계는 Eq. (17.13)과 같이 근사할 수 있다.

$$T_b = T(b) = T_O - \left.\frac{dT}{dx}\right|_b |b - O| \tag{17.13}$$

Eq. (17.5)에 적용하면 Eq. (17.14)와 같은 선형 방정식을 얻을 수 있다.

$$\rho T_b \phi_b + \rho T_e \phi_e = \rho \left(T_O - \left.\frac{dT}{dx}\right|_b |b - O| \right) \phi_b + \rho \phi_e (1 - \omega) T_O + \rho \phi_e \omega T_E \tag{17.14}$$

경계에서의 미분 값이 주어진 형태이므로 우변으로 이항하면 Eq. (17.15)와 같다.

$$[\rho \phi_b + \rho \phi_e (1 - \omega)] T_O + \rho \phi_e \omega T_E = \rho \left.\frac{dT}{dx}\right|_b |b - O| \phi_b \tag{17.15}$$

Eq. (17.15)를 보면 경계조건으로 인해 소스항과 더불어 계수행렬의 대각 성분에도 추가적인 계수 $\rho\phi_b$가 생기는 것을 알 수 있다.

확산항에 대해서도 비슷하게 정리하면, 좌측 boundaryCell에 대해서 diffusive flux는 1차원 격자이므로 owner의 좌측 경계면 b와 우측 경계면 e에서만 발생한다. 필드 값은 cell 중심에서 평가되므로 경계면에서의 필드 값은 cell 중심값에 대한 보간을 이용하여 Eq. (17.16)과 같이 계산할 수 있게 된다.

$$F^d = \Gamma \nabla T_b \bullet \underline{\boldsymbol{S}}_b + \Gamma \nabla T_e \bullet \underline{\boldsymbol{S}}_e \tag{17.16}$$

- Dirichlet type

  Eq. (17.12)을 이용하여 Eq. (17.17)과 같이 경계 값에 대한 관계를 얻을 수 있다.

$$\frac{dT}{dx} = \frac{1}{\Delta x} \left(T(x + \Delta x) - T(x) \right) + O(\Delta x) \tag{17.17}$$

  따라서 boundaryCell에서의 관계는 Eq. (17.18)과 같다.

$$\left.\frac{dT}{dx}\right|_b = \frac{1}{|O - b|} (T_O - T_b) \tag{17.18}$$

  이를 Eq. (17.16)에 적용하여 정리하면 Eq. (17.19)와 같다.

$$F^d = \frac{\Gamma}{|O - b|} (T_O - T_b) + \frac{\Gamma}{|E - O|} (T_E - T_O) \tag{17.19}$$

  경계 값을 우변으로 정리하면 Eq. (17.20)과 같다. Eq. (17.20)을 보면 경계조건으로 인해 소스항과 더불어 계수행렬의 대각 성분에도 추가적인 계수 $\frac{\Gamma}{|O-b|}$가 생기는 것을 알 수 있다.

$$\left(\frac{\Gamma}{|O-b|} - \frac{\Gamma}{|E-O|}\right) T_O + \frac{\Gamma}{|E-O|} T_E = \frac{\Gamma}{|O-b|} T_b \tag{17.20}$$

- Neuman type

  Neuman 조건인 경우 경계 값에 미분 값을 바로 적용할 수 있으므로 Eq. (17.16)로부터 Eq. (17.21)과 같이 정리된다.

$$-\frac{\Gamma}{|E-O|} T_O + \frac{\Gamma}{|E-O|} T_E = -\Gamma \left(\nabla T\right)_b \tag{17.21}$$

이를 일반화하여 필드 값 ϕ에 대해 정리하면 Eq. (17.22)와 같다.

$$\int_V \nabla \bullet (\Gamma \nabla \phi)\, dV = \sum_f \Gamma_f \underline{\boldsymbol{S}}_f \bullet (\nabla \phi)_f \tag{17.22}$$

$$\Gamma_f \underline{\boldsymbol{S}}_f \bullet (\nabla \phi)_f = \Gamma_b \left|\underline{\boldsymbol{S}}_b\right| \frac{\phi_b - \phi_O}{|\underline{\boldsymbol{d}}|} = -\Gamma_b \left|\underline{\boldsymbol{S}}_b\right| \frac{1}{|\underline{\boldsymbol{d}}|}\phi_O + \Gamma_b \left|\underline{\boldsymbol{S}}_b\right| \frac{1}{|\underline{\boldsymbol{d}}|}\phi_b \tag{17.23}$$

Eq. (17.23)에서 첫 번째항은 Implicit 항으로 행렬식의 좌변의 대각항에 대입되고, 두 번째 항은 우변의 소스항에 대입되는데 각각 `valueInternalCoeffs`와 `valueBoundaryCoeffs` 함수에서 담당한다. 만일 직접 gradient을 준 경우는 Eq. (17.24)처럼 되어 행렬식의 우변 소스항으로만 들어간다. 이를 담당하는 함수는 `gradientInternalCoeffs`와 `gradientBoundaryCoeffs`가 된다.

$$\Gamma_f \underline{\boldsymbol{S}}_f \bullet (\nabla \phi)_f = \Gamma_b \left|\underline{\boldsymbol{S}}_b\right| \left.\frac{\partial \phi}{\partial \underline{\boldsymbol{n}}}\right|_b = \Gamma_b \left|\underline{\boldsymbol{S}}_b\right| g_b \tag{17.24}$$

17.2.4 Field Functions

필드 자료형은 각각의 필드 요소에 적용시킬 수 있는 Field Function들을 `src/OpenFOAM/fields/Fields/Field` 폴더 아래의 `FieldFunctions.H` 헤더파일에 정의하여 사용하고 있다. 이들 Field Function들은 동일한 폴더에 작성된 `FieldFunctionsM.H` 헤더파일에 정의된 매크로 함수를 사용해서 원시 자료형인 `scalar` 또는 `label` 자료형에 사용하도록 작성된 `sqr`, `pos0` 등의 함수들을 `Field`와 서브클래스인 `GeometricField`, `DimensionedField`, `FieldField` 자료형에 적용할 수 있도록 확장된 함수들이다. 참고로 정의된 매크로 함수 목록은 다음과 같다.

- `UNARY_FUNCTION`
- `UNARY_OPERATOR`
- `BINARY_FUNCTION`

- BINARY_TYPE_FUNCTION_SF
- BINARY_TYPE_FUNCTION_FS
- BINARY_TYPE_FUNCTION
- BINARY_OPERATOR
- BINARY_TYPE_OPERATOR_SF
- BINARY_TYPE_OPERATOR_FS
- BINARY_OPERATOR

scalar 자료형에 대해서 Eq. (17.25)를 구현하는 pos0 함수를[4] 대상으로 확장되는 과정을 살펴보도록 한다.

$$f(x) = \begin{cases} 1, \text{ if } x \geq 0 \\ 0, \text{ if } x < 0 \end{cases} \tag{17.25}$$

17.2.4.1 Field 자료형으로의 확장

pos0 함수는 매개변수 리스트의 크기가 1이기 때문에 1변수 함수에 대한 매크로 UNARY_FUNCTION를 통해 확장된다. 매크로 함수는 매개변수가 Field와 tmp 컨테이너에 대한 대응 함수를 정의하도록 작성되어 있다.

Listing 17.10: Field 자료형에 대한 UNARY_FUNCTION 매크로

```
#define UNARY_FUNCTION(ReturnType, Type, Func)                                    \
                                                                                  \
TEMPLATE                                                                          \
void Func(Field<ReturnType>& res, const UList<Type>& f)                           \
{                                                                                 \
    TFOR_ALL_F_OP_FUNC_F(ReturnType, res, =, ::Foam::Func, Type, f)               \
}                                                                                 \
                                                                                  \
TEMPLATE                                                                          \
tmp<Field<ReturnType>> Func(const UList<Type>& f)                                 \
{                                                                                 \
    tmp<Field<ReturnType>> tRes(new Field<ReturnType>(f.size()));                 \
    Func(tRes.ref(), f);                                                          \
    return tRes;                                                                  \
}                                                                                 \
```

Listing 17.10 매크로를 통해 scalarField 자료형으로 확장한 형태는 Listing 17.11과 같다.

[4] 이 함수는 upwind scheme 구현에도 사용된다.

Listing 17.11: scalarField 자료형에 대한 확장

```
void pos0(Field<scalar>& res, const UList<scalar>& f)
{
    TFOR_ALL_F_OP_FUNC_F(scalar, res, =, ::Foam::pos0, scalar, f)
}

tmp<Field<scalar>> pos0(const UList<scalar>& f)
{
    tmp<Field<scalar>> tRes(new Field<scalar>(f.size()));
    pos0(tRes.ref(), f);
    return tRes;
}
```

확장된 코드를 보면 `scalar` 자료형인 필드 자료형의 각 원소에 `pos0` 함수를 적용하기 위해 `FieldM.H`에 정의된 `TFOR_ALL_F_OP_FUNC_F` 매크로가 적용되었는데 이 매크로는 page 462에 소개한 `List` 순회 매크로 `List_FOA_ALL`를 사용해서 각 원소 단위로 `pos0` 함수를 적용하도록 되어 있다. 따라서 Listing 17.11를 통해 확장되는 코드는 개념적으로 Listing 17.12와 동치이다.

Listing 17.12: 배열 순회 매크로를 이용한 pos0 함수 적용

```
void pos0(Field<scalar>& res, const UList<scalar>& f)
{
    forAll(f, i)
    {
        res[i] = ::Foam::pos0(f[i]);
    }
}
```

17.2.4.2 DimensionedField 자료형으로의 확장

`pos0` 함수는 매개변수 리스트의 크기가 1이기 때문에 1변수 함수에 대한 매크로 `UNARY_FUNCTION`를 통해 확장된다. 매크로 함수는 매개변수가 `DimensionedField`와 `tmp` 컨테이너에 대한 대응 함수를 정의하도록 작성되어 있다.

Listing 17.13: DimensionedField 자료형에 대한 UNARY_FUNCTION 매크로

```
#define UNARY_FUNCTION(ReturnType, Type1, Func, Dfunc)                    \
                                                                          \
TEMPLATE                                                                  \
tmp<DimensionedField<ReturnType, GeoMesh>> Func                           \
(                                                                         \
```

```
    const DimensionedField<Type1, GeoMesh>& df1                               \
)                                                                             \
{                                                                             \
    tmp<DimensionedField<ReturnType, GeoMesh>> tRes                           \
    (                                                                         \
        DimensionedField<ReturnType, GeoMesh>::New                            \
        (                                                                     \
            #Func "(" + df1.name() + ')',                                     \
            df1.mesh(),                                                       \
            Dfunc(df1.dimensions())                                           \
        )                                                                     \
    );                                                                        \
                                                                              \
    Func(tRes.ref().field(), df1.field());                                    \
                                                                              \
    return tRes;                                                              \
}                                                                             \
                                                                              \
TEMPLATE                                                                      \
tmp<DimensionedField<ReturnType, GeoMesh>> Func                               \
(                                                                             \
    const tmp<DimensionedField<Type1, GeoMesh>>& tdf1                         \
)                                                                             \
{                                                                             \
    const DimensionedField<Type1, GeoMesh>& df1 = tdf1();                     \
                                                                              \
    tmp<DimensionedField<ReturnType, GeoMesh>> tRes                           \
    (                                                                         \
        reuseTmpDimensionedField<ReturnType, Type1, GeoMesh>::New             \
        (                                                                     \
            tdf1,                                                             \
            #Func "(" + df1.name() + ')',                                     \
            Dfunc(df1.dimensions())                                           \
        )                                                                     \
    );                                                                        \
                                                                              \
    Func(tRes.ref().field(), df1.field());                                    \
                                                                              \
    tdf1.clear();                                                             \
                                                                              \
    return tRes;                                                              \
}
```

Listing 17.13 매크로를 통해 `DimensionedScalarField` 자료형으로 확장한 형태는 Listing

17.14와 같다.

Listing 17.14: DimensionedScalarField 자료형에 대한 확장

```
template<class Type, class GeoMesh>
tmp<DimensionedField<scalar, GeoMesh>> pos0
(
    const DimensionedField<scalar, GeoMesh>& df1
)
{
    tmp<DimensionedField<scalar, GeoMesh>> tRes
    (
        DimensionedField<scalar, GeoMesh>::New
        (
            "pos0(" + df1.name() + ')',
            df1.mesh(),
            pos0(df1.dimensions())
        )
    );

    pos0(tRes.ref().field(), df1.field());

    return tRes;
}

template<class Type, class GeoMesh>
tmp<DimensionedField<scalar, GeoMesh>> pos0
(
    const tmp<DimensionedField<scalar, GeoMesh>>& tdf1
)
{
    const DimensionedField<scalar, GeoMesh>& df1 = tdf1();

    tmp<DimensionedField<scalar, GeoMesh>> tRes
    (
        reuseTmpDimensionedField<scalar, scalar, GeoMesh>::New
        (
            tdf1,
            "pos0(" + df1.name() + ')',
            pos0(df1.dimensions())
        )
    );

    pos0(tRes.ref().field(), df1.field());

```

```
42     tdf1.clear();
43
44     return tRes;
45 }
```

INFO

Listing 17.14의 13, 36번 줄에 사용된 `pos0(df1.dimensions())` 함수는 `dimensionSet.H` 헤더파일에 정의된 함수로 Listing 17.15처럼 무차원 자료형을 반환하는 함수이다.

Listing 17.15: DimensionSet 자료형에 대한 확장

```
dimensionSet Foam::pos0(const dimensionSet&)
{
    return dimless;
}
```

확장된 코드를 보면 17, 40번줄은 Listing 17.11에 정의한 `scalarField`에 대한 `pos0` 함수를 적용하고 있음을 알 수 있다.

17.2.4.3 GeometricField 자료형으로의 확장

`pos0` 함수는 매개변수 리스트의 크기가 1이기 때문에 1변수 함수에 대한 매크로 `UNARY_FUNCTION`를 통해 확장된다. 매크로 함수는 매개변수가 `GeometricField`와 `tmp` 컨테이너에 대한 대응 함수를 정의하도록 작성되어 있다.

Listing 17.16: GeometricField 자료형에 대한 UNARY_FUNCTION 매크로

```
#define UNARY_FUNCTION(ReturnType, Type1, Func, Dfunc)                  \
                                                                         \
TEMPLATE                                                                 \
void Func                                                                \
(                                                                        \
    GeometricField<ReturnType, PatchField, GeoMesh>& res,               \
    const GeometricField<Type1, PatchField, GeoMesh>& gf1               \
)                                                                        \
{                                                                        \
    Foam::Func(res.primitiveFieldRef(), gf1.primitiveField());          \
    Foam::Func(res.boundaryFieldRef(), gf1.boundaryField());            \
}                                                                        \
                                                                         \
```

```
TEMPLATE                                                                   \
tmp<GeometricField<ReturnType, PatchField, GeoMesh>> Func                  \
(                                                                          \
    const GeometricField<Type1, PatchField, GeoMesh>& gf1                  \
)                                                                          \
{                                                                          \
    tmp<GeometricField<ReturnType, PatchField, GeoMesh>> tRes              \
    (                                                                      \
        GeometricField<ReturnType, PatchField, GeoMesh>::New               \
        (                                                                  \
            #Func "(" + gf1.name() + ')',                                  \
            gf1.mesh(),                                                    \
            Dfunc(gf1.dimensions())                                        \
        )                                                                  \
    );                                                                     \
                                                                           \
    Foam::Func(tRes.ref(), gf1);                                           \
                                                                           \
    return tRes;                                                           \
}                                                                          \
                                                                           \
TEMPLATE                                                                   \
tmp<GeometricField<ReturnType, PatchField, GeoMesh>> Func                  \
(                                                                          \
    const tmp<GeometricField<Type1, PatchField, GeoMesh>>& tgf1            \
)                                                                          \
{                                                                          \
    const GeometricField<Type1, PatchField, GeoMesh>& gf1 = tgf1();        \
                                                                           \
    tmp<GeometricField<ReturnType, PatchField, GeoMesh>> tRes              \
    (                                                                      \
        reuseTmpGeometricField<ReturnType, Type1, PatchField, GeoMesh>::New \
        (                                                                  \
            tgf1,                                                          \
            #Func "(" + gf1.name() + ')',                                  \
            Dfunc(gf1.dimensions())                                        \
        )                                                                  \
    );                                                                     \
                                                                           \
    Foam::Func(tRes.ref(), gf1);                                           \
                                                                           \
    tgf1.clear();                                                          \
                                                                           \
    return tRes;                                                           \
```

```
}
```

Listing 17.16 매크로를 통해 GeometricScalarField 자료형으로 확장한 형태는 Listing 17.17과 같다.

Listing 17.17: GeometricScalarField 자료형에 대한 확장

```
template<class Type, template<class> class PatchField, class GeoMesh>
void pos0
(
    GeometricField<scalar, PatchField, GeoMesh>& res,
    const GeometricField<scalar, PatchField, GeoMesh>& gf1
)
{
    Foam::pos0(res.primitiveFieldRef(), gf1.primitiveField());
    Foam::pos0(res.boundaryFieldRef(), gf1.boundaryField());
}

template<class Type, template<class> class PatchField, class GeoMesh>
tmp<GeometricField<scalar, PatchField, GeoMesh>> pos0
(
    const GeometricField<scalar, PatchField, GeoMesh>& gf1
)
{
    tmp<GeometricField<scalar, PatchField, GeoMesh>> tRes
    (
        GeometricField<scalar, PatchField, GeoMesh>::New
        (
            "pos0(" + gf1.name() + ')',
            gf1.mesh(),
            pos0(gf1.dimensions())
        )
    );

    Foam::pos0(tRes.ref(), gf1);

    return tRes;
}

template<class Type, template<class> class PatchField, class GeoMesh>
tmp<GeometricField<scalar, PatchField, GeoMesh>> pos0
(
    const tmp<GeometricField<scalar, PatchField, GeoMesh>>& tgf1
```

```
)
{
    const GeometricField<scalar, PatchField, GeoMesh>& gf1 = tgf1();

    tmp<GeometricField<scalar, PatchField, GeoMesh>> tRes
    (
        reuseTmpGeometricField<scalar, scalar, PatchField, GeoMesh>::New
        (
            tgf1,
            "pos0(" + gf1.name() + ')',
            pos0(gf1.dimensions())
        )
    );

    Foam::pos0(tRes.ref(), gf1);

    tgf1.clear();

    return tRes;
}
```

확장된 코드는 3종류의 함수를 정의하는데 **void** 함수는 매개변수로 결과를 받을 변수와 입력값을 가지고 있는 변수가 모두 제공될 때 활용할 수 있는 함수로 Fortran의 subroutine과 같은 기능을 한다. 나머지 2개의 함수는 앞서 살펴본 `Field`와 `DimensionedField` 자료형처럼 `GeometricField`와 `tmp` 컨테이너로 감싸인 형태에 대한 함수를 정의하고 있다.

17.2.4.4 FieldField 자료형으로의 확장

`pos0` 함수는 매개변수 리스트의 크기가 1이기 때문에 1변수 함수에 대한 매크로 `UNARY_FUNCTION`를 통해 확장된다. 매크로 함수는 매개변수가 `FieldField`와 `tmp` 컨테이너에 대한 대응 함수를 정의하도록 작성되어 있다.

Listing 17.18: FieldField 자료형에 대한 UNARY_FUNCTION 매크로

```
#define UNARY_FUNCTION(ReturnType, Type, Func)                    \
                                                                  \
TEMPLATE                                                          \
void Func                                                         \
(                                                                 \
    FieldField<Field, ReturnType>& res,                           \
    const FieldField<Field, Type>& f                              \
)                                                                 \
```

```
{                                                                    \
    forAll(res, i)                                                   \
    {                                                                \
        Func(res[i], f[i]);                                          \
    }                                                                \
}                                                                    \
                                                                     \
TEMPLATE                                                             \
tmp<FieldField<Field, ReturnType>> Func                              \
(                                                                    \
    const FieldField<Field, Type>& f                                 \
)                                                                    \
{                                                                    \
    tmp<FieldField<Field, ReturnType>> tRes                          \
    (                                                                \
        FieldField<Field, ReturnType>::NewCalculatedType(f)          \
    );                                                               \
    Func(tRes.ref(), f);                                             \
    return tRes;                                                     \
}                                                                    \
                                                                     \
TEMPLATE                                                             \
tmp<FieldField<Field, ReturnType>> Func                              \
(                                                                    \
    const tmp<FieldField<Field, Type>>& tf                           \
)                                                                    \
{                                                                    \
    tmp<FieldField<Field, ReturnType>> tRes(New(tf));                \
    Func(tRes.ref(), tf());                                          \
    tf.clear();                                                      \
    return tRes;                                                     \
}
```

Listing 17.18 매크로를 통해 `DimensionedScalarField` 자료형으로 확장한 형태는 Listing 17.19와 같다.

Listing 17.19: scalarFieldField 자료형에 대한 확장

```
template<template<class> class Field, class scalar>
void pos0
(
    FieldField<Field, scalar>& res,
    const FieldField<Field, scalar>& f
```

```
)
{
    forAll(res, i)
    {
        pos0(res[i], f[i]);
    }
}

template<template<class> class Field, class scalar>
tmp<FieldField<Field, scalar>> pos0
(
    const FieldField<Field, scalar>& f
)
{
    tmp<FieldField<Field, scalar>> tRes
    (
        FieldField<Field, scalar>::NewCalculatedscalar(f)
    );
    pos0(tRes.ref(), f);
    return tRes;
}

template<template<class> class Field, class scalar>
tmp<FieldField<Field, scalar>> pos0
(
    const tmp<FieldField<Field, scalar>>& tf
)
{
    tmp<FieldField<Field, scalar>> tRes(New(tf));
    pos0(tRes.ref(), tf());
    tf.clear();
    return tRes;
}
```

확장된 코드는 **GeometricField**처럼 3종류의 함수를 정의하는데 **void** 함수는 매개변수로 결과를 받을 변수와 입력값을 가지고 있는 변수가 모두 제공될 때 활용할 수 있는 함수로 Fortran의 subroutine과 같은 기능을 한다. 나머지 2개의 함수는 앞서 살펴본 **Field**와 **DimensionedField** 자료형처럼 **GeometricField**와 **tmp** 컨테이너로 감싸인 형태에 대한 함수를 정의하고 있다.

17.2.5 회전 변환

필드의 병진, 회전변환을 위한 함수들은 `src/OpenFOAM/fields/Fields/transformField.H`에 정의되어 있다. 이들 함수는 회전변환을 담당하는 `tensor`[5] 또는 `quaternion` 자료구조를 사용하는 `transform`과 병진과 회전변환을 동시에 처리할 수 있는 자료구조 `septernion`을 활용하는 `transformPoints` 함수를 제공하고 있다.

17.3 경계조건 종류

OpenFOAM의 경계조건은 `src/finiteVolume/fields/fvPatchFields` 아래에 구현되어있고 크게 3가지로 분리되어 있다.

- basic
- constraints
- derived

`basic` 폴더와 `constraints` 폴더는 Derichlet, Neuman, Robin 경계조건 등의 기본적인 경계조건을 일반화된 형태로 구현된 클래스를 제공하고 있다. `derived` 폴더는 `basic` 폴더와 `constraints` 폴더에 구현된 자료구조를 바탕으로 특정 상황에 맞는 경계조건들이 저장되어 있다.

OpenFOAM에서 제공하는 경계조건의 종류는 다양하나 그 사용법은 대동소이하기 때문에 그 중 일반적인 형태의 경계조건만을 정리하도록 한다. 경계조건은 기본적으로 `type`과 `value` 엔트리를 통해 표현한다. `type`의 `dataEntry`는 경계조건의 헤더파일의 `TypeName` 매크로로 등록된 이름을 사용하고 `value` 엔트리에는 경계의 필드 값을 작성한다.

17.3.1 fixedValue

`fixedValue`는 고정된 형태의 필드 값을 경계 값으로 사용하는 경계조건으로 Dirichlet 형태의 경계조건을 구현한다. 템플릿 형태로 작성되어있기 때문에 `scalar`, `vector` 형태의 필드 모두 적용 가능하다.

Listing 17.20: scalar 형 fixedValue 경계조건 사용 예

```
inlet
{
    type            fixedValue;
```

[5] 3차원 좌표축을 구성하는 열벡터 3개로 이루어진 벡터이다.

```
    value         uniform 0;
}
```

Listing 17.21: vector 형 fixedValue 경계조건 사용 예

```
inlet
{
    type          fixedValue;
    value         uniform (0 0 0);
}
```

17.3.2 fixedGradient

fixedGradient는 고정된 형태의 필드의 gradient를 경계 값으로 사용하는 경계조건으로 Neumann 형태의 경계조건을 구현한다. 템플릿 형태로 작성되어있기 때문에 scalar, vector 형태의 필드 모두 적용 가능하다.

Listing 17.22: scalar 형 fixedGradient 경계조건 사용 예

```
inlet
{
    type          fixedGradient;
    value         uniform 0;
}
```

Listing 17.23: vector 형 fixedGradient 경계조건 사용 예

```
inlet
{
    type          fixedGradient;
    value         uniform (0 0 0);
}
```

17.3.3 zeroGradient

zeroGradient는 fixedGradient 경계조건 중 그 값이 0인 형태의 경계조건을 구현한다. 템플릿 형태로 작성되어있기 때문에 scalar, vector 형태의 필드 모두 적용 가능하다. value 엔트리를 필요로 하지 않는다.

Listing 17.24: scalar 형 zeroGradient 경계조건 사용 예

```
inlet
{
    type            zeroGradient;
}
```

Listing 17.25: vector 형 zeroGradient 경계조건 사용 예

```
inlet
{
    type            zeroGradient;
}
```

17.3.4 mixed

`mixed`는 `fixedValue`와 `fixedGradient` 경계 조건의 가중 평균 형태로 구현되는 Robin 형태의 경계조건을 구현한다.

$$\phi_b = w \times \text{fixedValue} + (1 - w) \times \text{fixedGradient} \tag{17.26}$$

$$\phi_b = w \times \phi_f + (1 - w) \times (\phi_O + \nabla\phi\,|d|) \tag{17.27}$$

Eq. (17.26), (17.27)에서 가중치 $w = 0$ 이면 `fixedGradient` 경계조건, $w = 1$이면 `fixedValue` 경계조건에 해당하고 0과 1사이라면 `blended` 경계조건이 된다. 이와 같은 관계를 지원하기 위해 `mixed` 경계조건은 다음과 같은 멤버함수를 제공하고 있다.

- `Field<Type>& refValue()`
  Eq. (17.26)에서 `fixedValue`에 해당한다.
- `Field<Type>& refGrad()`
  Eq. (17.26)에서 `fixedGradient`에 해당한다.
- `Field<Type>& valueFraction()`
  Eq. (17.26)에서 가중치 w에 해당한다.

17.3.5 directionMixed

`directionMixed`은 가중치 w가 Tab. 17.3처럼 텐서 형태로 표현되어 텐서 형태에 따라 경계조건을 적용하는 방향이 달라질 수 있다는 것을 제외하면 `mixed` 경계조건과 동일하다.

Tab 17.3: directionMixed 경계조건

weight	경계의 법선방향	경계의 접선방향
$\underline{\boldsymbol{n}} \otimes \underline{\boldsymbol{n}}$	fixedValue	fixedGradient
$\underline{\boldsymbol{I}} - \underline{\boldsymbol{n}} \otimes \underline{\boldsymbol{n}}$	fixedGradient	fixedValue
$\underline{\boldsymbol{I}}$	fixedValue	
$\underline{\boldsymbol{O}}$	fixedGradient	

이와 같은 관계를 지원하기 위해 mixed 경계조건은 다음과 같은 멤버함수를 제공하고 있다.

- `Field<Type>& refValue()`
  fixedValue에 해당한다.
- `Field<Type>& refGrad()`
  fixedGradient에 해당한다.
- `symmTensorField<Type>& valueFraction()`
  가중치 w에 해당한다.

17.3.6 codedFixedValue

codedFixedValue 자료구조는 파일 내에서 단순 상수가 아닌 프로그래밍이 필요한 경우 간단하게 OpenFOAM 코드를 넣을 수 있는 방법을 제공한다. 이 방법은 Java에서 지원하는 in-memory 컴파일을 흉내 낸 것으로 보이며 Make/files와 Make/options의 내용을 경계조건 파일에 기입할 수 있도록 만들어져 있기 때문에 OpenFOAM 빌드시스템에 대한 이해가 있으면 사용하기 용이하게 만들어져 있다.

소스코드는 #codeStream{} 블럭 내에 작성하며 codeStream 블럭은 다음과 같이 4개의 블럭으로 이루어진다.

- `codeInclude #{ <code> #};`
  Make/options의 EXE_INC의 내용에 해당한다.
- `code #{ <code> #};`
  실제 소스코드를 적는다.
- `codeOptions #{ <code> #};`
  컴파일러 옵션을 적는다.
- `codeLibs #{ <code> #};`
  Math/option의 LIB_LIBS의 내용에 해당한다.

이 중에서 codeInclude, codeOptions, codeLibs는 필요할 경우에만 작성하면 되고 code 블럭은 필수요소이다.

Listing 17.26: codedFixedValue BC 예

```
inlet
    {
        type            codedFixedValue;
        value           uniform (0 0 0);
        redirectType    velocitySquareInlet;

        code
        #{
            const fvPatch& boundaryPatch = patch();
            const vectorField& Cf = boundaryPatch.Cf();

            vectorField& field = *this;
            scalar min = 0.501;
            scalar max = 0.751;

            forAll(Cf, faceI)
            {
               if (
                    (Cf[faceI].z() > min) &&
                    (Cf[faceI].z() < max) &&
                    (Cf[faceI].y() > min) &&
                    (Cf[faceI].y() < max)
                  )
                {
                    field[faceI] = vector(0.1, 0, 0);
                }
            }
        #};
    }
```

위 예에서 redirectType은 생성시킬 경계조건의 이름에 해당한다. 그리고 code 블럭에 경계조건의 구체적인 구현을 기술한다.

`codedFixedValue` 자료구조를 이용해 경계조건을 적용하려면 dynamic code를 사용할 수 있도록 설정해야 하며 기본적으로 다음과 같이 `etc/controlDict`의 switch subDict에 설정되어 있다.

Listing 17.27: switch

```
InfoSwitches
  {
      writePrecision  6;
      writeJobInfo    0;
      writeDictionaries 0;
      writeOptionalEntries 0;

      // Allow case-supplied C++ code (#codeStream, codedFixedValue)
      allowSystemOperations   1;
  }
```

생성된 library의 이름은 이름충돌을 막기 위해 SHA1 해시값으로 지어진다.

Listing 17.28: files 내용

```
  /* dynamicCode:
   * SHA1 = 91231d9d
   */
  fixedValueFvPatchFieldTemplate.C

  LIB = $(PWD)/../platforms/$(WM_OPTIONS)/lib/libvelocitySquareInlet_91231d9
```

17.4 연습문제

Exercise 1

등차수열 $a_i = a_0 + d\,(i-1)$을 OpenFOAM 자료구조로 작성해보도록 한다.

(a) 앞서 사용했던 `std::vector` 자료구조 대신 `List<scalar>` 또는 `Field<scalar>` 자료구조로 구현하도록 한다.

(b) 반복문은 `for` 대신 `forAll` 매크로를 사용하도록 한다.

Exercise 2

page 60의 Exercise 2에 사용된 C++ 표준라이브러리를 OpenFOAM에서 제공하는 자료형으로 재구현해보도록 한다.

Exercise 3

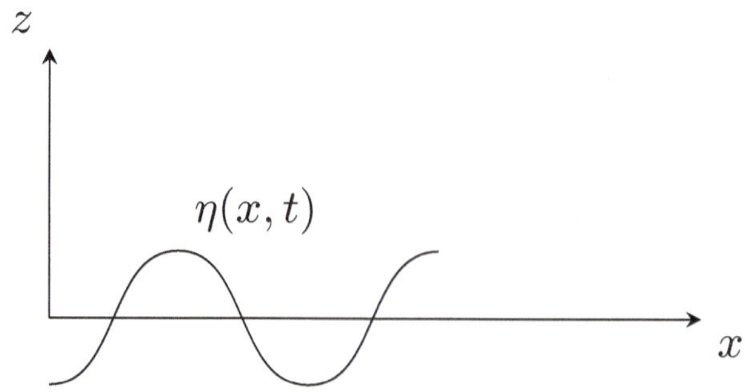

유한 수심 h에서 wave number k, wave frequency ω, phase ϕ를 가지는 선형파 또는 Airy wave의 파고 $\eta(x,t)$와 속도 포텐셜 Φ는 다음과 같다.

$$\eta(x,t) = a\cos(kx - \omega t + \phi)$$

$$\Phi = \frac{\omega}{k}a\frac{\cosh\left(k(z+h)\right)}{\sinh\left(kh\right)}\sin\left(kx - \omega t\right)$$

위 속도 포텐셜로부터 얻어지는 파 입자 속도는 다음과 같이 계산된다.

$$\begin{aligned}\frac{\partial\Phi}{\partial x} &= u_x\left(x,z,t\right) = \omega a\frac{\cosh\left(k\left(z+h\right)\right)}{\sinh\left(kh\right)}\cos\left(kx - \omega t + \phi\right)\\ \frac{\partial\Phi}{\partial z} &= u_z\left(x,z,t\right) = \omega a\frac{\sinh\left(k\left(z+h\right)\right)}{\sinh\left(kh\right)}\sin\left(kx - \omega t + \phi\right)\end{aligned}$$

경계에 파 입자 속도를 부여하는 경계조건을 구현하고자 한다.

(a) 경계조건의 자료형은 Dirichlet 형태의 vector 자료형이 되므로 `fixedValueFvPatchVectorField`로부터 상속받도록 한다. OpenFOAM은 경계조건 작성을 용이하게 하기 위해 `foamNewBC`라는 유틸리티를 제공한다. 터미널에서 `foamNewBC -f -v waveParticleVelocity`를 실행하고 그 결과를 확인하도록 한다.

(b) 처음 작성하면 불필요한 변수가 많으므로 헤더파일에서 `vectorField fieldData_`를 제외하고 96 - 123번줄 사이의 모든 변수선언을 제거한다.

(c) 소스코드에서 Constructors라고 되어있는 부분을 찾아 생성자 초기화 리스트에서 `fixedValueFvPatchVectorField` 초기화 부분을 제외하고 나머지 초기화 구문을 모두 제거하도록 한다.

(d) 경계값은 `void updateCoeffs()` 함수에서 처리한다. 구현을 단순화하기 위해 wave amplitude $a = 1$, wave frequency $\omega = 1$, wave number $k = 1$, phase $\phi = 0$, 수심 $h = 500$으로 고정하도록 한다. 파 입자 속도 값은 `fieldData_` 멤버변수에 저장할 수 있도록 다음 구문을 추가하도록 한다.

```
if (updated())
{
    return;
}

const scalar t = db().time().timeOutputValue();
const faceList& localFaces = patch().patch().localFaces();

double amp = 1;
double omega = 1;
double k = 1;
double phase = 0;
double h = 500;

fieldData_.resize(patch().size());
Info << "Field size: " << fieldData_.size() << endl;

forAll(localFaces, fi)
{
    vector p = localFaces[fi].centre(patch().patch().localPoints());

    double theta = k*p.x() - omega*t + phase;
    double eta = amp*cos(theta);

    if (eta <= p.y())
    {
        fieldData_[fi] = Zero;
    }
    else
    {
        double ux = omega*amp*cosh(k*(p.y() + h))/sinh(k*h)*cos(theta);
        double uy = omega*amp*sinh(k*(p.y() + h))/sinh(k*h)*sin(theta);
        fieldData_[fi] = vector(ux, uy, 0);
    }

fixedValueFvPatchVectorField::operator==(fieldData_);
fixedValueFvPatchVectorField::updateCoeffs();
```

(e) 구현을 단순화하기 위해 void write(Ostream& os) const 멤버함수의 내용을 다음과 같이 작성하도록 한다.

```
fvPatchVectorField::write(os);
writeEntry(os, "value", *this);
```

(f) 결과를 확인하기 위해 tutorials/multiphase/interFoam/laminar/wave 폴더를 복사하여 0/U.orig 경계조건 파일의 left 경계조건을 다음과 같이 수정하도록 한다.

```
left
{
    //type            waveVelocity;
    type            waveParticleVelocity;
}
```

(g) 경계조건이 제대로 반영되었는지 확인하기 위해 decomposePar 명령을 내려 격자를 분할시켜 ParaView로 확인하도록 한다.

INFO

0 폴더에 작성한 경계조건은 void write(Ostream& os) 함수가 호출될 때만 덮어쓰거나 재작성되기 때문에 직접 계산을 실행해보기 전에는 제대로 구현된 것인지 확인하기 힘들다. 하지만 void write(Ostream& os)함수는 decomposePar 명령으로 격자 분할할 때도 실행되기 때문에 이를 이용하면 손쉽게 구현된 경계조건을 확인할 수 있다.

WARNING

ParaView로 격자 분할된 case를 불러올 때는 Case Type을 Decomposed Case로 선택해야한다. 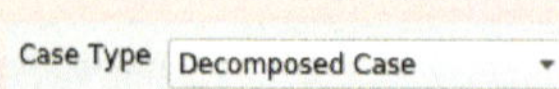

(h) void updateCoeffs() 함수의 17번 줄에 정의한 fieldData_.resize(patch().size()); 구문은 void updateCoeffs()함수가 호출될 때마다 배열 크기를 재조정하는 구문이므로 효율적이지 않다. 이 구문은 생성자의 초기화 리스트에서 처음 한번만 결정되면 되므로 const dictionary& dict를 매개변수로 가지는 생성자의 초기화 리스트로 옮기도록 한다.

HINT

fieldData_ 자료형 vectorField는 vectorField(array_size, initial_value) 형태의 생성자를 지원한다.

(i) `void updateCoeffs()` 함수의 9 - 13번줄에 작성한 구문은 구현을 단순화하기 위해 하드코딩된 값이다. 이를 일반화하기 위해 이들 지역변수들을 멤버변수로 선언하여 경계조건에서 사용자 입력으로 받을 수 있도록 일반화시켜 보도록 한다.

> **HINT**
> `const dictionary& dict`를 매개변수로 하는 생성자의 초기화 리스트에서 `dict` 매개변수를 이용하여 처리하도록 한다. 예를 들어 `tutorials/multiphase/interFoam/laminar/wave/0/U.orig` 내의 `right` 경계를 예로 들면 `dict`에는 다음 내용으로 저장되어 있다.
>
> ```
>         type            outletPhaseMeanVelocity;
>         UnMean          2;
>         alpha           alpha.water;
> ```

(j) 사용자 입력으로 받은 amp, omega, k, phase, h 멤버변수의 내용이 파일로 저장될 수 있도록 `void write(Ostream& os)`에 해당 내용을 반영하도록 한다.

> **HINT**
> 5번문제에서 작성한 코드의 2번줄처럼 `dictionary` 자료구조의 템플릿 멤버함수 `void writeEntry(Ostream& os, const word& entryName, const EntryType& value)`를 활용하도록 한다.

Exercise 4

참고문헌 [10]에 나오는 2D 대류/확산 문제를 codeStream을 사용하여 해석해보도록 한다. 다음과 같은 2D 대류/확산 문제를 생각해본다.

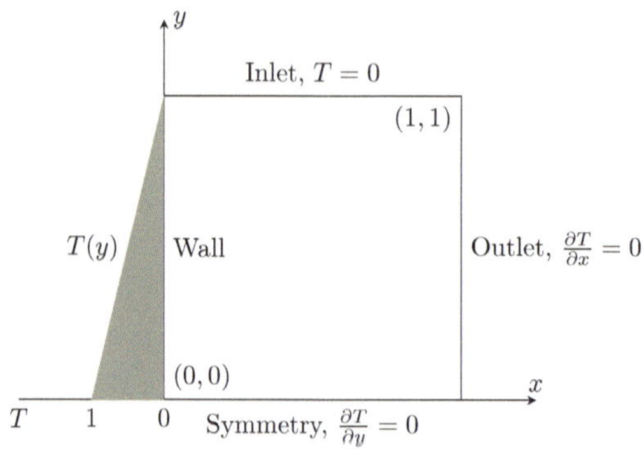

Fig 17.10: 계산 영역과 경계조건

$$\nabla \bullet (T\underline{U}) + \nabla \bullet (\Gamma \nabla T) = 0$$

위 식에서 Γ는 확산계수, T는 온도를 의미한다. 계산 영역 내에서 유체장은 다음과 같은 streamline ψ으로 정의된다고 가정하면 다음과 같이 표현할 수 있다.

$$\psi = xy$$

따라서 2차원 유동에서의 유체장은 다음과 같이 계산 가능하다.

$$u = \frac{\partial \psi}{\partial y} = x, v = -\frac{\partial \psi}{\partial x} = -y$$

따라서, 이 문제는 속도장은 stream function으로 정의되고, 온도장은 Inlet과 Wall 경계에는 Dirichlet, Outlet과 Symmetry 경계에서는 Neumann 경계가 부여된 문제로 정의된다. OpenFOAM은 각 Field 변수 파일에 internalField값과 경계조건을 기술하는 형태로 작성하게 되어 있다. 경계에서의 값은 patches subDict에서 작성되고 internalField는 internalField 엔트리에 값을 적어야 한다.

(a) 먼저 속도장을 정의하도록 한다. 속도장의 internalField는 상수 값이 아닌 stream function으로 나타나기 때문에 프로그래밍적인 요소가 필요하다. 이를 구현하기 위해 codeStream 구문을 사용한다. codeStream은 `#codeStream` 블럭내에 `Make/options` 내용과 비슷하게 `codeInclude`, `codeOptions`, `codeLibs` 블럭안에 코드 컴파일에 필요한 내용들을 적도록 되어 있다. 실제 소스코드는 `void updateCoeffs()`에 들어갈 내용을 `code` 블럭에 작성하도록 한다. internalField는 cell center에서 계산되므로 stream function식은 다음과 같이 나타낼 수 있다.

```
internalField   #codeStream
{
    codeInclude
    #{
        #include "fvCFD.H"
    #};

    code
    #{
        const IOdictionary& d = static_cast<const IOdictionary&>(dict);
        const fvMesh& mesh = refCast<const fvMesh>(d.db());
        const vectorField& C = mesh.C();

        vectorField streamFunction(mesh.nCells(), vector::zero);

        forAll(streamFunction, cid)
        {
            streamFunction[cid] = vector(C[cid].x(), -C[cid].y(), 0);
        }
        writeEntry(os, streamFunction);

    #};

    codeOptions
    #{
        -I$(LIB_SRC)/finiteVolume/lnInclude \
        -I$(LIB_SRC)/meshTools/lnInclude
    #};

    codeLibs
    #{
        -lfiniteVolume \
        -lfiniteVolume
    #};
};
```

(b) 경계조건의 경우 codedFixedValue를 사용하도록 한다. codedFixedValue와 codeStream의 차이는 codedFixedValue는 `#codeStream` 블럭없이 바로 codeInclude, code, codeOptions, codeLibs 블럭을 사용한다는 점이다. 그리고 코드 컴파일로 얻어지는 경계조건을 지칭할 name 엔트리를 추가로 요구한다. 4개의 경계를 codedFixedValue로 표현하면 다음과 같이 작성할 수 있다.

```
boundaryField
{
    #include "east.U"
    #include "west.U"
    #include "south.U"
    #include "north.U"

    frontAndBack
    {
        type            empty;
    }
}
```

east patch에 대한 Dirichlet 경계조건에 대한 subDict는 다음과 같이 작성할 수 있다.

```
    east
    {
        type            codedFixedValue;
        value           uniform (0 0 0);
        name            eastFixedValue;

        codeInclude
        #{
            #include "vector.H"
            #include "fvPatchField.H"
        #};

        code
        #{
            const fvPatch& patch = this->patch();
            const vectorField& Cf = patch.Cf();
            vectorField vf(Cf.size());
            forAll(Cf, patchi)
            {
                vf[patchi] = vector(Cf[patchi].x(), Cf[patchi].y(), 0);
            }
            operator==(vf);
        #};
    }
```

나머지 경계에 대해서도 작성해보도록 한다.

(c) 온도장에 대한 경계조건 중 Wall 경계에 대해서는 상수식이 아니므로 codedFixedValue를

사용하여 다음과 같이 작성할 수 있다. Outlet과 Symmetry 경계에 대해서는 zeroGradient 조건을 부여하고 Inlet에는 fixedValue를 사용하도록 한다.

```
boundaryField
{
    east
    {
        type            zeroGradient;
        value           uniform 1;
    }

    #include "west.T"

    south
    {
        type            zeroGradient;
    }

    north
    {
        type            fixedValue;
        value           uniform 0;
    }

    frontAndBack
    {
        type            empty;
    }
}
```

앞서 속도장에서와 같이 west 경계에 Dirichlet 경계조건에 대한 subDict를 작성해보도록 한다.

WARNING

온도장은 `vectorField`대신 `scalarField`로 작성해야한다.

(d) 온도장을 `codedFixedValue` 대신 `fixedFvPatchScalarField`를 이용해 구현하도록 한다.

HINT

멤버함수 `void updateCoeffs()`함수를 오버라이딩하도록 한다.

(e) 속도장을 `codedFixedValue` 대신 `fixedFvPatchVectorField`를 이용해 구현하도록 한다.

HINT

멤버함수 `void updateCoeffs()`함수를 오버라이딩하도록 한다.

Exercise 5

2D Taylor Green Vortex는 2차원 계산공간 $0 \leq x, y \leq 2\pi$에서 Navier-Stokes 방정식의 해석해가 되기 때문에 수치해법의 정확도를 검증하는데 종종 사용된다.

$$u = \cos(x)\sin(y)\exp(-2\nu t)$$
$$v = -\sin(x)\cos(y)\exp(-2\nu t)$$
$$p = -\frac{4}{\rho}\left[\cos(2x) + \cos 2y\right]\exp(-4\nu t)$$

(a) 앞서 작성한 Exercise 4를 활용하여 2D Taylor Green Vortex의 해석해로 internalField를 초기화시키는 codeStream을 작성하도록 한다.

18

행렬 자료형

18.1 행렬 자료구조

행렬자료구조는 격자와 밀접하게 연관되어있어 cell id 순서에 따라 행렬의 bandwidth에도 영향을 준다. OpenFOAM은 upper triangular face ordering으로 face id를 부여하고 있다. 앞서 격자 자료구조에서 예로 든 Fig. 16.3를 이용하여 OpenFOAM의 행렬 자료구조를 살펴보도록 한다. 행렬자료구조는 특정 cell에 대한 나머지 cell들의 영향을 고려하기 때문에 4x4 격자의 경우 행렬은 16x16의 크기를 가진다. 행렬을 대각성분과 ($\underline{\underline{D}}$)과, 비대각성분으로 나누고 비대각성분은 다시 상삼각행렬($\underline{\underline{U}}$)과 하삼각행렬($\underline{\underline{L}}$)로 나누면 다음과 같이 표현할 수 있다.

$$\underline{\underline{A}} = \underline{\underline{L}} + \underline{\underline{D}} + \underline{\underline{U}} \tag{18.1}$$

행렬의 대각성분은 격자의 각 cell에 대응하므로 대각성분의 크기, 즉 cell 리스트의 크기는 16개가 된다. 이제 비대각항을 순회할 수 있는 방법에 대해 생각해보자. 하나의 행에서 비대각항은 대각항에 영향을 미치는 cell 성분이다. 오직 인접 cell만이 대각 성분에 기여한다고 가정하면, 하나의 행에서 비대각성분은 대각성분과 face를 공유하는 cell이 된다. Fig. 16.4에서 작성된 cell id와 face id를 바탕으로 공유하는 face id를 비대각 성분에 기록해보도록 한다. 이전 단계에서 이미 부여된 번호를 재참조하는 경우에는 붉은 색으로 표시하면 비대각성분에 대응하는 face id들은 Fig 18.1와 같이 표현된다. 이로부터 비대각성분에 기록된 face id는 internalFace의 개수와 동일하고, 하삼각성분은 전부 붉은색으로 표시되어 모두 face ordering을 마친 후 재참조된 id라는 것을 알 수 있다. 즉, 상삼각성분을 순회하는 것만으로 모든 internalFace에 id를 부여할 수 있음을 알 수 있다. OpenFOAM에서는 이와 같은 face id 부여방식을 upper triangular face ordering이라 한다. 하삼각성분을 차지하고 있는 face id는 상삼각성분을 transpose한 것과 같다. 그리고, cell id 기준으로 보면 상삼각성분의 face id는 대각성분 기준으로 cell id가 큰 경우에 해당하며 하삼각행렬의 경우는 대각성분 기준으로 cell id가 작은 경우에 해당한다. OpenFOAM에서 필드 값은 cell 중심에서 계산되고 순회방법은 face id를 기준으로 하기 때문에 비대각 성분, 즉 cell 중심에서의 필드 값에 접근하기 위해서는 face id를 cell id로 변환해주어야 할 필요가 생긴다. 이전 격자 자료구조를 다룰 때, face id 기준으로 두 개의 cell id 쌍을 얻을 수 있고 이 중

작은 쪽을 owner, 큰 쪽을 neighbour로 하기로 정의하였다. 이 기준으로 보면 상삼각성분은 모두 대각성분에 대해서 neighbour cell이 되고 하삼각성분은 모두 owner cell이 된다. 이 관계로부터 Eq. (18.2)와 같은 대응 함수를 생각할 수 있다.

	0	1	2	3	4	5	6	7	8	9	10	11	12	13	14	15
0		0			1											
1	0		2			3										
2		2		4			5									
3			4					6								
4	1					7			8							
5		3			7		9			10						
6			5			9		11			12					
7				6			11					13				
8					8					14			15			
9						10			14		16			17		
10							12			16		18			19	
11								13			18					20
12									15					21		
13										17			21		22	
14											19			22		23
15												20			23	

Fig 18.1: 비대각 성분과 face id 관계

$$\begin{aligned} \text{neighbours}\,[\text{fid}] &= \max\left(\text{O}_{fid}, \text{N}_{fid}\right) = \text{upperAddr()}\,[\text{fid}] \\ \text{owners}\,[\text{fid}] &= \min\left(\text{O}_{fid}, \text{N}_{fid}\right) = \text{lowerAddr()}\,[\text{fid}] \end{aligned} \tag{18.2}$$

Eq. (18.2)에서 owner cell과 neighbour cell id 리스트는 격자를 읽어들일때 `constant/polyMesh`의 owner와 neighbour 리스트 파일의 내용으로부터 얻을 수 있다. 행렬 자료구조에서는 이들 owner, neighbour cell id 리스트를 격자 자료구조로부터 얻어낼 수 있는 함수가 필요해진다. 이것이 `lduMatrix` 클래스가 mesh에 대한 참조를 가지도록 설계된 이유이다. 행렬 관점에서 가독성을 명확히 하기 위해, neighbour cell id 리스트는 상삼각행렬을 구성하고 owner cell id 리스트는 하삼각행렬을 구성하므로, face id에 대응하는 행렬의 좌표를 알려주는 함수의 이름을 `upperAddr`와 `lowerAddr`으로 하기로 한다. 대각성분은 cell id와 1:1로 매칭되기 때문에 별도의 대응 함수는 필요 없다. 여기까지의 내용은 `lduAddressing` 클래스에서 구현하고 있다. 비슷한 원리로, 행렬의 각 좌표에 저장된 값은 Eq. (18.1)를 따라 `upper`, `lower` 그리고 `diag` 함수를 통해 접근할 수 있으며 `fvMatrix`의 멤버함수로 구현되어 있다.

지금까지 소개한 내용으로 행렬의 성분에 접근해보도록 한다. 먼저, 상삼각행렬의 성분은 열좌표는 neighbour, 행좌표는 owner와 같으므로 Eq. (18.3)과 같이 표현된다.

$$\underline{\underline{U}} = A\,[i]\,[j] = A\,[\text{lowerAddr}\,()\,[\text{fid}]]\,[\text{upperAddr}\,()\,[\text{fid}]] = \text{upper}\,()\,[\text{fid}]\,, i < j \tag{18.3}$$

다음으로 하삼각행렬의 성분은 열좌표는 owner, 행좌표는 neighbour와 같으므로 Eq. (18.4)과 같이 표현된다.

$$\underline{\underline{L}} = A\,[i]\,[j] = A\,[\text{upperAddr}\,()\,[\text{fid}]]\,[\text{lowerAddr}\,()\,[\text{fid}]] = \text{lower}\,()\,[\text{fid}]\,, i > j \tag{18.4}$$

마지막으로 대각성분의 리스트는 cell id 순서로 정렬되므로 Eq. (18.5)과 같이 표현할 수 있다.

$$\underline{\underline{D}} = A[i][i] = \text{diag}[i] = \text{diag}\,()\,[\text{cid}] \tag{18.5}$$

upper triangular face ordering 또는 `lduAddressing` 자료구조를 도입함으로써 행렬의 대각성분과 비대각성분은 각각 1차원 배열 자료형으로 표현될 수 있게 된다. OpenFOAM은 병렬연산을 MPI를 통해 구현하는데 MPI의 API는 필드자료를 1차원 배열로 송수신하므로 행렬의 차원을 재조정(reshape)할 필요 없이 그대로 사용할 수 있어 병렬연산 지원에도 용이한 자료구조임을 알 수 있다.

간단한 사용 예로, zero sum rule을 이용하면 Eq. (18.6)과 같이 대각 성분의 계산을 비대각 성분 값으로부터 계산할 수 있는데, `lduAddressing` 관계를 이해하면 `lduMatrix`의 멤버함수 `negSumDiag`가 이를 구현하고 있다는 것을 알 수 있다.

$$A_{ii} = -\sum_{N} A_N = -\sum_{L} A_L - \sum_{U} A_U \tag{18.6}$$

Listing 18.1: negSumDiag

```
const labelUList& l = mesh.lduAddr().lowerAddr(); // equal to internal faces
const labelUList& u = mesh.lduAddr().upperAddr(); // equal to internal faces
const scalarField& lower = m.lower(); // equal to internal faces
const scalarField& upper = m.upper(); // equal to internal faces
const scalarField& diag = m.diag(); // equal to cells
const faceList& fs = mesh.faces();
forAll(fs, fid)
{
    diag[l[fid]] -= lower[fid];
    diag[u[fid]] -= upper[fid];
}
```

Fig. 16.3의 cell id 5를 기준으로 대응하는 좌표를 고려해보도록 한다. cell id 5를 구성하는 face id는 순서대로 3, 7, 9, 10이 되고 이에 대응하는 (onwer, neigher) 순서쌍은 $(1,5)$, $(4,5)$, $(5,9)$ 그리고 $(5,6)$이 된다. 따라서, 위 코드의 9번줄은 대각성분 $(5,5)$에 face id 9와 10에 해당하는 좌표 $(6,5)$과 $(9,5)$의 값을 적용하고 있고 10번줄은 대각성분 $(5,5)$에 face id 3과 7에 해당하는 좌표 $(1,5)$와 $(4,5)$의 값을 적용하고 있음을 알 수 있다. 그리고 이들 값은 행렬 좌표 $(5,5)$에 대해서 수직선을 구성하는 성분에 해당한다.

18.1.1 lduMatrix

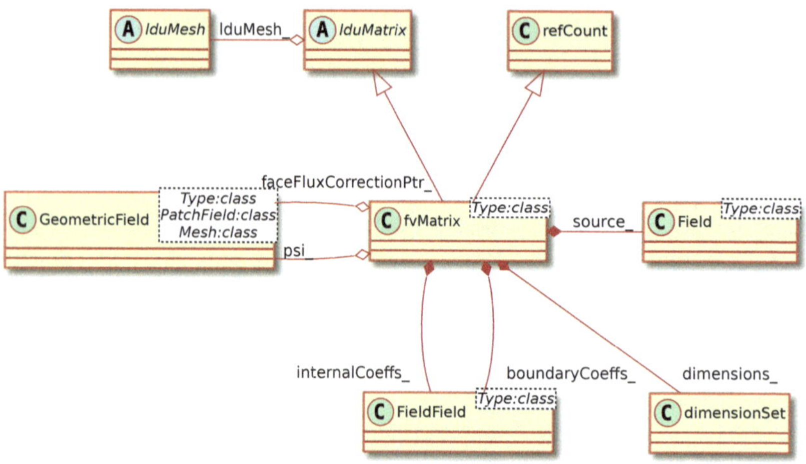

Fig 18.2: fvMatrix

`lduMatrix`는 Eq. (18.1)으로 주어지는 자료구조를 이용하기 때문에 `lduMatrix`라는 이름이 붙었으며 주어진 필드 값 $\underline{\psi}$에 대한 선형 시스템 $\underline{\underline{A}}\underline{\psi} = \underline{b}$를 계산하기 위한 추상 클래스이다. `lduMatrix`는 계수행렬의 상삼각, 하삼각 그리고 대각 성분에 접근할 수 있도록 `upper()`, `lower()` 그리고 `diag()` 멤버함수와 소스항 $\underline{b}$에 접근할 수 있도록 `source()` 멤버함수와 `relax`, `solve` 그리고 `residual` 등의 멤버함수를 가진다. `residual` 멤버함수는 근사해 $\underline{\psi}$에 대해서 residual $\underline{r}$를 계산하는 역할을 한다.

$$\underline{r} = \underline{b} - \underline{\underline{A}}\underline{\psi} = \underline{b} - \left(\underline{\underline{D}} + \underline{\underline{L}} + \underline{\underline{U}}\right)\underline{\psi} \tag{18.7}$$

참고로, OpenFOAM 2.1 이전에는 `lduMatrix` 클래스만 제공하였으나 OpenFOAM 2.3 부터 `LduMatrix`가 추가되었다. `lduMatrix` 자료구조는 `fvMatrix`의 `solveSegregated` 함수에서 사용되고 `LduMatrix`는 `solveCoupled` 함수에서 사용되는 자료구조이다. 기본적으로 `fvMatrix`는 `scalar` 필드에 대한 해를 계산하기 때문에 `vector`의 경우 segregated 즉 순차적으로 component

단위로 계산하게 되나, Listing 18.2처럼 `system/fvSolution`의 solvers subDict에 있는 필드에 type 엔트리를 추가하고 그 값을 coupled로 설정하면 coupled 방식으로 계산한다.

Listing 18.2: U 필드를 coupled solver로 설정한 예

```
solvers
{
    U
    {
        type coupled;
        solver PBiCCCG;
        preconditioner DILU;
    }
}
```

18.1.2 fvMatrix

`fvMatrix` 클래스는 `lduMesh`의 서브클래스로 OpenFOAM에서 계산되는 모든 선형시스템은 `fvMatrix` 상에서 계산된다. `fvMatrix` 클래스는 `dimensionSet` 객체의 참조를 가지고 있기 때문에 필드 값 ψ의 차원을 저장하여 실수로 차원이 다른 값이 계산되어 반영되지 않도록 방지한다.

`internalCoeffs`와 `boundaryCoeffs`는 경계 값을 처리할 때 필요한 값이다. Neumann type 같이 경계 값이 계수행렬 $\underline{\boldsymbol{A}}$에 반영되어야 하는 경우에 경계 값을 `internalCoeffs_` 멤버 변수에 저장시킨 후 필드 값을 계산할 때 계수 행렬에 반영시킨다. Dirichlet type 같은 경우 소스항에 반영시켜야할 경계 값을 `boundaryCoeffs_` 멤버변수에 저장한다. 마지막으로 `faceFluxCorrectionPtr_` 변수는 snGrad나 laplacian의 경우 face 면에서의 gradient를 계산할 때 surface normal을 계산 혹은 보정하기 위한 방법이 있는데 이들 값을 저장해두기 위한 변수이다.

fvMatrix 클래스에서 사용되는 주요 멤버함수에 대한 설명이다.

- `tmp<volScalarField> A() const`
  계수행렬의 대각 성분을 cell volume으로 나눈 값을 포함하고 있다.
- `tmp<GeometricField<Type, fvPatchField, volMesh>> H() const`
  SIMPLE 알고리즘에서 pressure Poisson 방정식을 계산할 때 나타나는 형태를 손쉽게 얻기 위한 멤버함수이다. 운동량 방정식으로부터 얻어지는 선형시스템 $\underline{\boldsymbol{A}}\psi = \underline{\boldsymbol{b}}$를 Jacobian 알고리즘처럼 계수행렬을 정리하면 다음과 같다.

$$\underline{\boldsymbol{D}}\psi = -\left(\underline{\boldsymbol{L}}\psi + \underline{\boldsymbol{U}}\psi\right) + \underline{\boldsymbol{b}} \tag{18.8}$$

  `H()`는 $-\left(\underline{\boldsymbol{L}}\psi + \underline{\boldsymbol{U}}\psi\right)$에 해당한다.

INFO
경계조건에서 얻어지는 계수인 internalCoeffs_와 boundaryCoeffs_는 addBoundaryDiag, addBoundarySource 멤버함수를 통해 반영되며 이들은 H() 멤버함수 내에서 호출되어 반영된다.

- `addBoundaryDiag(scalarField& diag, const direction cmpt) const`
  경계조건에서 계수행렬에 반영되어야하는 값을 저장하고 있는 internalCoeffs_ 멤버변수의 값을 계수행렬의 대각항에 반영한다. internalCoeffs_ 값은 fvPatchField 자료구조에서 얻어지는 valueInternalCoeffs 또는 gradientInternalCoeffs 멤버함수를 통해 갱신된다. (See page 475)
- `addBoundarySource(Field<Type>& source, const bool couples=true) const`
  경계조건에서 소스항에 반영되어야하는 값을 저장하고 있는 boundaryCoeffs_ 멤버변수의 값을 소스항에 반영한다. boundaryCoeffs_ 값은 fvPatchField 자료구조에서 얻어지는 valueBoundaryCoeffs 또는 gradientBoundaryCoeffs 멤버함수를 통해 갱신된다. (See page 475)
- `tmp<volScalarField> H1() const`
  SIMPLEC 구현에서 압력보정식은 다음과 같은 형태로 나타난다.

$$\int_{\partial\Omega}\left(\frac{1}{A_P+\sum_N A_N}\nabla p\right)_f \bullet d\underline{\boldsymbol{S}} = \int_{\partial\Omega}\nabla\bullet\underline{\hat{\boldsymbol{U}}}_f d\underline{\boldsymbol{S}} \tag{18.9}$$

  주변 cell에 대한 계수합 $H1 = -\sum_N A_N$이 된다.
- `tmp<GeometricField<Type, fvsPatchField, surfaceMesh>> flux() const`
  flux 멤버함수의 역할은 divergence항을 이산화하여 얻은 계수행렬로부터 역으로 각 cell face의 face flux를 구해주는 멤버함수이다. 이는 divergence에 사용된 이산화 scheme에 관계없이 conservative face flux를 구하기 위해 추가된 함수이다. conservative face flux는 lduMatrix 클래스의 faceH 멤버함수로부터 구현되는데 faceH에 대한 자세한 설명은 page 537을 참고하기 바란다. 이 멤버함수는 simpleFoam 등에서 압력 속도장 연성을 통해 Poisson equation을 계산할 때 pressure face flux를 얻어내는데 사용된다.
- `SolverPerformancd<Type> solve()`
  fvMatrix의 멤버함수 solver의 호출 관계는 Fig. 18.3과 같다.
- `void relax(const scalar alpha)`
  현재 step과 과거의 step에서의 해는 수렴될 경우 같은 값을 가진다고 생각할 수 있다.

$$\psi_P^n = \psi_P^o \tag{18.10}$$

이 관계를 운동방정식의 양변에 weight 또는 relaxation factor α를 추가하여 적용하면 Eq. (18.11)과 같이 표현할 수 있다.

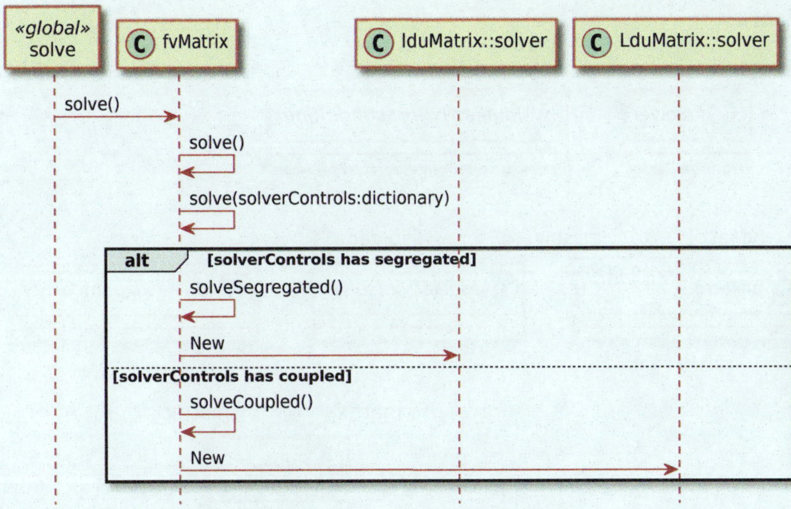

Fig 18.3: solve 함수 호출관계

$$a_P\psi_P^n + \frac{1-\alpha}{\alpha}a_P\psi_P^n + \sum_N a_N\psi_N^n = \frac{1}{\alpha}a_P\psi_P^n + \sum_N a_N\psi_N^n = R_P + \frac{1-\alpha}{\alpha}a_P\psi_P^o \quad (18.11)$$

좌변의 붉은색으로 표현된 부분은 계수행렬의 대각성분에 가해지는 영향을 의미하고 우변의 붉은 색은 소스항에 가해지는 영향을 의미한다. SIMPLE 기법에서 수치적 안정성을 개선하기 위해 속도장과 난류에 대한 행렬식에 `relax` 함수를 적용한다.

- `void relax()`
  기본적으로 `void relax(const scalar alpha)`와 동일하게 동작하나 relaxation factor, alpha를 `system/controlDict`로부터 얻어온다.
- 이항 연산자
  `fvMatrix`의 +, -, == 연산자들은 두개의 피연산자 A, B를 입력 받아 연산을 적용하는 이항 연산자들이다. `fvMatrix`의 binary operator들은 피연산자의 자료형에 따라 크게 두가지 종류로 압축할 수 있다.

  - `fvMatrix A (operator) fvMatrix B`
    피연산자 A와 B는 operator를 적용하여 `fvMatrix`로 반환하며, linear system의 좌변에 저장된다. == 연산자의 경우에는 A-B의 결과가 좌변에 저장된다.
  - `fvMatrix A (operator) Field B`
    피연산자 A는 linear system의 좌변에 저장되고, 피연산자 B는 Explicit source term으로 취급되어 linear system의 우변에 저장된다.

18.1.3 solvers

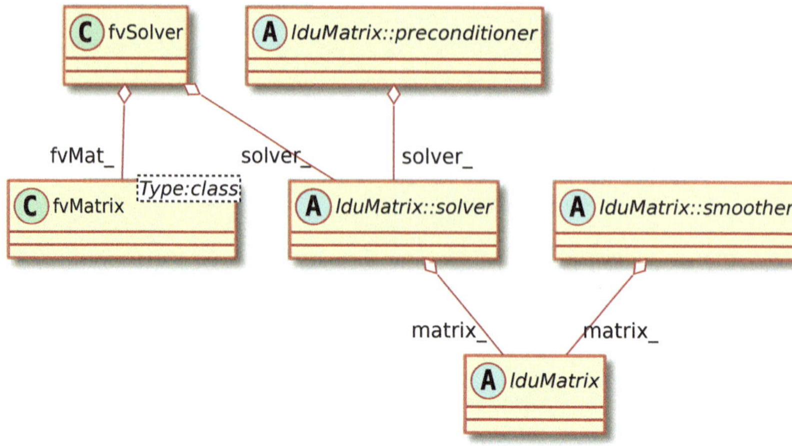

Fig 18.4: fvSolver의 계층 관계

`solver` 클래스는 `lduMatrix`의 중첩클래스로 선언되어 있으며 Eq. (18.12)와 같은 선형시스템의 해 $\boldsymbol{x}$를 구하기 위한 자료구조이다.

$$\underline{\underline{\boldsymbol{A}}}\underline{\boldsymbol{x}} = \underline{\boldsymbol{b}} \text{ or } \underline{\boldsymbol{x}} = \underline{\underline{\boldsymbol{A}}}^{-1}\underline{\boldsymbol{b}} \tag{18.12}$$

`solver` 클래스는 `fvMatrix` 클래스의 `friend` 클래스로 선언하였기 때문에 `fvMatrix` 관점에서는 일종의 전역함수처럼 처리되도록 하고 있다. 이런 관계로 인해, `fvMatrix`는 해석방식에는 관여하지 않고 행렬 데이터에만 집중할 수 있는 구조를 유지하고 해석 방식은 `fvSolver`에 일임하는 방식으로 운영된다. `fvSolver`는 내부적으로 `lduMatrix`의 중첩클래스인 `solver` 클래스의 참조를 가지고 있기 때문에 `solver` 클래스의 서브클래스를 자유롭게 선택할 수 있는 구조를 가지게 된다. `solver` 클래스의 selector는 전달인자로 들어온 `lduMatrix` 객체의 종류를 판단하여 대각, 대칭, 비대칭 행렬인 경우에 적합한 `solver` 객체를 생성시킨다.

18.1.4 preconditioners

preconditioning이란 Eq. (18.12)의 해의 수렴속도를 증가시키기 위해 preconditioner $\underline{\underline{\boldsymbol{M}}}$을 계수행렬 $\underline{\underline{\boldsymbol{A}}}$에 적용하여 $\underline{\underline{\boldsymbol{A}}}$의 condition number를 인위적으로 작게 만드는 방법을 말한다. 따라서, preconditioner $\underline{\underline{\boldsymbol{M}}}$은 태생적으로 역행렬을 구하기 쉬워야 하기 때문에 $\underline{\underline{\boldsymbol{M}}}$의 가장 단순하지만 큰 의미는 없는 형태는 $\underline{\underline{\boldsymbol{I}}}$와 $\underline{\underline{\boldsymbol{A}}}$가 됨을 알 수 있다. 일반적으로 preconditioner $\underline{\underline{\boldsymbol{M}}}$은 주어진 계수행렬 $\underline{\underline{\boldsymbol{A}}}$을 다음과 같이 분리하여 얻은다.

$$\underline{\underline{\boldsymbol{A}}} = \underline{\underline{\boldsymbol{M}}} - \underline{\underline{\boldsymbol{N}}} \tag{18.13}$$

preconditioner는 적용하는 위치에 따라 다음과 같이 preconditioning, postconditioning, midconditioning으로 구분할 수 있다.

- preconditioning

$$\underline{\underline{\boldsymbol{M}}}^{-1}\underline{\underline{\boldsymbol{A}}}\underline{\boldsymbol{x}} = \underline{\underline{\boldsymbol{M}}}^{-1}\underline{\boldsymbol{b}} \tag{18.14}$$

- postconditioning

$$\underline{\underline{\boldsymbol{A}}}\underline{\underline{\boldsymbol{M}}}^{-1}\underline{\underline{\boldsymbol{M}}}\underline{\boldsymbol{x}} = \underline{\underline{\boldsymbol{A}}}\underline{\underline{\boldsymbol{M}}}^{-1}\underline{\boldsymbol{y}} = \underline{\boldsymbol{b}} \tag{18.15}$$

- midconditioning

$$\underline{\underline{\boldsymbol{M}}}^{-1}\underline{\underline{\boldsymbol{A}}}\underline{\underline{\boldsymbol{M}}}^{-1}\underline{\underline{\boldsymbol{M}}}\underline{\boldsymbol{x}} = \underline{\underline{\boldsymbol{M}}}^{-1}\underline{\underline{\boldsymbol{A}}}\underline{\underline{\boldsymbol{M}}}^{-1}\underline{\boldsymbol{y}} = \underline{\underline{\boldsymbol{M}}}^{-1}\underline{\boldsymbol{b}} \tag{18.16}$$

OpenFOAM에서 구현된 preconditioner의 목록은 다음과 같다.

- Diagonal preconditioner

$$\underline{\underline{\boldsymbol{M}}} = \underline{\underline{\boldsymbol{D}}} \tag{18.17}$$

- Incomplete factorization
  LU decomposition이나 Cholesky factorization을 sparse matrix에 적용할 경우 원래 계수행렬에서 0이었던 원소가 0이 되지 않는 fill-in들이 나타나 상대적으로 dense matrix가 되는 특징을 가지고 있다. 이는 연산횟수가 많아진다는 것을 의미하기 때문에 preconditioner로 사용하기 위해 fill-in들을 무시하여 다음과 같이 fill-in들을 별도의 행렬 $\underline{\underline{\boldsymbol{R}}}$로 분리시켜 계수행렬을 분해하는 것을 incomplete factorization이라 한다.

$$\underline{\underline{\boldsymbol{A}}} = \underline{\underline{\boldsymbol{M}}} + \underline{\underline{\boldsymbol{R}}} \tag{18.18}$$

  - Incomplete LU preconditioner
    이 방법은 LU decomposition을 이용한 preconditioning 방법이다.

$$\underline{\underline{\boldsymbol{A}}} = \underline{\underline{\boldsymbol{LU}}} + \underline{\underline{\boldsymbol{R}}} \rightarrow \underline{\underline{\boldsymbol{M}}} = \underline{\underline{\boldsymbol{LU}}} \tag{18.19}$$

    $\underline{\underline{\boldsymbol{R}}}$은 incomplete LU decomposition 과정에서 발생한 fill-in 들만을 모아놓은 행렬이다.
  - Incomplete Cholesky preconditioner

이 방법은 cholesky factorization을 이용한 preconditioning 방법이다. preconditioner $\underline{\underline{\boldsymbol{M}}}$이 symmetric positive definite이면 Cholesky factorization을 적용할 수 있다. preconditioner를 적용하면 다음과 같이 표현할 수 있다.

$$\underline{\underline{\boldsymbol{A}}} = \underline{\underline{\boldsymbol{G}\boldsymbol{G}}}^T + \underline{\underline{\boldsymbol{R}}} \rightarrow \underline{\underline{\boldsymbol{M}}} = \underline{\underline{\boldsymbol{G}\boldsymbol{G}}}^T \tag{18.20}$$

$\underline{\underline{\boldsymbol{R}}}$은 Cholesky factorization 과정에서 발생한 fill-in 들만을 모아놓은 행렬이다.

- Splitting method
  계수 행렬 $\underline{\underline{\boldsymbol{A}}}$를 상삼각, 대각행렬 및 하삼각 행렬로 분해하는 방법에 의해 Gauss-Seidel, SOR, Jacobi 등으로 구분한다.

  – Jacobi preconditioner
    Jacobi method의 경우는 $\underline{\underline{\boldsymbol{A}}}$를 $\underline{\underline{\boldsymbol{D}}}$와 $\underline{\underline{\boldsymbol{L}}} + \underline{\underline{\boldsymbol{U}}}$로 분리하여 선형시스템 Eq. (18.12)를 재구성하면 얻은다.

$$\underline{\underline{\boldsymbol{D}}}\underline{\boldsymbol{x}} = \left[\underline{\boldsymbol{b}} - \left(\underline{\underline{\boldsymbol{L}}} + \underline{\underline{\boldsymbol{U}}}\right)\underline{\boldsymbol{x}}\right] \tag{18.21}$$

행렬 성분으로 표시하면 다음과 같다.

$$\begin{aligned} \underline{\boldsymbol{x}}^{k+1} &= \underline{\underline{\boldsymbol{D}}}^{-1}\left[\underline{\boldsymbol{b}} - \underline{\underline{\boldsymbol{U}}}\underline{\boldsymbol{x}}^k - \underline{\underline{\boldsymbol{L}}}\right]\underline{\boldsymbol{x}}^k \\ &\text{or} \\ x_i^{k+1} &= \frac{1}{D_i}\left[b_i - \sum_{j=i+1}^{n} U_{ij}x_j^k - \sum_{j=1}^{i-1} L_{ij}x_j^k\right] \end{aligned} \tag{18.22}$$

Jacobi preconditioner는 대각행렬만으로 구성된 행렬 $\underline{\underline{\boldsymbol{D}}}$을 preconditioner matrix $\underline{\underline{\boldsymbol{M}}}$으로 정의한다.

  – GaussSeidel preconditioner
    Gauss-Seidel은 행렬 $\underline{\underline{\boldsymbol{A}}}$를 $\underline{\underline{\boldsymbol{L}}} + \underline{\underline{\boldsymbol{D}}}$와 $\underline{\underline{\boldsymbol{U}}}$로 나눠 생각할 경우 Eq. (18.12)로 표현된 선형시스템은 다음과 같이 표현할 수 있다.

$$\left(\underline{\underline{\boldsymbol{L}}} + \underline{\underline{\boldsymbol{D}}}\right)\underline{\boldsymbol{x}} = \underline{\boldsymbol{b}} - \underline{\underline{\boldsymbol{U}}}\underline{\boldsymbol{x}} \tag{18.23}$$

위 식을 iterative 형태로 표현하면 다음과 같다.

$$\begin{aligned} \underline{\boldsymbol{x}}^{k+1} &= \underline{\underline{\boldsymbol{D}}}^{-1}\left(\underline{\boldsymbol{b}} - \underline{\underline{\boldsymbol{U}}}\underline{\boldsymbol{x}}^k - \underline{\underline{\boldsymbol{L}}}\underline{\boldsymbol{x}}^{k+1}\right) \\ &\text{or} \\ x_i^{k+1} &= \frac{1}{D_i}\left[b_i - \sum_{j=i+1}^{n} U_{ij}x_j^k - \sum_{j=1}^{i-1} L_{ij}x_j^{k+1}\right] \end{aligned} \tag{18.24}$$

SOR (Successive over-relaxation) method는 Gauss-Seidel method에 relaxation 기법을 적용한 것이다. 먼저 relaxation factor ω를 Eq. (18.12) 좌우에 곱한 뒤 Gauss-Seidel method를 표현하면 Eq. (18.25)와 같다.

$$\left(\omega \underline{\underline{\boldsymbol{L}}} + \underline{\underline{\boldsymbol{D}}}\right) \underline{\boldsymbol{x}} = \omega \underline{\boldsymbol{b}} - \left[\omega \underline{\underline{\boldsymbol{U}}} + (\omega - 1) \underline{\underline{\boldsymbol{D}}}\right] \underline{\boldsymbol{x}} \tag{18.25}$$

Eq. (18.25)를 행렬 성분으로 표시하면 Eq. (18.26)과 같이 표현할 수 있다.

$$\begin{aligned} \underline{\boldsymbol{x}}^{k+1} &= (1-\omega)\, \underline{\boldsymbol{x}}^k + \omega \underline{\underline{\boldsymbol{D}}}^{-1} \left[\underline{\boldsymbol{b}} - \underline{\underline{\boldsymbol{U}}}\underline{\boldsymbol{x}}^k - \underline{\underline{\boldsymbol{L}}}\underline{\boldsymbol{x}}^{k+1}\right] \\ &\text{or} \\ x_i^{k+1} &= (1-\omega)\, x_i^k + \frac{\omega}{D_i} \left[b_i - \sum_{j=i+1}^{n} U_{ij} x_j^k - \sum_{j=1}^{i-1} L_{ij} x_j^{k+1}\right] \end{aligned} \tag{18.26}$$

Gauss-Seidel preconditioner는 Eq. (18.23)에서 설명된 Gauss-Seidel의 기법을 차용하여 preconditioner matrix를 대각성분을 포함한 하삼각행렬로 정의하여 사용한다.

$$\underline{\underline{\boldsymbol{M}}} = \underline{\underline{\boldsymbol{D}}} + \underline{\underline{\boldsymbol{L}}} \tag{18.27}$$

하지만 위 preconditioner는 대칭행렬이 아니어서 CG solver에는 적용할 수 없는 단점을 가지기 때문에 Eq. (18.28)과 같은 대칭행렬을 대신 사용한다.

$$\underline{\underline{\boldsymbol{M}}} = \left(\underline{\underline{\boldsymbol{D}}} + \underline{\underline{\boldsymbol{L}}}\right) \underline{\underline{\boldsymbol{D}}}^{-1} \left(\underline{\underline{\boldsymbol{D}}} + \underline{\underline{\boldsymbol{L}}}\right)^T \tag{18.28}$$

참고로, $\underline{\underline{\boldsymbol{L}}}^T = \underline{\underline{\boldsymbol{U}}}$인 경우 symmetric successive over-relaxation (SSOR)이라 한다.

18.1.5 smoothers

OpenFOAM에서는 행렬 solver들 중 Jacobi, Gauss-Seidel, Incomplete LU (ILU) decomposition 같은 Sparse Linear Solver를 smoother라는 이름으로 부르고 있다. 이들 smoother는 선형 시스템을 계산하는데 사용하지 않고 잔차에서 발생하는 수치적으로 불안정한 값들을 제거하는 용도로 사용한다.

- Trivial Method for Diagonal Matrix
  행렬 $\underline{\underline{\boldsymbol{A}}}$가 대각성분만으로 표현된다고 하면 $\underline{\underline{\boldsymbol{A}}} = \underline{\underline{\boldsymbol{D}}}$로 표현할 수 있으므로 Eq. (18.12)로 표현된 선형시스템은 Eq. (18.29)와 같이 해를 구할 수 있다.

$$\underline{\boldsymbol{x}} = \underline{\underline{\boldsymbol{D}}}^{-1} \underline{\boldsymbol{b}} \tag{18.29}$$

이 관계는 diagonalSolver에서 Listing 18.3과 같이 구현되어 있다.

Listing 18.3: diagonalSolver

```
psi = source/matrix_.diag();
```

- Incomplete LU Method

  k 번째 반복으로 얻은 해를 $\underline{x}^k$ 라 하면 Eq. (18.30)과 같이 표현할 수 있다.

$$\underline{\underline{A}}\underline{x}^k = \underline{b}^k \tag{18.30}$$

해석해 $\underline{x}$와 근사해 $\underline{x}^k$ 의 차, residual을 계산하면 Eq. (18.31)과 같다.

$$\underline{b} - \underline{b}^k = \underline{\underline{A}}\underline{r}^k = \underline{\underline{A}}\left(\underline{x} - \underline{x}^k\right) = \left(\underline{\underline{D}} + \underline{\underline{L}} + \underline{\underline{U}}\right)\left(\underline{x} - \underline{x}^k\right) \tag{18.31}$$

대각성분이 지배적이라고 가정하면 Eq. (18.31)의 우변은 $\left(\underline{\underline{D}} + \underline{\underline{L}} + \underline{\underline{U}}\right)\left(\underline{x} - \underline{x}^k\right) \approx \underline{\underline{D}}\left(\underline{x} - \underline{x}^k\right)$로 근사시킬 수 있기 때문에 Eq. (18.32)와 같은 관계를 얻을 수 있다.

$$\underline{\underline{D}}\left(\underline{x} - \underline{x}^k\right) \approx \left(\underline{b} - \underline{b}^k\right) \tag{18.32}$$

Eq. (18.32)를 Eq. (18.31)의 좌변에 대입하고 해석해 $\underline{x}$에 대해서 정리하면 Eq. (18.33)과 같은 관계를 얻을 수 있다.

$$\begin{aligned}\underline{x} \approx& \underline{x}^k - \left(\underline{\underline{D}}^{-1}\underline{\underline{L}} + \underline{\underline{D}}^{-1}\underline{\underline{U}}\right)\underline{\underline{D}}^{-1}\left(\underline{b} - \underline{b}^k\right) + \underline{\underline{D}}^{-1}\left(\underline{b} - \underline{b}^k\right)\\ =& \underline{x}^k - \left(\underline{\underline{D}}^{-1}\underline{\underline{L}} + \underline{\underline{D}}^{-1}\underline{\underline{U}}\right)\underline{\underline{D}}^{-1}\underline{\underline{A}}\underline{r}^k + \underline{\underline{D}}^{-1}\underline{\underline{A}}\underline{r}^k\end{aligned} \tag{18.33}$$

DILUSmoother는 Eq. (18.33)을 구현하는 자료구조이다.

- GaussSeidelSmoother

  GaussSeidelSmoother는 Listing 18.4에서 보는 것처럼 Eq. (18.24)을 구현하고 있다.

Listing 18.4: GaussSeidelSmoother

```
for (label sweep=0; sweep<nSweeps; sweep++)
{
  bPrime = source;
  scalar psii;
  label fStart;
  label fEnd = ownStartPtr[0];

  for (label celli=0; celli<nCells; celli++)
  {
```

```
10          // Start and end of this row
11          fStart = fEnd;
12          fEnd = ownStartPtr[celli + 1];
13
14          // Get the accumulated neighbour side
15          psii = bPrimePtr[celli];
16
17          // Accumulate the owner product side
18          for (label facei=fStart; facei<fEnd; facei++)
19          {
20            psii -= upperPtr[facei]*psiPtr[uPtr[facei]];
21          }
22
23          // Finish psi for this cell
24          psii /= diagPtr[celli];
25
26          // Distribute the neighbour side using psi for this cell
27          for (label facei=fStart; facei<fEnd; facei++)
28          {
29            bPrimePtr[uPtr[facei]] -= lowerPtr[facei]*psii;
30          }
31
32          psiPtr[celli] = psii;
33        }
34      }
```

11 – 12번 줄은 현재 cell을 이루는 face 개수를 계산하는 용도로 사용하고 있다. cell face가 upper triangle face ordering을 따르고 있다고 가정하면, cell face id는 연속적이어야 하고 12번 줄은 다음 cell의 owner face 즉, 가장 작은 face id를 반환하므로 결과적으로 fEnd는 현재 cell face id의 상한을 의미하여 fStart ≤ facei < fEnd를 의미하게 된다. 이는 `DILU` 구현에서처럼 의미 없이 전체 face를 순회할 필요없이 현재 cell을 구성하는 face만을 고려할 수 있으므로 작게나마 계산성능상의 이득을 취할 수 있다. 이는 격자가 upper triangle face ordering을 따르고 있다는 가정에서 성립하기 때문에 Pointwise 등의 격자 생성 도구에서 face ordering을 제대로 반영하지 못하면 의도하지 않은 계산결과가 나올 수 있다.

18.2 행렬 solver의 성능과 bandwidth

matrix에서 bandwidth란 한 행에서 대각성분과 non-zero 성분 사이의 거리 혹은 인덱스 차이의 최대값을 의미한다.

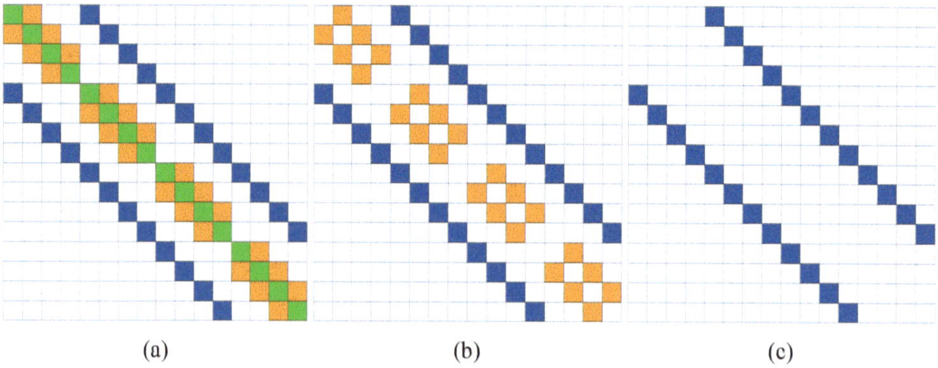

Fig 18.5: banded matrix

$$\text{bandwidth} = \max\left(|i-j|\right)$$

bandwidth는 dense matrix에서는 큰 의미가 없고 sparse matrix 특히 banded matrix에 대한 행렬 solver를 구성할 때 중요한 인자가 될 수 있다. 행렬 solver 중 LD decomposition에 의존하는 solver의 경우, LU decomposition을 sparse matrix에 적용하게 되면 원래 matrix에서는 0이었던 성분이 LU decomposition을 거쳐 나타나는 상삼각 또는 하삼각행렬에서는 non-zero 값이 나타나게 된다. 이 현상은 LU decomposition은 Gauss elimination 통해 얻어지기 때문으로 기존에 없던 non-zero 성분을 fill-in이라고 한다. 예를 들어 2차원 Laplacian을 이산화하여 3x3 격자에 적용하면 bandwidth가 3인 sparce matrix를 얻을 수 있다.

$$\underline{\underline{\boldsymbol{A}}} = \begin{bmatrix} -4 & 1 & 0 & 1 & 0 & 0 & 0 & 0 & 0 \\ 1 & -4 & 1 & 0 & 1 & 0 & 0 & 0 & 0 \\ 0 & 1 & -4 & 1 & 0 & 1 & 0 & 0 & 0 \\ 1 & 0 & 1 & -4 & 1 & 0 & 1 & 0 & 0 \\ 0 & 1 & 0 & 1 & -4 & 1 & 0 & 1 & 0 \\ 0 & 0 & 1 & 0 & 1 & -4 & 1 & 0 & 1 \\ 0 & 0 & 0 & 1 & 0 & 1 & -4 & 1 & 0 \\ 0 & 0 & 0 & 0 & 1 & 0 & 1 & -4 & 1 \\ 0 & 0 & 0 & 0 & 0 & 1 & 0 & 1 & -4 \end{bmatrix}$$

이 행렬에 LU decomposition을 수행하면 다음과 같이 상삼각과 하삼각성분을 얻을 수 있고 $\underline{\underline{\boldsymbol{A}}}$에서는 0이었던 원소가 non-zero가 되어 fill-in이 나타나는 것을 확인할 수 있다.

$$\underline{\underline{L}} = \begin{bmatrix} 1. & 0. & 0. & 0. & 0. & 0. & 0. & 0. & 0. \\ -0.25 & 1. & 0. & 0. & 0. & 0. & 0. & 0. & 0. \\ -0. & -0.27 & 1. & 0. & 0. & 0. & 0. & 0. & 0. \\ -0.25 & -0.07 & -0.29 & 1. & 0. & 0. & 0. & 0. & 0. \\ -0. & -0.27 & -0.07 & -0.33 & 1. & 0. & 0. & 0. & 0. \\ -0. & -0. & -0.27 & -0.08 & -0.35 & 1. & 0. & 0. & 0. \\ -0. & -0. & -0. & -0.29 & -0.1 & -0.36 & 1. & 0. & 0. \\ -0. & -0. & -0. & -0. & -0.3 & -0.11 & -0.38 & 1. & 0. \\ -0. & -0. & -0. & -0. & -0. & -0.30 & -0.11 & -0.39 & 1. \end{bmatrix}$$

$$\underline{\underline{U}} = \begin{bmatrix} -4. & 1. & 0. & 1. & 0. & 0. & 0. & 0. & 0. \\ 0. & -3.75 & 1. & 0.25 & 1. & 0. & 0. & 0. & 0. \\ 0. & 0. & -3.73 & 1.07 & 0.27 & 1. & 0. & 0. & 0. \\ 0. & 0. & 0. & -3.43 & 1.14 & 0.29 & 1. & 0. & 0. \\ 0. & 0. & 0. & 0. & -3.33 & 1.167 & 0.33 & 1. & 0. \\ 0. & 0. & 0. & 0. & 0. & -3.3 & 1.2 & 0.35 & 1. \\ 0. & 0. & 0. & 0. & 0. & 0. & -3.24 & 1.23 & 0.36 \\ 0. & 0. & 0. & 0. & 0. & 0. & 0. & -3.20 & 1.24 \\ 0. & 0. & 0. & 0. & 0. & 0. & 0. & 0. & -3.17 \end{bmatrix}$$

fill-in이 많다는 것은 그만큼 연산수가 많아지고 저장공간이 늘어난다는 것을 의미하기 때문에 sparse matrix에서 fill-in은 적을수록 유리하다. Fig. 18.5에서 나타낸 3개의 banded matrix는 모두 동일한 bandwidth를 가지고 있다. fill-in을 줄이려면 bandwidth를 줄여야 하는데 가장 이상적인 형태는 대각성분에 비대각성분이 가능한 한 모여있는 형태가 된다. bandwidth minimization은 graph theory를 통해 개선하는 방법이 많이 사용되고 있다. adjacency matrix는 각 행에서 대각성분과 비대각성분이 서로 이웃한 cell이면 1 아니면 0으로 표시하여 얻어지는 행렬로 $A_{ij} = A_{ji}$가 되어 대칭행렬임을 알 수 있다. 또 행렬 요소의 값이 0 또는 1로만 나타나기 때문에 Boolean matrix라고도 한다. adjacency matrix의 bandwidth는 실제 계수 행렬의 bandwidth와 같다. adjacency matrix의 bandwidth를 줄이는 방법은 cell reordering과 관계 있다. 예를 들어 인접 cell 간의 id 차이가 1이면 Tridiagonal matrix가 될 것이다. bandwidth minimization과 관련하여 Cuthill-Mckee[7] 알고리즘이 많이 사용되는데 graph theory에서 폭 우선 탐색법과 유사한 점이 많다. Cuthill-Mckee와 비슷한 결과를 주면서 계산속도 면에서 좀더 우위에 있는 GPS[12] 또는 JCL[17] 알고리즘도 잘 알려져 있다. `renumberMesh`는 비정렬격자에서 adjacency matrix 혹은 connectivity graph를 얻어내 Cuthill-Mckee 알고리즘을 적용하여 cell id를 재정렬하여 coefficient matrix의 bandwidth를 최소화시키는 도구이다[1].

[1] bandCompression 클래스에서 담당한다.

18.3 fvOption

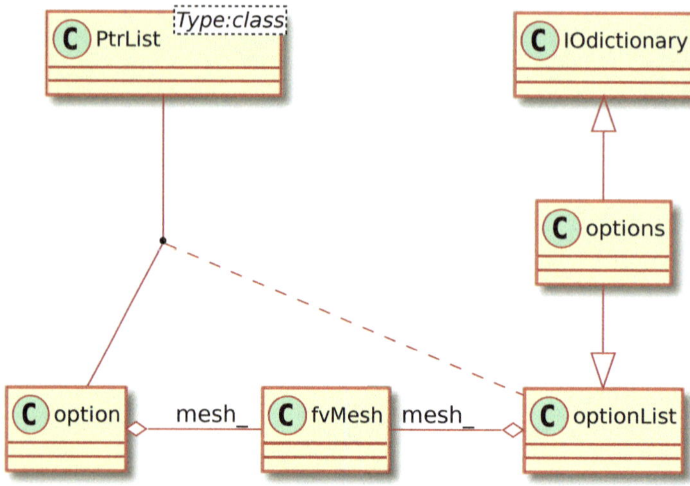

Fig 18.6: fvOption 계층 구조

Eq. 23.1에 나타낸 것과 같이 일반적으로 지배방정식은 문제에 따라 소스항이 추가될 수도 있다. 추가된 소스항은 선형시스템 $\underline{\boldsymbol{A}}\psi = \underline{\boldsymbol{b}}$의 우변 또는 좌변의 대각성분에만 영향을 준다. 소스항은 사용자의 선택에 의해 적용할 수도 안할 수도 있는 항이기 때문에, 기존에 작성된 코드를 재작성하지 않으면서 소스항을 지원할 수 있는 방법을 모색하게 된다. 이런 관점에서 제공되는 자료구조가 `options` 클래스이다. `options` 클래스는 `IOdictionary`의 서브클래스이기 때문에 `objectRegistry`에 저장된 자원들에 손쉽게 접근할 수 있게 된다. 소스항은 한개 이상이 있을 수 있기 때문에 `options` 클래스는 `PtrList` 템플릿을 `option`로 확장한 서브클래스이기도 하다.

한편, `options`는 `operator()`를 연산자 오버로딩한 Functor이기 때문에 사용할 때는 함수형태로 호출된다.

Listing 18.5: simpleFoam의 UEqn.H 예

```
tmp<fvVectorMatrix> tUEqn
(
    fvm::div(phi, U)
  + MRF.DDt(U)
  + turbulence->divDevSigma(U)
  ==
    fvOptions(U)
)
```

Listing 18.5의 7번 줄이 `options`를 Functor 형태로 호출한 형태이다. 참고로 `fvOptions`는 `src/finiteVolume/cfdTools/general/include/createFvOptions.H`에서 미리 만들어 놓은 객체로 보통 소스항을 지원하는 경우 `createFields.H`에 선언하여 사용하고 있다.

Listing 18.6: createFvOptions.H

```
fv::options& fvOptions(fv::options::New(mesh));

if (!fvOptions.optionList::size())
{
    Info << "No finite volume options present" << endl;
}
```

`fvOptions`을 Functor 형태로 호출하게 되면 Fig. 18.7에 도시한 것처럼 멤버함수 `source`가 호출된다[2]. `fvOptions` 객체는 `PtrList`의 서브클래스이기 때문에 각각의 `option` 객체에 대해서 순서대로 `applyToField`를 통해 필드에 대한 인덱스를 얻어 `setApplied` 멤버함수를 실행하고 최종적으로 `addSup` 멤버함수를 실행하여 전달인자 `eqn`으로 주어진 `fvMatrix` 객체의 소스항 또는 계수행렬의 대각항에 값을 반영하는 구조이다.

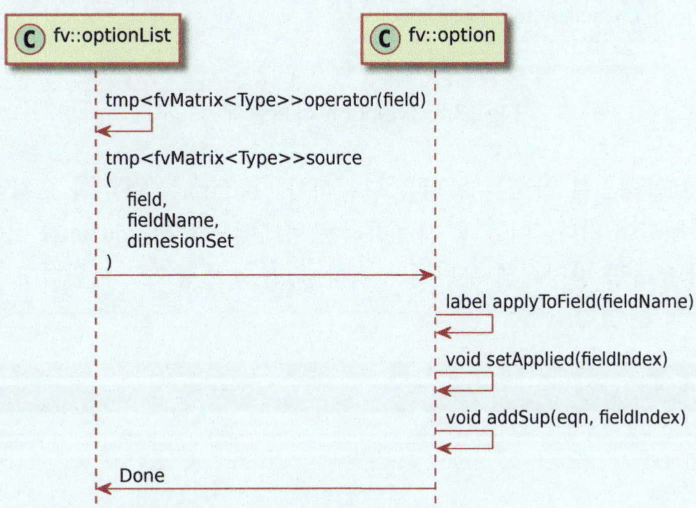

Fig 18.7: simpleFoam의 fvOption 처리 흐름

멤버함수 `source`내에서 순서대로 탐색하는 `option` 객체는 Fig. 18.8처럼 크게 3개의 서브클래스들로 구성된다. 이들 서브클래스을 용도별로 구분하면 `option`은 가장 기본적인 형태의 소스항을 구현하며 보통 특정 필드전체에 반영하는 형태일 때 활용할 수 있다. `cellSetOption`은

[2]Functor의 전달인자가 field 한 개인 경우에만 멤버함수 `source`가 호출되고 복수인 경우에는 `source`를 거치지 않고 다른 오버로딩된 `operator()` 함수가 실행된다.

cellSet으로 한정된 영역에만 선택적으로 소스항을 적용해야할 경우 활용할 수 있다. `option` 클래스에 추가로 `selectionMode`가 추가되어 있어 `points`, `cellSet`, `cellZone`, `all`중에서 선택할 수 있다.마지막으로 `interRegionOption`은 multi-region을 다뤄야 하는 경우 활용할 수 있다.

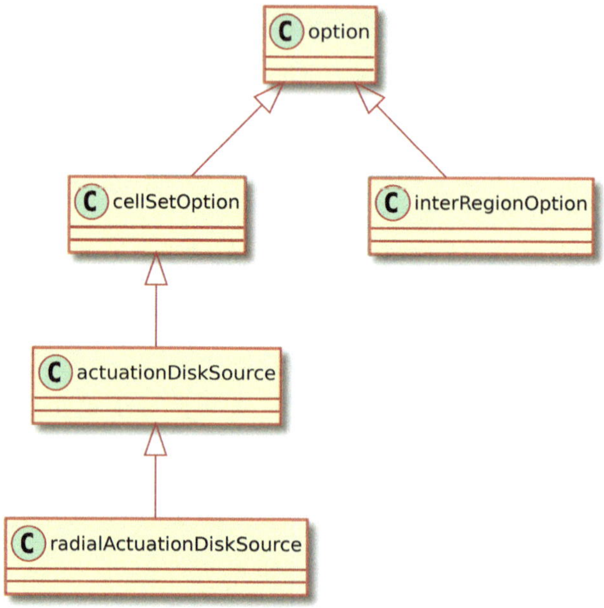

Fig 18.8: fvOption 서브클래스

`option`의 서브클래스를 만드는 방법은 단순하다. `option`는 다수의 오버로딩된 addSup 멤버함수들로 구성되어 있다. 이들 중 사용하려는 형태에 적합한 addSup를 오버라이딩 하면 된다. 예를 들어 운동량 방정식의 우변에 부력항 $\rho\boldsymbol{g}$을 소스항으로 지원하고 싶다면 Listing 18.7과 같이 작성할 수 있다.

Listing 18.7: 부력항 지원 코드

```
void addSup
(
fvMatrix<vector>& eqn,
const label fieldi
)
{
    const uniformDimensionedVectorField& g =
        mesh_.lookupObject<uniformDimensionedVectorField>("g");
    eqn += g;
}
```

```
void addSup
(
const volScalarField& rho,
fvMatrix<vector>& eqn,
const label fieldi
)
{
    const uniformDimensionedVectorField& g =
        mesh_.lookupObject<uniformDimensionedVectorField>("g");
    eqn += rho*g;
}
```

> **INFO**
> addSup는 implicit, explicit 소스를 의미하기 때문에 필요하다면 함수 내에서 fvm::Sp DSL을 사용해서 계수함수의 대각항에 반영되도록 할 수도 있다.

option의 설정은 fvOptions 파일에 작성된 내용을 기준으로 하며 적용대상은 option의 멤버변수 fieldNames_를 이용해 제어할 수 있다. fieldNames_ 멤버변수를 사용하는 방법은 정의되어 있지 않기 때문에 전적으로 사용자 임의로 활용할 수 있다. 예를 들어 buoyancyForce의 생성자는 Listing 18.8과 같이 정의하여 사용하고 있다.

Listing 18.8: buoyancyForce의 생성자

```
coeffs_.lookup("fields") >> fieldNames_;
applied_.setSize(fieldNames_.size(), false);
```

18.4 연습문제

Exercise 1

(a) fvMatrix는 face id기반으로 탐색하도록 되어 있다. 이를 (row, column) 형태로 조회할 수 있는 코드를 작성해보도록 한다.

(b) fvMatrix에 대해 Gauss elimination 알고리즘을 작성해보도록 한다.

(c) 행렬의 수치적 안정성은 condition number를 통해 간접적으로 알 수 있다. fvMatrix의 condition number를 계산하는 코드를 작성해 보도록 한다.

Exercise 2

sparse matrix는 LU decomposition을 할 경우 fill-in이 생겨 오히려 계산 성능이 저하되는 경우가 발생할 수 도 있다. fill-in을 최소화하기 위해 sparse matrix의 bandwidth를 최소화시키는 알고리즘을 구현해보도록 한다.

(a) inverse Cuthill-Mckee 알고리즘을 구현해보도록 한다.
(b) GPS 알고리즘을 구현해 보도록 한다.
(c) JCL 알고리즘을 구현해 보도록 한다.

Exercise 3

EOM (Euler Overlay Method)[2]는 파 생성을 보다 정교하게 만들고 반사파를 억제하기 위해 포텐셜로 구한 해석해와 CFD해를 적절히 섞는 방법에 해당한다. EOM은 지배방정식에 다음과 같은 소스항을 추가해서 구현한다.

$$S = w\rho(f_p - f_{\text{CFD}})/\Delta T$$

위 식에서 w는 weight 필드이고 ΔT는 운동량 방정식의 차원을 맞추기위한 일종의 계수에 해당한다. 운동량 방정식에 적용한다고 가정하면 f는 속도장 $\underline{\boldsymbol{U}}$에 해당한다. 심해에서의 Airy wave를 가정하면 포텐셜로 얻어지는 파 입자의 속도장은 다음과 같이 결정된다.

$$\frac{\partial \Phi}{\partial x} = u_x(x, z, t) = \omega a e^{kz} \cos(kx - \omega t + \phi)$$
$$\frac{\partial \Phi}{\partial z} = u_z(x, z, t) = \omega a e^{kz} \sin(kx - \omega t + \phi)$$

(a) `option`의 서브클래스 형태로 EOM 클래스를 작성하도록 한다.
(b) 생성자에서 `fieldNames_`가 속도장 `U`에 대해서 동작하도록 초기화시키는 구문을 추가하도록 한다.
(c) 적당한 `addSup` 멤버함수를 오버라이딩해서 $S = w\rho(\underline{\boldsymbol{U}}_p - \underline{\boldsymbol{U}}_{\text{CFD}})/\Delta T$를 계산하도록 한다. 편의상 w와 ΔT 값은 1로 하도록 한다.

Exercise 4

RANS 시뮬레이션으로 파 생성을 하게 되면 일반적으로 자유수면에서 난류 점성 강도가 커져 파 에너지가 소산되는 문제를 가지고 있다. 최근에 $k-\omega$ 계열 모델에 부력항을 추가하여 자유수면 경계에서의 난류 점성 강도를 효과적으로 감소시킬 수 있는 방법이 발표되었다[9]. 부력항은 다음과 같이 정의된다.

$$G_b = -\frac{\nu_t}{\sigma_T}\left(\underline{\boldsymbol{g}} \bullet \nabla\rho\right)$$

(a) option의 서브클래스 형태로 buoyancyTKE 클래스를 작성하도록 한다.

(b) interFoam은 constant/g에 정의된 중력장을 uniformDimensionedVectorField로 읽어 objectRegistry 저장소에 g라는 이름으로 저장한다. 저장소에 저장된 g를 찾아 uniformDimensionedVectorField 변수에 저장하는 구문을 적당한 appSup 멤버함수에 추가하도록 한다.

> **HINT**
> appSup는 비압축성, 압축성, two-phase를 처리할 수 있게 매개변수 리스트의 종류별로 오버로딩 되어 있다.

(c) 난류 점성 ν_t 필드는 volScalarField 형태로 저장소에 저장되어 있다. 이를 volScalarField 변수에 저장하는 구문을 appSup 멤버함수에 추가하도록 한다.

(d) $\nu_t = \frac{k}{\omega}$ 이기 때문에 G_b는 implicit 소스 형태로 취급하도록 한다. fvm::Sp DSL을 사용해서 G_b를 반영하는 구문을 appSup 멤버함수에 추가하도록 한다. Prandtl number $\sigma_T = 0.85$를 사용한다.

19

수치해법

수치해법(scheme)이란 지배방정식에서 나타나는 다양한 항들을 차분하고 이산화하는 방법을 의미하며 크게 3가지로 나눌 수 있다.

- surface interpolation operator
- differential operator
- discretization operator

FVM은 cell face에서의 flux를 계산하기 위해 cell center에서 정의된 필드 값으로부터 cell face 값을 추정하는데 interpolation을 사용한다. surface interpolation operator는 cell face에서의 필드 값을 추정하기 위한 연산자이다. differential operator는 필드 값을 다른 필드 값, 예를 들어 필드의 gradient로 계산해주는 explicit 연산자를 의미하며 이들은 모두 `fvc::`(finite volume calculus) 이름공간에 정의된다. `fvc::` 이름공간에 정의된 연산자를 사용한 결과는 행렬식에서 우변, 즉 소스항에 추가된다. discretization operator는 필드의 이산화를 담당하는 implicit 연산자를 의미하며 이들은 모두 `fvm::`(finite volume method) 이름공간에 정의된다. `fvm::` 이름공간에 정의된 연산자를 사용한 결과는 행렬식에서 좌변, 즉 계수행렬에 추가된다.

이들 수치해법은 적용대상에 따라 크게 2가지로 나눌 수 있다.

- temporal scheme
- spatial scheme
    - divergence
    - laplacian
    - gradient

temporal scheme은 시간 미분항에 대한 수치해법이고 spatial scheme은 공간 미분항에 대한 수치해법이다. spatial scheme은 다시 divergence, laplacian 그리고 gradient 형태로 나타난다. OpenFOAM은 지배방정식에서 나타나는 각 항에 적용할 temporal, spatial scheme들은 `fvSchemes` 자료구조를 통해 관리한다. 이때 `fvc::`와 `fvm::` 같은 이름공간은 다음과 같이 지배방정식을 이산화하는 코드에서 사용된다.

Listing 19.1: 운동량 방정식 이산화 예

```
fvVectorMatrix UEqn
(
    fvm::ddt(U)
  + fvm::div(phi, U)
  - fvm::laplacian(nu, U)
  == -fvc::grad(p)
);
```

19.1 fvSchemes

`fvSchemes` 클래스는 생성자에서 생성자 초기화 리스트를 실행한 후 멤버함수 `read`를 호출하여 `system/fvSchemes`를 읽어 다음과 같은 subDict들을 메모리에 생성한다.

- ddtSchemes
- d2dt2Schemes
- interpolationSchemes
- divSchemes
- gradSchemes
- snGradSchemes
- laplacianSchemes
- fluxRequired

이 과정에서 각각의 subDict들의 default 엔트리가 정의되어있고 그 값이 none으로 설정되어 있는 경우에는 각 항들에 대한 scheme을 명시적으로 정의해야 하기 때문에, 사용자는 Listing 19.2와 같이 `system/fvSchemes`의 각 subDict에 각 항에 적용할 scheme들을 직접 기술해야 한다.

Listing 19.2: div scheme 예

```
default upwind;
div(phi,U) bounded Gauss linearUpwind limited;
```

19.1.1 Scheme chaining

numerical scheme은 다양한 형태가 존재할 수 있기 때문에 OpenFOAM에서 가장 표현방법이 복잡한 형태를 가지고 있다. convection scheme을 예로 들면, convection term은 발산정리를 기반하고 있고 이 경우 피연산자들은 cell face에서 평가되어야 하기 때문에 다양한 종류의 surface interpolation scheme들과 연결되어야 한다. 즉, 하나의 객체 내에서 새로운 객체를 생성하고 그 객체가 새로운 객체를 생성하는 형태의 chaining이 발생하게 된다. 앞서 예로 들은 div scheme의 경우 Listing 19.3과 같이 subDict형태를 사용하여 chaining을 표현할 수 있을 것이다.

Listing 19.3: div scheme 기술 방법

```
div(phi,U)
{
  baseType bounded;

  boundedCoeffs
  {
    baseType Gauss;

    GaussCoeffs
    {
      type linearUpwind

      linearUpwindCoeffs
      {
        type limited;
      }
    }
  }
}
```

실제로 이와 유사한 형태로 구현이 가능하게 만들 수 있으나 scheme 기술이 불필요하게 장황해지는 단점을 가지고 있다. OpenFOAM에서 제공하는 자료구조 중 `ITstream`은 문자열을 공백으로 구분된 단어들의 집합으로 취급하여 처리하기 때문에, 이를 활용하여 Listing 19.4처럼 RTS의 typeName과 객체의 생성자에 전달할 인자들을 순서대로 기술하는 것만으로 scheme을 기술하도록 만들 수 있다.

Listing 19.4: 개선된 div scheme 기술 방법

```
div(phi,U) bounded Gauss linearUpwind limited;
```

19.2 ddtScheme

운동방정식을 Eq. (19.1)과 같이 기술할 수 있다.

$$\begin{aligned}\frac{\partial}{\partial t}\int_\Omega \rho\psi dV &= -\int_\Omega \nabla\bullet(\rho\underline{\boldsymbol{U}}\psi)\,dV + \int_\Omega \nabla\bullet(\Gamma\nabla\psi)\,dV + \int_\Omega S_\psi(\psi)\,dV \\ &= -F^c + F^d + \int_\Omega S_\psi(\psi)\,dV\end{aligned} \tag{19.1}$$

이를 이산화하여 정리하면 Eq. (19.2)와 같이 semi-discrete 형태의 식으로 표현할 수 있다.

$$\frac{\partial}{\partial t}\int_\Omega \rho\psi dV = -F^c + F^d + S_I\Omega\psi_P + S_E\Omega \tag{19.2}$$

ddt scheme은 Eq. (19.2)의 좌변에 대한 처리를 담당하며 Euler, backward 그리고 Crank-Nicolson scheme을 지원하고 있다. backward scheme은 두 개의 과거 값을 사용하기 때문에 각각 `ddt0`, `ddt00` 변수를 두어 보다 먼 과거 정보에까지 접근할 수 있도록 하고 있다.

19.2.1 Euler

Euler scheme은 현재 시간에서의 필드 값 예측을 이전 시간에서의 필드 값을 이용하여 계산한다. 따라서, 1차 미분을 Eq. (19.3)과 같이 현재 값과 이전 값 즉, 2 points로 근사하는 관계를 생각한다.

$$f'(t_i) = af(t_i) + bf(t_{i-1}) \tag{19.3}$$

$f(t)$의 t_i 근방에서의 근사값 $f(t_{i-1}) = f(t_i - \Delta t)$를 Taylor expansion를 이용하여 구하면 Eq. (19.4)와 같다.

$$f(t_{i-i}) = f(t_i) - f'(t_i)h + O(\Delta t^2) \tag{19.4}$$

Eq. (19.4)를 이용하여 Eq. (19.3)에 적용하면 Eq. (19.5)와 같은 관계를 얻을 수 있다.

$$f'(t_i) \approx (a+b)\,f(t_i) - bhf'(t_i) + O(\Delta t) \tag{19.5}$$

각 항들의 계수들을 구하면 Eq. (19.6)과 같은 값을 가져야한다.

$$a = \frac{1}{\Delta t}, b = -\frac{1}{\Delta t} \tag{19.6}$$

따라서 Euler scheme으로 구현되는 시간 미분항은 Eq. (19.7)과 같은 형태를 가져야 한다.

$$f'(t_i) = \frac{1}{\Delta t}\{f(t_i) - f(t_{i-1})\} \tag{19.7}$$

운동방정식의 우변항을 현재시간에서의 예측 값을 사용할 경우 Implicit Euler(fvmDdt)가 되고 이전 시간에서의 필드 값을 사용할 경우 Explicit Euler(fvcDdt)가 된다. 매 time step마다 cell volume 변화도 고려할 경우 좌변의 시간 미분항은 Eq. (19.8)과 같이 이산화가 된다.

$$\frac{\partial}{\partial t}\int_{\Omega}\rho\psi dV \approx \frac{\rho_p^n\psi_p^n\Omega_p^n - \rho_p^o\psi_p^o\Omega_p^o}{\Delta t} \tag{19.8}$$

만일 dynamic mesh가 아닌 static mesh를 고려한다면 Eq. (19.9)와 같이 표현된다.

$$\frac{\partial}{\partial t}\int_{\Omega}\rho\psi dV \approx \frac{\rho_p^n\psi_p^n - \rho_p^o\psi_p^o}{\Delta t}\Omega_p \tag{19.9}$$

19.2.2 backward scheme

backward scheme은 현재 시간에서의 필드 값 예측을 두 개의 과거 시간에서의 필드 값을 이용하여 계산한다. 따라서, 1차 미분을 Eq. (19.10)과 같이 3 point로 근사하는 관계를 생각한다.

$$f'(t_i) = af(t_i) + bf(t_{i-1}) + cf(t_{i-2}) \tag{19.10}$$

$f(t)$ 의 t_i 근방에서의 근사값 $f(t_{i-1}) = f(t_i - \Delta t)$ 를 Taylor expansion를 이용하여 구하면 Eq. (19.11)과 같다.

$$f(t_{i-1}) = f(t_i) - f'(t_i)\Delta t + f''(t_i)\Delta t^2 + O(\Delta t^3) \tag{19.11}$$

Eq. (19.11)를 이용하여 Eq. (19.10)에 적용하면 Eq. (19.12)와 같은 관계를 얻을 수 있다.

$$f'(t_i) \approx (a+b+c)\,f(t_i) - (b\Delta t_1 + c\Delta t_2)f'(t_i) + 2(b\Delta t_1^2 + c\Delta t_2^2)f''(t_i) + O(\Delta t) \tag{19.12}$$

각 항들의 계수들을 구하면 Eq. (19.13)과 같은 값을 가져야한다.

$$\begin{aligned} a =& \frac{1}{\Delta t_1}\left(\frac{\Delta t_2 + \Delta t_1}{\Delta t_2}\right) \\ b =& -\frac{1}{\Delta t_1}\left(\frac{\Delta t_2}{\Delta t_2 - \Delta t_1}\right) = -(a+c) \\ c =& \frac{1}{\Delta t_1}\left(\frac{\Delta t_1^2}{\Delta t_2\,(\Delta t_2 - \Delta t_1)}\right) \end{aligned} \tag{19.13}$$

$\Delta T = \Delta t_1$ $\Delta T_o = \Delta t_2 - \Delta t_1$ 라 하면 위 계수들은 Eq. (19.14)와 같이 표현된다.

$$\begin{aligned} a =& \frac{1}{\Delta T}\left(1 + \frac{\Delta T}{\Delta T + \Delta T_o}\right) \\ b =& -(a+c) \\ c =& \frac{1}{\Delta T}\left(\frac{\Delta T^2}{\Delta T_o\,(\Delta T + \Delta T_o)}\right) \end{aligned} \tag{19.14}$$

만일 등간격이라고 하면 계수들은 Eq. (19.15)와 같이 단순화 되어 2차 정확도를 가지게 된다.

$$
\begin{aligned}
a =& \frac{3}{2\Delta t} \\
b =& -\frac{4}{2\Delta t} \\
c =& \frac{1}{2\Delta t} \\
f'(t_i) =& \frac{1}{2\Delta t}\left\{3f(t_i) - 4f(t_{i-1}) + f(t_{i-2})\right\}
\end{aligned}
\tag{19.15}
$$

19.2.3 CrankNicolsonDdtScheme

Crank Nicolson은 forward Euler (또는 Explicit Euler) $\frac{\psi^n - \psi^o}{\Delta t} = F^o$와 backward Euler (또는 Implicit Euler) $\frac{\psi^n - \psi^o}{\Delta t} = F^n$의 blending으로 구현된다 [18]. Standard Crank Nicolson은 Eq. (19.16)처럼 forward Euler와 backward Euler의 평균값으로 구현된다.

$$
\frac{\psi^n - \psi^o}{\Delta t} = \frac{1}{2}\left(F^n + F^o\right) \tag{19.16}
$$

평균값 대신 가중평균 형태로 일반화시키면 Eq. (19.17)과 같이 표현할 수 있다.

$$
\frac{\psi^n - \psi^o}{\Delta t} = \alpha F^n + (1-\alpha)\,F^o \tag{19.17}
$$

우변의 F^n은 현재 시간의 대류항, 확산항, 소스항을 포함한 항에 해당한다. OpenFOAM의 구조상 현재 시간의 F^n은 접근할 수 없기 때문에 다른 방법으로 구현하게 된다. F^n은 각각 ddt, div, laplace 항들로 나뉘어 행렬의 좌우변에 대입되기 때문에 F^n에 접근할 수 있다고 하더라도 ddt scheme에서 이들을 다시 다루게 되면 결과적으로 동일한 값을 두 번 대입하게 되는 등 처리가 복잡해질 수 있다. OpenFOAM은 Crank-Nicolson을 구현하기 위해서는 F^n은 앞에 α가 없는 상태의 식으로 유도할 필요가 생기기 때문에 offcenter coeff $c = \frac{1-\alpha}{\alpha}$를 도입하여 Eq. (19.18)과 같이 F^n에 α가 없는 식을 유도하여 사용하고 있다.

$$
(1+c)\,\frac{\psi^n - \psi^o}{\Delta t} = F^n + cF^o \tag{19.18}
$$

F^n의 과거 값 F^o는 OpenFOAM에서 직접 접근할 수는 없지만 $\frac{\partial\psi}{\partial t} = F$ 관계로부터 우변의 F 대신 좌변의 시간미분항 $\frac{\partial\psi}{\partial t}$ 값에 접근할 수 있다면 ddt scheme내에서 처리하기 용이할 뿐만 아니라 간접적으로 F에 접근할 수 있다. ddt scheme의 멤버함수인 `ddt0`가 과거 시점에서의 $\frac{\partial\psi}{\partial t}$를 의미하기 때문에 F^o는 `ddt0`를 통해서 구할 수 있다. 이를 다시 표현하면 Eq. (19.19)와 같다.

$$
(1+c)\,\frac{\psi^o - \psi^{oo}}{\Delta t} = \mathrm{ddt0} + c\mathrm{ddt00} \tag{19.19}
$$

ψ^o와 ψ^{oo}와 ddt00는 모두 아는 값이므로 Eq. (19.20)과 같이 ddt0를 구할 수 있다.

$$
F^o = \mathrm{ddt0} = (1+c)\,\frac{\psi^o - \psi^{oo}}{\Delta t} - c\mathrm{ddt00} \tag{19.20}
$$

19.3 convectionScheme, divScheme

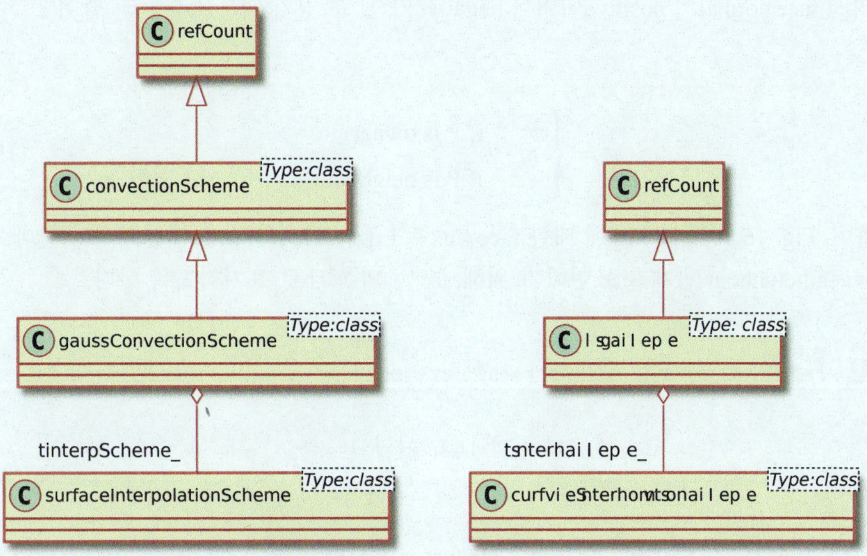

(a) convectionScheme (b) divScheme

Fig 19.1: 상속관계

`convectionScheme`은 Implicit scheme을 의미하고 `divScheme`은 Explicit scheme을 의미한다. 두 클래스 Eq. (19.21)과 같이 발산정리를 이용하여 구현되기 때문에 핵심은 cell 중심에서의 필드 값을 cell face 값으로 내삽 해주는 자료구조 `surfaceInterpolationScheme`에 달려있다.

$$\int_V \nabla \bullet \rho \underline{\boldsymbol{U}} \psi dV = \int_S (\rho \underline{\boldsymbol{U}} \psi)_f \bullet d\underline{\boldsymbol{S}} \approx \sum_f (\rho \underline{\boldsymbol{U}} \psi)_f \bullet \underline{\boldsymbol{S}}_f = \sum_f \phi \psi_f \tag{19.21}$$

ϕ는 face flux $(\rho \underline{\boldsymbol{U}})_f \bullet \underline{\boldsymbol{S}}_f$를 의미한다.

face에서의 필드 값 ψ_f는 필드 값의 가중평균으로 표현할 수 있다. 이때, 중심 cell P와 그 주변 cell N간의 가중평균에 사용할 가중치는 `surfaceInterpolationScheme`의 서브클래스에서 구한 weight를 이용하여 다음과 같이 표현이 가능하다.

$$\psi_f = w\psi_P + (1 - w)\,\psi_N \tag{19.22}$$

face에 저장된 weight는 일관성을 위해 owner cell에 적용하도록 하면 다음과 같이 표현할 수 있다.

$$\psi_f = w\psi_O + (1 - w)\,\psi_N \tag{19.23}$$

OpenFOAM에서는 cell의 face normal이 owner에서 neighbour 방향을 positive로 잡고 이 기준으로 face flux를 계산하기 때문에, 중심 cell P 기준으로 face flux를 계산하면 구성하는 cell face에 따라서 face normal이 positive이거나 negative가 될 수 있기 때문에 다음과 같이 표현해야 한다.

$$\phi = \begin{cases} \phi & \text{if P is owner} \\ -\phi & \text{if P is neighbour} \end{cases} \tag{19.24}$$

예를 들어, Fig. 16.3의 cell id 5에 대한 face flux는 Eq. (19.25)와 같이 계산되어야 한다. face에 대한 owner, neighbour 관계를 표현하기 위해 $\psi_{\text{face id}}^{\text{cell id}}$의 형태로 표기하도록 한다.

$$\begin{aligned} \sum_f (\rho \underline{\boldsymbol{U}} \psi)_f \bullet \underline{\boldsymbol{S}}_f &= -\psi_3\phi_3 - \psi_7\phi_7 + \psi_9\phi_9 + \psi_{10}\phi_{10} \\ &= \left\{-w_3\phi_3\psi_3^1 - (1-w_3)\,\phi_3\psi_3^5\right\} + \left\{-w_7\phi_7\psi_7^4 - (1-w_7)\,\phi_7\psi_7^5\right\} \\ &\quad + \left\{w_9\phi_9\psi_9^5 + (1-w_9)\,\phi_9\psi_9^6\right\} + \left\{w_{10}\phi_{10}\psi_{10}^5 + (1-w_{10})\,\phi_{10}\psi_{10}^9\right\} \end{aligned} \tag{19.25}$$

cell id 5에 해당하는 필드 값 ψ^5는 계수행렬의 대각성분에 해당하므로 비대각성분만을 표시하면 ψ^3, ψ^4는 cell id 5를 기준으로 owner cell에 해당하므로 하삼각성분에 저장되기 때문에 `lduAddressing` 자료구조의 멤버함수 `lower`를 사용해 리스트를 얻을 수 있고, ψ^6과 ψ^9는 cell id 5를 기준으로 neighbour cell에 해당하므로 상삼각성분에 저장되기 때문에 `lduAddressing` 자료구조의 멤버함수 `upper`를 사용해 리스트를 얻을 수 있다. `convectionScheme/divScheme`으로 인해 작성되는 대각성분은 연속방정식에 의해 zero sum rule을 만족해야 하므로 비대각성분의 합으로 표현가능하다. 이를 코드로 표현하면 Listing 19.5와 같이 표현할 수 있다.

Listing 19.5: fvmDiv의 계수행렬 처리구문

```
fvm.lower() = -weights.primitiveField()*faceFlux.primitiveField();
fvm.upper() = fvm.lower() + faceFlux.primitiveField();
fvm.negSumDiag();
```

경계에서의 표현은 Listing 19.6과 같이 표현할 수 있다.

Listing 19.6: fvmDiv의 경계 및 소스항 처리 구문

```
forAll(vf.boundaryField(), patchi)
{
    const fvPatchField<Type>& psf = vf.boundaryField()[patchi];
    const fvsPatchScalarField& patchFlux = faceFlux.boundaryField()[patchi];
    const fvsPatchScalarField& pw = weights.boundaryField()[patchi];
```

```
    fvm.internalCoeffs()[patchi] = patchFlux*psf.valueInternalCoeffs(pw);
    fvm.boundaryCoeffs()[patchi] = -patchFlux*psf.valueBoundaryCoeffs(pw);
}

if (tinterpScheme_().corrected())
{
    fvm += fvc::surfaceIntegrate(faceFlux*tinterpScheme_().correction(vf));
}
```

여기서 `lduMatrix`의 멤버함수 `faceH`의 구현을 살펴보자. 각 face에서의 flux는 Eq. (19.26)과 같다.

$$\psi_f \phi_f = w_f \phi_f \psi_f^O + (1 - w_f)\,\phi_f \psi_f^N \tag{19.26}$$

우변의 첫번째 항 $w_f \phi_f$는 계수행렬의 하삼각성분값과 관련이 있다. 계수행렬을 작성할 때는 중심 cell에 대한 face normal에 대한 보정을 위해 -1을 곱했기 때문에 face flux를 계산하기 위해서는 다시 -1을 곱해야 한다. 우변의 두 번째 항 $(1 - w_f)\,\phi_f$은 계수행렬의 상삼각성분과 관련이 있다. 이들 비대각행렬은 face id로 정렬된 1차원 배열이므로 divergence항을 이산화하여 얻은 행렬에 대해 Listing 19.7과 같이 각 cell face의 flux를 복원할 수 있다.

Listing 19.7: faceH

```
forAll(lduAddr().lowerAddr(), face)
{
    faceHpsi[face] = upper()[face]*psi[u[face]]
                   - lower()[face]*psi[l[face]];
}
```

`faceH` 함수는 `fvMatrix`의 멤버함수 `flux`에서 Listing 19.8과 같이 호출된다.

Listing 19.8: flux()

```
GeometricField<Type, fvsPatchField, surfaceMesh>& fieldFlux =
    tfieldFlux.ref();
for (direction cmpt=0; cmpt<pTraits<Type>::nComponents; cmpt++)
{
    fieldFlux.internalField().replace
    (
        cmpt,
        lduMatrix::faceH(psi_.internalField().component(cmpt))
```

```
    );
}
if (faceFluxCorrrectionPtr_)
{
    fieldFlux += *faceFluxCorrectionPtr_;
}
```

`flux` 함수는 Listing 19.9와 같이 `simpleFoam` 등에서 pressure Poisson 방정식을 계산할 때 pressure gradient의 face flux를 계산하는데 활용되고 있다.

Listing 19.9: simpleFoam

```
if (simple.finalNonOrthogonalIter())
{
    phi = phiHbyA - pEqn.flux();
}
```

gradient의 face flux의 경우 surface normal gradient 계산방식에 따라 non-orthogonal correction 항이 생기게 되기 때문에 face flux를 새로 구축한 다음 `faceFluxCorrection` 값이 존재하면 반영하도록 되어 있다. `faceFluxCorrection`은 laplacian 항에서 나타나는 surface normal gradient를 처리하기 위한 보정항이므로 이에 대한 설명은 `snGradScheme`을 참고하도록 한다(See page 540).

19.4 gradScheme

gradient scheme은 두 종류를 준비하고 있다.

- cell center에서의 필드 값의 gradient
- cell face에서의 필드 값의 gradient

cell center에서의 필드 값의 gradient는 `gradScheme` 자료구조에서 담당하고, cell face에서의 필드 값의 gradient는 `snGradScheme`[1]에서 담당한다.

19.4.1 gradScheme

OpenFOAM에서 구현한 gradScheme은 2 가지이다.

---

[1] surface normal gradient를 의미한다.

- 발산정리 기반 scheme
- weight least sqaures 기반의 `leastSquares` scheme

발산정리를 이용하면 cell center에서의 gradient는 cell face에서의 필드 값을 이용하여 Eq. (19.27)과 같이 계산할 수 있다.

$$\overline{\nabla\psi} \bullet \Omega = \int_{\Omega} \nabla\psi dV = \int_{\partial\Omega} \psi d\underline{\boldsymbol{S}} \approx \sum_{f} \psi_f \underline{\boldsymbol{S}}_f \tag{19.27}$$

cell center에서의 필드 값의 gradient는 Eq. (19.28)과 같이 계산된다.

$$\overline{\nabla\psi} = \frac{1}{\Omega} \sum \psi_f \underline{\boldsymbol{S}}_f \tag{19.28}$$

ψ_f는 필드 값의 cell face에서의 값을 의미하며 face에서의 값은 `surfaceInterpolationScheme` 자료구조를 이용하여 계산하게 된다.

반면, weighted least squares 방법에 기반한 scheme은 face 값 대신 cell center 값을 이용하기 때문에 surface interpolation scheme을 사용하지 않는다. cell center에서의 필드 값을 ψ_P 라하고 주변 cell에서의 필드 값을 ψ_N 이라하여 Eq. (19.29)처럼 ψ_N을 ψ_P와 $\nabla\psi_P$를 이용한 1차함수 형태로 근사하도록 한다.

$$\psi_N = \psi_P + \nabla\psi_P \left(\underline{\boldsymbol{r}}_N - \underline{\boldsymbol{r}}_P\right) = \psi_P + \nabla\psi_P \underline{\boldsymbol{d}}_{NP} \tag{19.29}$$

이 방식은 주변 cell에 대해서 적용되기 때문에 행렬형태로 표현되어야한다.

$$\left[\psi_N - \psi_P\right] = \left[\underline{\boldsymbol{d}}_{NP}\right] \left[\nabla\psi_P\right] \tag{19.30}$$

위 식을 $\nabla\psi_P$에 대해서 계산하면 다음과 같이 least squares 형태로 표현된다.

$$\begin{aligned} \left[\nabla\psi_P\right] &= \left(\left[\underline{\boldsymbol{d}}_{NP}\right]^T \left[\underline{\boldsymbol{d}}_{NP}\right]\right)^{-1} \left[\underline{\boldsymbol{d}}_{NP}\right]^T \left[\psi_N - \psi_P\right] \\ &= \left[G\right]^{-1} \left[\underline{\boldsymbol{d}}_{NP}\right]^T \left[\psi_N - \psi_P\right] \end{aligned} \tag{19.31}$$

weighted least squares를 적용할 경우 위 식은 다음과 같이 표현된다.

$$\begin{aligned} \left[\nabla\psi_P\right] &= \left(\left[\underline{\boldsymbol{d}}_{NP}\right]^T \left[W\right]^T \left[W\right] \left[\underline{\boldsymbol{d}}_{NP}\right]\right)^{-1} \left[\underline{\boldsymbol{d}}_{NP}\right]^T \left[\psi_N - \psi_P\right] \\ &= \left[G\right]^{-1} \left[\underline{\boldsymbol{d}}_{NP}\right]^T \left[W\right]^T \left[W\right] \left[\psi_N - \psi_P\right] \end{aligned} \tag{19.32}$$

이때 weight matrix는 $W_{ii} = \frac{1}{\|\underline{\boldsymbol{d}}_N\|}$로 정의한다. weight 값이 displacement vector의 역수형태로 나타나기 때문에 위 식은 inverse distance weighting method로 볼 수도 있다. OpenFOAM

에서 구현할 때 displacement vector 정보 및 weight는 `leastSquaresVector` 자료구조를 활용하여 처리하고 있다.

least squares gradient는 skewness가 큰 tetra mesh에서도 안정적으로 2차 정확도를 보장하는 기법이기 때문에 상용 CFD S/W에서 기본 gradient scheme로 적용하고 있다. 단, wall normal 방향으로의 gradient가 큰 유동, 즉 경계층을 해석하기 위해 사용하는 prism layer 또는 high aspect ratio mesh를 사용하는 경우 (weight를 사용하지 않는) least squares gradient 기법은 stream 방향의 weight 값이 크기 때문에 부정확한 결과를 얻을 가능성이 있다. 이 때문에 상용 CFD S/W에서는 벽면 근처에서는 발산정리에 기반한 기법을 사용하고 벽면에서 먼 곳에서는 least squares에 기반한 기법을 사용하는 hybrid gradient scheme을 사용하고 있다.

19.4.2 snGradScheme

`scalar` 필드의 gradient와 달리 `scalar` 필드의 laplacian은 발산정리를 적용할 경우 gradient 필드의 face flux계산을 필요로 한다..

$$\int_{\Omega} \nabla^2 \psi dV = \int_{\partial\Omega} (\nabla\psi)_f \bullet d\underline{\boldsymbol{S}} \approx \sum_f (\nabla\psi)_f \bullet \underline{\boldsymbol{S}}_f \tag{19.33}$$

`scalar` 필드의 gradient는 `vector`이기 때문에 face flux를 계산할 때 face normal과의 정렬방향에 따라 face flux 계산결과가 달라지게 된다. 격자가 직교격자일 경우 face normal과 gradient 방향이 일치하지만 비직교일 경우 일치하지 않기 때문에 보정이 필요해진다. 이런 이유로 OpenFOAM에서는 gradient의 face flux 계산을 위해 `gradScheme` 대신 `snGradScheme`을 사용하고 있다. 격자로부터 surface normal $\underline{\boldsymbol{S}}_f$는 사전에 알 수 있기 때문에 surface normal 기준으로 생각하도록 한다. Fig. 16.14에 표시한 것처럼 surface unit normal $\hat{n}_f = \frac{\underline{\boldsymbol{S}}_f}{\|\underline{\boldsymbol{S}}_f\|}$ 을 cell center간 displacement vector와 평행한 성분 $\hat{e}$와 correction vector $\hat{k}$로 표현하도록 한다.

$$\hat{e} + \hat{k} = \hat{n}_f \tag{19.34}$$

필드 값의 gradient flux는 Eq. (19.35)와 같이 표현된다.

$$(\nabla\psi)_f \bullet \hat{n}_f \|\underline{\boldsymbol{S}}_f\| = \left\{(\nabla\psi)_f \bullet \hat{e} + (\nabla\psi)_f \bullet \hat{k}\right\} \|\underline{\boldsymbol{S}}_f\| \tag{19.35}$$

우변의 첫 번째 항은 cell center를 잇는 displacement vector상에서 정의되기 때문에 `surfaceInterpolationScheme`을 활용할 수 있기 때문에 Implicit 방법으로 처리가 가능하다. 우변의 두 번째항은 cross diffusion 혹은 non-orthogonal diffusion[26]이라 하며 Explicit 접근법을 적용하여 현재 필드 값의 gradient를 계산한 후 `surfaceInterpolationScheme`을 이용하여 cell face로 보간한 값을 구한다음 보정하는 방식으로 처리한다. Gradient flux의 non-orthogonality를 보정하는 방법은 surface normal을 분해하는 방법에 따라 두 가지 방법을 생각할 수 있다.

- Minimum Correction Approach

  correction vector $\hat{k}$와 vector $\hat{e}$가 서로 직교하는 관계로 표현되면 Eq. (19.36)과 같은 관계를 가진다.

$$(\nabla\psi)_f \bullet \hat{n}_f \left\|\underline{\boldsymbol{S}}_f\right\| = \left\{(\nabla\psi)_f \bullet \hat{e} + (\nabla\psi)_f \bullet \hat{k}\right\} \left\|\underline{\boldsymbol{S}}_f\right\| \qquad (19.36)$$

$$\hat{e} = \frac{\boldsymbol{\Delta}}{\|\boldsymbol{\Delta}\|}\left(\hat{n} \bullet \frac{\boldsymbol{\Delta}}{\|\boldsymbol{\Delta}\|}\right) = \frac{\boldsymbol{\Delta}}{\|\boldsymbol{\Delta}\|}\cos\theta$$

$$\hat{k} = \hat{n}_f - \hat{e} = \frac{\hat{n}_f - \hat{e}}{\|\hat{n}_f - \hat{e}\|}\sin\theta$$

- Over-Relaxed Approach

  surface unit normal $\hat{n}_f$ 와 correction vector $\hat{k}$가 서로 직교하는 관계로 Eq. (19.37)과 같은 관계를 가진다.

$$(\nabla\psi)_f \bullet \hat{n}_f \left\|\underline{\boldsymbol{S}}_f\right\| = \left\{(\nabla\psi)_f \bullet \hat{e} + (\nabla\psi)_f \bullet \hat{k}\right\} \left\|\underline{\boldsymbol{S}}_f\right\| \qquad (19.37)$$

$$\hat{e} = \frac{\boldsymbol{\Delta}}{\hat{n}_f \bullet \boldsymbol{\Delta}} = \frac{\boldsymbol{\Delta}}{\|\boldsymbol{\Delta}\|}\frac{1}{\cos\theta}$$

$$\hat{k} = \hat{n} - \hat{e} = \frac{\hat{n} - \hat{e}}{\|\hat{n} - \hat{e}\|}\tan\theta$$

  over-relaxation 방법이 수치적으로 안정적인 것으로 알려져 있기 때문에 OpenFOAM에서도 이 방법을 사용하고 있다.

cross-diffusion 보정항은 `correction` 멤버함수에서 처리되며 `surfaceInterpolation` 자료구조에서 계산된 `nonOrthCorrectionVectors`를 활용하여 correction vector $\hat{k}$를 처리하는데 사용한다. OpenFOAM에서 지원하는 대표적인 보정방법은 다음과 같다.

- orthogonal

  cross diffusion 보정항을 무시하고 계산한다.

$$(\nabla\psi)_f \bullet \hat{n}_f \left\|\underline{\boldsymbol{S}}_f\right\| = (\nabla\psi)_f \bullet \hat{e} \left\|\underline{\boldsymbol{S}}_f\right\| \qquad (19.38)$$

- corrected

  over-relaxation 방법을 구현한다.

$$(\nabla\psi)_f \bullet \hat{n}_f \left\|\underline{\boldsymbol{S}}_f\right\| = \left\{(\nabla\psi)_f \bullet \hat{e} + (\nabla\psi)_f \bullet \hat{k}\right\} \left\|\underline{\boldsymbol{S}}_f\right\| \qquad (19.39)$$

- limited

  corrected에 limiter를 적용하는 것으로 기본적으로 corrected와 동작은 비슷하다.

- uncorrected
  보정방법을 적용하지 않기 때문에 $(\nabla\psi)_f \bullet \hat{n}_f \|\underline{\boldsymbol{S}}_f\|$를 그대로 사용한다.

19.5 laplacianScheme

laplacian은 필드의 gradient의 divergence이다. 발산정리를 적용하면 cell face에서의 필드의 gradient의 flux 합으로 나타난다.

$$\int_\Omega \nabla \bullet (\Gamma\nabla\psi)\, dV = \int_{\partial\Omega} (\Gamma\nabla\psi)\, d\underline{\boldsymbol{S}} \bullet \approx \sum_f (\Gamma\nabla\psi)_f \bullet \underline{\boldsymbol{S}}_f \tag{19.40}$$

이를 구현하기 위해서 Fig. 19.2에 나타낸 것과 같이 cell center에서 정의된 diffusion coefficient Γ 필드의 cell face에서의 평가를 위해 surfaceInterpolationScheme과 surface에서의 gradient flux를 계산하기 위한 snGradScheme의 참조가 필요해진다. 따라서 laplacianScheme 클래스는 별도의 구현이 아닌 이미 앞 절에서 언급된 snGradScheme과 surfaceInterpolationScheme을 활용하는 구조로 구현되어있기 때문에 별도의 서브클래스가 없고 `system/fvScheme`에 나타나는 형식도 다음과 같은 형태로 구성된다.

Listing 19.10: laplacianScheme 기술 형태

```
Gauss <surface interpolation scheme data> <snGrad scheme data>
```

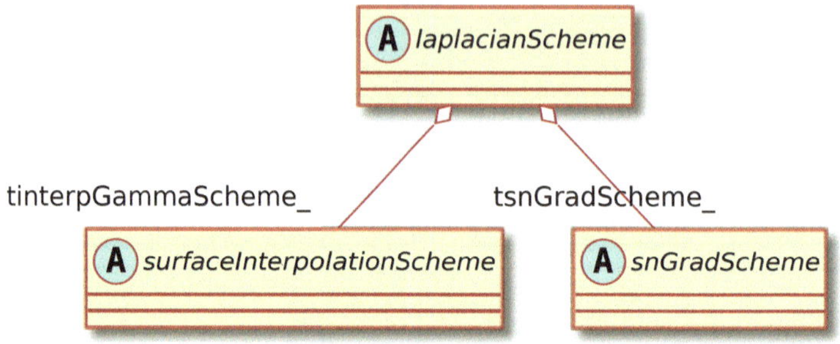

Fig 19.2: laplacianScheme 클래스 구조

19.6 surfaceInterpolationScheme

발산정리를 통해 구현되는 scheme들은 cell center에서의 필드 값을 cell face에서의 필드 값의 합으로 표현하게 된다. Cell face에서의 필드 값은 interpolation을 이용하여 계산하는데

surfaceInterpolationScheme 자료구조가 이를 담당한다. 따라서, convection/div scheme은 내부적으로 surfaceInterpolationScheme에 대한 참조를 가지고 계산을 수행하게 된다. OpenFOAM에서는 다양한 surface interpolation 방법을 구현하고 있는데 여기서는 그 중 대표적인 scheme들만을 소개하도록 한다.

19.6.1 schemes

- linear

  linear scheme은 직교격자인 경우 CDS (central difference scheme) 표현과 동일해지는 scheme으로 face center와 cell center간의 거리를 weight로 하여 face 값을 보간한다. weight 값을 구하는 부분을 보면 Listing 19.11과 같이 정의된다.

  Listing 19.11: weights

```
tmp<surfaceScalarField> weights
(
    const GeometricField<Type, fvPatchField, volMesh>&
) const
{
    return this->mesh().surfaceInterpolation::weights();
}
```

  fvMesh의 멤버함수 weights는 슈퍼클래스인 surfaceInterpolation로부터 상속된 것으로 cell center와 face center로부터 geometric weight를 계산하므로 그 자체가 linear scheme의 weight가 된다.

- skewCorrected

  face를 공유하는 cell center간 거리벡터 $\underline{\boldsymbol{\Delta}}$가 cell face와 만나는 점을 f'이라 한다. 직교격자인 경우 cell face center f와 f'은 일치하지만 비직교격자인 경우 두 점이 일치하지 않게 된다. 필드 값은 cell center에서 정의되어야 하므로, f에 대한 position vector $\underline{\boldsymbol{r}}_f$와 f'에 대한 position vector $\underline{\boldsymbol{r}}_{f'}$의 위치 차이에 따른 보정, skewness 보정은 Tayler expansion에 의해 1차항까지 전개하면 Eq. (19.41)과 같이 표현할 수 있다.

$$\psi_f \approx \psi_{f'} + \nabla\psi_{f'} \bullet \left(\underline{\boldsymbol{r}}_f - \underline{\boldsymbol{r}}_{f'}\right) \tag{19.41}$$

  우변의 두 번째 항이 skewness 보정항에 해당하며 멤버함수 skewCorrection를 통해 Explicit 방법으로 적용된다.

Listing 19.12: skewCorrection 함수

```
for (direction cmpt=0; cmpt<pTraits<Type>::nComponents; cmpt++)
{
    tsfCorr.ref().replace
    (
        cmpt,
        scv() & linear
        <
            typename outerProduct
            <
                vector,
                typename pTraits<Type>::cmptType
            >::type
        > (mesh).interpolate
        (
            fv::gaussGrad<typename pTraits<Type>::cmptType>
            (mesh).grad(vf.component(cmpt))
        )
    );
}
```

skewCorrection 멤버함수는 내부에서 skewCorrectionVector 자료구조를 생성하여 Eq. (19.41) 우변항의 $(\underline{\boldsymbol{r}}_f - \underline{\boldsymbol{r}}_{f'})$를 calcSkewCorrectionVectors 멤버함수를 통해 계산하도록 하고 있다.

Listing 19.13: calcSkewCorrectionVectors

```
...
forAll(owner, facei)
{
    label own = owner[facei];
    label nei = neighbour[facei];

    vector d = C[nei] - C[own];
    vector Cpf = Cf[facei] - C[own];

    skewCorrectionVectors_[facei] =
        Cpf - ((Sf[facei] & Cpf)/(Sf[facei] & d))*d;
}
```

19.6.2 limitedScheme

`limitedScheme`은 flux limiter 이라고도 불린다. flux limiter scheme의 기본 아이디어는 정확도가 낮지만 안정적인 수치 기법과 정확도가 높지만 불안정한 수치 기법을 혼용하는 것이다. 즉, face flux F는 저차 정확도 기법으로 구해진 face flux F^{low}와 고차 정확도 기법으로 구해진 face flux F^{high}를 이용하여 Eq. (19.42)와 같이 표현할 수 있게 된다.

$$F = (1 - \phi(r))\, F^{\text{low}} + \phi(r)\, F^{\text{high}} = F^{\text{low}} - \phi(r)\left(F^{\text{low}} - F^{\text{high}}\right) \tag{19.42}$$

flux limiter 함수 $\phi(r)$에 따라서 다양한 형태의 limited scheme을 구성할 수 있다. OpenFOAM에서 구현된 `limitedSchem`은 5종류로 나눌 수 있다.

- upwind
- blended
- LimitedScheme
- PhiScheme
- limitWidth

`limitedScheme` 클래스는 `makelimitedSurfaceInterpolationTypeScheme(SS, Type)` 매크로 함수를 제공하여 템플릿 클래스로 만들어진 객체를 RTS에 등록시키는 작업을 쉽게 할 수 있도록 하고 있다.

19.6.2.1 upwind

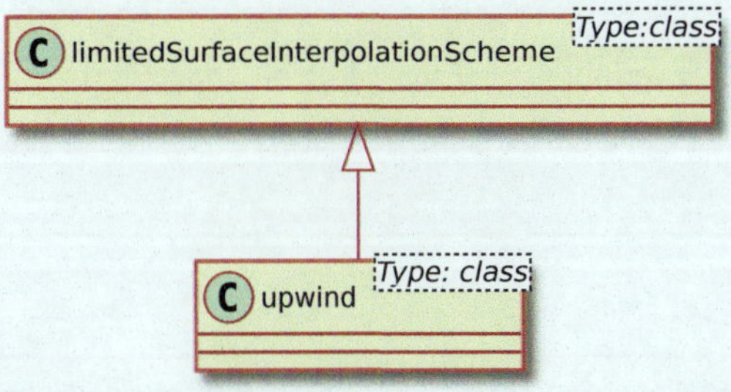

Fig 19.3: upwind

upwind scheme은 flux ϕ_f 의 부호에 따라 필드 ψ의 face에서의 값을 owner cell 혹은 neighbour cell 값으로 치환하는 수치기법으로 Eq. (19.43)과 같이 표현할 수 있다.

$$\psi_f = \begin{cases} \psi_O & \text{for } \phi_f \geq 0 \\ \psi_N & \text{for } \phi_f < 0 \end{cases} \tag{19.43}$$

face에서의 필드 값은 owner 또는 neighhbour cell의 필드 값이므로 weight가 항상 0 또는 1이 되는 `linear` scheme의 특수한 경우로 볼 수 있다.

$$\psi_f = w\psi_O + (1 - w)\psi_N \tag{19.44}$$

OpenFOAM은 이 아이디어를 이용하여 surface interpolation 자료구조에서 upwind scheme이 구현될 수 있도록 Listing 19.14와 같이 weight 멤버함수에 `pos0` 함수를 이용하여 일반성을 잃지 않도록 하고 있다.

Listing 19.14: upwind scheme의 weights 멤버함수

```
tmp<surfaceScalarField> weights() const
{
    return pos0(this->faceFlux_);
}
```

`pos0` 함수는 Listing 19.15처럼 OpenFOAM의 원시 자료형 중 `scalar`와 `label` 자료형에 대해서 정의되어있는데 필드 자료형의 매크로함수를 통해 필드 자료형에도 적용할 수 있도록 확장되어 있다.

Listing 19.15: pos0 함수

```
int pos0(const Scalar s)
{
    return (s >=0) ? 1: 0;
}
```

따라서 `pos0` 함수로 인해 weight 값은 0 또는 1이 되고 face에서의 필드값은 항상 owner 또는 neighbour 값이 되기 때문에 bounded scheme에 속한다.

19.6.2.2 blended

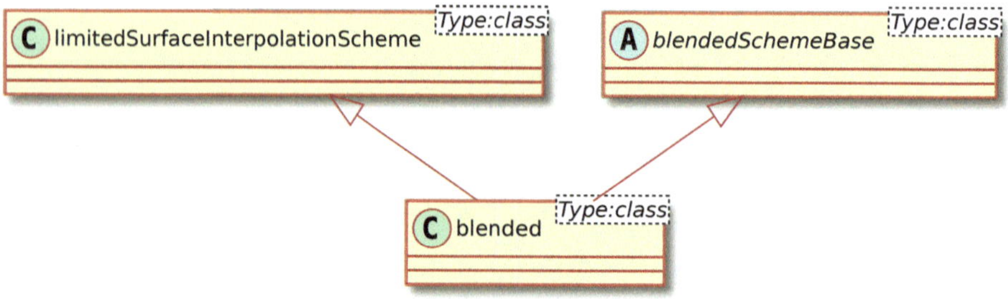

Fig 19.4: blended

blended scheme은 Fig. 19.4에서 보는 것처럼 `limitedSurfaceInterpolationScheme`의 서브클래스이고 추상 클래스 `blendedSchemeBase`를 구현하는 클래스이다. 이 클래스는 `linear` 또는 `upwind` scheme을 `blendingFactor`를 이용해 그 기여도를 조절하는 기법에 해당한다.

19.6.2.3 LimitedScheme

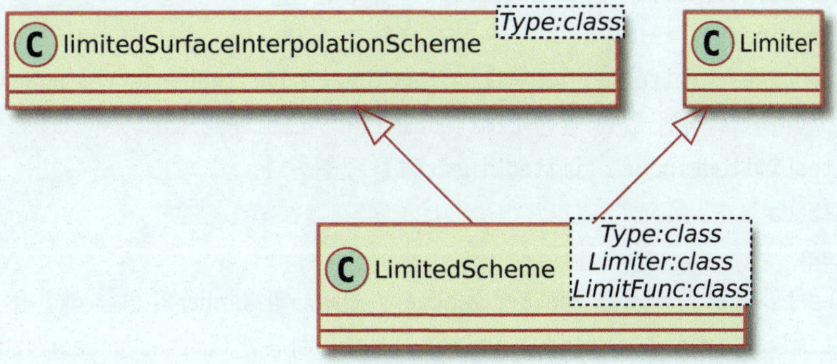

Fig 19.5: LimitedScheme

`LimitedScheme` 클래스는 NVD/TVD scheme을 지원하기 위한 클래스로 클래스 계층관계에서 알 수 있는 바와 같이 템플릿 인자로부터 상속하는 형태이기 때문에 Mixin 상속에 해당한다. 두번째 템플릿 인자는 NVDTVD에서 상속되는 `Limiter`를 의미하며 다음과 같은 `Limiter`를 사용할 수 있다.

- `Gamma`
  `GammaLimiter`를 이용한 `Gamma/GammaV` scheme과, limiter의 상한/하한을 직접 입력 받는 `LimitedLimiter/Limited01Limiter` 클래스를 사용한 `limitedGamma/Gamma01`를 구현한다.
- `MUSCL`
  `MUSCLLimiter`를 이용한 `MUSCL/MUSCLV` scheme과, limiter의 상한/하한을 직접 입력 받는 `LimitedLimiter/Limited01Limiter` 클래스를 사용한 `limitedMUSCL/MUSCL01`를 구현한다.
- `Minmod`
- `OSPRE`
- `QUICK`
- `SFCD`
- `SuperBee`
- `UMIST`
- `filteredLinear`

- filteredLinear2
- filterdLinear3
- limitedCubic
  limitedCubicLimiter를 이용한 limitedCubic / limitedCubicV scheme과, limiter의 상한/하한을 직접 입력 받는 LimitedLimiter / Limited01Limiter 클래스를 사용한 limitedLimitedCubic / limitedCubic01를 구현한다.
- limitedLinear
  limitedLinearLimiter를 이용한 limitedLinear / limitedLinearV scheme과, limiter의 상한/하한을 직접 입력 받는 LimitedLimiter / Limited01Limiter 클래스를 사용한 limitedLimitedLinear / limitedLinear01를 구현한다.
- vanAlbada
- vanLeer
  vanLeerLimiter를 이용한 vanLeer/vanLeerV scheme과, limiter의 상한/하한을 직접 입력 받는 LimitedLimiter/Limited01Limiter 클래스를 사용한 limitedVanLeer/vanLeer01를 구현한다.

세 번째 템플릿 인자인 LimitFunc은 LimitFuncs.H에 정의된 limitFunc들을 의미하며 다음과 같이 3종류의 limitFunc들을 제공하고 있다.

- null
- magSqr
- rhoMagSqr

19.6.2.4 PhiScheme

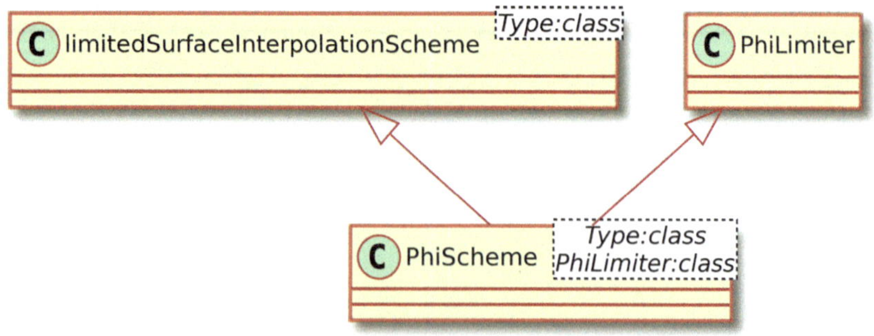

Fig 19.6: PhiScheme

PhiScheme은 PhiLimiter를 사용하는 수치 기법으로 계층관계에서 보이는 것처럼 템플릿 인자에서 상속받는 Mixin 형태를 가지고 있다. PhiScheme의 구현체는 makePhiSurfaceInterpolationScheme 매크로 함수를 통해 작성될 수 있도록 하고 있다. 이 매크로로 작성되는 수치 기법들은 다음과 같다.

- Phi
- interpolationCompression
  transportModels/interfaceProperties/interfaceCompression에서 구현된 limited surface interpolation scheme이다.

> **WARNING**
> boundary condition에도 동일한 이름의 클래스가 있다. 이 클래스는 경계 값에서 alpha 값이 0.5보다 작으면 모두 0으로 크면 모두 1로 강제하는 경계조건이다.

19.6.2.5 limitWith

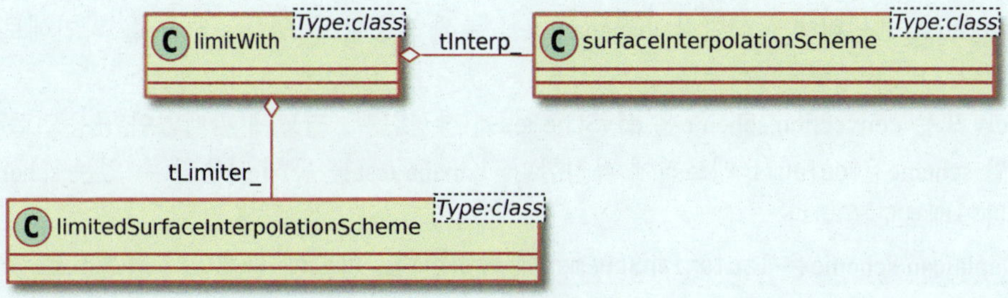

Fig 19.7: limitWith

limitWith scheme은 임의의 surfaceInterpolationScheme을 기준 수치기법으로 하고 임의의 limitedSurfaceInterpolaitonScheme을 limiter로 사용하는 클래스이다.

19.7 연습문제

Exercise 1

scheme 정보는 system/fvSchemes에 기록한다.

```
ddtSchemes
{}

gradSchemes
{}

divSchemes
{}

laplacianSchemes
{}

snGradSchemes
{}
```

(a) temporal scheme은 `ddtSchemes`에 작성한다. 필드에 관계없이 공통으로 적용할 scheme은 `default` 엔트리에 작성한다. banana test를 통해 사용할 수 있는 scheme을 확인해보도록 한다.

(b) gradient scheme은 `gradSchemes`에 작성한다. 필드에 관계없이 공통으로 적용할 scheme은 `default` 엔트리에 작성한다. banana test를 통해 사용할 수 있는 scheme을 확인해보도록 한다.

(c) div 또는 convection scheme은 `divSchemes`에 작성한다. 필드에 관계없이 공통으로 적용할 scheme은 `default` 엔트리에 작성한다. banana test를 통해 사용할 수 있는 scheme을 확인해보도록 한다.

(d) laplaican scheme은 `laplacianSchemes`에 작성한다. 필드에 관계없이 공통으로 적용할 scheme은 `default` 엔트리에 작성한다. banana test를 통해 사용할 수 있는 scheme을 확인해보도록 한다.

(e) cell face에서의 gradient scheme은 `snGradSchemes`에 작성한다. 필드에 관계없이 공통으로 적용할 scheme은 `default` 엔트리에 작성한다. banana test를 통해 사용할 수 있는 scheme을 확인해보도록 한다.

(f) 문제 별로 활용되는 형태는 `tutorials` 폴더 아래에 있는 각 case 폴더의 `system/fvSchemes`를 확인해보도록 한다.

Exercise 2

2D Taylor Green Vortex는 2차원 계산공간 $0 \leq x, y \leq 2\pi$에서 Navier-Stokes 방정식의 해석해가 되기 때문에 수치해법의 정확도를 검증하는데 종종 사용된다.

$$u = \cos(x)\sin(y)\exp(-2\nu t)$$
$$v = -\sin(x)\cos(y)\exp(-2\nu t)$$
$$p = -\frac{4}{\rho}\left[\cos(2x) + \cos 2y\right]\exp(-4\nu t)$$

(a) blockMesh를 이용해 격자를 작성하기 위해 blockMeshDict 파일을 작성하도록 한다.

```
FoamFile
{
    version     2.0;
    format      ascii;
    class       dictionary;
    object      blockMeshDict;
}
convertToMeters 6.28318531;

vertices
(
    (0 0 0) (1 0 0) (1 1 0) (0 1 0) (0 0 1) (1 0 1) (1 1 1) (0 1 1)
);

blocks
(
    hex (0 1 2 3 4 5 6 7) (16 16 1) simpleGrading (1 1 1)
);

edges ();

boundary
(
  top
  {
    type cyclic;
    neighbourPatch bottom;
    faces
    ((3 7 6 2));
  }
  bottom
  {
    type cyclic;
    neighbourPatch top;
    faces
```

```
    ((1 5 4 0));
  }
  left
  {
    type cyclic;
    neighbourPatch right;
    faces
    ((0 4 7 3));
  }
  right
  {
    type cyclic;
    neighbourPatch left;
    faces
    ((2 6 5 1));
  }
  frontAndBack
  {
    type empty;
    faces
    ((0 3 2 1) (4 5 6 7));
  }
);

mergePatchPairs ();
```

HINT
무한대의 2차원 계산영역을 모사하기 위해 상하좌우 경계면에 cyclic 조건을 부여한다.

(b) 속도장과 압력장의 internalField를 page 506에서 작성한 Exercise 5를 활용하여 `0` 폴더에 경계조건을 작성하도록 한다.

HINT
2차원이기 때문에 frontAndBack 경계는 empty로 하고 나머지 경계는 모두 cyclic으로 한다.

(c) `pisoFoam` 또는 `pimpleFoam`을 이용하여 time step에 따라 Euler와 Crank-Nicolson 수치해법의 정확도를 비교해보도록 한다.

HINT

대류항과 확산항의 이산화 기법은 linear로 하고 kinematic viscosity $\nu = 1$으로 한다.

20

난류 모델

OpenFOAM의 난류모델은 버전 2까지는 상속관계를 통해 구현되고 있었다. 상속관계를 통해 구현되다 보니 클래스간 관계가 강하게 결합되어 코드 확장이 제한적이거나 동일기능을 하는 코드가 중복되거나 불필요하게 클래스간 관계가 복잡해져 관리가 어려워지는 등의 단점을 가지고 있었다. 예를 들어, laminar 모델은 Fig. 20.1처럼 비압축성, 압축성 유체에 동일한 코드가 존재했었다.

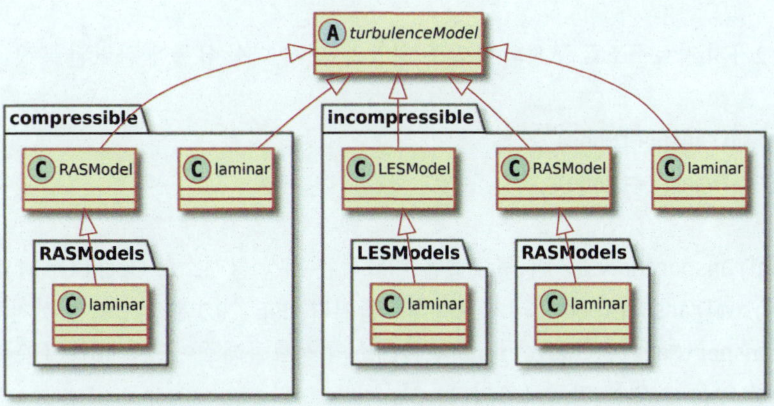

Fig 20.1: OpenFOAM 2.x에서 볼 수 있는 laminar 클래스들

Dr. Henry Weller는 이런 구조를 개선하기 위해 버전 3에서 기존 난류 모델의 계층구조를 단순 상속관계에서 탈피해서 템플릿 코드로 재구현하였고 버전 8에서 기존 `TurbulenceModel`에서 `MomentumTransportModel`로 이름을 변경하였다. 난류 모델의 구현을 일반화하고 관리가 용이한 형태로 바뀌기 시작한 OpenFOAM 3부터가 Dr. Henry Weller가 바라는 지속가능한 개발도구로서의 첫발을 시작한 것으로 생각된다 (Fig. 20.2).

새로 변경된 난류모델은 서브클래스와 슈퍼클래스간의 의존관계를 약하게 만들어 임의의 클래스에 코드 삽입이 가능한 Mixin 상속으로 구현되어 있어 비직관적으로 보일 수 있지만 OpenFOAM 2.x 버전의 난류모델 구현에서 크게 벗어나는 구조는 아니다. 난류모델은 크게 2가지로 구성되어 있다.

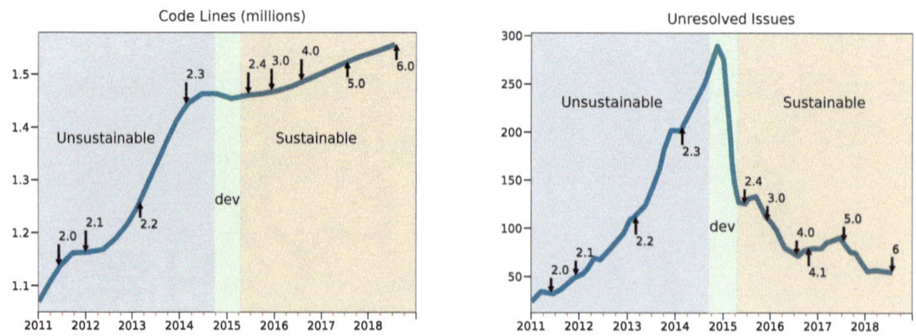

Fig 20.2: OpenFOAM의 코드 복잡도 추이(from OpenFOAM Open Day 2018)

- 유동 모델
- 난류 모델

20.1 유동 모델

유동 모델은 2가지 자료구조로 구성되어 압축/비압축, 단상/다상 유동에 관련된 특징을 정의한다.

- `momentumTransportModel`
- `MomentumTransportModel`

`momentumTransportModel`은 유동 모델을 대표하는 추상 클래스로 OpenFOAM의 모든 유동 모델은 `momentumTransportModel`의 서브클래스들이다. Fig. 20.3에서 보이는 것처럼 `momentumTransportModel`은 `IOdictionary` 클래스의 서브클래스이므로 `objectRegistry` 저장소에서 참조를 얻을 수 있는 자료구조이다.

`MomentumTransportModel`은 Mixin 상속을 구현한 템플릿 클래스로써, Fig. 20.4처럼 `momentumTransportModel`의 서브클래스로부터 확장되도록 설계되어 있다. 이렇게 확장된 `MomentumTransportModel` Mixin은 다상유동 유무(alpha 필드), 압축성 유무(rho 필드)를 선택할 수 있는 자료구조가 된다. 여기에 `transportModel`만 결정되면 특정 유동에 대한 난류모델이 되는 구조이다.

예를 들어, Fig. 20.5처럼 비압축성 난류 모델을 구현하는 경우 난류모델의 기본 클래스인 `momentumTransportModel`[1]에서 확장된 `incompressibleMomentumTransportModel`을 슈퍼클래스로 사용하여 비압축성(incompressible) 단상(single phase) 유동에 사용할 난류모델인 `IncompressibleMomentumTransportModel` 템플릿 클래스를 만들어야 한다. 이렇게 만들어진

[1] 이전버전에서의 turbulenceModel 클래스에 해당한다.

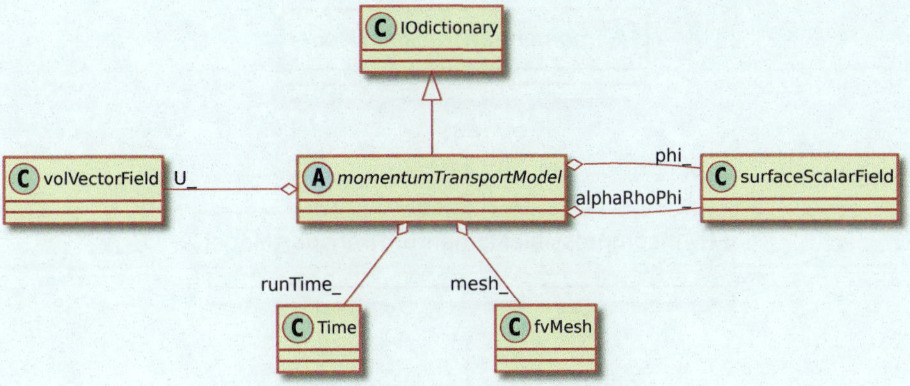

Fig 20.3: momentumTransportModel

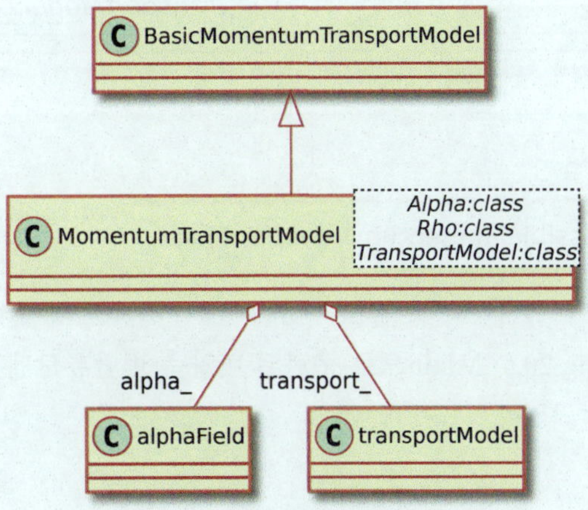

Fig 20.4: MomentumTransportModel Mixin

`IncompressibleMomentumTransportModel`은 `src/MomentumTransportModel/incompressible/kinematicMomentumTransport/kinematicMomentumTransportModel.H`에서 사용자 자료형 정의를 통해 비압축성 laminar, RAS 그리고 LES 난류모델을 생성할 준비를 마친다.

OpenFOAM 8은 `src/MomentumTransportModel` 아래에 4개의 유동에 대한 MomentumTransportModel의 서브클래스들을 구현하고 있다.

- compressible
- incompressible
- phaseCompressible
- phaseIncompressible

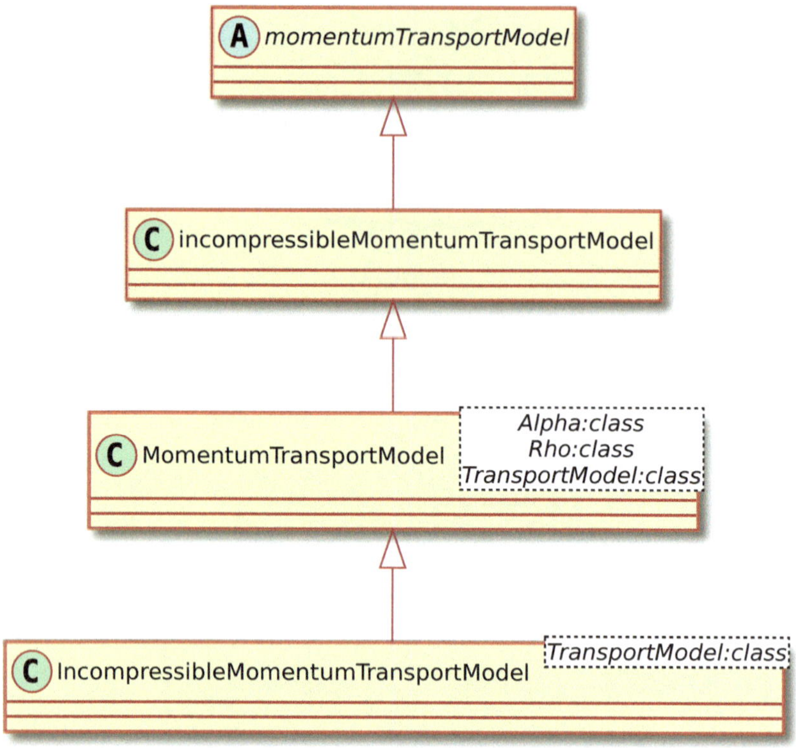

Fig 20.5: Mixin으로 구현된 비압축성 난류모델

20.2 난류 모델

난류 모델은 laminar, RAS(Reynolds Average Simulation), LES(Large Eddy Simulation) 그리고 DES(Detached Eddy Simulation)모델을 구현하고 있으며 이들은 모두 유동모델 위에서 구성되도록 설계되어 있다.

20.2.1 laminar 모델

OpenFOAM 2.x 버전까지의 난류모델은 압축/비압축 유동별로 동일한 코드를 유지하고 있었기 때문에 코드 중복 문제가 있었다. 이를 Mixin 구조로 수정해서 슈퍼클래스에 대한 강한 의존성을 제거하고 임의의 슈퍼클래스에 대응할 수 있도록 개선되었다. 새로 변경된 laminar 모델은 점탄성, Non-newtonian 등의 모델도 지원할 수 있도록 Fig. 20.6과 같이 확장된 구조로 구성되어 있다.

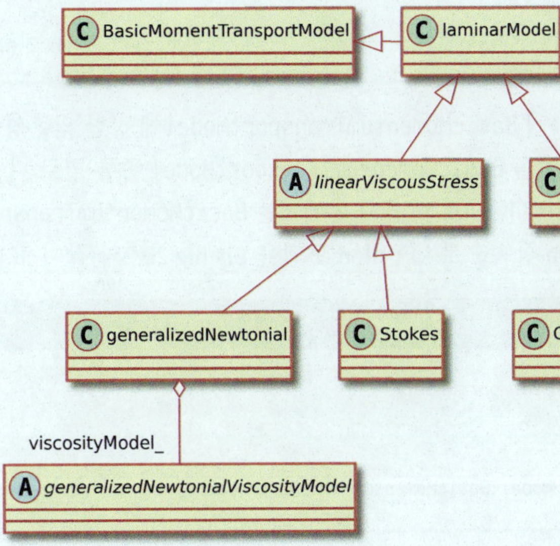

Fig 20.6: laminar 모델 상속관계

20.2.2 RAS 난류 모델

예를 들어 $k - \varepsilon$ 계열 모델은 Fig. 20.7과 같은 상속관계로 구성되어 있다.

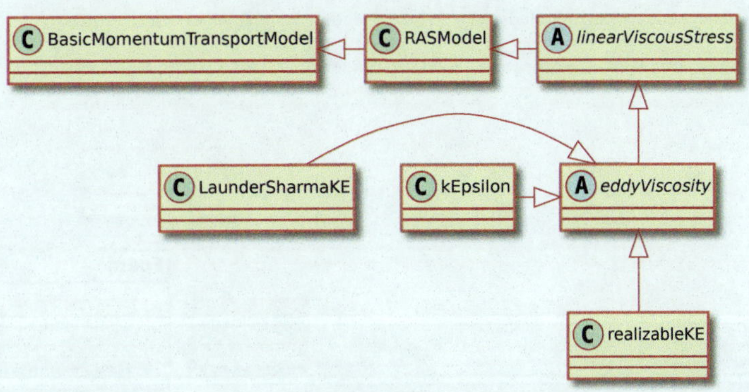

Fig 20.7: kEpsilon 모델 상속관계

이 상속관계 중에서 kEpsilon 모델을 클래스 상속으로 구현하면 다음과 같이 해야 할 것이다.

Listing 20.1: 클래스 상속으로 구현한 kEpsilon 모델

```
class BasicMomentumTransportModel {};
class RASModel : public BasicMomentumTransportModel {};
class linearViscousStress : public RASModel {};
class eddyViscosity : public linearViscousStress {};
```

```
class kEpsilon : public eddyViscosity {};
```

이 방식으로 구현하게 되면 특정 BasicMomentumTransportModel에 강한 의존성을 가지기 때문에 RASModel과 그 서브클래스들을 BasicMomentumTransportModel 종류 별로 다 준비해야 하므로 코드 중복/관리 문제가 발생한다. 새로 바뀐 구현에서는 BasicMomentumTransportModel에 직접적인 의존성이 없도록 Mixin 상속으로 kEpsilon 모델을 Listing 20.2와 같이 표현한다.

Listing 20.2: Mixin 상속으로 구현한 kEpsilon 모델

```
template<class BasicMomentumTransportModel>
class kEpsilon
:
    public eddyViscosity<RASModel<BasicMomentumTransportModel>>
```

이렇게 구현된 난류 모형은 최상위 슈퍼클래스가 템플릿 인자로 표현되기 때문에 암시적 인터페이스만 갖춘다면 임의의 클래스에 다 대응할 수 있다. OpenFOAM에서는 앞서 설명한 MomentumTransportModel의 서브클래스를 최상위 클래스가 되도록 난류모델을 구성한다. 비슷한 형태로 $k-\omega$ 계열은 Fig. 20.8과 같은 계층관계로 구성되어 있다.

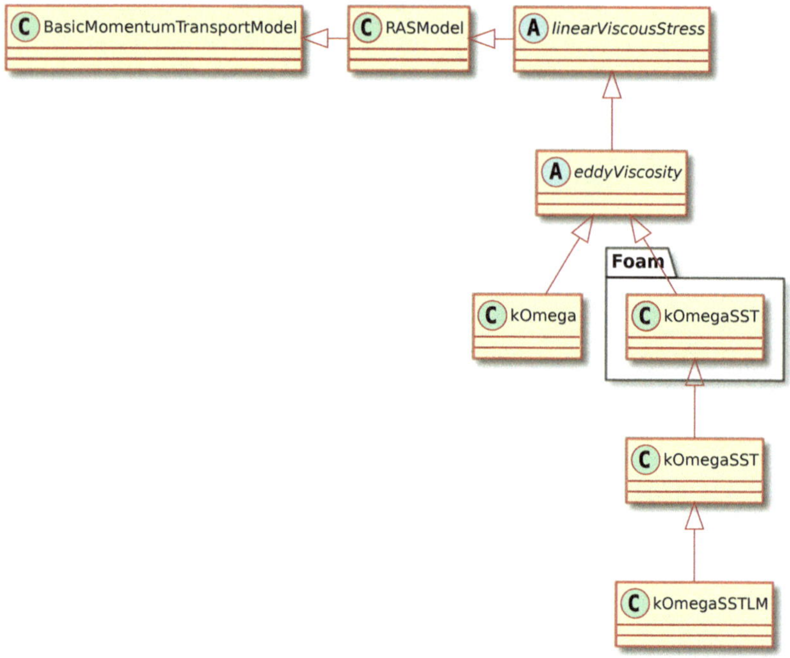

Fig 20.8: kOmega 모델 상속관계

$k-\varepsilon$과 $k-\omega$는 분류하면 eddy viscosity 계열 모델에 속하며 OpenFOAM에 구현한 eddy viscosity 모델은 그 외에 Fig. 20.9처럼 Spalart-Allmart와 v2f 모델이 있다.

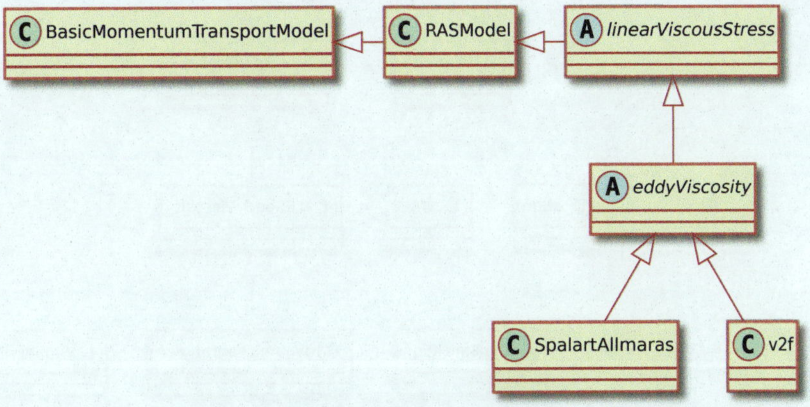

Fig 20.9: 그외 eddy viscosity 계열 난류 모델

Reynolds Stress 모델 계열은 Fig. 20.10처럼 LRR과 SSG 모델을 구현하고 있다.

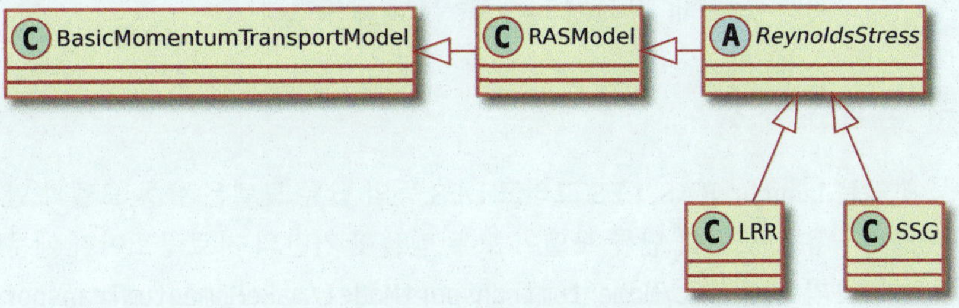

Fig 20.10: Reynolds Stress 계열 난류 모델

20.2.3 LES 난류 모델

LES 난류 모델의 상속관계는 Fig. 20.11과 같다. 거의 대부분의 관계가 RAS 모델과 흡사하다. 대신 eddy scale을 평가하기 위한 `LESdelta`에 대한 참조가 `LESModel`에 추가되어 있다.

20.2.4 DES 난류 모델

DES 난류 모델은 Fig. 20.12처럼 LES 난류모델의 일부로 구현되어 있다.

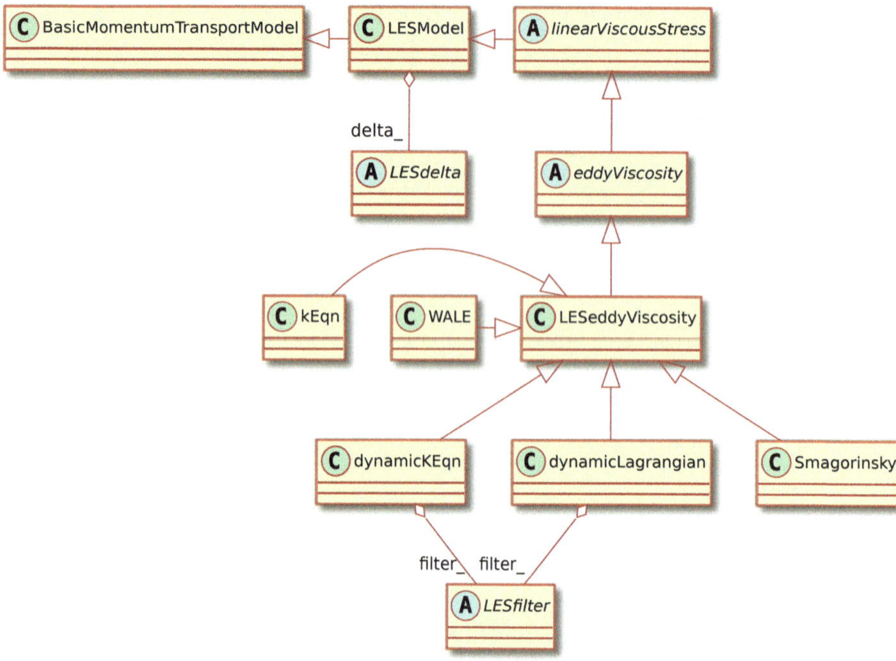

Fig 20.11: LES 난류 모델 상속관계

20.3 난류 모델의 생성

각 유동 특성에 맞는 laminar, RAS, LES 그리고 DES 등의 난류 모델은 유동 모델과 난류 모델을 조합하여 구성한다. 유동 모델과 난류 모델이 모두 템플릿 기반의 자료구조이기 때문에 이들의 조합을 용이하게 하기 위해 `src/MomentumtransportModel/makeMomentumTransportModel.H` 에 다음과 같은 매크로를 제공하고 있다.

- `makeMomentumTransportModelTypes`
  MomentumTransportModel에 대한 자료형과 laminar, RAS 그리고 LES 모델에 대한 자료형을 정의한다.
- `makeBaseMomentumTransportModel`
  laminar, RAS 그리고 LES 모델을 RTS에 등록시키기 위한 Boilerplate 코드들을 자동으로 삽입시킨다.
- `makeTemplatedMomentumTransportModel`
  템플릿 형태의 난류 모델을 RTS에 등록시키면서 DebugSwitch 값을 설정한다.
- `makeMomentumTransportModel`
  난류 모델을 RTS에 등록시킨다.

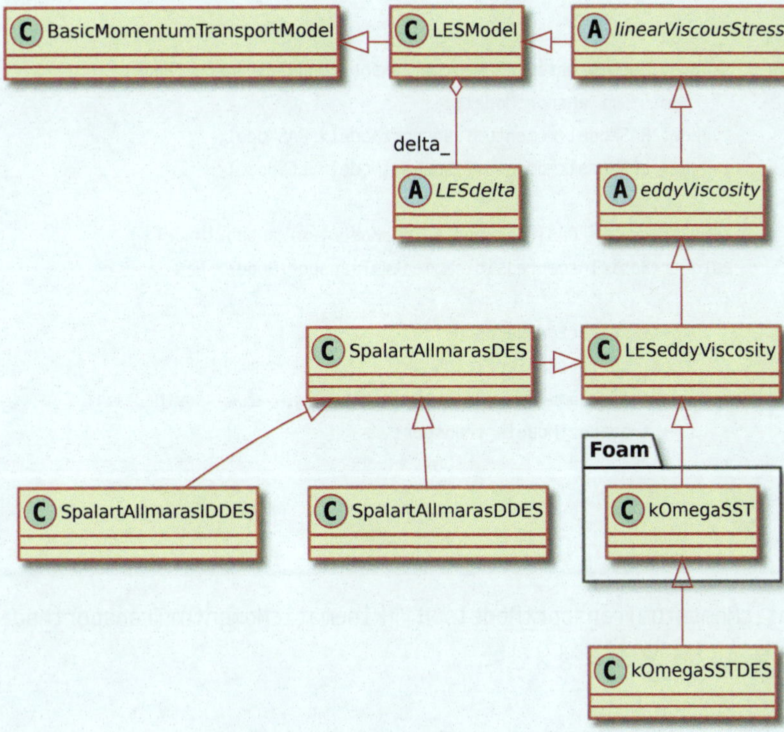

Fig 20.12: DES 난류 모델 상속관계

이들 매크로를 활용해서 `incompressible`, `compressilbe`, `phaseIncompressible`, `phaseCompressible` 아래에 각 유동 특성에 맞는 난류모델 생성과정을 자동화시키고 있다.

각 유동 특성에 대한 난류 모델을 생성시키는 과정은 다음과 같다. 비압축성 유체를 예로 들면, `src/MomentumTransportModel/incompressible` 폴더 아래의 `kinematicMomentumTransportModels` 에서 시작한다[2].

- `kinematicMomentumTransportModel.H`
  `MomentumTransportModel`의 서브클래스인 `IncompressibleMomentumTransportModel` 자료형을 정의하고 이를 바탕으로 RASModel, LESModel 자료형을 정의한다.

Listing 20.3: 비압축성 유동의 난류모델을 위한 자료형 정의

```
namespace Foam
{
    namespace incompressible
```

[2]압축성 유체의 경우는 `fluidThermoMomentumTransportModels`에서 시작한다

```
    {
        typedef IncompressibleMomentumTransportModel<transportModel>
            momentumTransportModel;
        typedef RASModel<momentumTransportModel> RASModel;
        typedef LESModel<momentumTransportModel> LESModel;

        template<class BasicIncompressibleMomentumTransportModel>
        autoPtr<BasicIncompressibleMomentumTransportModel> New
        (
            const volVectorField& U,
            const surfaceScalarField& phi,
            const typename BasicIncompressibleMomentumTransportModel::
                transportModel& transport
        );
    }
}
```

- `kinematicMomentumTransportModels.H`과 `kinematicMomentumTransportModels.C`를 이용하여 특정 난류 모델을 생성한다.

  – `kinematicMomentumTransportModels.H`
    `kinematicMomentumTransportModels.C` 소스코드에서 사용할 난류모델 생성 매크로 `makeLaminarModel`, `makeRASModel` 그리고 `makeLESModel`를 정의한다. 헤더파일 `kinematicMomentumTransportModels.H`은 `makeMomentumTransportModelTypes` 매크로로 시작하는데 이 매크로의 확장결과는 Listing 20.4와 같이 비압축성 유체의 laminarModel, RASModel, LESModel을 위한 자료형을 정의한다.

Listing 20.4: 비압축성 유체의 makeMomentumTransportModelTypes 매크로 확장결과

```
namespace Foam
{
    typedef IncompressibleMomentumTransportModel<transportModel>
        transportModelIncompressibleMomentumTransportModel;
    typedef laminarModel<transportModelIncompressibleMomentumTransportModel>
        laminartransportModelIncompressibleMomentumTransportModel;
    typedef RASModel<transportModelIncompressibleMomentumTransportModel>
        RAStransportModelIncompressibleMomentumTransportModel;
    typedef LESModel<transportModelIncompressibleMomentumTransportModel>
        LEStransportModelIncompressibleMomentumTransportModel;
}
```

- `kinematicMomentumTransportModels.C`

  개별 laminar, RAS 그리고 LES 난류 모델을 생성한다.

  소스코드는 `makeBaseMomentumTransportModel` 매크로로 시작하는데 Listing 20.5와 같이 laminarModel, RASModel, LESModel을 RTS에 등록시키기 위한 작업을 수행한다.

Listing 20.5: 비압축성 유체의 makeBaseMomentumTransportModel 매크로 확장결과

```
namespace Foam
{
    typedef MomentumTransportModel
    <
    geometricOneField,
    geometricOneField,
    incompressibleMomentumTransportModel,
    transportModel
    > transportModelincompressibleMomentumTransportModel;

    defineTemplateRunTimeSelectionTable
    (
        transportModelincompressibleMomentumTransportModel,
        dictionary
    );

    defineNamedTemplateTypeNameAndDebug
    (
        laminartransportModelIncompressibleMomentumTransportModel,
        0
    );

    defineTemplateRunTimeSelectionTable
    (laminartransportModelIncompressibleMomentumTransportModel, dictionary);

    addToRunTimeSelectionTable
    (
        transportModelincompressibleMomentumTransportModel,
        laminartransportModelIncompressibleMomentumTransportModel,
        dictionary
    );

    defineNamedTemplateTypeNameAndDebug
    (
```

```
        RAStransportModelIncompressibleMomentumTransportModel,
        0
    );

    defineTemplateRunTimeSelectionTable
    (RAStransportModelIncompressibleMomentumTransportModel, dictionary);

    addToRunTimeSelectionTable
    (
        transportModelincompressibleMomentumTransportModel,
        RAStransportModelIncompressibleMomentumTransportModel,
        dictionary
    );


    defineNamedTemplateTypeNameAndDebug
    (
        LEStransportModelIncompressibleMomentumTransportModel,
        0
    );

    defineTemplateRunTimeSelectionTable
    (LEStransportModelIncompressibleMomentumTransportModel, dictionary);

    addToRunTimeSelectionTable
    (
        transportModelincompressibleMomentumTransportModel,
        LEStransportModelIncompressibleMomentumTransportModel,
        dictionary
    );
}
```

매크로 확장 후 다음과 같이 makeLaminarModel, makeRASModel 그리고 makeLESModel 매크로를 통해 각 개별 난류모델을 RTS 테이블에 등록되어 사용할 수 있는 상태로 만든다.

Listing 20.6: 개별 난류 모델 생성 예

```
    #include "SpalartAllmaras.H"
    makeRASModel(SpalartAllmaras); // 템플릿 인스턴스화

    #include "kEpsilon.H"
    makeRASModel(kEpsilon); // 템플릿 인스턴스화
```

```
#include "kOmega.H"
makeRASModel(kOmega); // 템프릿 인스턴스화
```

> **INFO**
> 템플릿으로 작성된 코드는 라이브러리를 생성할 수 없기 때문에, 새로운 난류모델을 작성할 때 템플릿으로 작성하게 되면 위의 예와 같이 헤더파일을 `#include` 문으로 코드를 삽입한 다음 `makeRASModel` 매크로를 이용해 명시적 템플릿 인스턴스화가 되도록 작성해야 한다.

- 별도로 마련된 RAS 폴더는 모든 유동특성에 적용할 수 있는 것이 아니라 비압축성 유동에만 적용할 수 있는 난류모델을 위한 것이다. 이 폴더에 구현된 난류모델은 템플릿이 아닌 일반 클래스 자료구조로 구현되어 있다.
- 이렇게 만들어진 난류모델은 `kinematicMomentumTransportModel.H`에 정의된 자료형 `momentumTransportModel`의 selector 함수를 통해 생성할 수 있다.

Listing 20.7: 비압축성 유체의 난류 모델 생성

```
incompressible::momentumTransportModel::New(U, phi, transportModel)
```

Listing 20.7에서 `transportModel`은 `src/transportModels` 또는 `src/twoPhaseModels` 폴더 내의 `transportModel` 서브클래스들을 사용할 수 있다. 예를 들어 single-phase용 난류모델의 경우는 Listing 20.8과 같은 형태로 호출할 수 있다.

Listing 20.8: 난류 모델 호출 형태 1

```
incompressible::momentumTransportModel::New
(
    U,
    phi,
    singlePhaseTransportModel(U, phi)
)
```

two-phase용 난류모델의 경우는 Listing 20.9와 같은 형태로 난류모델을 호출할 수 있다.

Listing 20.9: 난류 모델 호출 형태 2

```
incompressible::momentumTransportModel::New
(
    U,
    phi,
    immiscibleIncompressibleTwoPhaseMixture(U, phi)
)
```

20.4 연습문제

Exercise 1

난류 모델은 case 폴더내의 `constant/momentumTransport`에 지정하면 다음과 같은 형태로 작성되어 있다.

```
1  FoamFile
2  {
3      version     2.0;
4      format      ascii;
5      class       dictionary;
6      location    "constant";
7      object      momentumTransport;
8  }
9
10 simulationType RAS;
11
12 RAS
13 {
14     model           SpalartAllmaras;
15     turbulence      on;
16     printCoeffs     on;
17 }
```

(a) RTS 해시테이블에 저장된 서브클래스들의 이름을 얻기 위해 data entry에 임의의 이름을 적는 행위를 banana test라고 한다. 14번줄의 model 값을 banana로 적고 어떤 난류 모델들을 사용할 수 있는지 확인해보도록 한다.

(b) banana test를 활용해 다른 난류 모델로 변경해보도록 한다.

Exercise 2

OpenFOAM의 난류모델은 dictionary 자료구조로 정보가 들어있기 때문에 난류 모델의 이름은 objectRegistry에서 객체 참조를 얻어온 뒤 dictionary에서 model 엔트리에서 이름을 찾아야 한다. simpleFoam 소스코드를 수정한 다음 코드를 활용해서 자원저장소에 저장된 난류 모델의 이름을 얻도록 한다.

```
#include "fvCFD.H"
#include "singlePhaseTransportModel.H"
#include "kinematicMomentumTransportModel.H"
#include "simpleControl.H"

int main(int argc, char *argv[])
{
    #include "setRootCaseLists.H"
    #include "createTime.H"
    #include "createMesh.H"
    #include "createControl.H"
    #include "createFields.H"

    turbulence->validate();

    Info<<mesh.thisDb()<<endl;
    const word objName = IOobject::groupName
    (
        momentumTransportModel::typeName,
        U.group()
    );
    Info<< "objName: " << objName << endl;

    return 0;
}
```

(a) 자원저장소에 저장된 난류 모델의 이름을 확인하도록 한다.

(b) 앞의 문제에서 얻어온 이름을 활용해서 난류모델에 대한 참조를 얻는다.

> **HINT**
> objectRegistry의 템플릿 멤버함수인 lookupObject를 활용하면 된다.

(c) 난류모델에 대한 참조를 Info 출력 스트림으로 내용을 출력해보면 dictionary 자료구조로 되어있는 것을 알 수 있다. dictionary의 멤버함수를 활용해 model 값을 얻어 출력해

보도록 한다.

21

ODE

OpenFOAM에서 지원하는 상미분 방정식(ODE) 자료구조의 사용법을 살펴보도록 한다.

21.1 개념

Eq. (21.1)과 같은 고차 상미분 방정식을 가정하자. 위첨자는 n차 도함수를 의미한다.

$$y^n = g\left(x, y, y', y'', \ldots, y^{n-1}\right) \tag{21.1}$$

도함수 y^{j-1} 를 상태변수 y_j 로 표기하면 고차 상미분 방정식은 Eq. (21.2)와 같이 1차 상미분 방정식 시스템으로 표현할 수 있다[15].

$$\begin{aligned} y_1' &= y_2 \\ y_2' &= y_3 \\ &\vdots \\ y_{n-1}' &= y_n \\ y_n' &= g\left(x, y_1, y_2, y_3, \ldots, y_n\right) \end{aligned} \tag{21.2}$$

따라서 임의의 상미분 방정식은 Eq. (21.3)처럼 1차 상미분 방정식 시스템으로 표현하도록 한다.

$$\underline{\boldsymbol{y}}' = \underline{\boldsymbol{f}}\left(x, \underline{\boldsymbol{y}}\right) \tag{21.3}$$

또는 Eq. (21.4)와 같이 각 상태변수 별로 나타낼 수 있다.

$$\begin{aligned} y_1' &= f_1\left(x, y_1, \ldots, y_n\right) \\ y_2' &= f_2\left(x, y_1, \ldots, y_n\right) \\ &\cdots \\ y_n' &= f_n\left(x, y_1, \ldots, y_n\right) \end{aligned} \tag{21.4}$$

Eq. (21.3)을 수치해법적으로는 Explict, Implicit method로 나눌 수 있다.

21.1.1 Explict method

Eq. (21.3)을 Euler method 또는 Explict method로 표현하면 Eq. (21.5)와 같다.

$$\underline{y}' \approx \frac{\underline{y}_{n+1} - \underline{y}_n}{\Delta x} = \underline{f}\left(x_n, \underline{y}_n\right) \tag{21.5}$$

`ODESolver` 클래스의 서브클래스 중 Euler, Runge-Kutta, Trapezoid 자료구조는 Eq. (21.5)을 수치적으로 계산하는 알고리즘이다.

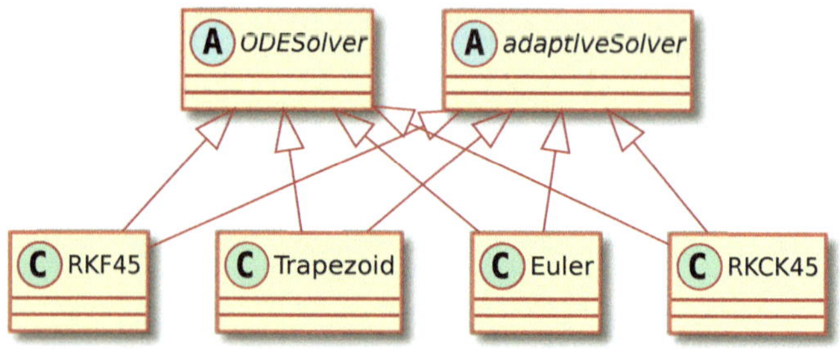

Fig 21.1: Explicit ODE method

21.1.2 Implicit method

Eq. (21.3)을 backward method 또는 Implicit method로 표현하면 Eq. (21.6)과 같다.

$$\underline{y}' \approx \frac{\underline{y}_{n+1} - \underline{y}_n}{\Delta x} = \underline{f}\left(x_{n+1}, \underline{y}_{n+1}\right) \tag{21.6}$$

우변의 $\underline{f}\left(x_{n+1}, \underline{y}_{n+1}\right)$는 Taylor series를 이용하여 근사시킬 수 있다. $\underline{f}$가 non-autonomous function이라 하면 Eq. (21.7)과 같이 나타낼 수 있다.

$$\underline{f}\left(x_{n+1}, \underline{y}_{n+1}\right) \approx \underline{f}\left(x_n, \underline{y}_n\right) + \Delta x \frac{\partial \underline{f}}{\partial x} + (y_{n+1} - y_n) \frac{\partial \underline{f}}{\partial \underline{y}} \tag{21.7}$$

Eq. (21.7)를 Eq. (21.6)에 대입하여 정리하면 Eq. (21.8)과 같이 정리할 수 있다.

$$\frac{y_{n+1} - y_n}{\Delta x} = \left[\underline{\underline{I}} - \Delta x \frac{\partial \underline{f}}{\partial \underline{y}}\right]^{-1} \left[\underline{f} + \Delta x \frac{\partial \underline{f}}{\partial x}\right] \tag{21.8}$$

$\frac{\partial \underline{f}}{\partial \underline{y}}$는 $\underline{f}$의 상태변수 $\underline{y}$에 대한 Jacobian에 해당하고 Eq. (21.9)와 같이 계산할 수 있다.

$$\frac{\partial f_j}{\partial y_i} = \begin{bmatrix} \frac{\partial f_1}{\partial y_1} & \frac{\partial f_1}{\partial y_2} & \cdots & \frac{\partial f_1}{\partial y_{n-1}} & \frac{\partial f_1}{\partial y_n} \\ \frac{\partial f_2}{\partial y_1} & \frac{\partial f_2}{\partial y_2} & \cdots & \frac{\partial f_2}{\partial y_{n-1}} & \frac{\partial f_2}{\partial y_n} \\ \vdots \\ \frac{\partial f_{n-1}}{\partial y_1} & \frac{\partial f_{n-1}}{\partial y_2} & \cdots & \frac{\partial f_{n-1}}{\partial y_{n-1}} & \frac{\partial f_{n-1}}{\partial y_n} \\ \frac{\partial f_n}{\partial y_1} & \frac{\partial f_n}{\partial y_2} & \cdots & \frac{\partial f_n}{\partial y_{n-1}} & \frac{\partial f_n}{\partial y_n} \end{bmatrix} \tag{21.9}$$

$\frac{\partial \boldsymbol{f}}{\partial x}$는 $\underline{\boldsymbol{f}}$의 독립변수 x에 대한 Jacobian에 해당하고 Eq. (21.10)과 같이 계산할 수 있다.

$$\frac{\partial f_j}{\partial x} = \begin{bmatrix} \frac{\partial f_1}{\partial x} \\ \frac{\partial f_2}{\partial x} \\ \vdots \\ \frac{\partial f_{n-1}}{\partial x} \\ \frac{\partial f_n}{\partial x} \end{bmatrix} \tag{21.10}$$

`ODESolver` 클래스의 서브클래스 중 EulderSI와 rodas, Rosenbrock, seulex, SIBS는 Eq. (21.6)를 수치적으로 계산하는 알고리즘이다.

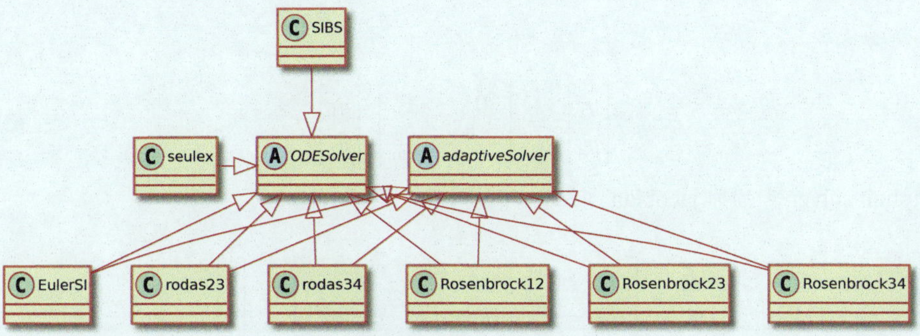

Fig 21.2: Implicit method

21.2 ODESystem 클래스

`ODESystem` 추상 클래스는 1차 상미분 방정식 시스템을 가정하여 Eq. (21.5)와 (21.6)를 지원할 수 있도록 다음과 같은 멤버함수들을 구현하도록 강제하고 있다.

- `label nEqns() const`
  1차 상미분 방정식 시스템의 개수를 의미한다.
- `void derivatives(const scalar x, const scalarFields& y, const label li, scalarField& dydx)`

Eq. (21.5)을 기술해야한다. x는 독립변수 x, y는 상태변수 $\underline{\boldsymbol{y}}$를 의미하고 dydx는 $\underline{\boldsymbol{f}}$를 의미한다.

- `void jacobian(const scalar x, const scalarField& y, label li, scalarField& dfdx, scalarSquareMatrix& dfdy)`

  Eq. (21.6)를 지원하기 위한 정보를 기술해야한다. dfdx는 Eq. (21.9), dydx는 Eq. (21.10)를 의미한다.

21.3 연습문제

Exercise 1

다음과 같은 mass-spring 시스템을 생각해보자.

$$my'' + cy' + ky = 0 \tag{21.11}$$

Eq. (21.6)에 적용하여 2차 상미분 방정식을 1차 상미분 방정식 시스템으로 변경하면 다음과 같다.

$$\begin{bmatrix} y_1 \\ y_2 \end{bmatrix}' = \begin{bmatrix} 0 & 1 \\ -\frac{k}{m} & -\frac{c}{m} \end{bmatrix} \begin{bmatrix} y_1 \\ y_2 \end{bmatrix} \tag{21.12}$$

implicit solver를 위해 jacobian 정보를 계산하면 다음과 같다.

$$\frac{\partial \underline{\boldsymbol{f}}}{\partial x} = \begin{bmatrix} \frac{\partial y_1'}{\partial x} = \frac{\partial y_2}{\partial x} \\ \frac{\partial y_2'}{\partial x} = \frac{\partial}{\partial x}\left(-k/my_1 - c/my_2\right) \end{bmatrix} = \begin{bmatrix} 0 \\ 0 \end{bmatrix} \tag{21.13}$$

$$\frac{\partial \underline{\boldsymbol{f}}}{\partial \underline{\boldsymbol{y}}} = \begin{bmatrix} \frac{\partial y_1'}{\partial y_1} = \frac{\partial y_2}{\partial y_1} & \frac{\partial y_1'}{\partial y_2} = \frac{\partial y_2}{\partial y_2} \\ \frac{\partial y_2'}{\partial y_1} = \frac{\partial}{\partial y_1}\left(-\frac{k}{m}y_1 - \frac{c}{m}y_2\right) & \frac{\partial y_2'}{\partial y_2} = \frac{\partial}{\partial y_2}\left(-\frac{k}{m}y_1 - \frac{c}{m}y_2\right) \end{bmatrix} = \begin{bmatrix} 0 & 1 \\ -\frac{k}{m} & -\frac{c}{m} \end{bmatrix} \tag{21.14}$$

위 ODEsystem을 구현하는 자료구조는 다음과 같이 작성할 수 있다.

```
class massSpring
:
    public ODESystem
{
  scalar mass_;
  scalar damping_;
  scalar stiffness_;
  public:
```

```
    massSpring(dictionary& dict)
    :
        mass_(dict.lookup<scalar>("mass")),
        damping_(dict.lookup<scalar>("damping")),
        stiffness_(dict.lookup<scalar>("stiffness"))
    {}

    label nEqns() const override
    {
      // body
    }
    void derivatives
    (
        const scalar x,
        const scalarField& y,
        const label li,
        scalarField& dydx
    ) const override
    {
      // body
    }
    void jacobian
    (
        const scalar x,
        const scalarField& y,
        const label li,
        scalarField& dfdx,
        scalarSquareMatrix& dfdy
    ) const override
    {
      // body
    }
  };
```

INFO

ODESystem은 추상 클래스이고 순수 가상함수를 오버라이딩해야하기 때문에 이 관계를 명시적으로 그리고 실수를 방지하기 위해 override 키워드를 사용하는 것을 권장한다.

(a) 멤버함수 nEqns 함수가 Eq. (21.12)의 행의 개수를 나타낼 수 있도록 작성하도록 한다.

(b) 멤버함수 derivatives 함수가 Eq. (21.12)의 내용을 표현할 수 있도록 작성하도록 한다.

(c) 멤버함수 jacobian 함수가 Eq. (21.13), (21.14)를 표현할 수 있도록 작성하도록 한다.

(d) 다음 코드를 이용해서 Eq. (21.11)를 구현한 `massSpring` 클래스에 대한 해를 계산해보도록 한다.

```
#include <fvCFD.H>
#include <ODESystem.H>
#incldue <ODESolver.H>
#include <graph.H>

int main(int argc, char** argv)
{
    #include ”setRootCase.H”

    dictionary input;
    input.add(”mass”, 0); // input should be specified
    input.add(”damping”, 0); // input should be specified
    input.add(”stiffness”, 0); // input should be specified

    massSpring ode(input);

    dictionary dict;
    dict.add(”solver”, ”SIBS”); // ODE solvers
    autoPtr<ODESolver> odeSolver = ODESolver::New(ode, dict);

    // initial values
    scalar xStart = 0; // start time
    scalarField yStart(ode.nEqns());
    yStart[0] = 0; // initial state for location
    yStart[1] = 0; // initial state for velocity

    scalar dx = 0; // time step
    scalar x = xStart;
    scalarField y(yStart);

    label nIter = 15;
    scalarField timeList(nIter);
    scalarField dispList(nIter);
    scalarField velList(nIter);

    for(auto i=0; i<nIter; ++i)
    {
        odeSolver->solve(x, y, 0, dx);
        Info << x << ”: ” << y << endl;
        timeList[i] = x;
        dispList[i] = y[0];
```

```
42         velList[i] = y[1];
43     }
44 }
```

WARNING

11 – 13, 18, 22 – 25, 27번 줄은 테스트 환경에 맞게 설정해야한다.

(e) OpenFOAM은 XY plot을 위한 자료구조 `graph`를 제공한다. 위 결과를 gnuplot으로 도시하기위해 다음 코드를 추가하여 그 결과를 확인해보도록 한다.

```
    graph phi("ODE system", "t(sec)", "x(m)", timeList);
    phi.insert
    (
        "displacement(m)",
        new curve("displacement(m)", curve::curveStyle::CONTINUOUS, dispList)
    );
    /*
    phi.insert
    (
        "velocity(m/s)",
        new curve("velocity(m/s)", curve::curveStyle::CONTINUOUS, velList)
    );
    */
    phi.write("ODE", "gnuplot");
```

INFO

OpenFOAM 8에서 출력되는 gnuplot용 스크립트에는 offset 옵션 작성에 오류가 있어 `*.gplt` 파일을 열고 3, 5, 7번 줄의 끝에 작성되어 있는 `0,0`을 `offset 0,0`로 수정해야 한다. OpenFOAM dev에 패치가 적용되었으므로 OpenFOAM 9부터는 추가 작업없이 사용할 수 있다.

V

Appendix

22

Migration 가이드

22.1 1.x vs 2.x

- 상용 상수

  π와 Euler 상수 e처럼 자주 사용되는 상수들은 Tab. 22.1에 나타낸 것처럼 별도의 파일에 정리해서 사용하고 있다. 이들 수학 상수들은 버전 별로 이름공간이 달리 정의되어 있는데 다음과 같은 차이가 있다.

  - 2.x : `Foam::constant::mathematical`
  - 1.x : `Foam::mathematicalConstant`

Tab 22.1: 수학 상수

	2.x	1.x
include	`src/OpenFOAM/global/constants`	`src/foam/primitives/mathematicalConstant`

- fvMesh

Tab 22.2: 멤버함수 이름

Description	2.x	1.x
point	`points()`	`allPoints()`
old point	`oldPoints()`	`oldAllPoints()`

- 필드 이름

Tab 22.3: 변수 차이 비교

Field	2.x	1.x
vof	alpha.water	alpha1
dynamic pressure	p_rgh	pd
water phase	water	phase1
air phase	air	phase2

22.2 2.x vs. 4

- GeometricField

Tab 22.4: 자료형 및 멤버함수 이름

Type	4	2.x
자료형이름	Boundary Internal Internal::FieldType	GeometricBoundaryField DimensionedInternalField InternalField
read-only	const boundaryField() ref() primitiveField()	boundaryField() dimensionedInternalField() internalField()
read/write	boundaryFieldRef() internalField() primitiveFieldRef()	boundaryField() dimensionedInternalField() internalField()

- fixedFluxPressureBC

  OpenFOAM 2.x에서는 flux consistency를 위해 fixedFluxPressure BC에 대한 처리를 Listing 22.1처럼 setSnGrad 템플릿 클래스로 처리했다.

Listing 22.1: OpenFOAM 2.x 방식

```
// Update the fixedFluxPressure BCs to ensure flux consistency
setSnGrad<fixedFluxPressureFvPatchScalarField>
(
    p.boundaryField(),
    (
        phiHbyA.boundaryField()
      - MRF.relative(mesh.Sf().boundaryField() & U.boundaryField())
    )/(mesh.magSf().boundaryField()*rAUf.boundaryField())
```

```
);

```

OpenFOAM 4에서는 Listing 22.2처럼 `constrainPressure` 함수에서 처리하도록 변경되었다.

Listing 22.2: OpenFOAM 4 방식

```
// Update the pressure BCs to ensure flux consistency
constrainPressure(p, U, phiHbyA, rAtU(), MRF);
```

- 난류 모델

  OpenFOAM 4에서 Mixin 상속구조로 난류 클래스를 재구성한 결과 헤더파일 목록과 라이브러리 이름이 많이 바뀌었기 때문에 컴파일 과정에서 이전 버전과 호환되지 않는 부분이 발생한다. 다행히 이름공간은 변경되지 않았기 때문에 이로 인한 사용상의 변경은 거의 없다고 할 수 있다.

Tab 22.5: 헤더파일, 라이브러리 이름 및 위치 변화

<table>
<tr><th>Description</th><th>4.x</th><th>2.x</th></tr>
<tr><td rowspan="3">헤더파일
이름</td><td>turbulentTransportModel.H
turbulentFluidThermoModel.H</td><td>turbulenceModel.H</td></tr>
<tr><td rowspan="2">없음</td><td>RASModel.H</td></tr>
<tr><td>LESModel.H</td></tr>
<tr><td rowspan="3">헤더파일
위치</td><td>TurbulenceModels/
turbulenceModels/lnInclude</td><td>turbulenceModels</td></tr>
<tr><td>TurbulenceModels/
incompressible/lnInclude</td><td>turbulenceModels/
incompressible/[RAS¦LES]/*</td></tr>
<tr><td>TurbulenceModels/compressible/
lnInclude</td><td>turbulenceModels/
compressible/[RAS¦LES]/*</td></tr>
<tr><td rowspan="4">라이브러리
이름</td><td>incompressibleTurbulenceModels</td><td>incompressible[RAS|LES]Models</td></tr>
<tr><td>compressibleTurbulenceModels</td><td>compressible[RAS|LES]Models</td></tr>
<tr><td rowspan="2">turbulenceModels</td><td>incompressibleTurbulenceModel</td></tr>
<tr><td>compressibleTurbulenceModel</td></tr>
</table>

- `fvOption`

Tab 22.6: 헤더파일 이름 및 위치 변화

Description	4.x	2.x
header	fvOptions.H	fvIOoptionList.H
include	`finiteVolume/lnInclude`	`fvOptions/fvOptions`

OpenFOAM 2.x에서는 Listing 22.3처럼 `fvOptions`를 사용하여 MRF를 처리했었지만 OpenFOAM 4부터는 Listing 22.4처럼 MRF 클래스를 추가하여 직접 사용 가능하도록 변경되었다.

Listing 22.3: fvOptions를 이용한 MRF 처리

```
fvOptions.makeRelative(phiHbyA)
```

Listing 22.4: MRF 클래스를 이용한 MRF 처리

```
#include "createMRF.H"
MRF.makeRelative(phiHbyA)
```

- `tmp` 클래스

  `tmp` 클래스는 OpenFOAM에서 구현된 `shared_ptr` 클래스로 OpenFOAM 4로 오면서 Tab. 22.7처럼 dereferenceing 동작이 변경되었다.

Tab 22.7: 멤버함수 이름

Description	4.x	2.x
const dereferencing non-const dereferencing	`operator()()` `ref()`	`operator()()`

이전에는 const dereferencing과 non-const dereferencing의 구분없이 Listing 22.5처럼 `operator()` 함수로 동작하도록 코드를 작성하였다.

Listing 22.5: createField.H in OpenFOAM 2.x

```
tmp<fvVectorMatrix> UEqn
(
    fvm::div(phi, U)
  + turbulence->divDevReff(U)
    ==
    fvOptions(U)
);
```

```
UEqn().relax();
UEqn().clear();
```

OpenFOAM 4부터는 non-const dereferencing 동작은 Listing 22.6처럼 명시적으로 `ref()` 함수로 호출하도록 변경되었다. 물론 컴파일 시 `-DNON_CONST_TMP` 매크로 정의를 사용하면 OpenFOAM 2.x 코드를 유지시킬 수 있지만, 현재 non-const일경우의 `operator()` 함수는 조만간 코드에서 사라질 예정인 함수이므로 사용하지 않는 것을 권장한다.

Listing 22.6: createField.H in OpenFOAM 4.x

```
tmp<fvVectorMatrix> tUEqn
(
    fvm::div(phi, U)
  + turbulence->divDevReff(U)
    ==
    fvOptions(U)
);
fvVectorMatrix& UEqn = tUEqn.ref();
UEqn.relax();
tUEqn.clear();
```

OpenFOAM 2.x에서 구현된 상당수의 코드가 tmp 클래스의 deferncing 함수 동작 변경으로 인해 호환성 문제가 발생할 것이라고 예상할 수 있다.

- `fvPatchField`

Tab 22.8: 멤버함수 이름

Description	4.x	2.x
	`internalField()`	`dimensiondInternalField()`

- `dictionary` 파일

Tab 22.9: blockMeshDict 위치

Description	4.x	2.x
blockMeshDict	`constant/polyMesh` `system`	`constant/polyMesh`

Tab 22.10: fvSchemes subDict 엔트리

Description	4.x	2.x
fvSchemes	필요없음	fluxRequired

Tab 22.11: transportProperties

Description	4.x	2.x
물성치 표기법	`nu [0 2 -1 0 0 0 0] 1e-5;`	`nu nu [0 2 -1 0 0 0 0] 1e-5;`

22.3 4 vs. 5

OpenFOAM 5부터 물성치 단위를 dict 파일에서 생략시키고 코드 내에서 처리하도록 변경되었다.

Tab 22.12: transportProperties

Description	5.x	4.x
물성치 표기법	`nu 1e-5;`	`nu [0 2 -1 0 0 0 0] 1e-5;`

22.4 5.x vs. 6

Tab 22.13: tensor.H

Description	6	5.x
eigenVector	`vector eigenVector (const tensor, const scalar lambda, const vector direction1, const vector direction2)`	`vector eigenVector (const tensor, const scalar lambda)`
	`vector eigenVector (const symmTensor, const scalar lambda, const vector direction1, const vector direction2)`	`eigenVector (const symmTensor, const scalar lambda)`

기존에 함수 정의부에 하드코딩된 direction 벡터들을 버전 7부터는 전달인자로 넘겨줄 수 있도록 수정되었다. 따라서 기존 코드와 호환성 문제를 일으키는 경우 direction1과 direction2 벡터를 Listing 22.7과 같이 정의하여 전달하면 된다.

Listing 22.7: direction vectors

```
vector direction1(1,0,0);
vector direction2(0,1,0);
```

22.5 6 vs. 7

일관된 사용경험을 제공하기 위해 버전 6까지는 배열형 자료형을 비롯한 기본 자료형들의 `writeEntry` 함수가 멤버함수로 선언되었으나 버전 7부터는 전역함수로 선언되었다. 전역함수로 선언되었기 때문에 `writeEntry`함수가 특정 자료구조에 종속되는 형태가 아니라 매개변수 리스트로 매칭되는 전역함수가 호출되기 때문에 코드 확장과 유지보수 관점에서 보다 유연함을 제공할 수 있게 되었다. 예를 들어 버전 6까지는 경계조건의 값을 반영할 때 슈퍼클래스인 `Field` 클래스의 멤버함수 `writeEntry` 함수를 호출해야 했다.

Listing 22.8: fixedValueFvPatch 버전 6

```
template<class Type>
void Foam::fixedValueFvPatchField<Type>::write(Ostream& os) const
{
    fvPatchField<Type>::write(os);
    this->writeEntry("value", os);
}
```

하지만 버전 7부터는 `writeEntry` 함수가 전역함수이기 때문에 멤버함수 호출형태로 사용하지 않고 일반함수 호출 형태로 사용해야 한다. 동일한 코드를 버전 7에서 사용한 형태를 보면 Listing 22.9와 같다.

Listing 22.9: fixedValueFvPatch 버전 7

```
template<class Type>
void Foam::fixedValueFvPatchField<Type>::write(Ostream& os) const
{
    fvPatchField<Type>::write(os);
    writeEntry(os, "value", *this);
}
```

경계조건을 dictionary 형태로 작성하는 것이기 때문에 dictionary 헤더파일에 정의된 전역함수 `writeEntry(Ostream& os, const word& entryName, const EntryType& value)`를 호출한다.

Listing 22.10: writeEntry

```
template<class EntryType>
void Foam::writeEntry
(
    Ostream& os,
    const word& entryName,
    const EntryType& value
)
{
    writeKeyword(os, entryName);
    writeEntry(os, value);
    os << token::END_STATEMENT << endl;
}
```

경계조건의 경우 Field의 전역함수 writeEntry를 호출한다. dictionary 자료형에 정의된 전역함수 writeEntry는 템플릿 함수로 작성되어있고 내부에서 EntryType에 해당하는 전역함수 writeEntry를 호출하도록 되어 있다. EntryType에 해당하는 자료형은 다음과 같다.

- HashTable
- FixedList
- PackedList
- UList
- UPtrList
- ListCompactIO
- dimensionSet
- dimensionedType
- Field
- GeometricField
- Scalar
- VectorSpace
- Function1
- int32
- int64
- spatialTransform
- string
- word
- functionName

- variable
- verbatimString

22.6 7 vs. 8

- dictionary lookup 함수
  lookup 함수로 불러온 dataEntry를 올바른 자료형으로 변환하기 위해 이전에는 readScalar, readBool, readLabel등의 보조함수를 사용하였으나 lookup 함수를 템플릿 함수로 수정하여 직관적인 형태로 사용할 수 있도록 수정되었다.

Listing 22.11: 기존의 lookup 함수 사용법

```
scalar value1 = readScalar(dict.lookup("value1"));
label value2 = readLabel(dict.lookup("value2"));
Switch value3 = readBool(dict.lookup("value3"));
```

Listing 22.12: 수정된 lookup 함수 사용법

```
scalar value1 = dict.lookup<scalar>("value1");
label value2 = dict.lookup<label>("value2");
Switch value3 = dict.lookup<Switch>("value3");
```

- rigidBodyRestraint 매개변수 리스트 변화
  rigidBodyDynamics의 rigidBodyRestraint 클래스에서 rigidBody의 현상태 (rigidBodyModelState 객체)에 쉽게 접근할 수 있도록 함수의 매개변수 리스트에 변화가 발생하였다.

Listing 22.13: 버전 7의 restrain 함수

```
virtual void restrain
(
    scalarField& tau,
    Field<spatialVector>& fx
)
```

Listing 22.14: 버전 8의 restrain 함수

```
virtual void restrain
(
    scalarField& tau,
    Field<spatialVector>& fx,
    const rigidBodyModelState& state
)
```

- 난류 모델 관련 변화

  OpenFOAM 8에서 난류 모델을 확장과 유지보수가 용이하도록 하기 위해 내부 구조와 클래스 이름을 변경하여 기존 난류모델은 `TurbulenceModels`폴더에서 `MomentumTransportModels`로 이동하였다. 이로 인해, OpenFOAM 8은 OpenFOAM 3 이후 호환성문제가 크게 발생하는 버전이 된다.

Tab 22.14: 헤더파일, 라이브러리 이름 및 위치 변화

Description	8	7
클래스	MomentumTransportModels	TurbulentModels
멤버변수	typeName	propertiesName
멤버함수	divDevTau divDevSigma devTau devSigma	divDevRhoReff divDevReff devRhoReff devReff
헤더파일 이름	momentumTransportModel.H	turbulentModel.H
	kinematicMomentumTransportModel.H	turbulentTransportModel.H
	fluidThermoMomentumTransportModel.H	turbulentFluidThermoModel.H
헤더파일 위치	`MomentumTransportModels/momentumTransportModels/lnInclude`	`TurbulenceModels/turbulenceModels/lnInclude`
	`MomentumTransportModels/incompressible/lnInclude`	`TurbulenceModels/incompressible/lnInclude`
	`MomentumTransportModels/compressible/lnInclude`	`TurbulenceModels/compressible/lnInclude`
라이브러리 이름	incompressibleMomentumTransportModels	incompressibleTurbulenceModels
	thermophysicalTransportModels	compressibleTurbulenceModels
	incompressibleTransportModels	incompressibleTransportModels
	fluidThermoMomentumTransportModels	compressibleTransportModels
	momentumTransportModels	turbulenceModels

- 수송 모델 관련 변화

  기존 `transportModels`에 있는 자료구조 중 일부를 `twoPhaseModels` 폴더로 분리시켰다.

Tab 22.15: 헤더파일, 라이브러리 이름 및 위치 변화

Description	8	7
헤더파일 위치	twoPhaseModels/immiscibleIncompressibleTwoPhaseMixture/lnInclude	transportModels/immiscibleIncompressibleTwoPhaseMixture/lnInclude
	twoPhaseModels/incompressibleTwoPhaseMixture/lnInclude	transportModels/incompressibleTwoPhaseMixture/lnInclude
	twoPhaseModels/interfaceProperties/lnInclude	transportModels/interfaceProperties/lnInclude
	twoPhaseModels/twoPhaseMixture/lnInclude	transportModels/twoPhaseMixture/lnInclude
	twoPhaseModels/twoPhaseProperties/lnInclude	transportModels/twoPhaseProperties/lnInclude

INFO

applications/solvers/multiphase/VoF 에 있던 헤더파일들은 모두 twoPhaseModels/twoPhaseMixture 로 이동되어 특정 application 종속적이 아닌 라이브러리 차원에서 지원하는 형태로 변경되었다.

23

지배방정식

23.1 보존 법칙

임의의 물리량 ϕ에 대한 보존법칙은 Eq. (23.1)과 같이 일반화 할 수 있다.

$$\frac{D}{Dt}(\rho\phi) = \frac{\partial}{\partial t}(\rho\phi) + \nabla \bullet (\rho\underline{U}\phi) = \nabla \bullet (D\nabla\phi) + S_\phi \tag{23.1}$$

INFO

위 식에서 $\frac{D}{Dt}$는 material derivative를 의미하고 `fvm::DDt` 또는 `fvc::DDt` DSL로 지원한다.

Eq. (23.1)을 Newtonian fluid에 대해서 적용하면 Eq. (23.2)와 같이 표현된다.

$$\frac{\partial}{\partial t}\rho\underline{U} + \nabla \bullet (\rho\underline{U}\underline{U}) = \nabla \bullet \underline{\underline{\tau}} - \nabla p + \rho\underline{g} = \nabla \bullet \underline{\underline{\sigma}} + \rho\underline{g} \tag{23.2}$$

우변의 $\underline{\underline{\tau}}$와 $\underline{\underline{\sigma}}$는 각각 viscous stress tensor 또는 deformation rate tensor와 Cauchy stress tensor로 불리며 Eq. (23.3), (23.4)와 같이 정의된다.

$$\underline{\underline{\tau}} = \left(2\mu\underline{\underline{D}} + \left[-\frac{2}{3}\mu + \kappa\right](\nabla \bullet \underline{U})\,\underline{\underline{I}}\right) \tag{23.3}$$

$$\underline{\underline{\sigma}} = \left(2\mu\underline{\underline{D}} + \left\{\left[-\frac{2}{3}\mu + \kappa\right](\nabla \bullet \underline{U}) - p\right\}\underline{\underline{I}}\right) \tag{23.4}$$

$\underline{\underline{D}}$은 strain-rate tensor라 하며 Eq. (23.5)와 같이 정의된다.

$$\underline{\underline{D}} = \frac{1}{2}\left[\nabla\underline{U} + (\nabla\underline{U})^T\right] \tag{23.5}$$

$\kappa = 0$을 적용하면 운동량 방정식은 Eq. (23.6)처럼 Navier-Stokes 방정식이 된다.

$$\frac{\partial}{\partial t}\rho\underline{U} + \nabla \bullet (\rho\underline{U}\underline{U}) = \nabla \bullet \underline{\underline{\tau}} - \nabla p + \rho\underline{g} = \nabla \bullet \underline{\underline{\sigma}} + \rho\underline{g} \tag{23.6}$$

23.1.1 확산항

Navier-Stokes 방정식 Eq. (23.6)의 우변에 나타나는 확산항은 Eq. (23.7)과 같이 표현할 수 있다.

$$
\begin{aligned}
\nabla \bullet \underline{\underline{\tau}} =& \nabla \bullet \left(\mu \nabla \underline{U} + \mu \left(\nabla \underline{U} \right)^T - \frac{2}{3} \mu \left(\nabla \bullet \underline{U} \right) \underline{\underline{I}} \right) \\
=& \nabla \bullet \left(\mu \nabla \underline{U} + \mu \left(\nabla \underline{U} \right)^T - \frac{2}{3} \mu \left(\mathbf{tr} \left(\left(\nabla \underline{U} \right)^T \right) \right) \underline{\underline{I}} \right) \\
=& \nabla \bullet \left(\mu \nabla \underline{U} \right) + \nabla \bullet \left(\mu \left[\left(\nabla \underline{U} \right)^T - \frac{2}{3} \mathbf{tr} \left(\left(\nabla \underline{U} \right)^T \right) \underline{\underline{I}} \right] \right)
\end{aligned}
\tag{23.7}
$$

비압축성 유체의 경우 연속방정식으로부터 deviatoric 항 $-\frac{2}{3}\mu \left(\nabla \bullet \underline{U} \right) \underline{\underline{I}}$이 0이 되어 Eq. (23.8)과 같이 정리된다.

$$
\nabla \bullet \underline{\underline{\tau}} = \nabla \bullet \left[\nu \nabla \underline{U} + \nu \left(\nabla \underline{U} \right)^T \right] \tag{23.8}
$$

하지만, 수치해석적인 관점에서, 연속방정식은 이산화 오차 등의 이유로 정확이 0을 만족하지 못하기 때문에 $\frac{2}{3}\mu \left(\nabla \bullet \underline{U} \right) \underline{\underline{I}}$를 소거시키지 않고 유지시키는 것이 수치적으로 안정적이 된다.

OpenFOAM 2.x에서는 압축성/비압축성 유동에 공통적으로 `devDevRhoReff` 함수를 사용하여 확산항을 계산하기 위해 $\nabla \bullet \underline{U} = \mathbf{tr} \left(\underline{U}^T \right)$ 관계를 이용하여 Eq. (23.9)처럼 변형된 Eq. (23.8)을 사용하고 있다.

$$
\nabla \bullet \underline{\underline{\tau}} = \nabla \bullet \left(\nu \nabla \underline{U} \right) + \nabla \bullet \left(\nu \left[\left(\nabla \underline{U} \right)^T - \frac{1}{3} \mathbf{tr} \left(\left(\nabla \underline{U} \right)^T \right) \underline{\underline{I}} \right] + \frac{1}{3} \nu \mathbf{tr} \left(\left(\nabla \underline{U} \right)^T \right) \underline{\underline{I}} \right) \tag{23.9}
$$

마지막 항은 연속방정식에 의해 소거가 가능하므로 Eq. (23.10)과 같이 정리된다.

$$
\nabla \bullet \underline{\underline{\tau}} = \nabla \bullet \left(\nu \nabla \underline{U} \right) + \nabla \bullet \left(\nu \left[\left(\nabla \underline{U} \right)^T - \frac{1}{3} \mathbf{tr} \left(\left(\nabla \underline{U} \right)^T \right) \underline{\underline{I}} \right] \right) \tag{23.10}
$$

Eq. (23.10)의 내용은 Listing 23.1처럼 `dev` 함수에서 구현되어 있다. 참고로, OpenFOAM에서 사용되는 `SphericalTensor`는 hydrostatic tensor $\frac{1}{3}\underline{\underline{I}}$를 표현하기 위한 자료구조이다.

Listing 23.1: primitives/Tensor/TensorI.H

```
template<class Cmpt>
inline Tensor<Cmpt> dev(const Tensor<Cmpt>& t)
{
    return t - SphericalTensor<Cmpt>::oneThirdsI*tr(t);
}
```

비압축성 유동의 경우 `divDevReff` 함수에서 `dev`함수를 호출하는 구조로 되어 있다.

Listing 23.2: pimpleFoam/UEqn.H

```
tmp<fvVectorMatrix> UEqn
(
    fvm::ddt(U)
  + fvm::div(phi, U)
  + MRF.DDt(U)
  + turbulence->divDevReff(U)
  ==
    fvOptions(U)
)
```

Listing 23.3: RAS/laminar/laminar.C

```
tmp<fvVectorMatrix> laminar::divDevReff(volVectorField& U) const
{
    return
    (
      - fvm::laplacian(nuEff(), U)
      - fvc::div(nuEff()*dev(T(fvc::grad(U))))
    )
}
```

하지만 OpenFOAM 3부터는 divDevReff 함수에서 dev 함수 대신 Eq. (23.7)에 해당하는 dev2를 직접 호출하는 형태로 변경되었다.

Listing 23.4: linearViscousStress.C

```
template<class BasicTurbulenceModel>
Foam::tmp<Foam::fvVectorMatrix>
Foam::linearViscousStress<BasicTurbulenceModel>::divDevRhoReff
(
    volVectorField& U
) const
{
    return
    (
      - fvc::div((this->alpha_*this->rho_*this->nuEff())*dev2(T(fvc::grad(U))))
      - fvm::laplacian(this->alpha_*this->rho_*this->nuEff(), U)
    );
}
```

Listing 23.5: primitives/Tensor/TensorI.H

```
template<class Cmpt>
inline Tensor<Cmpt> dev2(const Tensor<Cmpt>& t)
{
    return t - SphericalTensor<Cmpt>::twoThirdsI*tr(t);
}
```

OpenFOAM 8에서는 기존의 압축성 유체의 확산항 계산 함수인 divDevRhoReff 함수와 비압축성 유체의 확산항 계산 함수인 divDevReff를 각각 divDevTau와 divDevSigma로 변경하였다 (See page 591).

23.2 동적 격자

23.2.1 ALE

Eq. (23.1)을 소스항을 제외하고 적분 형태로 나타낸 후 좌변의 시간의 편미분항에 Leibniz's rule을 적용하여 정리하면 Eq. (23.11)과 같이 격자의 이동 속도 $\underline{\boldsymbol{U}}_g$를 포함한 식을 유도할 수 있다.

$$\frac{\partial}{\partial t}\int (\rho\phi)\,dV + \int \nabla \bullet \left\{\rho\left(\underline{\boldsymbol{U}} - \underline{\boldsymbol{U}}_g\right)\phi\right\} dV = \int \nabla \bullet (D\nabla\phi)\,dV \tag{23.11}$$

발산정리를 적용하여 나머지 항들을 면적분 형태로 정리하면 Eq. (23.12)와 같다.

$$\begin{aligned}\frac{\partial}{\partial t}\int_{\Omega} (\rho\phi)\,dV + \oint_{\partial\Omega} d\underline{\boldsymbol{S}} \bullet \left\{\rho\phi\left(\underline{\boldsymbol{U}} - \underline{\boldsymbol{U}}_g\right)\right\} = \\ \oint_{\partial\Omega} d\underline{\boldsymbol{S}} \bullet (D\nabla\phi)\end{aligned} \tag{23.12}$$

이와 같이 격자 이동속도를 고려한 식을 Arbitrary Lagrangian Eulerian (ALE)라 한다.

23.2.2 Spatial Conservation Law

Eq. (23.12)에 ϕ 대신 1과 $\underline{\boldsymbol{U}}$를 대입하면 Eq. (23.13), (23.14)와 같이 격자의 이동속도가 있는 경우에 대한 연속 방정식과 운동량 방정식을 얻을 수 있다.

$$\frac{\partial}{\partial t}\int_{\Omega} \rho dV + \oint_{\partial\Omega} d\underline{\boldsymbol{S}} \bullet \left\{\rho\left(\underline{\boldsymbol{U}} - \underline{\boldsymbol{U}}_g\right)\right\} = 0 \tag{23.13}$$

$$\begin{aligned}\frac{\partial}{\partial t}\int_{\Omega} (\rho\underline{\boldsymbol{U}})\,dV + \oint_{\partial\Omega} d\underline{\boldsymbol{S}} \bullet \left\{\rho\underline{\boldsymbol{U}}\left(\underline{\boldsymbol{U}} - \underline{\boldsymbol{U}}_g\right)\right\} = \\ \oint_{\partial\Omega} d\underline{\boldsymbol{S}} \bullet \underline{\underline{\boldsymbol{\tau}}} - \int_{\Omega} \nabla p dV + \int_{\Omega} \rho\underline{\boldsymbol{g}} dV\end{aligned} \tag{23.14}$$

Eq. (23.13)의 두 번째 항은 flux 처리항으로 다시 정리하면 Eq. (23.15)와 같다.

$$\oint_{\partial\Omega} d\underline{\boldsymbol{S}} \bullet \{\rho (\underline{\boldsymbol{U}} - \underline{\boldsymbol{U}}_g)\} = \oint_{\partial\Omega} d\underline{\boldsymbol{S}} \bullet \{\rho\underline{\boldsymbol{U}}\} - \oint_{\partial\Omega} d\underline{\boldsymbol{S}} \bullet \{\rho\underline{\boldsymbol{U}}_g\} \tag{23.15}$$

Eq. (23.15)의 첫 번째 항은 유체에 의한 flux이고 두 번째 항은 격자 이동에 의해 발생하는 mesh flux에 해당한다. mesh flux 항을 그대로 surface integral로 구하면 corner volume에서 artificial mass source가 발생하여 mass conservation을 만족하지 못하게 된다 [8, 10].

만일 유체 속도가 0인 경우, Eq. (23.13)은 Eq. (23.16)과 같이 하나의 cell face가 격자 속도 $\underline{\boldsymbol{U}}_g$로 쓸고 지나간 영역인 swept volume $\delta\Omega_c$ 으로 정리할 수 있으며, 이 관계를 Space Conservation Law (SCL)이라고 한다 [8, 10].

$$\frac{\partial}{\partial t}\int_{\Omega} dV - \oint_{\partial\Omega} d\underline{\boldsymbol{S}} \bullet \underline{\boldsymbol{U}}_g = \frac{\partial}{\partial t}\int_{\Omega} dV - \sum_f \frac{\delta\Omega_f}{\Delta t} = \frac{\partial}{\partial t}\int_{\Omega} dV - \sum_f \dot{\Omega}_f = 0 \tag{23.16}$$

이제 Eq. (23.13)의 좌변의 두 번째 항으로부터 하나의 cell face에서 발생하는 mass flux $\dot{m}_f$는 Eq. (23.17)과 같이 표현할 수 있다.

$$\dot{m}_f = \rho_f (\underline{\boldsymbol{v}} \bullet \underline{\boldsymbol{n}})_f S_f - \rho_f \dot{\Omega}_f = \rho_f \phi_f - \rho_f \dot{\Omega}_f \tag{23.17}$$

즉, SCL을 이용하여 cell face flux를 swept volume의 변화량으로 표현할 수 있게 된다.

23.2.2.1 mesh flux 구현

OpenFOAM에서 swepth volume 혹은 mesh flux는 `fvMesh`의 멤버함수인 `phi` 멤버함수에서 계산되며 Listing 23.6과 같이 `primitiveMesh`의 멤버함수 `movePoints`에서 호출한다.

Listing 23.6: primitiveMesh의 movePoints 멤버함수

```
// Create swept volumes
    const faceList& f = faces();

    tmp<scalarField> tsweptVols(new scalarField(f.size()));
    scalarField& sweptVols = tsweptVols();

    forAll(f, faceI)
    {
        sweptVols[faceI] = f[faceI].sweptVol(oldPoints, newPoints);
    }

    // Force recalculation of all geometric data with new points
    clearGeom();

```

```
    return tsweptVols;
```

mesh flux는 다음과 같은 순서로 계산되며 `face` 클래스의 멤버함수인 `sweptVol`에서 계산된다.

- face를 선택한 후 공간상의 다른 위치로 이동시킨다.
- cell face는 평면이 아닌 경우도 있기 때문에 face를 삼각화한 후 이동전과 이동후의 삼각형의 꼭지점을 연결하여 프리즘을 만든다.
- 각 프리즘의 체적을 계산한다.
- 각 프리즘의 체적을 합하면 해당 face가 이동하여 발생한 swept volume이 된다.

OpenFOAM에서 동적격자를 다룰 때 나타나는 `makeRelative`와 `makeAbsolute` 함수는 `fvcMeshPhi`의 멤버함수로 격자 속도에 의한 swept volume의 변화량 혹은 mesh flux를 유체장에 의한 flux에 더하거나 빼주는 역할을 한다.

Listing 23.7: makeRelative 함수 정의

```
if (phi.mesh().moving())
{
    phi -= fvc::meshPhi(U);
}
```

Listing 23.8: makeAbsolute 함수 정의

```
if (phi.mesh().moving())
{
    phi += fvc::meshPhi(U);
}
```

23.2.2.2 mesh flux의 보정

`meshPhi`함수는 ALE에서 swept volume 혹은 motion flux계산에 사용되는 함수이다. swept volume은 unsteady 항에서 온 것이기 때문에 SCL의 처리는 `ddtScheme`에서 처리되도록 하고 있으며 다음과 같이 DSL인 `fvc::meshPhi` 함수에서 호출한다.

Listing 23.9: meshPhi

```
return fv::ddtScheme<vector>::New
(
    vf.mesh(),
    vf.mesh().ddtScheme("ddt(" + vf.name() + ')')
).ref().meshPhi(vf);
```

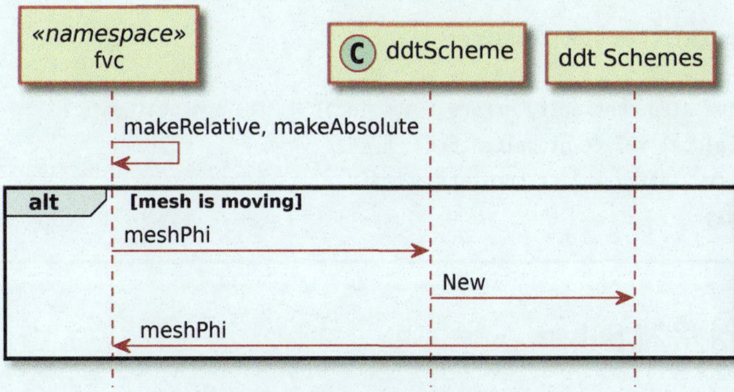

Fig 23.1: meshPhi 호출 흐름

시간항의 이산화 방법에 따라 그 표현이 달라지게 되기 때문에, 각 `ddtScheme`별로 `meshPhi`를 구하는 식을 유도하여 구현하고 있다. Implicit Euler scheme을 예로 들면, 연속방정식은 Eq. (23.18)과 같이 이산화 할 수 있다.

$$\frac{\rho^n \phi^n V^n - \rho^o \phi^o V^o}{\Delta t} + \sum_f \left(\rho_f^n u_f^n \phi_f^n S_f - \rho_f^n \dot{V}_f^n \phi_f^n \right) = 0 \tag{23.18}$$

세 번째 항의 $\dot{V}_f^n$은 temporal scheme이므로 Eq. (23.19)와 같이 첫 번째 항과 동일한 implicit euler scheme으로 계산되어야 mass conservation을 만족시킬 수 있다.

$$\dot{V}_f^n = \frac{V_f^n - V_f^o}{\Delta t} \tag{23.19}$$

연속방정식의 경우 `ddtScheme`과 별도의 처리가 필요하기 때문에 이에 대한 처리를 손쉽게 만들기 위해 `movingMeshContinuityErrs.H` 헤더파일에 관련 내용을 작성해 두어 손쉽게 사용할 수 있도록 하고 있다.

Listing 23.10: movingMeshContinuityErrs.H

```
volScalarField contErr = fvc::div(phi + fvc::meshPhi(U));

scalar sumLocalContErr = runTime.deltaTValue()*
    mag(contErr)().weightedAverage(mesh.V()).value();

scalar globalContErr = runTime.deltaTValue()*
    contErr.weightedAverage(mesh.V()).value();

cumulativeContErr += globalContErr;

Info<< "time step continuity errors : sum local = " << sumLocalContErr
    << ", global = " << globalContErr
    << ", cumulative = " << cumulativeContErr
    << endl;
```

23.3 비압축성 유체 Solver

23.3.1 SIMPLE

격자 속도 $\underline{\boldsymbol{U}}_g$가 없다고 가정하고 중력에 의한 소스항을 무시하여 Eq. (23.14)를 비압축성 유체에 적용하면 Eq. (23.20)과 같다.

$$\frac{\partial}{\partial t}\int_{\Omega}\underline{\boldsymbol{U}}dV + \oint_{\partial\Omega}(\underline{\boldsymbol{UU}})_f \bullet d\underline{\boldsymbol{S}} = \int_{\partial\Omega}\underline{\underline{\boldsymbol{\tau}}}_f \bullet d\underline{\boldsymbol{S}} - \int_{\Omega}\nabla\left(\frac{p}{\rho}\right)dV = \int_{\partial\Omega}\underline{\underline{\boldsymbol{\tau}}}_f \bullet d\underline{\boldsymbol{S}} - \int_{\Omega}\nabla\tilde{p}dV \tag{23.20}$$

control volume Ω를 다면체로 가정하고 dyadic $(\underline{\boldsymbol{UU}})_f \approx \underline{\boldsymbol{U}}_f\underline{\boldsymbol{U}}_f$로 선형화하면 Eq. (23.20)은 Eq. (23.21)과 같이 이산화 할 수 있다.

$$\frac{\partial}{\partial t}\int_{\Omega}\underline{\boldsymbol{U}}dV + \sum_f(\underline{\boldsymbol{U}}_f\underline{\boldsymbol{U}}_f)\bullet\underline{\boldsymbol{S}}_f = \sum_f\underline{\underline{\boldsymbol{\tau}}}_f \bullet \underline{\boldsymbol{S}}_f - \int_{\Omega}\nabla\tilde{p}dV \tag{23.21}$$

face flux $\phi_f = \underline{\boldsymbol{U}}_f \bullet \underline{\boldsymbol{S}}_f$를 도입하면 Eq. (23.22)와 같이 semi-discrete 식을 유도할 수 있다.

$$\frac{\partial}{\partial t}\int_{\Omega}\underline{\boldsymbol{U}}dV + \sum_f\phi_f\underline{\boldsymbol{U}}_f = \sum_f\underline{\underline{\boldsymbol{\tau}}}_f \bullet \underline{\boldsymbol{S}}_f - \int_{\Omega}\nabla\tilde{p}dV \tag{23.22}$$

논의를 단순화하기 위해 시간항을 Implicit Euler scheme으로 이산화하면 Eq. (23.23)과 같다.

$$\frac{\underline{\boldsymbol{U}}^{n+1}\Omega^{n+1} - \underline{\boldsymbol{U}}^n\Omega^n}{\Delta t} + \left(\sum_f\phi_f\underline{\boldsymbol{U}}_f\right)^{n+1} = \left(\sum_f\underline{\underline{\boldsymbol{\tau}}}_f \bullet \underline{\boldsymbol{S}}_f - \int_{\Omega}\nabla\tilde{p}dV\right)^{n+1} \tag{23.23}$$

아래첨자 f는 cell face에서 정의된 물리량을 의미하고 필드 값은 cell center에서 정의되므로 cell face에서의 값은 face를 공유하는 cell을 이용한 가중치 평균의 형태 $\psi_f = w_P\psi^P + w_N\psi^N$로 표현되기 때문에 Eq. (23.24)와 같은 형태를 가진다.

$$\underline{\underline{\boldsymbol{A}}}\underline{\boldsymbol{U}}^{n+1} = \left(\underline{\underline{\boldsymbol{D}}} + \underline{\underline{\boldsymbol{U}}} + \underline{\underline{\boldsymbol{L}}}\right)\underline{\boldsymbol{U}}^{n+1} = \frac{\Omega^n}{\Delta t}\underline{\boldsymbol{U}}^n - \left(\int_\Omega \nabla\tilde{p}dV\right)^n \tag{23.24}$$

계수 행렬 $\underline{\underline{\boldsymbol{A}}}$의 대각성분에는 cell face flux interpolation에서 나타나는 $w_P\psi^P$ 성분과 시간 미분항에서 나타나는 성분 $\frac{\Omega^{n+1}}{\Delta t}$가 포함되어 있다. 시간 미분항은 계수행렬의 대각성분에만 나타나므로 steady state 문제로 한정하고 Jacobian 형태로 계수 행렬을 분해하면 Eq. (23.25)와 같이 나타낼 수 있다.

$$\underline{\boldsymbol{U}}_P^{n+1} = -\frac{\left(\underline{\underline{\boldsymbol{L}}} + \underline{\underline{\boldsymbol{U}}}\right)\underline{\boldsymbol{U}}_N^{n+1}}{\underline{\underline{\boldsymbol{D}}}} - \frac{\left(\int_\Omega \nabla\tilde{p}dV\right)^n}{\underline{\underline{\boldsymbol{D}}}} = -\frac{\underline{\underline{\boldsymbol{A}}}_N\underline{\boldsymbol{U}}_N^{n+1}}{\underline{\underline{\boldsymbol{D}}}} - \frac{\left(\nabla\tilde{p}_P\right)^n}{\underline{\underline{\boldsymbol{D}}}} \tag{23.25}$$

$\underline{\boldsymbol{U}}_P$와 $\underline{\boldsymbol{U}}_N$은 각각 대각성분과 비대각성분에 대응하는 속도장에 해당한다. OpenFOAM의 `fvMatrix`에서는 계수행렬의 대각성분을 $\underline{\underline{\boldsymbol{D}}} = A$, 비대각성분을 $-\underline{\underline{\boldsymbol{A}}}_N\underline{\boldsymbol{U}}_N^{n+1} = H(\underline{\boldsymbol{U}}_N^{n+1})$로 표현하고 있기 때문에 OpenFOAM 형식으로 표현하면 Eq. (23.26)과 같다(편의상 이후로는 위첨자는 생략하도록 한다).

$$\underline{\boldsymbol{U}}_P = \frac{H(\underline{\boldsymbol{U}}_N)}{A} - \frac{\nabla\tilde{p}_P}{A} \tag{23.26}$$

Eq. (23.26)은 속도장과 압력연성으로 얻은 식이 아니기 때문에 연속방정식을 만족하지 못한다. 연속방정식을 만족하지 못하는 속도장을 $\underline{\boldsymbol{U}}^*$ 그때의 압력장을 p^*라 하고, 보정을 통해 연속방정식을 만족하는 하는 속도장을 $\underline{\boldsymbol{U}}$ 그때의 압력장을 p라 하면 Eq. (23.27)과 같은 관계를 가진다.

$$\begin{aligned} \underline{\boldsymbol{U}} &= \underline{\boldsymbol{U}}^* + \underline{\boldsymbol{U}}' \\ p &= p^* + p' \end{aligned} \tag{23.27}$$

Eq. (23.27)과 (23.26) 관계로부터 Eq. (23.28)과 같은 pressure Poisson 방정식을 얻을 수 있다.

$$\begin{aligned} \nabla \bullet \underline{\boldsymbol{U}} &= \nabla \bullet \underline{\boldsymbol{U}}^* + \nabla \bullet \underline{\boldsymbol{U}}' \\ &= \nabla \bullet \frac{H(\underline{\boldsymbol{U}}_N^*)}{A} - \nabla \bullet \frac{\nabla\tilde{p}^*}{A} + \nabla \bullet \frac{H(\underline{\boldsymbol{U}}_N')}{A} - \nabla \bullet \frac{\nabla\tilde{p}'}{A} \\ &= \nabla \bullet \frac{H(\underline{\boldsymbol{U}}_N^*)}{A} - \nabla \bullet \frac{\nabla\tilde{p}}{A} + \nabla \bullet \frac{H(\underline{\boldsymbol{U}}_N')}{A} = 0 \end{aligned} \tag{23.28}$$

$\nabla \bullet \frac{H(\underline{\boldsymbol{U}}_N')}{A} = 0$으로 가정하면 SIMPLE (Semi-Implicit Method for Pressure-Linked Equations) 알고리즘의 접근법이 된다.

$$\nabla \bullet \frac{\nabla \tilde{p}}{A} = \nabla \bullet \frac{H(\underline{U}_N^*)}{A} \tag{23.29}$$

Eq. (23.29)에서 우변은 운동량 방정식에서 얻은 속도장으로부터 얻은 값으로 구성되므로 이미 알고 있는 값이므로 연속방정식을 만족시키는 압력장을 얻을 수 있게 된다. Eq. (23.29)에서 얻은 압력장을 Eq. (23.26)을 이용하여 연속방정식을 만족하는 속도장과 속도장의 flux 필드를 얻을 수 있다. Eq. (23.26)의 우변의 두 번째 항은 Poisson 방정식의 계수행렬로부터 구할 수 있기 때문에 flux 필드는 Listing 23.11과 같이 `fvMatrix`의 멤버함수 `flux`를 이용해 Explicit 방법으로 보정이 가능해진다.

Listing 23.11: flux 필드 보정

```
phi = phiHbyA - pEqn.flux()
```

속도장을 보정하는 방식이 Explicit하게 처리되기 때문에 이 과정을 SIMPLE (Semi-Implicit Method for Pressure-Linked Equations)이라 한다. SIMPLE은 $\nabla \bullet \frac{H(\underline{U}')}{A} = 0$로 가정하여 무시한 항의 영향으로 수치적으로 불안정한 요소가 있어 Poisson 방정식에 under-relaxation을 적용하여 계산한다. SIMPLEC (SIMPLE corrected) 알고리즘은 무시된 항을 Eq. (23.30)과 같이 주변 cell에 대한 가중치 평균으로 근사하여 Poisson 방정식을 구성한다.

$$\left(\sum_N A_N\right) U_P' \approx \sum_N A_N U_N' = H(\underline{U}_N') \tag{23.30}$$

OpenFOAM은 $\sum_N A_N$을 `fvMatrix`의 멤버함수 `H1`으로 계산한다. Eq. (23.30)을 이용하여 Eq. (23.26)을 보정속도 $\underline{U}'$에 대해서 표현하면 Eq. (23.31)과 같은 관계를 얻을 수 있다.

$$\underline{U}' = -\frac{1}{A - H1}\left(\nabla \tilde{p}'\right) \tag{23.31}$$

Eq. (23.30), (23.31)을 사용하면 Eq. (23.32)와 같은 관계를 얻을 수 있다.

$$H(\underline{U}') - \nabla \tilde{p}' = -\frac{A}{A - H1}\nabla \tilde{p}' \tag{23.32}$$

Eq. (23.28)에 대입하면 Eq. (23.33)과 같은 관계를 얻을 수 있다.

$$\begin{aligned} 0 =& \nabla \bullet \frac{H(\underline{U}^*)}{A} - \nabla \bullet \frac{\nabla \tilde{p}^*}{A} + \nabla \bullet \frac{H(\underline{U}')}{A} - \nabla \bullet \frac{\nabla \tilde{p}'}{A} \\ =& \nabla \bullet \frac{H(\underline{U}^*)}{A} - \nabla \bullet \frac{\nabla \tilde{p}^*}{A} + \nabla \bullet \left(-\frac{1}{A - H1}\nabla \tilde{p}'\right) \\ =& \nabla \bullet \frac{H(\underline{U}^*)}{A} - \nabla \bullet \left\{\left(\frac{1}{A} - \frac{1}{A - H1}\right)\nabla \tilde{p}^*\right\} - \nabla \bullet \left(\frac{1}{A - H1}\nabla \tilde{p}\right) \end{aligned} \tag{23.33}$$

정리하면 Eq. (23.34)와 같이 표현할 수 있다.

$$\nabla \bullet \left\{ \left(\frac{1}{A} - \frac{1}{A - H1} \right) \nabla \tilde{p}^* \right\} = \nabla \bullet \frac{H(\underline{U}^*)}{A} - \nabla \bullet \left(\frac{1}{A - H1} \nabla \tilde{p} \right) \tag{23.34}$$

코드로 나타내면 다음과 같다.

Listing 23.12: SIMPLEC

```
if (simple.consistent())
{
    rAtU = 1.0/(1.0/rAU - UEqn.H1());
    phiHbyA +=
        fvc::interpolate(rAtU() - rAU)*fvc::snGrad(p)*mesh.magSf();
    HbyA -= (rAU - rAtU())*fvc::grad(p);
}
```

23.3.2 PISO

SIMPLE 알고리즘은 속도장은 연속방정식을 만족시키도록 보정했지만 보정된 속도장에 대응하는 압력장을 다시 보정하지 않기 때문에 압력장이 운동량 방정식을 만족하지 못하는 문제를 안고 있다. PISO (Pressure-Implicit with Splitting of Operators) 알고리즘은 SIMPLE 알고리즘이 안고 있는 문제를 해결하기 위해 압력방정식을 수렴할 때까지 반복 실행하는 구조로 되어 있다. PISO의 압력방정식 실행 횟수는 fvSolution.PISO subDict의 nCorrectors로 제어한다. PISO 알고리즘은 unsteady 문제에 적용하기 위해 고안된 알고리즘으로 CFL number가 1보다 작은 경우 계수행렬의 대각성분이 dominant해지기 때문에 PISO에서는 under-relaxation을 고려하지 않는다. nCorrectors 횟수가 부족할 경우 압력장이 수렴하지 못하므로 전체 필드가 의도하지 않은 거동을 보일 수 있다.

Listing 23.13: pisoFoam

```
while (runTime.loop())
{
    Info<< "Time = " << runTime.timeName() << nl << endl;
    #include "CourantNo.H"
    // Pressure-velocity PISO corrector
    {
        #include "UEqn.H"
        // --- PISO loop
        while (piso.correct())
        {
            #include "pEqn.H"
```

```
        }
    }
}
```

Unsteady 문제를 해석하기위한 PISO 알고리즘의 기본 뼈대는 SIMPLE 알고리즘을 사용하는데 unsteady term을 처리할 때 주의가 필요하다. Eq. (6.5)의 우변의 첫번째 항에 나타나는 $\frac{\Omega}{\Delta t}\boldsymbol{U}^n$은 Poisson 방정식에서 사용될 때는 이전 time step의 보정된 flux를 사용해야 한다. OpenFOAM은 UEqn 변수를 재활용하여 Poisson 방정식을 계산하는데 이 때의 UEqn의 값은 corrected flux가 아니기 때문에 연속방정식을 만족하지 못하는 문제가 발생한다. 따라서, Poisson 방정식에 활용할 수 있도록 속도장을 재구성해야 한다. PISO solver의 `pEqn.H`를 보면 Listing 23.14와 같다.

Listing 23.14: pEqn

```
volVectorField HbyA(constrainHbyA(rAU*UEqn.H(), U, p));
surfaceScalarField phiHbyA
(
    "phiHbyA",
    fvc::flux(HbyA)
  + MRF.zeroFilter(fvc::interpolate(rAU)*fvc::ddtCorr(U, phi, Uf))
);
```

`ddtCorr` 함수는 Poisson 방정식 계산시 UEqn과 PEqn에 사용되는 각각의 flux가 일치하지 않기 때문에 이를 보정하기 위한 목적으로 만들어진 함수이다. 문제가 되는 항은 ddt scheme에서 온 것이기 때문에 `ddtCorr` 함수는 ddt scheme의 구현에 따라 달리 접근해야 할 필요가 있다. 따라서 `ddtCorr` 함수는 Fig. 23.2와 같이 RTS 구조를 활용하여 이산화에 사용된 ddt scheme에 직접 접근하여 그에 맞는 `fvcDdtPhiCorr` 또는 `fvcDdtUfCorr` 함수를 호출하도록 구성되어 있다.

즉, `ddtPhiCorr` 함수는 물리적 의미를 가진 것이라기 보다는 OpenFOAM 구현상 발생하는 일관성 문제를 해결하기 위한 기술적 요소로 보면 된다. 제일 간단한 Euler scheme에 구현된 `fvcDdtPhiCorr` 함수를 보면 이해할 수 있을 것이다.

Listing 23.15: Euler scheme의 fvcDdtPhiCorr 함수

```
const dimensionedScalar rDeltaT = 1.0/mesh().time().deltaT();

fluxFieldType phiCorr
(
    phi.oldTime() - fvc::dotInterpolate(mesh().Sf(), U.oldTime())
```

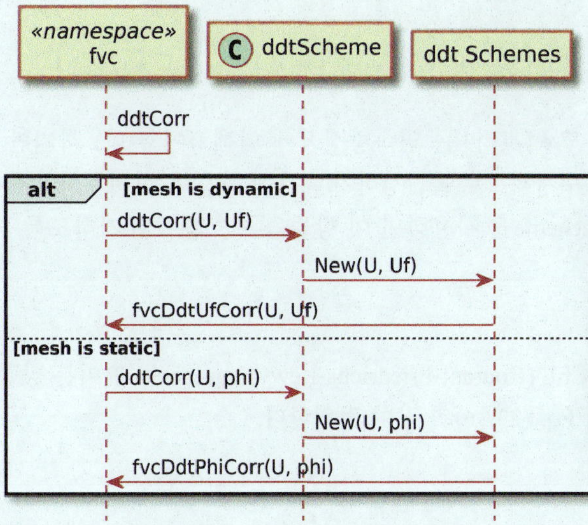

Fig 23.2: ddtCorr함수 호출관계

```
);

return fluxFieldType::New
(
    "ddtCorr(" + U.name() + ',' + phi.name() + ')',
    this->fvcDdtPhiCoeff(U.oldTime(), phi.oldTime(), phiCorr)
   *rDeltaT*phiCorr
);
```

23.3.3 PIMPLE

PIMPLE 알고리즘은 time loop안에 SIMPLE의 outer loop을 넣고 압력 보정 부분은 PISO의 것을 사용하여 해의 안정성을 좋게 만들고 있다. PISO에서는 압력장의 relaxation을 사용하지 않지만 PIMPLE은 outer loop는 SIMPLE과 동일하기 때문에 압력장에 relaxation을 적용하고 있다. `fvSolution`의 PIMPLE subDict를 보면 nOuterCorrectors는 SIMPLE의 iteration을 의미하고 nCorrectors는 PISO의 2차 압력장 보정 횟수를 의미한다. 따라서 nOuterCorrectors과 압력장의 relaxation factor를 1로 사용하면 PISO와 동일한 알고리즘이 된다.

23.3.4 Steady/Unsteady solution의 boundedness

운동량 방정식의 좌변은 Eq. (23.35)와 같이 표현할 수 있다.

$$\rho\left(\frac{\partial\phi}{\partial t}+(\underline{\boldsymbol{U}}\bullet\nabla)\,\phi\right)+\phi\left(\frac{\partial\rho}{\partial t}+\nabla\bullet(\rho\underline{\boldsymbol{U}})\right) \tag{23.35}$$

두 번째 항 $\left(\frac{\partial\rho}{\partial t}+\nabla\bullet(\rho\underline{\boldsymbol{U}})\right)$은 연속방정식에 의해 0이 된다. 하지만 steady solver에서는 두번째 항을 무시하면 수치적으로 불안정하기 때문에 이 항을 살려두어야 한다. 이를 conservative flux라 하며 bounded scheme을 사용하면 이 항들을 소스항에 추가하도록 되어 있다.

23.3.5 CFL

Courant number 또는 CFL (Courant-Friedrichs-Lewy) number는 편미분 방정식의 수치적 안정성을 나타내는 조건으로 Eq. (23.36)과 같이 정의한다.

$$CFL=\frac{|\boldsymbol{v}|\,\Delta t}{\Delta L}=\frac{\underline{\boldsymbol{v}}\bullet\underline{\boldsymbol{S}}\Delta t}{V} \tag{23.36}$$

Explicit scheme의 경우 $CFL<1$인 경우에 수치적 안정성이 보장된다.

23.4 Two-phase flow

Two-phase를 구현하는 interface capturing 기법은 크게 2가지로 나뉜다.

- levelset method

$$\frac{D\psi}{Dt}=\frac{\partial\psi}{\partial t}+\nabla\bullet(\underline{\boldsymbol{U}}\psi)=0 \tag{23.37}$$

- VoF method

$$\frac{D\alpha}{Dt}=\frac{\partial\alpha}{\partial t}+\nabla\bullet(\underline{\boldsymbol{U}}\alpha)=0 \tag{23.38}$$

이중에서 OpenFOAM은 VoF기법을 기반으로 한 interFoam solver를 제공하고 있다.

23.4.1 Compressive Interface Scheme

OpenFOAM의 VoF 기법은 다음과 같이 compression term을 포함한 형태를 사용하고 있다 [21].

$$\frac{\partial\alpha}{\partial t}+\nabla\bullet(\underline{\boldsymbol{U}}\alpha)+\nabla\bullet\left[\underline{\boldsymbol{U}}_r\alpha\,(1-\alpha)\right]=0 \tag{23.39}$$

23.4.1.1 MULES

Eq. (23.38)의 convection 항을 low order flux F^L, Eq. (23.39)의 convection 항을 high order flux F^H로 보고 flux limiter 또는 Flux Corrected Transport(FCT) 기법을 적용한 형태로 VoF 방정식을 유도하면 Eq. (23.40)과 같다.

$$\frac{\partial \alpha}{\partial t} + (1-\lambda) F^L + \lambda F^H = 0 \tag{23.40}$$

$$\begin{aligned} F^L &= \nabla \bullet (\underline{U}\alpha) \\ F^H &= \nabla \bullet (\underline{U}\alpha) + \nabla \bullet [\underline{U}_r \alpha (1-\alpha)] \end{aligned}$$

소스항을 고려하여 Eq. (23.40)을 정리하면 Eq. (23.41)과 같이 low order flux와 correction 항으로 나타낼 수 있다.

$$\frac{\partial \alpha}{\partial t} + F^L + \lambda \left(F^H - F^L\right) = \frac{\partial \alpha}{\partial t} + F^L + \lambda\, (\text{phiCorr}) = Su + Sp\alpha^n \tag{23.41}$$

Eq. (23.41)을 Explicit Euler scheme으로 이산화한 Eq. (23.42)를 구현한 것이 `MULES.H`에 정의된 `explicitSolver` 함수이다.

$$\alpha^n = \frac{S_u + \frac{\alpha^o}{\Delta t} - \left(F^L + \lambda\, (\text{phiCorr})\right)}{\frac{1}{\Delta t} - S_p} \tag{23.42}$$

참고로 위 과정은 하나의 time step 또는 subcycle에서 이루어지므로 동적격자를 다루는 경우에는 cell volume의 변화도 고려해야 한다.

23.4.1.2 CMULES

OpenFOAM 5부터는 Eq. (23.41)를 predictor-corrector 또는 operator-splitting 기법으로 유도한 semi-implicit solver를 제공하고 있다.

1. predictor step 통상적인 VoF 방정식을 Implicit 방법으로 계산한다.

$$\frac{\partial \alpha^*}{\partial t} + F^L = Su + Sp\alpha^n \tag{23.43}$$

2. corrector step 앞서 구해진 pseudo alpha 값을 compression term을 이용해 Explicit 방법으로 보정한다. 이 단계는 비선형이기 때문에 subCycling을 이용해 반복적으로 계산한다.

$$\frac{\partial \alpha}{\partial t} + \text{phiCorr} = 0 \tag{23.44}$$

   Eq. (23.44)를 Explicit Euler scheme으로 이산화한 Eq. (23.45)를 구현한 것이 `CMULES.H`에 정의된 `correct`이다.

$$\alpha^n = \frac{\frac{\alpha^o}{\Delta t} - \text{phiCorr}}{\frac{1}{\Delta t}} \tag{23.45}$$

참고로, 위 과정은 하나의 time step 또는 subcycle에서 이루어지므로 동적격자에 대해서도 코드 변경 없이 사용할 수 있다.

24

Mixed language programming

수치해석 코드는 많은 경우 Fortran 77 또는 Fortran 90표준으로 작성된 경우가 많다. 이 경우, 기존의 잘 동작하는 코드를 OpenFOAM 프레임워크 안에 넣기 위해 새로 C++ 코드로 재작성하는 것은 부담이 된다. 다행히 Fortran 코드로 작성된 바이너리와 C로 작성된 바이너리의 ABI가 유사하기 때문에 C++ 코드로 새로 작성하지 않고도 OpenFOAM 프레임워크에 넣는 것이 가능하다. 이러한 기법을 mixed language programming이라 한다.

24.1 원리

24.1.1 프로세스 메모리 영역

소스코드가 컴파일 되어 object 파일로 작성되면 다음과 같이 크게 4개의 section으로 구성된다. 이들 section들은 메모리에 적재될 때 독자적인 영역을 가지게 되는데 이들 각각의 영역을 segment[1]라고 부른다.

- text section
  실행될 코드가 저장되어있는 영역이다.
- data section
  data section은 다시 4개의 영역으로 나뉜다.
  - .rodata
    읽기 전용으로 초기화되는 영역으로 global, static, 배열, 구조체 및 각종 문자열들이 저장되는 영역이다.
  - .data
    0이 아닌 값으로 초기화된 global/static 변수를 저장하는 영역으로 read/write가 가능한 영역이다.

[1] 메모리 주소 계산시 overflow나 underflow로 인해 정해진 segment 영역을 벗어나는 메모리 주소 참조시 발생하는 오류를 sementation fault라고 한다.

- .bss
  초기화 되지 않거나, 0으로 초기화 된 global/static 변수를 저장하는 영역이다.
- .symbtab
  함수와 변수들의 이름들이 저장되어있는 영역으로 심벌 테이블이라 한다. 저장된 이름은 인코딩[2]되어 저장되기 때문에 소스코드에 있는 이름과 다를 수 있다.

- stack
  함수의 매개변수를 포함한 지역변수를 저장하는 영역이다.
- heap
  `malloc`이나 `new`를 사용하여 동적할당한 변수가 저장되는 영역이다.

24.1.2 ABI

심벌 테이블에는 함수나 변수들의 이름이 인코딩 되어 저장되어 있다. Linux에서 라이브러리나 object 파일 내의 심벌 테이블은 `nm`이나 `readelf` 도구로 확인할 수 있다.

Listing 24.1: nm 사용 예

```
nm /usr/lib/libc.so.6 | less
```

Listing 24.2: readelf 사용 예

```
readelf -s /usr/lib/libc.so.6 | less
```

심벌 테이블에 저장된 이름들은 소스코드에 작성된 이름과 약간 다르게 기록되는데, 소스코드에 기술된 함수 이름은 보통 API(Application Programming Interface)라고 불린다. 반면 ABI (Application Binary Iterface)는 API와 달리 바이너리 파일에 기록된 심벌 테이블에 저장되어있는 이름을 가리킨다. ABI는 언어별, 컴파일러 버전 별로 달라지기 때문에 ABI 호환성을 확인하려면 심벌 테이블을 확인할 필요가 있다. Fortran이나 C의 경우 심벌테이블에 기록되는 이름은 거의 API와 비슷하다. C++의 경우는 이름공간과 오버로딩 등의 OOP적인 특징들을 지원하기 위해 심벌테이블에 기록될 때 인코딩되어 기록되기 때문에 API와 거의 다른 이름으로 나타난다. 이 인코딩을 name mangling[3]이라 하며 언어 표준사항이 아니기 때문에 컴파일러 또는 OS가 달라지면 호환성을 보장할 수 없다[4]. 참고로 gcc는 `cxxabi.h` 헤더파일에 demangling하는

---

[2] 이를 name mangling 또는 decoration이라 한다.

[3] name decoration이라고도 한다.

[4] Gcc의 경우 Itanium C++ ABI를 사용한다.

루틴이 들어있어 다음과 같이 암호화된 symbol을 사람이 알아볼 수 있는 형태로 바꿀 수 있다. 이 기능은 OpenFOAM의 printStack 함수에서 활용하고 있다.

Listing 24.3: demangling 코드 활용예

```
#include <stdio.h>
#include <stdlib.h>
#include <cxxabi.h>

int main() {
  const char *mangled_name =
    "_ZNK3MapI10StringName3RefI8GDScriptE10ComparatorIS0_E16DefaultAllocatorE3hasERKS0_";
  char *demangled_name;
  int status = -1;
  demangled_name = abi::__cxa_demangle(mangled_name, NULL, NULL, &status);
  printf("Demangled: %s\n", demangled_name);
  free(demangled_name);
  return 0;
}
```

Listing 24.4: 실행 결과

```
Demangled: Map<StringName, Ref<GDScript>, Comparator<StringName>,
    DefaultAllocator>::has(StringName const&) const
```

위 demangle 루틴은 실행파일 형태로도 사용할 수 있는데 c++filt를 사용하면 코드를 작성하지 않고도 암호화된 symbol을 demangle된 형태로 확인할 수 있다.

Listing 24.5: c++filt 사용 예

```
$ echo
    "_ZNK3MapI10StringName3RefI8GDScriptE10ComparatorIS0_E16DefaultAllocatorE3hasERKS0_"
    | c++flt
$ Map<StringName, Ref<GDScript>, Comparator<StringName>,
    DefaultAllocator>::has(StringName const&) const
```

ABI 호환성이 보장되면, 즉 심벌 테이블에 저장된 이름과 동일한 이름을 사용하면 서로 다른 컴파일러로 작성된 라이브러리도 재컴파일 없이 사용이 가능하게 된다. Linux에서 Intel 컴파일러나 clang 컴파일러로 컴파일 된 바이너리들이 기존 시스템의 라이브러리를 새로 컴파일하지 않아도 실행되는 것이 ABI가 호환되기 때문이다. 이 아이디어를 이용하는 기법을 mixed language programming이라 한다.

24.2 Name mangling 규칙

Fortran과 C 언어의 name mangling 규칙과 C++에서 name mangling을 제어하는 방법을 기술한다. OS와 컴파일러 구현마다 name mangling 규칙이 달라지므로 OS는 Linux, 컴파일러는 gcc/gfortran를 기준으로 한다.

24.2.1 Fortran

Fortran은 표준 별로 name mangling되는 규칙을 확인해야한다.

24.2.1.1 Fortran 77

기본 동작[5]은 이름 뒤에 underscore(_)를 하나 붙인다[7]. C/C++과 같이 사용하기 위해 헤더파일을 작성하는 경우, name mangling 변환 과정을 매크로 함수를 작성해서 사용성을 향상시킬 수도 있다.

Listing 24.6: Fortran symbol 생성 매크로 함수

```
#if defined(DOUBLE_UNDERSCORE)
  #define MANGLING(name) name##__
#elif defined(SINGLE_UNDERSCORE)
  #define MANGLING(name) name##_
#elif defined(NO_UNDERSCORE)
  #define MANGLING(name) name
#endif
```

24.2.1.2 Fortran 90

`module`내의 변수나 함수는 `module` 이름 뒤에 underscore (_), mp, underscore(_), 이름 순으로 name mangling이 발생한다. 예를 들어 다음과 같이 `module`이 정의되었을 경우 심벌 테이블에는 다음과 같은 이름으로 기록된다. 참고로 gfortran의 기본 동작은 이름의 대소문자 구분 없이 모두 소문자로 인코딩된다.

Listing 24.7: module 사용 예

```
 ! F90 Module definition
    MODULE EXAMP
```

[5]기본 동작은 컴파일러 플래그[6]를 사용하여 동작을 바꿀 수도 있다. -fno-underscoring, -fno-second-underscore, -fcase-lower, -fsouce-case-preserve 등을 사용할 수 있다.

[7]Intel Fortran의 경우는 이름의 앞뒤로 underscore(_)를 붙인다.

```
    REAL A(3)
    INTEGER I1, I2
    CHARACTER(80) LINE
    TYPE MYDATA
       SEQUENCE
       INTEGER N
       CHARACTER(30) INFO
    END TYPE MYDATA
 END MODULE EXAMP
```

- examp_mp_a
- examp_mp_i1
- examp_mp_i2
- examp_mp_line
- examp_mp_mydata

24.2.1.3 Fortran 2003

Fortran 2003부터 C와의 ABI 호환기능이 고려되어 ISO_C_BINDING 모듈을 추가하면 C의 자료형을 사용할 수 있게 만들 수 있다. 사용자 정의 타입 또는 function/subroutine의 경우 BIND attribute를 사용해서 C의 name mangling 규칙을 적용하도록 할 수 있다.

Listing 24.8: 자료형의 C언어 바인딩

```
USE ISO_C_BINDING
TYPE, BIND(C) :: myType
    INTEGER(C_INT) :: i1, i2
    INTEGER(C_SIGNED_CHAR) :: i3
    REAL(C_DOUBLE) :: d1
    COMPLEX(C_FLOAT_COMPLEX) :: c1
    CHARACTER(KIND=C_CHAR) :: str(5)
END TYPE
```

Listing 24.9: 함수의 C 언어 바인딩

```
SUBROUTINE sqr(x) bind(C, name="sqr")
    USE ISO_C_BINDING
    REAL :: x
```

```
    x = x**2
END SUBROUTINE
```

24.2.2 C

C 언어는 API와 ABI가 동일하다.

24.2.3 C++

C++ symbol은 클래스, 템플릿, 이름공간, 연산자 오버로딩, 가상테이블, 예외처리 정보를 포함하기 때문에 Fortran이나 C로 작성된 symbol보다 복잡한 형태를 가지고 있다. 따라서 C++로 작성된 함수는 Fortran이나 C와 ABI 호환성을 가지지 않는다. 따라서, C++에서 name mangling을 Fortran과 호환되도록 하기 위해서는 name mangling을 하지 않도록 `extern "C"` 구문을 사용하여 강제로 C++의 name mangling을 C언어의 mangling으로 동작하도록 해야 한다. 원래 `extern` 구문은 object file을 linking할 때, symbol을 현 object file이 아닌 다른 object file에서 찾으라는 지시어인데 `extern "C"` 형태로 사용하면 name mangling을 하지않도록 강제한다. `extern "C"` 구문은 C++ 언어의 일부이기 때문에 라이브러리 형태로 작성할 때는 C 컴파일러에서는 preprocessor에서 `extern "C"` 구문을 무시하도록 하기 위해 보통 아래와 같이 작성하여 조건부 컴파일이 되도록 작성한다.

Listing 24.10: name mangling을 C 형태로 강제하는 방법

```
#ifdef __cplusplus
extern "C" {
#endif
    /* ... */
#ifdef __cplusplus
}
#endif
```

예를 들어 Fortran 코드에서 `sum`이라는 subroutine가 있다면 C/C++ 코드에서는 헤더파일에 아래처럼 선언 후에 함수 호출을 할 수 있다.

Listing 24.11: Fortran 코드를 위한 C++ 헤더파일

```
extern "C" {
  void sum_();
}
```

#include 문은 extern "C" 블럭 안에 위치하면 nested extern "C" 블럭 문제가 발생해 컴파일 오류가 발생할 수 있기 때문에 extern "C" 블럭 바깥에 놓이도록 사용에 주의해야 한다.

24.3 헤더파일 작성 방법

Fortran의 함수를 C/C++에서 호출하기 위해서는 헤더파일에 함수의 prototype을 선언해야 한다. 참고로, subroutine의 경우는 void 함수로 선언해야 한다. Fortran에서 작성되는 함수의 매개변수는 모두 call by reference이기 때문에 C/C++의 헤더파일에 작성하는 함수의 매개변수는 모두 포인터 자료형으로 선언해야 한다[8]. 이때 수치형 자료형은 Tab. 24.1를 참고하여 호환되는 자료형으로 변경하도록 한다.

Tab 24.1: 자료형 호환표

Fortran	C/C++
`integer :: a`	`int a;`
`integer, dimension(2,3) :: a`	`int [2][3] a;`
`real :: a`	`float a;`
`real(kind=8) :: a`	`double a;`
`double precision :: a`	`double a;`
`complex :: a`	`struct{float fr; float fi;}`
`double complex :: a`	`struct{double dr; double di;}`

Listing 24.12: fortran 함수

```fortran
function add(a, b) result(out)
    double precision :: a, b
    double precision :: out
    out = a + b
end function add
```

Listing 24.13: add.h 헤더파일

```c
#ifndef add_h
#define add_h

double extern "C" MANGLING(add) (double* a, double* b);

#endfi
```

[8]C/C++의 매개변수는 call by value로 동작한다.

Listing 24.14: 호출 방법

```
#include "add.h"

int main()
{
    double a, b, c;
    a = 1.;
    b = 2.;
    c = MANGLING(add)(&a, &b);
}
```

24.3.1 주의 사항

헤더파일을 작성할 때, Fortran과 C/C++의 상이한 언어구현 방식으로 인해 주의가 필요한 부분이 있다.

24.3.1.1 배열

Fortran 배열은 column-major order 이기 때문에 Fig. 24.1 (a)처럼 열단위로 연속메모리(contiguous memory)가 할당된다. 반면 C/C++ 배열은 row-major order이기 때문에 Fig. 24.1 (b)처럼 행단위로 연속메모리가 할당된다. Fortran의 다차원 배열에 대한 표현은 `a(i, j, k)` 형태를 가지고 있고, C/C++의 다차원 배열에 대한 표현은 `a[i][j][k]` 형태로 표현한다. 메모리 cashe miss와 연속메모리 효율을 고려하면 각 언어에서 효율적인 배열 순회 방법은 다음과 같다. Fortran의 경우 가장 왼쪽 인덱스부터 탐색하는 것이 유리하고, C/C++의 경우 가장 오른쪽 인덱스부터 탐색하도록 하는 것이 유리하다.

Listing 24.15: Fortran의 권장 배열 순회 방법

```
do k=1,kmax
  do j=1,jmax
    do i=1,imax
      a(i,j,k)
    end do
  end do
end do
```

Listing 24.16: C/C++의 권장 배열 순회 방법

```
for(int i=0; i<imax; ++i)
{
  for(int j=0; j<jmax; ++j)
  {
    for(int k=0; k<kmax; ++k)
    {
      a[i][j][k];
    }
  }
}
```

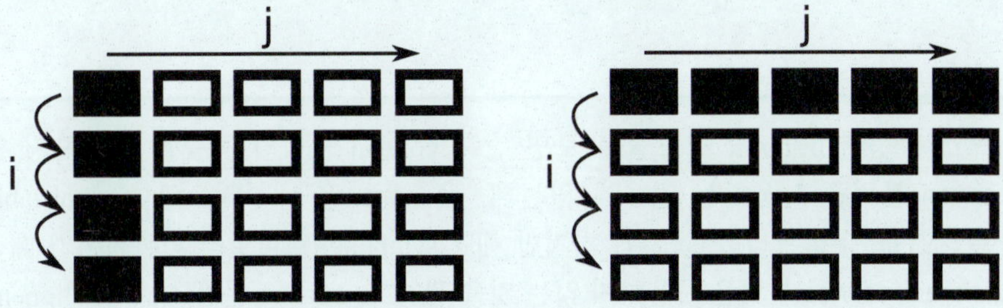

(a) Fortan의 메모리 배치 (b) C/C++의 메모리 배치

Fig 24.1: 다차원 배열의 연속메모리 구조

24.3.1.2 출력방식

출력방식에 있어서, Fortran의 표준출력 명령어 `write`는 unbuffered output으로 동작하여 출력 버퍼를 거치지 않고 바로 화면에 출력하는 반면 C/C++은 기본이 buffered output으로 동작한다. 이를 Fortran처럼 unbuffered output으로 동작하도록 만들려면 다음과 같이 표준출력의 버퍼값을 0으로 설정한 후 사용해야 한다.

Listing 24.17: unbuffered output 설정

```
setbuf(stdout, NULL); // set output to unbuffered
```

24.3.1.3 common 블럭

Fortran에서 `common` 블럭으로 선언된 변수는 모두 전역변수로 취급되기 때문에 C/C++ 헤더파일에 해당 symbol들을 `extern`으로 선언할 필요가 있다. 그리고 `common` block은 일종의 사용자 정의 자료형이기 때문에 struct 자료형으로 정의되어야 한다.

Listing 24.18: Fortran의 common 블럭 사용 예

```
double precision x
integer a, b, c
common/abc/ x, a, b, c
```

Listing 24.19: C/C++ 헤더파일 내용

```
extern "C" {
  extern struct {
    double x;
    int a, b, c
  } abc_;
}
```

Fortran으로 작성된 In-house 코드들을 보면 간혹 common 블럭의 이름을 사용하지 않는 unnamed common 블럭을 사용하는 경우가 있는데, gfortran은 내부적으로 symbol table에 _BLANK_라는 이름을 주어 관리하고 있다. 하지만 해당 symbol은 컴파일러 의존적이기 때문에 가능하면 unnamed common 블럭은 사용하지 않는 것을 권한다. struct 선언 시, byte alignement 문제를 피하기 위해 Fortran에서 선언된 순서와 동일하게 변수를 선언해야 한다.

24.3.1.4 문자열

Fortran의 문자열은 character자료형의 배열로 정의하는데 배열의 크기가 주어진 문자열보다 큰 경우 남는 공간을 공백으로 채우게 된다. 따라서 배열크기와 주어진 문자열의 크기와 일치하지 않는다. 공백을 잘라내는 trim함수를 사용할 수도 있지만 공백이 의도된 공백인 경우 사용자의 의도와 달라질 수 있는 문제가 있어 보통은 문자열을 사용할 때 별도의 변수로 문자열의 크기를 관리해야 한다. 이러한 이유로 문자열이 함수의 매개변수가 되는 경우 Fortran 컴파일러는 함수의 매개변수 리스트의 마지막에 문자열 크기를 전달하는 숨겨진 매개변수를 삽입한다. 반면 C의 문자열[9]은 char 자료형의 배열로 정의하는데 문자열의 끝에 null 문자를 삽입하여 배열의 크기가 주어진 문자열보다 크더라도 문자열의 크기를 사용자가 의도한대로 계산할 수 있도록 하고 있다. 따라서 문자열이 함수의 매개변수가 되더라도 C 컴파일러는 별도의 매개변수 추가 없이 소스코드에 주어진 매개변수 리스트를 그대로 사용한다. 이렇게 Fortran의 문자열과 C의 문자열은 구현방식이 달라 호환성이 떨어지기 때문에 mixed language programming에서 문자열은 특히, 함수의 매개변수에 사용하지 않도록 권하고 있다. 어쩔 수

[9]C++에는 std::string이라는 표준 라이브러리를 제공한다.

없이 문자열을 전달받는 함수를 작성했고 C와의 인터페이스를 만들어야 하는 하는 상황이라면 C/C++ 헤더파일에는 Fortran 컴파일러가 추가시키는 숨겨진 매개변수까지 작성해주어야 한다. 이때 숨겨진 매개변수는 call by value로 전달되므로 포인터 자료형으로 하지 않도록 한다.

Listing 24.20: 문자열 매개변수를 가진 Fortran 함수 예

```
subroutine func1(a, b, str)
    integer :: a, b
    character(*) : str
end subroutine
```

Listing 24.21: C/C++ 헤더파일

```
void func1_(int* a, int* b, char* str, int str_size);
```

Bibliography

[1] Andrei Alexandrescu. *Modern C++ design: generic programming and design patterns applied*. Addison-Wesley, 2001.

[2] Aldric Baquet, Jang Whan Kim, and Zhenjia Huang. "Numerical Modeling Using CFD and Potential Wave Theory for Three-Hour Nonlinear Irregular Wave Simulations". In: 2017. DOI: `10.1115/omae2017-61090`.

[3] Nelson HF Beebe. *The Mathematical-Function Computation Handbook*. Springer, 2017.

[4] Peter Canning et al. "F-bounded polymorphism for object-oriented programming". In: *FPCA*. Vol. 89. 1989, pp. 273–280.

[5] Benneth Christiansson et al. "Gof design patterns". In: (2008).

[6] James O Coplien. "Curiously recurring template patterns". In: *C++ Report* 7.2 (1995), pp. 24–27.

[7] Elizabeth Cuthill and James McKee. "Reducing the bandwidth of sparse symmetric matrices". In: *Proceedings of the 1969 24th national conference*. 1969, pp. 157–172.

[8] I Demirdžić and Milovan Perić. "Space conservation law in finite volume calculations of fluid flow". In: *International journal for numerical methods in fluids* 8.9 (1988), pp. 1037–1050.

[9] Brecht Devolder, Peter Troch, and Pieter Rauwoens. "Performance of a buoyancy-modified k-ω and k-ω SST turbulence model for simulating wave br eaking under regular waves using OpenFOAM®". In: *Coastal Engineering* (2018).

[10] Joel H. Ferziger and Milovan Peric. *Computational Methods for Fluid Dynamics*. 2002, p. 423.

[11] Eric Freeman et al. *Head First Design Patterns: A Brain-Friendly Guide*. " O'Reilly Media, Inc.", 2004.

[12] Norman E Gibbs, William G Poole Jr, and Paul K Stockmeyer. "An algorithm for reducing the bandwidth and profile of a sparse matrix". In: *SIAM Journal on Numerical Analysis* 13.2 (1976), pp. 236–250.

[13] Peter Gottschling. *Discovering Modern C++: An Intensive Course for Scientists, Engineers, and Programmers*. Addison-Wesley Professional, 2015.

[14] Phil Johnson. *The 9 Hardest Things Programmers Have to Do*. 2016 (accessed June 22, 2020). URL: `https://www.cio.com/article/3404204/the-9-hardest-things-programmers-have-to-do.html`.

[15] Erwin Kreyszig. *Advanced Engineering Mathematics, 10th Eddition*. Wiley, 2009.

[16] Stan Lippman. *Why C++ Supports both Class and Typename for Type Parameters*. Aug. 4, 2004. URL: `https://docs.microsoft.com/en-us/archive/blogs/slippman/why-c-supports-both-class-and-typename-for-type-parameters`.

[17] J-C Luo. "Algorithms for reducing the bandwidth and profile of a sparse matrix". In: *Computers & structures* 44.3 (1992), pp. 535–548.

[18] F Moukalled and M Darwish. "Transient schemes for capturing interfaces of free-surface flows". In: *Numerical Heat Transfer, Part B: Fundamentals* 61.3 (2012), pp. 171–203.

[19] Dmitri Nesteruk. *Design Patterns in Modern C++: Reusable Approaches for Object-Oriented Software Design*. Apress, 2018. DOI: `10.1007/978-1-4842-3603-1`.

[20] Suhas Patankar. *Numerical heat transfer and fluid flow: Computational methods in mechanics and thermal science*. 1980.

[21] Henrik Rusche. "Computational fluid dynamics of dispersed two-phase flows at high phase fractions". PhD thesis. University of London, 2002.

[22] Jiri Soukup. *Taming C Plus Plus: Pattern Classes and Persistence for Large Projects*. Addison-Wesley Longman Publishing Co., Inc., 1994.

[23] Jiri Soukup. *Intrusive Data Structures*. Code Farms Inc. URL: `http://www.codefarms.com/publications/intrusiv/Intrusive.pdf`.

[24] *Tridiagonal matrix algorithm*. `https://en.wikipedia.org/wiki/Tridiagonal_matrix_algorithm`. Accessed: 2019-09-02.

[25] Erwin Unruh. *Prime number computation*. Tech. rep. ANSI X3J16-94-0075/ISO WG21-462, 1994.

[26] Zahir UA Warsi. *Fluid dynamics: theoretical and computational approaches*. CRC press, 2005.

찾아보기